Isabell M. Welpe, Jutta Stumpf-Wollersheim, Nicholas Folger, Manfred Prenzel (Hrsg.)

Leistungsbewertung in wissenschaftlichen Institutionen und Universitäten

Leistungsbewertung in wissenschaftlichen Institutionen und Universitäten

Eine mehrdimensionale Perspektive

Herausgegeben von
Isabell M. Welpe, Jutta Stumpf-Wollersheim,
Nicholas Folger, Manfred Prenzel

DE GRUYTER
OLDENBOURG

ISBN 978-3-11-068977-8
e-ISBN (PDF) 978-3-11-068988-4
e-ISBN (EPUB) 978-3-11-068994-5

Library of Congress Control Number: 2020942699

Bibliografische Information der Deutschen Nationalbibliothek
Die Deutsche Nationalbibliothek verzeichnet diese Publikation in der Deutschen Nationalbibliografie; detaillierte bibliografische Daten sind im Internet über http://dnb.dnb.de abrufbar.

Umschlaggestaltung: bubaone / DigitalVision Vectors / gettyimages.de
Satz: le-tex publishing services GmbH, Leipzig
Druck und Bindung: CPI books GmbH, Leck

www.degruyter.com

MIX
Papier aus verantwortungsvollen Quellen
FSC www.fsc.org
FSC® C083411

Inhalt

Isabell M. Welpe, Jutta Stumpf-Wollersheim, Nicholas Folger und Manfred Prenzel

Leistungsbewertung in der Wissenschaft: Eine Einführung in den Band

Leistungsbewertung in der Wissenschaft

Die Internationalisierung von Forschung und Lehre und der damit einhergehende zunehmende Wettbewerb zwischen Ländern und Universitäten stellen den Hochschulstandort Deutschland vor große Herausforderungen: Leistung und ihre adäquate Bewertung werden zum Schlüsselfaktor für die Wettbewerbsfähigkeit einzelner Universitäten sowie des Hochschulstandorts Deutschland (vgl. Enserink, 2004; Fiedler, Welpe, Lindlbauer und Sattler, 2008) und rücken daher zunehmend in den Fokus von Hochschulforschung, Hochschulpolitik und Hochschulmanagement. Das Spektrum an Leistungen, die Hochschulen erbringen sollen, hat sich dabei in den letzten Jahren deutlich erweitert. Die Kurzformel früher lautete „Forschung und Lehre“, wobei auch hier nie ganz klar war, inwieweit diese beiden Ziele gleich gewichtet wurden. Während die Hochschulpolitik und die Studierenden der Lehre eine (mindestens gleich) große Bedeutung zusprachen, erschien aus der Sicht der Mitglieder der Hochschulen zunehmend die Forschung attraktiver, etwa weil sie mehr Spielräume, Gestaltungs- und Selbstverwirklichungsmöglichkeiten bot, leichter Wirksamkeit erkennen ließ und eine Reputation über den unmittelbar lokalen Wirkungsbereich versprach. Institutionell betrachtet reflektierte diese Einschätzung jedoch eher eine traditionell universitäre Position.

Eine deutlich umfassendere Sicht wurde in dem sogenannten „Perspektivenpapier“ des Wissenschaftsrats (2013) begründet, das insgesamt das Wissenschaftssystem in den Blick nahm. Neben *Forschung* und *Lehre* wurden vor allem zwei weitere Leistungsdimensionen hervorgehoben, nämlich *Transfer* und *wissenschaftliche Infrastrukturleistungen*. Anhand dieser vier Dimensionen (und den verschiedenen Ausprägungsmöglichkeiten) können Profile unterschiedlicher Typen wissenschaftlicher Einrichtungen (Universitäten, Fachhochschulen, außeruniversitäre Institute unterschiedlicher Couleur) skizziert werden. Zugleich werden aber Profilierungsmöglichkeiten auf der Ebene einzelner Einrichtungen angesprochen, mit denen Unterschie-

Isabell M. Welpe, Technische Universität München
Jutta Stumpf-Wollersheim, Technische Universität Bergakademie Freiberg
Nicholas Folger, Technische Universität München
Manfred Prenzel, Universität Wien

https://doi.org/10.1515/9783110689884-001

de zwischen den Typen verschwimmen konnten (etwa zwischen forschungsstarken Fachhochschulen und weitgehend Lehre-orientierten Universitäten). Im Sinne dieses Papiers helfen Leistungsdimensionen nicht nur dazu, funktionale Profile zu identifizieren, sondern sie werden zu einer wichtigen Größe für strategische Überlegungen und Schwerpunktsetzungen, von der Planungsebene der Wissenschaftspolitik und der Wissenschaftsorganisationen über die Ebene der Einrichtungen bis hin zur Ebene von Instituten und Arbeitsgruppen.

Diese Unterscheidung mehrerer Leistungsdimensionen und Profilierungsmöglichkeiten auf der Ebene von Institutionen und Einrichtungen hilft aber auch, ein nationales Wissenschaftssystem mit seinen Besonderheiten international einzuordnen. Besonderheiten des deutschen Systems wären etwa die Differenzierung zwischen Universitäten, Fachhochschulen und einer Gruppe sehr unterschiedlich ausgerichteter außeruniversitärer Einrichtungen. Hier kann darüber nachgedacht werden, ob die vorherrschenden internationalen Rankings den Besonderheiten des deutschen Wissenschaftssystems gerecht werden (indem sie vielleicht Forschungsleistungen der außeruniversitären Institute oder vielseitig erbrachte Transferleistungen übersehen).

Ein – wie das vom Wissenschaftsrat damals vorgeschlagene – relativ übersichtliches Modell mit vier Leistungsdimensionen erlaubt es, erstens relevante Profile zu beschreiben, zweitens strategische Ausrichtungen zu diskutieren und festzulegen sowie drittens Zielerreichungen oder „Output" einzuordnen und gegebenenfalls zu bewerten. Verfolgt man die Empfehlungen des Wissenschaftsrats seit dem „Perspektivenpapier", dann gehen spätere Veröffentlichungen differenzierter auf einzelne Leistungsdimensionen ein (z. B. Transfer oder Lehre, Wissenschaftsrat 2016, 2017), sie beziehen aber auch weitere Gesichtspunkte mit ein, die man als Leistungsdimensionen „zweiter Ordnung" bezeichnen könnte, weil sie kurz- wie langfristig für die Stärke und Tragfähigkeit des Wissenschaftssystems und seiner Einrichtungen höchst bedeutsam sind: zum Beispiel die Förderung des wissenschaftlichen Nachwuchses (Wissenschaftsrat, 2014), die Internationalisierung (Wissenschaftsrat, 2018a) wie auch die Rückbindung in Regionen (Wissenschaftsrat, 2018b), die Hochschul-Governance (Wissenschaftsrat, 2018c) oder sogar die wissenschaftliche Integrität (Wissenschaftsrat, 2015). Diese Leistungsdimensionen zweiter Ordnung, die in diesem Sammelband unter dem Begriff „sonstige Leistungsaspekte" subsumiert werden, sind funktional von großer Bedeutung.

Der vorliegende Band folgt diesem umfassenden Verständnis von Leistungsdimensionen, behandelt dann aber insbesondere Fragen der Messung und Beurteilung von Leistungen, die Hochschulen erbringen. Diese Fokussierung ist in den eben skizzierten Zusammenhang eingebettet: Das Messen von Leistungen kann (und sollte) unterschiedlichen Zwecken dienen. Diese reichen von einem wiederholten Beobachten im Sinne eines Monitorings bis zu einem Messen unter Beurteilungsgesichtspunkten (Zielsetzungen, komparative Vergleiche), Messungen dienen zur (auch Selbst-)Steuerung, zur Evaluation, zur Legitimation und zur Information (etwa von Studieninteressierten, möglichen Abnehmer(inne)n, der Öffentlichkeit); sie können im Übrigen ebenfalls wesentlich zur Hochschul-/Wissenschaftsforschung beitragen. Entscheidungen über Messungen im Hochschulbereich müssen mehrdimensionale Zielsetzungen berücksichtigen und sollten auf einem expliziten Modell beruhen, das Transparenz und eine kritische Prüfung der Instrumente erlaubt.

Die mehrdimensionale Perspektive, die in diesem Band verfolgt wird, ist verknüpft mit einer Betrachtung unterschiedlicher Ebenen, die oben bereits angedeutet wurde. Auf einer *Makro-Ebene* können Leistungsmessungen im Kontext von Systemvergleichen angesiedelt werden, die vor allem international angelegt sein dürften. Bei der Anlage solcher Vergleiche, vor allem bei der Interpretation der Ergebnisse, sind die Besonderheiten der Systeme zu berücksichtigen, aber auch die Zwecke (und Aufträge) vergleichender Messungen, die zur Forschung, zum Systemverständnis, zur kritischen Reflexion dienen können, aber auch zum Marketing.

Einer *Meso-Ebene* ordnen wir Leistungsmessungen zu, die Universitäten, Hochschulen oder Forschungseinrichtungen in den Blick nehmen. Auch hier können auf eine oder mehrere Leistungsdimensionen bezogene Vergleiche *zwischen* Einrichtungen vorgenommen werden und explizite Zielkriterien für die Beurteilung von Einrichtungen angelegt werden. Entsprechende Messungen können zum Monitoring, zur Evaluation und darüber hinaus zur Steuerung dienen, also auch mit substanziellen Konsequenzen verbunden sein.

Auf einer *Mikro-Ebene* schließlich siedeln wir Leistungsmessungen an, die kleinere Aggregationseinheiten betreffen, also Fakultäten/Fachbereiche, Verbünde, Institute bis hin zu Arbeitsgruppen und Individuen. Ansprüche an eine mehrdimensionale und transparente Modellierung der Leistungsmessungen gelten aber auch für diese Ebene, die ebenfalls unterschiedlichen Zwecken dienen (der Rückmeldung, der internen und externen Steuerung) und mit gravierenden Konsequenzen verbunden sein können (z. B. institutionelle Absicherung, Arbeitsmöglichkeiten, Förderentscheidungen).

Ziel und Konzeption des Sammelbandes

Das Ziel dieses Sammelbands ist es, das höchst relevante Thema der Leistungsbewertung in wissenschaftlichen Institutionen und Universitäten aus vier verschiedenen Perspektiven zu betrachten. Neben den Bereichen Forschung und Lehre werden dabei die Bewertung der „Third Mission" sowie die Bewertung sonstiger Leistungsaspekte betrachtet.

Wir haben umfangreiche Recherchen betrieben, um für die einzelnen Teilbereiche zur Leistungsbewertung in der Wissenschaft geeignete Autor(inn)en identifizieren zu können. Hierbei fiel auf, dass manche Bereiche trotz ihrer hohen Relevanz nur unzureichend erforscht werden. Abbildung 1 liefert einen Überblick dazu, (1) zu welchen Themenbereichen unser Sammelband mit Blick auf Forschung, Lehre, Third Mission

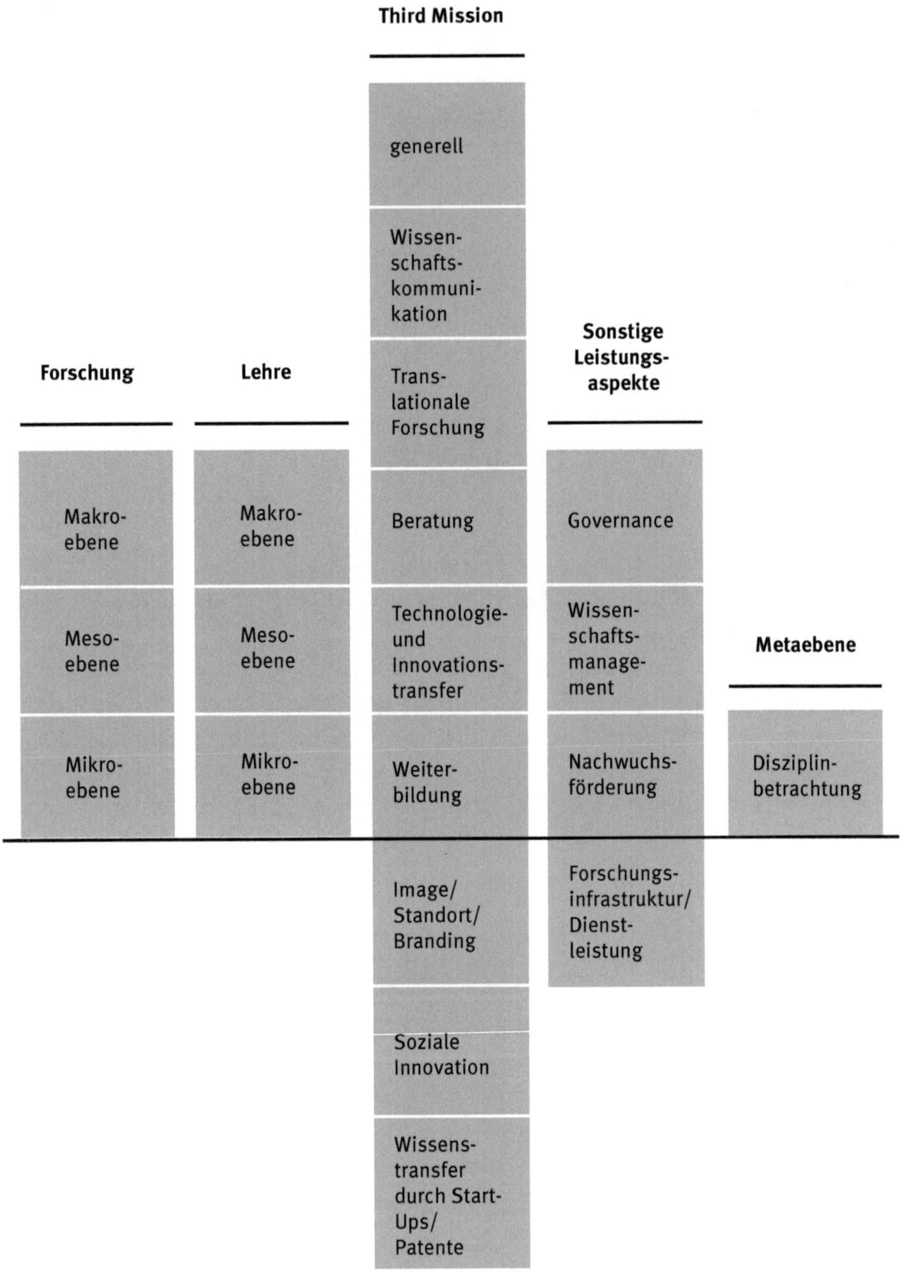

Abb. 1: Themenbereiche des Sammelbandes.

und sonstige Leistungsaspekte Buchbeiträge enthält und Erkenntnisse liefert (Themen oberhalb der Achse), und (2) zu welchen Themenbereichen keine Autoren gewonnen werden konnten (Themen unterhalb der Achse). Insgesamt ist im Zuge der Identifikation geeigneter Autor(inn)en der Eindruck entstanden, dass sich in Forschung und Wissenschaftspraxis vergleichsweise viele Personen mit Leistungsbewertung in den Bereichen Forschung und Lehre beschäftigen, während die Forschung mit Blick auf Third Mission und sonstige Leistungsaspekte tendenziell zu kurz kommt.

Im folgenden Kapitel werden die Beiträge in unserem Sammelband überblicksartig zusammengefasst.

Beiträge in unserem Buch

Teil eins des Sammelbandes beleuchtet die Leistungsbewertung in der **Forschung**. Dabei betrachten die Autor(inn)en die Evaluation wissenschaftlicher Wissensproduktion im internationalen Vergleich sowie auf institutioneller, fachbereichspezifischer und individueller Ebene.

Zu Beginn zeigen *Liudvika Leisyte* und *Sude Peksen* einen internationalen Systemvergleich von vier verschiedenen europäischen Forschungsevaluationssystemen auf. Dabei gehen die Autorinnen zum einen auf generelle Gemeinsamkeiten und Unterschiede der Forschungsevaluationssysteme in Großbritannien, den Niederlanden, Tschechien und Deutschland ein; zum anderen legen sie in ihrer Analyse einen Fokus auf geschlechterspezifische Verzerrungen in den Evaluationssystemen. Die Autorinnen stellen fest, dass Evaluationssysteme, die im Wesentlichen auf Peer-Review-Verfahren und bibliometrischen Methoden aufbauen, geschlechterspezifische Verzerrungen aufweisen. Diese Verzerrungen zeigen sich insbesondere dann, wenn Forschungsevaluationen an die Mittelverteilung geknüpft sind (z. B. Großbritannien und Tschechien).

Ruth Müller geht in ihrem Beitrag auf das Verhältnis von Evaluation und wissenschaftlicher Wissensproduktion ein. Dabei bezieht sie sich auf das relativ neue Forschungsfeld der Valuation Studies, welches sich um die Frage dreht, wie Wissenschaftler/-innen die Bewertung ihrer Forschungsleistung wahrnehmen und darauf reagieren. Nach einem theoretischen Überblick zu der Thematik und der Diskussion eigener empirischer Arbeiten im Bereich der Lebenswissenschaften, warnt die Autorin vor der zunehmenden Tendenz, Leistungsindikatoren auf der individuellen Ebene (z. B. Impact-Faktor) mehr Relevanz zuzuordnen als risikobehafteteren, aber gesellschaftlich relevanten Forschungsprojekten. Hier sieht die Autorin insbesondere in aktuellen Peer-Review Prozessen Verbesserungspotenzial.

Zum Abschluss des ersten Teils beschäftigt sich *Fabian Hattke* in seinem Beitrag mit der Bewertung der Forschungsleistung von einzelnen Wissenschaftler(inne)n, Forschergruppen und Institutionen an Universitäten, wobei er den Fokus auf den Fachbereich Betriebswirtschaftslehre legt. Hierbei diskutiert er die Rolle verschiedener Akteur/-innen in der Leistungsbewertung sowie die Vor- und Nachteile verschiedener Evaluationsverfahren und geht der Frage nach, wie und mit welchen Auswirkungen Leistungsinformationen an Universitäten genutzt werden. Dabei kommt der Autor zu dem Schluss, dass die vorherrschenden qualitativen und quantitativen Leistungsbewertungen zwar auf der Makro- und Mesoebene sinnvoll sind, jedoch für die Bewertung einzelner Wissenschaftler/-innen nicht zielführend sind, da sie die Entwicklungsperspektive nur unzureichend abdecken.

In Teil zwei des Sammelbandes steht die Leistungsbewertung der **Lehre** im Vordergrund. Auch hier vollziehen die Autor(inn)en einen internationalen Systemvergleich und zeigen verschiedene Ansätze innerhalb von Forschungseinrichtungen und Fachbereichen auf.

Edith Braun, Axel Oberschelp und *Ulrike Schwabe* gehen in ihrem Beitrag zwei zentralen Fragestellungen nach: Zum einen untersuchen die Autor(inn)en, wie Leistungen in der universitären Lehre in Deutschland gemessen werden, und zum anderen diskutieren sie, welche Instrumente, die in anderen Ländern (Niederlande, Großbritannien, USA) Anwendung finden, auch auf Deutschland übertragbar wären, um die Entwicklung der universitären Lehre in Deutschland positiv zu gestalten. Konkret sehen die Autor(inn)en in der Stärkung der institutionellen Forschung, also einer zunehmenden Einbindung der Studierenden in die Forschung sowie in der Gründung einer „Deutschen Lehrgemeinschaft" Potenziale, um eine hohe Qualität von Studium und Lehre in Deutschland zu sichern.

Olga Zlatkin-Troitschanskaia, *Jennifer Fischer* und *Hans Anand-Pant* führen eine strukturierte Dokumentenanalyse durch, um den aktuellen Stand der nationalen und internationalen Lehrkompetenzforschung im Hochschulbereich aufzuzeigen. Dabei liegt der Fokus auf der Identifizierung von Ansätzen zur Messung von Lehrqualität. Diese Erkenntnisse werden von den Autor(inn)en kritisch diskutiert, wobei Defizite in der Forschung und Entwicklungsmöglichkeiten für eine valide Lehrkompetenzmessung identifiziert werden.

Christoph Schindler, *Katharina Kronsforth*, *Adriana Zaragoza* und *Tina Seidel* runden Teil zwei des Sammelbandes ab, indem sie auf die die Hochschullehre betreffenden Herausforderungen der New Public Management Reform für Lehrende eingehen und anhand einer Fallstudie aufzeigen, welche Strategien und Maßnahmen eine Umsetzung der Reformziele durch die Lehrenden unterstützen. Die Autor(inn)en kommen dabei zu dem Schluss, dass der Veränderungsprozess der Lehre kontextabhängig und auf verschiedenen Ebenen gestaltet werden sollte. Hierbei zeigen die Ergebnisse der Fallstudie, dass besonders Professionalisierungsprogramme sowie wissenschaftsbasierte Evaluationen sinnvolle unterstützende Maßnahmen für Lehrende darstellen.

In Teil drei werden verschiedene Aspekte der **Third Mission** von wissenschaftlichen Institutionen und Universitäten in Bezug auf deren Leistungsmessung näher beleuchtet. Diese Tätigkeiten umfassen Aktivitäten von wissenschaftlichen Institutionen und Universitäten, die nicht in die Spektren Forschung und Lehre fallen.

Justus Henke und *Peer Pasternack* setzen sich in ihrem Beitrag zu Beginn dieses Teils mit der Leistungserfassung und -bewertung der Third Mission generell auseinander, ohne auf spezifische Aktivitäten einzugehen. Die Autoren merken an, dass eine öffentlichkeitswirksame Kommunikation von Third-Mission-Aktivitäten zeigt, dass wissenschaftliche Institutionen und Universitäten gesellschaftliche Verantwortung übernehmen und daher eine Beurteilung dieser Aktivitäten Sinn macht. Allerdings sind bis dato noch kaum Informationen verfügbar, die aufzeigen, welche Ansätze und Kriterien für eine Leistungsbewertung geeignet sind. Diese Lücke schließen die Autoren, indem sie verfügbare Operationalisierungen im Hinblick auf deren Möglichkeiten und Grenzen diskutieren.

Simon Scheuerle liefert einen Beitrag zu der Bewertung der Wissenschaftskommunikation als ein Teilaspekt der Third Mission. Dabei beleuchtet der Autor Herausforderungen und Chancen der Bewertung der Hochschulkommunikation und diskutiert verschiedene Instrumente des Kommunikations-Controllings mit Hinblick auf deren Steuerungseignung. Der Autor hebt dabei hervor, dass eine zielgerichtete Strategie eine unabdingbare Voraussetzung für eine sinnvolle Leistungsbewertung der Wissenschaftskommunikation darstellt. Da es keine entsprechenden etablierten Standards gibt, sind wissenschaftliche Institutionen selbst gefragt, entsprechende Strategien zu entwickeln.

Corinna Barz beleuchtet in ihrem Beitrag die Bewertung der translationalen Gesundheitsforschung, also der interdisziplinären Forschung, die auf Beobachtungen im Labor, in der Klinik und im Alltag basiert und schnell und effizient Handlungsmöglichkeiten generiert, die die Gesundheit von Individuen und unserer Gesellschaft verbessern. Die Autorin sieht in der Definition und Erhebung von Leistungsparametern für Innovationsleistungen in wissenschaftlichen Institutionen und Universitäten großes Potenzial, um die Zusammenarbeit von Hochschulen, Forschungsinstitutionen und Industrie zu fördern, die erfolgskritisch für die Translation ist.

Dieter Rehfeld geht in seinem Beitrag auf die Rolle von Grundlagenforschung und Anwendungsforschung in den Sozialwissenschaften ein und diskutiert, wie dabei die Produktion von gesellschaftlich nützlichem Wissen gesichert und insbesondere nutzbar gemacht werden kann. Der Autor zeigt in seinen Ausführungen auf, dass anwendungsorientierte Forschung und Grundlagenforschung nicht als zwei gegensätzliche Arten von Forschung betrachtet und bewertet werden sollten, da sie komplementären Charakter aufweisen und entsprechend produktiv aufeinander einwirken können. Entsprechend ist anwendungsorientierte Forschung nicht nur gesellschaftlich relevant, sondern liefert auch Erkenntnisse für weitere Grundlagenforschungen.

Der Messung der Wirkung von Transferaktivitäten von wissenschaftlichen Institutionen und Universitäten widmen sich *Christiane Spiel*, *Daniel Graf*, *Lisa Stempfer*, *Ju-*

lia Holzer, *Marie-Therese Schultes*, *Laura Brandt*, *Veronika Somoza* und *Barbara Schober* in ihrem Beitrag. Neben einer Diskussion verschiedener Ansätze zur Bewertung der Wirkung von Transferaktivitäten zeigen die Autor(inn)en am konkreten Beispiel der Universität Wien, wie eine Implementierung aussehen kann. Die Autor(inn)en kommen zu dem Schluss, dass durch die vielen Unklarheiten in Bezug auf ein Evaluationssystem für die Wirkung von Transferaktivitäten, die Implementierung eines reinen Strategie- und Administrationsprojeks nicht sinnvoll ist. Vielmehr erachten die Autor(inn)en eine Verknüpfung mit einem Forschungsprojekt als gewinnbringend, um entsprechendes Basiswissen zu generieren.

Eva Cendon, *Annika Maschwitz*, *Sigrun Nickel*, *Ada Pellert* und *Uwe Wilkesmann* analysieren in ihrem Beitrag die Weiterbildung als Kernaufgabe deutscher Hochschulen sowie Ansätze zu deren Steuerung. Neben einer Auseinandersetzung mit dem Begriff Weiterbildung gehen die Autor(inn)en auf die rechtlichen Rahmenbedingungen von Weiterbildung an Hochschulen ein und zeigen die Möglichkeiten und Grenzen leistungsorientierter Steuerung von Weiterbildung auf staatlicher und institutioneller Ebene auf. Mit einem Ausblick zu den Herausforderungen für eine adäquate Steuerung der Weiterbildung an Hochschulen schließen die Autor(inn)en ihren Beitrag ab, wobei sie der Empfehlung des Wissenschaftsrates aus dem Jahr 2019 folgen und dafür plädieren, dass Hochschulen als Orte des lebenslangen Lernens durch Anpassungen finanzieller und rechtlicher Rahmenbedingungen sowie durch das Schaffen entsprechender Anreizsysteme gestärkt werden müssen.

Die Beiträge in Teil vier des Sammelbandes decken **sonstige Leistungsaspekte** in wissenschaftlichen Institutionen und Universitäten ab. Der Beitrag von *Ivar Bleiklie* und *Svein Micheilsen* beleuchtet das Thema Leistungsbewertung aus einer Governance-Perspektive, wobei die Autoren untersuchen, wie sich der zunehmende Fokus auf Leistungsparameter in der Hochschulpolitik widerspiegelt und welche Faktoren die Hochschulpolitikgestaltung beeinflussen. Um diese Fragen zu beantworten, analysieren die Autoren eine Serie von vergleichbaren Studien aus mehreren westeuropäischen Ländern, die Hochschulreformen und damit verbundene Veränderungen in Universitätsorganisationen und Managementpraktiken als Untersuchungszweck hatten. Dabei stellen die Autoren fest, dass unterschiedliche politisch-administrative Regimetypen verschiedene Räume für die Akteur/-innen bieten, Reformprozesse zu beschleunigen, zu verlangsamen oder zu verhindern.

Sigrun Nickel und *Lothar Zechlin* gehen in ihrem Beitrag der Frage nach, wie die Beurteilung von Leistung im Hochschulmanagement ausgestaltet werden kann. Die Autor(inn)en analysieren dabei, wie im Hochschulbereich die Tätigkeiten, die auf das Leiten, Steuern, Entwickeln und Organisieren wissenschaftlicher Einrichtungen abzielen, beurteilt werden können. Als Resultat stellen die Autor(inn)en fest, dass es in diesem Bereich zwar erste Ansätze zur Leistungsbeurteilung gibt, diese jedoch noch nicht sehr ausgereift sind und weitere konzeptionelle Arbeiten erfordern.

René Krempkow und *Jule Specht* untersuchen, wie Leistung in der Nachwuchsförderung im deutschen Hochschulsystem beurteilt werden kann. Dabei analysieren die

Autor(inn)en entsprechende Ansätze auf der Makro-Ebene durch einen Vergleich mit Tätigkeitsbereichen außerhalb von Hochschulen und auf der Meso-Ebene durch das Aufzeigen von Leistungskriterien innerhalb deutscher Hochschulen. Ausgehend von diesen Analysen formulieren die Autor(inn)en Empfehlungen, wie die Nachwuchsförderung und deren Beurteilung an deutschen Hochschulen verbessert werden kann. Die Autor(inn)en sehen insbesondere in einer Förderung der Berechenbarkeit der Chancen auf höhere Beschäftigungssicherheit für Nachwuchswissenschaftler/-innen Handlungsbedarf. Dies kann beispielsweise durch striktere Transparenz, Verbindlichkeit sowie eine Festlegung von klaren Kriterien für die Stellenbesetzung gefördert werden.

Der abschließende Beitrag von *Michael Ochsner* betrachtet die Messung von Forschungsleistungen auf einer Meta-Ebene, wobei der Autor den Fragen nachgeht, wie sich die Qualität von Forschung bestimmen lässt, welche Kriterien für die Bestimmung von Forschungsqualität existieren und welche dieser Kriterien sich quantitativ messen lassen. Dabei gibt der Autor einen Überblick verschiedener Evaluationssysteme und erläutert Probleme in Bezug auf die Messung von Forschungsleistungen. Ausgehend von diesen Ausführungen macht sich der Autor für einen Bottom-up-Ansatz zur Beurteilung von Forschungsqualität stark.

Ausblick

Die Beiträge in unserem Sammelband zeigen, dass der Wechsel von einem inputorientierten hin zu einem outputorientierten Steuerungsansatz der Wissenschaft, der die Leistung in den Mittelpunkt stellt, nicht nur in der Forschung intensiv beleuchtet wird, sondern auch in der Hochschulpraxis dazu geführt hat, dass die Bewertung der Leistung von wissenschaftlichen Instituten, Universitäten und Wissenschaftler(inne)n nicht mehr nur auf Basis von Forschungsleistungen erfolgt, sondern auch auf den Ebenen der Lehre, der Third Mission und sonstigen Leistungsaspekten vollzogen werden kann und sollte.

Dennoch ist unser Wissen insbesondere in den Bereichen der Leistungsbewertung von Third Mission-Themen sowie sonstigen Aspekten begrenzt. Dies zeigt auch unsere Abbildung 1 (Abschnitt Ziel und Konzeption des Sammelbandes). Auch wenn wir mit diesem Sammelband einige Lücken schließen konnten, besteht weiterhin Forschungsbedarf. So werden beispielsweise die Bedeutung von Image, Standort und Branding von wissenschaftlichen Institutionen und Universitäten sowie deren Rolle im Bereich der sozialen Innovationen und dem Wissenstransfer durch Unternehmensgründungen und Patente unterstrichen; (empirische) Forschung, wie entsprechendes Engagement bzw. Leistung bewertet wird, ist jedoch kaum vorhanden. Ein ähnliches Bild zeigt sich im Hinblick auf die Forschungsinfrastruktur und die damit verbundenen Dienstleistungen, die wissenschaftliche Institutionen und Universitäten zur Verfügung stellen. Die Frage, wie diese adäquat bewertet werden können, lässt sich nur mittels weiterer Forschung beantworten. Wir würden uns freuen, wenn der Diskurs zum Thema Leistungsbewertung in der Wissenschaft auch künftig fortgeführt würde und dabei auch Third Mission und sonstige Leistungsaspekte zunehmend Berücksichtigung finden würden.

Acknowledgements

Unser besonderer Dank gilt den Autor(inn)en für die Zeit und Mühe, die sie für die Erstellung ihrer Buchbeiträge aufgewendet haben. Die Autor(inn)en sind mit den im Zuge der Begutachtung durch die Herausgeber entstandenen Anmerkungen, Kritiken und Vorschlägen stets konstruktiv umgegangen und haben durch ihre interessanten Beiträge und ihre Kooperationsbereitschaft die Publikation dieses Sammelbandes ermöglicht.

Darüber hinaus danken wir insbesondere Frau Dr. Lisa Ritzenhöfer, die im Rahmen ihrer Tätigkeit als Wissenschaftliche Mitarbeiterin die Veröffentlichung des Sammelbandes zu Beginn wesentlich vorangetrieben hat. Mit großer Sorgfalt hat sie in der Anfangsphase vor allem potenzielle Autor(inn)en recherchiert, Verlage angefragt und die Kommunikation mit potenziellen Autor(inn)en koordiniert. Des Weiteren sind wir den studentischen Hilfskräften Philipp Schockenhoff und Julia Wilnhammer zu Dank verpflichtet, die uns bei Recherchetätigkeiten sowie Koordinationsaufgaben tatkräftig unterstützt haben. Außerdem möchten wir uns beim Bundesministerium für Bildung und Forschung bedanken. Obgleich die Publikation nicht durch das Bundesministerium für Bildung und Forschung gefördert wurde, sind die ersten Ideen hinsichtlich der konzeptionellen Basis des Sammelbandes im Rahmen des Projekts „Koordinierungsstelle der Förderlinie Leistungsbewertung in der Wissenschaft" entstanden. Letztlich gilt unser Dank Frau Barbara Rave, die mit Blick auf den gesamten Sammelband im Rahmen des Lektorats wertvolle Hinweise gegeben und die Beiträge in ein einheitliches Format gebracht hat.

Isabell M. Welpe, Technische Universität München
Jutta Stumpf-Wollersheim, Technische Universität Bergakademie Freiberg
Nicholas Folger, Technische Universität München
Manfred Prenzel, Universität Wien

Literaturverzeichnis

Enserink, M. (2004). Reinventing Europe's universities. *Science*, 304:951–953.

Fiedler, M., Welpe, I. M., Lindlbauer, K. und Sattler, K. (2008). Denn wer da hat, dem wird gegeben. Publikationsproduktivität des BWL-Hochschullehrernachwuchses und deren wissenschaftlicher Betreuer. *Zeitschrift für Betriebswirtschaft*, 78:477–508.

Wissenschaftsrat (2013). *Perspektiven des deutschen Wissenschaftssystems*. Köln: Wissenschaftsrat.

Wissenschaftsrat (2014). *Empfehlungen zu Karrierezielen und -wegen an Universitäten*. Köln: Wissenschaftsrat.

Wissenschaftsrat (2015). *Empfehlungen zu wissenschaftlicher Integrität*. Positionspapier. Köln: Wissenschaftsrat.

Wissenschaftsrat (2016). *Wissens- und Technologietransfer als Gegenstand institutioneller Strategien*. Positionspapier. Köln: Wissenschaftsrat.

Wissenschaftsrat (2017). *Strategien für die Hochschullehre*. Positionspapier. Köln: Wissenschaftsrat.

Wissenschaftsrat (2018a). *Empfehlungen zur Internationalisierung von Hochschulen*. Köln: Wissenschaftsrat.

Wissenschaftsrat (2018b). *Empfehlungen zu regionalen Kooperationen wissenschaftlicher Einrichtungen*. Köln: Wissenschaftsrat.

Wissenschaftsrat (2018c). *Empfehlungen zur Hochschul-Governance*. Köln: Wissenschaftsrat.

Liudvika Leišytė und Sude Peksen

1 Nationale Evaluationssysteme für Forschung in Hochschulen – Gender Bias im europäischen Vergleich

1.1 Einleitung

In den letzten Jahrzehnten ergriffen die europäische Union und ihre Mitgliedsstaaten viele politische Initiativen, um die unterschiedlichen Hochschulsysteme miteinander zu verknüpfen und zu koordinieren. Einer der Kernbereiche ist dabei die Forschung, welche jedoch in verschiedenen Staaten auf unterschiedliche Weise priorisiert wird. Im Rahmen dessen können verschiedene entwicklungspolitische Strategien und Mechanismen beobachtet werden. Als zentrale Instanz forderte die Europäische Kommission eine wissensbasierte Wirtschaft und betonte somit Forderungen nach Forschungsinnovationen (Saisana & Munda, 2008). Mitgliedstaaten, die bereits mit neuen politischen Instrumenten im Rahmen des neuen Steuerungsmodells, dem sogenannten New Public Management (NPM), ihren öffentlichen Sektor rationalisiert hatten, bewerteten zunehmend Forschung und Forschungsexzellenz auf nationaler Ebene durch Evaluationssysteme (de Boer et al., 2007; Broucker et al., 2019). Zudem fordern Förderorganisationen als Geldgeber von Forschung und Entwicklung Effektivität und Effizienz der Forschung sowie eine zunehmende Rechenschaftspflicht von Wissenschaftler(inne)n hinsichtlich ihrer Forschungsergebnisse. In den letzten Jahrzehnten führten viele europäische Staaten diesbezüglich neue Reformen ein, bewegten sich jedoch auf verschiedenen Pfaden (Leišytė & Westerheijden, 2014; Whitley & Gläser, 2007; Hicks, 2012).

Im Kontext dieser Reformen und einer Vielzahl von verschiedenen Evaluationssystemen in einzelnen europäischen Staaten ist der Genderaspekt in unterschiedlichen nationalen Evaluationssystemen noch nicht weitgehend untersucht worden. Die meisten aktuellen Studien zum Gender Bias in der Wissenschaft setzen den Fokus auf die Ungleichheiten zwischen Frauen und Männern bei der Entlohnung, Leistung und Produktivität in der Lehre und Forschung, Zugriff zu Fördermitteln sowie den Einfluss in der wissenschaftlichen Community (Bain & Cummings, 2000; Leišytė & Hosch-Dayican, 2014; Savigny, 2014; Jappelli et al., 2015; Rivera & Tilcsik, 2019). Vergleichende Studien zu Evaluationssystemen für Forschung an Hochschulen in Europa wurden vereinzelt durchgeführt. Zum Beginn der Jahrtausendwende analysierte Campbell

Liudvika Leišytė, Technische Universität Dortmund
Sude Peksen, Technische Universität Dortmund

https://doi.org/10.1515/9783110689884-002

(2003) ex-post Forschungsevaluation in Großbritannien, den Niederlanden, Deutschland und Österreich (Campbell, 2003). Neben kleineren Vergleichsstudien (Leišytė & Westerheijden, 2014; Molas-Gallart, 2012) wurden aktuell auch im internationalen Rahmen Evaluationssysteme untersucht (Sandström & van den Besselaar, 2018), jedoch ohne einen Fokus auf Genderfragen zu setzen. Allerdings wurde der Gender Bias in der Leistungsbewertung und der Produktivität von Wissenschaftler(inne)n, sowie die damit zusammenhängende Geschlechterdiskriminierung in der Wissenschaft in verschiedenen Studien aufgezeigt (Nielsen, 2018; Leišytė, 2016; Feller, 2004). Es ist daher notwendig, den Genderaspekt in den Diskurs zu Evaluationssystemen einzubringen. Ziel dieser Untersuchung ist es daher, zur wissenschaftlichen Forschung im Bereich der Forschungsevaluationen aus der Genderperspektive beizutragen.

Im Folgenden werden daher die Unterschiede nationaler Evaluationssysteme für Forschung in Hochschulen in vier ausgewählten europäischen Staaten, nämlich Großbritannien, Niederlande, Tschechien und Deutschland, näher untersucht. Dabei gehen wir folgenden Fragen nach: Wie unterscheiden sich Evaluationssysteme in verschiedenen europäischen Ländern? Welche Indikatoren zur Bewertung von Forschung werden verwendet? Welcher Gender Bias ist in den Evaluationssystemen gegenwärtig? Gender Bias in Evaluationssysteme definieren wir nach Sagebiel (2015) als strukturelle oder systematische geschlechterdiskriminierende Effekte, die zu einer Ungleichbehandlung zwischen den Geschlechtern führen.

Im Rahmen dieses Beitrags wird zuerst der Einfluss des NPM auf die Leistungsüberwachung und Rechenschaftspflicht von Wissenschaftler(inne)n in Bezug auf ihre Forschungstätigkeit erläutert. Im Anschluss werden die nationalen Evaluationssysteme für Forschung in Hochschulen in den vier ausgewählten Fallstudien Großbritannien, Niederlande, Tschechien und im deutschen Bundesland Niedersachsen aus einer historischen Perspektive vorgestellt. Danach wird der aktuelle Stand der Forschung zum Gender Bias bei der Messung und Bewertung von Forschungsoutputs erörtert. Daraufhin erfolgt eine Datenanalyse basierend auf einer Recherche von nationalen Berichten und zusätzlichen Quellen und schlussendlich eine Diskussion zum Gender Bias der Evaluationssysteme in den vier europäischen Ländern.

1.2 New Public Management und Leistungsmonitoring

Die Transformation der Hochschulbildung in Europa, welche das Ziel verfolgt, die Effektivität und Effizienz zu verstärken, erfolgte aufgrund der Massifizierung sowie einer Reihe von Reformen im Rahmen des NPM. Wesentlicher Bestandteil dieses Prozesses waren Veränderungen in der staatlichen Steuerung von Universitäten, welche zu einem zunehmenden Wettbewerb zwischen Hochschulen geführt haben (Hüther & Krücken, 2018; de Boer et al., 2007; Schiene & Schimank, 2006). Eine zunehmende Rechenschaftspflicht wurde zur Gewährleistung von mehr Transparenz durch Monitoring von Finanzflüssen und Leistungen als gängiger politischer Mechanismus eingesetzt, um sicherzustellen, dass Hochschulen die staatlichen Anforderungen erfüllen, in verschiedenen nationalen und internationalen Rankings aufsteigen, die Qualität von Hochschulbildung und Forschung verbessern und durch Wissenstransfer und Kommerzialisierung einen gesellschaftlichen und wirtschaftlichen Mehrwert schaffen (Leišytė & Sigl, 2018; Leišytė & Wilkesmann, 2016; Shin et al., 2011; van der Wende & Westerheijden, 2009; Welpe et al., 2015).

Diese Veränderungen sind Teil eines größeren Wandels in der öffentlichen Verwaltung, um durch Wettbewerb unter den Prämissen des New Public Managements und der Public Value Policy, also Maßnahmen für öffentliche Wertschöpfung, einen gesellschaftlichen Mehrwert bei geringstmöglichen Kosten zu schaffen (Broucker et al., 2019). In diesem Zusammenhang ist das Leistungsmonitoring im Sinne der Transparenz gegenüber und für die Gesellschaft von zentraler Bedeutung. In Hochschulen ist die Leistungsmessung in den vergangenen Jahren weitgehend institutionalisiert worden. Dies erfolgte zum einen anhand der Qualitätssicherung von Studiengängen durch Akkreditierung und durch institutionelle Evaluation vonseiten nationaler Qualitätssicherungsagenturen, welche im Zuge des Bologna-Prozesses stark gefördert wurden (Verhoeven et al., 2019), zum anderen mittels der Evaluation von Forschungsleistung durch einzelne Institutionen und nationale Förderorganisationen (Whitley & Gläser, 2007).

Für die Schaffung nationaler Evaluationssysteme für Forschung lassen sich zwei Hauptgründe identifizieren: 1) Informationsbeschaffung für die Verteilung der Forschungsmittel in den leistungsorientierten Forschungsfördersystemen, 2) Forschungsevaluationen für die Bereitstellung von Informationen an die Entscheidungsträger der Hochschulen für strategische Entwicklungszwecke (Hicks, 2012; Leišytė & Westerheijden, 2014). So werden beispielsweise in den Niederlanden regelmäßige nationale Forschungsbewertungen auf der Grundlage von Peer-Review-Panels durchgeführt. Diese Evaluation wird von Hochschulen organisiert und auf nationaler Ebene durch ein „Standard Evaluation Protocol" (SEP) koordiniert. Sie soll dem Hochschulmanagement Informationen über die Forschungsqualität verschiedener Fachbereiche liefern (Sivertsen, 2017). Andererseits ist das weitgehend Peer-Review-basierte System mit direktem Bezug zur Vergabe von Forschungsmitteln das am längsten laufende nationale Evaluationssystem für Forschung in Großbritannien. Das sogenannte „Research Evaluation Framework" (REF) hat das Ziel, Institutionen anhand ihrer Ergebnisse in der Systemüberprüfung zu bewerten, um die Höhe der institutionellen Förderung von Hochschulen bestimmen zu können. Im Laufe der Zeit wurden neben dem Ziel, Institutionen für die Finanzierung auszuwählen, auch die neuen Ziele, die unter anderem die Bewertung der Forschungsqualität und -wirkung umfassen, visiert (Sivertsen, 2018). Dieses Modell der nationalen Forschungsevaluation ist jedoch nicht weit verbreitet, was zum Teil auf hohe Kosten für den Evaluationsprozess zurückzuführen ist.

Insgesamt ist die Variabilität der Evaluationssysteme für Forschung in Europa extrem hoch, auch wenn weitgehend den beiden oben genannten Grundprinzipien gefolgt wird. Dies hängt mit der Variabilität der Definition von Forschungsqualität zusammen, welche je nach Präferenzen von Fachdisziplinen, akademischen Eliten und staatlichen Entscheidungsträgern in einzelnen Ländern variiert. Einer der wesentlichen Unterschiede ist zudem die Entscheidung für einen Peer-Review- oder einen metrischen Ansatz zur Messung von Forschungsqualität.

Der metrische Ansatz verwendet bibliometrische Indikatoren zur Bestimmung der Forschungsqualität (OECD, 2002) und definiert dies als statistische Analyse von Büchern, Artikeln und anderen Publikationen. Dieser Ansatz untersucht Forschungsaktivitäten durch die Ermittlung von Publikationen und von anderen bibliografischen Datensätzen, die Wissenschaftler/-innen hinterlassen (z. B. Zitationen) (Hicks & Melkers, 2012). Wie von Sivertsen (2017) festgestellt, werden bei bibliometrischen Analysen Daten über wissenschaftliche Publikationen und Zitationen zur Messung von Forschungsoutputs und deren Wirkung auf Individual-, Team-, Institutionen- und Länderebene überprüft. In einigen Ländern werden metrische Daten, wie z. B. Veröffentlichungen in internationalen Fachzeitschriften oder Bücher in renommierten Verlagen, Anzahl der Doktoranden und Höhe der externen Forschungsförderung, verwendet, um die Forschungsqualität der Forschungsoutputs in verschiedenen Disziplinen zu bestimmen. Obgleich metrische Messungen lediglich in einigen Ländern verwendet werden, sind sie eine zunehmend beliebtere Methode zur Messung der Forschungsqualität und stellen somit ein leistungsfähiges Instrument in Evaluationssystemen für Forschung dar.

Peer Review hingegen bewertet die Qualität der Forschung auf der Grundlage von Expert(inn)enurteilen, die in der Regel durch Diskussion und Beratung im Fachkollegium herbeigeführt werden. Peer Review basiert auf der Idee, dass die wissenschaftliche Community am besten dazu geeignet ist, andere Wissenschaftler/-innen (Peers) zu beurteilen. Sie geht davon aus, dass Gutachter/-innen frei von sozialen Vorurteilen sind und vollkommen objektive Urteile fällen (Europäische Kommission, 2004). Studien haben allerdings gezeigt, dass Peer-Review-Urteile in Abhängigkeit von den sozialen Merkmalen der Peer Reviewer, wie Konservatismus, Publikationsbias oder Bias bezüglich Interdisziplinarität, voreingenommen sein können. Dabei ist die Zusammensetzung von Peer-Review-Ausschüssen oder Evaluationsgremien (Expert(inn)engremien) entscheidend (Lamont, 2009; Lee et al., 2013; van Arensbergen et al., 2014).

Obwohl sie in den meisten Evaluationssystemen noch nicht fest verankert sind, haben altmetrische Indikatoren in den vergangenen Jahren an Bedeutung gewonnen. Dies liegt vor allem an der zunehmenden Verwendung des Internets bei der Speicherung von Publikationen auf Online-Plattformen sowie durch den Austausch über soziale Medien wie z. B. Twitter (Priem et al., 2012). Altmetriken sind Metriken und qualitative Daten, die komplementär zu traditionellen zitatbasierten Metriken sind. Diese umfassen beispielsweise Erwähnungen, das Teilen oder „Gefällt-Mir-Angaben" in sozialen Medien, Zitate auf Wikipedia-Seiten und in öffentlichen Policy Dokumenten, Diskussionen in Forschungsblogs, Mainstream-Medienberichterstattung, oder

Verweise in Literaturverwaltungsprogrammen wie Mendeley. Wie von Costas, Zahedi und Wouters (2015) beschrieben, können Altmetriken zum besseren Verständnis der Wirkung von Forschung, komplementär zu Zitationen sein. Dies trifft insbesondere auf Disziplinen zu, in denen sie häufiger vertreten sind. Diese Art der Messung wird jedoch bisher noch nicht in nationalen Forschungsevaluationen eingesetzt (Costas et al., 2015).

Ochsner, Kulczycki und Gedutis (2018) argumentieren auf der Grundlage einer umfassenden Analyse verschiedener Forschungsevaluationssysteme, dass etablierte Forschungssysteme in Westeuropa stärker auf Peer Review basieren, während andere, die sich sehr stark auf Ranking und Wettbewerb konzentrieren, auf metrische Ansätze ausgerichtet sind. Sie beobachten einen Zusammenhang zwischen dem nationalen Forschungsevaluationssystem und der Vorgeschichte des Staates sowie den politischen Präferenzen. Im Allgemeinen stellen sie fünf Gruppen europäischer Staaten auf, die sich in den folgenden Punkten unterscheiden: „metrisch und nicht metrisch", „englischsprachig oder landessprachlich orientiert", „gekoppelt an Fördermittel oder nicht" sowie „differenziert oder nicht in Bewertungskriterien für ‚harte' und ‚weiche' Wissenschaften". Darüber hinaus haben sie festgestellt, dass die Einbeziehung des Geschlechts in die Forschungsevaluation ebenfalls wichtig und nicht mit den anderen Merkmalen des Bewertungssystems verknüpft ist (Ochsner et al., 2018).

Dies veranlasst uns, dem Geschlechteraspekt in den Forschungsevaluationssystemen besondere Aufmerksamkeit zu schenken und uns in diesem Beitrag auf die Evaluationssysteme für Forschung in Großbritannien, den Niederlanden, Tschechien und Deutschland (Niedersachsen) zu konzentrieren. Da sich die Art der Bewertung in Bezug auf Methodik und mögliche Gender Bias, also Geschlechterverzerrungen wie beispielsweise Metriken und Peer Review, unterscheiden, werden wir im nächsten Abschnitt die geschlechtsspezifischen Auswirkungen verschiedener Methoden und Indikatoren, die in verschiedenen nationalen Evaluationssystemen verwendet werden, diskutieren.

1.3 Nationale Evaluationssysteme in Europa

Nationale Evaluationssysteme für Forschung an Hochschulen wurden bereits in vielen europäischen Ländern etabliert (Hicks, 2009). Trotz vieler Gemeinsamkeiten zeigen Studien, dass sich Evaluationssysteme aufgrund ihrer Struktur, Messindikatoren sowie hinsichtlich ihrer Ziele unterscheiden (Málek et al., 2014; Ochsner et al., 2018; Sandström & van den Besselaar, 2018).

Für die Untersuchung wurden vier europäische Staaten ausgewählt. Großbritannien und die Niederlande wurden ausgewählt, da sie als Pioniere der systematischen Überprüfung von Forschung gelten, aber trotz vieler Gemeinsamkeiten auch Unterschiede bei den Beweggründen und der Verwendung aufweisen (HEFCE et al., 2011; KNAW et al., 2016). Tschechien wurde ausgewählt, da es erst seit Kurzem neue Reformen zur mittelorientierten Forschungsevaluation eingeführt hat und derzeit im Prozess der Etablierung eines neuen Evaluationssystems ist (Europäische Kommission, 2016). Dieses weist Gemeinsamkeiten sowohl mit dem niederländischen als auch mit dem britischen Evaluationssystem auf (Behördenstelle der Tschechischen Republik, 2017). Als letztes wurde das deutsche Bundesland Niedersachsen ausgewählt, da im Rahmen des föderalen Systems kein bundesweites Evaluationssystem zur Bewertung von Forschung in Deutschland besteht (Wissenschaftsrat, 2013). Das niedersächsische Evaluationssystem weist im Vergleich zu den drei nationalen Evaluationssystemen einzigartige Charakteristika auf (WKN, 2017a), die im Folgenden im Detail vorgestellt werden.

1.3.1 Vorstellung ausgewählter nationaler Evaluationssysteme

Im Folgenden werden die vier ausgewählten Evaluationssysteme mit Blick auf die historische Entwicklung näher vorgestellt.

1.3.1.1 Großbritannien

Eines der ersten Evaluationssysteme universitärer Forschung wurde in Großbritannien als Antwort auf die knappen Ressourcen in der Wissenschaft etabliert. Im Jahr 1986 wurde die Research Selectivity Exercise (RSA) ins Leben gerufen mit dem Higher Education Funding Council[1] als verfahrensverantwortliche Institution. Dabei sollten Universitäten Informationen zu Drittmitteleinwerbungen, die Anzahl von Forschungsstudierenden (Master- und Doktorandenlevel) sowie für jedes Department fünf Publikationen einreichen (Lange, 2010). Im Jahr 2008 wurde das nationale Evaluationssystem in Research Assessment Exercise (RAE) und im Jahr 2014 in Research Excellence Framework (REF) umbenannt und weiterentwickelt. Die einzelnen Fachdisziplinen werden in der Regel separat durch zuständige Gremien begutachtet (Deem, 2016). Die Bewertung der Forschung an Hochschulen aufgrund des REF steht im Zusammenhang mit der Höhe der öffentlichen Grundfinanzierung für Forschung. Das bedeutet, Institutionen mit einer guten Bewertung können mit einer sehr hohen Forschungsfinanzierung rechnen, wohingegen schlechte Bewertungen bis hin zu einem Stillstand der Forschung aufgrund ausbleibender Fördermittel führen können (Leišytė & Westerheijden, 2014).

Grundlage der Bewertung sind Skalen, die sich in den letzten Jahrzehnten verändert haben. Im Jahr 1992 gab es eine 5-Punkte-Skala, 1996 eine 7-Punkte-Skala und seit dem Jahr 2008 existiert eine 4-Sterne-Skala, bei der vier Sterne ein Ausdruck exzellenter Forschungsleistung sind (Deem, 2016). 1996 wurden nur die vier besten Pu-

1 Darin sind inbegriffen die vier Förderorganisationen Higher Education Funding Council for England (HEFCE), Scottish Funding Council (SFC), Higher Education Funding Council for Wales (HEFCW) und Department for Employment and Learning (DELNI).

blikationen gelesen sowie Informationen zu der Forschungsorganisation, zu Doktoranden sowie zur Höhe der Fördermittel angegeben. 2008 wurden zusätzlich weitere Kategorien eingeführt, die jedoch 2014 wieder redigiert wurden. Es wurden nicht nur ausgewählte Beiträge, sondern alle Veröffentlichungen gelesen. Darüber hinaus wurden 15 „main panels" etabliert, die jedoch 2014 auf vier gekürzt wurden. Die meisten Disziplinen werden im Rahmen der REF einzeln begutachtet, jedoch gibt es einige Ausnahmen. Beispielsweise werden künstlerische Wissenschaften wie Musik, Schauspiel, Tanz und darstellende Künste sowie medizinische Wissenschaften, wie Zahnmedizin, Pflege und Pharmazie, gruppiert bewertet (Deem, 2016). In der aktuellen REF 2014 wurden 36 Fachdisziplinen evaluiert. Die Bewertungskategorien waren 1) Forschungsoutput, bei der die Qualität der Einreichungen anhand ihrer „Originalität, Signifikanz und Sorgfalt" und hinsichtlich internationaler Qualitätsstandards bewertet wird (65 Prozent Gewichtung im Gesamtergebnis), 2) Wirkung der Forschungsleistung, insbesondere die „Reichweite und Signifikanz" in den Bereichen Wirtschaft, Gesellschaft und/oder Kultur (20 Prozent Gewichtung), 3) Forschungsumfeld, bei der der Beitrag zur „Vitalität und Nachhaltigkeit" der Disziplin im weiten Sinne und des Forschungsstandorts begutachtet wird (15 Prozent Gewichtung) (HEFCE et al., 2011). Die nächste Gutachten-Phase wird im Jahr 2021 starten (REF, 2017).

1.3.1.2 Niederlande

Neben Großbritannien waren die Niederlande eine der Vorreiter in der Etablierung nationaler Evaluationssysteme für Forschung in Hochschulen. Schon 1979 forderte die niederländische Regierung in den „BUOZ" Veröffentlichungen (auch genannt: „Policy Document University Research"), dass öffentliche Forschung zunehmend unter staatlicher Kontrolle stattfindet, transparent gemacht wird, sich an gesellschaftliche Bedarfen anpasst, nach Qualitätskriterien bewertet und zur Rechenschaft gezogen wird (Leišytė & Westerheijden, 2014). Seit 1993 ist die Vereinigung von Universitäten (VSNU) zuständig für die regelmäßige Evaluation von Forschung an Hochschulen in den Niederlanden. Aufgrund steigender Kritik seitens Wissenschaftler(inne)n wurde 2002 die Verantwortung für die Organisation von Forschungsevaluationen an die jeweiligen Hochschulen übertragen (Weyer, 2018; van der Meulen, 2007).

Ein Komitee, bestehend aus der Königlich Niederländischen Akademie der Wissenschaften („Koninklijke Nederlandse Akademie van Wetenschappen", KNAW), der Vereinigung von Universitäten („Vereniging van Universiteiten", VSNU) und der niederländischen Wissenschaftsorganisation („Nederlandse Organisatie voor Wetenschappelijk Onderzoek", NWO), erarbeiteten ein gemeinsames Protokoll zu den Richtlinien der Evaluation („Standard Evaluation Protocol", SEP). Im SEP sind die Methoden und Ziele der alle sechs Jahre stattfindenden Evaluation von Forschung an niederländischen Hochschulen, der NWO- („Institutenorganisatie van NWO", „NWO-I") und KNAW-Forschungsinstitute („De Instituten Van De KNAW", „KNAW-instituten") dargelegt. Die Evaluation von Forschungseinheiten wird von den Organisationen selbst aktuell zwischen den Jahren 2015 und 2021 durchgeführt. Die Forschungseinheiten werden von den Hochschulräten, dem NWO und KNAW, definiert. Dabei kann der Hochschulrat darüber entscheiden, ob die Forschungseinheit eine Forschungsgruppe, ein Forschungsinstitut, ein Forschungscluster oder Forschung innerhalb einer Fakultät ist sowie ob sie im nationalen Evaluationsverfahren von Disziplinen teilnehmen (KNAW et al., 2016).

Das Kernziel der SEP ist es, die Qualität und gesellschaftliche Relevanz der Forschungsleistung zu bewerten und Empfehlungen auszusprechen. Es werden weitere vier Ziele nach Zielgruppe definiert. Zum einen sollen Wissenschaftler/-innen die Qualität ihrer Forschungsarbeit, die gesellschaftliche Relevanz sowie die Strategie ihrer Forschungsgruppe kennen und ggf. durch gezielte Hinweise verbessern. Zum anderen sollen die Institutsausschüsse (institution board) die Möglichkeit haben, die Auswirkungen ihrer Forschungspolitik zu erfassen. Des Weiteren kann die Regierung die Ausgaben und die Einwerbungen von Institutionen gemäß ihrer Forschungsleistung verfolgen. Die Evaluation ist durch den Einfluss von Forschung auf die Gesamtgesellschaft und den privaten Sektor auch in diesen Bereichen von großer Bedeutung (KNAW et al., 2016).

Die Evaluationskriterien sind in drei Kategorien – 1) Forschungsqualität, 2) gesellschaftliche Relevanz und 3) Realisierbarkeit – unterteilt und werden je Forschungseinheit von einem Evaluationskomitee bewertet (KNAW et al., 2016). Nach der Evaluation werden die Institutionen von den jeweiligen Evaluationskomitees besucht. Dabei werden ausgewählte Delegierte aus den Forschungseinheiten interviewt, um alle Angaben und Informationen zu überprüfen und ggf. zu ergänzen. Nach einer internen Besprechung des Evaluationskomitees zu den Befunden wird der Forschungseinheit eine kurze Zusammenfassung der ersten Ergebnisse präsentiert. Nach dem Besuch des Komitees wird der Endbericht erstellt (KNAW et al., 2016).

1.3.1.3 Tschechien

Tschechien befindet sich derzeit im Prozess zur Implementierung von Governance-Reformen, der unter anderem ein nationales Evaluationssystem für Forschung umfassen soll (Europäische Kommission, 2016). 2004 wurde der Rat der Tschechischen Republik erstmals damit beauftragt, die Evaluation von Forschungsoutputs und Entwicklungsaktivitäten vorzunehmen, die unter dem Namen „Metodika“ bekannt ist. Dabei sollten die Effektivität von Forschungs- und Entwicklungsinstitutionen sowie – in Anbetracht der öffentlichen Ausgaben – die Forschungsoutputs evaluiert werden. Die objektiven Kriterien zur Forschungsevaluation waren Maßnahmen gegen Nepotismus und Korruptionen im Wissenschaftswesen. Die Bewertung sollte in regelmäßigen Abständen erfolgen und sah eine Kombination von Ex-Ante- und Ex-Post-Evaluation vor (Good et al., 2015). Die Forschungseinrichtungen wurden in vier Gruppen kategorisiert: „hohe“, „mittlere“, „unterdurchschnittliche“ und „keine“ Rendite der Forschungsförderung (Málek et al., 2014). Unter Forschungseinrichtungen werden nach dem Gesetz aus dem Jahr 2002 zur Förderung von Forschung und Entwicklung staatlich anerkannte öffentliche und private Organisationen verstanden, die Forschung betreiben (Sīle et al., 2018).

In Tschechien erfolgte die öffentlichen Finanzierung von Forschung und Entwicklung traditionell durch institutionelle Beihilfen. Dies änderte sich durch die Reformen im Jahr 2008, bei der eine leistungsorientierte Mittelvergabe eingeführt wurde (Good et al., 2015). Demnach sollte das Evaluationsverfahren entscheiden, ob die finanziellen Mittel erhöht, gleichbleibend oder gesenkt werden sollen. 2013 wurde die „Metodika 2013" (auch bekannt als „Methodology 2013") eingeführt, die neben bibliometrischen Daten auch Peer-Review-Bewertungen in Sozial- und Geisteswissenschaften sowie die Evaluation von Patenten und Erträgen der angewandten Forschung umfassten. Besonders hervorstechend bei diesem Evaluationsprogramm war die Einbindung von Professionals und Expert(inn)enpanels bei der Bewertung von Forschungsleistung (Málek et al., 2014). Zudem wurde im Rahmen des Projekts „IPn Metodika" (oder auch „IPn Methodology (Behördenstelle der Tschechischen Republik, 2013)) zwischen den Jahren 2012 und 2015 ein System zur Bewertung und Finanzierung von Forschung, Entwicklung und Innovation aus öffentlichen Mitteln weiterentwickelt (Ministerium für Bildung, Jugend und Sport der Tschechischen Republik, o. J.).

Die „Metodika"-Reformen sollten laut dem EU Länderbericht aus dem Jahr 2016 zur Forschung und Innovation frühestens ab dem Folgejahr erfolgen (Europäische Kommission, 2016). Im Jahr 2017 wurde das Evaluationsprogramm „Metodika 2017+" (auch „M17+" genannt) verabschiedet. Eine Implementierung des Evaluationssystems ist bis 2019 geplant, und ab dem Jahr 2020 sollen Forschungsorganisationen, damit sind Universitäten gemeint, Institute der Czech Academy of Science und andere Forschungseinheiten, bewertet werden (Behördenstelle der Tschechischen Republik, 2013). Forschungseinheiten, d. h. bestimmte Bereiche einer Forschungsorganisation oder Hochschule, wie beispielsweise Fakultäten, Institute oder Forschungsgruppen werden im Rahmen von fünf Kernmodule evaluiert: „Forschungsqualität", „Forschungsleistung", „soziale Relevanz", „Vitalität und Nachhaltigkeit" sowie „Strategie und Konzept". Neben metrischen Kriterien werden auch Peer-Review-Bewertungen durchgeführt. Ziel der Evaluation ist es, Informationen zum Qualitätsmanagement der Forschungseinrichtungen zu erhalten, die Effizienz der Verwendung von Fördermitteln zu erhöhen sowie die Forschungsqualität und internationale Wettbewerbsfähigkeit zu stärken (Behördenstelle der Tschechischen Republik, 2017).

1.3.1.4 Deutschland

Der Wissenschaftsrat evaluierte seit den 1970er-Jahren ausgewählte Forschungseinrichtungen in Westdeutschland und startete nach der Wiedervereinigung mit systematischen Forschungsevaluationen bei außeruniversitären Forschungseinrichtungen. Die Ergebnisse blieben jedoch großteils nicht wirkungsmächtig. Lediglich in Niedersachsen führte dies zu einer Etablierung einer systematischen Forschungsevaluation von Hochschulen durch größtenteils Peer-Review-Verfahren (Lange, 2010). Zwischen

1999 und 2007 evaluierte die Wissenschaftliche Kommission Niedersachsen (WKN) fast alle Fächer an den Universitäten in Niedersachsen (WKN, 2017b). Die WKN besteht aus einem unabhängigen Expert(inn)engremium und hat beratende Aufgaben für die landesweite Wissenschafts- und Forschungspolitik in Niedersachsen. Das Evaluationssystem erfuhr große Kritik bezüglich der Idee guter Forschung in der Wissenschaft und der lediglich kleinen Unterschiede in den Empfehlungen zwischen Disziplinen (Schiene & Schimank, 2006). Seit den Veröffentlichungen der Umsetzungen der Empfehlungen im Jahr 2013 stand der Beschluss fest, die Evaluationen nicht mehr in regelmäßigen Abständen, sondern nur anlassbezogen durchzuführen. Zudem wurde beschlossen, dass die niedersächsischen Fachhochschulen seit 2013 mitevaluiert werden (WKN, 2017b).

Das Evaluationssystem wird nach den Informationen der öffentlichen Berichterstattungen des WKN (WKN, 2013, 2017a,b) unterschieden in themenbezogene Evaluationen, in denen niedersächsische und norddeutsche Hochschulen ohne detailscharfe Analysen bewertet werden, und fächerbezogene Evaluationen. Im Rahmen der fächerbezogenen Evaluationen werden Fachdisziplinen systematisch bewertet. Die Evaluation in Fachhochschulen und Universitäten unterscheidet sich nicht wesentlich voneinander, jedoch werden an Fachhochschulen Disziplinen nicht einzeln, sondern gruppiert betrachtet. Die Evaluation wird insgesamt in vier Schritten durchgeführt bestehend aus einer internen Evaluation und Selbstberichterstattung (1), Begutachtung vor Ort (2), Abschlussbericht (3) und Follow-up und Monitoring (4). Ziel ist es, mit den Informationen die Forschungsstärke und -qualität an Hochschulen gezielt zu fördern. Für die Bewertung von Forschung werden die Indikatoren Innovativität und Kohärenz, Qualität der Publikationen, Drittmittel, Kooperationen und Transfer verwendet. Innovativität und Kohärenz der Forschung wird weitgehend der Beurteilung von Fachwissenschaftler(inne)n überlassen. Neben quantitativen Informationen zu Publikationen, wie beispielsweise die Anzahl der Veröffentlichungen, werden auch die Forschungsorgane, in denen publiziert wurde, inklusive anderer Publikationsorgane, wie wissenschaftliche Vorträge, begutachtet. Die Höhe und Art der eingeworbenen Drittmittel, Transferleistungen von Einrichtungen, wie Patente oder Beratungstätigkeiten, regionale, internationale und interdisziplinäre Kooperationen und Sichtbarkeit sind Indikatoren zur Messung von Forschungsleistung (WKN, 2013). Im März 2013 entschied die WKN, in einem jährlich stattfindenden „Monitoringsystem zur flächendeckenden Sicherung der Forschungsqualität" beizutragen. Dabei werden Entwicklungspotenziale und Bedarfe von Hochschulen anhand von unterschiedlichen Indikatoren und Interpretationsgruppen identifiziert und strategische Maßnahmen eingeleitet. Das Monitoringsystem wird auch zur Ermittlung des Evaluationsbedarfs von Disziplinen verwendet (WKN, 2017a).

Ein bundesweites Evaluationssystem für universitäre Forschung wurde bislang anhand von Pilotstudien federführend vom Wissenschaftsrat durchgeführt. Dabei wurden zuerst die Disziplinen Chemie und Soziologie und danach Anglistik und Amerikanistik sowie Elektro- und Informationstechnik von Expert(inn)enkommissionen begutachtet. Diese Forschungsratings hatten jedoch keine Konsequenzen für den Erwerb von Finanzmitteln wie beispielsweise im britischen Evaluationssystem (Lange, 2010; Wissenschaftsrat, 2013). Zur Begutachtung von Forschung wurden dabei die Kriterien Qualität, Impact und Effizienz herangezogen (Kosmützky & Kretek, 2012). Derzeit ist die Etablierung eines bundesweiten Evaluationssystems nicht bekannt.

1.3.2 Vergleich nationaler Evaluationssysteme in Europa

Die Evaluationssysteme für Forschung an Hochschulen in den vorgestellten vier europäischen Staaten werden im Folgenden anhand einer Dokumentenanalyse nationaler Berichte sowie Informationen auf den Webseiten der Organisationen, die für die Forschungsevaluation zuständig sind, durchgeführt. Dabei wird der Fokus zum einen auf die Peer-Review-Verfahren und das Evaluationsgremium gesetzt und zum anderen auf metrische Indikatoren zur Messung von Forschung. Zum besseren Verständnis der Unterschiede und Gemeinsamkeiten der nationalen Evaluationssysteme in den ausgewählten europäischen Ländern ist die Tabelle 1.1 zu beachten.

Wie in dem offiziellen Übersichtsdokument des Research Excellent Framework 2014 erläutert (HEFCE et al., 2011), hat das britische Evaluationssystem REF die Kernaufgabe, die Verteilung von Forschungsmittel zu bestimmen. Dafür werden Disziplinen in einem sechs- bis siebenjährigen Rhythmus bewertet. In der aktuellen Erhebung wurden 36 Disziplinen begutachtet. Indikatoren sind zum einen metrische Daten, wie Details zur Beschäftigungssituation von Wissenschaftler(inne)n, wie Beschäftigungsvertrag, Angaben zur Vollzeitäquivalenten (VZÄs), persönliche Angabe (wie Nachname oder Geburtsdatum) sowie Zensusdaten, Informationen zu vergebenen Forschungsdoktoraten sowie Höhe und Quelle externer Einnahmen (wie bspw. durch Forschungsarbeiten). Zum anderen sind es Informationen zur Forschungsleistung innerhalb des Bearbeitungszeitraums[2]. Es werden pro Wissenschaftler/-in in der untersuchten Disziplin bis zu vier Forschungsoutputs gemäß ihrer Originalität, Signifikanz und Sorgfalt sowie internationaler Qualitätsstandards bewertet. Für Personen mit Krankheiten, Schwangere oder Personen, die Kinder betreuen, sind besondere Regelungen vorgesehen, die im Rahmen des Gleichstellungsgesetzes von 2010 verankert sind. Mit 65 Prozent Gewichtung im Gesamtergebnis ist dieser Aspekt besonders ausschlaggebend für die Bewertung. Zudem werden die Reichweite und Signifikanz der Forschungsleistung (inklusive Zitationsinformationen) sowie der wissenschaftliche Beitrag zur Nachhaltigkeit der Disziplin und des Forschungsstandorts begutachtet. Für die Begutachtung wurden vier Hauptgremien[3] und 36 Sub-Gremien zur Überprü-

2 Bei der aktuellen REF handelt es sich um den Bewertungszeitraum vom 01.01.2008 bis 31.07.2013.

3 Die vier Hauptgremien sind: Medizin, Gesundheit und Lebenswissenschaften, Physik, Ingenieurswissenschaften und Mathematik, Sozialwissenschaften sowie Kunst- und Geisteswissenschaften.

fung der einzelnen Disziplinen zusammengestellt (siehe Tabelle 1.1). Mitglieder dieser Evaluationskomitees werden von den vier britischen Fördereinrichtungen (HEFCE, HEFCW, SFC und DELNI) ernannt und formen sich aus Wissenschaftler(inne)n von nahezu lediglich britischen Hochschulen und Institutionen (HEFCE et al., 2011). Mit Blick auf die Geschlechterkonstellation ist zu erkennen, dass diese Gremien meist männlich dominiert sind. Vor allem in den Lebens-, Natur und Ingenieurwissenschaften liegt der Anteil an Expertinnen als Mitglieder der Hauptgremien bei etwa 25 Prozent. In den Hauptgremien der Sozialwissenschaften und Kunst- und Kulturwissenschaften fällt der Frauenanteil mit 39 und 65 Prozent höher aus (REF, o. J.).

Das niederländische Evaluationssystem ist ähnlich wie das britische aufgebaut (siehe Tabelle 1.1). Im Gegensatz zum REF stehen im SEP die Bewertung von Qualität und gesellschaftliche Relevanz der Forschungsleistung und Empfehlungen im Vordergrund (KNAW et al., 2016). Somit haben Ergebnisse des Evaluationsverfahrens keinen Einfluss auf die Höhe der Forschungsförderung. Nach den Informationen aus dem offiziellen Übersichtsdokument (KNAW et al., 2016) werden auch nicht per se alle Disziplinen in einem nationalen Evaluationsverfahren begutachtet, sondern auch andere Forschungseinheiten, wie Forschungsgruppen oder Forschungsinstitute. Die Evaluation erfolgt alle sechs Jahre anhand von Kriterien zur Forschungsqualität, gesellschaftlichen Relevanz, Realisierbarkeit von Forschungsvorhaben mit Governance und Führungsqualität der Forschungseinheiten sowie Selbsteinschätzungsbögen des wissenschaftlichen Personals. Es wird eine Vielzahl verschiedener Indikatoren für die Evaluation der einzelnen Kriterien verwendet, die im Rahmen eines Expert(inn)engremiums bewertet werden. Das Komitee besteht aus nationalen und internationalen Fachwissenschaftler(inne)n und wird unter der Leistung der jeweiligen Rektorate einzelner Hochschulen zusammengestellt. Die untersuchte Forschungseinheit und das Rektorat haben die Aufgabe sicherzustellen, dass die Personen im Evaluationsgremium geeignet für die Evaluation sind (KNAW et al., 2016).

Eine Untersuchung der Geschlechterkonstellation der Evaluationen der letzten Jahre zeigt ein Ungleichgewicht. Beispielsweise waren in den Fachevaluationen innerhalb mehrerer niederländischer Hochschulen im Evaluationskomitee der Informatik drei von sieben Personen weiblich (SEP, 2016), in der Psychologie und Bildungswissenschaften waren zwei von sieben weiblich (QANO, 2017, 2013) und in den Politikwissenschaften war lediglich eine Expertin vertreten (QANO, 2014).

In der SEP werden – nach Informationen des offiziellen Berichts (KNAW et al., 2016) – Forschungsqualität anhand quantitativer Informationen zu Forschungsoutputs (z. B. Anzahl von Publikationen und Softwareentwicklungen), Verwendung dieser Forschungsleistung von der wissenschaftlichen Community (z. B. Zitationsinformationen und Rezensionen) und Zeichen der Anerkennung des Fachkollegiums (z. B. Preise und Auszeichnungen oder eingeladene Vorträge) begutachtet. Die gesellschaftliche Relevanz der Forschung wird durch Indikatoren zu Forschungsoutputs (z. B. Berichte für politische Gestaltung), zur Verwendung dieser Forschungsoutputs von gesellschaftlichen Organisationen (z. B. Patente oder Lizenzen) und Zeichen der Anerkennung evaluiert. Das Evaluationsgremium überprüft zudem die Realisierbarkeit von Forschungsvorhaben, indem es detailliert die geplanten Zielerreichungen überprüft und dabei auch die Governance und die Führungsqualitäten der Forschungseinheit mitevaluiert. In dem maximal 15-seitigen Selbsteinschätzungsbogen werden Informationen zur Forschungseinheit angegeben. Diese sind unter anderem eine Beschreibung der Organisation, Komposition und Finanzierung der Forschungseinheit, Strategie und Ziele der letzten sechs Jahre, Forschungsvorhaben und die gesellschaftliche Relevanz sowie Informationen zu den Doktorandenprogrammen, zur Forschungsintegrität und zur Diversität in der Forschungseinheit (KNAW et al., 2016).

Die Forschungsevaluation in Tschechien wird derzeit im Rahmen der Metodika 2017 geplant. Nach dem offiziellen Übersichtsbericht (Behördenstelle der Tschechischen Republik, 2017) und vergleichbar wie in Großbritannien (HEFCE et al., 2011) soll auf Basis der Evaluationsergebnisse die Verteilung von Forschungsmitteln erfolgen. Zudem verspricht sich die tschechische Regierung eine Verbesserung der Forschungsqualität und der internationalen Wettbewerbsfähigkeit. Sechs Gremien, die die sechs Fachbereiche Naturwissenschaften, Ingenieurswissenschaften und Technik, Medizin und Gesundheitswissenschaften, Landwirtschaft und Veterinärwissenschaften, Sozialwissenschaften sowie Geistes- und Kunstwissenschaften vertreten, bestehend aus Fachwissenschaftler(inne)n und Experte(inne)n aus industrieller Forschung und Praxis, sind für die Berichterstattung und Organisation der Evaluation zuständig. Im Gegensatz zu Großbritannien und wiederum vergleichbar zu den Niederlanden wird in Tschechien großer Wert darauf gelegt, dass die Reviewer, die für die Evaluation zuständig sind, international ausgerichtet sind (Behördenstelle der Tschechischen Republik, 2017). Auf die Geschlechterkonstellation in den Gremien kann aufgrund der Tatsache, dass die Etablierung des Evaluationssystems derzeit erfolgt, nicht näher eingegangen werden. Die begutachteten Forschungseinheiten in Tschechien (Behördenstelle der Tschechischen Republik, 2017), die ähnlich wie in den Niederlanden aus beispielsweise Instituten oder Forschungsgruppen bestehen können (KNAW et al., 2016), erhalten einen Bericht mit der Evaluation der Forschungsleistung und einem Empfehlungsschreiben. Die Forschungsevaluation ist gegliedert in fünf Bewertungskategorien. Dabei bedeutet eine Einteilung in die „Kategorie 1", dass die Forschungsleistung als exzellent beurteilt wurde und somit zusätzliche Fördermittel bereitgestellt werden.

Für die Evaluation werden – ähnlich wie auch in Großbritannien (HEFCE et al., 2011) und den Niederlanden (KNAW et al., 2016) fünf Kernmodule[4] überprüft (Behördenstelle der Tschechischen Republik, 2017): Forschungsqualität, Forschungsleistung, soziale Relevanz, Nachhaltigkeit sowie Strategien und Konzepte. Bei der Forschungsqualität wird der Beitrag für den wissenschaftlichen Erkenntnisgewinn so-

4 Die Begutachtung bezieht sich auf die Forschung innerhalb des Bewertungszeitraums vom 01.01.2014 bis 31.12.2018).

Tab. 1.1: Übersicht der nationalen Evaluationssysteme (Quelle: eigene Darstellung).

	Großbritannien	**Niederlande**	**Tschechien**	**Deutschland**
Evaluationssystem	REF	SEP	Metodika	Evaluationssystem Niedersachsen
Kernziele	– Verteilung von Forschungsmitteln – Rechenschaftspflicht für öffentliche Institutionen – Benchmarking	– Verbesserung der Forschungsqualität – Überprüfung der gesellschaftlichen Relevanz	– Verteilung von Forschungsmitteln – Verbesserung der Forschungsqualität und internationaler Wettbewerbsfähigkeit	– Verbesserung der Forschungsqualität – gezielte Forschungsförderung
Ergebnisse	Bericht mit 4-Sterne Bewertung	Bericht mit 4-Kategorien Bewertung und Empfehlungen	Bericht mit 5-Kategorien Bewertung und Empfehlungen	Bericht und Empfehlungen
Häufigkeit	alle sechs bis sieben Jahre	alle sechs Jahre	alle fünf Jahre (vollständige Implementierung ab 2020)	unregelmäßige Abstände
Gegenstand der Evaluation	36 Disziplinen (units)	Forschungseinheiten	Forschungseinheiten	Disziplinen
Evaluationsgremien	– vier Haupt- und 36 Sub-Gremien – Mitglieder werden von Fördereinrichtungen ernannt – vereinzelt internationale Wissenschaftler/-innen vertreten – größtenteils männlich dominiert	– Mitglieder werden in Übereinstimmung der Forschungseinheit von Rektoraten ernannt – internationale Wissenschaftler/-in vertreten – größtenteils männlich dominiert	– sechs Gremien, die die sechs Fachbereiche vertreten – Mitglieder werden von Fördereinrichtungen, Hochschulen und anderen Interessenorganisationen ernannt – internationale Wissenschaftler/-in vertreten	– Mitglieder werden von der WKN bestimmt – größtenteils männlich dominiert

Tab. 1.1: (Fortsetzung)

	Großbritannien	**Niederlande**	**Tschechien**	**Deutschland**
Bewertungs-kriterien	**Forschungsqualität** – bibliometrische Indikatoren für Forschungsoutputs – Forschungsdesign – Beitrag für wissenschaftlichen Erkenntnisgewinn	**Forschungsqualität** – bibliometrische Indikatoren für Forschungsoutputs – Forschungsdesign – Beitrag für wissenschaftlichen Erkenntnisgewinn	**Forschungsqualität** – bibliometrische Indikatoren für Forschungsoutputs – Forschungsdesign – Beitrag für wissenschaftlichen Erkenntnisgewinn	**Forschungsqualität** – bibliometrische Indikatoren für Forschungsoutputs – Forschungsdesign
	Wirkung – Einfluss der Forschung auf Wirtschaft, Gesellschaft und Kultur (Angaben mit Fallstudien)	**Wirkung** – Einfluss der Forschung auf Wirtschaft, Gesellschaft und Kultur sowie politische Beratungstätigkeiten oder öffentliche Diskurse	**Wirkung** – Einfluss von angewandter und Grundlagenforschung auf Wirtschaft, Gesellschaft und Kultur sowie nationale Identität	**Wirkung** – Einfluss von Forschungsoutputs auf Wirtschaft, Gesellschaft und Kultur
	Realisierbarkeit/Nachhaltigkeit – zukünftige Strategien – Beitrag zur Nachhaltigkeit der Fachdisziplin und des Forschungsstandorts	**Realisierbarkeit/Nachhaltigkeit** – zukünftige Strategien und ihre Durchführbarkeit – Governance und Führungsqualitäten des Managements der Forschungseinheit	**Realisierbarkeit/Nachhaltigkeit** – Beitrag zur Nachhaltigkeit der Fachdisziplin und des Forschungsstandorts – zukünftige Strategien und ihre Durchführbarkeit – Governance und Führungsqualität des Management der Forschungseinheit	**Realisierbarkeit/Nachhaltigkeit** – zukünftige Strategien und ihre Durchführbarkeit

Tab. 1.1: (Fortsetzung)

Großbritannien	Niederlande	Tschechien	Deutschland
Fördermittel – Art und Höhe weiterer finanziellen Quellen	**Fördermittel** – Art und Höhe weiterer finanziellen Quellen	**Fördermittel** – Art und Höhe weiterer finanziellen Quellen	**Fördermittel** – Art und Höhe weiterer finanziellen Quellen
Kollaborationen – Art der Zusammenarbeit	**Kollaborationen** – hierzu sind in den SEP Berichten keine Informationen zu finden	**Kollaborationen** – regionale und internationale Zusammenarbeit	**Kollaborationen** – Art der Zusammenarbeit – regionale, internationale Sichtbarkeit – Interdisziplinarität
Weitere Angaben – Personal – Doktoranden – Infrastruktur	**Weitere Angaben** – Personal – Doktoranden – Selbsteinschätzungsbogen (Beschreibung der Organisation, Datenmanagementpraktiken, Forschungsintegrität, und Diversität der Forschungseinheit)	**Weitere Angaben** – Personal – Doktoranden – Selbsteinschätzungsbogen (Beschreibung der Organisation, Strategien, Konzepte und langfristige Entwicklungspläne)	**Weitere Angaben** – Personal/Doktoranden

wie die Relevanz der Forschung von einem Expert(inn)engremium näher betrachtet. Um Forschungsleistung zu messen, werden pro Forschungseinheit mindestens zehn bibliometrische Daten von Forschungsoutputs begutachtet. Zudem werden metrische Daten, wie die Höhe der erhaltenen Forschungs- und Entwicklungsmittel, Details zum wissenschaftlichen Personal und zur angewandten Forschung in die Bewertung aufgenommen. Angewandte und Grundlagenforschung werden bezüglich des Einflusses auf die Gesellschaft bewertet, das Forschungsdesign sowie ein Selbsteinschätzungsbogen werden überprüft. Im Rahmen der Überprüfung der Nachhaltigkeit von Forschung werden die Qualität des Managements und interne Prozesse in den Forschungseinheiten, das Forschungsfeld, internationale und nationale Kollaborationen sowie weitere Finanzierungsquellen begutachtet. Zum Schluss werden mit Blick auf die Strategien und Konzepte die Umsetzung und Durchführbarkeit von Forschungsstrategien überprüft (Behördenstelle der Tschechischen Republik, 2017).

In Deutschland führt lediglich die WKN eine systematische Evaluation von Forschung in Hochschulen durch. In den öffentlichen Berichten der WKN (WKN, 2013, 2017a,b) konnten ähnliche Indikatoren für die Bewertung von Forschung wie in den drei Vergleichsstaaten gefunden werden, die in einem Informed-Peer-Review-Verfahren evaluiert werden. Das niedersächsische Evaluationssystem unterscheidet die Bewertungskategorien Innovativität und Kohärenz, Qualität der Publikationen, Drittmittel, Kooperationen und Transfer. Diese werden je nach Disziplin der Fachwissenschaftler/-innen in den Evaluationsgremien modifiziert und gehen gleichgewichtet in die Gesamtbewertung ein. Das Gremium beurteilt, ob Forschungsvorhaben zu einem wissenschaftlichen Erkenntnisgewinn beitragen und dabei kohärent in die Forschungsprogrammatik eingefügt werden. Dabei können die beteiligten Reviewer neben den klassischen Indikatoren weitere notwendige Indikatoren zur Messung der Innovativität und Kohärenz der Forschung verwenden. Die Qualität der Publikationen wird anhand metrischer Informationen zu Veröffentlichungen in verschiedenen wissenschaftlichen Forschungsorganen sowie an ein nicht wissenschaftliches Publikum, beispielsweise durch Vorträge, evaluiert. Daneben sind Höhe und Art von eingeworbenen Drittmitteln, Transferleistungen sowie internationale, regionale und interdisziplinäre Kooperationspartnerschaften und Sichtbarkeit Faktoren zur Evaluation von Forschung (WKN, 2017b,a, 2013).

Bei der Untersuchung von Evaluationsberichten in verschiedenen Disziplinen (WKN, 2016c,b,a) konnte festgestellt werden, dass auf Bitte des Landesministeriums für Wissenschaft und Kultur in Niedersachsen oder des Beschlusses der Lenkungsgruppe Forschungsevaluation die WKN eine Forschungsgruppe oder einen Fachbereich einer Hochschule bzw. Fachbereiche flächendeckend in Niedersachsen evaluieren kann. Die Mitglieder des Evaluationsgremiums werden in Niedersachsen durch die WKN bestimmt. Die Geschlechterkonstellation ist dabei zwar meist männlich dominiert, jedoch ist in traditionell weiblich dominierten Fachbereichen auch ein höherer Frauenanteil zu sehen. Beispielsweise waren in der Evaluation des Lehramts zehn von vierzehn der Gremiumsmitglieder weiblich (WKN, 2016a), in der Philosophie zwei von sechs (WKN, 2016c) und in der Geografie war lediglich eine Frau im Evaluationsgremium vertreten (WKN, 2016b).

In allen vier Evaluationssystemen werden neben bibliometrischen Indikatoren für verschiedene Forschungsoutputs und weiteren metrischen Indikatoren für die Ermittlung von Informationen zu Forschungsmitteln, Personaldaten und Doktorandenprogrammen in erster Linie Peer-Review-Verfahren für die Bewertung von Forschungsqualität, Wirkung, Realisierbarkeit und Nachhaltigkeit von Forschungsvorhaben sowie Kollaborationen durchgeführt (HEFCE et al., 2011; WKN, 2013, 2017a,b; KNAW et al., 2016; Behördenstelle der Tschechischen Republik, 2017). Im Folgenden werden diese vier Evaluationssysteme im Kontext wissenschaftlicher Literatur zum Gender Bias von Indikatoren vergleichend diskutiert.

1.4 Gender Bias bei der Bewertung von Forschung

In Folgenden wird ein Überblick über den aktuellen Forschungsstand zum Gender Bias bei der Bewertung von Forschung gegeben und der Gender Bias in den vier ausgewählten europäischen Ländern vergleichend diskutiert.

1.4.1 Forschungsstand zum Gender Bias bei der Bewertung von Forschung

Die Literatur über den Gender Bias in der Wissenschaft zeigt, dass es zwischen den Geschlechtern Unterschiede bei Löhnen, Produktivität, Zugriff zu Fördermitteln und Einfluss auf die wissenschaftliche Community gibt, die Frauen strukturell benachteiligen (Bain & Cummings, 2000; Leišytė & Hosch-Dayican, 2014; Savigny, 2014). Bewertungen, Ratings und Rankings von Leistungen in der Wissenschaft tragen auf unterschiedliche Weise zur Verstärkung von Geschlechterungleichheiten bei. In Übereinstimmung mit der Auffassung, dass Ratingsysteme die Machtquelle und Triebkraft von Ungleichheit sind, die die Art und Weise der Verteilung von Aufmerksamkeit, Ressourcen und Erträge bestimmen (Espeland & Sauder, 2016), argumentieren wir, dass verschiedene Rankings und Ratings der Forschungsleistung die Machtquellen von Forschungseliten, akademischen Managern, Regierungen und Forschungsförderer sind.

Studien zeigen, dass die Bewertung der Leistung in Lehre und Forschung in der Wissenschaft einen Gender Bias aufweist (Rivera & Tilcsik, 2019; Jappelli et al., 2015). Demnach sind geschlechtsspezifische Verzerrungen in der Evaluation zum einen darauf zurückzuführen, dass Männern mehr Autorität zugesprochen wird als Frauen. Zum anderen spielt die Gestaltung von Instrumenten zur Forschungsevaluation eine wichtige Rolle. Eine quasi-experimentelle Designstudie an einer US-amerikanischen Universität hat gezeigt, dass die bloße Änderung der Skala von einem Sechs- auf ein Zehn-Punkte-System die Größe des Gender Gaps in den Bewertungen von männlich dominierten Disziplinen erheblich beeinflusst (Rivera & Tilcsik, 2019). So weisen numerische Ratings eine systematische Verzerrung gegenüber Frauen auf, obwohl sie als „objektives“ Leistungsmaß dienen sollen. Tatsächlich können die Ratings den Grad beeinflussen, in dem Geschlechterstereotypen in Leistungsbeurteilungen zum Ausdruck kommen. Daher werden wir die möglichen geschlechtsspezifischen Verzerrungen zweier Hauptinstrumente diskutieren, die zur Bewertung der Forschung in nationalen Forschungsevaluationssystemen verwendet werden – Bibliometrie und Peer Review.

Aktuelle Studien haben bewiesen, dass der Gender Bias sowohl bei bibliometrischen als auch bei Peer-Review-basierten Bewertungen existiert. Wie eine Studie von Japelli, Nappi und Torrini (2015) zu wissenschaftlichen Zeitschriftenartikeln in der nationalen Forschungsevaluation in Italien zwischen den Jahren 2004 und 2010 gezeigt hat, sind bibliometrische Evaluationen in der Regel weniger diskriminierend als Peer Review. Nichtsdestotrotz weisen beide Arten von Evaluationen – insbesondere renommierte Zeitschriften – Geschlechterungleichheiten auf (Jappelli et al., 2015).

Wie bereits erwähnt ist die Metrik eine beliebte Methode zur Bewertung von Forschung. Die beliebtesten Metriken sind die Anzahl und Art der Publikationen, die Reihenfolge bei der Autorenschaft und Zitationsscores. Einige dieser metrischen Indikatoren können problematisch sein, wenn es um die Geschlechtsneutralität geht. Es gibt Belege dafür, dass die Anzahl der Veröffentlichungen und die Anzahl der Autorenschaften stark geschlechtsspezifisch geprägt sein können. Studien haben zum Beispiel nachgewiesen, dass hochrangige Zeitschriften weniger Beiträge von Autorinnen aufweisen (z. B. in „Nature“ sind nur ca. 30 Prozent der Autoren weiblich) und Frauen unter renommierten Autorenschaften im Vergleich zu Männern unterrepräsentiert sind. Dies gilt insbesondere für Artikel mit vielen Autoren, die in hochrangigen Zeitschriften veröffentlicht werden (Bendels et al., 2018). Ebenso zeigt eine Studie über 6.000 MINT-Zeitschriften, die seit 15 Jahren die Datenbanken PubMed und arXiv aus mehr als 100 Ländern verwenden, einen Gender Gap im MINT-Sektor, insbesondere in den Bereichen Chirurgie, Informatik, Physik und Mathematik. Besonders groß ist die Kluft bei den Autorenpositionen im Zusammenhang mit dem Dienstalter und bei der Anzahl der weiblichen Autoren in renommierten Zeitschriften. Darüber hinaus schätzen Holman et al. (2018), dass Männer im Vergleich zu Frauen doppelt so häufig von Zeitschriften zur Einreichung von Beiträgen eingeladen werden. Wohlhabende Staaten – insbesondere Japan, Deutschland und die Schweiz – hatten weniger weibliche Autoren als ärmere Staaten (Holman et al., 2018).

Mit Blick auf Zitationen, die eine weitere beliebte Metrik in der Forschungsevaluation sind, fallen die Ergebnisse zum Gender Bias unterschiedlich aus. Während eine Reihe von Studien eine Zitations-Bias zugunsten von Männern festgestellt hat (beispielsweise (Aksnes et al., 2011; Maliniak et al., 2013; Larivière et al., 2013)), zeigen andere Untersuchungen, dass Frauen genauso häufig oder in einigen Fällen sogar häufiger als Männer zitiert werden (beispielsweise (Long, 1992; Nielsen, 2016)). So fand die dänische Studie der Universität Aarhus nur triviale Unterschiede im Bereich der normalisierten Zitationsquoten und der relativen Anteile von Männern und Frauen, die zu den zehn Prozent der am häufigsten zitierten Artikel weltweit gehörten (Nielsen, 2016).

Bei der Betrachtung von Peer Review und Gender Bias kann festgestellt werden, dass diese sehr stark von den Mitgliedern der Evaluationsgremien und ihren Charakteristika abhängig sind. Es wird argumentiert, dass Reviewer nicht unbedingt objektiv bewerten. Verschiedene Einflussfaktoren, wie beispielsweise Zeitdruck bei der Auswahl und der Anfrage von Wissenschaftler(inne)n für ein Gutachten, interessengesteuerte Netzwerke oder Stereotype können ein Geschlecht – meistens Männer – bevorzugen und gleichzeitig das andere Geschlecht benachteiligen (Sagebiel, 2015). Studien haben gezeigt, dass Evaluationsgremien keine meritokratischen Urteile fällen, weil sie sich in einem sozialen mikropolitischen Prozess der kollektiven Entscheidungsfindung befinden. Die bei der Panel-Evaluation entstandenen Beziehungen sowie bisherige Netzwerkbeziehungen, epistemologische und kulturelle Gemeinsamkeiten und Unterschiede in ihren Fachgebieten sowie persönliche Eigenarten und Temperamente beeinflussen das Ergebnis der Evaluation (Lamont, 2009).

Darüber hinaus wird bei der Bewertung von Wissenschaftler(inne)n ein grundlegender Mechanismus der Homosozialität festgestellt. Homosozialität verweist auf das Gefühl des Wohlbefindens, welches Menschen in der Gegenwart von anderen empfinden, die wie sie selbst sind. Sie betonen die positiven Eigenschaften und verbergen die negativen Eigenschaften von Personen, die sie an sich selbst erinnern (Burton, 1991). Managementstudien zeigen, dass eine Form der Homosozialität durch männliche Arbeitgeber und Arbeitnehmer oft ein zentrales Problem beim Aufbau und bei der Reproduktion des geschlechtsspezifischen Arbeitsmarktes ist, insbesondere in Führungspositionen (Ibarra, 1993, 1995). Guetzkow et al. (2004) und Roper (1996) haben die Homosozialität bei der Evaluation von wissenschaftlicher Exzellenz und Auswahlprozessen analysiert. In wissenschaftlichen Evaluationsprozessen bevorzugen Reviewer Ansätze in Fachgebieten, die ihren eigenen ähnlich sind (Guetzkow et al., 2004; Roper, 1996).

Schließlich ist die Geschlechterparität in der Zusammensetzung der Evaluationsgremien entscheidend. So hat beispielsweise der höhere Frauenanteil in den Promotionspanels in Spanien die Chancen, dass Frauen zu Professuren berufen werden, erheblich erhöht (Zinovyeva & Bagues, 2011). Eine Studie über das italienische Evaluationssystem für Forschung hat gezeigt, dass im Zeitraum zwischen 2004 und 2010 die Mehrheit der Begutachtenden männlich waren (74 Prozent männliche Reviewer), was zu einer erheblichen Verzerrung der Bewertung gegenüber Frauen geführt haben könnte (Jappelli et al., 2015). Gatekeeper, in diesem Fall Peers, können sich mit den Begutachteten identifizieren, die eine ähnliche soziale Herkunft oder einen ähnlichen Hintergrund haben. Somit werden diese Personen wahrscheinlich positiver wahrgenommen und positiver bewertet als diejenigen, die als fremd erscheinen. Demnach muss eine Geschlechterparität in den Evaluationsgremien geschaffen werden, damit sowohl Wissenschaftler als auch Wissenschaftlerinnen die gleiche Chance haben, positiv bewertet zu werden.

Darüber hinaus scheint auch die Erfahrung der Reviewer wichtig zu sein. Eine kanadische Studie (Tamblyn et al., 2018), die 11.624 eingereichte Förderanträge bei den Canadian Institutes of Health Research von 2012 bis 2014 untersuchte, zeigt, dass sich Frauen tendenziell auf Forschungsgebiete konzentrierten, die von den Förderorganisationen nicht priorisiert werden und von weniger erfahrenen Begutachtenden bewertet werden, die häufiger Projekte ablehnen. Forscherinnen sind somit möglicherweise weniger erfolgreich bei der Einwerbung von Fördermitteln als ihre männlichen Kollegen mit ähnlichen Erfahrungen und Qualifikationen, zumindest teilweise aufgrund der geschlechtsspezifischen Vorurteile unter den Reviewern (Tamblyn et al., 2018).

Alle der oben genannten Ergebnisse deuten auf die Tatsache hin, dass Gender Bias sowohl bei bibliometrischen als auch bei Peer-Review-basierten Forschungsevaluationen fortbesteht. Im Folgenden werden wir dies überprüfen und vergleichen vier Forschungsevaluationssysteme und diskutieren die möglichen geschlechtsbezogenen Verzerrungseffekte.

1.4.2 Ergebnis: Gender Bias in Evaluationssystemen

Der vorliegende Beitrag hatte zum Ziel, Unterschiede von Evaluationssystemen für Forschung in Hochschulen in verschiedenen europäischen Ländern darzustellen und dabei die verwendeten Indikatoren vergleichend zu skizzieren sowie den Gender Bias explizit herauszustellen.

Die Evaluationssysteme in den untersuchten europäischen Ländern – Großbritannien, Niederlande, Tschechien und Deutschland (Niedersachsen) – weisen große Ähnlichkeiten in der Verwendung von Indikatoren und der schwerpunktmäßig führenden Rolle von Peers bei der Beurteilung von Forschung in Hochschulen auf. Wesentliche Unterschiede sind die Ziele der Evaluationsmaßnahmen, da in Großbritannien und Tschechien auf Basis der Bewertungsergebnisse die Verteilung von Forschungsmitteln erfolgt, hingegen in Deutschland und in den Niederlanden die Verbesserung von Forschungsqualität im Mittelpunkt des Vorhabens steht.

Anhand der Literaturanalyse in Abschnitt 1.3 wurden zwei grundlegenden Indikatorentypen der nationalen Evaluationssysteme – metrische Daten und Peer Review – vorgestellt, welche beide im Verdacht stehen, Geschlechterungleichheit in der Wissenschaft zu verstärken. Diese Indikatoren geben die Illusion von Objektivität (Sagebiel, 2015), jedoch zeigen Studien, dass Wissenschaftlerinnen dadurch systematisch eine Benachteiligung erfahren (Jappelli et al., 2015; Rivera & Tilcsik, 2019). Charakteristisch für Gender Bias im Rahmen bibliometrischer Indikatoren sind die Anzahl und Art von Publikationen sowie Zitationen, bei denen Frauen im Vergleich zu ihren männlichen Kollegen sowohl insgesamt unterrepräsentiert sind als auch seltener Einladungen für Veröffentlichungen erhalten und durch ihre strukturell geringen

Aufstiegschancen lediglich vereinzelt in prestigereichen Fachzeitschriften als leitende Wissenschaftlerinnen Zugang finden (Holman et al., 2018; Aksnes et al., 2011; Maliniak et al., 2013; Larivière et al., 2013). Vor allem in Deutschland (33 Prozent), den Niederlanden (38 Prozent) und Tschechien (39 Prozent) liegt der Frauenanteil im Wissenschafts- und Ingenieursbereich unter dem europäischen Mittelwert von 41 Prozent (Stand 2018). Lediglich Großbritannien liegt mit 41 Prozent Frauenanteil im EU-Durchschnitt (Eurostat, 2019).

Ein ähnliches Phänomen ist bei der Einwerbung von Drittmitteln zu erkennen. Studien (Sagebiel, 2015) deuten darauf hin, dass für eine erfolgreiche Einwerbung von Fördermitteln eine breite und internationale Vernetzung notwendig ist, die jedoch meist männlich geprägt ist. Zudem werden Frauen anders und vor allem strikter bewertet als Männer, sie erhalten somit weniger häufig Fördermittel, was sich gemäß des Matthäus-Effekts wiederum negativ auf die Karriere auswirkt (Sagebiel, 2015). In den Evaluationssystemen in allen vier Staaten werden diese Indikatoren zur Beurteilung von Forschung verwendet. In Großbritannien wird u. a. dieser Aspekt sogar mit einer relativ hohen Gewichtung bewertet (HEFCE et al., 2011). Folglich könnten Wissenschaftlerinnen im Rahmen dieser Beurteilung im Vergleich zu Wissenschaftler(inne)n insgesamt eine strukturelle Benachteiligung erfahren. Da in Großbritannien und Tschechien die Ergebnisse der Evaluation die Verteilung von Forschungsmitteln beeinflussen (HEFCE et al., 2011; Behördenstelle der Tschechischen Republik, 2017), wird hier von einem stärkeren Effekt ausgegangen als in Niedersachsen und in den Niederlanden. Jedoch erkennt Großbritannien diese Ungleichheiten an und hat für Forschungsoutputs von Kranken, Schwangeren oder Personen mit Kinderbetreuungsaufgaben gesonderte Regelungen (HEFCE et al., 2011). Insgesamt ist ausschlaggebend, dass Wissenschaftlerinnen durch den Gender Bias in den Evaluationsinstrumenten nicht nur schlechter bewertet werden als ihre männlichen Kollegen, sondern auch wichtige Mittel für ihre zukünftige Forschung nicht erhalten. Evaluationssysteme können somit Triebkraft für ungleiche Verteilung von wichtigen Ressourcen sein (Espeland & Sauder, 2016). Dieser Mechanismus kann zu einer Verschärfung und Reproduktion der bestehenden Geschlechterungleichheiten in der Wissenschaft führen (Sagebiel, 2015).

Ein weiteres Kennzeichen von Gender Bias in Evaluationssystemen ist das Peer Review, welches durch Expert(inn)engremien und Panels eine Schlüsselposition bei der Beurteilung von Forschung an Hochschulen einnimmt. Dabei können verschiedene Faktoren Geschlechterungleichheiten unterstützen. Studien zeigen, dass Instrumente für Bewertungen abhängig von den Personen in den Evaluationsgremien sind, da sie sich bei Beurteilungen auf ihre Erfahrungen aus der Vergangenheit stützen. Diese kann aufgrund von Sozialisation, Ideologien, persönlichen Präferenzen und anderen Einflüssen verzerrt sein (Lamont, 2009; Burton, 1991; Ibarra, 1993, 1995; Guetzkow et al., 2004) und durch Stereotype sogar Frauen systematisch benachteiligen (Sagebiel, 2015). Wie in Abschnitt 1.3.2 erläutert, dominieren Männer größtenteils die Evaluationsgremien in verschiedenen Wissenschaftsbereichen. Darüber hinaus verweisen Studien auf eine Homosozialität in der Wissenschaft (Guetzkow et al., 2004; Roper, 1996). Dabei führt die Homogenität innerhalb der Mitglieder einer Gruppe dazu, dass Strukturen beibehalten werden. Angesichts dessen, dass paritätische Geschlechterzusammensetzung in Expert(inn)engremien in Evaluationssystemen nicht die Regel sind und die verwendeten Bewertungskriterien männliche Wissenschaftler bevorzugen, können Hinweise gefunden werden, die auf eine strukturelle Diskriminierung von Wissenschaftlerinnen schließen lassen.

Mit Blick auf die untersuchten Evaluationssysteme ist zu erkennen, dass in allen vier Ländern die Rolle von Fachwissenschaftler(inne)n bei der Beurteilung von Forschung in Hochschulen entscheidend ist. Insgesamt werden in den Evaluationssystemen die Qualität, Innovativität und Relevanz der Forschungsoutputs sowie der wissenschaftliche Erkenntnisgewinn und die Realisierbarkeit von Forschungsvorhaben im Rahmen von Expert(inn)enmeinungen eingeschätzt. Zudem werden die Art der Transferleistungen und Publikationsorgane sowie Drittmittel, die in der Evaluation berücksichtigt werden, von Expertinnen und Experten mitentschieden. Daneben haben die Evaluationssysteme einzelner Nationalstaaten weitere Bereiche, in denen Peers eine wichtige Entscheidungsmacht besitzen. Zum Beispiel wird in Großbritannien die Wirkung von Forschungsleistung anhand expliziter Fallbeispiele untersucht, in den Niederlanden und Tschechien werden die Führungsqualitäten des Managements der untersuchten Forschungseinheit von Reviewern begutachtet. Daneben werden in Niedersachsen und Tschechien sogar Kollaborationen mit regionalen, internationalen und interdisziplinären Partnern evaluiert. Darüber hinaus hat das Evaluationssgremium in Niedersachsen die Möglichkeit, Indikatoren für die zu untersuchenden Fachbereiche in Universitäten oder Fachhochschulen zu modifizieren und anzupassen. Der Maßstab und Definitionen zur Bewertung dieser Kriterien werden zwar scheinbar objektiv u. a. durch Peers bestimmt, jedoch können Gender Bias und Verzerrungen aufgrund persönlicher oder sozialisationsbedingter Einflüsse nicht ausgeschlossen werden. Nichtsdestotrotz konnten auch restringierende Faktoren entdeckt werden, die möglicherweise den Gender Bias in Peer-Review-Verfahren abschwächen können. In den Niederlanden und Tschechien wird ein großer Wert darauf gelegt, dass Evaluationsgremien möglichst aus internationalen Wissenschaftler(inne)n bestehen (KNAW et al., 2016; Behördenstelle der Tschechischen Republik, 2017). Dies könnte als Zeichen für Offenheit für Diversität in den Gremien interpretiert werden.

1.5 Diskussion und Fazit

Insgesamt wurde im Rahmen dieses Beitrags anhand der Ergebnisse zahlreicher empirischer Studien sowie der vergleichenden Analyse von Evaluationssystemen in vier ausgewählten Staaten gezeigt, dass die Bewertung von Forschung in Evaluationssystemen, die Peer Review und ein bibliometrisches System aufweisen, hinsichtlich des Geschlechts verzerrt ist. Dies ist insbesondere der Fall, wenn Forschungsevaluationen an Mittelverteilung geknüpft sind. Aufgrund metrischer Indikatoren zur Messung von Forschungsleistung und -qualität sowie durch die potenziell nicht grundsätzlich objektiven Beurteilungen durch Peer Review können in Europa Frauen in der Evaluation systematisch benachteiligt werden. Diese Benachteiligung verstärkt sich vor allem in Evaluationssystemen, bei der die Beurteilung an die Höhe der Fördermittel gekoppelt ist.

Diese Arbeit trägt zum wissenschaftlichen Diskurs zu Forschungsevaluationssystemen im Genderkontext im europäischen Raum bei. Anhand der vergleichenden Untersuchung konnte festgestellt werden, dass in allen vier Evaluationssystemen ein Konsens bezüglich der entscheidenden Rolle von Peers besteht und bibliometrische Indikatoren wichtige Indikatoren für Forschungsbewertung sind. Zudem wurden Studienergebnisse mit den aktuellen Forschungsevaluationssystemen vergleichend untersucht und dabei die Komplexität und Mehrdimensionalität von Forschungsevaluation aufgrund der hohen Entscheidungsmacht von Peers und in diesem Zusammenhang der potenzielle Gender Bias aufgezeigt. Zudem sind die Forschungsergebnisse dieses Beitrags wichtig für die Forschungspraxis, insbesondere in Hinblick auf die Verbesserung der Geschlechtergleichstellung in der Forschung. Die Untersuchungen zeigen, dass die Indikatoren und Methoden der Evaluationssysteme potenziell einen Gender Bias strukturell fördern, der durch NPM-Einflüsse weiter verstärkt wird. Für eine gendergerechte Evaluation von Forschungsleistung an Hochschulen sollte daher der potenzielle Gender Bias ausgesprochen werden und die Auswahl von Indikatoren und Bewertungsschemata sollten transparent gemacht und begründet werden.

Der Beitrag weist einige Limitationen auf. Es konnten lediglich vier europäische Staaten miteinander verglichen werden. Die Fallauswahl basierte auf den Länder, die in ihrem nationalen Evaluationssystem Charakteristiken von Bibliometrie als auch Peer Review zeigen. Derzeit weist Deutschland kein bundesweites System zur Evaluation von Forschung auf, weshalb das Bundesland Niedersachsen in die Untersuchung aufgenommen wurde. Für zukünftige Studien wären Untersuchungen von Evaluationssystemen mit lediglich bibliometrischen Instrumenten zur Bewertung von Forschung sehr interessant. Die Thematik hat weitere Fragen aufgeworfen, die näher untersucht werden müssen. Zum einen sollten Instrumente entwickelt werden, die die Verzerrung von Indikatoren bei der Forschungsevaluation empirisch messen können. Zum anderen ist ein genaues Augenmerk auf die ungeschriebenen und verborgenen Kriterien der Forschungsevaluation insbesondere im internationalen Vergleich zu legen, da diese nach der Studie von Herschberg et al. (2018) bei Einstellungsprozessen für Assistenzprofessuren in europäischen Hochschulsystemen gegenwärtig sind. Zudem stellt sich die Frage, in welchem Zusammenhang Peer Review und Bibliometrie stehen sowie welche Unterschiede es zwischen Fachdisziplinen und Fachkulturen hinsichtlich des Gender Bias gibt.

1.6 Literaturverzeichnis

Aksnes, D. W., Rorstad, K., Piro, F. und Sivertsen, G. (2011). Are female researchers less cited? A large-scale study of Norwegian scientists. *Journal of the American Society for Information Science and Technology*, 62(4):628–636. doi:10.1002/asi.21486.

Bain, O. und Cummings, W. (2000). Academe's glass ceiling: Societal, professional-organizational, and institutional barriers to the career advancement of academic women. *Comparative education review*, 44(4):493–514.

Behördenstelle der Tschechischen Republik (2013). Methodology for Evaluating Research Organisations and Research, Development and Innovation Propose-tied Aid Programmes. Abgerufen am 13. Mai 2019, von https://www.vyzkum.cz/sto-rage/att/A7FE6F4477F5064B57B683C62C4A4CFD/Methodology.pdf.

Behördenstelle der Tschechischen Republik (2017). Metodika hodnocení výzkumných organi-zací a hodnocení programů účelové podpory výzkumu, vývoje a inovací. Abgerufen am 13. Mai 2019, von https://rio.jrc.ec.europa.eu/en/library/evaluation-methodology-research-or-ganizations-metodika-2017.

Bendels, M. H. K., Müller, R., Brueggmann, D. und Groneberg, D. A. (2018). Gender disparities in high-quality research revealed by Nature Index journals. *PloS One*, 13(1), e0189136. doi:10.1371/journal.pone.0189136.

de Boer, H., Enders, J. und Leisyte, L. (2007). Public sector reform in Dutch higher education: The organizational transformation of the university. *Public Administration*, 85(1):27–46. doi:10.1111/j.1467-9299.2007.00632.x.

Broucker, B., Leišytė, L., de Wit, K. und Verhoeven, J. C. (2019). Understanding Higher Education System Reform: Practices, Patterns and Pathways. In B. Broucker, K. de Wit, J. C. Verhoeven und L. Leišytė (Hrsg.), *Higher education system reform. An international comparison after twenty years of Bologna*, S. 221–238. Leiden: Koninklijke Brill NV.

Burton, C. (1991). *The promise and the price: The struggle for equal opportunity in women's employment.* Sydney: Allen & Unwin.

Campbell, D. F. J. (2003). The evaluation of university research in the United Kingdom and the Netherlands, Germany and Austria. In P. Shapira und S. Kuhlmann (Hrsg.), *Learning from science and technology policy evaluation*, S. 98–131. Cheltenham: Edgar Elgar Publishing.

Costas, R., Zahedi, Z. und Wouters, P. (2015). Do "altmetrics" correlate with citations? Extensive comparison of altmetric indicators with citations from a multidisciplinary perspective. *Journal of the Association for Information Science and Technology*, 66(10):2003–2019. doi:10.1002/asi.23309.

Deem, R. (2016). Recent Research Evaluations in the UK and Portugal: Methodologies, Processes, Controversies and Consequences. In C. Sarrico, P. Teixeira, A. Magalhaes, A. Veiga, M. J. Rosa und T. Carvalho (Hrsg.), *Global Challenges, National Initiatives, and Institutional Responses*, S. 159–186. Rotterdam: Brill Sense.

Espeland, W. N. und Sauder, M. (2016). *Engines of anxiety: Academic rankings, reputation, and accountability.* New York: Russell Sage Foundation.

Europäische Kommission (2004). *Gender and Excellence in the Making.* Luxemburg: Office for Official Publications of the European Communities. Abgerufen am 28. Mai 2019, von http://bookshop.eu-ropa.eu/en/gender-and-excellence-in-the-making-pbKINA21222/.

Europäische Kommission (2016). Research & Innovation in the 2016 European Semester. Country Reports. Abgerufen am 28. Mai 2019, von https://rio.jrc.ec.eu-ropa.eu/en/library/research-innovation-2016-european-semester-country-reports.

Eurostat (2019). Employed HRST by category, sex, age and NACE Rev. 2 activity (from 2008 onwards). Abgerufen am 28. Mai 2019, von http://appsso.eurostat.ec.eu-ropa.eu/nui/show.do?query=BOOKMARK_DS-057398_QID_-1B210C8F_UID_-3F171EB0&layout=SEX,L,X,0;GEO,L,Y,0;TIME,C,Z,0;CATE-GORY,L,Z,1;NACE_R2,L,Z,2;AGE,L,Z,3;UNIT,L,Z,4;INDICATORS,C,Z,5;&zSelec-tion=DS-057398CATEGORY,SE;DS-057398UNIT,THS;DS-057398TIME,2016;DS-057398INDICATORS,OBS_FLAG;DS-057398AGE,Y15-74;DS-057398NACE_R2,TO-TAL;&rankName1=CATEGORY_1_2_-1_2&rankName2=UNIT_1_2_-1_2&rankName3=AGE_1_2_-1_2&rankName4=INDICATORS_1_2_-1_2&rankName5=NACE-R2_1_2_-1_2&rankName6=TIME_1_0_0_0&rankName7=SEX_1_2_0_0&rankName8=GEO_1_2_0_1&rStp=&cStp=&rDCh=&cDCh=&rDM=true&cDM=true&foot-nes=false&empty=false&wai=false&time_mode=ROLLING&time_most_re-cent=true&lang=EN&cfo=%23%23%23%2C%23%23%23.%23%23%23.

Feller, I. (2004). Measurement of scientific performance and gender bias. In Europäische Kommission (Hrsg.), *Gender and Excellence in the Making*, S. 35–39. Luxemburg: Office for Official Publications of the European Communities.

Good, B., Vermeulen, N., Tiefenthaler, B. und Arnold, E. (2015). Counting quality? The Czech performance-based research funding system. *Research Evaluation*, 24(2):91–105.

Guetzkow, J., Lamont, M. und Mallard, G. (2004). What is Originality in the Humanities and the Social Sciences? *American Sociological Review*, 69(2):190–212. doi:10.1177/000312240406900203.

HEFCE, SFC, HEFC und DELNI (2011). REF 2014: assessment framework and guidance on submissions. Bristol. Abgerufen am 13. Mai 2019, von https://dera.ioe.ac.uk/11755/1/02_11.pdf.

Herschberg, C., Benschop, Y. W. M., van den Brink, M. C. L., Murgia, A. und Poggio, B. (2018). The peril of potential: Gender practices in the recruitment and selection of early career researchers. In A. Murgia und B. Poggio (Hrsg.), *Gender and precarious research careers: A comparative analysis*, S. 111–142. London: Routledge.

Hicks, D. (2009). Evolving regimes of multi-university research evaluation. *Higher Education*, 57(4):393–404.

Hicks, D. (2012). Performance-based university research funding systems. *Research Policy*, 41(2):251–261.

Hicks, D. und Melkers, J. (2012). Bibliometrics as a Tool for Research Evaluation. In A. Link und N. Vornatas (Hrsg.), *Handbook on the Theory and Practice of Program Evaluation*, S. 323–249. Cheltenham: Edward Elgar.

Holman, L., Stuart-Fox, D. und Hauser, C. E. (2018). The gender gap in science: How long until women are equally represented? *PLoS Biology*, 16(4), e2004956. doi:10.1371/journal.pbio.2004956.

Hüther, O. und Krücken, G. (2018). *Higher education in Germany: Recent developments in an international perspective*. Cham: Springer.

Ibarra, H. (1993). Personal Networks of Women and Minorities in Management: A Conceptual Framework. *Academy of Management Review*, 18(1):56–87. doi:10.5465/amr.1993.3997507.

Ibarra, H. (1995). Race, Opportunity, And Diversity Of Social Circles In Managerial Networks. *Academy of Management Journal*, 38(3):673–703. doi:10.5465/256742.

Jappelli, T., Nappi, C. A. und Torrini, R. (2015). *Research Quality and Gender Gap in Research Assessment*. Arbeitspapier Nr. 418. Neaple: Universität Neapel Centre for Studies in Economics and Finance. Abgerufen am 28. Mai 2019, von http://www.csef.it/WP/wp418.pdf.

KNAW, VSNU und NWO (2016). Standard Evaluation Protocol 2015–2021. Abgerufen am 13. Mai 2019, von https://www.vsnu.nl/files/documenten/Domeinen/Onderzoek/SEP2015-2021.pdf.

Kosmützky, A. und Kretek, P. (2012). *Forschung an Hochschulen: Literaturstudie (Studien zum deutschen Innovationssystem 17-2012)*. Berlin: Expertenkommission Forschung und Innovation

(EFI). Abgerufen am 13. Mai 2019, von https://www.econs-tor.eu/bitstream/10419/156580/1/StuDIS_2012-17.pdf.

Lamont, M. M. (2009). *How Professors Think: Inside the Curious World of Academic Judgment.* Cambridge: Harvard University Press.

Lange, S. (2010). Effekte nationaler Evaluationssysteme für die universitäre Forschung. Können wir von angelsächsischen Beispielen lernen? *Die Hochschule: Journal für Wissenschaft und Bildung*, 19(2):105–119.

Larivière, V., Ni, C., Gingras, Y., Cronin, B. und Sugimoto, C. R. (2013). Bibliometrics: Global gender disparities in science. *Nature News*, 504(7479):211. doi:10.1038/504211a.

Lee, C. J., Sugimoto, C. R., Zhang, G. und Cronin, B. (2013). Bias in peer review. *Journal of the American Society for Information Science and Technology*, 64(1):2–17.

Leišytė, L. (2016). New public management and research productivity–a precarious state of affairs of academic work in the Netherlands. *Studies in Higher Education*, 41(5):828–846.

Leišytė, L. und Hosch-Dayican, B. (2014). Das Verhältnis von Forschung und Lehre und die Zukunft der akademischen Karrieren: Eine Fallstudie der genderspezifischen Arbeitsteilung an einer niederländischen Universität. *Journal Hochschuldidaktik*, 25(1–2):5–9.

Leišytė, L. und Sigl, L. (2018). Academic institutional entrepreneurs in Germany: Navigating and shaping multi-level research commercialization governance. *Triple Helix*, 5(13):1–23. doi:10.1186/s40604-018-0057-5.

Leišytė, L. und Westerheijden, D. F. (2014). *Research evaluation and its implications for academic research in the United Kingdom and the Netherlands.* Diskussionspapier, 01-2014. Dortmund: Technische Universität, Zentrum für Hochschulbildung. doi:10.17877/DE290R-6739.

Leišytė, L. und Wilkesmann, U. (2016). Organizing academic work in higher education: Teaching, learning and identities- an introduction. In L. Leišytė und U. Wilkesmann (Hrsg.), *Organizing Academic Work in Higher Education*, S. 1–10. Abingdon: Routledge.

Long, J. S. (1992). Measures of Sex Differences in Scientific Productivity. *Social Forces*, 71(1):159–178. doi:10.1093/sf/71.1.159.

Málek, J., Hudečková, V. und Matějka, M. (2014). System of evaluation of research institutions in the Czech Republic. *Procedia Computer Science*, 33:315–320.

Maliniak, D., Powers, R. und Walter, B. F. (2013). The Gender Citation Gap in International Relations. *International Organization*, 67(4):889–922. doi:10.1017/S0020818313000209.

Ministerium für Bildung, Jugend und Sport der Tschechischen Republik (o. J.). IPN METO-DIKA / Efektivní Systém Hodnocení A Financování Výzkumu, Vývoje A Inovací. Abgerufen am 13. Mai 2019, von http://www.msmt.cz/vzdelavani/vysoke-skolstvi/ipn-metodika-efek-tivni-system-hodnoceni-a-financovani?lang=1.

Molas-Gallart, J. (2012). Research Governance and the Role of Evaluation. *American Journal of Evaluation*, 33(4):583–598. doi:10.1177/1098214012450938.

Nielsen, M. W. (2016). Gender inequality and research performance: moving beyond individual-meritocratic explanations of academic advancement. *Studies in Higher Education*, 41(11):2044–2060. doi:10.1080/03075079.2015.1007945.

Nielsen, M. W. (2018). *Scientific performance assessments through a gender lens.* S. 2–30. Science & Technology Studies.

Ochsner, M., Kulczycki, E. und Gedutis, A. (2018). The Diversity of European Research Evaluation Systems. In *23. Internationale Konferenz Science and Technology Indicators (STI2018)*, Leiden. Abgerufen am 13. Mai 2019, von https://openaccess.leiden-univ.nl/bitstream/handle/1887/65217/STI2018_paper_204.pdf?sequence=1.

OECD (2002). *OECD Annual Report 2002.* Paris: OECD Publishing. Abgerufen am 13. Mai 2019, von doi:10.1787/annrep-2002-en.

Priem, J., Piwowar, H. A. und Hemminger, B. M. (2012). Altmetrics in the wild: Using social media to explore scholarly impact. Abgerufen am 17. Mai 2019, von https://arxiv.org/pdf/1203.4745.

QANO (2013). Research Review Pedagogics and Education Science. Abgerufen am 12. Mai 2019, von https://www.universiteitleiden.nl/binaries/content/assets/algemeen/onder-zoek/research-assessments/visitatierapport-pedagogiek.pdf.

QANO (2014). Research Review Political Science 2007–2012. Abgerufen am 12. Mai 2019, von https://www.universiteitleiden.nl/binaries/content/assets/algemeen/onderzoek/rese-arch-assessments/research-review-political-science-2007-2012.pdf.

QANO (2017). Research Review Psychology 2017. Abgerufen am 12. Mai 2019, von https://www.universiteitleiden.nl/binaries/content/assets/algemeen/onderzoek/research-as-sessments/20180222-qanu-report-research-review-psychology_def.pdf.

REF (o. J.). REF 2021 Criteria Phase. Abgerufen am 13. Mai 2019, von https://www.ref.ac.uk/media/1097/all-panel-members-list.pdf.

REF (2017). Funding bodies confirm shape of REF 2021. Abgerufen am 13. Mai 2019, von https://www.ref.ac.uk/news/2017/decisionsonstaffandoutputs.html.

Rivera, L. A. und Tilcsik, A. (2019). Scaling Down Inequality: Rating Scales, Gender Bias, and the Architecture of Evaluation. *American Sociological Review*, 84(2):248–274. doi:10.1177/0003122419833601.

Roper, M. (1996). 'Seduction and Succession': Circuits of Homosocial Desire in Management. In D. Collinson und J. Hearn (Hrsg.), *Men as managers, managers as men: Critical perspectives on men, masculinities, and managements*, S. 210–226. London: Sage Publications. doi:10.4135/9781446280102.n11.

Sagebiel, F. (2015). Peer Review-Verfahren. Legitimation oder ein geschlechtergerechtes Verfahren zur transparenten Qualitätssicherung? *Die Hochschule: Journal für Wissenschaft und Bildung*, 24(2):143–157.

Saisana, M. und Munda, G. (2008). *Knowledge Economy: measures and drivers*. Luxemburg: Europäische Kommission. doi:10.2788/92075.

Sandström, U. und van den Besselaar, P. (2018). Funding, evaluation, and the performance of national research systems. *Journal of Informetrics*, 12(1):365–384.

Savigny, H. (2014). Women, know your limits: Cultural sexism in academia. *Gender and Education*, 26(7):794–809.

Schiene, C. und Schimank, U. (2006). Forschungsevaluation als Organisationsentwicklung. *Die Wissenschaftliche Kommission Niedersachsen. Die Hochschule: Journal für Wissenschaft und Bildung*, 15(1):46–62.

SEP (2016). Research Review Computer Science 2009–2014. Abgerufen am 12. Mai 2019, von https://www.universiteitleiden.nl/binaries/content/assets/algemeen/onderzoek/rese-arch-assessments/20160212-report-cs-final.pdf.

Shin, J. C., Toutkoushian, R. K. und Teichler, U. (2011). *University Rankings: Theoretical Basis, Methodology and Impacts on Global Higher Education*. Band 3 von *The Changing Academy – The Changing Academic Profession in International Comparative Perspective*. Dordrecht: Springer Science+Business Media B. V. doi:10.1007/978-94-007-1116-7.

Sīle, L., Pölönen, J., Sivertsen, G., Guns, R., Engels, T. C. E., Arefiev, P., Kulczycki, E. E. et al. (2018). Comprehensiveness of national bibliographic databases for social sciences and humanities: Findings from a European survey. *Research Evaluation*, 27(4):310–322.

Sivertsen, G. (2017). *Bibliometrics in PRFS – MLE on Performance-based Research Funding Systems (PRFS)*. Brüssel: Europäische Kommission. Abgerufen am 17. Mai 2019, von https://rio.jrc.ec.europa.eu/en/file/11964/download?token=c-QAo_eV.

Sivertsen, G. (2018). Why has no other European country adopted the Research Excellence Framework? Blogeintrag. Abgerufen am 20. Mai 2019, von https://blogs.lse.ac.uk/impac-

tofsocialsciences/2018/01/16/why-has-no-other-european-country-adopted-the-research-excellence-framework/.
Tamblyn, R., Girard, N., Qian, C. J. und Hanley, J. (2018). Assessment of potential bias in research grant peer review in Canada. *CMAJ: Canadian Medical Association Journal = Journal De L'Association Medicale Canadienne*, 190(16):E489–E499. doi:10.1503/cmaj.170901.
van Arensbergen, P., van der Weijden, I. und van den Besselaar, P. (2014). Different views on scholarly talent: What are the talents we are looking for in science? *Research Evaluation*, 23(4):273–284. doi:10.1093/reseval/rvu015.
van der Meulen, B. (2007). Interfering Governance and Emerging Centres of Control: University Research Evaluation in the Netherlands. In R. Whitley und J. Gläser (Hrsg.), *The changing governance of the sciences*, S. 191–203. Dordrecht: Springer.
van der Wende, M. und Westerheijden, D. (2009). Rankings and Classifications: The Need for a Multidimensional Approach. In F. van Vught (Hrsg.), *Mapping the Higher Education Landscape: Towards a European Classification of Higher Education*, S. 71–86, Dordrecht. Springer. doi:10.1007/978-90-481-2249-3_5.
Verhoeven, J. C., Leišytė, L., de Wit, K. und Broucker, B. (2019). An Introduction to the Study of Higher Education Policy Reforms. In B. Broucker, K. de Wit, J. C. Verhoeven und L. Leišytė (Hrsg.), *Higher education system reform. An international comparison after twenty years of Bologna*, S. 1–15. Leiden: Koninklijke Brill NV.
Welpe, I. M., Wollersheim, J., Ringelhan, S. und Osterloh, M. (2015). Does Science Go Wrong? In I. M. Welpe, J. Wollersheim, S. Ringelhan und M. Osterloh (Hrsg.), *Incentives and performance: Governance of research organizations*, S. v–xxii. Cham: Springer.
Weyer, E. (2018). *From Loose to Tight Management: Seeking Evidence of Archetype Change in Dutch and English Higher Education*. Wiesbaden: Springer Fachmedien Wiesbaden.
Whitley, R. und Gläser, J. (2007). *The Changing Governance of the Sciences: The Advent of Research Evaluation Systems*. Band 26 von *Sociology of the sciences yearbook*. Dordrecht: Springer. doi:10.1007/978-1-4020-6746-4.
Wissenschaftsrat (2013). Empfehlungen zur Empfehlungen zur Zukunft des Forschungsratings. Mainz. Abgerufen am 12. Mai 2019, von https://www.wissenschaftsrat.de/down-load/archiv/3409-13.pdf.
WKN (2013). Stand und Perspektiven der Forschung an Fachhochschulen in Niedersachsen. Abgerufen am 12. Mai 2019, von https://www.wk.niedersachsen.de/download/79861.
WKN (2016a). Forschungsevaluation der Berufswissenschaften der Lehrerbildung und der Erziehungswissenschaft in Niedersachsen 2016. Abgerufen am 12. Mai 2019, von https://www.wk.niedersachsen.de/download/114102.
WKN (2016b). Forschungsevaluation Geographie 2016. Abgerufen am 12. Mai 2019, von https://www.wk.niedersachsen.de/download/125089.
WKN (2016c). Forschungsevaluation Philosophie 2016. Abgerufen am 12. Mai 2019, von https://www.wk.niedersachsen.de/download/117976.
WKN (2017a). 20 Jahre WKN: Bilanz und Perspektiven. Abgerufen am 12. Mai 2019, von https://www.wk.niedersachsen.de/download/118493.
WKN (2017b). Tätigkeitsbericht 2014–2016. Abgerufen am 12. Mai 2019, von https://www.wk.niedersachsen.de/download/116951.
Zinovyeva, N. und Bagues, M. F. (2011). *Does Gender Matter for Academic Promotion? Evidence from a Randomized Natural Experiment*. IZA Discussion Papers 5537. Bonn: Institute for the Study of Labor (IZA). Abgerufen am 28. Mai 2019, von https://pdfs.semanti-cscholar.org/b20c/836928b3fc99c23ed69a3963e7fca8f54488.pdf.

Ruth Müller

2 Wissen, Werte und Bewerten: Zum Verhältnis von Evaluation und wissenschaftlicher Wissensproduktion

2.1 Einleitung

„Wie viel Evaluierung verträgt das Wissenschaftssystem?“ ist der provokante Untertitel der Göttinger Universitätsrede aus dem Jahr 2011 der damaligen Präsidentin des Europäischen Forschungsrats und renommierten Wissenschaftsforscherin Helga Nowotny, deren Rede sich dem Haupttitel nach der „Suche nach der Exzellenz“ widmet. Darin bespricht Nowotny das schwer greifbare Phänomen der wissenschaftlichen Exzellenz und hinterfragt kritisch, inwieweit gegenwärtige Verfahren der wissenschaftlichen Evaluation, die zunehmend quantitativ messbare Leistungsindikatoren in den Vordergrund stellen, tatsächlich geeignet sind, um höchste wissenschaftliche Qualität auszumachen und abzubilden. Dieses Spannungsfeld zwischen steigenden Bemühungen im Wissenschaftssystem und in der Wissenschaftspolitik, Exzellenz zu fördern, und dem gleichzeitig steigenden Anspruch, die Qualität wissenschaftlicher Arbeit eindeutig messen zu können, hat in den letzten Jahren in der Wissenschafts- und Technikforschung (Science & Technology Studies, STS) vermehrt Aufmerksamkeit erhalten. Die Beschäftigung damit, in welchem Verhältnis wissenschaftliche Wissensproduktion und Evaluation zueinander stehen, verläuft parallel zu einer in einigen Forschungsfeldern aufkommenden Kritik, die bemängelt, dass gegenwärtige Formen der Leistungsbewertung in der Wissenschaft die Originalität, Kreativität und Integrität von wissenschaftlicher Arbeit in ihren Feldern negativ beeinflussen. So beklagen etwa Bruce Alberts, renommierter Zellbiologe und langjähriger Editor-in-Chief des Journals Science, und seine Ko-Autor(inn)en in einem Beitrag in den „Proceedings of the National Academy of Science“ (PNAS), dass in Feldern wie den Lebenswissenschaften Hyperkonkurrenz und „der übertriebene Wert von Publikationen in einer kleinen Anzahl von sogenannten „high impact“-Journalen den Druck auf Autor(inn)en erhöhe, überhastet zu publizieren, Abstriche zu machen und ihre Ergebnisse sowie deren Signifikanz übertrieben darzustellen“ (Alberts et al. 2014: 5774).[5] Auf der Ebene

5 Übersetzung durch die Autorin, englisches Originalzitat: „the inflated value given to publishing in a small number of so-called ‘high impact’ journals has put pressure on authors to rush into print, cut corners, exaggerate their findings, and overstate the significance of their work” (Alberts et al. 2014: 5774).

Ruth Müller, Technische Universität München

https://doi.org/10.1515/9783110689884-003

von Arbeitsprozessen würde dieser Fokus auf hochkompetitive und enge Vorstellungen von wissenschaftlicher Qualität dazu führen, dass „die Kreativität, die Kooperationsbereitschaft, der Mut zum Risiko und das unorthodoxe Denken, die notwendig sind, um grundlegende Entdeckungen zu machen, unterdrückt würden" (Alberts et al. 2014: 5774).[6] Diesen Aussagen schlossen sich auch renommierte europäische Forscher/-innen an, wie etwa der Physiker Peter Higgs, der Entdecker des Higgs-Bosons, eines nach ihm benannten Elementarteilchens, der in einem Interview mit „The Guardian" verlautbarte, dass seine langjährige Arbeitsweise im heutigen Wissenschaftssystem als hoch unproduktiv gelten würde. Er sei eine Peinlichkeit für sein Department gewesen, als in den 1990er-Jahren die ersten „Research Assessment Exercises" in Großbritannien durchgeführt wurden, da er keine regelmäßige Publikationsaktivität vorzuweisen hatte. Gleichzeitig sei ihm unklar, wie er im Kontext der heutigen Bewertungsmaßstäbe jemals genügend Ruhe und Zeit hätte finden können, um grundlegende Forschung anzustellen (Aitkenhead 2013, Übersetzung durch die Autorin).

Eine Reihe von sozialwissenschaftlichen Studien blickt mit einer ähnlich düsteren Perspektive auf das Verhältnis von Evaluation und Wissensproduktion im gegenwärtigen Wissenschaftssystem (vgl. z. B. Burrows 2012; Moore et al. 2017; Gill 2010) und kritisiert die negativen Effekte der an Metriken orientierten Evaluation wissenschaftlicher Kreativität, Originalität und sozialer Kohäsion. Was allerdings bis vor kurzer Zeit weitgehend gefehlt hat, sind empirische Studien, die jenseits von anekdotischer Evidenz detailliert untersuchen, wie sich die Normen, Werte und Formate von Leistungsbewertung im gegenwärtigen Wissenschaftssystem auf Praktiken der wissenschaftlichen Wissensproduktion auswirken. Erst in jüngster Zeit hat sich schrittweise ein qualitatives Forschungsprogramm in den STS und benachbarten Feldern formiert, das Studien dazu liefert, wie Wissenschaftler/-innen Bewertung als Teil ihrer Arbeitswelt wahrnehmen, interpretieren, verhandeln, annehmen oder zurückweisen und welche Auswirkungen diese Formen der Bezugnahme auf ihre wissenschaftlichen Arbeitspraktiken und ihre eigenen Vorstellungen von wissenschaftlicher Qualität haben (vgl. Derrick und Gillespie 2013; Fochler et al. 2016; Gläser 2013; Müller und de Rijcke 2017; Rushforth und De Rijcke 2015). Forscher/-innen haben hierzu erfolgreich Perspektiven aus dem aufstrebenden Forschungsfeld der Valuation Studies mobilisiert, das erforscht, wie Wert in sozialen Prozessen bestimmten Personen, Dingen oder Aktivitäten zugeschrieben wird. Wert wird in den Valuation Studies nicht als etwas verstanden, das innerhalb dieser Prozesse gegeben ist und von den jeweiligen Akteur(inn)en einfach angewandt werden kann, sondern als etwas, das erst von den komplexen Prozessen sozialer Bewertung produziert wird (Fochler et al. 2016; Helgesson und Muniesa 2013; Krüger und Reinhart 2017; Lamont 2012; Peetz et al. 2016).

---

6 Übersetzung durch die Autorin, englisches Originalzitat: „suppressing the creativity, cooperation, risk-taking, and original thinking required to make fundamental discoveries" (Alberts et al. 2014: 5774).

Im Weiteren möchte ich zuerst kurz in die theoretischen Grundlagen der Valuation Studies einführen und die wissenschaftspolitischen Kontexte erläutern, die eine Beschäftigung mit Bewertungspraktiken in der Wissenschaft immer notwendiger machen. Danach werde ich eine Reihe von Forschungsergebnissen eigener Studien der letzten Jahre vorstellen, die sich vor allem damit beschäftigen, wie Fragen der Bewertung von Leistung Forschungspraktiken entlang von Karriereverläufen prägen. Hier werde ich das Augenmerk auf den wissenschaftlichen Nachwuchs in den zuvor schon besprochenen Lebenswissenschaften legen und die Frage diskutieren, wie junge Forscher/-innen in diesem Feld die Normen und Werte wissenschaftlicher Leistungsbewertung wahrnehmen und welche Auswirkungen diese Wahrnehmungen auf ihre Arbeitspraktiken haben. Danach möchte ich einen Ausblick auf einen wichtigen emergierenden Forschungsgegenstand geben: die Erforschung der Bewertung von (Jung-) Wissenschaftler(inne)n durch wissenschaftliche Kolleg(inn)en im Rahmen des Peer Review. Beide Aspekte sind wissenschaftspolitisch zentral: Um produktive Rahmenbedingungen für wissenschaftliche Arbeit zu schaffen, müssen Institutionen der Forschung und der Forschungspolitik untersuchen, welche Auswirkungen die gegenwärtigen Anreizstrukturen auf jene haben, die jetzt und in der nahen Zukunft Wissenschaft betreiben, also die heutigen Jungwissenschaftler/-innen. Genauso müssen sie verstehen, wie die institutionell und politisch gesetzten Impulse und Strukturen von jenen umgesetzt werden, die zentrale Entscheidungen darüber treffen, wer als wissenschaftlich erfolgreich gilt und damit die Wissenschaft von morgen gestalten darf. In beiden Bereichen sind – wie wir sehen werden – Tendenzen festzustellen, die problematisch sein können und wissenschaftspolitischer Adjustierung bedürfen.

2.2 Valuation Studies: Bewertung als sozialer Prozess

Für die empirische Erforschung der Praktiken und Effekte von Bewertung in der Wissenschaft sind Arbeiten aus dem interdisziplinären, sozialwissenschaftlichen Forschungsfeld der Valuation Studies richtungsweisend (Helgesson und Muniesa 2013; Kjellberg et al. 2013; Krüger und Reinhart 2017; Lamont 2012; Peetz et al. 2016). Dieses Forschungsfeld beschäftigt sich damit, wie Wert in einem ökonomischen, sozialen und moralischen Sinn Personen, Objekten und Aktivitäten zugeschrieben wird und innerhalb diesen Wertzuschreibungspraktiken verhandelt, interpretiert, kontestiert und affirmiert wird. Die Valuations Studies gehen dabei davon aus, dass der Wert einer Person oder eines Objekts nicht schon im Vorhinein feststeht und nur mehr entdeckt werden muss, sondern dass in den sozialen Prozessen der Bewertung erst ausgehandelt wird, was passende Maßstäbe der Bewertung sind und nach welchen Kriterien Wert zugeschrieben werden soll. Wert wird also erst im Prozess der Bewertung hergestellt und ist keine von diesen Prozessen unabhängig vorhandene Kategorie (Vatin 2009, 2013). Die französischen Soziologen Luc Boltanski und Laurent Thevenot (2006) argumentieren in „Über die Rechtfertigung. Eine Soziologie der kritischen

Urteilskraft“, dass Akteur/-innen in Situationen von Bewertung auf bestimmte Werteordnungen zurückgreifen, die sie zuvor im Laufe ihrer Sozialisation erlernt und eingeübt haben. Eine Reihe von Autor(inn)en haben sich diesem überzeugenden Argument angeschlossen (Fochler et al. 2016; Lamont 2012; Stark 2009). Statt aber wie Boltanski und Thevenot von deduktiv hergeleiteten, gesellschaftlich weitreichenden Werteordnungen auszugehen (die sich an größeren gesellschaftlichen Idealen und Teilbereichen orientieren), sind diese Autor(inn)en daran interessiert, durch empirische Analysen jene „Bewertungsprinzipien“ („evaluative principles“; Stark 2009) oder „Bewertungsregister“ („evaluative registers“; Heuts und Mol 2013) zu rekonstruieren, die für bestimmte situative Kontexte relevant sind. Als besonders interessant und fruchtbar für solche Analysen erachten sie Situationen, in denen etwa durch aktuelle Veränderungsprozesse oder durch heterogene Akteurskonstellationen tendenziell unklar ist, welche Bewertungsprinzipien angewandt werden sollen.

Schon 1990 hat der Wissenschaftsforscher Ed Hackett darauf hingewiesen, dass die laufenden Transformationen des wissenschaftlichen Systems tendenziell eine wachsende Anzahl von ebensolchen Situationen erzeugen, in denen verschiedene Werteausrichtungen miteinander in Konkurrenz stehen (Hackett 1990). Er führt hier zum Beispiel an, dass im Kontext einer immer stärker drittmittelgetriebenen Forschung Professor(inn)en für Doktorand(inn)en nicht länger nur primär Mentor(inn)en sind, sondern auch Arbeitgeber/-innen. Beide Rollen gehen mit verschiedenen Verhaltensnormen einher und mit unterschiedlichen Zielen und Formen der Verantwortlichkeit. Während die Mentor(inn)enrolle klar die Lernerfolge der Doktorand(inn)en ins Zentrum stellt, stehen für Arbeitgeber/-innen die Ergebnisse der Forschung im Vordergrund, die gegenüber der Universität und Forschungsförderer(inne)n legitimiert werden müssen. Hier entstehen tendenziell anomische Situationen (Hackett 1990; Müller 2014a), in denen Akteur/-innen situativ entscheiden müssen, wie sie die verschiedenen Wertimpulse des Systems kontextuell interpretieren und mobilisieren.

Hackett weist uns damit auf die interpretative Arbeit hin, die Wissenschaftler/-innen in ihren verschiedenen Rollen im Wissenschaftssystem leisten müssen, um für sich zu definieren, was gute wissenschaftliche Arbeit und hochqualitative Wissenschaft ausmacht. Dabei verhandeln sie unterschiedliche normative Impulse eines Systems, das sich auf vielen Ebenen im Umbruch befindet. Die wachsende Prominenz von Momenten der Evaluation ist ein Kerncharakteristikum eines Wissenschaftssystems, das derzeit von einer Reihe an weitreichenden Transformationsprozessen durchdrungen ist, die mit historischen Umgestaltungsmomenten der Universität, wie etwa dem Bologna-Prozess, der Etablierung der sogenannten Hochschulautonomie und der Anforderung einer prinzipiell stärkeren Markt- und Innovationsorientierung von Forschung und Lehre verbunden sind (Felt 2005; Münch 2010; Mirowski 2011; Ricken et al. 2013). Diese Transformationsprozesse sind von mindestens drei relevanten und interagierenden Ebenen der Veränderung gekennzeichnet: erstens einer Intensivierung wissenschaftspolitischer Diskurse und Steuerungsaktivitäten (Jacob und Hellström 2000; Miller und Neff 2013), zweitens einer bewussten Steigerung der Quantität und Frequenz von Wettbewerbssituationen im wissenschaftlichen System durch die Verschiebung von Blockfinanzierung für Universitäten hin zur kompetitiven Einwerbung von befristeten Drittmitteln (Maasen und Weingart 2008; Felt 2016) und drittens einer Zunahme von Qualitätssicherungsmaßnahmen im Sinne von Evaluation und Audit (Dahler-Larsen 2011; Ioannidis et al. 2016; Power 1997; Strathern 2000). Damit einher gehen eine Fokussierung auf das Projekt als Kerneinheit wissenschaftlicher Arbeit (Torka 2009), eine Zunahme befristeter und kurzfristiger wissenschaftlicher Arbeitsverhältnisse (Finn 1997; Powell 2015; Stephan 2012), eine Steigerung von Internationalisierung und interinstitutioneller Mobilität im wissenschaftlichen Karriereverlauf (Ackers 2008) sowie in einer Reihe von Wissenschaftsfeldern (z. B. in den Lebenswissenschaften) ein zunehmendes Missverhältnis zwischen einer rasch steigenden Anzahl an Promovierten und einer weniger rasch wachsenden Anzahl an Stellen, die Aussicht auf eine längerfristige wissenschaftliche Laufbahn bieten (Benderly 2005; Cyranoski et al. 2011; Russo 2003). All diese Veränderungsprozesse müssen als Hintergrund dafür gesehen werden, wie Wissenschaftler/-innen – und vor allem der wissenschaftliche Nachwuchs, der sich häufig in wenig abgesicherten Positionen wiederfindet – interpretieren, was hohe Qualität im wissenschaftlichen Arbeiten heute ausmacht.

2.2.1 Jung, individualisiert und beschleunigt: Karrieren in den Lebenswissenschaften

Im Folgenden möchte ich einige der zentralen Ergebnisse meiner Forschungen dazu zusammenfassen, wie Nachwuchsforscher/-innen in den Lebenswissenschaften die Normen und Werte der Karriereentwicklung – beziehungsweise von Leistungsbewertung entlang verschiedener Karrierepunkte – in diesem Feld wahrnehmen und wie diese Wahrnehmungen ihre Arbeitsweisen beeinflussen. Die Ergebnisse beruhen auf Forschungsarbeiten im Rahmen zweier qualitativer sozialwissenschaftlicher Projekte zu Veränderungen in den wissenschaftlichen Arbeitskulturen der Lebenswissenschaften in Österreich.[7] Die hier vorgestellten Ergebnisse beziehen sich spezifisch auf die Gruppe der Postdoc-Wissenschaftler/-innen. Postdocs sind jene heterogene Gruppe von Forscher(inne)n, die nach dem Erwerb des Doktorats im wissenschaftlichen System arbeiten, ohne eine Laufbahnposition (Tenure Track) oder eine unbefristete Position innezuhaben. Sie arbeiten meistens im Rahmen von relativ kurzfristigen Ver-

7 1. „Living Changes in the Life Sciences. Traching the ‚Ethical' and ‚Social' in Scientific Practice and Work Culture." (Universität Wien, 2007–2010; Projektleiterin: Ulrike Felt, Projektmitarbeiter: Maximilian Fochler, Ruth Müller, gefördert durch das österreichische Genomforschungsprogramm GEN-AU, Österreichisches Bundesministerium für Wissenschaft und Forschung); 2. „Understanding the impacts of the VIPS program on postdoctoral training and experience" (Universität Wien, 2013; Projektleiterin: Ruth Müller, gefördert durch das VIPS Programm).

trägen von ein bis drei Jahren, die im Allgemeinen der Qualifikation für weiterführende Positionen dienen sollen. Die Anzahl von Postdoc-Wissenschaftler(inne)n ist im wissenschaftlichen System über die letzten Dekaden hinweg beständig gestiegen, vor allem in Forschungsfeldern wie den Lebenswissenschaften, die in den letzten Jahrzehnten ein großes Wachstum erlebt haben. Postdocs erbringen heute einen signifikanten Anteil an der gesamten Forschungsleistung des wissenschaftlichen Systems (Benderly 2005).

Gleichzeitig arbeitet diese Gruppe häufig unter kurzfristigen und unsicheren Rahmenbedingungen: Die Anzahl an weiterführenden Stellen ist wesentlich geringer als die der Postdocs, die sich im wissenschaftlichen System etablieren möchten, was dazu führt, dass immer mehr Wissenschaftler/-innen für eine immer höhere Anzahl an Jahren ungewollt in der Postdoc-Phase verweilen. Das Leben und Arbeiten an diesem „Flaschenhals“ akademischer Karrieren (Müller 2012a) sensibilisiert Postdocs in besonderem Maße für die Normen und Werte der Evaluation in der Wissenschaft. Die 38 qualitativen semi-strukturierten Interviews mit Postdoc-Wissenschaftler(inne)n, die in den beiden oben genannten Projekten als Teile der Materialsammlung durchgeführt wurden und sich sowohl mit den Biografien der Wissenschaftler/-innen und ihren Zukunftsplänen als auch mit ihren alltäglichen Arbeitspraktiken beschäftigen, zeigen, dass Postdocs darum bemüht sind, die Regeln des wissenschaftlichen Karrierespiels möglichst genau nachvollziehen zu können, um ihre eigene wissenschaftliche Tätigkeit nach diesem Regelwerk auszurichten (Fochler et al. 2016; Müller 2012a; Müller und Kenney 2014; Müller 2014a, 2014b).

Wie verstehen nun Postdoc-Wissenschaftler/-innen in den Lebenswissenschaften dieses Regelwerk? Im Rahmen der Analyse wird deutlich, dass Postdoc-Wissenschaftler/-innen unter den gegenwärtigen Rahmenbedingungen ihrer Arbeit versuchen, ihre wissenschaftliche Tätigkeit primär entlang von individuellem Karrieregewinn zu organisieren. Als für die Karriere förderlich werden in erster Linie Publikationen in Journalen mit hohem Impact-Faktor gesehen, die rasch und regelmäßig erfolgen sollten. Die kurzfristige Publizierbarkeit von Resultaten in bestimmten Zeitschriften wird in der schnell getakteten Welt kurzfristiger Postdoc-Verträge zum Hauptkriterium, das über die Auswahl von Forschungsfragen und das Forschungsdesign entscheidet – oft zum Leidwesen der Forscher/-innen selbst. Langwierige oder risikoreiche Projekte werden unattraktiv und zunehmend undenkbar, da sie ein massives Karriererisiko darstellen, auch wenn sie aus Perspektive der Wissenschaftler/-innen selbst als interessanter oder wichtiger erscheinen (Müller 2014b). Entgegen der allgemeinen Diagnose, dass die Wissenschaft immer kollaborativer wird und auch werden soll, zeigt die Analyse, dass Postdocs in ihren alltäglichen Forschungspraxen versuchen, Kollaboration zu vermeiden (Müller 2012b). Über eine individualisierte Arbeitsgestaltung versuchen sie, Autorschaftskonflikte – vor allem um Erstautorenschaften – zu vermeiden sowie die Liste der Ko-Autor(inn)en kurz zu halten, um den Karrierewert ihrer Publikationen durch einen möglichst hohen Individualisierungsgrad der Leistung zu steigern. In von hoher internationaler Mobilität geprägten Forschungskulturen werden Labors damit oft zu kurzfristigen Produktivitätskontexten, in denen Arbeitspraktiken auf das ausgerichtet werden, was nach Ende eines Vertrages mitgenommen werden kann. Postdocs verbleiben damit auch als Teil einer Forschungsgruppe fast immer latent individualisiert; das heißt, ein zentraler Referenzpunkt für ihre Entscheidungen in der Gegenwart ist immer auch ein zukünftiges Selbst, das schon nicht mehr Teil der Gruppe ist (Müller 2014b). Beziehungen zu Kolleg(inn)en werden unter diesen Bedingungen oft instrumentell und sind von Konkurrenzdenken geprägt beziehungsweise von Versuchen der Abgrenzung des eigenen Forschungsthemas und der eigenen Forschungsleistung. Das Labor als offener gemeinsamer Denk- und Arbeitsraum ist oft kaum zu finden in den Erzählungen von Postdoc-Wissenschaftler(inne)n (Müller 2012b). Im Gegensatz zum PhD, der als wesentlich geschützterer Raum wahrgenommen wird (Fochler et al. 2016), müsse man in der Postdoc-Phase die „politische Seite des Jobs" lernen, wie es eine Wissenschaftlerin formuliert hat, und könne sich eine naive am Kollektiv orientierte Perspektive nicht mehr leisten. Dass ein solches Vorgehen als charakteristisch für das Arbeiten in den Lebenswissenschaften auch jenseits der Postdoc-Phase gesehen wird, zeigt sich, wenn Postdocs ihr eigenes Verhalten damit rechtfertigen, dass sie darauf verweisen, dass auch Gruppenleiter in Kollaborationen oft die besten Daten zurückhielten, um sich selbst einen kompetitiven Vorteil zu verschaffen (Müller und de Rijcke 2017). Dass es solche Legitimationserzählungen zu ihren Praktiken in den Interviews gibt, verweist wiederum darauf, dass Postdocs durchaus reflexiv gewisse Spannungen wahrnehmen zwischen den Werten, die in der Wissenschaft auf offizieller Ebene deklariert werden, und jenen Strategien und Praktiken, die als tatsächlich karriereförderlich erscheinen. Dazu gehört auch, dass Tätigkeiten, die als außerhalb von Forschung wahrgenommen werden, wie die Lehre oder die Supervision von Studierenden, als unproduktiv und potenziell karrieregefährdend eingestuft werden, da sie die Forschungsproduktivität im Sinne der Produktion von Publikationen herabsetzen können (Müller 2014a).

Was hier sichtbar wird, ist eine Reihe von Spannungen auf der Mikroebene zwischen oft wiederholten wissenschaftspolitischen und institutionellen Zielen, wie etwa kollaborative, innovative und gesellschaftlich relevante Forschung zu fördern und ebensolche Forscher/-innen auszubilden,[8] und der Art und Weise, wie die gegenwärtigen Rahmenbedingungen von Forschung die Verhaltensweisen von Forscher(inne)n auf der Postdoc-Ebene, aber auch darüber hinaus, formen. Es werden Tendenzen sichtbar zu einer eher individualistischen als kooperativen Forschungskultur, zu einer Forschungskultur, die sich primär an internalistischen Performance-Indikatoren, wie etwa Impact-Faktoren, orientiert und in der Fragen gesellschaftlicher Relevanz wenig präsent sind. Es zeigen sich Tendenzen hin zu sicheren, eher konservativen Projekten und weg von komplexeren, unsicheren Projekten, was in einem Spannungs-

8 Man blicke nur in ein beliebiges nationales, europäisches oder auch institutionelles wissenschaftspolitisches Dokument, um solche Formulierungen zu finden.

verhältnis zum Anspruch der Innovation steht. Oft betrifft dies genau jene Projekte, die Fragen verfolgen würden, die von großer gesellschaftlicher Relevanz wären. Hier zeigt sich nun auch jenseits der anekdotischen Evidenz ein Befund, der den Sorgen der eingangs zitierten akademischen Würdenträger wie Bruce Alberts und Peter Higgs überraschend ähnlich ist. Es zeigen sich Züge eines relativ monodimensionalen Entwicklungsprofils von Wissenschaftler(inne)n, das auf das möglichst schnell getaktete und regelmäßige Erzeugen von „high impact"-Publikationen ausgerichtet ist. Diese Ausrichtung erfolgt antizipativ auf die nächste Situation von Bewertung, die im Zeitalter kurzfristiger Verträge und kontinuierlicher Evaluierungen immer als schon unmittelbar bevorstehend erscheint: nach der Bewertung ist immer auch schon wieder vor der Bewertung.

2.2.2 Conclusio: Peer Review verbessern – und verstehen!

Welche Schlüsse können nun aus dieser doch eher bitteren Diagnose gezogen werden? Zuerst ist natürlich zentral, dass diese Ergebnisse in erster Linie Gültigkeit für die Lebenswissenschaften haben, wo die Resultate auch mit Studien aus anderen nationalen Kontexten abgeglichen wurden (vgl. Müller und de Rijcke 2017). Detaillierte Studien aus anderen Fachbereichen fehlen größtenteils oder verblieben eher exemplarisch.[9] Die vorhandenen Studien und die Diskussion von Ergebnissen in interdisziplinären Settings weisen allerdings darauf hin, dass ähnliche Dynamiken auch zunehmend charakteristisch für die Arbeitskulturen anderer Fachbereiche in den Natur-, Gesellschafts- und Technikwissenschaften werden. Darauf aufbauend muss die Frage gestellt werden, ob die Steuerungsimpulse, die gegenwärtig durch evaluative Praktiken gesetzt werden, gegenläufig zu einer Vielzahl von Zielen der Wissenschafts- und Innovationspolitik und der nachhaltigen Organisationsentwicklung sind und überholt werden sollten. Ein erster Impuls hierzu kommt aus der kritischen Analyse der Rolle von quantitativen Performance-Metriken in der Evaluation und findet im „Leiden Manifesto for Research Metrics" Ausdruck, das 2015 im Journal Nature publiziert wurde. Diane Hicks und ihre Ko-Autor(inn)en weisen in diesem Text darauf hin, dass derzeit auf verschiedenen Ebenen der Evaluation (von Individuen, Gruppen und ganzen Institutionen) Metriken wie der Impact-Faktor entgegen ihrer ursprünglichen Konzeption und tendenziell unverantwortlich eingesetzt werden. Mit ihrem Manifesto stellen sie eine Anleitung zur Verfügung, wie verantwortliche Evaluation gestaltet werden kann. Ein Kernaspekt davon ist, dass quantitative Indikatoren nie die qualitative Analyse der Qualität wissenschaftlicher Arbeit ersetzen können und

9 Vgl. aber Felt 2009 zur Soziologie, Kaltenbrunner und de Rijcke 2016 zu den Rechtswissenschaften, Kaltenbrunner 2017 zu den Ingenieurswissenschaften, Müller und Kaltenbrunner (2019) zu den interdisziplinären Klimawissenschaften.

dass damit auch Arbeit, die nicht durch quantitative Leistungsindikatoren abbildbar ist, exzellente wissenschaftliche Arbeit sein kann.

Dieser Ruf nach verantwortlicheren Evaluationspraktiken steht gleichzeitig einem absoluten Manko an Studien gegenüber, wie gegenwärtig eigentlich evaluiert wird. Die sozialen Praktiken wissenschaftlicher Begutachtung sind ein überraschend unterbeforschter Bereich wissenschaftlicher Tätigkeit (Hirschauer 2010; Johnson und Hermanowicz 2017; Lamont 2009; Langfeldt und Kyvik 2011; Mallard et al. 2009). Trotz ihrer großen Bedeutsamkeit für das wissenschaftliche System gibt es nur relativ wenige Studien in den STS und benachbarten Feldern, die sich systematisch damit auseinandersetzen, wie wissenschaftliche Expert(inn)en im Rahmen ihrer Gutachtertätigkeiten für wissenschaftliche Fachzeitschriften, in Berufungskommissionen oder in der Forschungsförderung Entscheidungen über die Zuschreibung von höchster wissenschaftlicher Qualität an bestimmte Forschungen und Forschende und nicht an andere treffen. In den letzten Jahren kann ein leicht gestiegenes Interesse an der Beforschung von Begutachtungsprozessen beobachtet werden, was nicht zuletzt auf die schon angesprochene Multiplikation von Begutachtungssituationen im gegenwärtigen Wissenschaftssystem zurückzuführen ist (Helgesson 2016; Meier et al. 2016; Reinhart 2012; Stephan 2012). Die Studien, die in diesem Artikel besprochen wurden, setzen sich damit auseinander, wie Wissenschaftler/-innen die Normen und Werte imaginieren und antizipieren, die für sie relevante Begutachtungspraktiken anleiten. Dem kann gegenwärtig kaum empirisches Wissen darüber entgegengesetzt werden, welche Wertestrukturen und Deutungsmuster tatsächlich zur Anwendung kommen, wenn über die Vergabe von Fördermitteln oder Positionen für (Jung-)Wissenschaftler/-innen entschieden wird. Als Ausnahme hervorzuheben sind die wegweisenden Arbeiten von Lamont und Kolleg(inn)en (Lamont 2009; Lamont und Huutoniemi 2011; Mallard et al. 2009), die mittels Interviews und zum Teil mittels teilnehmender Beobachtungen die Begutachtungsprozesse einer Anzahl von Entscheidungskomitees für wissenschaftliche Stipendien in den USA und in Finnland untersucht haben. Was wissenschaftliche Qualität ausmacht, zerfällt im qualitativ-empirischen Blick ihrer Studien in eine Vielzahl von Subkategorien, die Gutachter individuell wie kollektiv vor dem Hintergrund eines sich wandelnden Wissenschaftssystems situativ interpretieren, kontextualisieren, verhandeln, infrage stellen und produzieren. Exzellenz erscheint damit als Produkt komplexer situierter Wertzuschreibungspraktiken, die von Gutachter(inne)n performiert werden. Die Studien von Lamont und Kolleg(inn)en sind damit eine der wenigen Arbeiten, die beginnen, die Rolle und Deutungsmuster der Gutachter im Bewertungsprozess systematisch besser zu verstehen – ein Forschungsbedarf, den Langfeldt und Kyvik als die dringende Erfordernis einer „Agenda für zukünftige Studien der Rolle von Fachkolleg(inn)en als Begutachter/-innen" formuliert haben (2011: 199).

Mit einer jüngst angelaufenen Studie wird meine Forschungsgruppe zu dieser sich lang formierenden Forschungsagenda beitragen. Fokus der Studie ist der Europäische Forschungsrat (European Research Council, ERC), das Förderorgan für Grundlagenforschung der Europäischen Union. Der ERC ist ein Gremium, dessen Förderungen vermehrt als besonderer Goldstandard für wissenschaftliche Exzellenz gelten. Besonders in der Nachwuchsförderung nimmt der ERC heute eine wichtige Rolle ein. So ist zum Beispiel die Einwerbung eines ERC Starting oder Consolidator Grants an vielen europäischen Universitäten eine Leistung, die mit großer Wahrscheinlichkeit zur Entfristung führt und vielerorts höher bewertet wird als ähnliche nationale Förderformate. Im Kontext harter Konkurrenz um weiterführende wissenschaftliche Stellen ist die Orientierung hin zu einem Forschungsprofil, das „ERC-fähig" ist, eine neue Variante der Adjustierung von Forschungspraktiken unter Jungwissenschaftler(inne)n entlang von antizipierten Bewertungssituationen. Unser Projekt „Evidenz für Exzellenz. Zur Herstellung von Evidenzgrundlagen für wissenschaftliche Exzellenz in den Nachwuchsforschungsförderungsprogrammen des European Research Council (ERC)"[10] untersucht akteurszentriert, wie Gutachter/-innen für diese beiden hochgradig karriererelevanten Förderformate die Bewertungsprozesse des ERC wahrnehmen, navigieren und wie sie argumentieren und legitimieren, warum bestimmten Bewerbungen und Bewerber(inne)n Exzellenz zugeschrieben werden kann und anderen nicht. Durch dieses Projekt soll dazu beigetragen werden, eine empirische Basis für eine kritisch-konstruktive Diskussion der Werte und Normen zu schaffen, die die exzellenzorientierte Förderung des wissenschaftlichen Nachwuchses anleiten.

Wie dieser Beitrag zeigt, verweisen Forschungen zu jenen Normen und Werten der Bewertung, die der wissenschaftliche Nachwuchs antizipiert, auf signifikante Konflikte zwischen den erzielten Steuerungseffekten der kompetitiven Nachwuchsförderung und den Zielen, ein innovatives, kreatives und kollaboratives Arbeiten in der Wissenschaft anzuregen. Die Erforschung der Werte und Normen, die Gutachter/-innen in Bezug auf die Begutachtung des wissenschaftlichen Nachwuchses praktisch mobilisieren, wird erlauben, nachzuzeichnen, wo die Linie zwischen Antizipiertem und Tatsächlichem verläuft, und damit eine konstruktivere Reflexion und Diskussion möglicher Problemlagen in Wissenschaft und Wissenschaftspolitik erlauben.

2.3 Literaturverzeichnis

Ackers, L. (2008). Internationalisation, Mobility and Metrics: A New Form of Indirect Discrimination? *Minerva*, 46(4):411–435.

Aitkenhead, D. (2013, Dec 6). Peter Higgs: I wouldn't be productive enough for today's academic system. *The Guardian*. Retrieved from https://www.theguardian.com/science/2013/dec/06/peter-higgs-boson-academic-system.

---

10 Projektleiterin: Ruth Müller, Projektmitarbeiterin: Kay Felder, gefördert durch die Technische Universität München aus Mitteln der Exzellenzinitiative und dem TUM Gender & Diversity Incentive Fund. Assoziiertes Projekt der DFG Forschungsgruppe „Practicing Evidence – Evidencing Practice" (Sprecher/-innen: Karin Zachmann (TUM), Sascha Dickel (Univ. Mainz).

Alberts, B., Kirschner, M. W., Tilghman, S. und Varmus, H. (2014). Rescuing US biomedical research from its systemic flaws. *Proceedings of the National Academy of Sciences*, 111(16):5773–5777.
Benderly, B. L. (2005). Not your Father's Postdoc. *Science*, 308(5722):717–718.
Boltanski, L. und Thévenot, L. (2006). *On Justification: Economies of Worth*. Princeton: Princeton University Press.
Burrows, R. (2012). Living with the h-index? Metric assemblages in the contemporary academy. *The Sociological Review*, 60(2):355–372.
Cyranoski, D., Gilbert, N., Ledford, H., Nayar, A. und Yahia, M. (2011). The PhD factory. *Nature*, 472:276–279.
Dahler-Larsen, P. (2011). *The Evaluation Society*. Stanford: Stanford University Press.
Derrick, G. und Gillespie, J. (2013). "A number you just can't get away from": Characteristics of Adoption and the Social Construction of Metric Use by Researchers. In *Proceedings from: 18th International Conference on Science and Technology Indicators*, Berlin.
Felt, U. (2005). Revisiting the research – teaching nexus in a post-Humboldtian environment. In *Proceedings from: Seminar of the Magna Charta Observatory, 15 September 2005, Managing University Autonomy: University Autonomy and the Institutional Balancing of Teaching and Research*, S. 17–19, Bologna.
Felt, U. (2016). Of Time-scapes and Knowledge-scapes: Re-timing Research and Higher Education. In P. Scott, J. Gallacher und G. Parry (Hrsg.), *New Languages and Landscapes of Higher Education*, Oxford.
Finn, R. (1997). As Temporary Lab Employment Increases, Critics Decry Trend. *The Scientist*, 11(8):12–13.
Fochler, M., Felt, U. und Müller, R. (2016). Unsustainable Growth, Hyper-Competition, and Worth in Life Science Research: Narrowing Evaluative Repertoires in Doctoral and Postdoctoral Scientists' Work and Lives. *Minerva*, 54(2):1–26.
Gill, R. (2010). Breaking the Silence: The Hidden Injuries of Neo-liberal Academia. In R. Ryan-Flood und R. Gill (Hrsg.), *Secrecy and Silence in the Research Process: Feminist Reflections*, S. 228–244. London: Routledge.
Gläser, J. (2013). *How does Governance Change Research Content? On the Possibility of a Sociological Middle-Range Theory Linking Science Policy Studies to the Sociology of Scientific Knowledge*. Berlin: The Technical University Technology Studies Working Papers.
Hackett, E. J. (1990). Science as a Vocation in the 1990s: The Changing Organizational Culture of Academic Science. *The Journal of Higher Education*, 61(3):241–279.
Helgesson, C.-F. (2016). Folded Valuations? *Valuation Studies*, 4(2):93–102.
Helgesson, C.-F. und Muniesa, F. (2013). For What It's Worth: An Introduction to Valuation Studies. *Valuation Studies*, 1(1):1–10.
Heuts, F. und Mol, A. (2013). What Is a Good Tomato? A Case of Valuing in Practice. *Valuation Studies*, 1(2):125–146.
Hicks, D., Wouters, P., Waltman, L., de Rijcke, S. und Rafols, I. (2015). The Leiden Manifesto for Research Metrics. *Nature News*, 520:429–431.
Hirschauer, S. (2010). Editorial Judgments: A Praxeology of 'Voting' in Peer Review. *Social Studies of Science*, 40(1):71–103.
Ioannidis, J., Boyack, K. und Wouters, P. (2016). Citation Metrics: A Primer on How (Not) to Normalize. *PLoS Biology*, 14(9).
Jacob, M. und Hellström, T. (Hrsg.) (2000). *The future of knowledge production in the academy*. Buckingham: Open University Press.
Johnson, D. und Hermanowicz, J. (2017). Peer Review: From "Sacred Ideals" to "Profane Realities". In M. Paulsen (Hrsg.), *Higher Education: Handbook of Theory and Research*, Band 32, S. 485–527. Springer.

Kjellberg, H., Mallard, A., Arjaliès, D.-L., Lamont, M., Aspers, P., Beljean, S. und Bidet, A. (2013). Valuation Studies? Our Collective Two Cents. *Valuation Studies*, 1(1):11–30.
Krüger, A. K. und Reinhart, M. (2017). Theories of Valuation. Building Blocks for Conceptualizing Valuation Between Practice and Structure. *Historical Social Research*, 42(1):263–285.
Lamont, M. (2009). *How Professors Think. Inside the Curious World of Academic Judgement*. Cambridge, MA: Harvard University Press.
Lamont, M. (2012). Toward a Comparative Sociology of Valuation and Evaluation. *Annual Review of Sociology*, 38(1):201–221.
Lamont, M. und Huutoniemi, K. (2011). Comparing Customary Rules of Fairness: Evaluative Practices in Various Types of Peer Review Panels. In C. Camic, N. Gross und M. Lamont (Hrsg.), *Social Knowledge in the Making*, S. 209–232. Chicago: University of Chicago Press.
Langfeldt, L. und Kyvik, S. (2011). Researchers as evaluators: tasks, tensions and politics. *Higher Education*, 62(2):199–212.
Maasen, S. und Weingart, P. (2008). Unternehmerische Universität und neue Wissenschaftskultur. In D. S. H. Mathies (Hrsg.), *Wissenschaft unter Beobachtung. Effekte und Defekte von Evaluationen*. Wiesbaden: VS Verlag für Sozialwissenschaften.
Mallard, G., Lamont, M. und Guetzkow, J. (2009). Fairness as Appropriateness. Negotiating Epistemological Differences in Peer Review. *Science Technology & Human Values*, 34(5):573–606.
Meier, F., Peetz, T. und Waibel, D. (2016). Bewertungskonstellationen. Theoretische Überlegungen zur Soziologie der Bewertung. *Berliner Journal für Soziologie*, 26(3–4):307–328.
Miller, T. R. und Neff, M. W. (2013). De-Facto Science Policy in the Making: How Scientists Shape Science Policy and Why it Matters (or, Why STS and STP Scholars Should Socialize). *Minerva*, 51(3):295–315.
Mirowski, P. (2011). *Science-Mart. Privatizing American Science*. Cambridge, MA: Harvard University Press.
Moore, S., Neylon, C., Eve, M. P., O'Donnell, D. P. und Pattinson, D. (2017). "Excellence R Us": University research and the fetishisation of excellence. *Palgrave Communications*, 3:16105.
Müller, R. (2012a). *Life at the bottleneck*. Science Careers.
Müller, R. (2012b). Collaborating in Life Science Research Groups: The Question of Authorship. *Higher Education*, 25(3):289–311.
Müller, R. (2014a). Postdoctoral Life Scientists and Supervision Work in the Contemporary University: A Case Study of Changes in the Cultural Norms of Science. *Minerva*, 52(3):329–349.
Müller, R. (2014b). Racing for What? Anticipation and Acceleration in the Work and Career Practices of Academic Life Science Postdocs. *Forum Qualitative Sozialforschung*, 15(3).
Müller, R. und Kenney, M. (2014). Agential Conversations. Interviewing Postdoctoral Life Scientists and the Politics of Mundane Research Practices. *Science as Culture*, 23(4):537–559.
Müller, R. und de Rijcke, S. (2017). Thinking with Indicators. Exploring the epistemic impacts of academic performance indicators in the life sciences. *Research Evaluation*, 26(3):157–168.
Müller, R. und Kaltenbrunner, W. (2019). Re-disciplining Academic Careers: Interdisciplinary Practice and Career Development in a Swedish Environmental Sciences Research Center. *Minerva*, 57(4):479–499.
Münch, R. (2010). Mit dem Bologna-Express in die europäische Wissensgesellschaft. Vom Berufsmonopol zum globalen Kampf um Bildungsprestige. *Sozialwissenschaften und Berufspraxis*, 01(05).
Peetz, T., Enno, A., Meier, F., Waibel, D. und Ettrich, F. (2016). Editorial. *Berliner Journal für Soziologie*, 26(3):301–305.
Powell, K. (2015). The Future of the Postdoc. *Nature*, 520(7546):144–147.
Power, M. (1997). *The Audit Society. Rituals of Verification*. Oxford: University Press.
Reinhart, M. (2012). *Soziologie und Epistemologie des Peer Review*. Baden-Baden: Nomos.

Ricken, N., Koller, H. C. und Keiner, E. (Hrsg.) (2013). *Die Idee der Universität – revisited*. Wiesbaden: VS Verlag für Sozialwissenschaften.
Rushforth, A. D., Rijcke, D. und S. (2015). Accounting for Impact? The Journal Impact Factor and the Making of Biomedical Research in the Netherlands. *Minerva*, 53(2):117–139.
Russo, E. (2003). Victims of Success. *Nature*, 422(6929):354–355.
Strathern, M. (Hrsg.) (2000). *Audit Cultures: Anthropological Studies in Accountability, Ethics, and the Academy*. London: Routledge.
Stark, D. (2009). *The Sense of Dissonance: Accounts of Worth in Economic Life*. Princeton: Princeton University Press.
Stephan, P. (2012). *How Economics Shapes Science*. Cambridge, MA: Harvard Univ. Press.
Torka, M. (2009). *Die Projektförmigkeit der Forschung*. Baden-Baden: Nomos.
Vatin, F. (2009). *Evaluer et valoriser: Une sociologie économique de la mesure*. Toulouse, France: Presses universitaires du Mirail.
Vatin, F. (2013). Valuation as Evaluating and Valorizing. *Valuation Studies*, 1(1):31–50.

Fabian Hattke

3 Institutionelle Bewertung von Forschungsleistungen: Qualitätsnachweis oder Evaluitis?

3.1 Einleitung

Die Bewertung von Forschungsleistungen ist in der Wissenschaft allgegenwärtig. Wissenschaftliche Zeitschriften nutzen Begutachtungen zur Weiterentwicklung und Auswahl der zu publizierenden Beiträge. Personalentscheidungen an Universitäten basieren auf Evaluationsergebnissen von Promotions-, Habilitations- und Berufungskommissionen. Drittmittelgeber treffen Förderentscheidungen anhand von Qualitätseinschätzungen der eingereichten Projektanträge bzw. der Evaluation bisheriger Forschungsleistungen der antragstellenden Wissenschaftler/-innen. Hochschul- und Fakultätsleitungen greifen im Rahmen der Mittelallokation auf die Ergebnisse standardisierter Bewertungsverfahren zurück. Im Auftrag der Politik evaluieren wissenschaftliche Beratungsgremien Fakultäten, Universitäten, Fachgebiete und ganze Wissenschaftssysteme. Zahlreiche weitere Akteure sind an Leistungsbewertungen beteiligt oder nutzen die Ergebnisse bereits vorhandener Evaluationen in ihren Entscheidungen. Damit erfüllt die Bewertung von Forschungsleistungen eine wichtige Steuerungsfunktion im Wissenschaftssystem und legitimiert die Wissenschaft nach innen und außen.

Die Bildungsexpansion, steigende Drittmittelquoten und das erhöhte Publikationsaufkommen sind Treiber einer Entwicklung, in der die Anzahl der zu bewertenden Fälle stetig zunimmt. Die große Relevanz von Leistungsbewertungen als Folge diverser Hochschulreformen setzt das Begutachtungswesen zusätzlich unter Druck. Forschungsprojekte, Wissenschaftskarrieren, Forschungsinstitute und Themenfelder hängen zunehmend von den Ergebnissen multipler Bewertungsverfahren ab. Zuletzt haben sich jedoch kritische Stimmen gemehrt, die das wissenschaftliche Bewertungssystem in der Krise sehen (u. a. Bedian, 2004; Mingers und Willmott, 2012; Newton, 2010; Osterloh und Kieser, 2015).

Ein zentrales Problem für die Bewertung von Forschungsleistungen ist die Komplexität der Forschung, die es für Laien unmöglich macht, die Qualität von Forschungsergebnissen zu evaluieren (Osterloh, 2010). Auch andere Fachvertreter haben im Rahmen des „Peer Review" häufig Schwierigkeiten, das Potenzial einer neuen Idee zu erkennen, wie zahlreiche Beispiele zeigen (Campanario, 1998a, 1998b). Zudem ist Forschungsleistung ein mehrdimensionales Konstrukt (Aguinis et al., 2014): Grundla-

Fabian Hattke, Universität Hamburg

https://doi.org/10.1515/9783110689884-004

genforschung oder Anwendungsbezug, regionale oder globale Relevanz, disziplinäre Spezifika oder Interdisziplinarität – die Leistungskriterien variieren mit den Zielvorstellungen der zahlreichen Anspruchsgruppen. Ferner existiert eine Vielzahl an Bewertungsverfahren, die mehr oder weniger mit den unterschiedlichen Leistungskonzeptionen korrespondieren (Roessner, 2000; Schmidt, 2010). Eine allgemeingültige und gleichzeitig hinreichend konkrete Definition von Forschungsleistung ist aufgrund dieser Faktoren nicht möglich. Forschungsleistung wird somit zu einem sozial konstruierten Phänomen – zu einem Artefakt des Bewertungsprozesses (Bedeian, 2004).

Dieser Beitrag diskutiert die Funktionalität von Leistungsbewertungsverfahren in der wissenschaftlichen Forschung. Aufgrund der Breite des Themas fokussieren die Ausführungen insbesondere die Bewertung von Leistungen einzelner Wissenschaftler/-innen, von Forschergruppen oder von Instituten an Universitäten. Zudem verwende ich zumeist Beispiele aus meiner eigenen Fachdisziplin, der Betriebswirtschaftslehre. Dieser Schwerpunkt ist der Vielfalt akademischer Praktiken im pluralistischen System Wissenschaft geschuldet und trägt der daraus resultierenden Fachspezifität empirischer Befunde Rechnung. Trotzdem haben die Ausführungen einen gewissen Anspruch, institutionelle Bewertungen von Forschungsleistungen an Universitäten auch fachübergreifend zu diskutieren. Ausgehend von einer Unterscheidung in Entstehungs- und Verwendungskontext von Leistungsbewertungen geht der Beitrag den folgenden Fragen nach: Welche *Akteure* spielen bei Leistungsbewertungen eine Rolle? Welche Vor- und Nachteile besitzen die *Verfahren*, die bei Leistungsbewertungen zum Einsatz kommen? Wie und mit welchen Auswirkungen werden Leistungsbewertungen im Wissenschaftsmanagement *genutzt*? Abschließend skizziert der Beitrag einige Implikationen für die Bewertung von Forschungsleistungen in Universitäten.

3.2 Leistungsbewertungen in der Forschung: eine Bestandsaufnahme

Leistungsbewertungen erfolgen ständig und durch eine Vielzahl von Akteuren innerhalb und außerhalb von Universitäten. Dabei nutzen die Akteure verschiedene Verfahren, die eine Vergleichbarkeit der Ergebnisse sicherstellen sollen. Verfahren sind allgemein als nachvollziehbare, in Arbeitsschritte zerlegbare und wiederholbare Abläufe definiert und zählen zum Repertoire organisatorischer Steuerungsmechanismen (Frost, 2005). So führen Universitäten eigenständig Bewertungsverfahren durch, um ihre strategische Entwicklung durch Personalentscheidungen und Ressourcenzuteilungen zu gestalten (Krücken und Meier, 2006). Allerdings sind Universitäten stark reguliert, insbesondere jene in staatlicher Trägerschaft. Das Personalrecht des öffentlichen Dienstes, aber auch die staatlichen Mittelzuweisungen auf Basis von Ziel- und Leistungsvereinbarungen zwischen Ländern und Universitäten verringern den Gestaltungsspielraum von Hochschulleitungen (Whitley 2012). Zudem spielen wissenschaftliche Gemeinschaften eine Schlüsselrolle bei der Leistungsbewertung. Diese „invisible colleges" oder auch „academic tribes" genannten Gruppen sind informelle Netzwerke von Akademikern, die sich ähnlichen Fragestellungen, Theorien und Methoden widmen (Hattke et al., 2016b). Im Gegensatz zu Hochschulleitungen oder Behörden sind die Mitglieder der akademischen Gemeinschaften fachlich legitimiert, die Forschungsarbeiten ihrer Kollegen inhaltlich zu beurteilen. Durch ihre globale Vernetzung transzendieren die unsichtbaren Schulen die Organisationsgrenzen der sichtbaren Schulen – der Universitäten. Aufgrund des starken Einflusses externer Akteure haben Universitäten den Charakter von „partiellen" oder „ausgehöhlten" Organisationen (Ahrne und Brunsson, 2011; Whitley, 2008), die nur bedingt entscheidungsfähig sind bzw. sich in ihren Entscheidungen auf Urteile von außerhalb ihrer Organisation stützen müssen.

Die folgenden Ausführungen greifen diese Interdependenz zwischen Entstehungs- und Verwendungskontext auf (Pandey, 2015). Sie erläutern zunächst den Entstehungskontext von Leistungsbewertungen, indem sie die beteiligten Akteure (*wer?*) und gängige Verfahren (*wie?*) diskutieren. Der abschließende Abschnitt widmet sich der hochschulinternen Nutzung von Leistungsinformationen für Steuerungszwecke (*wofür?*) und fokussiert damit den Verwendungskontext von Leistungsbewertungen.

3.2.1 Akteure der Leistungsbewertung

An dem Prozess der Leistungsbewertung innerhalb von Universitäten sind insbesondere das wissenschaftliche Kollegium, das Leitungspersonal als Entscheidungsinstanz (Präsidien, Rektorate und Dekanate) sowie die mit der Erfassung und Aggregation der Leistungsniveaus beauftragten administrativen Einheiten beteiligt (u. a. Qualitätsmanagement, Forschungsförderung, Organisationsentwicklung). Vermittelt über Gremien, Ausschüsse und Kommissionen sind je nach Gesetzeslage auch andere Statusgruppen in die Bewertung von Forschungsleistungen involviert (Studierende, wissenschaftlicher Nachwuchs, institutionalisierte Vertretungen von Partikularinteressen), beispielsweise indem sie die Kriterien der Mittelvergabe mitdefinieren oder die Besetzung von Lehrstühlen mitbeschließen.

Traditionell nehmen Präsidien, Rektorate und Dekanate dabei ihre Rolle als „primus inter pares", als Erste unter Gleichen, wahr, indem sie die spezifischen Wertvorstellungen der wissenschaftlichen Gemeinschaften vertreten. Die Wahl der Hochschulleitungen aus der Mitte der Hochschullehrer/-innen für eine relativ kurze Amtsperiode soll sicherstellen, dass keine Entscheidungen gegen die akademischen Kerninteressen getroffen werden. Auch die um weitere Statusgruppen erweiterte akademische Selbststeuerung in der Gremienuniversität trägt dem Primat der Wissenschaft Rechnung. Im Rahmen gremienbasierter Kollektiventscheidungen werden einzusetzende Leistungsbewertungsverfahren in rechtssichere Verwaltungsprozesse überführt (Frost et al., 2016). Dadurch erhalten auch Vertreter des administrativen und des studentischen Personals eine Rolle in der Bewertung von Forschungsleistungen. Die zunehmende „Managerialisierung“ von Universitäten hat die Kompetenzen der Hochschulleitungen sowie die Aufgaben der traditionellen Verwaltung erweitert (Hattke et al., 2016a; Pick et al., 2012; Kok et al., 2010). Die strategische Nutzung aggregierter Leistungsinformationen zu Steuerungszwecken benötigt qualifiziertes Personal, das durch „hybride“ Karrieren zwischen Administration und Wissenschaft ausgebildet werden soll. Die Literatur spricht in diesem Zusammenhang auch von einer Professionalisierung des Hochschulmanagements (Boitier und Riviere, 2016). Zwischen den Steuerungsanforderungen interner und externer Anspruchsgruppen sowie den Wissenschaftler(inne)n bestehen hinsichtlich der Forschungsleistungen Informationsasymmetrien, die durch Gutachten und Kennzahlen vermindert werden sollen (Woiwode et al., 2018).

Die Erstellung der Gutachten übernehmen qualifizierte Fachvertreter/-innen, die meist an anderen Universitäten und häufig in anderen Ländern arbeiten. Da Gutachten mittelbar die Basis für viele aggregierte Leistungsinformationen bilden, spielen die wissenschaftlichen Gemeinschaften eine Schlüsselrolle bei der Leistungsbewertung (Vogel et al., 2017; Hattke et al., 2016b). Vermittelt über die Prozesse des Peer Review evaluieren Gutachter/-innen Manuskripte durchgeführter Studien, Drittmittelanträge geplanter Studien sowie die Forschungsleistungen einzelner Wissenschaftler/-innen, von Forschergruppen oder Instituten. Ein Leistungskriterium kann auch die Nachfrage nach Forschungsergebnissen von außerhalb der wissenschaftlichen Gemeinschaft sein. Gerade in anwendungsnahen Feldern der Natur- (Biologie, Ingenieurswesen, Informatik, Chemie) und Humanwissenschaften (Medizin) sind Patentanmeldungen, Kooperationen mit Unternehmen oder auch universitätsnahe Unternehmensgründungen („university spin-offs“) ein Indikator für die Qualität bzw. die Quantität wissenschaftlicher Forschung (Wong und Singh, 2009). Zu den weiteren hochschulexternen Akteuren zählen Politik und Ministerien, Medien, Interessenvertretungen, Nichtregierungsorganisationen und Akkreditierungsagenturen. Sie können eigene Evaluationen in Auftrag geben bzw. durchführen oder aggregierte Leistungsinformationen auf Basis vorhandener Daten erstellen und verbreiten.

3.2.2 Qualitative und quantitative Verfahren der Leistungsbewertung

In der Wissenschaft existiert eine Vielzahl verschiedener Verfahren zur Bewertung von Forschungsleistungen. Allen gemein ist jedoch, dass sie auf konzeptionellen Vorüberlegungen basieren, Informationen sammeln und verarbeiten und dabei nachvollziehbaren, wiederholbaren Abläufen folgen (Dobrovolny und Fuentes, 2008). Anhand der Charakteristika der genutzten Daten lassen sich zwei verschiedene Arten von Leistungsbewertungsverfahren identifizieren.

Qualitative Verfahren der Leistungsbewertung basieren auf den Urteilen von Gutachter(inne)n, die in textbasierten Aussagen zwischen Qualitätsniveaus unterscheiden. Die Gutachten umfassen Attribute wie „ausbaufähig“, „angemessen“, „überdurchschnittlich“ oder „exzellent“, um wissenschaftliche Leistungen zu bewerten (Werner und Souder, 1997). Qualitative Leistungsbestimmungen erfordern von den begutachtenden Personen, dass sie sich detailliert mit den Begutachtungsobjekten auseinandersetzen, beispielsweise durch Lektüre von Veröffentlichungen und Forschungsanträgen, oder sie sogar in Interaktion mit den Forschungssubjekten treten (Werner und Souder, 1997). Die dadurch entstehenden Informationen sind gehaltvoll und kontextualisiert („rich data“). Sie tragen der Komplexität des Evaluationsgegenstandes Rechnung und können auch unerwartete oder außergewöhnliche Leistungen würdigen (Dobrovolny und Fuentes, 2008). Durch die individuelle Anpassung der Gutachten an das jeweilige Begutachtungsobjekt erfordern qualitative Verfahren allerdings auch einen hohen Ressourcenaufwand, insbesondere da die Subjektivität einzelner Gutachter/-innen meist durch eine Mehrfachbegutachtung ausgeglichen werden soll. Zudem müssen die begutachtenden Personen fachlich kompetent sein, damit sie Forschungsergebnisse auf Basis wissenschaftlicher Standards adäquat bewerten können (Aspromourgos, 2012; Bedeian, 2004).

Qualitative Bewertungsverfahren basieren folglich entweder auf Selbsteinschätzungen einzelner Wissenschaftler/-innen, auf Evaluationen von Vorgesetzten, auf externen Audits durch wissenschaftsnahe Einrichtungen oder auf Begutachtungen durch Kolleg(inn)en (Werner und Souder, 1997). Anonyme Bewertungen durch Fachkollegen im Rahmen des Peer Review haben eine lange Tradition in der Wissenschaft, insbesondere bei der Veröffentlichung von Forschungsergebnissen in Fachzeitschriften (Merton, 1973). Da Forschungsergebnisse veröffentlicht werden müssen, um in den wissenschaftlichen Diskurs einzugehen, ist das Peer Review in Fachzeitschriften der zentrale Leistungsbewertungsmechanismus in der Wissenschaft. In den letzten Jahren sehen sich Wissenschaftler/-innen jedoch einem immer stärker werdenden Publikationsdruck ausgesetzt, da Universitäten zahlreiche Personal- und Ressourcenentscheidungen an die Anzahl erfolgreich publizierter Fachaufsätze koppeln. Die Literatur spricht hier von „publish or perish" (de Rond und Miller, 2005) – nur diejenigen, die regelmäßig erfolgreich das Peer Review der Fachzeitschriften durchlaufen, können sich im System bewähren und ihre Karriere fortsetzen. In Konsequenz führt dieser Publikationsdruck auch zu einem erhöhten Begutachtungsaufwand. Nicht nur Diederich (2013, S. 14072) sieht deshalb das „Peer-Review-System am Limit“ und fragt „Begutachten wir uns zu Tode?“. Neben der Anzahl an Begutachtungsfällen ist die geringe Korrelation zwischen einzelnen Fachgutachten Gegenstand wiederkehrender Kritik. Je nach Studie liegt die Übereinstimmung von Gutachterurteilen lediglich zwischen zehn und 50 Prozent (Starbuck, 2003). Zudem besteht bei qualitativen Verfahren eine große Abhängigkeit von der Gewissenhaftigkeit und Fähigkeit einzelner Gutachter/-innen. Als Folge werden zunehmend auch nicht anonyme Begutachtungen von Aufsätzen in offen zugänglichen Repositorien als Variante des klassischen Peer Review diskutiert und genutzt (Bögner und Hattke, 2016; Osterloh und Kieser, 2015). Aktuelle Umfragen deuten zwar nicht auf eine systematische Dysfunktionalität der doppelt-blinden Begutachtung (Mulligan et al., 2013) oder gar einen grundsätzlichen Vertrauensverlust in den Prozess des Peer Review hin (Hattke et al., 2018). Campanario (1998a, 1998b) hat jedoch zahlreiche Negativbeispiele zusammengestellt, die die begrenzten Kontrollmöglichkeiten und die geringe prognostische Validität qualitativer Bewertungsverfahren aufzeigen. Der Deutsche und der Österreichische Wissenschaftsrat haben diese Kritik aufgegriffen und das Begutachtungswesen unter dem Titel „Qualitätsstandard oder leeres Ritual?“ zur Diskussion gestellt (Wissenschaftsrat, 2018).

In quantitativen Verfahren der Leistungsbewertung müssen die Vergleichskriterien klar definiert und in metrischen Indikatoren abbildbar sein. Werner und Souder (1997) unterscheiden zwischen „objektiv-quantitativen" und „subjektiv-quantitativen“ Indikatoren. Objektive Indikatoren messen tangible Dimensionen, wie beispielsweise die „Anzahl Forscherinnen und Forscher“ oder die „Summe der kompetitiv eingeworbenen Drittmittel“ (Schröder, 2004). Während objektive Indikatoren eher vergangenheitsorientiert sind, können subjektive Indikatoren auch Erwartungen zu künftigen Entwicklungen beinhalten (Werner und Souder, 1997). Subjektive Indikatoren transformieren qualitative Leistungsbewertungen in aggregierte Leistungskennzahlen. Zu den häufig genutzten subjektiven Indikatoren zählen die Anzahl abgeschlossener Promotionen und Habilitationen oder die Anzahl publizierter Artikel in Fachzeitschriften (Schröder, 2004). In den institutionellen Leistungsbewertungsverfahren von Universitäten sind Publikationen meist noch mit dem Journal-Impact-Faktor oder einem anderen Zeitschriftenranking gewichtet. Bis auf wenige Ausnahmen basieren diese Rankings wiederum auf den Urteilen der wissenschaftlichen Gemeinschaft – entweder durch Zitationen von Beiträgen in eigenen Arbeiten (z. B. im Journal-Impact-Faktor), durch Wahl bei der umfragebasierten Bewertung von Fachzeitschriften (z. B. das VHB JOURQUAL in der deutschen Betriebswirtschaftslehre) oder durch eine Mischung der beiden Varianten (z. B. Handelsblatt-Ranking).

Quantitative Verfahren sind vergleichsweise ressourceneffizient und erfordern keine direkte Interaktion mit den Bewertungssubjekten (Dobrovolny und Fuentes, 2008). Metriken und Rangtabellen sind zudem für Laien leichter verständlich als qualitative Gutachten. Folglich können auch fachfremde Wissenschaftler/-innen, administratives Personal oder politische Entscheidungsträger/-innen einen Eindruck der Forschungsleistung gewinnen. Darüber hinaus sind quantitative Verfahren vorteilhaft, wenn eine große Zahl Begutachtungsfälle verglichen werden soll. Allerdings sind quantitative Leistungsdaten dekontextualisiert, da sie außer den vordefinierten Indikatoren keine weiteren Informationen über das Bewertungsobjekt enthalten (Dobrovolny und Fuentes, 2008). Mess- und Transformationsprobleme stellen eine weitere Herausforderung für quantitative Leistungsbewertungen dar. So hat Baum (2011) anhand der schiefen Verteilung von Referenzen auf einzelne Artikel innerhalb hochgerankter Fachzeitschriften belegt, dass der Mittelwert zur Berechnung des Journal-Impact-Faktors kein valides Verfahren im wissenschaftlichen Sinne darstellt. Aufgrund der großen Varianz individueller Forschungsschwerpunkte und

-praktiken sollten bibliometrische Indikatoren folglich nicht zur Bewertung einzelner Personen oder kleinerer Forschergruppen herangezogen werden (Moed, 2006; Werner und Souder, 1997). Darüber hinaus können die Rangkorrelationen zwischen einzelnen Zeitschriftenrankings stark variieren. So liegt sie bei den 18 international geläufigsten Rankings im Fach Betriebswirtschaftslehre zwischen 0,246 und 0,882 (Vogel et al., 2017). Die gleiche Leistung wird folglich unterschiedlich bewertet, je nachdem, welches Ranking die Hochschule zur Evaluation der Forschungsleistungen heranzieht.

3.2.3 Verfahren mit absolutem und relationalem Leistungsverständnis

Neben der Art der genutzten Daten können Leistungsbewertungsverfahren zudem anhand der Art der Zielfestlegung unterschieden werden. Bewertungsverfahren mit *absolutem Leistungsverständnis* basieren auf ex ante definierten Leistungszielen, die entweder von extern vorgegeben oder von den Bewertungssubjekten selbst festgelegt werden (Schmidt, 2010; Werner und Souder, 1997). Im ersten Fall wird Leistung meist als Mindeststandard, den es zu erfüllen gilt, operationalisiert. Diese Verfahren sind durch ein hohes Maß an Transparenz und Verlässlichkeit gekennzeichnet. Zum Beispiel basieren Promotions- oder Habilitationsordnungen auf dem Prinzip des Mindeststandards, wenn sie eine bestimmte Anzahl Publikationen in wissenschaftlichen Zeitschriften zur Eröffnung des Qualifikationsverfahrens vorschreiben. Dass dieser Ansatz jedoch eine geringe Flexibilität aufweist und sich nicht an dem Prinzip der Exzellenz orientiert, wird an dem Beispiel des Wirtschaftswissenschaftlers John Forbes Nash Jr. deutlich. Seine Dissertation basierte auf einem 32-seitigen Arbeitspapier (Nash, 1950/1951), das die Grundlage für die Verleihung des Nobelpreises 44 Jahre später bildete. Die Mindestanforderungen für kumulative Qualifikationsarbeiten zahlreicher Promotionsordnungen hätten die Eröffnung des Verfahrens nicht zugelassen. Ein weiterer Nachteil ist, dass jenseits des Mindeststandards keine Steuerungswirkung entfaltet wird und das Verfahren damit keine Anreize zur weiteren Leistungssteigerung setzt.

Definieren die Bewertungssubjekte selbst das zu erreichende Leistungsniveau, bildet der Grad der Zielerreichung die erbrachte Leistung ab. Dieses Verfahren ist in zahlreichen Kontexten sehr flexibel anwendbar und steht im Einklang mit dem Prinzip der Selbststeuerung in der Wissenschaft (Boitier et al. 2018). Die Evaluation des Erfolges von Drittmittelprojekten basiert auf entsprechenden Verfahren, sofern die Ziele in Forschungsanträgen definiert sind. Die Verfahren tragen zudem Informationsasymmetrien zwischen Bewertenden und Bewerteten Rechnung, da letztere hinsichtlich der Qualitätsmaßstäbe ihres Forschungsfeldes meist besser informiert sind als externe Akteure (Aspromourgos, 2012). Dies birgt allerdings auch Probleme, da niedrige oder unklar definierte Leistungsziele tendenziell zu einem hohen Zielerreichungsgrad führen. Insofern basieren Ziel- und Leistungsvereinbarungen zwischen

Professor(inn)en und Universitäten meist auf Zielverhandlungen, in denen das Prinzip der einseitigen Festlegung von Zielen zugunsten eines partizipativen Modells aufgeweicht wird (Pilniok, 2012).

Bewertungsverfahren mit relationalem Leistungsverständnis bilden die zweite Gruppe. Sie setzen qualitative und/oder quantitative Kriterien in Bezug zueinander, um eine Rangfolge zwischen mehreren Bewertungssubjekten oder von verschiedenen Bewertungszeitpunkten herzustellen (Schmidt, 2010). Das festgestellte Leistungsniveau entsteht somit endogen aus dem Vergleich der Forschungsleistungen einzelner Wissenschaftler/-innen, ganzer Forschergruppen und Institute oder im Zeitablauf. Dies impliziert einen relationalen Leistungsbegriff, der ohne ex ante definierte, absolute Leistungsniveaus auskommt und dadurch eine hohe Flexibilität aufweist. Vergleichende Verfahren sind in der Wissenschaft weit verbreitet und kommen bspw. in Berufungsverfahren zum Einsatz (Noack, 2018). Bei Listen mit vielen Kandidat(inn)en können jedoch Transitivitätsprobleme auftreten. Der Widerspruch kann dann nur durch ein weiteres Gutachten abgemildert werden, was wiederum einen erhöhten Begutachtungsaufwand nach sich zieht.

Zudem suggerieren die erzeugten Rangfolgen, dass zwischen den Rängen gleiche Abstände bestehen. Dies trifft auf die große Mehrzahl quantitativer Rankings jedoch nicht zu (Lenzen, 2012). Ein gutes Beispiel hierfür liefert das Ranking des Verbands der Hochschullehrer für Betriebswirtschaftslehre, VHB JOURQUAL. Es klassifiziert wissenschaftliche Zeitschriften auf Basis einer Mitgliederbefragung in fünf Kategorien. Da die Vollversion des Rankings auch die Anzahl Voten für die jeweilige Kategorie offenlegt, ist deutlich nachvollziehbar, dass es erhebliche Unterschiede in der Einschätzung der wissenschaftlichen Qualität der Zeitschriften gibt. So haben beispielsweise 93,7 Prozent das Strategic Management Journal in die Kategorie A oder besser eingeordnet, Organization Studies jedoch nur 59,8 Prozent. Trotzdem sind beide Zeitschriften als A-Journals klassifiziert, was eine identische Qualität und somit auch einen gleichen Abstand zu Management Science (höchste Kategorie A+) oder dem European Management Journal (B) suggeriert.

Vergleichende Leistungsbewertungen benötigen zudem eine sinnvolle Referenzgruppe. Sie sind damit insbesondere für kleinere Fächergruppen problematisch, da unter Umständen keine hinreichend große homogene Referenzgruppe existiert. Vergleiche heterogener Gruppen sind indes meist nicht aussagekräftig, wie auch die kontrovers geführte Debatte um das Handelsblatt-Ranking zeigt (Kieser und Osterloh, 2012). Hier werden die besten Wirtschaftswissenschaftler/-innen anhand ihrer Publikationsaktivitäten bewertet, was dazu führt, dass Forscher/-innen bestimmter Fachgebiete, die sich primär mit nationalen Problemstellungen beschäftigen, systematisch schlechter bewertet werden als Forscher/-innen aus Fachgebieten, die viele internationale Zeitschriften aufweisen. Das resultierende Personenranking ist also nicht neutral gegenüber den Fachgebieten. Auch bei Längsschnittanalysen können oft keine sinnvollen Referenzgruppen gebildet werden, da die Datenbasis für lange Zeitreihen oft nicht vorliegt oder nicht im Nachhinein erstellt werden kann. Zudem lässt eine hohe Leistung zu Beginn einer Messreihe nur wenig Leistungssteigerungen zu, während ein niedriges Eingangsleistungsniveau hohe Steigerungsraten zulässt (Schmidt, 2010).

3.2.4 Nutzung von Leistungsinformationen zu Steuerungszwecken in Universitäten

Universitäten nutzen die Ergebnisse der Bewertungsverfahren in einer Vielzahl von Steuerungsentscheidungen. Hierzu zählen insbesondere die Allokation finanzieller Ressourcen innerhalb und zwischen Fachdisziplinen, die Akkreditierungen von Instituten, die Qualifizierung des wissenschaftlichen Personals, Berufungsverfahren, interne Ausschreibungen zur Forschungsförderung sowie die Festlegung leistungsabhängiger Gehalts- bzw. Besoldungsbestandteile (Alexander et al., 2007; Clark und Wright, 2007; Flickinger et al., 2013; Terpstra und Honoree, 2009). Dabei lassen sich die Steuerungsgegenstände hinsichtlich ihrer Position im Leistungserstellungsprozess in Input-, Prozess- und Outputziele unterscheiden (Cardinal et al., 2017). Traditionell haben Universitäten Bewertungsverfahren vornehmlich zur Steuerung von Inputgrößen eingesetzt. Hierunter fallen insbesondere die Prozesse der Personalauswahl und -entwicklung sowie der internen Budgetierung (Welpe et al., 2015; Ziegele, 2008). Aufgrund der hohen Autonomie hinsichtlich der Ergebnisse künftiger Leistungserstellung und der damit verbundenen Stimulierung der individuellen intrinsischen Motivation ist die Inputkontrolle ein besonders effektiver und wissenschaftsadäquater Steuerungsmechanismus (Ringelhahn et al., 2015; Osterloh, 2010). In den vergangenen Jahren erfassten Universitäten individualisierte Leistungsinformationen jedoch auch vermehrt zur Steuerung von Outputgrößen. Beispiele sind die leistungsbezogene Finanzmittelzuweisung an Lehrstühle und Institute sowie leistungsabhängige Vergütungsbestandteile (Hearn, 1999; Osterloh und Frey, 2008; Ziegele, 2008). Die Outputkontrolle zielt darauf ab, gute Leistungen durch finanzielle Anreize zu belohnen und damit die extrinsische Motivation von Wissenschaftler(inne)n zu steigern (Vogel und Hattke, 2018).

Internationale Vergleichsstudien legen nahe, dass es einen globalen Trend hin zur verstärkten Nutzung von Leistungsinformationen gibt, wobei meist Mischsysteme aus qualitativen und quantitativen Verfahren entstanden sind (Geuna und Martin, 2003; Frølich et al., 2010). Die Einführung der Research Assessment Exercise 1984 in Großbritannien (seit 2014 Research Excellence Framework) hat dabei zahlreichen Ländern als Template gedient (Hicks, 2012). Es kombiniert bibliometrische Indikatoren, Selbstauskünfte sowie Gutachterurteile, um die Verteilung finanzieller Ressourcen auf Universitäten für eine Periode von fünf Jahren anhand von Leistungsinformationen festzulegen (Martin, 2011). Studien deuten darauf hin, dass Bewertungsverfahren auf Systemebene auch auf Institutsebene bzw. der Ebene einzelner Wissenschaftler/-innen zu Steuerungszwecken eingesetzt werden (Aagaard, 2015; Hicks, 2012). Im Mehrebenensystem Hochschule kaskadieren Steuerungsinstrumente folglich von oben nach unten – auch quantitative Leistungsindikatoren, die für die Individualebene meist ungeeignet sind (Aagaard, 2015; Moed, 2006; Werner und Souder, 1997).

Grundsätzlich gibt es gute Argumente, die für die Verwendung von Leistungsinformationen zu Steuerungszwecken sprechen (Aguinis et al., 2011; Dobrovolny und Fuentes, 2008). Als Nachweis der Leistungsfähigkeit haben sie zunächst eine Legitimationsfunktion gegenüber internen wie externen Anspruchsgruppen. Zudem haben sie das Potenzial, die Qualität von Steuerungsentscheidungen zu verbessern und Fehlentscheidungen zu reduzieren. Folglich können Leistungsinformationen auch dazu dienen, Interventionen zur Veränderung des Status quo zu legitimieren. Ihre Verwendung kann somit auch zur kontinuierlichen Verbesserung der individuellen und organisationalen Leistungsfähigkeit beitragen.

An der praktischen Umsetzung gibt es jedoch vermehrt Kritik. Die Fokussierung auf einen sozial konstruierten Leistungsbegriff lässt andere wichtige Werte wie Egalität oder Diversität in den Hintergrund treten (Hicks, 2012). Da Forschungsprozesse von hoher Serendipität gekennzeichnet sind (Simonton, 2004), können die bedeutendsten Erkenntnisse zu allen Zeitpunkten einer wissenschaftlichen Karriere gewonnen werden (Sinatra et al., 2016). Eine (annähernd) egalitäre Verteilung von Forschungsmitteln erhöht folglich die Wahrscheinlichkeit für bedeutende wissenschaftliche Erkenntnisse im Gesamtsystem. Zudem benachteiligt insbesondere die quantitativ-relationale Outputsteuerung kleinere Fächer und heterodoxe Forschungsvorhaben, da sie in den gängigen Indikatoren schlecht abbildbar sind (Bögner et al., 2016). Wissenschaftliche Erkenntnis entsteht jedoch oft durch Rekombination verschiedener Forschungsstränge, was wiederum eine hohe Diversität an Forschungsschwerpunkten voraussetzt (Alvesson und Sandberg, 2014; Schilling und Green, 2011).

Zudem mehren sich Hinweise, dass sich institutionelle Leistungsbewertungen zunehmend von ihrem eigentlichen Zweck entkoppeln und als „Rationalitätsmythos" der Steuerung fungieren (DiMaggio und Powell, 1983). In ihren Anstrengungen, zwischen den Anforderungen verschiedener Anspruchsgruppen gerecht zu vermitteln, beeinflussen Universitätsleitungen den Ausgang von Leistungsbewertungsverfahren (beispielsweise durch zielkonforme Auswahl von Gutachter(inn)n) oder nutzen Leistungsinformationen nur selektiv (Woiwode et al., 2018). Die entstehenden Legitimitätsfassaden sollen hochschulpolitische Entscheidungen absichern. In der Folge werden jedoch mehr Leistungsbewertungen als eigentlich notwendig durchgeführt (Wissenschaftsrat, 2017). Kleinere Fächer leiden besonders unter dem zunehmenden Begutachtungsaufwand. So kann beispielsweise die doppelt-blinde Begutachtung in Fachzeitschriften nur dann sinnvoll zur Leistungsbewertung genutzt werden, wenn es eine hinreichend große wissenschaftliche Gemeinschaft gibt und die Ergebniskommunikation primär im Rahmen des Zeitschriftenformats erfolgt. Begutachtungen ausschließlich zu vermeintlichen Legitimationszwecken durchzuführen, ohne aber eine substanzielle Verbesserung des Informationsstandes herbeiführen zu können, ist im Hinblick auf knappe zeitliche Ressourcen kritisch zu bewerten (Wissenschaftsrat, 2018).

Darüber hinaus stellen sich die erwarteten positiven Leistungseffekte durch den Einsatz von Leistungsinformationen in der Steuerung nur bedingt ein (Andersen und Pallesen, 2008). Die Steuerung von Inputgrößen kann zwar positive Leistungseffekte entfalten, die Steuerung von Outputgrößen korreliert jedoch negativ mit der Forschungsleistung einzelner Wissenschaftler/-innen (Vogel und Hattke, 2018). Besonders in der Kritik steht die quantitativ-relationale Outputsteuerung. Sie kann zu einem wahrgenommenen Autonomieverlust und zu strategischem Verhalten führen, was sich negativ auf die intrinsische Motivation und damit auf die erbrachte Leistung auswirkt (Mouritzen und Opstrup, 2019; Osterloh, 2010; Ringelhahn et al., 2015). Aufgrund dieser Reaktanz verlieren Leistungsindikatoren bei wiederholter Verwendung auch zunehmend ihre Differenzierungswirkung, d. h. ihre Fähigkeit, zwischen guter und schlechter Leistung klar zu unterscheiden (Frost und Brockmann, 2014). Monetäre Anreize auf Basis quantifizierter Leistungsinformationen sind folglich nur bedingt für eine Steuerung individueller Wissenschaftler/-innen zu empfehlen – insbesondere auch, da die Validität gängiger bibliometrischer Indikatoren auf dieser niedrigen Aggregatsebene fraglich ist.

Zuletzt scheint die derzeitige Verwendung von Leistungsinformationen zum Zwecke der kontinuierlichen Verbesserung der Leistungsfähigkeit ungeeignet. Dafür müssten Universitäten Leistungsbewertungen als ganzheitliches Konzept und Teil einer gelebten Qualitätskultur in die strategische Hochschulentwicklung einbinden (Schmidt, 2010). Empirische Studien deuten jedoch darauf hin, dass nur wenige Universitäten den Aufbau integrierter Leistungssteuerungssysteme anstreben und dass die verstärkte Durchführung von Leistungsbewertungen vor allem auf politischen Druck zurückzuführen ist (Kanji et al., 1999; Nickel, 2008). Insbesondere den periodisch wiederkehrenden Bewertungsverfahren zum Zwecke der Outputsteuerung fehlen entscheidende Rückkopplungsmechanismen, die individuelles und organisationales Lernen erst ermöglichen. Dies ist auch nicht weiter verwunderlich, da Universitätsleitungen und administrativem Personal das Spezialwissen fehlt, um inhaltlich zur Entwicklung individueller Forschungsprofile beitragen zu können. Aguinis und Kollegen (2011) konstatieren, dass Leistungsbewertungen ohne systematische Feedback- und Lernprozesse keine effektive Leistungssteuerung sicherstellen können und letztlich nur Zeit und Ressourcen verschwenden.

3.3 Implikationen für eine strategische Nutzung von Leistungsbewertungen

Welche Schlussfolgerungen können aus diesen Befunden gezogen werden? Zunächst sind Leistungsbewertungen integraler Bestandteil des Wissenschaftssystems. Insbesondere die qualitativen Verfahren des Peer Review haben eine lange Tradition und sind aus der Selbststeuerung der Wissenschaft nicht wegzudenken. Auch quantitative Leistungsindikatoren, die Ergebnisse wissenschaftsinterner Bewertungen aggregieren, sind nicht grundsätzlich abzulehnen. Auf der Ebene ganzer Universitäten, Hochschulsysteme oder internationaler Fachgemeinschaften liefern sie wertvolle Informationen. Sie sind jedoch für Steuerungszwecke auf der Ebene einzelner Wissenschaftler/-innen oder kleiner Forschergruppen ungeeignet. Die überlegenen Leistungsbewertungsverfahren sind folglich auch die aufwendigeren, individualisierten Verfahren.

Um dem inflationären Einsatz dieser aufwendigen Begutachtungsprozesse entgegenzuwirken, sollten Universitätsleitungen stets eine Entwicklungsperspektive einnehmen. Leistungsbewertungen sollten primär dann zum Einsatz kommen, wenn sie Möglichkeiten zur Leistungsverbesserung durch Feedbackschleifen bieten. Insbesondere die qualitative Inputsteuerung korrespondiert mit diesen Anforderungen. Bewertungsverfahren, die ausschließlich der Ex-post-Kontrolle oder vermeintlichen Legitimitätszwecken dienen, gilt es zu minimieren oder gänzlich zu streichen. Stattdessen sollten sich die an der Leistungsbewertung beteiligten Akteure (Universitätsleitungen, wissenschaftliches Personal, Politik und Öffentlichkeit) einen wechselseitigen Vertrauensvorschuss gewähren, damit alle Beteiligten ihre Aufgaben mit möglichst geringem Ressourcenaufwand für Leistungsbewertungen erfüllen können.

Zudem gilt es, die Potenziale der Digitalisierung zu realisieren, um fallbezogene Erhebungen bereits vorhandener Leistungsinformationen zu vermeiden. Integrierte Informationssysteme, die Personal- und Publikationsdaten sowie Drittmittelprojekte erfassen, für den Webauftritt aufbereiten und für evaluative Auswertungen zur Verfügung stellen, scheinen ein vielversprechendes Mittel, um redundante Leistungsbewertungen zu reduzieren. Universitätsleitungen sollten darüber hinaus kompensatorische Maßnahmen für kleinere Fachgebiete und heterogene Forschungsprofile ergreifen, da die gängigen Leistungsindikatoren in diesen Fällen eine besonders geringe Validität aufweisen. Eine Maßnahme können interne Wettbewerbe auf Basis qualitativer Selbstauskünfte sein, die besondere Forschungsleistungen kurz und prägnant darstellen, von Fachgutachtern in vergleichenden Verfahren bewertet und von der Universitätsleitung für Steuerungsentscheidungen genutzt werden können.

Begutachtungen sind nicht nur Teil des strategischen Managements von Universitäten – sie müssen auch strategisch gemanagt werden. Der gesamte Begutachtungsprozess erfordert Entscheidungen: von der Festlegung der Begutachtungsmethode über die Auswahl der Gutachtenden bis hin zur Darstellung der Ergebnisse. Ohne eine sinnvolle Zieldefinition, ein zieladäquates Bewertungsverfahren und eine Rückbindung der Ergebnisse des Bewertungsprozesses wird das Potenzial von Begutachtungen für eine systematische Qualitätsentwicklung nicht genutzt.

3.4 Literaturverzeichnis

Aagaard, K. (2015). How incentives trickle down: Local use of a national bibliometric indicator system. *Science and Public Policy*, 42(5):725–737.

Aguinis, H., Joo, H. und Gottfredson, R. K. (2011). Why we hate performance management—And why we should love it. *Business Horizons*, 54(6):503–507.

Aguinis, H., Shapiro, D. L., Antonacopoulou, E. P. und Cummings, T. G. (2014). Scholarly impact: A pluralist conceptualization. *Academy of Management Learning & Education*, 13(4):623–639.

Ahrne, G. und Brunsson, N. (2011). Organization outside organizations: The significance of partial organization. *Organization*, 18(1):83–104.

Alexander, J. K., Scherer, R. F. und Lecoutre, M. (2007). A global comparison of business journal ranking systems. *Journal of Education for Business*, 82(6):321–328.

Alvesson, M. und Sandberg, J. (2014). Habitat and habitus: Boxed-in versus box-breaking research. *Organization Studies*, 35(7):967–989.

Andersen, L. B. und Pallesen, T. (2008). "Not just for the money?" How financial incentives affect the number of publications at Danish research institutions. *International Public Management Journal*, 11(1):28–47.

Aspromourgos, T. (2012). The managerialist university: An economic interpretation. *Australian Universities' Review*, 54(2):44–49.

Baum, J. A. C. (2011). Free-riding on power laws: Questioning the validity of the Impact Factor as a measure of research quality in organization studies. *Organization*, 18(4):449–466.

Bedeian, A. G. (2004). Peer review and the social construction of knowledge in the management discipline. *Academy of Management Learning and Education*, 3(2):198–216.

Bögner, I. und Hattke, F. (2016). Open Post-Publication-Peer-Review: Eine Alternative zur doppelt-blinden Begutachtung in Fachzeitschriften? *Hochschulmanagement*, 11(3):69–74.

Bögner, I., Petersen, J. und Kieser, A. (2016). Is it possible to assess progress in science? *Higher Education Dynamics*, 47:215–231.

Boitier, M. und Rivière, A. (2016). Changing professions? The professionalization of management in universities. *Higher Education Dynamics*, 47:95–113.

Boitier, M., Rivière, A. und Wenzlaff, F. und Hattke, F. (2018). Hybrid organizational responses to institutional complexity: A cross-case study of three European universities. *Management International*, 22(4):121–135.

Campanario, J. M. (1998a). Peer review for journals as it stands today—Part 1. *Science Communication*, 19(3):181–211.

Campanario, J. M. (1998b). Peer review for journals as it stands today—Part 2. *Science Communication*, 19(4):277–306.

Cardinal, L. B., Kreutzer, M. und Miller, C. C. (2017). An aspirational view of organizational control research: Re-invigorating empirical work to better meet the challenges of 21st century organizations. *Academy of Management Annals*, 11(2):559–592.

Clark, T. und Wright, M. (2007). Point – counterpoint: Reviewing journal rankings and revisiting peer reviews: Editorial perspectives. *Journal of Management Studies*, 44(4):612–621.

De Rond, M. und Miller, A. N. (2005). Publish or perish: bane or boon of academic life? *Journal of Management Inquiry*, 14(4):321–329.

Diederich, F. (2013). Begutachten wir uns zu Tode? Das Peer-Review-System am Limit. *Angewandte Chemie*, 125(52):14072–14073.

DiMaggio, P. J. und Powell, W. W. (1983). The iron cage revisited: Institutional isomorphism and collective rationality in organizational fields. *American Sociological Review*, 48(2):147–160.

Dobrovolny, J. L. und Fuentes, S. C. G. (2008). Quantitative versus qualitative evaluation: A tool to decide which to use. *Performance Improvement*, 47(4):7–14.

Flickinger, M., Tuschke, A., Gruber-Muecke, T. und Fiedler, M. (2014). In search of rigor, relevance, and legitimacy: What drives the impact of publications? *Journal of Business Economics*, 84(1):99–128.

Frølich, N., Kalpazidou Schmidt, E. und Rosa, M. J. (2010). Funding systems for higher education and their impacts on institutional strategies and academia: A comparative perspective. *International Journal of Educational Management*, 24(1):7–21.

Frost, J. (2005). *Märkte in Unternehmen – Organisatorische Steuerung und Theorien der Firma*. Wiesbaden: Deutscher Universitäts-Verlag / GWV.

Frost, J. und Brockmann, J. (2014). When qualitative productivity is equated with quantitative productivity: Scholars caught in a performance paradox. *Zeitschrift für Erziehungswissenschaft*, 17(S6):25–45.

Frost, J., Hattke, F. und Reihlen, M. (Hrsg.) (2016). *Multi-Level Governance in Universities: Strategy, Structure, Control*. Dordrecht: Springer International Publishing.

Geuna, A. und Martin, B. R. (2003). University research evaluation and funding: An international comparison. *Minerva*, 41(4):277–304.

Hattke, F., Blaschke, S. und Frost, J. (2016). From voluntary collective action to organized collaboration? The provision of public goods in pluralistic organizations. *Higher Education Dynamics*, 47:115–140.

Hattke, F., Bögner, I. und Vogel, R. (2018). (Why) Do you trust your reviewers? Influence behaviors, trustworthiness, and commitment to peer review. *Managementforschung*, 28(1):61–86.

Hattke, F., Vogel, R. und Woiwode, H. (2016). When professional and organizational logics collide: Balancing invisible and visible colleges in institutional complexity. *Higher Education Dynamics*, 47:235–256.

Hearn, J. C. (1999). Pay and performance in the university: An examination of faculty salaries. *The Review of Higher Education*, 22(4):391–410.

Hicks, D. (2012). Performance-based university research funding systems. *Research Policy*, 41(2):251–261.

Kanji, G. K., Malek, A. und Tambi, B. A. (1999). Total quality management in UK higher education institutions. *Total Quality Management*, 10(1):129–153.

Kieser, A. und Osterloh, M. (2012). Frische Brise des Rankings wird zum zerstörerischen Taifun. *Handelsblatt*, 10.09.2012.

Kok, S. K., Douglas, A., McClelland, B. und Bryde, D. (2010). The move towards managerialism: Perceptions of staff in "traditional" and "new" UK universities. *Tertiary Education and Management*, 16(2):99–113.

Krücken, G. und Meier, F. (2006). Turning the university into an organizational actor. In G. Drori, J. Meyer und H. Hwang (Hrsg.), *Globalization and organization*, S. 241–257. Oxford: Oxford University Press.

Lenzen, D. (2002). Ranking, Rating – Steuerung und Motivation. Erfahrungen und Befunde zum Forschungsrating aus Sicht einer Universitätsleitung. *Erziehungswissenschaft*, 23(45):13–25.

Martin, B. R. (2011). The Research Excellence Framework and the 'impact agenda': are we creating a Frankenstein monster? *Research Evaluation*, 20(3):247–254.

Merton, R. (Hrsg.) (1973). *The sociology of science. Theoretical and empirical investigations*. Chicago: University of Chicago Press.

Mingers, J. und Willmott, H. (2012). Taylorizing business school research: On the 'one best way' performative effects of journal ranking lists. *Human Relations*, 66(8):1051–1073.

Moed, H. F. (2006). *Citation analysis in research evaluation (Vol. 9)*. Springer Science & Business Media.

Mouritzen, P. E. und Opstrup, N. (2019). *Performance management at universities*. Cham: Palgrave Macmillan.

Mulligan, A., Hall, L. und Raphael, E. (2013). Peer review in a changing world: An international study measuring the attitudes of researchers. *Journal of the America Society for Information Science and Technology*, 64(1):132–161.
Nash, J. (1950/1951). Non-cooperative games. *Annals of Mathematics*, 54(2):286–295.
Newton, D. P. (2010). Quality and peer review of research: An adjudicating role for editors. *Accountability in Research*, 17(3),130–145.
Nickel, S. (2008). Qualitätsmanagementsysteme an Universitäten und Fachhochschulen: ein kritischer Überblick. *Beiträge zur Hochschulforschung*, 30(1):16–39.
Noack, S.-S. (2018). Berufungslisten und Ausnahmefälle. *Forschung & Lehre*, 17.04.2018.
Osterloh, M. (2010). Governance by numbers. Does it really work in research? *Analyse und Kritik*, 32(2):267–283.
Osterloh, M. und Frey, B. S. (2008). Anreize im Wissenschaftssystem. CREMA Research Paper, Universität Zürich, Zürich.
Osterloh, M. und Kieser, A. (2015). Double-blind peer review: How to slaughter a sacred cow. In I. M. Welpe, J. Wollersheim, S. Ringelhan und M. Osterloh (Hrsg.), *Incentives and performance: Governance of research organizations*, S. 307–321. Cham: Springer International Publishing.
Pandey, S. K. (2015). Performance information use: Making progress but a long way to go. *Public Performance & Management Review*, 39(1):1–6.
Pick, D., Teo, S. und Yeung, M. (2012). Friend or foe? New managerialism and technical, administrative and clerical support staff in Australian universities. *Higher Education Quarterly*, 66(1):3–23.
Pilniok, A. (2012). Institutionelle Erneuerungsfähigkeit der universitären Forschung aus rechtswissenschaftlicher Perspektive. In T. Heinze und G. Krücken (Hrsg.), *Institutionelle Erneuerungsfähigkeit der Forschung*, S. 101–126. Wiesbaden: Springer VS.
Ringelhan, S., Wollersheim, J. und Welpe, I. M. (2015). Performance management and incentive systems in research organizations: Effects, limits and opportunities. In I. M. Welpe, J. Wollersheim, S. Ringelhan und M. Osterloh (Hrsg.), *Incentives and performance: Governance of research organizations*, S. 87–103. Cham: Springer International Publishing.
Roessner, D. (2000). Quantitative and qualitative methods and measures in the evaluation of research. *Research Evaluation*, 9(2):125–132.
Schilling, M. A. und Green, E. (2011). Recombinant search and breakthrough idea generation: An analysis of high impact papers in the social sciences. *Research Policy*, 40(10):1321–1331.
Schmidt, U. (2010). Wie wird Qualität definiert? In M. Winde (Hrsg.), *Von der Qualitätsmessung zum Qualitätsmanagement*, S. 10–17. Edition Stifterverband.
Schröder, T. (2004). Der Einsatz leistungsorientierter Ressourcensteuerungsverfahren im deutschen Hochschulsystem Eine empirische Untersuchung ihrer Ausgestaltung und Wirkungsweise. *Beiträge zur Hochschulforschung*, 26(2):28–58.
Simonton, D. K. (2004). *Creativity in science: Chance, logic, genius, and zeitgeist.* Cambridge: Cambridge University Press.
Sinatra, R., Wang, D., Deville, P., Song, C. und Barabási, A. L. (2016). Quantifying the evolution of individual scientific impact. *Science*, 354(6312). aaf5239.
Starbuck, W. H. (2003). Turning lemons into lemonade: Where is the value in peer reviews? *Journal of Management Inquiry*, 12(4):344–351.
Terpstra, D. E. und Honoree, A. L. (2009). Merit pay plans in higher education institutions: Characteristics and effects. *Public Personnel Management*, 38(4):55–77.
Vogel, R. und Hattke, F. (2018). How is the use of performance information related to performance of public sector professionals? *Evidence from the field of academic research. Public Performance & Management Review*, 41(2):390–414.
Vogel, R., Hattke, F. und Petersen, J. (2017). Journal rankings in management and business studies: What rules do we play by? *Research Policy*, 46(10):1707–1722.

Welpe, I. M., Wollersheim, J., Ringelhan, S. und Osterloh, M. (Hrsg.) (2015). *Incentives and performance: Governance of research organizations*. Cham: Springer International Publishing.
Werner, B. M. und Souder, W. E. (1997). Measuring R&D performance – state of the art. *Research-Technology Management*, 40(2):34–42.
Whitley, R. (2008). Universities as strategic actors: Limitations and variations. In L. Engwall und D. Weaire (Hrsg.), *The university in the market*, S. 23–37. London: Portland Press.
Whitley, R. (2012). Transforming universities: National conditions of their varied organisational actorhood. *Minerva*, 50(4):493–510.
Wissenschaftsrat (2017). Begutachtungen im Wissenschaftssystem. Positionspapier. Berlin, Oktober 2017.
Wissenschaftsrat (2018). Tagungsbericht zur Veranstaltung „Qualitätsstandard oder leeres ritual? Begutachtungen in der Diskussion". Wien, November 2018.
Woiwode, H., Frost, J. und Hattke, F. (2017). Hochschulleitungen zwischen Repräsentation und Ergebnisorientierung – Handlungs(un)fähigkeiten und Vermittlungstaktiken. *BFuP – Betriebswirtschaftliche Forschung und Praxis*, 69(6):633–652.
Wong, P. und Singh, A. (2009). University patenting activities and their link to the quantity and quality of scientific publications. *Scientometrics*, 83(1):271–294.
Ziegele, F. (2008). *Budgetierung und Finanzierung in Hochschulen*. Münster: Waxmann Verlag.

Edith Braun, Axel Oberschelp und Ulrike Schwabe

4 Leistungsbewertung universitärer Lehre: Gegenwärtige Praxis in Deutschland und internationale Beispiele

4.1 Einleitung: Fragestellungen und konzeptionell-analytischer Rahmen

In Humboldtscher Tradition zeichnen sich deutsche Universitäten durch die beiden Säulen Forschung und Lehre aus. Das Resultat einer massiven Bildungsexpansion seit den 1970er-Jahren sowie erneut seit der Jahrtausendwende ist nicht nur die stärkere Ausdifferenzierung der deutschen Hochschullandschaft (Autorengruppe Bildungsberichterstattung, 2018), sondern gerade auch das gestiegene gesellschaftliche Interesse an „guter Lehre" (Becker et al., 2012). Um Forschungs- und Lehrleistungen mess- und damit bewertbar zu machen, haben sich unterschiedliche Methoden zur Leistungsbewertung etabliert. Während sich im Bereich der Forschung bibliometrische Verfahren als nicht unumstrittene, aber doch weitestgehend konkurrenzlose Standards zur Messung und Bewertung von Forschungsleistungen etabliert haben (Bornmann und Daniel, 2008), ist die Situation im Bereich der (universitären) Hochschullehre durch eine große Heterogenität der Zugänge und Verfahren charakterisiert. Derzeit sind kaum standardisierte Bewertungspraktiken etabliert, um Leistungen in der Lehre vergleichbar zu machen. Obwohl sich studentische Einschätzungen zur Evaluation von Lehrveranstaltungen als gängige Praxis deutschlandweit durchgesetzt haben, variieren sowohl die eingesetzten Methoden (beispielsweise standardisierte Fragebögen, Dialoge) als auch die konkreten Fragen (beispielsweise Zufriedenheits-, Lehrverhaltensskalen) deutlich zwischen den verschiedenen Standorten, sodass Vergleiche zwischen Universitäten schlichtweg nicht möglich sind. Zudem sind an deutschen Universitäten entsprechende Anreizstrukturen für „gute Lehre" nicht besonders stark ausgebaut (Becker et al., 2012; Hüther und Krücken, 2016; Wissenschaftsrat, 2017). Selbst in Berufungsverfahren spielt entgegen des Humboldtschen Ideals die Lehrleistung im Vergleich zu Forschungsaktivitäten eine deutlich geringere Rolle (Kleimann und Hückstädt, 2018).

Weitreichende Hochschulreformen zielten u. a. darauf ab, die institutionelle Verantwortlichkeit der Universitäten für die Qualitätssicherung im Bereich der Lehre zu

Edith Braun, Universität Gießen
Axel Oberschelp, DZHW Hannover
Ulrike Schwabe, DZHW Hannover

https://doi.org/10.1515/9783110689884-005

stärken. So war die Bologna-Reform auch eine Reaktion auf spezifische Problemlagen wie hohe Abbrecher/-innenquoten, lange Studienzeiten, geringe Arbeitsmarktvorbereitung, fehlende Mobilität im Studium und die Priorisierung intensiver Forschungsaktivitäten (Hüther und Krücken, 2016, S. 52). Gerade vor dem Hintergrund stark steigender Studierendenzahlen ist eine stärkere Fokussierung auf Lehre, auch an traditionell eher forschungsorientierten Universitäten, nahezu unabdingbar (Autorengruppe Bildungsberichterstattung, 2018).

Deshalb hat sich in jüngster Zeit der Wissenschaftsrat dezidiert mit der Qualitätsentwicklung und -sicherung hochschulischer Lehre auseinandergesetzt (Wissenschaftsrat, 2017). Insbesondere wurde eine Annäherung zwischen universitärer Bildung und Arbeitsmarkt, folglich eine stärkere Verknüpfung von „beruflich-handlungsorientierten mit theoretisch-reflexionsorientierten Kompetenzen" (Wissenschaftsrat, 2017, S. 11), in der hochschulischen Lehre gefordert. Darüber hinaus sind auch im aktuell verabschiedeten Qualifikationsrahmen für deutsche Hochschulen sogenannte Handlungskompetenzen als zentrales Lernziel tertiärer Bildung gestärkt worden (Hochschulrektorenkonferenz, 2017).

Der Fokus auf das Erreichen vorab definierter Lernergebnisse stellt dabei einen Paradigmenwechsel dar: von der reinen Wissensvermittlung hin zur Kompetenzorientierung (Braun et al., 2014). Anstelle einer Input-orientierten Betrachtung von Studierenden und der im Bereich der Lehre zur Verfügung stehenden Ressourcen, werden fortan die Ergebnisse tertiärer Bildung, nämlich das Erreichen von vorgeschriebenen Bildungszielen, adressiert (Wissenschaftsrat 2017, S. 9). Damit gehen besondere Anforderungen und Herausforderungen an Verfahren der Leistungsmessung und -bewertung hochschulischer Lehre einher. Im Zentrum dieses Beitrags stehen daher zwei übergeordnete Fragestellungen:

(a) Wie werden Leistungen im Bereich der universitären Lehre in Deutschland derzeit abgebildet? Welche Instrumente auf welchen Ebenen werden herangezogen?
(b) Können Beispiele für Leistungsbewertung hochschulischer Lehre aus anderen Ländern Impulse für die Entwicklung in Deutschland geben?

Zur Beantwortung dieser beiden Fragestellungen wird konzeptionell-analytisch sowohl zwischen einer *Mikro-, Meso- und Makroebene* als auch zwischen *Prozess-, Struktur- und Ergebnismerkmalen* unterschieden (vgl. Abbildung 4.1). *Erstere* Unterscheidung dient explizit dazu, verschiedene Analyseebenen zu fokussieren: Während auf der Mikroebene unterschiedliche am Lehr-Lernprozess und damit dem Prozess der Leistungserstellung beteiligte Akteure zu verorten sind, finden sich auf der Mesoebene die einzelnen Universitäten als Organisationen wieder. Auf der Makroebene sind schließlich alle deutschen Universitäten, die veränderten institutionellen Rahmenbedingungen wie beispielsweise Hochschulexpansion und -reformen innerhalb Deutschlands als auch die Hochschulsysteme unterschiedlicher Länder angesiedelt. *Zweitere* Unterscheidung, die explizit nach Facetten von Qualität differenziert, wird bereits seit Längerem verwendet (Braun et al., 2014). Die Untergliederung in Struk-

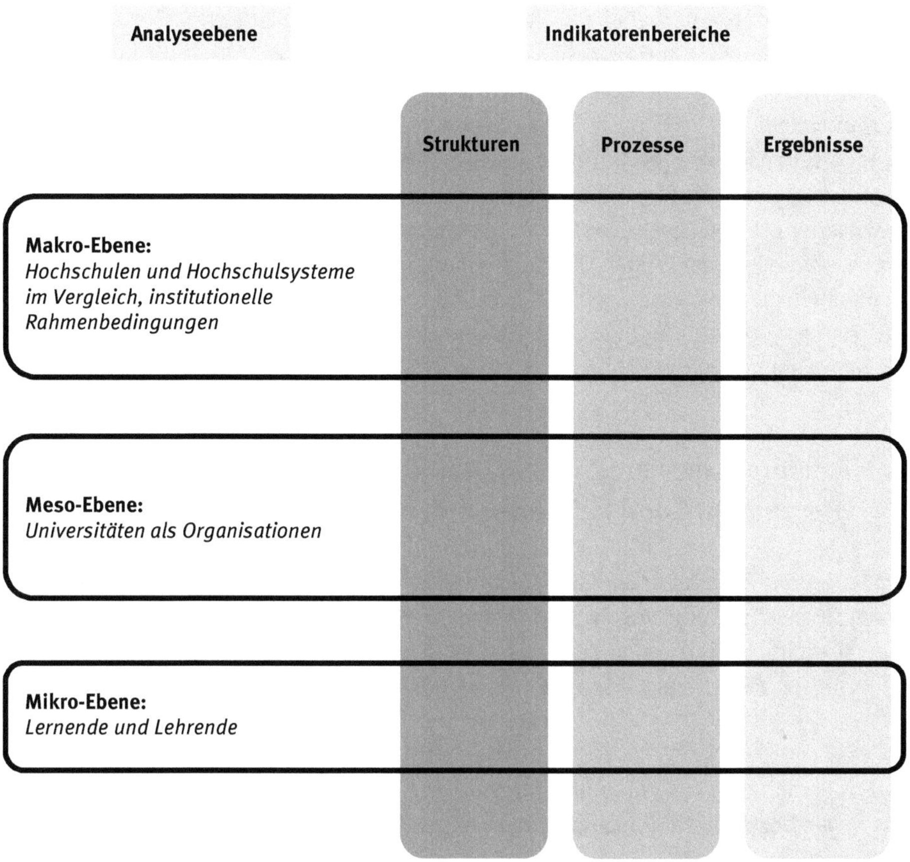

Abb. 4.1: Konzeptionell-analytischer Rahmen (Quelle: Eigene Darstellung, basierend auf Braun et al., 2014).

tur-, Prozess- und Ergebnisindikatoren wird mit dem prozesshaften Charakter der Wissens- und Kompetenzvermittlung an Hochschulen begründet. Gerade vor dem Hintergrund einer zunehmenden Outcome-Orientierung in der Bildungsforschung gewinnen Ergebnisvariablen deutlich an Bedeutung. Die Verwendung dieses konzeptionell-analytischen Rahmens eröffnet die Möglichkeit, die derzeitige Praxis in Deutschland entlang der beschriebenen Kategorien zu systematisieren.

Der Beitrag gliedert sich wie folgt: Im zweiten Abschnitt werden die in Deutschland derzeit gebräuchlichen Verfahren der Leistungsbewertung und die diesen zugrunde liegenden Leistungskriterien behandelt. Dazu werden zum einen standardisierte Befragungsinstrumente, die an unterschiedliche am Prozess der Leistungserstellung beteiligte Gruppen – Studierende, Absolvent(inn)en und Lehrende – gerichtet sind, und zum anderen Instrumente mit vorwiegend quantitativen Indikatoren – Berichts- und Monitoringsysteme, leistungsorientierte Mittelvergabe (LOM) sowie

Rankings – dargestellt und gleichsam im zugrunde liegenden konzeptionell-analytischen Rahmen verortet. Anschließend folgen im dritten Abschnitt ausgewählte Fallbeispiele aus dem internationalen Kontext. In den Blick genommen werden dabei drei unterschiedliche Hochschulsysteme hochindustrialisierter Länder: zwei aus dem europäischen Raum – Niederlande und Großbritannien – und eines aus dem außereuropäischen Raum – USA. Dieser internationale Vergleich dient zur Klärung der Frage, inwiefern die Praxis der Bewertung universitärer Lehre in diesen Ländern als Impulsgeber für die Entwicklung in Deutschland dienen kann. Im vierten Abschnitt werden schließlich die zentralen Ergebnisse zusammengefasst und diskutiert sowie mögliche steuerungsrelevante Implikationen für die Qualitätsentwicklung und Bewertung der universitären Lehre diskutiert.

4.2 Leistungsmessung universitärer Lehre in Deutschland: Instrumente und Indikatoren in der Zusammenschau

Im Folgenden wird ausschließlich die Situation an Universitäten in den Blick genommen, Hochschulen für angewandte Wissenschaften hingegen bleiben unberücksichtigt. Ursächlich hierfür sind zum Teil erheblich unterschiedliche Steuerungslogiken, etwa bei der Personalgewinnung und dem Stellenwert der Lehre.

4.2.1 Etablierung von Akkreditierungsverfahren als hochschulpolitischer Ausgangspunkt

Seit 1998 sind Studiengänge laut einem Beschluss der Kultusministerkonferenz in Deutschland zu akkreditieren (Kultusministerkonferenz, 1998). Unter Akkreditierung wird allgemein ein offizielles Verfahren zur internen und externen Begutachtung der Qualität von Studium und Lehre verstanden, welches sich im Zuge der Umsetzung der Bologna-Reform in Deutschland etabliert hat (Serrano-Velarde, 2008). Da in einer Musterrechtsverordnung, dem sogenannten „Studienakkreditierungsstaatsvertrag“, das Verfahren nach einem Beschluss der Kultusministerkonferenz (vom 07.12.2017) neu geregelt wurde, können die Auswirkungen in der Praxis derzeit noch nicht vollständig abgeschätzt werden (Akkreditierungsrat, 2018). Zu den wichtigsten Neuerungen zählt erstens, dass dem Akkreditierungsrat die Entscheidung über die Vergabe des Qualitätssiegels obliegt – und nicht mehr wie bislang den Akkreditierungsagenturen selbst. Die einzelnen Agenturen begleiten unabhängig von ihrer Rechtsform wie bisher die Verfahren und bereiten eine Beschlussvorlage für den Akkreditierungsrat vor. Zweitens werden standardisierte und transparente Kriterien für eine Entscheidung wiederum in einem Staatsvertrag oder in den Rechtsverordnungen der Länder festgeschrieben. Damit wird sichergestellt, dass die Legislative ihren Steuerungsaufgaben nachkommen kann. Vertreter/-innen der Wissenschaft erhalten eine Mehrheit innerhalb des Akkreditierungsrats und der Gutachter/-innengruppen der jeweiligen Verfahren. Somit wird dem jeweils spezifischen Verantwortungsbereich der Hochschulen und des Staates für das Akkreditierungswesen Rechnung getragen. Eine dritte Neuerung besteht in der grundsätzlichen Möglichkeit, dass alle bei der „European Quality Assurance Register in Higher Education (EAQR)" eingetragenen Agenturen Akkreditierungen in Deutschland begleiten können – allerdings unter der Voraussetzung, dass der Abschlussbericht in deutscher Sprache verfasst ist.

Die beiden etablierten Verfahren der (i) Programmakkreditierung und (ii) Systemakkreditierung werden mit den genannten Veränderungen weiterhin durchgeführt. Beim ersten werden einzelne Bachelor- und Masterstudiengänge bewertet. Dieses Verfahren wird seit 1998 durchgeführt. Beim zweiten sind die hochschulinternen Qualitätsmanagementsysteme per se Bewertungsgegenstand. Dieses Verfahren kommt erst seit dem Wintersemester 2007/2008 zum Einsatz.[11]

Trotz grundlegender Unterschiedlichkeit des Bewertungsgegenstands laufen beide Verfahren vereinfacht dargestellt nach dem gleichen Prozedere ab: Zunächst wird ein Selbstbericht von der Universität erstellt; dieser muss sich nun an den zu entwickelnden zentralen, standardisierten Kriterien orientieren. In der Begründung zur Musterrechtsverordnung (Kultusministerkonferenz, 2017) werden insbesondere Lehrveranstaltungsevaluationen, Workload-Erhebungen und Absolvent(inn)enbefragungen, genauso wie statistische Auswertungen des Studien- und Prüfungsverlaufs und Studierenden-/Absolvent(inn)enstatistiken als geeignete Maßnahmen zur Qualitätssicherung der universitären Ausbildung erwähnt. Daher ist auch weiterhin zu erwarten, dass diese Formen standardisierter Messinstrumente, insbesondere Befragungsformate für unterschiedliche Zielgruppen, weite Verbreitung finden werden. In einem zweiten Schritt beruft und koordiniert eine von der Universität beauftragte Agentur eine Gutachter/-innengruppe. Diese Gruppe erhält den Selbstbericht und führt dann Gespräche vor Ort mit allen Beteiligten (Studierende, Lehrende, Leitungs-, Infrastruktur- und Verwaltungspersonal). Anhand der gewonnenen Informationen aus Selbstbericht und Begehung erstellt die Gutachter/-innengruppe eine Empfehlung.

Bislang hat, aufgrund der Empfehlung dieser Gutachter/-innengruppe und der Kommentare der Universität darauf, die Akkreditierungsagentur eine Entscheidung zur Vergabe des Qualitätssiegels getroffen; wie bereits bei den Neuerungen dargestellt, wird in Zukunft der Akkreditierungsrat diese Entscheidung treffen. Dabei wird vermutlich eine Empfehlung der Agenturen als Beschlussvorlage für den Akkreditierungsrat dienen. In der Praxis sind laut Agenturen beinahe immer Auflagen zur strukturellen oder inhaltlichen Weiterentwicklung der Studienangebote in den Empfehlungen enthalten. Umfangreichere Auflagen können im Falle einer Erstakkreditierung innerhalb von fünf Jahren bzw. bei einer Reakkreditierung innerhalb von sieben Jahren bearbeitet werden.

11 Als dritte Möglichkeit sind alternative Verfahren vorgesehen, die explizit innovative Prozesse zulassen, solange grundsätzliche Kriterien wie Studiendauer und Modularisierung eingehalten werden.

Akkreditierungsverfahren stehen jedoch in der wissenschaftlichen Kritik. Bezugnehmend auf den mit diesen Verfahren verbundenen Aufwand argumentiert Binswanger (2010), dass diese Ressourcen dann nicht mehr den genuin wissenschaftlichen Aufgaben in Forschung und Lehre zur Verfügung stehen. Insbesondere wird auch ein hohes Fremdeinwirken in universitäre Abläufe moniert, das konträr zum Selbstverständnis der akademischen Selbstverwaltung steht und das interne selbstgesteuerte Qualitätsprozesse gefährdet (Beise und Braun, 2018; Winter, 2007). Allerdings legen Ergebnisse auch nahe, dass die involvierten Gutachter/-innen der externen Begehung es gerade als Aufgabe ihres akademischen Selbstverständnisses ansehen, sich in der Qualitätsentwicklung von Studium und Lehre zu engagieren (Steinhardt et al., 2017).

4.2.2 Standardisierte Messinstrumente aus einer Multi-Akteurperspektive

Für die Akkreditierungsverfahren werden insbesondere Lehrveranstaltungsevaluationen und Absolvent(inn)enbefragungen als empirische Quellen hinzugezogen. Darüber hinaus gibt es zunehmend weitere Befragungs- und Prüfungsformate, die Daten für die Qualitätssicherung von Studium und Lehre liefern.

4.2.2.1 Lehrveranstaltungsevaluationen: Bewertung durch Studierende

Im Rahmen von Lehrveranstaltungsevaluationen werden Studierende gebeten, eine konkrete Lehrveranstaltung hinsichtlich unterschiedlicher Kriterien zu bewerten. In der Vergangenheit wurde kontrovers diskutiert, inwieweit Studierendenurteile valide Bewertungen der Qualität einer Lehrveranstaltung sind (Marsh und Roche, 1997). So konnten Korrelationen zwischen der Beurteilung von Lehrveranstaltungen und damit irrelevanten Merkmalen, wie Geschlecht und Attraktivität der Lehrperson, nachgewiesen werden (Bonds-Raake und Raake, 2007; Rosar und Klein, 2009). Allerdings zeigten sich in methodisch anspruchsvollen Designs eher geringe Verzerrungen von studentischen Beurteilungen durch leistungsunabhängige Merkmale (Wolbring und Hellmann, 2010). Insbesondere der vielzitierte Beitrag von Marsh und Roche (1997), welcher empirische Befunde zu nicht intendierten Effekten auf studentische Urteile systematisiert, unterstreicht die Validität und Reliabilität studentischer Bewertungen universitärer Lehre. Tabelle 4.1 gibt einen exemplarischen Überblick über etablierte standardisierte Instrumente im Bereich universitärer Lehrevaluationen.

Die meisten Fragebögen enthalten Indikatoren zur Gestaltung des Unterrichts durch die Lehrperson, also Prozessvariablen. Dagegen werden Strukturvariablen, wie zum Beispiel Zeitpunkt der Veranstaltung und Ausstattung der Räume, weniger häufig als Prozessvariablen erfragt. Indikatoren zu Lernergebnissen, wie Noten und zur Selbsteinschätzung von Leistungen, werden in jüngster Zeit häufiger erfasst.

International vergleichende Lehrveranstaltungsevaluationen sind nicht bekannt, sodass uns Erkenntnisse auf der Makroebene nicht vorliegen. Generell sind Lehrveranstaltungsevaluationen auf der Mikroebene bei den Teilnehmenden konkreter Ver-

Tab. 4.1: Etablierte Instrumente universitärer Lehrevaluation (Quelle: Eigene Darstellung).

Indikatorenbereich	Indikatoren	Lehrveranstaltungsinstrumente
Strukturen	(wahrgenommene) Schwierigkeiten	Heidelberger-Inventar zur Lehrveranstaltungsevaluation – revidierte Version (HILVE-II) (Rindermann, 2001)
Prozesse	Organisation der Lehrveranstaltung Dozent(inn)enengagement didaktische Aspekte interaktive Kommunikationsformen	
Ergebnisse	subjektive Einschätzung fachlicher Lernergebnisse	
Strukturen	(wahrgenommene) Schwierigkeiten Interesse für das Thema*	Fragebogen zur Beurteilung von Lehrveranstaltungen (Staufenbiel, 2000)
Prozesse	didaktische Aspekte Beteiligung der Studierenden	
Ergebnisse	– keine –	
Strukturen	– keine –	„Trierer Inventar zur Lehrveranstaltungsevaluation (TRIL)“ (Gollwitzer und Schlotz, 2003)
Prozesse	Organisation der Lehrveranstaltung interaktive Kommunikationsformen didaktische Aspekte	
Ergebnisse	– keine –	
Strukturen	– keine –	„Berliner Evaluationsinstrument für selbsteingeschätzte, studentische Kompetenzen (BEvaKomp)“ (Braun et al., 2008)
Prozesse	– keine –	
Ergebnisse	subjektive Lernergebnissen (fachlich und überfachlich)	

Anmerkungen: * „Interesse für das Thema“ wird beim Fragebogen von Staufenbiel (2000) als Eingangsgröße und nicht als Lernergebnis verstanden.

anstaltungen angesiedelt und dienen vorrangig der individuellen Rückmeldung an die Lehrenden. Nicht selten werden die Ergebnisse auf Studiengangs-, Fachbereichs-, Fakultäts- oder gar auf Universitätsebene aggregiert, sodass Aussagen der Lehrveranstaltungsqualität bis zur Mesoebene der Organisation möglich sind. Wie weit verbreitet die systematische Auswertung auf Studiengangs- oder Universitätsebene ist, ist nicht bekannt. Es fehlen empirisch basierte systematische Bestandsaufnahmen zur gängigen Praxis an deutschen Universitäten. Daher basieren auch die berichteten Befunde auf Erfahrungen aus dem Qualitätsmanagement von Studium und Lehre.

Obwohl es empirisch gut abgesicherte Instrumente gibt, die eine Bildung von Indikatoren und weitergehende Analysen zulassen, werden an den Universitäten meist ad hoc entwickelte Fragebögen eingesetzt. Diese sind in vielen Fällen das Ergebnis eines längeren universitätsinternen Kommunikations- und Entwicklungsprozesses, in dem möglichst viele Personengruppen eingebunden waren. Daher nimmt in der Praxis die Organisation und Durchführung von Befragungen einen größeren Stellenwert ein als die Sichtung und Verwendung von psychometrisch abgesicherten Instrumenten und den daraus resultierenden „qualitätsvolleren" Daten. Auch diese Erkenntnisse sind vorrangig erfahrungsbasiert, da eine systematische Erfassung nicht vorliegt.

4.2.2.2 Nationale und internationale Verbleibstudien: Bewertung durch Absolvent(inn)en

Absolvent(inn)enbefragungen geben Aufschluss zum Verbleib von ehemaligen Studierenden – auch dies ist eine explizite Forderung im Akkreditierungsprozess. Im Vergleich zur Lehrveranstaltungsevaluation steht nicht vorrangig die Bewertung von Lehrqualität im Vordergrund, sondern im Fokus stehen eher quantitativ messbare Befunde zum Berufseinstieg – in Form des Einstiegsgehalts, der Suchdauer und horizontaler wie vertikaler Beschäftigungsadäquanz (Janson, 2014; Flöther und Krücken, 2015). Im Kontrast zu Lehrveranstaltungsevaluationen existieren hier bundesweite Befragungen, die Vergleiche zwischen Organisationen und Fächern zulassen und vor allem dem Bildungsmonitoring dienen (Autorengruppe Bildungsberichterstattung, 2018). In Tabelle 4.2 sind die wichtigsten Absolvent(inn)enstudienprojekte in Deutschland sowie zwei internationale Untersuchungen gegenübergestellt.

Die internationalen Absolvent(inn)enstudien wurden als Forschungskooperation organisiert. Im Jahr 1999 wurde die Befragung in zwölf Ländern als „CHEERS"-Studie („Careers after Graduation an European Research Survey"), und im Jahr 2005 in 14 Ländern als „REFLEX"-Studie („The Flexible Professional in the Knowledge Society") als vergleichende Absolvent(inn)enbefragungen mit einheitlichen, jeweils in die Landessprache übersetzten Fragebögen durchgeführt. Diese Daten werden bis heute in der Hochschulforschung für internationale Vergleiche herangezogen.

Psychometrische Testverfahren – im Sinne der Überprüfung eines Messinstruments – werden in diesen Befragungen kaum eingesetzt. Allerdings wird vermehrt Forschung zur theoretischen Weiterentwicklung der Fragebögen unternommen. Beispielsweise werden Mobilitätstypen gebildet (Bünstorf et al., 2016) oder der „job requirement approach" aus der beruflichen Bildung auf berufstätige Absolvent(inn)en übertragen (Braun und Brachem, 2015).

4.2.2.3 Weitere Befragungsformate: Bewertung durch Lernende und Lehrende

Eine Reihe weiterer Kennzahlen zur Beurteilung der Lehrqualität an Universitäten kann aus unterschiedlichen Befragungsformaten extrahiert werden. Lokale Studierendenbefragungen, die sich meist an alle Studierenden einer Universität in einer Studienphase (Bachelor oder Master) richten, dienen der Erfassung weiterer Aspekte von Lehr- und Studienqualität, die unabhängig von bestimmten Lehrveranstaltungen sind. Auch hier ist in der Praxis zu beobachten, dass viele Universitäten ad hoc Fragebögen mit kaum theoretisch begründeten Indikatoren verwenden (für Ausnahmen: Stocké et al., 2014; Thiel et al., 2008). Als deutschlandweite Studierendenbe-

Tab. 4.2: Nationale und internationale Verbleibstudien (Quelle: Eigene Darstellung).

Indikatorenbereich	Indikatoren	Verbleibstudien/Absolvent(inn)enbefragungen
Strukturen	Hochschule biografische Angaben Weg zum Studium Finanzierung des Studiums	„Bundesweites Absolvent(inn)enpanel (BuwAP)*")" (Projekt Webseite: www.dzhw.eu/forschung/projekt?pr_id=467)
Prozesse	Bewertung der Studienbedingungen Lehr-/Lernformen im Studium Übergang in weitere Qualifikation	
Ergebnisse	berufliche Situation nach dem Studium: berufliche Stellung, Einkommen, Adäquanz, Tätigkeiten, subjektiv eingeschätzter Berufserfolg	
Strukturen	Hochschule biografische Angaben Weg zum Studium Finanzierung des Studiums	„Bayerisches Absolvent(inn)enpanel (BAP)" (Projekt Webseite: www.bap.ihf.bayern.de)
Prozesse	Bewertung der Studienbedingungen Lehr-/Lernformen im Studium Übergang in weitere Qualifikation	
Ergebnisse	berufliche Situation nach dem Studium: berufliche Stellung, Einkommen, Adäquanz, Tätigkeiten, subjektiv eingeschätzter Berufserfolg	
Strukturen	Hochschule biografische Angaben Weg zum Studium Finanzierung des Studiums	„Careers after Higher Education: Graduation – an European Research Study (CHEERS; 1999) (Teichler, 2007) The Flexible Professional in the Knowledge Society (REFLEX; 2005)" (Allen/van der Velden, 2011)
Prozesse	Bewertung Studienbedingungen Lehr-/Lernformen im Studium Übergang in weitere Qualifikation	
Ergebnisse	berufliche Situation nach dem Studium: berufliche Stellung, Einkommen, Adäquanz, Tätigkeiten, subjektiv eingeschätzter Berufserfolg	

Anmerkungen: Die deutschen Verbleibstudien sind Befragungen, die regelmäßig, teilweise mit veränderten Fragebogen, durchgeführt werden; daher ist der Fragebogen nicht in einer einzelnen Publikation veröffentlicht. Den angegebenen Webseiten sind weitere Informationen zu entnehmen.

* Bei BuwAP handelt es sich um einen Forschungsverbund folgender Institutionen: Deutsches Zentrum für Hochschul- und Wissenschaftsforschung (DZHW), International Centre for Higher Education Research der Universität Kassel (INCHER-Kassel), Institut für angewandte Statistik (ISTAT).

Hellgrau unterlegt = internationale, einmalig durchgeführte Vergleichsstudien.

Tab. 4.3: Nationale und internationale Studierendenbefragungen (Quelle: Die Studierendenbefragungen werden regelmäßig, teilweise mit veränderten Fragebogen, durchgeführt; daher ist der Fragebogen nicht in einer einzelnen Publikation veröffentlicht.).

Indikatorenbereich	Indikatoren	Studierendenbefragungen
Strukturen	Hochschule biografische Angaben Fächer Anforderungen und Prüfungen	„Deutscher Studierendensurvey" (Projekt Webseite: www.soziologie.uni-konstanz.de/ag-hochschulforschung/studierendensurvey/)
Prozesse	Beratung und Betreuung (wahrgenommene) Studienqualität Schwierigkeiten im Studium Praxis- und Forschungsbezug	
Ergebnisse	Studienerfolg Berufsbefähigung politische Haltungen demokratische Einstellungen	
Strukturen	biografische Angaben Vorbildung und Hochschulzugang studentisches Wohnen und Finanzierung des Studiums studentische Erwerbstätigkeit studentische Ernährung und Mensanutzung Gesundheit und gesundheitliche Beeinträchtigungen familiäre Verpflichtungen	„Sozialerhebung" (Projekt Webseite: www.sozialerhebung.de/)
Prozesse	soziale Integration	
Ergebnisse	Studiumsleistungen (Note und subjektive Einschätzungen)	
Strukturen	biografische Angaben Hochschulzugang Finanzierung des Studiums studentische Erwerbstätigkeit familiäre Verpflichtungen	„EUROSTUDENT" (Projekt Webseite: www.eurostudent.eu/) (basiert für Deutschland vorrangig auf den Daten der Sozialerhebung)
Prozesse	Studienqualität Organisation des Studiums	
Ergebnisse	Berufsbefähigung	

Den angegebenen Webseiten sind weitere Informationen zu entnehmen.

Hellgrau unterlegt = internationale Vergleichsstudie.

fragungen sind insbesondere der Deutsche Studierendensurvey als auch die regelmäßig durchgeführte Sozialerhebung zu nennen. Diese Trendstudien erlauben Vergleiche zwischen Universitäten. Diese Befragungen sind thematisch sehr breit angelegt und erfassen insbesondere die soziale und finanzielle Situation von Studierenden. Auch wenn der Fokus nicht auf Aspekte der Lehrqualität gerichtet ist, können einzelne Indikatoren zur Bewertung herangezogen werden. Die Daten der Sozialerhebung werden zudem für die internationale Berichterstattung im Rahmen von „EUROSTUDENT" verwendet. Diese erlaubt einen dezidierten Vergleich zwischen verschiedenen nationalen Hochschulsystemen (vgl. Tabelle 4.3).

Ein häufiges, wenn auch kontrovers diskutiertes Evaluationskriterium sind Studienabbruchsquoten (Klein und Stocké, 2016). Die Befragung von Studienabbrecher(inne)n kann Aufschluss zum einen über den Verbleib nach dem Studienabbruch geben und zum anderen über spezielle Abbruchgründe. Letzteres ist jedoch nur möglich, wenn die Angaben der Befragten prospektiv im Rahmen eines Längsschnittdesigns erhoben werden. Internationale Untersuchungen liegen derzeit nicht vor. Deutschlandweite Befragungen, die empirische Aussagen zu den Determinanten und Konsequenzen von Studienabbrüchen erlauben, sind in Tabelle 4.4 dargestellt.[12]

Schließlich werden auch sehr vereinzelt Lehrendenbefragungen im Rahmen von Qualitätssicherungsmaßnahmen durchgeführt. Häufiger werden Lehrendenbefragungen innerhalb von Forschungsprojekten durchgeführt, deren Schwerpunkt auf der Erforschung von anderen theoretischen Konstrukten als Lehrqualität liegt, wie Lehrüberzeugungen und Emotionen (Kordts-Freudinger und Thies, 2018; Lohbeck et al., 2018; Norton et al., 2005; Prosser und Trigwell, 2006). Das Verhältnis von Lehrqualität und derartigen anderen Konstrukten ist nicht eindeutig geklärt.

4.2.2.4 Leistungs- und Performanztests: Bewertung mittels standardisierter Testsettings

Vor dem Hintergrund des einleitend skizzierten Paradigmenwechsels gewinnen Kompetenztests, also direkte Messinstrumente zur Erfassung von fachlichen und fachübergreifenden Kompetenzen, für die Sicherung von Lernergebnissen und damit als Indikatoren für universitäre Lehrqualität in jüngster Zeit zunehmend an Bedeutung. Für Deutschland sind insbesondere zwei größere Forschungsverbünde zu nennen, in deren Rahmen Kompetenztests für den Bereich der Hochschulbildung entwickelt werden: (i) das Nationale Bildungspanel (NEPS) und (ii) die BMBF-Förderlinie „Kompetenzmodellierung und Kompetenzmessung im Hochschulsektor (KoKoHs)" (vgl. Tabelle 4.5).

12 Um empirisch gesichertes Wissen über Determinanten und Konsequenzen von Studienabbrüchen zu erhalten, werden aktuell in einer Förderlinie des BMBF zu „Studienerfolg und Studienabbruch" 18 Projekte gefördert. Zusammenfassende Ergebnisse liegen noch nicht vor, da die Projekte noch laufen.

Tab. 4.4: Nationale Studienabbrecher/-innenuntersuchungen (Quelle: Eigene Darstellung).

Indikatorenbereich	Indikatoren	Studienabbrecher/-innen-befragungen
Strukturen	Hochschule biografische Angaben Fächer Hochschulzugang Lebensbedingungen	„Exmatrikuliertenbefragung des DZHW“ (Projekt Webseite: www.dzhw.eu/forschung/projekt?pr_id=240)
Prozesse	Motive des Studienabbruchs Studierverhalten Leistungen*	
Ergebnisse	Studienabbruch Tätigkeiten und Verbleib nach Studienabbruch	
Strukturen	biografische Angaben Vorbildung und Hochschulzugang	„Studienabbrecher/-innen-befragung des INCHER“ (Müller und Braun, 2018; Pietrzyk und Graser, 2017).
Prozesse	Studienverlauf Motive des Studienabbruchs Studierverhalten selbsteingeschätzte Kompetenzen	
Ergebnisse	Angaben zum Abbruch Tätigkeiten und Verbleib nach Studienabbruch Einkommen	
Strukturen	Angaben aus den bisherigen NEPS-Befragungen (nicht abbruchspezifisch)	Studienabbrecher/-innen in der „National Educational Panel Study (NEPS), Startkohorte 5 Studierende“ (Projekt Webseite: www.neps-data.de/tabid/273)
Prozesse	Motive des Studienabbruchs akademische und soziale Integration Skalen zur „Lernumwelt Hochschule“**	
Ergebnisse	Angaben zum Abbruch weiterer Bildungs-, Berufs- und Lebensverlauf	

Anmerkungen: Die Exmatrikuliertenbefragungen des DZHW finden aperiodisch statt. Der Fragebogen wurde jeweils angepasst, und daher ist der Fragebogen nicht in einer einzelnen Publikation veröffentlicht. Weitere Informationen sind der Webseite zu entnehmen.

* Bei der DZHW-Befragung wird Leistung als möglicher Einflussfaktor für einen Studienabbruch verstanden und daher als Prozess- und nicht als Ergebnisindikator. Die Studienabbrecher/-innenbefragung des INCHER war einmalig. Das NEPS ist als Panelstudie konzipiert (es liegen umfängliche Verlaufsinformationen vor).

** In der Befragung sind auch die theoretisch fundierten und empirisch überprüften Skalen zur Lernumwelt Hochschule enthalten (Schaeper und Weiß, 2016).

Tab. 4.5: Nationale und internationale Forschungsverbünde zur Entwicklung von Leistungs- und Performanztests im Hochschulbereich (Quelle: Eigene Darstellung).

Forschungsverbünde: Entwicklung von Kompetenztests	**Kurzbeschreibung der Ergebnisindikatoren und hochschulpolitischer Hintergrund**
„National Educational Panel Study (NEPS)" – Startkohorte fünf Studierende (Projekt Webseite: www.neps-data.de/tabid/273)	allgemeine Lese- und Mathematikkompetenzen bei Studierenden analog zu PISA-Tests im Sekundarschulbereich bestehender Forschungsbedarf: Anpassungen an spezifische Gruppe der Studierenden perspektivisch: Kompetenzentwicklung im Lebensverlauf
„Kompetenzmodellierung und Kompetenzerfassung im Hochschulsektor (KoKoHs)" (Projekt Webseite: www.kompetenzen-im-hochschulsektor.de/)	Entwicklung von Kompetenzmodellen sowie Validierung von Instrumenten Vielzahl unterschiedlicher Testinstrumente: – fachspezifische Kompetenzen: pädagogisches Unterrichtswissen (PUW), wirtschaftswissenschaftliche Kompetenzen (WiWiKom) – überfachliche Kompetenzen: Kommunikationsfähigkeiten (KomPrü), Textverstehen (Astralite) „Nationale Antwort" auf den Bedarf an Kompetenztests im Hochschulbereich perspektivisch: standardisierte Vergleiche von Universitäten
Performanztests (Übersicht bei Braun und Mishra, 2016)	Handlungskompetenzen methodische Innovationen: Erfassung in simulierten authentischen Situationen – in-vivo-Rollenspiele – computerbasiertes Testen
„Assessment of Higher Education Learning Outcomes (*AHELO*)" (Projekt Webseite: www.oecd.org/education/skills-beyond-school/ahelo-main-study.htm)	Internationale Pilotstudie zur – Erfassung von Kompetenzen in den Studiengängen Ingenieurs- und Wirtschaftswissenschaften – keine Beteiligung von Deutschland Ergebnisse zeigen Bedarf an Weiterentwicklung von Kompetenztests im Hochschulbereich

Anmerkungen: hellgrau unterlegt = internationale Vergleichsstudie.

Neben der Entwicklung schriftlicher Leistungstests zur Messung domänenspezifischer bzw. fachlicher Kompetenzen werden auch neuartige Testformate der Leistungsermittlung in der hochschulischen Lehre entwickelt. Sogenannte performanzbasierte Verfahren zielen darauf ab, Handlungsfähigkeiten der Studierenden in komplexen, authentischen Situationen zu initiieren und zu erfassen (Braun et al., 2018). Dazu werden als Prüfformate unter anderem am Computer authentische Situationen simuliert oder standardisierte Rollenspiele eingesetzt: beispielsweise die Projekte „ÄKHOM“; „ELMaWi“; „ProfiLe-P+“ und „KomPrü“ aus der Förderlinie „Kompetenzmodelle und Instrumente der Kompetenzerfassung im Hochschulsektor (KoKoHs)“ (Zlatkin-Troitschanskaia et al., 2016; siehe auch unter weiterführende Online-Informationen).

Weitere alternative Verfahren, wie zum Beispiel hochschuldidaktische Lerngruppen, gibt es hochschulübergreifend in Deutschland so gut wie nicht. Bei diesen Lerngruppen schließen sich Lehrende oder Institutionen über einen längeren Zeitraum zusammen und erarbeiten Indikatoren für Lehrqualität, um sich anschließend in einem geschützten und konstruktiven „Lernraum“ über Stärken und Schwächen auszutauschen. Diese Peer-Learning-Gruppen, die insbesondere in den USA sehr weit verbreitet sind, werden im Rahmen des internationalen Vergleichs detaillierter vorgestellt (vgl. Abschnitt 4.3).

Zusammenfassend ist zu Befragungsinstrumenten festzuhalten, dass es sich sowohl bei Lehrveranstaltungsevaluationen als auch bei Absolvent(inn)enbefragungen um etablierte Verfahren handelt. Allerdings werden die Ergebnisse von Befragungen nur vereinzelt systematisch in Qualitätssicherungskreisläufe innerhalb von Universitäten rückgekoppelt. Gleichzeitig ist zu beobachten, dass neuere Trends, wie performanzbasierte Prüfverfahren, entstehen. Eine universitätsübergreifende, deutschlandweite oder gar internationale Erfassung von theoretisch fundierten Leistungsindikatoren der Lehre ist kaum zu beobachten, allerdings fehlen systematische empirische Bestandsaufnahmen, um abschließende Bewertungen vornehmen zu können. Der Ausbau von Berichtssystemen in der deutschen Hochschullandschaft ist möglicherweise im Zusammenhang mit diesen „Leerstellen“ der Leistungsmessung zu sehen.

4.2.3 Berichtssysteme und Bildungsmonitoring auf unterschiedlichen administrativen Ebenen

Seit den 1990er-Jahren kam es im deutschen Hochschulsystem zu einem erheblichen Anstieg des Einsatzes diverser Berichte für verschiedene organisatorische Ebenen, die eine Vielzahl von Informationsnutzer(inne)n adressieren. Dieser Trend zum Reporting ist auch auf das Hochschulsystem als Ganzes feststellbar und steht in direktem Zusammenhang mit den in der Einleitung skizzierten Hochschulreformen (Bauernschmidt 2016, S. 23; Graf und Link 2010, S. 375).

4.2.3.1 Berichterstattung auf Bundesebene

Einer der wichtigsten Berichte bezogen auf das nationale Bildungssystem wird im Auftrag von Bund und Ländern unter dem Titel „Bildung in Deutschland“, kurz Bildungsbericht, veröffentlicht. Gegliedert entlang des sogenannten „student life cycle“ stellt der Bericht in seinen hochschulbezogenen Abschnitten sowohl relevante Strukturdaten, zum Beispiel zur hochschulübergreifenden Differenzierung des Studienangebots, als auch prozess- und ergebnisorientierte Größen wie Studierenden- und Absolvent(inn)enzahlen, den Erwerb von ECTS-Punkten im Studienverlauf, die Übergänge vom Bachelor- zum Masterstudium und in den Arbeitsmarkt sowie die Adäquanz der beruflichen Tätigkeit von Hochschulabsolvent(inn)en dar. Die Datenquelle des Bildungsberichts ist vorwiegend die amtliche Statistik bzw. Eurostat für die internationale Perspektive. Daneben wertet der Bericht Befragungen von Studierenden (DZHW-Studienberechtigtenpanel, Studienqualitätsmonitor der AG Hochschulforschung und des DZHW, DZHW-Absolventenpanel) zu individuellen Präferenzen und Bildungsentscheidungen aus. Für die Berichterstattung auf der Makroebene sind neben dem Bildungsbericht die Veröffentlichungen des statistischen Bundesamts von großer Relevanz. Sehr detailliert berichten die Fachserien „Bildung und Kultur" über unterschiedliche Aspekte wie Studierende, Prüfungen, Personal, Finanzen sowie monetäre und nicht monetäre hochschulstatistische Kennzahlen. Hingegen informiert die Broschüre „Hochschulen auf einen Blick" in kompakter Form über quantitativ messbare Sachverhalte (u. a. Anzahl von Studierenden und Absolvent(inn)en, Fach- und Gesamtstudiendauer, Betreuungsrelation) in der Hochschullehre.

4.2.3.2 Berichterstattung auf Länderebene

Gesetzliche Regelungen der Bundesländer sind Grundlage für die in den vergangenen Jahren erfolgte (Weiter-)Entwicklung von Landesberichtssystemen durch die zuständigen Behörden (König et al., 2012, S. 92). Sie ermöglichen ein regelmäßiges Monitoring von Lehrleistungen beispielsweise für Fächer[13] innerhalb der Universitäten. Eine Verzahnung der Landesberichtssysteme mit der leistungsorientierten Mittelvergabe (LOM) des jeweiligen Landes soll zusätzlichen Datenerhebungsbedarf vermeiden. Durch die Vereinheitlichung von Kennzahlen können Landesberichtssysteme zudem eine „Scharnierfunktion zwischen der leistungsbezogenen Mittelzuweisung des Landes und der hochschulinternen Mittelverteilung übernehmen" (Brummer und Dölle 2010, S. 1). Da nur wenige zusammenfassende Darstellungen zur Situation in einzelnen Bundesländern vorliegen (zum Beispiel Hener et al., 2010) und über die Internetseiten der Ministerien eine detaillierte Information in der Regel nicht möglich ist, muss die Informationslage zur inhaltlichen Ausgestaltung von Landesberichtssystemen als unvollständig bezeichnet werden. An dieser Stelle wird deshalb exemplarisch auf die beiden Berichtssysteme in Niedersachsen und in Nordrhein-Westfalen eingegangen (vgl. Tabelle 4.6). In beiden Fällen war das Deutsche Zentrum für Hochschul- und Wissenschaftsforschung (DZHW) an deren Entwicklung beteiligt. Mit dem DZHW-Ausstat-

13 Oder für anders abgegrenzte Aggregate, beispielsweise für Lehr- und Forschungseinheiten; zum Teil werden auch Kenngrößen für die Ebene der Gesamtorganisation dargestellt.

Tab. 4.6: Indikatoren im Bereich Lehre in zwei ausgewählten Landesberichtssystemen (Quellen: Brummer und Dölle, 2010; Analyseraster 2019; Projekt Webseite: www.dzhw.eu/forschung/projekt?pr_id=388).

Indikatorenbereich	**Hochschulkennzahlensystem Niedersachsen**	**Analyseraster Nordrhein-Westfalen**
Strukturen	Studienplätze (Vollzeitäquivalente)	Vollstudienplätze
Prozesse	Studienanfänger/-innen Studierende insgesamt Verbleibsquote**	Auslastung Schwundquote*
Ergebnisse	Absolvent(inn)en in der Regelstudienzeit	Absolvent(inn)enäquivalente je Wissenschaftlerstelle

Anmerkungen: * Quotient aus der Zahl der Studienanfänger/-innen ohne Abschluss und der korrespondierenden, vollständigen Anfänger/-innenkohorte.

** Quotient aus den Studierenden im fünften Fachsemester eines grundständigen Studiums und den Studierenden im ersten Fachsemester vier Jahre zuvor.

tungs-, Kosten- und Leistungsvergleich (DZHW-AKL) wird zudem zu Vergleichszwecken ein landesübergreifendes Berichtssystem behandelt.

Das Hochschulkennzahlensystem (HKS) Niedersachsens (Brummer und Dölle, 2010) stellt seit dem Jahr 2009 im jährlichen Turnus die Datenbasis für die leistungsorientierte Mittelvergabe, aber auch weitere relevante Kenngrößen bereit. Auf Grundlage von Daten der amtlichen Statistik und ergänzt um Datenerhebungen der Hochschulen werden Ergebnisse für Lehr- und Forschungseinheiten zu den Leistungsdimensionen Lehre, Forschung und Gleichstellung ausgewiesen. Seit dem Jahr 2010 stellt Nordrhein-Westfalen mit dem sogenannten „Analyseraster“ den Hochschulen des Landes und dem zuständigen Ministerium eine Datenbasis unter anderem für eine universitäre Erfolgsmessung zur Verfügung. Die Zielsetzung ist es, „die Erfolge der Hochschulen transparent zu machen und das Leistungsbewusstsein zu stärken“ (Analyseraster, 2019). Das Instrument soll Diskussionen in den Hochschulen anregen sowie deren Profilbildung unterstützen.

Bereits seit dem Jahr 1998 kommen universitäre Leistungen in der Lehre im Rahmen des DZHW-AKL zur Abbildung (Dölle et al. 2016). Für derzeit sechs norddeutsche Bundesländer wird in einem zweijährigen Turnus ein Vergleich fachlicher Einheiten vorgenommen. Ein Schwerpunkt des DZHW-AKL für Universitäten – für Fachhochschulen und künstlerische Hochschulen gibt es jeweils separate Berichtskreise – ist der Ausweis von Ausstattungsgrößen, wie beispielsweise von Kostenkennzahlen zur Lehre (zum Beispiel Lehrkosten je Studierende, Lehrkosten je Studienplatz). Dieses Berichtssystem weist daneben aber auch prozess- und ergebnisorientierte Größen wie Studierenden- und Absolvent(inn)enzahlen sowie Betreuungsquoten aus.

4.2.3.3 Berichterstattung auf Universitätsebene

Mit Blick auf die Leistungen einzelner Organisationen ist auf die Berichterstattung durch die Universitäten selbst hinzuweisen, die mittels umfangreicher Datenzusammenstellungen – häufig als „Zahlenspiegel" tituliert – über ihre Ressourcen und Erfolge berichten. Als integrierte Bestandteile sogenannter „Rechenschaftsberichte" oder „Jahresberichte" lösen diese in divergierenden Formaten vorliegenden Berichte einerseits die vom Gesetzgeber vorgeschriebene Berichtspflicht ein; andererseits kann die Hochschule mit ihnen die Informationsbedarfe anderer Akteure – Hochschulräte, Mittelgeber, Förderorganisationen und Medien – bedienen. Informationen zur Anzahl Studierender und zu Absolvent(inn)en sowie zu Ausstattungs- und Strukturmerkmalen (zum Beispiel Personalressourcen, Studienangebot) sind in diesen Berichten zwar durchgängig enthalten, unklare beziehungsweise unterschiedliche Abgrenzungen erschweren jedoch einen Standortvergleich erheblich. Ein detaillierter Ergebnisausweis mit spezifischen Lehrindikatoren, wie ihn die Universität Hohenheim veröffentlicht, ist eher ungewöhnlich: Dieser Bericht enthält u. a. Informationen zum Verhältnis von Bewerber(inne)n und Studienanfänger(inne)n, zur mittleren Studiendauer, zum Notendurchschnitt, zu einer studiengangbezogenen Abschlussquote, zu den Ergebnissen einer Studierendenbefragung sowie zu den Ergebnissen von Lehrevaluationen (Universität Hohenheim, 2015).

4.2.4 Leistungsorientierte Mittelvergabe (LOM) an Universitäten

Mit den seit Mitte der 1990er-Jahre in allen Bundesländern sukzessive eingeführten Verfahren der leistungsorientierten Mittelvergabe (LOM) hat die Messung universitärer Leistungen erheblich an Bedeutung gewonnen, da dieses Instrument die Leistungserstellung an die Hochschulfinanzierung koppelt (allgemein zur LOM: Breitbach und Güttner, 2008; Jaeger, 2009). LOM-Verfahren setzen Anreize zur Leistungssteigerung und zum effizienten Mitteleinsatz, indem überdurchschnittliche Leistungen monetär honoriert werden. Die wettbewerblich unter den Hochschulen eines Bundeslands zu verteilenden Mittel werden nach quantitativen Leistungsparametern zugewiesen. Die Herstellung von Vergleichbarkeit ist hierbei eine zentrale Anforderung an die Leistungsmessung, weshalb in der Regel leicht zu messende, quantitative Sachverhalte erfasst werden (Jaeger, 2009, S. 64; Wespel und Jaeger, 2015, S. 97). Gemessen an den monetären Verteileffekten kommt Indikatoren im Bereich Lehre eine herausgehobene Rolle zu (Dohmen 2015, S. 9), weitere Leistungsbereiche, die in LOM-Verfahren eine Rolle spielen, sind Forschung, Internationalisierung und Gleichstellung.

Mit Blick auf die Entwicklung der letzten Jahre ist ein rückläufiger Einsatz von LOM-Verfahren festzustellen. Während die detaillierte Dokumentation von König et al. (2012) noch für alle Bundesländer außer Bremen den Einsatz dieses Instruments verzeichnet, sind es derzeit fünf Länder, die auf den Einsatz von LOM-Verfahren verzichten bzw. das bestehende Verfahren ausgesetzt haben: Baden-Württemberg, Bremen, Mecklenburg-Vorpommern, Sachsen-Anhalt und Thüringen.[14] Gründe für die abnehmende Attraktivität dieses Instruments könnten zum einen die geringen tatsächlich feststellbaren Umverteilungseffekte sein, von denen nur eine schwache Anreizwirkung ausgeht (Jaeger, 2008, S. 94). Zum anderen sind LOM-Verfahren als besonders anfällig für Fehlsteuerungen bezeichnet worden, etwa wenn eine möglichst hohe Zahl erfolgreicher Prüfungen honoriert wird, ohne zugleich die Einhaltung von Qualitätskriterien sicherzustellen (Jaeger, 2008, S. 94; zur Diskussion um LOM vgl. Krempkow et al., 2013, S. 24–30). Ob sich – wie in Thüringen festzustellen – mit der Substitution von LOM-Verfahren durch spezifische Zielvereinbarungen zwischen Ministerium und einzelnen Hochschulen, in denen u. a. konkrete quantifizierbare Ziele festgeschrieben sind, ein zukünftiger Trend abzeichnet, bleibt abzuwarten.

Bei den derzeit im Einsatz befindlichen LOM-Verfahren in elf Bundesländern lässt sich hinsichtlich der Indikatoren, mit denen Lehrleistungen gemessen werden, ein hohes Maß an Uniformität feststellen. In sechs von elf Ländern findet sich eine Kombination von Studierenden- und Absolvent(inn)en-Indikatoren mit geringfügig variierenden Abgrenzungen im Einzelnen. In drei Bundesländern werden Absolvent(inn)enquoten (Absolvent(inn)en-Studierenden-Relationen) als Kriterium zur Bewertung des Studienerfolgs herangezogen. Die folgende Tabelle 4.7 stellt die verwendeten Lehrindikatoren im Überblick dar (vgl. Tabelle 4.7):

Tab. 4.7: Indikatoren im Bereich Lehre in Verfahren der leistungsorientierten Mittelvergabe (LOM) in elf Bundesländern* (Quellen: König et al., 2012; Wespel und Jäger, 2015).

Indikatorenbereich	Indikatoren	Häufigkeit
Strukturen	– keine –	–
Prozesse	Anzahl bzw. Anteil Studienanfänger/-innen	2
	Anzahl bzw. Anteil Studierende	5
	Durchlässigkeitsquote**	1
Ergebnisse	Anzahl Absolvent(inn)en	9
	Absolvent(inn)enquote	3

Anmerkungen: * Zu den Bundesländern zählen: Bayern, Berlin, Brandenburg, Hamburg, Hessen, Niedersachsen, Nordrhein- Westfalen, Rheinland-Pfalz, Saarland, Sachsen und Schleswig-Holstein.

** Die in Hamburg berechnete „Durchlässigkeitsquote", weist den Anteil derjenigen Studienanfänger/-innen aus, die ihre Hochschulzugangsberechtigung im System der beruflichen Bildung erworben haben.

14 Basierend auf der jüngsten Untersuchung von Wespel und Jaeger (2015) und eigenen Recherchen. Es ist mit einigen Schwierigkeiten verbunden, dieses Feld der Hochschul-Governance vollständig zu überblicken. Zum einen unterliegt es einem beständigen Wandel, zum anderen ist die Informationslage häufig unvollständig oder veraltet.

Das Instrument der leistungsorientierten Mittelvergabe wird auch innerhalb von Universitäten eingesetzt, beispielsweise zur Regelung der Mittelflüsse von der Gesamtorganisation an die Fakultäten oder als Verteilmechanismus innerhalb von Fakultäten. Nach Bogumil et al. (2013, S. 53) ist der Umsetzungsstand hier sogar besonders hoch und liegt zwischen 96 Prozent (Hochschulen, in denen LOM zwischen Hochschulleitung und Fakultäten vereinbart sind) und 91 Prozent (Fakultäten, in denen LOM genutzt werden). Die in hochschulinternen LOM-Verfahren eingesetzten Indikatoren im Bereich Lehre entsprechen größtenteils denjenigen Messgrößen, die in LOM-Verfahren zwischen Bundesländern und Hochschulen vereinbart worden sind, sie werden jedoch um zusätzliche und differenzierende Leistungskriterien ergänzt, zum Beispiel die Anzahl abgenommener Prüfungen, Teilnehmer/-innenzahlen an Lehrveranstaltungen oder die Ergebnisse der Evaluation von Lehrveranstaltungen (Jaeger, 2008, S. 97). Auch beim Einsatz der LOM innerhalb von Universitäten ist nach den vorliegenden Untersuchungen davon auszugehen, dass die intendierten leistungssteigernden Wirkungen eher schwach ausfallen (Jaeger, 2008; Bogumil et al., 2013).

4.2.5 Rankings als vergleichende Bewertungen

Rankings initiieren unter anderem in Folge ihrer medialen Rezeption eine wettbewerbliche Situation der einbezogenen Hochschulen und führen im Ergebnis zu einer vertikalen Differenzierung der Hochschullandschaft (Hornbostel, 2007; Borgwardt, 2011), indem sie Organisationen (oder Fächer) in einer Rangliste oder in Ranggruppen verorten.[15] Die Bildung von Ranglisten geht einher mit der starken Verdichtung der Ergebnisse einer Leistungsmessung, die auf unterschiedlichen Informations- und Datenquellen basiert, zum Beispiel auf Befragungsergebnissen, auf öffentlich zugänglichen Datenbanken oder auf Datenabfragen bei den zu bewerteten Einrichtungen. Am Beispiel zweier Rankings, die von Relevanz für das deutsche Hochschulsystem sind und die sich durch eine breite mediale Rezeption auszeichnen, wird deutlich, welche Leistungsdimensionen Gegenstand der Bewertung sind (vgl. Tabelle 4.8).

Das „Hochschulranking" des Centrums für Hochschulentwicklung (CHE Rank) legt die Schwerpunkte seiner Bewertung auf den Praxisbezug von Studiengängen, auf das Prüfungsgeschehen und auf die Ausgestaltung der Curricula. Erstmals im Jahr 2014 wurde das mit Mitteln der Europäischen Union geförderte „U-Multirank" (UMulti) durchgeführt (Roessler und Ziegele, 2017), ein internationaler fachbezogener Hochschulvergleich für anfangs 70 Länder, mittlerweile ist diese Zahl weiter gestiegen. Auch das Indikatorenset dieses Rankings, dessen Ergebnisse im Internet

15 Die Bildung von Ranggruppen ist eigentlich ein Charakteristikum von Ratings, es ist in den letzten Jahren allerdings eine Angleichung der beiden Verfahren Ranking und Rating festzustellen.

Tab. 4.8: Indikatoren im Bereich Lehre in ausgewählten Rankings (Quelle: Eigene Darstellung).

Indikatorenbereich	Indikatoren	CHERank (www.che-ranking.de/cms/?getObject=42&getLang=de) (n*)	UMulti (www.che-ranking.de/cms/?getObject=1176&getLang=de) (n*)
Strukturen	Ausstattungsmerkmale	6	5
Prozesse	Curriculum	7	3
	Praxisbezug des Studiums	16	5
	Studierende (Studienanfänger/-innen), (Master, Lehramt)	6	–
	Betreuung	2	2
Ergebnisse	Absolvent(inn)en, Prüfungsgeschehen	9	12
	Studienabschlüsse (Relation Absolvent(inn)en–Studierende)	–	2
	weitere Indikatoren	5	1

Anmerkungen: hellgrau unterlegt = internationale Vergleichsstudie.

* n = Anzahl der Merkmalsausprägungen, mit denen die jeweiligen Indikatoren erfasst werden.

abrufbar sind, ist vorwiegend auf die Lehre ausgerichtet. Insbesondere das Prüfungsgeschehen sowie der Übergang vom Studium zum Arbeitsmarkt stehen hier im Fokus.

Diese beiden lehrbezogenen Rankings, die fachbezogene Informationen für ihre Zielgruppen – insbesondere Studieninteressierte und Studierende – bereitstellen, unterscheiden sich grundsätzlich von den medial präsenten, internationalen Rankings. Das „Academic Ranking of World Universities" (auch bekannt als „Shanghai-Ranking"), das „Times Higher Education Ranking" wie auch das „QS World University Ranking" haben vorwiegend Forschungsleistungen zum Gegenstand (Hazelkorn, 2016, S. 55). Eine umfassende Bewertung von Lehrleistungen findet hier ebenso wenig statt wie eine fachbezogene Differenzierung der Ergebnisse.

4.3 Ausgewählte Fallstudien: Was kann Deutschland aus einem internationalen Vergleich lernen?

Nachdem bisher die gängige Praxis der Leistungsbewertung der Lehre für den deutschen Kontext skizziert wurde, soll nun der Blick auf die Makroebene der Bildungs- und Hochschulsysteme gerichtet werden. Dazu werden drei Fallbeispiele herausgegriffen, die als binäre oder stärker ausdifferenzierte Hochschulsysteme eingestuft werden können (Shavit et al., 2007).

4.3.1 Niederlande

Das stark international ausgerichtete Hochschulsystem in den Niederlanden setzt sich aus sogenannten Forschungsuniversitäten und Hochschulen für angewandte Wissenschaften („Hogeschool") zusammen und weist damit Parallelen zum deutschen System auf (DAAD 2017). Es ist nach Einschätzung des DAAD von einer generell hohen Bereitschaft zu Innovationen und Veränderungen geprägt, möglicherweise einer der Gründe für die frühzeitige und konsequente Einführung der Bologna-Reformen (DAAD 2017, S. 26). Bereits Mitte der 1980er-Jahre waren Reformbestrebungen feststellbar, die den Bereich der Hochschul-Governance betrafen und bei denen es unter anderem zur Einführung wettbewerblicher Komponenten in der Hochschulfinanzierung kam (Schimank 2002, S. 20). Diese wurde dann im Jahr 2000 nahezu vollständig auf Outcome-Parameter umgestellt, wobei lehrorientierten Indikatoren wie Studienanfänger/-innen- und Absolvent(inn)enquoten eine geringere Verteilwirkung zukam als forschungsorientierten Indikatoren wie der Anzahl der Promotionen und der (exzellenten) Forschungsschulen (Lange und Schimank 2007, S. 533). Von der formelgebundenen Mittelvergabe gehen erhebliche Umverteilungswirkungen in diesem Land aus, da circa 93 Prozent der Grundmittel der Universitäten hierüber zugewiesen werden.

Daneben existieren Verfahren und Instrumente, die auf eine Messung und Bewertung qualitativer Aspekte der Hochschullehre gerichtet sind. Mit der im Jahr 2005 gegründeten niederländisch-flämischen Akkreditierungsorganisation („Nederlands-Vlaamse Accreditatieorganisatie", NVAO) ist eine unabhängige bi-nationale Einrichtung für die Evaluation der Qualität höherer Bildung in den Niederlanden und Flandern zuständig. Auch innerhalb der Universitäten kommt der Evaluation der akademischen Lehre eine erhebliche Bedeutung zu. Regelmäßige Befragungen der Studierenden im Rahmen von Lehrveranstaltungsevaluationen haben beispielsweise Auswirkungen auf Prozesse der Einstellung und Höherstufung des Lehrpersonals. Rankings für das nationale Hochschulsystem, vergleichbar dem Hochschulranking des CHE in Deutschland, sind in den Niederlanden hingegen nicht vorhanden, es findet vielmehr eine Orientierung an der Platzierung in internationalen Rankings statt, die für die Lehre jedoch wenig aussagekräftig sind.

Zu einer wichtigen Innovation kam es im Jahr 2012: Nach Einschätzung der staatlichen Behörden war lediglich die Einhaltung minimaler Qualitätsstandards in der tertiären Bildung gewährleistet, zudem fehlte es an Anreizen für Verbesserungen der Lehrqualität. Weitere Kritikpunkte waren hohe Studienabbrecher/-innenquoten und ein Verlust von Diversität, da aufseiten der Organisationen nur in geringem Maße Prozesse der Profilbildung, sondern vorrangig ein Streben nach Reputation festzustellen war (Higher Education and Research Review Committee, 2016, S. 13). Verbesserungen sollten dann eingeführte Leistungsvereinbarungen („performance agreements") auf organisationaler Ebene bringen (vgl. Tabelle 4.9). Zentraler Gegenstand dieser bilateralen Vereinbarungen zwischen Staat und einzelnen Hochschulen war die Aus-

Tab. 4.9: Lehrbezogene Indikatoren der niederländischen „performance agreements" (Quelle: Higher Education and Research Review Committee, 2016).

Indikatorenbereich	Indikatoren
Strukturen	Overheadkosten Qualifikation der Hochschullehrer
Prozesse	Qualität/Exzellenz in der Lehre* Unterrichts- und Lehrqualität Studienabbruch Hochschulwechsel
Ergebnisse	Studienerfolgsquote im Bereich Bachelor

Anmerkungen: * Die Hochschulen können zwischen drei Indikator-Varianten wählen: (1) im Rahmen einer Akkreditierung als „gut" oder „exzellent" bewertete Studienprogramme, (2) studentische Beurteilungen der Lehre, (3) Anteil der Studierenden in Exzellenz-Bereichen.

formulierung von Zielgrößen, die Messung der erzielten Leistungen und die Nutzung der Ergebnisse als Parameter der Hochschulfinanzierung. Verbindlich für alle niederländischen Hochschulen sind nun sieben lehrbezogene „Kernindikatoren", über die fünf Prozent der Mittel zur Hochschulfinanzierung vergeben werden.[16]

Die für die Konzeption und operative Umsetzung verantwortliche Regierungskommission („Reviewcomissie") zog in ihrem Bericht aus dem Jahr 2016 eine positive Bilanz für die Universitäten: Demnach ist nach vier Jahren Leistungsvereinbarungen eine höhere Qualität in den Bachelor-Studiengängen zu konstatieren, ebenso eine größere Zufriedenheit der Studierenden sowie geringfügig niedrigere Studienabbruchquoten. Auch die Entwicklung der Overhead-Kosten an Universitäten bewertet die Kommission positiv (Higher Education and Research Review Committee, 2016, S. 16–20). Kritisch fällt die Einschätzung der Kommission lediglich hinsichtlich der angestrebten stärkeren Diversifizierung des Hochschulsystems aus (Higher Education and Research Review Committee, 2016, S. 70). Inwieweit die festgestellten positiven Entwicklungen allerdings ursächlich mit dem Einsatz der Leistungsvereinbarungen zusammenhängen, bleibt unklar, zumal bei den Hochschulen für angewandte Wissenschaften die Entwicklungen teilweise gegenläufig verliefen, zum Beispiel hinsichtlich des Studienabbruchs. Nachdem die „performance agreements" im Zeitraum zwischen 2012–2016 als Steuerungsinstrumente genutzt wurden, ist eine Fortführung danach aus verschiedenen Gründen, unter anderem wegen des langwierigen Prozesses der Regierungsbildung, aber auch infolge von Kritik an dem Verfahren, bislang noch nicht vereinbart worden. Ob sich Leistungsvereinbarungen als Instrumente der Hochschulsteuerung in den Niederlanden etablieren, ist deshalb zum jetzigen Zeitpunkt noch nicht abzusehen.

16 Weitere zwei Prozent der Mittel zur Hochschulfinanzierung werden über sogenannte „self-chosen indicators" vergeben, die sich vorwiegend auf den Bereich Forschung und Transfer beziehen.

4.3.2 Großbritannien

Mit dem „Teaching Excellence Framework (TEF)“ wurde in Großbritannien im Jahr 2016 von staatlicher Seite ein neues Instrument zur Messung von Lehrleistungen eingeführt, für das seit 2018 das „Office for Students“ verantwortlich ist (Department for Business, Innovation and Skills, 2016). Ausgangspunkt waren vermeintliche Missstände in der Lehre, beispielsweise eine qualitativ unzureichende Betreuung der Studierenden, zu geringe Bildungschancen für nicht traditionelle Studierende, Mängel bei der Lehrqualität sowie eine unzureichende Berufsbefähigung und hohe Arbeitslosigkeit unter den Hochschulabsolvent(inn)en (Department for Business, Innovation and Skills, 2016, S. 8). Verantwortlich hierfür, so die Initiatoren, war u. a. eine Verschiebung der Prioritäten von der Lehre hin zu Forschung und Innovation in den vergangenen 25 Jahren. Im Bereich der Hochschullehre gab es außerdem zu wenig Wettbewerb und erhebliche Informationsdefizite aufseiten der Studierenden. Mit der Einführung des TEF war somit die Zielsetzung verbunden, das Verhältnis zwischen Lehre und Forschung neu zu justieren und die Hochschullehre stärker in den Fokus des Arbeitsmarkts zu stellen. Durch das Bewertungsverfahren sollten Studieninteressierte bessere Möglichkeiten zur Information und damit zur Wahl eines für sie passenden Studienangebots erhalten.

Bewertungsgrundlage des TEF ist zum einen ein Selbstbericht, in dem das spezifische Profil der Hochschule sowie die Erfolge in der Lehre in Textform dargestellt werden. Zum anderen werden – vorwiegend auf Grundlage von Befragungsdaten – sechs Indikatoren zur Abbildung von Leistungen im Bereich Lehre berechnet (zur Konzeption des TEF: Behle und Maher, 2018; Department for Business, Innovation and Skills, 2016), die in Tabelle 4.10 dargestellt werden.

Tab. 4.10: Indikatoren im „Teaching Excellence Framework (TEF)“ (Quellen: Behle und Maher, 2018, Department for Business, Innovation and Skills, 2016).

Indikatorenbereich	Indikatoren zu	Datengrundlage
Strukturen	Lernumgebung(en)	National Student Survey (NSS)*
Prozesse	Unterrichtsqualität	National Student Survey (NSS)*
	Unterstützung im Studium	National Student Survey (NSS)*
	Studienabbruch	Registerdaten
Ergebnisse	Lernergebnisse („Learning Outcomes“)	Destination of Leavers from Higher Education (DLHE)**
	Verbleib der Studierenden und Arbeitsmarktpositionierung	Destination of Leavers from Higher Education Survey (DLHE)**

Anmerkungen: * Nationale Studierendenbefragung.

** Absolventenbefragung.

Nach Art eines Ratings werden sowohl der Selbstbericht als auch die Ergebnisse der Indikatorenberechnung zu drei beziehungsweise vier Bewertungsstufen zusammengefasst: „keine Auszeichnung“, „Erwartungen erfüllt“ (Bronze), „Exzellent“ (Silber) und „Herausragend“ (Gold). Die aus der Bewertung resultierenden Konsequenzen für die Hochschulen sind noch nicht abschließend geklärt. Innerhalb der zweijährigen Pilotphase (2016/2017 und 2017/2018) erhielten zunächst die mindestens mit der Bewertungsstufe Bronze ausgezeichneten Universitäten eine Möglichkeit zur Anhebung ihrer Studiengebühren. Für die Folgezeit werden aktuell stärker ausdifferenzierte, staatliche Finanzierungsanreize diskutiert. So beabsichtigt das „Office for Students“ mit dem TEF, die Finanzierung der Hochschulen an Aspekte von Lehrqualität zu koppeln. Die anhaltende Weiterentwicklung des TEF beinhaltet zudem die Einführung fachbezogener Bewertungen sowie eine Modifizierung der Indikatorik.

An der ersten freiwilligen Bewertungsrunde nahmen insgesamt 137 englische Hochschulen teil, von denen alle mindestens den Bronze-Rang erhalten hatten. Von einer wettbewerblichen Vergabe der dargestellten finanziellen Anreize kann also zunächst noch *nicht* gesprochen werden. Wie bei der Einführung eines neuen Evaluationsinstruments zu erwarten war, folgte auf die ersten TEF-Durchführungen vielstimmige Kritik. Beispielsweise ist aus Sicht der Kritiker/-innen das Bewertungsverfahren nicht hinreichend transparent und erscheint im Einzelfall nicht nachvollziehbar. Zudem überhöhe das TEF die Ziele Beschäftigungsbefähigung und Verdienstmöglichkeiten der Studierenden über alle anderen Ziele höherer Bildung. Es handele sich um den Versuch zu einer (noch) stärker marktmäßigen Ausrichtung akademischer Bildung, der aber im Ergebnis nicht zu einer höheren Wertschätzung der Lehre führe (Forstenzer, 2016, S. 22 und S. 25).[17] Aber nicht nur die staatliche Seite hatte ein Interesse an der Einführung des TEF, auch Wissenschaftler/-innen begrüßten dieses Instrument mit dem Argument einer Erhöhung der Bildungsgerechtigkeit (Blackmore et al., 2016). In jedem Fall handelt es sich beim TEF um einen ambitionierten Versuch zur Bewertung von Lehrleistungen, von dem Impulse sowohl für das Hochschulsystem Großbritanniens als auch für die Gestaltung der Systeme anderer Länder ausgehen können.

4.3.3 USA

In den USA ist derzeit das Konzept des sogenannten „student engagement“ ein populäres hochschuldidaktisches Konzept, das für Akkreditierungszwecke und personelle Weiterentwicklungen angewendet wird (Kuh, 2009; McCormick et al., 2013). Es basiert auf der grundlegenden Annahme, dass die Studierenden umso mehr lernen und

17 Die Diskussion zum TEF findet zu einem erheblichen Teil im Internet statt (vgl. exemplarisch www.wonkhe.com oder www.nusconnect.org.uk).

häufiger das Studium abschließen, je mehr Zeit und Energie sie in lernförderliche Aktivitäten investieren (Müller und Braun, 2018).

Dieses Konzept wird im US-amerikanischen Qualitätsmanagement durch den „National Survey of Student Engagement (NSSE)“ bereits an über 1500 Institutionen eingesetzt (Kinzie et al., 2015). Die so gewonnenen Daten werden von den Hochschulen zum einen für Akkreditierungen und zum anderen für die hochschuldidaktische Lehrentwicklung verwendet. Für Akkreditierungszwecke wird das Konzept des „student engagement“ oftmals zur Bildung von Benchmarking-Skalen eingesetzt, um den Studienerfolg und die Lernbedingungen einzuschätzen und um Maßnahmen zur Verbesserung der Lehre zu entwickeln (Kinzie et al., 2015).

Zudem hat sich ein hochschuldidaktisches Netzwerk entwickelt: Lehrende vergleichen sich anhand der erzielten Ergebnisse untereinander und tauschen sich im Sinne eines „peer learning“-Ansatzes kollegial aus (vgl. Tabelle 4.11). Dadurch hat sich eine Art „lessons learned“-Community gebildet, die sich für die Sicherung des Studienerfolgs und der Lernergebnisse interessiert und eine Verbesserung der Studienqualität mithilfe des NSSE verfolgt. Da in diesem praxisnahen Ansatz konkrete studentische Aktivitäten erfasst werden, bieten sich für die Hochschulen gute Interventionsmöglichkeiten zur Weiterentwicklung von Lerngelegenheiten an, gerade auch durch den Vergleich mit anderen Lehrenden und/oder Hochschulen.

„Student engagement“ richtet sich explizit an Praktiker/-innen – und zwar sowohl an Lehrende als auch an administratives Personal im Qualitätsmanagement. Mit zunehmender Verbreitung des Ansatzes hat sich eine internationale Begleitforschung etabliert. Bisherige Studien zeigen empirische Zusammenhänge zwischen „student engagement“ und verschiedenen Indikatoren des Studienerfolgs wie Noten, kritischem Denken und Fortsetzung des Studiums (Müller und Braun, 2018).

Tab. 4.11: Indikatoren im Ansatz des „student engagement“ (Quellen: Kuh, 2009; McCormick et al., 2013; Müller und Braun, 2018).

Indikatorenbereich	Indikatoren	Item Beispiele*
Strukturen	Interaktion mit Lehrenden	„Wie häufig haben Sie während Ihres Studiums mit Dozenten über Karrierepläne gesprochen?“
	Campus Environment	„The institution emphasized providing opportunities to be involved socially”.
Prozesse	Academic Challenge (eigenständiges Lernen)	„Analyzing an idea, experience, or line of reasoning in depth by examining its parts”.
	Lernen in Gruppen	„Ich habe andere Studierende beim Lernen unterstützt.”
Ergebnisse	– keine –	–

Anmerkungen: * Die deutschen Items sind Müller und Braun, 2018 entnommen.

4.4 Zusammenfassung und Ausblick: Steuerungskontext und Überlegungen für die Praxis

4.4.1 Zusammenfassende Diskussion

Vor dem Hintergrund von Expansion sowie zunehmendem Wettbewerb und Kennzahlorientierung im Hochschulbereich zielt dieser Beitrag darauf ab, Verfahren der Leistungsmessung und -bewertung universitärer Lehre darzustellen und kritisch zu reflektieren. Dazu werden zwei übergeordnete Fragestellungen in den Blick genommen:

(a) Welche Verfahren der Leistungsbewertung werden auf welchen Ebenen angewandt?

(b) Ergeben sich aus einem Vergleich mit anderen Hochschulsystemen Impulse, die für die Entwicklung in Deutschland interessante Möglichkeiten aufzeigen?

Um die derzeit gängige Praxis in Deutschland zu systematisieren, wird in diesem Beitrag ein konzeptionell-analytischer Rahmen mit den Analyseebenen *Mikro-Meso-Makro* sowie den Indikatorenbereichen *Struktur-Prozess-Ergebnis* aufgespannt.

In einem ersten Schritt wurden Instrumente und Indikatoren für Leistungsmessung universitärer Lehre entlang der beiden Bereiche (i) standardisierte Befragungsinstrumente und neue Testformate sowie (ii) Berichtssysteme und Bildungsmonitoring kategorisiert. Mit Blick auf die erste Leitfrage (a) kann konstatiert werden, dass es eine Reihe von wissenschaftlichen Verfahren und Instrumenten zur zumeist standardisierten Erfassung von Lehrqualität gibt. Diese beziehen die unterschiedlichen Akteure auf der Mikroebene, die am Prozess der Leistungserstellung beteiligt sind, mit ein, sodass eine Multi-Akteurperspektive festgestellt wird. Die Mehrzahl dieser Instrumente basiert auf theoretischen Konstrukten und wurde empirisch überprüft. Allerdings werden diese wissenschaftlichen Verfahren eher vereinzelt und so gut wie nie universitätsübergreifend in Deutschland eingesetzt. Daraus resultiert eine Erkenntnislücke im Hochschulsystem: ein bislang nicht vorhandener Vergleich zwischen deutschen Universitäten basierend auf theoretisch-fundierten standardisierten Befragungsinstrumenten.

Universitätsintern und auf Landesebene hat sich offenbar die Verwendung von bestimmten statistischen Kennzahlen (beispielsweise Lehrkosten je Studienplatz, Absolvent(inn)enzahlen) im Rahmen von Berichtssystemen und Bildungsmonitoring etabliert. Wenngleich diese Kennzahlen einen Vergleich zwischen Universitäten innerhalb eines Bundeslandes erlauben, sind diese nahezu ausnahmslos nicht theoretisch fundiert. Letztlich erschwert dies die inhaltliche Interpretation der Zahlen im Sinne konkreter Handlungsanweisungen zur Erreichung eines anvisierten Ziels.

Dennoch kann auf der Mesoebene eine Wirkung eben dieser Kennzahlen festgestellt werden: Die Verwendung solcher Kennzahlen im Rahmen der leistungsorientierten Mittelvergabe (LOM) bewirkt durchaus einen Steuerungseffekt. So zeigen Untersuchungen, dass zumeist zwischen 40 und 50 Prozent (Dohmen, 2015, S. 8) der vorgesehenen Mittel aufgrund von lehrorientierten Aspekten verteilt werden. Gewiss ist zu bedenken, dass in vielen universitären Finanzierungsmodellen Kappungsgrenzen implementiert sind (Bogumil et al., 2013) und somit die über Leistungsparameter verteilten Mittel generell von eher geringem Umfang sind. Daher sollte die Steuerungswirkung von LOM-Verfahren nicht überbewertet werden (Wilkesmann und Schmid, 2011).

Mit Blick auf die Makroebene bieten insbesondere Rankings die Möglichkeit universitätsübergreifender Vergleiche. Die Wirkungen von Rankings sind umstritten und nicht eindeutig empirisch belegt. Während Bogumil et al. (2013) von einer geringen Wirkung ausgehen, verweisen Hazelkorn und Ryan (2013) auf den Einfluss von globalen Rankings auf nationale Hochschulpolitik, der sich unter anderem in der Exzellenzinitiative in Deutschland niederschlägt. Auch Friedrich (2013) spricht von einem starken Einfluss, der durch die mediale Rezeption und Darstellung auf Hochschulleitungen, Studierende sowie andere Stakeholder von Hochschulen einwirkt.

Aus dieser Zusammenschau wird zum einen deutlich, dass sich auf den beiden Analyseebenen Meso und Makro – vermittelt über Kennzahlen – durchaus Steuerungseffekte zeigen. Hingegen geht von der Mikroebene – trotz des Vorhandenseins etablierter Instrumente und des Einbezugs unterschiedlichster Akteure – so gut wie keine Wirkung aus. Mit Blick auf die Indikatorenbereiche Struktur-Prozess-Ergebnisse wird zum anderen gleichsam deutlich, dass bei etablierten Arten der Leistungsmessung universitärer Lehre bislang noch wenig Lernergebnisse als Leistungsindikatoren berücksichtigt werden. Daraus resultieren weitere Optimierungsmöglichkeiten der gängigen Praxis in Deutschland: Während Struktur- und Prozessindikatoren durchaus gut abgebildet werden, mangelt es derzeit noch an der adäquaten und umfänglichen Erfassung von Ergebnisindikatoren. Erst jüngst gewinnen alternative Verfahren wie kognitive Leistungstests zum Nachweis von Fach- und Expertenwissen sowie performanzbasierte Tests zur Erfassung von Handlungsfähigkeiten und generischen Kompetenzen an Bedeutung. Der einleitend skizzierte Paradigmenwechsel von der reinen Wissensvermittlung an Universitäten hin zur Kompetenzorientierung findet in den eingesetzten Instrumenten zur Erfassung von Lernergebnissen als Qualitätskriterium nun entsprechenden Niederschlag.

Auch wenn die in diesem Beitrag zusammengefasste Befundlage nicht systematisch empirisch abgesichert ist, da es keine repräsentativen und damit vergleichbaren Erhebungen zum derzeitigen Stand gibt, wird für die standardisierte Leistungsbewertung hochschulischer Lehre in Deutschland insgesamt Optimierungsbedarf festgestellt. Deshalb wurden in einem zweiten Schritt Beispiele aus anderen Hochschulsystemen vorgestellt, um so unterschiedliche Steuerungsmöglichkeiten aufzuzeigen: In Großbritannien und den Niederlanden werden auf der Makroebene zentral Indikatoren und Maßnahmen von politischen Entscheidungsträger(inne)n vorgegeben, die anschließend wissenschaftlich ausgestaltet werden und so bis auf die Mikroebene der einzelnen Akteure diffundieren. Die Kontroversen sind gerade beim britischen „Teaching Excellence Framework (TEF)“, welcher von der nationalen Bildungspolitik initiiert wurde, groß. Dagegen trägt in den USA der Netzwerkgedanke unter Wissenschaftler(inne)n im Sinne von „peer learning“ im Rahmen des „student engagement“-Ansatzes wesentlich zur breiten Anwendung bei. Bezogen auf die zweite Fragestellung (b), welche Impulse sich aus einer internationalen Perspektive für deutsche Entwicklungen ergeben, ist einer „bloßen“ Definition von Lehrqualität durch nationale Entscheidungsträger eher mit Zurückhaltung zu begegnen. Dagegen erscheint es aussichtsreich, geeignete wissenschaftliche Konzepte und Messinstrumente für „gute Lehre“ auf Ebene der Hochschulen zu entwickeln und diese in entsprechenden professionellen Netzwerken über einzelne Universitäten hinweg zu verbreiten. Gerade die aktuellen Veränderungen der Akkreditierungsverfahren unterstreichen die Bedeutung und den Bedarf der Entwicklung standardisierter und transparenter Kriterien für die Bewertung von Studium und Lehre. Dadurch ergibt sich die Möglichkeit, diese Kriterien theoretisch zu fundieren und wissenschaftlich zu begründen, auch wenn unbenommen der Legislative die Verantwortung obliegt, sich länderübergreifend auf Kriterien zu verständigen.

Abschließend ist zu konstatieren, dass sich vor dem Hintergrund der anhaltenden Expansions- und Profilierungstendenzen im deutschen Hochschulsektor der in diesem Beitrag zugrunde gelegte konzeptionell-analytische Rahmen entlang (i) der Analyseebenen Mikro-, Meso- und Makro sowie (ii) der Indikatorenbereiche Struktur-Prozess-Ergebnis für die Beschreibung und Systematisierung der gegenwärtigen Praxis zur Bewertung universitärer Lehre in Deutschland eignet. Eine solche Herangehensweise ermöglicht die Gegenüberstellung sowohl der Stärken und Schwächen als auch möglicher Steuerungseffekte von standardisierten Befragungsinstrumenten als auch von Berichtssystemen und Bildungsmonitoring, um ein möglichst vollständiges Bild der aktuellen Situation zu erhalten.

4.4.2 Ausblick: Implikationen für die Praxis

Die vorangegangene Argumentation hat die zunehmende Bedeutung valider Messung von Lehrqualität sowohl an deutschen Universitäten als auch in anderen Hochschulsystemen verdeutlicht. Zumindest für den deutschen Kontext kann das Repertoire der dafür hinzugezogenen Instrumente und Indikatoren eher als „buntes Bouquet“ verfügbarer Daten, denn als systematisch ausgearbeitetes Konzept der Leistungsbewertung universitärer Lehre bezeichnet werden.

Eine stärkere wissenschaftliche Konzeption und systematische Evidenzbasierung der Qualitätsentwicklung und -sicherung von Studium und Lehre in Deutschland erscheint aus Sicht der Scientific Community wünschenswert. Gerade das Selbstverständnis der deutschen Universitäten, im Rahmen der akademischen Selbstverwaltung sowohl für theoretische als auch empirische Aspekte der Qualitätssicherung verantwortlich zu sein, ist ein zentraler Ansatzpunkt für praktische Implikationen. Nachfolgend werden deshalb zwei Möglichkeiten für die Weiterentwicklung des Qualitätsmanagements von Studium und Lehre für Deutschland vorgestellt: erstens die Etablierung von institutioneller Forschung an deutschen Universitäten und zweitens die Gründung einer Deutschen Lehrgemeinschaft in Analogie zur Deutschen Forschungsgemeinschaft (DFG).

4.4.2.1 Stärkung institutioneller Forschung

Im Vergleich zu anderen Ländern, wie beispielsweise den USA, ist die als *„institutional research“* (Terenzini, 1993) bezeichnete institutionalisierte Form von Forschung und Entwicklungsarbeit zu Studium und Lehre an den einzelnen Hochschulen in Deutschland noch wenig ausgebaut (Schneijderberg et al., 2011; Wilkesmann und Schmid, S. 272). Dabei werden Professuren eingerichtet, deren Aufgabe auch in der Koordination von Maßnahmen zur institutionellen Qualitätsentwicklung zu sehen ist. Damit geht die Erhebung geeigneter Daten sowie deren Auswertung in Berichtsform einher. Der Ansatz des „student engagement“ kann somit auch in Deutschland eine Entwicklungsperspektive bieten, indem sich unter anderem sogenannte *„institutional researcher“* zu professionellen Netzwerken zusammenschließen.

Zwar haben in Deutschland die umfangreichen Projekte des vom BMBF geförderten „Qualitätspakt Lehre“ durchaus Qualitätssicherungsprozesse initiieren können (Bundesministerium für Bildung und Forschung, 2019), gleichzeitig hängt es jedoch stark von den jeweiligen Personen im Qualitätsmanagement ab, in welcher Form Lehrqualität universitätsintern erfasst und bewertet wird. Da sich Hochschulmitarbeiter/-innen im Bereich Qualitätsmanagement typischerweise in befristeten Positionen ohne professoralen Status befinden, sind Nachhaltigkeit, Akzeptanz, wissenschaftliche Fundierung sowie damit einhergehende Gestaltungsspielräume zumeist begrenzt.

Wenn Forschung und Entwicklung zu Qualität von Studium und Lehre an Professuren angebunden sind, geht damit sowohl eine wissenschaftliche Fundierung als auch eine größere Nachhaltigkeit entwickelter Maßnahmen einher. Durch die Koordination derartiger Aufgaben an einer Professur kann zum einen ein konsistentes Konzept über verschiedene Maßnahmen hinweg entwickelt und somit auch ein Beitrag zur Profilierung der Universitäten geleistet werden. Zum anderen fungieren diese als Schnittstellen sowohl mit der Administration auf Hochschulebene als auch innerhalb der wissenschaftlichen Gemeinschaft. Eine ähnliche Form der „Institutionalisierung“ fand bereits in der empirischen schulbezogenen Bildungsforschung statt, deren Start die ersten Untersuchungen im „Programme for International Student Assessment (PISA)“ waren und die eine Institutionalisierung zum Beispiel in Form der „Gesellschaft für Empirische Bildungsforschung (GEBF)“ fand (Gesellschaft für Empirische Bildungsforschung, 2019).

4.4.2.2 Gründung einer „Deutschen Lehrgemeinschaft“

Das Prinzip der akademischen Selbstverwaltung findet im deutschen Hochschul- und Wissenschaftssystem breite Akzeptanz. In der für den Bereich Forschung zuständigen Deutschen Forschungsgemeinschaft (DFG) sind sämtliche Hochschulen und Forschungseinrichtungen über eine dauerhafte Mitgliedschaft vertreten. Die Sprecher/-innen der für die Begutachtung von Forschungsvorhaben zuständigen Fachkollegien werden jeweils aus den Disziplinen heraus gewählt. Nicht zuletzt deshalb genießt die DFG hohe Anerkennung innerhalb der wissenschaftlichen Gemeinschaft und hat sich als ein wichtiger hochschulpolitischer Akteur in Deutschland etabliert. In jüngster Zeit wurden Ideen formuliert, dieses Format auf Studium und Lehre zu übertragen (Wissenschaftsrat, 2017), um damit die zweite Säule im deutschen Universitätssystem zu stärken. Die Vorteile einer solchen Einrichtung sieht der Wissenschaftsrat in einer Stärkung der wissenschaftlichen Diskussion um Innovationen in Studium und Lehre, in der Schaffung von dauerhaften Fördermöglichkeiten für Innovationen sowie in einer besseren Vernetzung innerhalb der wissenschaftlichen Gemeinschaft. In Analogie zur DFG würde eine solche „Deutsche Lehrgemeinschaft (DLG)" – basierend auf Expertise aus dem Wissenschaftssystem – Begutachtungsverfahren zur Projektförderung einschließlich der dabei zugrunde liegenden Bewertungskriterien entwickeln. Zweifelsohne ist es bis zur tatsächlichen Etablierung einer derartigen Institution ein langer Weg.

Der hier vorliegende systematische Überblick zur gängigen Praxis der Leistungsbewertung universitärer Lehre hat zum einen gezeigt, dass die bisher zum Einsatz kommenden Instrumente und Indikatoren insgesamt einen geringen Institutionalisierungsgrad aufweisen. Dies führt zum anderen dazu, dass es derzeit an einem abgestimmten und zukunftsorientierten Konzept für die Etablierung eines umfassenden Bewertungsmaßstabs fehlt, welcher sowohl die Einschätzung als auch die systematische Vergleichbarkeit von Leistungen im Bereich universitärer Lehre ermöglicht. Deshalb wurden in einem Ausblick zu Implikationen für die Hochschulpraxis zwei Möglichkeiten einer stärkeren Institutionalisierung vorgestellt. Sowohl institutionalisierte Forschung an Universitäten als auch die Gründung einer Deutschen Lehrgemeinschaft (DLG) als Pendant zur Deutschen Forschungsgemeinschaft (DFG) bieten Potenzial zur stärkeren Vereinheitlichung und wissenschaftlichen Begründung eingesetzter Verfahren. Die beiden skizzierten Vorschläge schließen sich dabei nicht aus, sondern ergänzen sich gegenseitig. Während Lehrentwicklung an Universitäten sowohl Unabhängigkeit von politischen Strömungen als auch die Vernetzung innerhalb einer Universität sichert, gewährleistet eine Deutsche Lehrgemeinschaft kontinuierliche und wettbewerbliche Förderung innovativer Projekte auf der Grundlage einheitlicher Bewertungskriterien, die innerhalb der wissenschaftlichen Gemeinschaft etabliert sind. Dadurch wird schließlich eine stärkere Gestaltung des aktuellen wissenschaftlichen Diskurses möglich.

4.5 Literaturverzeichnis

Akkreditierungsrat (2018). Neue Aufgaben des Akkreditierungsrates ab 2018. Online verfügbar unter: http://www.akkreditierungsrat.de/ (letzter Zugriff: 29.03.2019).

Allen, J. und van der Velden, R. H. (2011). The Flexible Professional in the Knowledge Society. New Challenges for Higher Education. Heidelberg.

Analyseraster (2019). Webseite des Ministeriums für Kultur und Wissenschaft des Landes Nordrhein-Westfalen. Online verfügbar unter: https://www.mkw.nrw/hochschule/hochschulen-in-nrw/service-fuer-hochschulen/analyseraster/ (letzter Zugriff: 29.03.2019).

Autorengruppe Bildungsberichterstattung (2018). Bildung in Deutschland 2018. Ein indikatorengestützter Bericht mit einer Analyse zu Wirkungen und Erträgen von Bildung. Bielefeld.

Bauernschmidt, S. (2016). ABC des akademischen Berichtswesens. *Das Hochschulwesen – Forum für Hochschulforschung, -praxis und -politik*, 64:23–29.

Becker, F., Krücken, G. und Wild, E. (2012). Gute Lehre in der Hochschule. Wirkungen von Anreizen, Kontextbedingungen und Reformen. Bielefeld.

Behle, H. und Maher, S. (2018). Measuring "Teaching Excellence" and "Learning Gain" in the United Kingdom. *Beiträge zur Hochschulforschung*, 40:48–67.

Beise, A. und Braun, E. (2018). Systemakkreditierung zwischen Rechenschaftslegung, Steuerung und Qualitätsentwicklung: Befunde zu Zielen und Instrumenten der Hochschulen aus zwei qualitativen Studien. *Qualität in der Wissenschaft*, 12:31–39.

Binswanger, M. (2010). Sinnlose Wettbewerbe: Warum wir immer mehr Unsinn produzieren. Freiburg.

Blackmore, P., Blackwell, R. und Edmondson, M. (2016). *Tackling wicked issues: Prestige and employment outcomes in the teaching excellence framework*. Higher Education Policy Institute. Online verfügbar unter: https://www.hepi.ac.uk/2016/09/08/tackling-wicked-issues-prestige-employment-outcomes-teaching-excellence-framework/ (letzter Zugriff: 29.03.2019).

Bogumil, J., Burgi, M., Heinze, R. G., Gerber, S., Gräf, I. D., Jochheim, L. und Schickentanz, M. (2013). Zwischen Selbstverwaltung- und Managementmodell. Umsetzungsstand und Bewertungen der neuen Steuerungsinstrumente in deutschen Universitäten. In E. Grande, D. Jansen, O. Jarren, A. Rip, U. Schimank und P. Weingart (Hrsg.), *Neue Governance der Wissenschaft. Reorganisation – externe Anforderungen – Medialisierung*, S. 49–72. Bielefeld, 1. Aufl.

Bonds-Raacke, J. und Raacke, J. D. (2007). The relationship between physical attractiveness of professors and students' ratings of professor quality. *Journal of Psychiatry, Psychology and Mental Health*, 1:1–7.

Borgwardt, A. (2011). Kriterien, Aussagekraft und Wirkungen von Rankings. In A. Borgwardt (Hrsg.), *Rankings im Wissenschaftssystem – Zwischen Wunsch und Wirklichkeit*, Publikation zur Konferenz der Friedrich-Ebert-Stiftung am 17. März 2011, Bonn (Schriftenreihe des Netzwerk Exzellenz an Deutschen Hochschulen, 04), S. 23–42.

Bornmann, L. und Daniel, H.-D. (2008). What do citation counts measure? A review of studies on citing behavior. *Journal of Documentation*, 64:45–80.

Braun, E., Athanassiou, G., Pollerhof, K. und Schwabe, U. (2018). Wie lassen sich kommunikative Kompetenzen messen? Konzeption einer kompetenzorientierten Prüfung kommunikativer Fähigkeiten. *Beiträge zur Hochschulforschung*, 40:34–54.

Braun, E. und Brachem, J.-C. (2015). Requirements Higher Education Graduates Meet on the Labor Market. *Peabody Journal of Education*, 90:574–595.

Braun, E., Gusy, B., Leidner, B. und Hannover, B. (2008). Das Berliner Evaluationsinstrument für selbsteingeschätzte, studentische Kompetenzen (BEvaKomp). *Diagnostica*, 54:30–42.

Braun, E. und Mishra, S. (2016). Which tool for what assessment. In J. Huisman und M. Tight (Hrsg.), *Theory and Method in Higher Education Research*, S. 47–68, Bingley.

Braun, E., Weiß, T. und Seidel, T. (2014). Lernumwelt Hochschule. In T. Seidel und A. Krapp (Hrsg.), *Pädagogische Psychologie*, S. 433–454.

Breitbach, M. und Güttner, A. (2008). Strategische Mittelvergabe für Hochschulen. Zur Konstruktion umfassender Mittelverteilungssysteme in Deutschland. In S. Nickel und F. Ziegele (Hrsg.), *Bilanz und Perspektiven der leistungsorientierten Mittelverteilung. Analysen zur finanziellen Hochschulsteuerung*, Arbeitspapier, Nr. 111, S. 51–64. Gütersloh: CHE.

Brummer, F. und Dölle, F. (2010). *Hochschulkennzahlensysteme Niedersachen. Internetportal für das Hochschulcontrolling in Niedersachsen – Ergebnisse der Pilotphase 2009*. Forum Hochschule, 7/2010. Hannover: HIS Hochschul-Informations-System GmbH.

Bünstorf, G., Geissler, M. und Krabel, S. (2016). Locations of labor market entry by German university graduates: is (regional) beauty in the eye of the beholder? *Review of Regional Research*, 36:29–49.

Bundesministerium für Bildung and Forschung (2019). Qualitätspakt Lehre. Online verfügbar unter: https://www.qualitaetspakt-lehre.de/ (letzter Zugriff: 29.03.2019).

Department for Business, Innovation and Skills (Hrsg.) (2016). Success as a knowledge economy. Teaching excellence, Social Mobility and Student Choice. London (Cm 9258). Online verfügbar unter: https://www.gov.uk/government/uploads/system/uploads/attachment_data/file/523396/bis-16-265-success-as-a-knowledge-economy.pdf (letzter Zugriff: 29.03.2019).

Deutscher Akademischer Austauschdienst (Hrsg.) (2017). Niederlande. Daten & Analysen zum Hochschul- und Wissenschaftsstandort 2017. Bonn (DAAD-Bildungssystemanalyse). Online verfügbar unter: https://www.daad.de/medien/der-daad/analysen-studien/bildungssystemanalyse/niederlande_daad_bsa.pdf (letzter Zugriff: 29.03.2019).

Dohmen, D. (2015). Anreize und Steuerung in Hochschulen – Welche Rolle spielt die leistungsbezogene Mittelzuweisung? FiBs-Forum, [54], Berlin. Online verfügbar unter: https://www.econstor.eu/bitstream/10419/107591/1/818785284.pdf (letzter Zugriff: 29.03.2019).

Dölle, F., Jenkner, P., Winkelmann, G., Oberschelp, A., Sanders, S. und Deuse, C. (2016). *Ausstattungs-, Kosten- und Leistungsvergleich Universitäten 2014. Kennzahlenergebnisse für die Länder Berlin, Bremen, Hamburg, Mecklenburg-Vorpommern, Sachsen-Anhalt und Schleswig-Holstein auf Basis des Jahres 2014*. Forum Hochschule, 03/2016. Hannover: DZHW.

Flöther, C. und Krücken, G. (2015). Generation Hochschulabschluss: Vielfältige Perspektiven auf Studium und Berufseinstieg. Analysen aus der Absolventenforschung. Münster.

Forstenzer, J. (2016). *The Teaching Excellence Framework: What's The Purpose?* Sheffield: Universität Sheffield. Online verfügbar unter http://www.crickcentre.org/wp-content/uploads/2016/01/TEF-Whats-the-Purpose-booklet-Josh-Forstenzer.pdf, zuletzt aktualisiert am 2016 (letzter Zugriff: 29.03.2019).

Friedrich, J.-D. (2013). *Nutzung von Rankingdaten an deutschen Hochschulen – Eine empirische Analyse der Nutzung von Hochschulrankings am Beispiel des CHE Hochschulrankings*. Arbeitspapier/CHE, Centrum für Hochschulentwicklung GmbH, 166. Gütersloh: Centrum für Hochschulentwicklung.

Gesellschaft für Empirische Bildungsforschung (2019). Gesellschaft für Empirische Bildungsforschung. Online verfügbar unter: https://www.gebf-ev.de/ (letzter Zugriff: 29.03.2019).

Graf, R. und Link, S. (2010). Akademisches Berichtwesen – Eine Herausforderung für Hochschulen. *Controlling & Management*, 54:375–379.

Gollwitzer, M. und Schlotz, W. (2003). Das „Trierer Inventar zur Lehrveranstaltungsevaluation"(TRIL): Entwicklung und erste testtheoretische Erprobungen. In *Psychologiedidaktik und Evaluation IV*, S. 114–128, Berlin.

Hazelkorn, E. und Ryan, M. (2013). The Impact of University Rankings on Higher Education Policy in Europe: A Challenge to Perceived Wisdom and a Stimulus for Change. In P. Zgaga, U. Teichler und J. Brennan (Hrsg.), *The globalisation challenge for European higher education. Convergence and diversity, centres and peripheries*, Higher education research and policy (HERP), 4, S. 55–78.

Hazelkorn, E. (2016). *Rankings and the Reshaping of Higher Education. The Battle for World-Class Excellence*. Basingstoke, 2. Aufl.

Hener, Y., Güttner, A. und Müller, U. (2010). *Berichterstattung für Politik und Staat von Hochschulen im Land Sachsen-Anhalt. Studie für eine Konzepterstellung durch die CHE Consult GmbH im Auftrag des WZW*. Schriftenreihe des WZW, 04. Wittenberg: wzw wissenschaftszentrum Sachsen-Anhalt Lutherstadt Wittenberg.

Higher Education and Research Review Committee (Hrsg.) (2016). *System Report 2016. Review Commitee*. Den Haag: Higher Education and Research Review Committee.

Hochschulrektorenkonferenz (2017). Qualifikationsrahmen für Deutsche Hochschulabschlüsse. (Im Zusammenwirken von Hochschulrektorenkonferenz, Kultusministerkonferenz und Bundesministerium für Bildung und Forschung). https://www.hrk.de/fileadmin/redaktion/hrk/02-Dokumente/02-03-Studium/02-03-02-Qualifikationsrahmen/2017_Qualifikationsrahmen_HQR.pdf (letzter Zugriff: 27.06.2017).

Hornbostel, S. (2007). Theorie und Praxis von Hochschulrankings. In Statistisches Bundesamt (Hrsg.), *Amtliche Statistik und Hochschulrankings*, Statistik und Wissenschaft, 11, S. 6–13, Wiesbaden.

Hüther, O. und Krücken, G. (2016). Hochschulen. Fragestellungen, Ergebnisse und Perspektiven der sozialwissenschaftlichen Hochschulforschung. Wiesbaden.

Jaeger, M. (2008). Wie wirksam sind leistungsorientierte Budgetierungsverfahren an deutschen Hochschulen? *Zeitschrift für Hochschulentwicklung*, 3:89–104.

Jaeger, M. (2009). Steuerung durch Anreizsysteme an Hochschulen. Wie wirken formelgebundene Mittelverteilung und Zielvereinbarungen? In J. Bogumil und R. G. Heinze (Hrsg.), *Neue Steuerung von Hochschulen. Eine Zwischenbilanz*, Modernisierung des öffentlichen Sektors. Sonderband, 34, S. 45–66. Berlin: Edition Sigma.

Janson, K. (2014). Absolventenstudien: Ihre Bedeutung für die Hochschulentwicklung. Eine empirische Betrachtung. Münster.

Kinzie, J., Cogswell, C. A. und Wheatle, K. I. E. (2015). Reflections on the state of student engagement data use and strategies for action. *Assessment Update*, 27:1–16.

Kleimann, B. und Hückstädt, M. (2018). Auswahlkriterien in Berufungsverfahren: Universitäten und Fachhochschulen im Vergleich. *Beiträge zur Hochschulforschung*, 40:20–47.

Klein, D. und Stocké, V. (2016). Studienabbruchquoten als Evaluationskriterium und Steuerungsinstrument der Qualitätssicherung im Hochschulbereich. In D. Großmann und T. Wolbring (Hrsg.), *Evaluation von Studium und Lehre*, S. 323–365, Wiesbaden.

König, K., Koglin, G., Kreische, J. und Quaißer, G. (2012). Transfer steuern – Eine Analyse wissenschaftspolitischer Instrumente in sechzehn Bundesländern. HoF-Arbeitsberichte, 3.

Kordts-Freudinger, R. und Thies, K. (2018). Regulate this! Emotionsregulation und Lehrorientierungen der Hochschullehrenden. In G. Hagenauer und T. Hascher (Hrsg.), *Emotionen und Emotionsregulation in Schule und Hochschule*, Münster.

Krempkow, R., Landrock, U., Neufeld, J. und Schulz, P. (2013). *Intendierte und nicht-intendierte Effekte dezentraler Anreizsysteme am Beispiel der fakultätsinternen leistungsorientierten Mittelvergabe in der Medizin*. Abschlussbericht des Projektes GOMED – Governance Hochschulmedizin. Institut für Forschungsinformation und Qualitätssicherung (IFQ).

Kuh, G. (2009). The national survey of student engagement: conceptual and empirical foundations. *New directions for institutional research*, 141:5–20.

Kultusministerkonferenz (2017). Staatsvertrag über die Organisation eines gemeinsamen Akkreditierungssystems zur Qualitätssicherung in Studium und Lehre an deutschen Hochschulen (Studienakkreditierungsstaatsvertrag). Online verfügbar unter: https://www.kmk.org/fileadmin/Dateien/pdf/PresseUndAktuelles/2018/SO_170601_StaatsvertragAkkreditierung.pdf (letzter Zugriff: 29.03.2019).

Kultusministerkonferenz (1998). Einführung eines Akkreditierungsverfahrens für Bachelor-/Bakkalaureus- und Master-/Magisterstudiengänge. Online verfügbar unter: https://www.kmk.org/fileadmin/veroeffentlichungen_beschluesse/1998/1998_12_03-Bachelor-Master-Akkred.pdf (letzter Zugriff: 02.12.2019).

Lange, S. und Schimank, U. (2007). Zwischen Konvergenz und Pfadabhängigkeit. New Public Management in den Hochschulsystemen fünf ausgewählter OECD-Länder. In K. Holzinger (Hrsg.), *Transfer, Diffusion und Konvergenz von Politiken*, S. 522–548, Wiesbaden.

Lohbeck, A., Hagenauer, G. und Frenzel, A. (2018). Teachers' self-concepts and emotions: Conceptualization and relations. *Teaching and Teacher Education*, 70:111–120.

Marsh, H. W. und Roche, L. A. (1997). Making students' evaluations of teaching effectiveness effective: The critical issues of validity, bias, and utility. *American Psychologist*, 52:1187–1197.

McCormick, A. C., Kinzie, J. und Gonyea, R. M. (2013). Student engagement: bridging research and practice to improve the quality of undergraduate education. In M. B. Paulsen (Hrsg.), *Higher education: handbook of theory and research*, S. 47–92, Dordrecht.

Müller, L. und Braun, E. (2018). Student Engagement. *Zeitschrift für Erziehungswissenschaft*, 21:649–670.

Norton, L., Richardson, T. E., Hartley, J., Newstead, S. und Mayes, J. (2005). Teachers' beliefs and intentions concerning teaching in higher education. *Higher Education*, 50:537–571.

Pietrzyk, I. und Graser, A. (2017). Gütekriterien des Fragebogens des Kooperationsprojekts Absolventenstudien. INCHER Working Paper Nr. 6. Kassel.

Roessler, I. und Ziegele, F. (2017). Profile sichtbar machen: U-Multirank als Transparenztool nutzen. Erstveröffentlichung dieses Papers: Making the Application-oriented Profile Visible: U-Multirank as a Multidimensional Transparancy Tool. In Hefei University. Editorial Department of Application-Oriented Higher Education Research (Hrsg.), *Application-Oriented Higher Education Research*, Band 2, S. 58–64. Gütersloh: Centrum für Hochschulentwicklung.

Rosar, U. und Klein, M. (2009). Mein (schöner) Prof.de. Die physische Attraktivität des akademischen Lehrpersonals und ihr Einfluss auf die Ergebnisse studentischer Lehrevaluationen. *Kölner Zeitschrift für Soziologie und Sozialpsychologie*, 61:621–645.

Prosser, M. und Trigwell, K. (2006). Confirmatory factor analysis of the approaches to teaching inventory. *British Journal of Educational Psychology*, 76:405–419.

Rindermann, H. (2001). Lehrevaluation: Einführung und Überblick zu Forschung und Praxis der Lehrevaluation. Landau.

Schaeper, H. und Weiß, T. (2016). The Conceptualization, Development and Validation of an Instrument for Measuring the Formal Learning Environment in Higher Education. In H.-P. Blossfeld, J. von Maurice, M. Bayer und J. Skopek (Hrsg.), *Methodological Issues of Longitudinal Surveys. The Example of the National Educational Panel Study*, S. 267–290, Wiesbaden.

Schimank, U. (2002). Förderinitiative des BMBF: Science Policy Studies. Expertise zum Thema: Neue Steuerungssysteme an den Hochschulen. Abschlussbericht 31.05.2002. Unter Mitarbeit von Frank Meier. Hagen.

Schneijderberg, C., Kloke, K. und Braun, E. (2011). Disziplinäre Zugänge zur Hochschulforschung. *die hochschule*, 2:7–24.
Serrano-Velarde, K. (2008). Evaluation, Akkreditierung und Politik. Zur Organisation von Qualitätssicherung im Zuge des Bolognaprozesses. Wiesbaden.
Shavit, Y., Arum, R. und Gamoram, A. H. (2007). Stratification in Higher Education. A Comparative Study. Stanford.
Staufenbiel, T. (2000). Fragebogen zur Evaluation von universitären Lehrveranstaltungen durch Studierende und Lehrende. *Diagnostica*, 46(4):169–181.
Steinhardt, I., Schneijderberg, C., Krücken, G. und Baumann, J. (2017). Externe und interne Qualitätssicherung von Studium und Lehre durch Akkreditierungs- und Evaluationsverfahren. INCHER Working Paper Nr. 9.
Stocké, V., Klein, D. und Schwabe, U. (2014). Studienbedingungen und Studienverlauf: Das Kasseler Studierendenpanel (KaSP). Ergebnisbericht zur ersten Erhebungswelle mit Schwerpunkt Heterogenität. Ein indikatorengestützter Bericht über Studienbedingungen und Studienverlauf an der Universität Kassel. Interner Bericht, Universität Kassel.
Teichler, U. H. (2007). Careers of University Graduates: Views and Experiences in Comparative Perspectives. Dordrecht.
Terenzini, P. T. (1993). On the nature of institutional research and the knowledge and skills it requires. *Research in Higher Education*, 34:1–10.
Thiel, F., Veit, S., Blüthmann, I. und Lepa, S. (2008). Ergebnisse der Befragung der Studierenden in den Bachelorstudiengängen. Forschungsbericht, Freie Universität Berlin.
Universität Hohenheim (2015). Jahresbericht mit Zahlenspiegel der Universität Hohenheim für das Jahr 2015. Online verfügbar unter: https://www.uni-hohenheim.de/uploads/media/JB2015_Zahlenspiegel_Low.pdf (letzter Zugriff: 29.03.2019).
Wespel, J. und Jaeger, M. (2015). Leistungsorientierte Zuweisungsverfahren der Länder: Praktische Umsetzung und Entwicklungen. *Hochschulmanagement*, 10:97–105.
Wilkesmann, U. und Schmid, C. J. (2011). Lehren lohnt sich (nicht)? Ergebnisse einer deutschlandweiten Erhebung zu den Auswirkungen leistungsorientierter Steuerung auf die universitäre Lehrtätigkeit. *Soziale Welt*, 62:251–278.
Winter, M. (2007). Programm-, Prozess- und Problem-Akkreditierung. Die Akkreditierung von Studiengängen und ihre Alternativen. *die hochschule*, 2:88–124.
Wissenschaftsrat (2017). *Strategien für die Hochschullehre*. Positionspapier, Drs. 6190-17. Halle: Wissenschaftsrat.
Wolbring, T. und Hellmann, A. (2010). Attraktivität, Reziprozität und Lehrveranstaltungsevaluation. Eine experimentelle Untersuchung. *Kölner Zeitschrift für Soziologie und Sozialpsychologie*, 62:707–730.
Zlatkin-Troitschanskaia, O., Pant, H. A., Lautenbach, C. und Toepper, M. (Hrsg.) (2016). *Kompetenzmodelle und Instrumente der Kompetenzerfassung im Hochschulsektor – Validierungen und methodische Innovationen (KoKoHs): Übersicht der Forschungsprojekte*. KoKoHs Working Papers, 10. Berlin und Mainz: Humboldt University und Johannes Gutenberg University. Online verfügbar unter: https://www.kompetenzen-im-hochschulsektor.de/files/2018/05/WP10_final_032016.pdf (letzter Zugriff: 29.03.2019).

4.6 Weiterführende Online-Informationen

Academic Ranking of World Universities („Shanghai-Ranking"): www.shanghairanking.com/. (letzter Zugriff: 29.03.2019).

AHELO (Assessment of Higher Education Learning Outcomes): www.oecd.org/education/skills-beyond-school/ahelo-main-study.htm (letzter Zugriff: 29.03.2019).

ÄKHOM: https://medizin-hamburg.de/projekt-aekhom-am-uke/. (letzter Zugriff: 29.03.2019).

Astralite: www.uni-regensburg.de/psychologie-paedagogik-sport/paedagogik-1/projekte/index.html (letzter Zugriff: 29.03.2019).

BAP (Bayerische Absolvent(inn)enpanel): www.bap.ihf.bayern.de (letzter Zugriff: 29.03.2019).

BuwAP (Bundesweites Absolvent(inn)enpanel): www.dzhw.eu/forschung/projekt?pr_id=467) (letzter Zugriff: 29.03.2019).

CHEERS (Careers after Higher Education: Graduation – an European Research Study): www.qtafi.de/cheers-european-graduate-survey.html (letzter Zugriff: 29.03.2019).

CHERank (Hochschulranking des Centrums für Hochschulentwicklung): www.che-ranking.de/cms/?getObject=42&getLang=de (letzter Zugriff: 29.03.2019).

Deutscher Studierendensurvey: www.soziologie.uni-konstanz.de/ag-hochschulforschung/studierendensurvey/ (letzter Zugriff: 29.03.2019).

DZHW-AKL (Ausstattungs- Kosten- und Leistungsvergleich): www.dzhw.eu/forschung/projekt?pr_id=388 (letzter Zugriff: 29.03.2019).

DZHW-Absolvent(inn)enpanel: www.dzhw.eu/forschung/projekt?pr_id=467 (letzter Zugriff: 29.03.2019).

DZHW Exmatrikuliertenbefragung: www.dzhw.eu/forschung/projekt?pr_id=240 (letzter Zugriff: 29.03.2019).

DZHW-Studienberechtigtenpanel: www.dzhw.eu/forschung/projekt?pr_id=465 (letzter Zugriff: 29.03.2019).

ELMaWi: www.elmawi.de/ (letzter Zugriff: 29.03.2019).

EUROSTUDENT: www.eurostudent.eu/ (letzter Zugriff: 29.03.2019).

KoKoHs (Kompetenzmodelle und Instrumente der Kompetenzerfassung im Hochschulsektor): www.kompetenzen-im-hochschulsektor.de/ (letzter Zugriff: 29.03.2019).

KomPrü: www.uni-kassel.de/projekte/komprue/startseite.html (letzter Zugriff: 29.03.2019).

NEPS (National Educational Panel Study): Startkohorte 5 Studierende: www.neps-data.de/tabid/273 (letzter Zugriff: 29.03.2019).

Office for Students (OfS): www.officeforstudents.org.uk/ (letzter Zugriff: 29.03.2019).

ProfiLe-P+: www.kompetenzen-im-hochschulsektor.de/profile-p/. (letzter Zugriff: 29.03.2019).

QS World University Ranking: www.topuniversities.com/qs-world-university-rankings (letzter Zugriff: 29.03.2019).

Qualitätspakt Lehre: www.qualitaetspakt-lehre.de/ (letzter Zugriff: 29.03.2019).

REFLEX (The Flexible Professional in the Knowledge Society): http://roa.sbe.maastrichtuniversity.nl/?portfolio=reflex-international-survey-higher-education-graduates (letzter Zugriff: 29.03.2019).

Sozialerhebung: www.sozialerhebung.de/ (letzter Zugriff: 29.03.2019).

Statistisches Bundesamt: „Hochschulen auf einen Blick": www.destatis.de/DE/Publikationen/Thematisch/BildungForschungKultur/Hochschulen/BroschuereHochschulenBlick.html (letzter Zugriff: 29.03.2019).

Statistisches Bundesamt: Fachserien „Bildung und Kultur": www.destatis.de/DE/Publikationen/Thematisch/Fachserie_11.html (letzter Zugriff: 29.03.2019).

Studienqualitätsmonitor: www.soziologie.uni-konstanz.de/ag-hochschulforschung/kooperation/studienqualitaetsmonitor/ (letzter Zugriff: 29.03.2019).
Times Higher Education Ranking: www.timeshighereducation.com/world-university-rankings (letzter Zugriff: 29.03.2019).
U-Multirank: www.che-ranking.de/cms/?getObject=1176&getLang=de oder www.umultirank.org/ (letzter Zugriff: 29.03.2019).
WiWiKom: www.wiwi-kompetenz.de/wiwikom-ii-2015-2019/ (letzter Zugriff: 29.03.2019).

Olga Zlatkin-Troitschanskaia, Jennifer Fischer und Hans Anand Pant

5 Messung von Lehrkompetenzen – Analyse des nationalen und internationalen Forschungsstandes

5.1 Lehrqualität und Performance-Management

Der Kompetenzerwerb von Studierenden im Hochschulbereich hat in der Bildungsforschung bis auf die letzten Dekaden auf nationaler und internationaler Ebene wenig Aufmerksamkeit erfahren (Lenzen, Krüger und Wulf, 2008). National als auch international immer größeres gesellschaftliches, politisches und wissenschaftliches Interesse zur Qualität der akademischen Bildung sowie zahlreiche tiefgründige Veränderungen im tertiären Bildungsbereich wie die Bologna-Reform und die Festlegung von Kompetenzorientierung durch nationale und internationale Qualifikationsrahmen (DQR, EQR) mündeten nicht zuletzt in einer zunehmenden Anzahl an Studien im Bereich der Hochschulforschung, welche sich insbesondere auf Kompetenzniveau sowie den Kompetenzerwerb von Studierenden fokussieren (Blömeke und Zlatkin-Troitschanskaia, 2015; Kuhn et al., 2016; Zlatkin-Troitschanskaia et al., 2016, 2020).

Die Kompetenzforschung im Hochschulbereich zeigt, dass der Lernerfolg und der Kompetenzzuwachs von Studierenden nicht nur durch deren individuelle Dispositionen wie Wissen, Motivation, Interesse bestimmt werden, sondern auch weitere studienrelevante Kontextfaktoren der Lernumgebung und Aspekte wie die Qualität von Bildungsangeboten oder im Speziellen die professionellen Kompetenzen der Lehrenden und Lehrqualität als moderierende Faktoren auf den Wissens- und Kompetenzerwerb von Studierenden wirken können (z. B. Multrus, 2013; Zlatkin-Troitschanskaia et al., 2017). Mit Blick auf das formelle Lernen im institutionalisierten Hochschulkontext wird öfter postuliert, dass sich eine gute Lehre durch einen hohen Zuwachs studentischer Kompetenzen im Rahmen einer Lehrveranstaltung auszeichnen soll (z. B. Metz-Göckel, Kamhans und Scholkmann, 2012). Auch wenn aus den Studien nicht auf eine solche eindeutige kausale Beziehung geschlossen werden kann, so wird der Lehrleistung im Rahmen eines Hochschulstudiums eine tragende Rolle zugeschrieben.

Trotz des hohen Stellenwerts der Lehrleistung erfuhr die Messung der Lehrqualität auf Ebene der Hochschulbildung lange Zeit wenig Aufmerksamkeit. In Berichten des Wissenschaftsrats von 2008 und 2015 wurden zahlreiche Defizite in der universitären Lehre an deutschen Hochschulen wie unverhältnismäßige Betreuungsrelationen

Olga Zlatkin-Troitschanskaia, Johannes Gutenberg Universität Mainz
Jennifer Fischer, Johannes Gutenberg Universität Mainz
Hans Anand Pant, Humboldt-Universität zu Berlin

https://doi.org/10.1515/9783110689884-006

von Studierenden zu Professoren[18] sowie fehlende Qualifikationsmöglichkeiten für die Entwicklung von Lehrkompetenz konstatiert (Wissenschaftsrat, 2008, 2015). Als steuerndes und „überwachendes“ Organ haben Universitäten die Aufgabe, Lehrleistungen zu erfassen, mögliche Defizite aufzudecken, gezielt zu verbessern und die Sicherung einer qualitativ hochwertigen Hochschullehre zu gewährleisten (BMBF, 2010; Wissenschaftsrat, 2015). In der Hochschulpraxis erfolgt die Messung von Lehrleistung bislang zumeist im Rahmen von Studierendenevaluationen (SETs) (Oon, Spencer und Kam, 2017; Darwin, 2017; Smithson et al., 2015; zur kritischen Diskussion von SETs siehe Abschnitt 5.4). Eine Lehrveranstaltungsevaluation und Rückmeldung an den Lehrenden führt nicht notwendigerweise zu einer Verbesserung der Lehrqualität (z. B. Rindermann, 2009), vielmehr sind zusätzliche Qualifikationsmaßnahmen zum Lehrkompetenzerwerb für die Qualitätsentwicklung der Hochschullehre relevant (Brendel und Kiehne, 2011; Schaperunter et al., 2012).

Im Rahmen der Bologna-Reform hin zu einer Harmonisierung der strukturellen Gestaltung von Studiengängen insbesondere im europäischen Raum und hin zur Vergleichbarkeit universitärer Abschlüsse über Universitäten und Länder hinweg wurden bereits im Jahr 2005 im Bereich der Qualität von Hochschulen auf europäischer Ebene „Standards und Leitlinien für die Qualitätssicherung im Europäischen Hochschulraum“ verabschiedet, um Hochschulen und Qualitätssicherungsagenturen einen gemeinsamen Referenzrahmen für sowohl interne als auch externe Qualitätssicherungssysteme zu geben (Cardoso, Tavares und Sin, 2015). Die Transparenz und Vergleichbarkeit der Qualität von Studienprogrammen gewinnen im Kontext der stetig zunehmenden curricularen und strukturellen Heterogenität des Hochschulraums sowie der konstant steigenden Mobilität von Studierenden zunehmend an Bedeutung (Wissenschaftsrat, 2012). Diese Richtlinien sind nicht verbindlich, sondern dienen lediglich als Orientierung, und bieten keine Grundlage für eine transparente Erfassung und einen Vergleich der Lehrqualität zwischen verschiedenen Hochschulen und Ländern.

Auf der nationalen Ebene hat das Bundesministerium für Bildung und Forschung (BMBF) im Jahre 2011 eine deutschlandweite Initiative für die Verbesserung von Studienbedingungen und der Lehrqualität an Hochschulen etabliert. Im Rahmen des Bund-Länder-Programms Qualitätspakt Lehre (QPL) wurde besonders auf eine bessere Personalausstattung der Hochschulen sowie auf die Schaffung von Qualifikationsmöglichkeiten im Bereich der Lehrkompetenzentwicklung fokussiert. Analysen der ersten Förderphase bis 2016 zeigten viele Entwicklungen in diesen Bereichen. So wurden in den 61 QPL-Projekten 242 Angebote für Lehrende und Tutoren durchgeführt (Prang und Bischhoff, 2017). Zugleich wird jedoch die Nachhaltigkeit der Projektergebnisse in der Hochschulpraxis kritisch hinterfragt (Prang und Bischhoff, 2017).

Auch auf internationaler Ebene gibt es Initiativen, welche die Erfassung von Lehrqualität an Hochschulen fokussieren und dabei länderübergreifend Defizite hinsicht-

18 Im folgenden Text wird aufgrund der besseren Lesbarkeit das generische Maskulinum verwendet.

lich einer objektiven und validen Messung universitärer Lehrkompetenz (beispielsweise mittels eines reliablen Testinstruments zur Erfassung fachdidaktischer Kompetenzen) aufzeigen (z. B. Richardson und Coates, 2014).

Ziel dieses Beitrags ist es, auf Basis einer strukturierten Dokumentenanalyse einen Überblick über die aktuelle nationale und internationale Lehrkompetenzforschung im Hochschulbereich und insbesondere über ihre verschiedenen Forschungsansätze zur Messung von Lehrqualität zu geben. Eine systematische Strukturierung der relevanten Projektvorhaben und Dokumentationen erfolgt in tabellarischer Form und mündet in einer Synopse der zentralen Ergebnisse (Abschnitt 5.3) sowie in einer kritischen Diskussion über Forschungsdefizite, Herausforderungen und Entwicklungsperspektiven für eine valide Lehrkompetenzmessung (Abschnitt 5.4).

5.2 Datenbasis und Analysekriterien

Die Dokumentenanalyse zielte auf eine systematische Erfassung des aktuellen nationalen und internationalen Forschungsstands zur Messung von Lehrkompetenzen bzw. Lehrqualität an Hochschulen, mit dem Ziel, die aussagekräftige Forschung für die Jahre 2012 bis 2018 strukturiert zusammenfassend darzustellen. Um diesen strukturierten Überblick zu generieren, wurden im Sommer 2017 sowie zu Beginn des Jahres 2018 systematische Literatur- und Datenbankrecherchen durchgeführt. In die Analyse einbezogen wurden sowohl hochschul- und bildungsspezifische Literatur- und Projektdatenbanken als auch disziplinübergreifende Portale. Auf der nationalen Ebene bildete die Datenbank des Fachportals für Bildung (FIS Bildung) und die Datenbank für Projekte, Personen und Institutionen der Deutschen Forschungsgemeinschaft die hauptsächliche Basis der Datenakquirierung.

Auf internationaler Ebene wurden insbesondere die Literatur-Datenbanken des Education Resources Information Centers (ERIC) und der Discovery Service von EBSCO genutzt. Neben diesen Plattformen wurde auch die Veröffentlichung „Higher Education Research: A Compilation of Journals and Abstracts 2016“ von INCHER (International Centre for Higher Education Research Kassel) herangezogen, welche eine Zusammenstellung von Abstracts aus 27 verschiedenen nationalen und internationalen Zeitschriften zum Thema Hochschulforschung aus dem Jahr 2016 beinhaltet (Hertwig, 2017).

In den genannten Datenbanken wurden sowohl konzeptuell-theoretische Beträge als auch empirische Studien sowie weitere Projektinformationen (z. B. Working Papers, Reports) recherchiert und für die weitere Analyse berücksichtigt. Zu einer systematischen Recherche wurden Suchkriterien festgelegt. Neben der zeitlichen Aktualität der Informationen wurden folgende Schlagwörter in Deutsch und Englisch herausgearbeitet; kursiv und fett markierte Schlagworte sind aufgrund ihrer hohen Relevanz besonders hervorgehoben:

Deutsch:
Lehrqualität, Lehrkompetenz, Kompetenz, Wissen, Hochschullehre, (Lehr-)Leistung, Hochschuldidaktik, Performanz, Lehre, Kompetenzentwicklung, Kompetenzmessung, Modell, Test, Eignungstest, Messung, Messinstrument, Messverfahren, Evaluation, Selbsteinschätzung, Ranking, Akkreditierung, Hochschule, Universität, höheres Bildungswesen, Studium, Professor, Dozent, International, Europa

English:
teaching quality, teaching competence, competencies, competency, knowledge, skills, teaching assessment, teaching skills, teaching process, teaching capability, performance, professional development, performance management, model, test, measurement, measuring, assessment, validation, large-scale assessment, longitudinal, evaluation, ranking, accreditation, higher education, university, college, professor, teacher, lecturer, international, cross-national, comparison, Europe

Die Rechercheergebnisse zeigten sehr unterschiedliche theoretische und empirische Herangehensweisen und Analyseansätze zur Messung von Lehrkompetenzen und Lehrqualität an Hochschulen. Um die gefundenen Quellen und Informationen strukturiert aufzubereiten und systematisch einzuordnen, wurde eine Kategorisierung der Rechercheergebnisse vorgenommen, die nach den folgenden Oberkategorien sortiert wurden:
- Art des Beitrags
- Fokus/Untersuchungsgegenstand
- Studienfachbereich oder allgemein
- theoretische Herleitung
- Theoriemodell/Empirie-Modell (insbesondere bei empirischen Studien/Analysen)
- Definition des Leistungskriteriums
- Ergebnisnutzung und Verwertungsperspektive
- Instrument
- Stichprobe/Probanden
- Design
- lokale Reichweite

Auf Grundlage dieser Einordnung wurden die gefundenen Informationen und Beiträge den verschiedenen Themenbereichen zugeteilt (siehe Abschnitt 5.3 und Tabellen 5.1–5.4 im Anhang):
- nationaler Referenzrahmen für Lehrqualität
- europäischer Referenzrahmen für Lehrqualität
- Modelle und Konstrukte zu Lehrkompetenz bzw. Lehrqualität
- nationale Messung von Lehrkompetenz bzw. Lehrqualität
- internationale Messung von Lehrkompetenz bzw. Lehrqualität
- Hochschulrankings
- Performance-Management und übergeordnete Beiträge

Ein weiteres übergreifendes Kriterium, das bei der Analyse der Datenbasis berücksichtigt wurde, ist die Unterscheidung zwischen subjektiver und objektiver Messung von Lehrkompetenz bzw. Lehrqualität. Auch wenn augenscheinlich subjektive Messmethoden wie beispielsweise Lehrevaluationen in der Praxis vermehrt zum Einsatz kommen, so liegen inzwischen auch objektive hochschulpraxistaugliche Messverfahren wie beispielsweise standardisierte Testinstrumente zur Erfassung fachdidaktischer Kompetenzen vor. Eine Differenzierung subjektiver und objektiver Instrumente ist zentral, da subjektive Beurteilungen anders gelagerten systematischen Verzerrungen unterliegen können als objektive Testverfahren.

5.3 Sachstand auf nationaler und internationaler Ebene

Im Folgenden wird die überblicksartige Skizzierung der zentralen Ergebnisse in zwei übergeordnete Bereiche gegliedert. Zunächst wird auf die nationalen und europäischen Referenzrahmen und weitere Maßnahmen zur Förderung und Überprüfung von Lehrqualität eingegangen. Im zweiten Unterkapitel wird dann eine Synopse der zentralen Forschungsvorhaben dargestellt.

5.3.1 Referenzrahmen für Lehrqualität und weitere nationale Initiativen

Auf europäischer Ebene gibt es seit 2005 im Kontext der „European Standards and Guidelines for Quality Assurance" (ESG) systematische Bestrebungen zur Qualitätssicherung in der Hochschulbildung. Die Handreichungen wurden von einem breit aufgestellten Expertenkomitee entwickelt und bieten fachübergreifende Richtlinien für die Qualitätssicherung an europäischen Hochschulen. Ein wichtiger Teilaspekt dieser Richtlinien ist das einheitliche Verständnis von Lehrqualität für Hochschulen. Die gemeinsamen Standards für Lehrkompetenz werden im ESG wie folgt definiert: „Institutions should have ways of satisfying themselves that staff involved with the teaching of students are qualified and competent to do so. They should be available to those undertaking external reviews, and commented upon in reports" (ENQA, 2009, S. 18).

Als eine der wichtigsten Bezugsquellen studentischen Lernens sollte die Lehrperson hinreichende Fach- und Methodenkompetenz zur Veranschaulichung und Vermittlung der Inhalte sowie zur Evaluation von Studierendenleistungen besitzen. Die „Messung" der Lehrleistung soll laut diesen Richtlinien auf Basis des Feedbacks von Studierenden erfolgen (ENQA, 2009). Die Förderung der Lehrqualität soll durch Mechanismen zur Einstellung geeigneter Lehrpersonen sowie durch die professionelle Entwicklung von Dozenten insbesondere in Qualifikationsmaßnahmen erfolgen, sodass die Lehrkompetenzen der Dozenten auf verschiedenen Niveaustufen gefördert werden können (ENQA, 2009).

Da es sich beim ESG um Empfehlungen handelt, sind die dargestellten Aspekte nicht verpflichtend für die Hochschulen. Cardoso et al. (2015) untersuchen die Entwicklung verschiedener portugiesischer Hochschulen im Hinblick auf eine Umsetzung dieser Richtlinien. Laut der Studie wurden die Empfehlungen in Teilen umgesetzt. Während Selektions-, Recruiting- sowie Bewertungsmechanismen weitgehend umgesetzt wurden, sind im Bereich der weiterführenden Qualifizierung von lehrenden Mitarbeiter und dem pädagogischen Training nur erste Ansätze zu verzeichnen.

Bestrebungen im Bereich der Verbesserung von Lehrqualität sind auch auf nationaler Ebene in Deutschland zu verzeichnen. Einige Vorschläge des Wissenschaftsrats zur Professionalisierung der Lehrtätigkeit an Hochschulen und zur Lehrqualifizierung wurden in der Veröffentlichung „Empfehlung zur Qualitätsverbesserung von Lehre und Studium“ (Wissenschaftsrat, 2008) dargestellt. Der Wissenschaftsrat (2008) empfiehlt die Etablierung eines hochschulübergreifenden Qualifizierungsprogramms für Lehrende an deutschen Hochschulen, welches eine kontinuierliche kompetenzorientierte Weiterbildung mit Zertifizierungssystem im Rahmen der Promotionsphase umfassen soll (S. 65–77). Leitlinien für die Anforderungen an und die Evaluation von Lehrleistungen beinhalten allgemeine Beschreibungen, jedoch keine konkreten Vorgaben (Wissenschaftsrat, 2012, S. 18).

Die Hochschulrektorenkonferenz (HRK, 2011, S. 3) betont, dass die Lehrqualität von Kontextfaktoren und weiteren Lernbedingungen abhängig ist. Um die Lehrqualität und Lernbedingungen für Studierende an deutschen Hochschulen zu verbessern, wurde im Jahr 2011 das vom BMBF geförderte Bund-Länder-Programm „Qualitätspakt Lehre“ etabliert, in dem bis 2020 deutschlandweit Projekte im Bereich der Hochschullehre gefördert werden sollen.[19] Trotz dieser bundesweiten Initiative differenzieren sich die Leistungskriterien hinsichtlich der Lehrqualität von Hochschulen, welche i. d. R. im Rahmen universitätsinterner oder sogar fachbereichsinterner Programme und Leitlinien für die Anforderungen an und die Evaluation von Lehrleistungen spezifiziert werden. Dadurch entstehen unterschiedliche Kompetenzerwartungen an die Lehrperson und die Vergleichbarkeit der Lehrqualität an verschiedenen Hochschulen wird eingeschränkt.

Multrus (2013) stellt beispielsweise einen Referenzrahmen zur Lehr- und Studienqualität auf, in dem er relevante Aspekte von Studienbedingungen im Hinblick auf Lehrveranstaltungen und den Kontakt zu Lehrpersonen aufzeigt. Als Beispiele nennt er u. a. „die Beratung und Betreuung der Studierenden durch die Lehrenden“ sowie die „Kommunikation und Interaktion mit Lehrenden“ (Multrus, 2013, S. 98). Kondratjuk und Schulze (2016) beziehen sich in ihrem Modell auf die Lehrauffassung eines Dozenten und definieren darauf aufbauend die Qualität von Lehre. Die beiden verschiedenen Herangehensweisen verdeutlichen die Schwierigkeit einer eindeutigen Definition von Lehrqualität. Solche theoretisch-konzeptuell formulierten Referenzrahmen bieten auch nur bedingt eine Grundlage für die empirische Messung von Lehrkompetenz. Hierzu lassen sich einige Bestrebungen im Forschungsbereich verzeichnen.

---

19 Zu weiteren Informationen zum Bund-Länder-Programm „Qualitätspakt Lehre“ siehe www.qualitaetspakt-lehre.de/.

5.3.2 Synopse der zentralen Forschungsvorhaben zur Messung von Lehrqualität bzw. Lehrkompetenz

Die folgende überblicksartige Darstellung umfasst insgesamt ca. 40 Beiträge und Publikationen, die sich mit verschiedenen Aspekten, Konzeptualisierungen und Messungen von Lehrleistung bzw. Lehrkompetenz beschäftigen. Weitere Informationen zu diesen Studien wurden in tabellarischer Form im Anhang dokumentiert (Tabellen 5.1–5.4).

Einige Beiträge zeigen eine theoretisch fundierte Herangehensweise und beinhalten entwickelte (Kompetenz-)Modelle und Konstrukte von Lehrqualität, welche jedoch nicht weiter operationalisiert und empirisch geprüft werden. Viele Beiträge berichten Ergebnisse aus empirischen Studien ohne theoretische Fundierung. Insgesamt zeigt sich eine große Bandbreite an verschiedenen Kompetenzdimensionen, die sowohl generische und domänenspezifische als auch kognitive und nicht kognitive Kompetenzen von Lehrenden umfassen.

Im Rahmen dieser Dokumentationsanalyse fanden sich sowohl deutsche als auch internationale Forschungsvorhaben. In Deutschland sind Veröffentlichungen zur Konzeptualisierung und Messung von Lehrqualität stark von Projekten des Bund-Länder-Programm „Qualitätspakt Lehre“ dominiert (eine Auswahl findet sich in Tabelle 5.3). Es finden sich jedoch auch weitere Projektvorhaben wie beispielsweise das von der Deutschen Forschungsgemeinschaft (DFG) geförderte Gemeinschaftsprojekt „Zielorientierung von Dozierenden“ (ZIDO) der Universitäten Augsburg und Mannheim, welches von 2017 bis 2020 die lehrbezogene Zielorientierung als einen Aspekt der Lehrqualität untersucht.

Neben den deutschen Projekten wurden viele Beiträge zur Erfassung von Lehrqualität aus über 20 Ländern im Rahmen der Recherche gefunden. Die Spannweite der Beiträge zur Messung von Lehrleistung reicht dabei von Malaysia über Bangladesch und Israel bis hin zu europäischen Publikationen sowie auch zu Veröffentlichungen aus dem amerikanischen Raum. Während die Messung der Lehrkompetenz an Hochschulen in zahlreichen Ländern ein Untersuchungsgegenstand ist, wird zugleich deutlich, dass es sich dabei zumeist um Einzelprojekte innerhalb eines Landes handelt. Projekte, an denen mehrere Länder beteiligt sind, sind die Ausnahme. Auch konnten wenige länderübergreifende Adaptionen von länderspezifischen Bemessungsgrundlagen der Lehrleistung gefunden werden. Ein Beispiel für eine internationale Adaption eines Testinstruments zur Messung von Lehrqualität ist der Beitrag von Thien und Ong (2016), der die Anpassung des in Australien konzipierten „Course Experience Questionnaire“ (CEQ) in Malaysia dokumentiert.

Neben der Adaption von Leistungsmessungen konnten auch nur wenige Vergleichsstudien zur Messung von Lehrqualität an Hochschulen gefunden werden. In vielen Beiträgen wird die Messung von Lehrqualität als ein relevanter Teil von Hochschulrankings dargestellt wie beispielsweise in Blanco-Ramírez und Berger (2014), die verschiedene internationale Modelle der Hochschulqualitätsmessung zueinander in Referenz stellen. Insgesamt konnten im Rahmen der Recherche mehrere Beiträge gefunden werden, die Lehrleistung als ein Kriterium der Hochschulbewertung in ein Hochschulrankingsystem einschließen. Hochschulrankings spielen bei der vergleichenden Analyse von Hochschulleistungen auf nationaler und internationaler Ebene eine wesentliche Rolle. Ein entscheidendes Bewertungskriterium ist oft ein aggregierter Indikator (z. B. in Rankings) für die Lehrqualität an einer Universität, welcher beispielsweise durch hochschulweite Befragungen von Studierenden erfasst wird. Auf internationaler Ebene ist dies beispielsweise das Hochschulranking des Guada bekan (Middlehurst, 2016), welches die Zufriedenheit der Studierenden mit der Lehrqualität misst. Die Bewertungskriterien dieser Rankings basieren auf subjektiven Einschätzungen der Studierenden und beziehen weitere Aspekte wie die Aufnahmegebühren der Universität oder das Studierenden-Mitarbeiter-Verhältnis in die Bewertung ein. Gleiche Vorgehensweise ist bei zahlreichen weiteren internationalen Hochschulrankings festzustellen, wie beispielsweise bei „The Times Good University Guide", „The THES World University Rankings" oder „The ARWU" (Broecke, 2015), die die Bewertung von Lehrqualität als ein Kriterium des Rankingschemas heranziehen. Auf europäischer Ebene zeigt dasselbe Bild die Studie zum Vergleich der fünf wichtigsten spanischen Hochschulrankings (Berbegal-Mirabent und Ribeiro-Soriano, 2015), in denen die Qualität von Lehre als ein Teilaspekt in die Gesamtbewertung von Hochschulen einfließt. Jenseits von Hochschulrankings konnte keine einzige Studie zum Vergleich der Universitäten auf Basis einer validen Messung von Lehrleistung gefunden werden.

Insgesamt weisen die Studien unterschiedliche Erhebungsansätze zur Messung von Lehrleistung bzw. Lehrkompetenz auf. Bei den allermeisten Projektvorhaben basiert eine Bewertung der Lehrqualität auf einer subjektiven Einschätzung (beispielsweise im Rahmen von SETs), in denen klassische Paper-Pencil-Fragebögen (Evaluationsbögen) eingesetzt werden, die Studierende im Rahmen der Lehrveranstaltung ausfüllen (z. B. Oon et al., 2017; Smithson et al., 2015; Yousif und Shaout, 2016; Darwin, 2016; Suarman, 2015; Almuntaskin et al., 2016). Weiterhin werden in einigen Studien (strukturierte) Interviews oder Beobachtungen als Erhebungsmethoden eingesetzt (z. B. Darwin, 2017; Ashraf et al., 2016; Ezer und Horin, 2013).

Zusammenfassend zeigt sich eine relativ breit gelagerte internationale Forschung mit den Vorhaben zu möglichen Indikatoren von Lehrqualität. In zahlreichen Ländern wurde die Messung von Lehrleistung als hochschulrelevantes Forschungsfeld erkannt und erste Studien initiiert. Auffällig ist dabei, dass die meisten Studien zur Messung von Lehrleistung bzw. Lehrkompetenz im tertiären Bildungsbereich auf subjektiven Einschätzungen von Studierenden basieren und keine objektiven sowie validen Messverfahren einsetzen. Sowohl national als auch international werden substanzielle Forschungsdefizite deutlich, die im anschließenden Teil kritisch diskutiert werden.

5.4 Diskussion: Limitationen und Entwicklungsperspektiven

Der skizzierte Überblick zum nationalen und internationalen Stand von Entwicklungs- und Forschungsvorhaben zur Lehrqualität bzw. Lehrkompetenz im Hochschulsektor deutet darauf hin, dass der Bedarf an Forschung und Entwicklung in vielen Ländern erkannt wurde, jedoch i. d. R. nur vereinzelte und meist nicht hochschulübergreifende Initiativen unternommen wurden, um eine langfristige nachhaltige Qualitätssteigerung der Lehre in Hochschulen zu ermöglichen. Die hier basierte Dokumentation basiert jedoch auf Literaturrecherchen. Weiterführende Untersuchungen wie Experteninterviews wären empfehlenswert. Zudem wurde die Recherche nicht unter Berücksichtigung fach- oder domänenspezifischer Auswahlkriterien durchgeführt. Durchaus anzunehmende fachbereichspezifische Unterschiede hinsichtlich der Evaluation und Förderung von Lehrqualität sollten im Rahmen weiterer Analysen untersucht werden.

Weitere Einschränkungen gab es bei der Recherche hinsichtlich der Auswahl der im Abschnitt 5.2 angegebenen genutzten Datenbanken und der festgelegten Kategorien sowie durch die Sprachauswahl, da nur englische und deutsche Quellen und Informationen berücksichtigt wurden. So zeigten Zlatkin-Troitschanskaia und Kuhn (2010), dass im Bereich der Hochschulforschung zahlreiche Studien nur in den jeweiligen Landessprachen publiziert werden. Während beispielsweise aus Australien auffällig viele Studien im Bereich der Lehrleistungsforschung gefunden werden, sind Beiträge aus asiatischen oder auch afrikanischen Ländern deutlich seltener (siehe Tabellen im Anhang). Anzunehmen ist daher, dass weitere Projekte im nicht englisch- und deutschsprachigen Raum nur in der Landessprache dokumentiert werden und daher nicht in dieser Analyse berücksichtigt werden können. Die bereits oben und nachfolgend skizzierten Ergebnisse der Dokumentenanalyse und die ermittelten Forschungsdefizite sollten trotz der relativ großen Datenbasis zur Erfassung von Lehrleistungen auf nationaler und internationaler Ebene (siehe Tabellen 5.1–5.4) unter Berücksichtigung dieser Einschränkungen betrachtet werden.

Im Rahmen der Analyse wurden zahlreiche länderbezogene Studien dokumentiert, jedoch nur einzelne länderübergreifende Studien. Die insgesamt stark unterschiedlichen theoretisch-konzeptuellen Bewertungsgrundlagen bzw. empirischen Operationalisierungsansätze lassen i. d. R. auch keine vergleichenden Betrachtungen zu. Bei den Analysen wurden kaum theoretisch-konzeptionelle Grundlagen im Sinne von Kompetenzmodellen ersichtlich, welche nach deren Prüfung perspektivisch auch hochschul- bzw. länderübergreifende Studien ermöglichen würden. Dies wäre auch eine wichtige Voraussetzung für die stärkere Konsolidierung der bislang eher vereinzelten Forschungsarbeiten zur Hochschullehre in vielen Ländern. Das Defizit an theoretisch fundierten Kompetenzmodellen geht auch mit dem Mangel an korrespondierenden Instrumenten zur objektiven und validen Erfassung von Lehrkompetenzen einher. Die Konstruktion und Erprobung objektiver Messinstrumente in Validierungsstudien stellt eine wichtige Entwicklungsperspektive dar.

Bei den meisten Projekten handelt es sich um die fachbereich- bzw. hochschulspezifischen Evaluationen von Lehrleistungen basierend auf den subjektiven Einschätzungen von Studierenden. Viele Hochschulen haben eigene Evaluationsmodelle entwickelt, es liegen jedoch wenig etablierte hochschulübergreifende Evaluationsmodelle zur Lehrqualität auf nationaler oder internationaler Ebene vor. Neben Modellen zur Evaluation von Lehrleistungen an Universitäten in zahlreichen Ländern finden sich viele länderspezifische i. d. R. sehr allgemein formulierte Qualitätsreferenzrahmen. Adaptionen von bereits vorhandenen Modellen stellen Ausnahmen dar. Insgesamt fehlt es insbesondere an konzeptionellen Grundlagen für eine objektive und valide Erfassung sowie für die Vergleichbarkeit der Lehrqualität.

Zukünftige Forschungsvorhaben sollten daher die Entwicklung von domänenspezifischen und domänenübergreifenden Ansätzen zur objektiven Erfassung von Lehrleistung auf Basis von validierten Evaluationsverfahren anstreben, wie beispielsweise reliable Testinstrumente zur Erfassung von fachdidaktischem Wissen oder weitere handlungsnahe Kompetenzen im Lehrkontext. Technologiebasierte innovative Assessmentverfahren sind bislang eher eine Ausnahme in diesem Forschungsgebiet (Kuhn et al., 2020; Vogelsang et al., 2020). Computerbasierte Instrumente könnten zu einer Verbesserung der objektiven und validen Lehrkompetenzmessung wesentlich beitragen und damit auch eine Kompetenzentwicklung beispielsweise mittels passender und zielgerichteter Weiterbildungsmaßnahmen fördern. Videobasierte Assessments zur Messung der Instruktionskompetenz von Lehrenden im Schulbereich, die beispielsweise im Rahmen des BMBF-geförderten KoKoHs-Programms entwickelt und validiert wurden (Kuhn et al., 2018; Lemmrich et al. 2020), könnten für die Hochschulen adaptiert und weiterentwickelt werden.

Neben der Erfassung von Lehrleistungen ist auch die Verwendungsperspektive der Ergebnisse entscheidend. Insgesamt wurden nur wenige Studien gefunden, die sich mit Performance-Management oder Change-Management befassen. Vielmehr zeigt sich, dass die Erhebung der Lehrqualität in einzelnen Veranstaltungen an den meisten Hochschulen gegeben ist, aber auf diesen Ergebnissen basierende kompetenzentwickelnde Maßnahmen im Bereich der Lehrqualifikation viel seltener durchgeführt werden. Eine Verwertung der Ergebnisse aus Lehrevaluationen findet i. d. R. auf dem individuellen Niveau der Lehrperson statt. Auch hier können zukünftige Forschungsvorhaben ansetzen, um beispielsweise zu ermitteln, warum keine zentral organisierte Ergebnisverwertung von Lehrevaluationen erfolgt. Darauf aufbauend können qualifizierende Maßnahmen abgestimmt werden. Mittels neuer technologischer Verfahren können beispielsweise individuelle Weiterbildungsangebote anonym vermittelt und realisiert werden.

Gleichzeitig sind bei der Entwicklung hochschulübergreifender Ansätze mehrere Aspekte zu berücksichtigen wie beispielsweise die landesspezifischen und hochschulspezifischen Lehrregularien, -praktiken und -kulturen, um valide Messverfahren zu entwickeln. In diesem Zusammenhang kritisch zu hinterfragen ist, ob hochschul- und länderübergreifende Maßnahmen zur Erfassung von Lehrqualität hinsichtlich der

Steuerung von Lehrleistung zielführend sind. Lehrmethoden und -kulturen an Universitäten sind oftmals über Jahrzehnte gewachsen. Die Evaluation und die Anpassung solcher Systeme durch von außen festgelegte Maßnahmen kann daher im Sinne des Performanz-Paradoxons durchaus zu negativen Effekten bei der Lehrleistung führen.

In diesem Kontext ist zudem ein Defizit an längsschnittlichen Studien und Daten zur (mittel- bzw. langfristigen) Entwicklung von Lehrqualität auffällig. Eine Entwicklungsperspektive in Form von längsschnittlichen Designs wäre in diesem Forschungsgebiet zur nationalen und internationalen Lehrqualität wünschenswert. In diesem Rahmen könnten auch lehrkompetenzfördernde Instrumente und Maßnahmen an Hochschulen hinsichtlich ihrer Effektivität und Wirksamkeit untersucht werden.

Ein interessanter und bislang wenig untersuchter Aspekt sind sogenannte „backwash effects" (z. B. Prodromou, 1995; Sadler, 2017). Ergänzende Analysen können untersuchen, ob solche nicht intendierten Nebeneffekte auch bei Evaluation von Lehrleistung auftreten. Hat beispielsweise die Evaluation des Lehrenden und des Veranstaltungskonzepts von Studierenden einen direkten oder indirekten Effekt auf die Lehrmethoden eines Dozenten? Welche weiteren unbeabsichtigten Effekte von Lehrevaluationen können beobachtet werden? Zukünftige Forschungen zu solchen Fragen können den potenziellen Mehrwert sowie mögliche Risiken von Lehrevaluationen systematisch adressieren und damit auch weitere Impulse für Entwicklungen in dem hochschulpolitisch und hochschulpraktisch brisanten Feld geben.

5.5 Literaturverzeichnis

Almuntashiri, A., McDonald, C. V. und Davies, M. D. (2016). Evaluating teaching quality indicators in Saudi faculties of education. The road to planning for achieving teaching quality. *Journal of Research & Method in Education*, 6(4).

Al-Smadi, M. S. (2015). Evaluating quality of teaching skills among the faculty members at Najran University. *Journal of Research & Method in Education*, 5(6):102–106.

Arnold, R. und Wolf, K. (Hrsg.) (2014). *Herausforderung: Kompetenzorientierte Hochschule, Grundlagen der Berufs- und Erwachsenenbildung*. Band 78. Baltmannsweiler: Schneider.

Ashraf, M. A., Osman, A. Z. R. und Ratan, S. R. A. (2016). Determinants of quality education in private universities from student perspectives. A case study in Bangladesh. *Quality Assurance in Education*, 24(1):123–138. doi:10.1108/QAE-09-2013-0040.

Australian Institute for Teaching and School Leadership (2011). *Australian Professional Standards for Teachers*. S. 1–25. AITSL. Retrieved from https://www.aitsl.edu.au/docs/default-source/apst-resources/australian_professional_standard_for_teachers_final.pdf.

Basheka, B. C., Nkataand, J. L. und Barifaijo, M. B. (2013). Teaching-learning quality assurance benchmarks and characteristics that promote learner outcomes among public administration students at Uganda Management Institute. An exploratory study. *International Journal of Educational Administration and Policy Studies*, 5(1):8–14.

Bergseth, B., Petocz, P. und Abrandt Dahlgren, M. (2014). Ranking quality in higher education. Guiding or misleading? *Quality in higher education*, 20(3):330–347.

Blanco-Ramírez, G. und Berger, J. B. (2014). Rankings, accreditation, and the international quest for quality: Organizing an approach to value in higher education. *Quality Assurance in Higher Education*, 22(1):88–104.

Blömeke, S. und Zlatkin-Troitschanskaia, O. (2015). Kompetenzen von Studierenden [Beiheft]. *Zeitschrift für Pädagogik*, 61(61).

Brändle, T. (2010). *10 Jahre Bologna Prozess: Chancen, Herausforderungen und Problematiken.* Wiesbaden: SpringerVS.

Brendel, S. und Kiehne, B. (2011). Impuls zur nachhaltigen Entwicklung? Strukturbildende Maßnahmen am Beispiel des Berliner Zentrums für Hochschullehre. *Zeitschrift für Hochschulentwicklung*, 6(3):10–27.

Bundesministerium für Bildung und Forschung (BMBF) (2010). *Bildung in Deutschland 2010. Ein indikatorengestützter Bericht mit einer Analyse zu Perspektiven des Bildungswesens im demografischen Wandel.* Bielefeld: W. Bertelsmann Verlag.

Cardoso, S., Rosa, M. J., Videira, P. und Amaral, A. (2017). Internal quality assurance systems. "Tailor made" or "one size fits all" implementation? *Quality Assurance in Education*, 25(3):329–342.

Cardoso, S., Tavares, O. und Sin, C. (2015). The quality of teaching staff. Higher education institutions' compliance with the European standards and guidelines for quality assurance – the case of Portugal. *Educational Assessment, Evaluation and Accountability*, 27(3):205–222. doi:10.1007/s11092-015-9211-z.

Darwin, S. (2017). What contemporary work are student ratings actually doing in higher education? *Studies in Educational Evaluation*, 54:13–21.

Davis, A. (2017). Managerialism and the risky business of quality assurance in universities. *Quality Assurance in Education*, 25(3):317–328.

European Association for Quality Assurance in Higher Education (ENQA) (2009). *Standards and Guidelines for Quality Assurance in the European Higher Education Area.* Helsinki: ENQA, 3. Aufl.

Elassy, N. (2013a). A model of student involvement in the quality assurance system at institutional level. *Quality Assurance in Education*, 21(2):162–198. doi:10.1108/09684881311310692.

Elassy, N. (2013b). The concepts of quality, quality assurance and quality enhancement. *Quality Assurance in Education*, 23(3):250–261. doi:10.1108/QAE-11-2012-0046.

Elliott, K. (2015). Teacher performance appraisal: More about performance or development? *Australian Journal of Teacher Education*, 40(9):102–116.

Ezer, H. und Horin, A. (2013). Quality enhancement. A case of internal evaluation at a teacher education college. *Quality Assurance in Education*, 21(3):247–259. doi:10.1108/QAE-Jul-2011–0041.

Griffith, S. A. (2017). Lessons from CXC for Caribbean higher education institutions. *Quality Assurance in Education*, 25(2):224–236. doi:10.1108/QAE-10-2015-0040.

Heinemann, U. (2017). *Bewegter Stillstand. Die paradoxe Geschichte der Schule nach PISA.* Weinheim und Basel: Beltz Juventa.

Hertwig, A. (2017). *Higher Education Research: A Compilation of Journals and Abstracts 2016.* Kassel: INCHER (International Centre for Higher Education Research).

Jansen, E., van der Meer, J. und Fokkens-Bruinsma, M. (2013). Validation and use of the CEQ in The Netherlands. *Quality Assurance in Education*, 21(4):330–343. doi:10.1108/QAE-11-2012-004.

Kondratjuk, M. und Schulze, M. (2017). Die Qualitäten von Lehre. Das Modell der Lehrauffassungen als Ansatz zur Qualitätsentwicklung. *Zeitschrift für Hochschulentwicklung*, 12(3):113–131.

Kuhn, C., Zlatkin-Troitschanskaia, O., Brückner, S. und Saas, H. (2018). A new video-based tool to enhance teaching economics. *International Review of Economics Education*, 27:24–33.

Leibowitz, B., Bozalek, V., van Schalkwyk, S. und Winberg, C. (2015). Institutional context matters. The professional development of academics as teachers in South African higher education. *Higher Education*, 69(2):315–330. doi:10.1007/s10734-014-9777-2.

Lemmrich, S., Hecker, S.-L., Klein, S., Ehmke, T., Koch-Priewe, B., Köker, A. und Ohm, U. (2020). Linguistically Responsive Teaching in Multilingual Classrooms. In O. Zlatkin-Troitschanskaia, H. A. Pant, M. Toepper und C. Lautenbach (Hrsg.), *Student Learning in German Higher Education: Innovative Measurement Approaches and Research Results.* Wiesbaden: Springer.

Lenzen, D., Krüger, H.-H. und Wulf, C. (2008). Editorial. *Zeitschrift für Erziehungswissenschaft*, 11:513–515.

Metz-Göckel, S., Kamphans, M. und Scholkmann, A. (2012). Hochschuldidaktische Forschung zur Lehrqualität und Lernwirksamkeit: Ein Rückblick, Überblick und Ausblick. *Zeitschrift für Erziehungswissenschaften*, 15:213–232.

Multrus, F. (2013). Referenzrahmen zur Lehr- und Studienqualität. Aufarbeitung eines facettenreichen Themenfeldes. *Hefte zur Bildungs- und Hochschulforschung*, 67.

Nickel, S. (Hrsg.) (2011). *Der Bologna-Prozess aus Sicht der Hochschulforschung: Analysen und Impulse für die Praxis*. Arbeitspapier Nr. 148. Gütersloh: CHE gemeinnütziges Centrum für Hochschulentwicklung. Abgerufen unter https://www.che.de/downloads/CHE_AP_148_Bologna_Prozess_aus_Sicht_der_Hochschulforschung.pdf.

Oon, P.-T., Spencer, B. und Kam, C. C. S. (2017). Psychometric quality of a student evaluation of teaching survey in higher education. *Assessment & Evaluation in Higher Education*, 42(5):788–800. doi:10.1080/02602938.2016.1193119.

Prang, B. und Bischoff, F. (2017). Eine Analyse von QPL-Projekten unter dem Aspekt der nachhaltigen Implementierung. In A. Hanft, F. Bischoff und B. Prang (Hrsg.), *Lehr-/Lernformen – Perspektiven aus der Begleitforschung zum Qualitätspakt Lehre (Working Paper)*. Oldenburg: Koordinierungsstelle der Begleitforschung des Qualitätspakt Lehre.

Prodromou, L. (1995). The backwash effect: from testing to teaching. *ELT Journal*, 49(1):13–25.

Psomas, E. und Jiju, A. (2017). Total quality management elements and results in higher education institutions. *Quality Assurance in Education*, 25(2):206–223. doi:10.1108/QAE-08-2015-0033.

Rach, S., Siebert, U. und Heinze, A. (2013). *Lehrqualität in der Studieneingangsphase im Fach Mathematik: Konzeptualisierung und erste Ergebnisse*. Universitätsbibliothek Dortmund.

Reda, N. W. (2017). Balanced scorecard in higher education institutions. *Quality Assurance in Education*, 25(4):489–499. doi:10.1108/QAE-09-2015-0038.

Richardson, R. und Coates, H. (2014). Essential foundations for establishing equivalence in cross-national higher education assessment. *Higher Education*, 68(6):825–836. doi:10.1007/s10734-014-9746-9.

Rindermann, H. (2009). Qualitätsentwicklung in der Hochschullehre. *Beiträge zur Lehrerinnen- und Lehrerbildung*, 27(1):64–73.

Ruhnke, H. und Fuest, R. (2013). Impulswerkstatt Lehrqualität. Eine Online-Community zur Qualitätsentwicklung in Studium und Lehre. In C. Bremer und D. Krönker (Hrsg.), *E-Learning zwischen Vision und Alltag: Zum Stand der Dinge*, S. 192–197.

Schaperunter, N., Reis, O., Wildt, J., Horvath, E. und Bender, E. (2012). *Fachgutachten zur Kompetenzorientierung in Studium und Lehre [Nexus]*. HRK.

Sadler, D. R. (2017). Academic achievement standards and quality assurance. *Quality in Higher Education*, 23(2):81–99.

Sahney, S. und Thakkar, J. (2016). A comparative assessment of the performance of select higher education institutes in India. *Quality Assurance in Education*, 24(2):278–302. doi:10.1108/QAE-02-2015-0006.

Sandmaung, M., Khang, B. und D. (2013). Quality expectations in Thai higher education institutions. Multiple stakeholder perspectives. *Quality Assurance in Education*, 21(3):260–281. doi:10.1108/QAE-11-2012-0044.

Schröttner, B. (2013). Teaching Competency in Higher Education: Opportunities and Challenges in a Learning Economy. In C. Hofer, B. Schröttner und D. Unger-Ullmann (Hrsg.), *Akademische Lehrkompetenzen im Diskurs: Theorie und Praxis*, S. 11–26. Münster: Waxmann.

Schwager, R. (2005). PISA-Schock und Hochschulmisere – Hat der deutsche Bildungsföderalismus versagt? *Perspektiven der Wirtschaftspolitik, Verein für Socialpolitik*, 6(2):189–205.

Smithson, J., Birks, M., Harrison, G., Sid Nair, C. und Hitchins, M. (2015). Benchmarking for the effective use of student evaluation data. *Quality Assurance in Education*, 23(1):20–29. doi:10.1108/QAE-12-2013-0049.

Strang, L., Bélanger, J., Manville, C. und Meads, C. (2016). *Review of the research literature on defining and demonstrating quality teaching and impact in higher education*. Higher Education Academy.

Suarman, S. (2015). Students' perspective on the domains of teaching quality. *International Journal for Educational Studies*, 7(2):171–180.

Thien, L. M. und Ong, M. Y. (2016). The applicability of course experience questionnaire for a Malaysian university context. *Quality Assurance in Education*, 24(1):41–55. doi:10.1108/QAE-08-2014-0041.

Trautwein, P. (2015). *Lehrpersonal und Lehrqualität – Personalstruktur und Weiterbildungschancen an den Hochschulen Sachsen-Anhalts*. Die Buchpublikationen des Instituts für Hochschulforschung Halle-Wittenberg (HoF). Lutherstadt Wittenberg: Institut für Hochschulforschung Wittenberg.

Vogelsang, C. B., A., Kugelmeyer, C., Riese, J., Buschhüter, D., Enkrott, P., Kempin, M., Reinhold, P., Schecker, H. und Schröder, J. (2020). Development of Prospective Physics Teachers' Professional Knowledge and Skills during a One-Semester School Internship. In O. Zlatkin-Troitschanskaia, H. A. Pant, M. Toepper und C. Lautenbach (Hrsg.), *Student Learning in German Higher Education: Innovative Measurement Approaches and Research Results*. Wiesbaden: Springer.

Walter, T. (2006). *Der Bologna-Prozess – Ein Wendepunkt europäischer Hochschulpolitik?* Wiesbaden: Springer VS.

Wissenschaftsrat (WR) (2015). *Empfehlungen zum Verhältnis von Hochschulbildung und Arbeitsmarkt*. Köln: Wissenschaftsrat.

Wissenschaftsrat (WR) (2008). *Empfehlungen zur Qualitätsverbesserung von Lehre und Studium*. Köln: Wissenschaftsrat.

Young-Jones, A. D., Burt, T. D., Dixon, S. und Hawthorne, M. J. (2013). Academic advising. Does it really impact student success? *Quality Assurance in Education*, 21(1):7–19. doi:10.1108/09684881311293034.

Yousif, M. K. und Shaout, A. (2018). Fuzzy logic computational model for performance evaluation of Sudanese Universities and academic staff. *Journal of King Saud University – Computer and Information Sciences*, 30(1):80–119. doi:10.1016/j.jksuci.2016.08.002.

Žibėnienė, G. und Savickienė, I. (2014). Acceptability of the Conceptions of Higher Education Quality to First Year Students of the Study Field of Pedagogy. *TQHE*, 11:44–65. doi:10.7220/2345-0258.11.2.

Zlatkin-Troitschanskaia, O., Pant, H. A., Kuhn, C., Toepper, M. und Lautenbach, C. (2016). *Messung akademisch vermittelter Kompetenzen von Studierenden und Hochschulabsolventen. Ein Überblick zum nationalen und internationalen Forschungsstand*. Wiesbaden: Springer VS.

Zlatkin-Troitschanskaia, O., Pant, H. A., Lautenbach, C., Molerov, D., Toepper, M. und Brückner, S. (2017). *Modeling and Measuring Competencies in Higher Education: Approaches to Challenges in Higher Education Policy and Practice*. Wiesbaden: Springer VS.

Zlatkin-Troitschanskaia, O., Pant, H. A., Toepper, M. und Lautenbach, C. (2020). *Student Learning in German Higher Education: Innovative Measurement Approaches and Research Results*. Wiesbaden: Springer.

Zlatkin-Troitschanskaia, O. und Kuhn, C. (2010). *Messung akademisch vermittelter Fertigkeiten und Kenntnisse von Studierenden bzw. Hochschulabsolventen – Analyse zum Forschungsstand*. Arbeitspapiere Lehrstuhl für Wirtschaftspädagogik Ausgabe Nr. 56. Mainz: Johannes Gutenberg-Universität. Abgerufen unter http://www.kompetenzenim-hochschulsektor.de/Illustrationen/gr_Nr.56.pdf.

Zumbach, J. (2016). *Effektives Lehren an der Hochschule: Ein Handbuch zur Hochschuldidaktik*. Stuttgart: Kohlhammer.

5.6 Anhang

Modelle und Konstrukte zu Lehrqualität

Neben den übergreifenden nationalen und europäischen Definitionsrahmen für Lehrqualität sind in der Literatur einige theoretische und empirische Herleitungen von Modellen und Konzepten zur Messung von Lehrkompetenz zu verzeichnen:

Tab. 5.1: Modelle und Konstrukte zu Lehrqualität (Quelle: Eigene Darstellung).

Modell/Framework	**Konzeptualisierung (Theoretische Herleitung)**	**Leistungskriterien**	**Verkürzte Literaturangabe**
Australian Professional Standards for Teachers	– description of what constitutes teaching quality is encapsulated – Australian school performance appraisal framework (National Performance and Development Framework) – Defining Quality: Adopting Standards. – Within the performance appraisal process, standards provide scope for teachers and school leaders to make informed decisions about teaching performance and may assist in identifying future areas for growth and development. – review of performance appraisal research which falls into three main groups	Key Features of Effective Performance Appraisal AITSL propose three broad phases of performance appraisal: 1. reflection and goal setting 2. professional practice and learning 3. feedback and review	(Australian Institute for Teaching and School Leadership, 2011)/Elliott (2015)
Referenzrahmen zur Lehr- und Studienqualität	– Erarbeitung eines Referenzrahmes auf Grundlage von empirischer Forschung und theoretischer Herleitung		Multrus (2013)

Tab. 5.1: (Fortsetzung)

Modell/Framework	**Konzeptualisierung (Theoretische Herleitung)**	**Leistungskriterien**	**Verkürzte Literaturangabe**
conceptions of higher education quality	– Instrument: questionnaire survey based on the 7 quality conceptions. – Sample: 326 first-year students from three Lithuanian higher education institutions. most acceptable to first-year students of the study field of pedagogy	1) quality as improvement; 2) quality as excellence; 3) quality as transformation; 4) quality as conformance to set requirements, norms and criteria; 5) quality as fulfilment and/or exceeding clients'/consumers' needs; 6) quality as fitness for purpose; 7) quality as value for money	Žibėnien und Savickienė (2014)
model for value construction in international higher education	– analysing the internationalization of quality practices in higher education – reviewing different models for quality in higher education		Blanco-Ramírez, Berger (2014)
theoretical model of student involvement in the institutional quality assurance	– creating a theoretical model of student involvement in the institutional quality assurance process at their universities	student involvement regarding participating in the quality assurance process at higher education institutions with its diminutions, categories and 20 rungs of student activities	Elassy (2013a)
indicators of the Office of Higher Education Comission for quality assurance	– determining the quality indicators that are suitable for assuring quality in higher education institutions in Thailand, from the perspectives of students, teaching staff, managerial staff and employers – comparing these results with the indicators of the Office of Higher Education Comission – Instruments: interviews, pilot study and questionnaires Sample: N= over 2000 (Thailand)		Sandmaung und Ba Khang (2013)

Tab. 5.1: (Fortsetzung)

Modell/Framework	**Konzeptualisierung (Theoretische Herleitung)**	**Leistungskriterien**	**Verkürzte Literaturangabe**
outcomes model of quality assurance to analyse the measures	– first results of the quality assurance measures implemented by the Caribbean Examinations Council		Griffith (2017)
purposed balanced scorecard model for higher education institutions	– descriptive literature review – quality assurance practice (System model) and characteristics of the higher education institutions		Reda (2017)
Modell der Lehrauffassung als Ansatz der Qualitätsentwicklung			Kondratjuk und Schulze (2017)
Fuzzy Logic Model Design for Performance Evaluation of Sudanese Universities & Academic Staff	– first phase of the study: review of literature to determine and define the suitable quantitative and qualitative criteria – Instrument: pairwise comparisons survey and evaluation forms – Sample: experts (Sudan)		Yousif und Shaout (2018)
Government Teaching Excellence Framework	– definition of quality teaching and its impact in higher education & how it is demonstrated at higher education institutions – review of literature since 2012		Strang et al./Higher Education Academy (2016)

Performance-Management und übergeordnete Beiträge

Weitere theoretische Beiträge setzen ihren Fokus auf die Lehrqualität an Hochschulen sowie auf den Einsatz von Performance-Management in Bezug auf eine Steuerung von Lehrleistungen:

Tab. 5.2: Performance-Management und übergeordnete Beiträge (Quelle: Eigene Darstellung).

Fokus	Leistungskriterien	Theoretische Herleitung oder ggf. Instrumente	Verkürzte Literaturangabe
determine the main total quality management elements adopted and the respective results achieved by higher education institutions in Greece		interviews und questionaires (fifteen higher education institutions in Greece)	Psomas und Jiju (2017)
Do different systems of quality assessment lead to equivalent conclusions about the quality of education?	concepts of quality on which the rankings are based, the choice of quality indicators, methods, data sources and assessors	comparison between rankings of higher education institutions; 24 Swedisch higher education institutions	Bergseth et. al (2014)
explores the features that may constrain or enable professional development, quality teaching and the work of teaching and learning centres	six themes: history, geography and resources; leadership and administrative processes; beliefs about quality teaching and staff development; recognition and appraisal; and capacity, image and status of the TLC staff	series of descriptive and reflective reports; members of teaching and learning centres at the eight institutions (they defined the aim of the study and key questions) (South Africa)	Leibowitz et. al (2015)
Evaluate academic advising in terms of student needs, expectations, and success. Link multiple aspects of advising to student academic performance and investigate how advising predicts student grade point average (GPA), a known measure of academic success.	Items: Student self-assessment; Student expectations of advising assessment and student demographic information form.	Using assessment instruments created for this project (surveys); 611 students (USA)	Young Jones et al. (2013)

Tab. 5.2: (Fortsetzung)

Fokus	**Leistungskriterien**	**Theoretische Herleitung oder ggf. Instrumente**	**Verkürzte Literaturangabe**
Research question: So are student ratings now largely a tool of quality assurance or performance measurement, or do they remain a legitimate tool for pedagogical improvement?	experiences and influence on approach of teaching (of teachers and educational leaders)	Student Evaluation: based on the end-of-semester student ratings instruments. Qualitative method: semi-structured interviews with teaching academics (n=32); two structured focus group discussions; artefact analysis at a major university in Australia. Analysing the various perspectives of teaching academics and educational leaders in situated practice.	Darwin (2017)
Problem: 'home-grown' SETs are rarely assessed psychometrically. One potential consequence of this limitation is that an invalidated instrument may not provide accurate information for the intended purposes.	Student evaluations of teaching (SET) The SET used in the present study was developed to assess teaching and learning in a new General Education programme offered by the University of Macau (UMAC).	quantitative The present study evaluates a 'home-grown' SET using a Rasch model and confirmatory factor analysis.	Oon et al. (2017)
identifying critical learning and teaching quality assurance benchmarks and a number of facilitator-student behaviors considered by students as pertinent for the realization of their learning outcomes	– management quality indicators (leadership, decision making), – teaching quality indicators (teaching efficacy, teaching methods) – learning quality indicators (learning attitude, attendance rate)	Using a self-administered questionnaire that included sections on the demographic characteristics of respondents and main study variables. The survey results were from 279 students of Uganda Management institute. The teaching/learning quality assurance benchmarks had 13 items (alpha = 0.59) while learners' outcomes hat 89 items (alpha = 0.97). The views of respondents were solicited using a five-likert point scale: 5 = strongly agree; 1 = strongly disagree.	Basheka et al. (2013)

Tab. 5.2: (Fortsetzung)

Fokus	Leistungskriterien	Theoretische Herleitung oder ggf. Instrumente	Verkürzte Literaturangabe
examine current approaches to the interpretation of student evaluation data and present an innovative approach to developing benchmark targets for the effective and efficient use of these data	learning outcomes; delivery; organisation; assessment; feedback; overall satisfaction	student evaluation to obtain feedback about the teaching in a given subject; the subject content and course material and the quality of the student learning experience	Smithson et al. (2015)
characteristics of internal quality assurance (IQA) systems of higher education institutions	Analysis grid: – IQA systems' historical framework – structural/managerial component and monitoring – assessment and continuous improvement	self-assessment reports of 12 internal quality assurance systems (Portugal) The study was based on the analysis of only certified IQA systems and relies on document analysis.	Cardoso et al. (2017) Work has been supported by the FCT(Portugal) and GLONATINS
identifying what is needed to enhance academic quality assurance in a university, with specific efforts to reduce the risks associated with ritualised quality assurance practices		identification through a thematic analysis of literature	Davis (2017)
development of a cross-cultural assessment for quality assurance of teaching and learning	results of "Assessment of Higher Education Learning Outcomes" (AHELO)	Organisation for Economic Cooperation and Development's Assessment of Higher Education Learning Outcomes (AHELO) Feasibility Study; key standards required in a number of core technical areas to achieve equivalence Instrument: Results of feasibility Study Sample: 17 countries	Shavelson und Coates (2014)

Tab. 5.2: (Fortsetzung)

Fokus	**Leistungskriterien**	**Theoretische Herleitung oder ggf. Instrumente**	**Verkürzte Literaturangabe**
evaluating the level of application of teaching quality indicators (TQI) in Saudi Faculties of Education (SFE) by the perspective of academics explores the extent to which academics apply TQIs in their teaching practices in SFEs, and to examine the significant differences in the level of application of TQIs among academics attributed to the gender, nationality, and participation in professional development (PD)	TQI: encouraging contact between students and faculty, developing reciprocity and cooperation among students, encouraging active learning, giving prompt feedback, emphasizing time on task, communicating high expectations, respecting diverse talents and ways of learning, improving university professors' skills in creating intellectual excitement and interpersonal rapport with students	Online survey instrument. (467 academics from 21 Saudi Faculties of Education)	Almuntashiri et al. (2016)
review and discussion of different definitions of the concepts of quality, quality assurance and quality enhancement in higher education		(The paper provides an analysis of the widely cited pieces of research regarding the concept of quality, quality assurance and enhancement.)	Elassy (2015b)

Tab. 5.2: (Fortsetzung)

Fokus	Leistungskriterien	Theoretische Herleitung oder ggf. Instrumente	Verkürzte Literaturangabe
implementation of the ESG in four Universities in Portugal	– national policy initiatives – institutional policies on teaching staff – institutional support for the quality of teaching performance – supporting the quality of teaching performance through pedagogic training – supporting the quality of teaching performance through infrastructure – academic staff appraisal and effects on teaching quality – improvement of teaching quality through academic staff motivation	„implementation staircase" theory (Reynolds and Saunders 1987) Instrument: institutional policy documents and national legal texts on teachers and teaching quality and information on this topic obtained through semi-structured interviews. Sample: four selected universities	Cardoso et al. (2015) **IBAR** on Quality and Teaching Staff (research project funded by the European Commission)
identify the determinants that potentially influence quality education in private universities in Bangladesh		Instrument: face-to-face interviews. Study: 234 data from February-March 2013 from Bachelor of Business Administration students in Bangladesh.	Ashraf et al. (2016)

Nationale Forschungsprojekte zur Kompetenzmessung von Lehrqualität

Auf nationaler Ebene lassen sich im Bereich der Messung von Lehrkompetenz bzw. Lehrqualität einige Forschungsprojekte und Initiativen identifizieren:

Tab. 5.3: Nationale Messung von Lehrkompetenz bzw. Lehrqualität (Quelle: Eigene Darstellung).

Projekttitel	Projektbeteiligte	Projektziele und -inhalte	Projektträger und Laufzeit	Homepage/verkürzte Literaturangabe
ZIDO Zielorientierungen von Dozierenden berufliches Lernverhalten und Lehrqualität: Determinanten, Konsequenzen, Moderatoren	Universität Augsburg und Universität Mannheim	– Entwicklung eines theoretischen (Struktur-)Modells der Zielorientierungen von Dozierenden – Analyse der Effekte ihrer lehrbezogenen Zielorientierungen für ihr eigenes Lernverhalten sowie die Qualität ihrer Lehre – Analyse potenzieller Moderatoren dieser Effekte Analyse von personellen und kontextuellen Bedingungen lehrbezogener Zielorientierungen	DFG Laufzeit: 01.04.2017–31.03.2020 (3 Jahre)	www.philso.uni-augsburg.de/lehrstuehle/psychologie/psycho1/forschung_int/projekte/zido/
QPL Bund-Länder-Programm „Qualitätspakt Lehre – Einsatz für optimale Studienbedingungen“	Teilnehmende Hochschulen: erste Förderperiode bis 2016 insgesamt 186 Hochschulen mit 253 Projekten; zweite Förderperiode bis 2020 mit insgesamt 156 Hochschulen	– bessere Personalausstattung in den Hochschulen – Unterstützung der Hochschulen bei der Qualifizierung von Personal für die Lehre, Betreuung und Beratung – Sicherung und Weiterentwicklung einer qualitativ hochwertigen Hochschullehre	BMBF Laufzeit: seit 2011	www.qualitaetspakt-lehre.de/de/qualitat-von-hochschullehre-und-studienbedingungen-verbessern-1764.php

Tab. 5.3: (Fortsetzung)

Projekttitel	Projektbeteiligte	Projektziele und -inhalte	Projektträger und Laufzeit	Homepage/verkürzte Literaturangabe
HET LSA Heterogenität als Qualitätsherausforderung für Studium und Lehre	Martin-Luther-Universität Halle-Wittenberg	– Kompetenz- und Wissensmanagement für Hochschulbildung im demografischen Wandel – Bericht beleuchtet einerseits veränderte Anforderungen an Hochschulen, Weiterbildungsangebote und das Weiterbildungsverhalten Hochschulehrender – Ermittlung der Struktur des Lehrpersonals an den Hochschulen in Sachsen-Anhalt nach Personalkategorien und Alter ermittelt	BMBF (im Programm „Qualitätspakt Lehre – Einsatz für optimale Studienbedingungen“) Laufzeit: 19.04.2012–31.12.2016	Trautwein (2015) (Überblickbeitrag) www.e-teaching.org/community/projekt_db/memberprojekte/projektdarstellung.2013-08-19.8307695112
Online-Community zur Qualitätsentwicklung in Studium und Lehre	24.000 Studierende und 2.500 Lehrende der Universität Freiburg	– Verbesserung der Lehrqualität – weblogbasierte Online-Community für einen moderierten, interdisziplinären und hochschulübergreifenden Austausch zum Thema Lehre zwischen Lehrenden, Studierenden und Interessierten		Ruhnke und Fuest (2013)
GPP Good Practice Programm – Unterstützung von Lehrendengruppen an ihrem Fachbereich bei ihrer gemeinsamen Entwicklung, Veränderung, Innovation von Hochschullehre	Universität Marburg	– Lehrqualität und -wandel gemeinsam vor Ort gestalten – (fach-)kontextsensibles hochschul-(fach-)didaktisches Programm für nachhaltige Lehrveränderungsprozesse – Unterstützungsangebot für Lehrendengruppen an Fachbereichen, das auf eine effiziente sowie effektive Gestaltung kollektiver Entwicklungsprozesse für Lehrkompetenz, -qualität und -wandel vor Ort zielt – in Anlehnung an systemisches Change Management und Qualitätsvergewisserung	Bertelsmann Stiftung Laufzeiten: durchschnittlich fünf Semester	www.uni-marburg.de/einrichtungen/hochschuldidaktik_alt/hdmin/cop

Internationale Messung von Lehrkompetenz bzw. Lehrqualität

Im Bereich der Messung von Lehrkompetenz sind einige internationale Untersuchungen zu finden:

Tab. 5.4: Internationale Messung von Lehrkompetenz bzw. Lehrqualität (Quelle: Eigene Darstellung).

Untersuchungsgegenstand	Leistungskriterien	Instrumente	Stichprobe	Design	Reichweite/ Initiator	Verkürzte Literaturangabe
evaluating quality of teaching skills among faculty members by the perspective of students	Four domains: Planning, teaching, assessment and communication skills	questionnaire with 54 items distributed in the four domains	300 male and female students from various colleges/at Najran University	quantitativ	Arabia	Al-Smadi (2015)
Untersuchung der Lehrqualität in der Studieneingangsphase	(1) Motivation und Einordnung in das Themengebiet, (2) Nennen einer formalen Definition, (3) Nennen von Beispielen und Gegenbeispielen und (4) Verwenden mentaler und visueller Repräsentationen; (1) Motivation und Gebietseinordnung, (2) Lösungs- und Beweisidee und (3) Organisation der Argumente zu einem formalen Beweis	Beobachtungen (Kodiermanuale und Beobachtungsbögen) in fünf Vorlesungs- und drei Tutorienterminen innerhalb von drei Wochen	Tutoren	quantitativ	Deutschland	Rach et al. (2013)

Tab. 5.4: (Fortsetzung)

Untersuchungs-gegenstand	Leistungskriterien	Instrumente	Stichprobe	Design	Reichweite/ Initiator	Verkürzte Literaturangabe
evaluating the teaching and learning quality	The instrument was used to measure relationship between educational service quality with the teaching quality: (1) teaching and learning quality; and (2) students' satisfaction towards lecturers' teaching quality	survey (adapted from D. Gursoy und W. T. Umbreit (2005); M. D. Toland und R. J. de Ayala (2005); and S. Handoyo (2006))	177 students from the University of Riau	quanti-tativ	Indonesia	Suarman (2015)
quality enhancement of faculty members		two rounds of semi-structured interviews: at the beginning of the process and two-and-a-half years later	17 subject-matter department heads specializing in the humanities, science and in education of a veteran college in	quali-tativ; longitu-dinal case study	Israel	Ezer und Horin (2013)
evaluation of the performance of select technical higher education institutes	academic efficiency, research efficiency, teaching efficiency and consulting efficiency	use of integrated data envelopment analysis-analytic hierarchy processing (DEA-AHP) approach			India	Sahney und Thakkar (2016)
applicability of Course Experience Questionnaire (CEQ)	CEQ was translated into Malay language using rigorous cross-cultural adaptation procedures	course experience questionnaire	190 under-graduate students in one public university	quanti-tativ	Malaysia	Thien und Ong (2016)
validation of the course experience questionnaire		23 item course experience questionnaire	956 students	quanti-tativ	Denmark	Jansen et al. (2013)

Christoph Schindler, Katharina Kronsfoth, Adriana Zaragoza
und Tina Seidel

6 Implementation von Studiengangsreformen – Herausforderungen und Strategien am Beispiel des Studiengangs „Master Berufliche Bildung Integriert"

6.1 Einleitung

Der Anspruch einer stärkeren Arbeitsmarktorientierung und die Forderung nach einer Kompetenzorientierung von Curricula, Lehre und Prüfungen stellt die Hochschulen vor deutliche Herausforderungen (Wissenschaftsrat, 2015). Dies betrifft vor allem die kompetenzorientierte Weiterentwicklung von Qualifikationszielen und Curricula und die damit einhergehende Entwicklung neuartiger und an Kompetenzzielen ausgerichteter Lehr-, Lern- und Prüfungsformate. Neben der hochschulinternen Umsetzung dieser Zielvorgaben stiegen die Anforderungen an externe Rechenschaftslegung über die Umsetzung der Reformziele (Ditzel, 2017). An deutschen Hochschulen wurden in der Folge vermehrt Strategien, Ansätze und Instrumente aus dem sogenannten New-Performance-Management genutzt (Ditzel, 2017), um die Reformanforderungen auf unterschiedlichen Ebenen umzusetzen.

An vielen Standorten folgte die Einführung eines Qualitätsmanagements und der Einrichtung entsprechender Organisationseinheiten, um die neue Steuerungslogik zur Implementierung einer lehrzielorientierten, kompetenzbasierten Lehr- und Prüfungspraxis umzusetzen (Nickel, 2007). Auf struktureller Ebene konnten dadurch zahlreiche Maßnahmen und Instrumente implementiert werden, unter anderem die Einführung systematischer Lehrevaluationen, Absolventen- und Abbrecheranalysen, die systematische Erfassung von Daten und Kennzahlen, Personalentwicklungsmaßnahmen im Bereich der Lehre oder die standardisierte Beschreibung von Studiengangs- und Lehrveranstaltungszielen durch kompetenzorientierte Lernergebnisse (Nickel, 2007).

Auch wenn auf Basis der Ergebnisse von Akkreditierungsverfahren festgestellt werden kann, dass die Modularisierung von Studiengängen mit einer Beschreibung von kompetenzorientierten Qualifikationszielen an den deutschen Hochschulen ge-

Christoph Schindler, Universität Augsburg
Katharina Kronsfoth, Technische Universität München
Adriana Zaragoza, Technische Universität München
Tina Seidel, Technische Universität München

https://doi.org/10.1515/9783110689884-007

lungen ist (Wissenschaftsrat, 2012), bleibt weitgehend unklar, welche konkreten Auswirkungen dadurch auf Ebene der Lehrpraxis an den Hochschulen erzielt werden konnten (Ditzel, 2017; Wissenschaftsrat, 2012). Untersuchungen zur Nutzung von Qualifikationszielen auf Lehrveranstaltungsebene zur Erstellung von Prüfungsaufgaben beispielsweise deuten darauf hin, dass die Qualifikationsziele zwar auf formaler Ebene in Modul- und Studiengangsbeschreibungen ausgewiesen wurden, jedoch auf der Handlungsebene der Lehrenden nicht oder nur eingeschränkt verwendet werden (Schindler, 2015; Stefanica, 2013). Es ist anzunehmen, dass die Reichweite der mit den eingesetzten Reforminstrumenten erreichbaren Qualitätsverbesserungen begrenzt ist (Wissenschaftsrat, 2012), beziehungsweise wird sogar von einer Entkopplung zwischen Qualitätsmanagement und der täglichen Lehrpraxis von Hochschullehrenden berichtet (Mårtenssona, Roxå & Stensaker, 2014). Dies erscheint insofern nachvollziehbar, als dass die Umsetzung einer kompetenzorientierten, an Outcomes ausgerichteten Lehr- und Prüfungspraxis für die Lehrenden eine große Herausforderung darstellt und mehr oder weniger umfangreiche Veränderungen zur bisherigen Lehrpraxis sowie in den Einstellungen und Überzeugungen erforderlich sind. Aus der Organisations- und Professionalisierungsforschung zu Change- und Professionalisierungsprozessen in Bildungseinrichtungen liegen zahlreiche Befunde vor, die aufzeigen, wie Lehrende bei der Umsetzung von Reformvorgaben beziehungsweise von Maßnahmen zur Steigerung der Lehrqualität systematisch begleitet und unterstützt werden können, um Veränderungen in der Lehrpraxis zu erzielen (u. a. Desimone, 2009; Lipowsky, 2014). Daher gilt es zu erproben, welche Strategien und Maßnahmen und deren synergistische Nutzung eine Implementation von Reformzielen auf Ebene der handelnden Akteure unterstützen können.

Ziel dieses Beitrags ist es, am Beispiel eines Reformstudiengangs in der Lehrerbildung, der weitreichende Veränderungen in der bestehenden Lehrpraxis erforderlich macht, aufzuzeigen, wie durch den Einsatz verschiedener Instrumente und Ansätze eine Stärkung von Kompetenzorientierung in Curriculum, Lehre und Prüfungen erreicht werden kann. Dazu wird zunächst allgemein dargestellt, welche Akteure und Entscheidungs- und Organisationsstrukturen bei der Implementation von Reformanforderungen berücksichtigt werden müssen. Anschließend werden – basierend auf Erkenntnissen aus der Organisations- und Professionalisierungsforschung – Faktoren herausgearbeitet, die eine Übernahme von Reformanforderungen durch Lehrpersonen beeinflussen. Eine wesentliche Rolle bei der Implementation von Studiengangsreformen spielt eine eindeutige Festlegung von Studiengangszielen und Qualitätskriterien für Curriculum, Lehre und Prüfungen sowie eine darauf abgestimmte Evaluation, worauf im Folgekapitel eingegangen wird. Ausgehend von den theoretischen Grundlagen wird die Entwicklung und Implementation des oben genannten Reformstudiengangs beschrieben und erste Ergebnisse der begleitenden Evaluation berichtet.

6.1.1 Entscheidungsstrukturen und Akteure bei der Umsetzung von Studiengangsreformen

Innerhalb der Universitäten sind veränderte Entscheidungs-, Organisations- und Steuerungsstrukturen zu beobachten. Es wurden beispielsweise Organisationseinheiten zum Qualitätsmanagement (QM) eingerichtet, die zwischen Verwaltung und Wissenschaft verortet sind und Steuerungsverantwortung für Entwicklungen im Bereich der Lehre übernehmen (Ditzel, 2017). Diese Einheiten übernehmen Steuerungs- und Entscheidungsverantwortung für Veränderungsprozesse und unterstützen die akademische Profession bei der Umsetzung von Reformanforderungen und der Initiierung und Umsetzung von Veränderungen. Die Steuerungsstrukturen an den Hochschulen werden dadurch stärker zentralistisch und mitunter auch top-down organisiert (Ditzel, 2017). Die Qualitätsmanagementeinheiten greifen häufig auf Konzepte und Instrumente des New-Performance-Managements (Ditzel, 2017) zurück. Kennzeichnendes Merkmal dieser Ansätze und Instrumente ist ein Fokus auf „Outcomes", ausgedrückt durch spezifische Zielvorgaben und Leistungsstandards, deren Erreichen über Anreizsysteme stimuliert, durch geeignete Instrumente gemessen und über bestimmte Berichtverfahren dokumentiert wird (Pollitt, 2013).

Für die Hochschullehre wird die beschriebene Logik im Zuge verschiedener Studiengangsreformen gefordert, indem ein Wechsel von einer input- zu einer outputorientierten Gestaltung von Curricula durch Festlegung von Qualifikationszielen in Form von Kompetenzen vollzogen wird, die in einer modularisierten Studienstruktur vermittelt und durch studienbegleitende Prüfungen erfasst werden (Kultusministerkonferenz, 2010, 2011). Das Qualitätsmanagement einer Hochschule übernimmt in der Regel die Aufgabe eines Vermittlers bzw. Übersetzers der beschriebenen Reformanforderungen und unterstützt die Fakultäten mit ihren Lehrstühlen und Lehrenden bei der Umsetzung. Gleichzeitig üben die QM-Einheiten eine Kontrollfunktion aus, indem sie die Umsetzung der Reformvorgaben durch die Fakultäten und die dort Lehrenden überprüfen, um ihrerseits den Anforderungen externer Rechenschaftslegung gegenüber staatlichen Einheiten oder Akkreditierungsagenturen nachzukommen (Winter & Reil, 2002). Mit der Einrichtung von hochschuldidaktischen Fort- und Weiterbildungseinrichtungen soll außerdem eine Professionalisierung der Lehrenden erreicht werden, um sie bei der Erreichung der gesetzten Zielvorgaben zu unterstützen (Schmidt, 2008). Diese Aufzählung verdeutlicht, dass bei der Gestaltung von Studiengängen zahlreiche Einheiten und Handlungsebenen an den Hochschulen miteinander interagieren und dabei über unterschiedliche Zuständigkeiten und formale Autorität verfügen. Auch innerhalb von Fakultäten und den dort angesiedelten Arbeitseinheiten sind weitere Abstimmungs- und Entscheidungsprozesse zu gestalten, damit die Zielsetzungen und Qualitätsanforderungen letztlich auf Ebene der Lehrenden bzw. den Lehrveranstaltungen umgesetzt werden.

6.1.2 Umsetzung von Reformanforderungen durch Hochschullehrende

Bei der Umsetzung von Reform- und Zielvorgaben in der Hochschullehre sind eine Vielzahl an Akteuren auf unterschiedlichen Ebenen mit unterschiedlichen Zuständigkeiten involviert. Dadurch können Übersetzungs-, Verständnis- und Akzeptanzprobleme auftreten, die es zu adressieren gilt, um eine hohe Umsetzungsgenauigkeit auf der Handlungsebene der Lehrenden zu erreichen und die oben angesprochene Entkopplung zwischen zentralen Vorgaben und Lehrenden zu vermeiden (Weick, 2001). In der Organisationsforschung werden in diesem Zusammenhang verschiedene Adaptions- und Übersetzungsprozesse bei der Übernahme institutioneller Vorgaben (z. B. von der Hochschulleitung, dem Qualitätsmanagement, der Fakultätsleitung, dem Lehrstuhlleiter etc.) in die bestehende Praxis von Lehrpersonen beschrieben. Die Professionalisierungsforschung wiederum liefert Erkenntnisse zur Gestaltung von Qualifizierungs- und Professionalisierungsprogrammen zur Unterstützung von Lehrenden bei der Weiterentwicklung ihrer Lehrpraxis.

6.1.3 Reaktionsmuster von Lehrpersonen auf Reformanforderungen

Coburn (2004) identifiziert anhand intensiver fallbasierter Untersuchungen fünf verschiedene Reaktionsmuster von Lehrenden gegenüber institutioneller Vorgaben: (1) Ablehnung/Zurückweisung (*Rejection*), (2) symbolische Reaktion bei gleichzeitiger Entkopplung der eigenen Praxis von den Vorgaben (*Decoupling*), (3) die parallele Nutzung bestehender und neuartiger Ansätze (*Parallel Structures*), (4) die Anpassung der externen Anforderungen in die bereits bestehenden Wissensstrukturen und Überzeugungen (*Assimiliation*) und (5) eine tiefgreifende Transformation und Anpassung existierender Wissensstrukturen, Erfahrungen und Überzeugungen, um neuen Anforderungen zu entsprechen (*Accommodation*) (Coburn, 2004).

Für eine möglichst umfassende Umsetzung von Reformzielen ist laut Coburn (2004) die Bereitschaft von Lehrpersonen zur Anpassung bestehender Wissensstrukturen, Praktiken und Überzeugungen (im Folgenden als *Accommodation* bezeichnet) an die von extern herangetragenen Reformanforderungen notwendig, während bei Auftreten von Ablehnung/Zurückweisung (*Rejection*) oder symbolischen Reaktionen bei gleichzeitiger Entkopplung der eigenen Praxis von den externen Vorgaben (*Decoupling*) keine oder nur eine eingeschränkte Wirkung auf der Handlungsebene der Lehrenden erzielt wird. Die Anpassung und Veränderung der eigenen Wissensstrukturen und Überzeugungen (*Assimilation*) an die Reformziele oder eine Kombination aus den bereits vorhandenen mit den durch Reformen neu geforderten Praktiken (*Parallel Structures*) bewirken zwar inkrementelle Veränderungen der bestehenden Praxis hin zu den externen Vorgaben, jedoch können Einschränkungen beim erreichten Umsetzungsgrad sowie der Umsetzungsgenauigkeit (besonders bei *Assimilation*) auftreten, da die Hochschullehrenden externe Vorgaben dabei nach eigenen Vorstellungen interpretieren und anpassen.

Einzelne Studien im deutschen Hochschulkontext liefern bislang Hinweise, dass die vielfältigen Reformvorgaben der letzten Jahre nicht vollständig auf der Handlungsebene von Lehrenden angekommen sind. Im Zusammenhang mit der Forderung nach einer Explizierung von Lehrzielen in Form von Kompetenzen stellte beispielsweise Schindler (2015) in Fallanalysen fest, dass an den untersuchten Lehrstühlen zwar Lehrziele gemäß der Bologna-Vorgaben formuliert und in Modulbeschreibungen veröffentlicht worden waren, die Lehrenden diese für ihre Lehr- und Prüfungspraxis allerdings nicht weiter nutzten. Teilweise war den Hochschullehrenden selbst die Existenz der in den Modulbeschreibungen formulierten Lehrziele nicht bekannt. Diesen Befund könnte man nach der Kategorisierung von Coburn (2004) als Form des *Decouplings* bezeichnen. Wurden die Hochschullehrenden in Interviews dieser Studie auf die Forderung nach einer Explizierung und Nutzung von Lehrzielen angesprochen, beschrieben diese tendenziell eine eher abwehrende Haltung gegenüber der Verwendung von Lehrzielen, was der Kategorie *Rejection* entsprechen würde. Untersuchungen von Stefanica (2013), die ebenfalls die Passung zwischen Lehrzielen und dazu umgesetzten Prüfungsaufgaben analysierten, liefern vergleichbare Ergebnisse. Diese Befunde sind insofern bemerkenswert, als dass die Hochschulen im Jahr 2012 vermeldeten, dass sie die Umstellung auf eine lehrzielorientierte Lehr- und Prüfungspraxis vollzogen hätten (Wissenschaftsrat, 2012). Stellt man dieser Meldung die empirischen Ergebnisse von Schindler (2015) und Stefanica (2013) gegenüber, erscheint es lohnenswert, der Frage nachzugehen, in welcher Weise Reformvorgaben von Lehrenden interpretiert und übernommen wurden und welche Auswirkungen dies auf ihre Lehr- und Prüfungspraxis hatte. Darüber hinaus gilt es, vor diesem Hintergrund zu erproben, wie Lehrende bei der Umsetzung von Studiengangsreformen unterstützt werden können, damit eine Übernahme von Reformvorgaben in die Lehr- und Prüfungspraxis möglichst erfolgreich stattfinden kann. Coburn (2004) beschreibt in diesem Zusammenhang vier Einflussdimensionen, die sich auf die Reaktionen der Lehrenden gegenüber Reformvorgaben auswirken und entsprechend für die Gestaltung von Veränderungsprozessen relevant sind:

(1) Degree of congruence: Die Übereinstimmung der externen Reformvorgaben mit den Überzeugungen und Praktiken der Lehrenden spielt eine große Rolle für deren Akzeptanz. Je höher die Übereinstimmung mit den Überzeugungen und der bestehenden Praxis der Lehrenden, desto wahrscheinlicher werden diese übernommen, während bei einer mittleren oder geringen Übereinstimmung häufiger von einer Zurückweisung (Rejection) oder symbolischen Übernahme der Reformvorgaben (*Decoupling*) durch Lehrpersonen berichtet wird (Coburn, 2004). Eine hohe Übereinstimmung besteht laut der Definition von Coburn (2004), wenn für die Lehrenden die externen Vorgaben anschlussfähig an ihre bestehende Praxis sind oder bereits umgesetzt werden und eine hohe Konsistenz mit bestehenden Annahmen und Überzeugungen aufweisen. Empfinden die Lehrenden die Vorgaben als unangemessen oder unpassend zur bestehenden Praxis und als ineffektiv, ist verstärkt mit einer direkten Ablehnung oder symbolischen Übernahme der Vorgaben zu rechnen. Bei der Formulierung sowie der Implementation von Reformvorgaben sind daher stets die bestehende Praxis von Lehrenden und deren Überzeugungen zu berücksichtigen.

(2) Degree of intensity: Bestehen Möglichkeiten für Lehrende, sich intensiv mit Reformvorgaben auseinanderzusetzen, fördert dies die Akzeptanz und Umsetzung in der Praxis. Eine hohe Intensität wird erreicht, wenn Lehrende über einen langen Zeitraum Gelegenheiten vorfinden, um sich mit entsprechenden Lehr-Lernmaterialien und Curricula auseinanderzusetzen sowie an intensiven Professionalisierungsprogrammen teilzunehmen, die über eine Zeitdauer von mindestens einem Jahr angelegt sind und Möglichkeiten bieten, die vermittelten Inhalte in der eigenen Lehrpraxis anzuwenden und zu reflektieren. Hinzu kommen ein kontinuierlicher Dialog sowie die gemeinsame Planung und Reflexion von Lehrpraxis mit Kolleg(inn)en zur Umsetzung der Reform- und Professionalisierungsinhalte. Werden hingegen kaum systematische Unterstützungsmaßnahmen angeboten, die den oben erläuterten Kriterien entsprechen, kann die Wahrscheinlichkeit für eine klare Ablehnung von Reformvorgaben sogar steigen (Coburn, 2004).

(3) Degree of pervasiveness: Diese Dimension bezieht sich auf die Häufigkeit, die Art und Weise sowie die Einheitlichkeit und Kohärenz, mit der Lehrende über Reformvorgaben informiert werden. Diese Dimension kommt jedoch nur dann zum Tragen, wenn eine ebenfalls hohe Ausprägung in der Dimension *Degree of intensity* vorliegt. Ohne Unterstützungsmaßnahmen, wie unter Dimension 2 beschrieben, und unter Gewährleistung von Kohärenz in den vermittelten Botschaften kann es trotz anfänglicher Aufgeschlossenheit gegenüber Reformvorgaben und deren Erprobung zu Ablehnung oder einer veränderten bzw. reduzierten Übernahme in die eigene Praxis kommen (Coburn, 2004). Bei der Implementation von Reformvorgaben sollte auf unterschiedliche Kommunikationswege, wiederkehrende Möglichkeiten zur Auseinandersetzung mit Informationen zu Reformanforderungen und auf deren kohärente Darstellung geachtet werden.

(4) Degree of voluntariness: Hier wird unterschieden, ob die Übernahme von Reformvorgaben in die Praxis von Lehrenden freiwillig erfolgt oder von außen angeordnet wird (*regulative message*). Die freiwillige Übernahme von Reformvorgaben wird stimuliert durch normative Botschaften (*normative messages*), beispielsweise durch die Formulierung von Standards, ein Angebot an Lehr-Lernmaterialien oder Professionalisierungsprogramme, welche die angestrebten Ziele, Inhalte, Vorgehensweisen oder Methoden transportieren. Die Lehrenden können freiwillig entscheiden, ob und in welcher Form diese Botschaften in die eigene Praxis übernommen werden. Regulierende Botschaften sehen hingegen eine verbindliche Übernahme von Reformvorgaben vor, die durch Anreize stimuliert (z. B. Sanktionen oder Belohnungen, Rankings und Wettbewerb o. Ä.) und verschiedene Kontrollmechanismen überprüft werden. Coburn (2004) beobachtete in ihrer Untersuchung, dass bei der Nutzung normativer Botschaften in zwei Dritteln der Fälle eine Übernahme in die Praxis der Lehrenden erfolgte, während bei einer regulativen Anordnung nur in knapp der Hälfte der Fälle eine Integration externer Vorgaben in die Praxis stattfand, wobei hierbei der Grad an Übereinstimmung der Reformvorgaben mit der existierenden Praxis (siehe Dimension 1) eine große Rolle spielte: Regulative Anordnungen wurden nur dann in die eigene Praxis übernommen – entweder durch *Assimilation* oder *Parallel Structures* –, wenn eine hohe Übereinstimmung zwischen bestehender Praxis und Reformvorgaben vorlag. Bei mittlerer oder niedriger Übereinstimmung zwischen Reformvorgaben und existierender Praxis erfolgten die Reaktionen auf regulative Anordnungen größtenteils durch Ablehnung (*Rejection*) oder *Decoupling*. Eine Übernahme von Reformvorgaben durch *Accommodation*, also durch eine substanzielle Veränderung von Wissensstrukturen, Überzeugungen und Praktiken, konnte bei regulativen Anordnungen nicht beobachtet werden. Demnach sollten regulative Vorgaben eher dann eingesetzt werden, wenn keine größeren Veränderungen in der bestehenden Praxis notwendig sind, um den neuen Anforderungen gerecht zu werden, während bei höherem Veränderungsbedarf aufseiten der Lehrenden auf Freiwilligkeit, Unterstützungsmaßnahmen und normative Botschaften zu setzen ist.

Aus der Betrachtung dieser vier Einflussdimensionen auf die Reaktionen von Lehrpersonen gegenüber externen Reformvorgaben können Gestaltungsprinzipien für die Konzeption und Durchführung von Veränderungsprozessen abgeleitet werden. Zum einen spielt der Grad der Übereinstimmung zwischen existierender Praxis und den Reformvorgaben eine wichtige Rolle. Je größer die Übereinstimmung, desto höher ist die Wahrscheinlichkeit, dass eine Übernahme durch die Lehrenden in deren Praxis erfolgt. Bei derartigen Reformvorgaben können auch regulative Anordnungen – möglicherweise begleitet durch Monitoring und Anreizsysteme – zu hohen Übernahmequoten führen. Bei mittlerer oder schwach ausgeprägter Übereinstimmung zwischen existierender Praxis und Reformvorgaben sind normative Botschaften, die auf Freiwilligkeit beruhen, vielversprechender (Coburn, 2004). In diesen Fällen kommt insbesondere der Dimension *Degree of intensity* eine hohe Bedeutung zu, wonach Lehrende Möglichkeiten benötigen, sich über einen längeren Zeitraum kontinuierlich mit Reformvorgaben auseinanderzusetzen. Unterstützend sind hier hochwertige Professionalisierungsprogramme, die einen Praxistransfer fördern, zur vertieften Auseinandersetzung mit bestehenden Überzeugungen und Handlungsmustern anregen, Reflexionsmöglichkeiten bieten und den fundierten Austausch und die Zusammenarbeit mit Kolleg(inn)en anregen (Penuel, Fishman, Yamaguchi, & Gallagher, 2007). Einschränkend muss angemerkt werden, dass ein hoher Grad an Intensität zur Implementation von Reformmaßnahmen, wie unter Dimension zwei beschrieben, eher die Ausnahme bildet und dadurch eine substanzielle Veränderung von Praxis im Sinne einer *Accomodation* weniger häufig erreicht wird als *Assimilation* oder *Parallel Structures* (Coburn, 2004). Anspruchsvolle Reformvorhaben finden daher nur schrittweise Einzug in die existierende Praxis, und nur unter der Voraussetzung, dass umfangreiche Unterstützungs- und Begleitmaßnahmen angeboten werden.

6.1.4 Unterstützung von Lehrenden durch Professionalisierungs- und Qualitätsentwicklungsprogramme

Wie in Abschnitt 6.1.3 ausgeführt, können langfristig angelegte Professionalisierungsprogramme eine Implementation und Übernahme von Reformvorgaben in die bestehende Praxis von Lehrpersonen unterstützen. Betrachtet man die Forschung zur Professionalisierung von Lehrpersonen, werden bestimmte Gestaltungsprinzipien als notwendige Voraussetzungen für effektive und nachhaltige Ergebnisse von Professionalisierungsmaßnahmen beschrieben. Lehrende sollen demnach während der Teilnahme an Professionalisierungsprogrammen Gelegenheit haben, sich aktiv mit den Inhalten auseinanderzusetzen, und Verantwortung für ihre Lernfortschritte übernehmen (Desimone, Porter, Garet, Yoon, & Birman, 2002). Theoretische Inhalte müssen auf die Praxis der Lehrenden übertragen und idealerweise zusammen mit Unterstützung eines Moderationsteams auf bestehende Materialien, Fragestellungen und Probleme angewendet werden. Dadurch kann die Kohärenz und Anschlussfähigkeit der vermittelten Inhalte zum bisherigen Vorgehen und zu den Überzeugungen der Lehrenden gewährleistet werden (Desimone, 2009). Die Lehrenden sollen außerdem Gelegenheiten vorfinden, sich mit Kolleg(inn)en auszutauschen, indem sie sich gegenseitig Materialien und Beispiele aus ihrer Praxis vorstellen, diese mit den neuen Anforderungen abgleichen und Anpassungsmöglichkeiten diskutieren (Borko, 2004; Opfer & Pedder, 2011). Dabei erarbeiten sie gemeinsam Produkte und Lösungen für bestehende Probleme, erproben diese in ihrer Praxis und erhalten Möglichkeiten zur kollegialen Reflexion und für gegenseitiges Feedback (Desimone, 2009; Gröschner, Seidel, Pehmer, & Kiemer, 2014; Lipowsky, 2014). Um einen nachhaltigen Praxistransfer zu erreichen, müssen Professionalisierungsprogramme über einen längeren Zeitraum angelegt sein und mehrere Überarbeitungszyklen vorsehen, damit die Lehrenden die neuen Anforderungen in ihre Praxis und Wissens- und Überzeugungsmuster integrieren können (Penuel et al., 2007). Dadurch kann auch eine dauerhafte Kooperation von Lehrenden erreicht werden, um einen eigenständigen und dauerhaft angelegten Qualitätsentwicklungsprozess zu etablieren (Little, 2002).

Der Moderation von Professionalisierungsmaßnahmen kommt eine hohe Bedeutung zu. Gerade bei der Umsetzung von Reformvorhaben muss ein Moderationsteam sicherstellen, dass die Inhalte des Professionalisierungsprozesses an wissenschaftlich fundierten Standards ausgerichtet sind und die Zielsetzungen des Studiengangs sowie die Anforderungen durch das Qualitätsmanagement im Erarbeitungsprozess berücksichtigt werden (van Es, 2012). Zudem können die Moderatoren Arbeitsprozesse durch theoretische Inputs strukturieren und entsprechend Feedback geben, um Probleme in bestehenden Materialien sowie Handlungsroutinen der Teilnehmenden sichtbar zu machen (Alles, Seidel, & Gröschner, 2018b; Lipowsky, 2014). Borko (2004) beschreibt in diesem Zusammenhang, dass der Einsatz von Materialien oder Artefakten aus der eigenen Praxis der Lehrenden eine wirksame Komponente sein kann, um Veränderungsbedarfe aufzuzeigen. Diese Ergebnisse decken sich zudem mit dem Modell von Guskey (2002), der beschreibt, dass Lehrende ihre Überzeugungen und ihr Handeln nur dann ändern, wenn ihnen Evidenz darüber vorgelegt wird, dass in den eigenen Materialien Probleme bzw. Differenzen zu relevanten Standards bestehen. Neben einer Fokussierung auf die Standards und Anforderungen soll das Moderationsteam flexibel auf die Probleme und das Vorwissen der Teilnehmenden eingehen und die Professionalisierungsziele, den Input und die Unterstützungsmaßnahmen in der Folge an die Bedürfnisse der Teilnehmenden anpassen (Borko, 2004). Schindler (2015) stellte in diesem Zusammenhang im Rahmen eines Professionalisierungsprogramms mit Hochschullehrenden fest, dass diese außerhalb von Präsenzveranstaltungen nur an den Themen und Problemen eigenständig arbeiteten, die während der Präsenzphasen gemeinsam mit dem Moderationsteam bearbeitet wurden. Ein weiterer wichtiger Aspekt für die Nachhaltigkeit und den Praxistransfer von Professionalisierungsmaßnahmen sind das kooperative Festlegen von Zielen und die Reflexion über Fortschritte hinsichtlich der vereinbarten Ziele (Opfer & Pedder, 2011). Das Moderationsteam soll außerdem für eine angenehme und konstruktive Arbeitsatmosphäre sorgen, um Gelegenheiten für Diskussionen in einem geschützten Raum zu schaffen (Alles, Seidel, & Gröschner, 2018a; Gröschner et al., 2014; van Es, 2012).

6.1.5 Festlegung und Überprüfung von Qualitätskriterien für Studiengänge und Lehre

Die Umsetzung eines outcome- und kompetenzorientierten Studienangebots beginnt mit der Explizierung von Studiengangszielen und von Qualitäts- und Gestaltungskriterien für Curriculum, Lehre und Prüfungen. Diese Festlegungen dienen als Ausgangs- und Bezugspunkt für die Erarbeitung von Umsetzungsmöglichkeiten in Lehre und Prüfungen mit den Lehrenden und bilden außerdem die Grundlage für die Entwicklung von Messinstrumenten zur Erfassung der Studiengangs- und Lehrqualität und der Umsetzung von Reformzielen.

Die Studiengangsziele werden typischerweise in einem Qualifikationsprofil festgelegt. Die Qualität eines Qualifikationsprofils bemisst sich mitunter daran, ob die darin ausgewiesenen Kompetenzen den Absolvent(inn)en ermöglichen, dem Studium nachgelagerte Tätigkeits- und Berufsfelder aufzunehmen und erfolgreich zu bewältigen (Diehr & Velling, 2003; Seling, 2012). Ein daran anknüpfendes Qualitätskriterium für ein Studienangebot ist die Anschlussfähigkeit und nachhaltige Verfügbarkeit der erworbenen Kompetenzen. Das Studienangebot muss derart gestaltet sein, dass die Studierenden bei der Erreichung der für einen Studiengang festgelegten Ziele bestmöglich unterstützt werden (Meyer-Guckel & Jorzik, 2015). Die Überprüfung des Erreichens der Studiengangsziele erfolgt anhand geeigneter Prüfungsformate (Schindler, 2015). Die Erreichung dieser Zielsetzungen wird wiederum beeinflusst von der Gestaltung der Curricula, der Qualität von Lehre und Prüfungen, den Voraussetzungen und Potenzialen der Studierenden sowie von den zur Verfügung stehenden Ressourcen (personell, materiell, räumlich).

Die Bewertung der Qualität eines Studiengangs ist demnach multidimensional (Krempkow, 1998) und kann außerdem auf verschiedenen Ebenen betrachtet werden (Studiengang, Fakultät, Lehrstuhl, Lehrveranstaltung, Lehrende). Während die beiden erstgenannten Kriterien (Qualifikationsprofil und Erreichen der Studiengangsziele durch die Studierenden) eine summative Bewertung des Studienangebots ermöglichen, liefert eine Überprüfung und Bewertung von Curricula, der Lehr- und der Prüfungsqualität sowie von etwaigen Unterstützungsmaßnahmen (z. B. Brückenkurse, Tutorien, Beratungsangebote etc.) formative Informationen, die zur Qualitätsentwicklung und Verbesserung des Studienangebots genutzt werden können (Secolsky & Denison, 2012).

6.1.6 Entwicklung von Qualifikationsprofil und Curriculum

Ein Qualifikationsprofil beschreibt Kompetenzen, über die Studierende nach erfolgreichem Durchlaufen eines Studiums verfügen. Ein zentraler Orientierungspunkt für die Entwicklung von Qualifikationsprofilen sind potenzielle Tätigkeitsfelder, für die ein Studiengang qualifiziert. Innerhalb dieser Tätigkeitsfelder sind zentrale Anforderungssituationen sowie Handlungsanforderungen zu deren erfolgreicher Bewältigung zu identifizieren, um daraus Kompetenzdefinitionen abzuleiten (Shavelson, 2010). Bei der Identifikation und Beschreibung der Kompetenzfacetten eines Qualifikationsprofils sollen Erkenntnisse aus verschiedenen Informationsquellen integriert werden, beispielsweise aus Kompetenzstandards, Curriculumsanalysen, Studien zu Kompetenzmodellierung und -messung, Arbeitsmarktanforderungen und empirischen Arbeitsplatzanalysen oder aus Befragungen von Experten und Praktikern (Klauer & Leutner, 2012). Neben nachgelagerten Tätigkeitsfeldern sollen in ein Qualifikationsprofil auch Kompetenzen und Themenfelder einfließen, die an einer Hochschule bzw. Fakultät bearbeitet werden (z. B. bestimmte Forschungsschwerpunkte). Hier sind zudem Lehrprofile einer Hochschule bzw. Fakultät zu nennen, die neben didaktischen Leitlinien und Lehrkonzepten auch grundlegende Qualifizierungsziele beinhalten können (Wissenschaftsrat, 2015).

Ausgehend vom Qualifikationsprofil und den darin ausgewiesenen Kompetenzen, die am Ende eines Studiums von den Studierenden beherrscht werden sollen, erfolgt die Entwicklung eines Curriculums (Klauer & Leutner, 2012). Basierend auf lerntheoretischen Überlegungen zum Kompetenzerwerb von Studierenden in der betreffenden Domäne werden Lehr-Lerninhalte hierarchisiert und sequenziert, um die Studierenden bestmöglich beim Erreichen der Qualifikationsziele zu unterstützen. Die Grundlage für die curricularen Festlegungen bildet ein spezifisches Kompetenzentwicklungsmodell, in dem begründet dargelegt wird, in welcher Reihenfolge und unter welchen Voraussetzungen die Studierenden die angestrebten Qualifikationsziele erreichen und welche Lerngelegenheiten dabei förderlich sind. Im Idealfall können bei der Entwicklung eines Kompetenzentwicklungsmodells wissenschaftliche Erkenntnisse zum Kompetenzerwerb bei Studierenden berücksichtigt werden.

6.1.7 Definition von Lehrqualität

Die Qualität der Lehre beeinflusst den Studienerfolg der Studierenden. Die Überprüfung der umgesetzten Lehrqualität kann daher als wesentliche Evaluationsaufgabe verstanden werden, um datengestützt Stärken und Schwächen im Lehrangebot zu identifizieren und Entwicklungsbedarfe abzuleiten. Dazu gilt es zunächst zu klären, welche Faktoren und Bedingungen zu einer hohen Lehrqualität beitragen, insofern sie die Studierenden effektiv beim Kompetenzerwerb unterstützen. Hier sind einerseits eine Vielzahl an fächer- und lehrformatübergreifenden Qualitätsmerkmalen zu nennen, wie sie die Lehr-Lernforschung über verschiedene Settings identifiziert hat. Hierzu zählen beispielsweise die Zielklarheit von Anforderungen und Erwartungen gegenüber den Studierenden, die kognitive Aktivierung der Lernenden, die Lernbegleitung, die inhaltliche Relevanz des vermittelten Stoffes, aber auch die motivationalen und emotionalen Zustände aufseiten der Lernenden (z. B. Prenzel, 2001; Seidel & Reiss, 2014). Jedoch wäre es zu kurz gegriffen, die Qualität der Lehre allein an der Umsetzung übergreifender Qualitätsmerkmale festzumachen. Es muss ebenfalls betrachtet werden, inwieweit eine Passung zwischen den angebotenen Lerngelegenheiten und den angestrebten Kompetenzen besteht (Biggs, 2014). Lehrqualität bemisst sich letztlich auch daran, inwieweit Elemente eines übergeordneten Lehrprofils im Sinne von Teaching Principles in einzelnen Lehrveranstaltungen umgesetzt werden (Grossman, Cohen, Ronfeldt, & Brown, 2014; Hill & Grossman, 2013; Wissenschaftsrat, 2012).

6.1.8 Überprüfung der erzielten Ergebnisse durch Evaluation

Das Ziel von Evaluation bei der Umsetzung von Studiengangsreformen ist es, zuverlässige Informationen über die Erreichung der Reform- bzw. Studiengangsziele und die Umsetzung wesentlicher Qualitätskriterien in Curriculum, Lehre und Prüfungen zu gewinnen (Kromrey, 2000). Die Evaluationsergebnisse ermöglichen eine systematische und datengestützte Bewertung des erreichten Ist-Stands, um daraus Entwicklungsbedarfe abzuleiten und entsprechende Maßnahmen aufzusetzen (Secolsky & Denison, 2012; Simon & Knie, 2013). Da mit der Evaluation eine Operationalisierung von Studiengangszielen und Qualitätskriterien erfolgt, muss ein klar definiertes Evaluationskonzept entwickelt werden, in dem die Zielsetzungen und Qualitätskriterien vollständig abgebildet sind. Nach Möglichkeit sollen bereits validierte Instrumente für die zu erfassenden Konstrukte verwendet werden, um eine Gewährleistung der test-theoretischen Gütekriterien sicherzustellen (Kromrey, 2000).

6.2 Konzeption und Umsetzung des Reformstudiengang „Master Berufliche Bildung Integriert“

Am Beispiel des Studiengangs „Master Berufliche Bildung Integriert“ wird dargestellt, wie die in den vorangegangenen Abschnitten beschriebenen Prinzipien und Maßnahmen zur Implementation von Reformzielen umgesetzt wurden. Das ausgewählte Beispiel ist insofern von Interesse, als dass mit dem Masterstudiengang „Berufliche Bildung Integriert“ weitreichende Reformen in der Lehrerbildung verbunden sind. In diesem Studiengang wird nicht nur die Reform eines Masterstudiengangs innerhalb der Hochschule angestrebt, sondern durch eine Integration der zweiten Lehrerbildungsphase – Referendariat bzw. Vorbereitungsdienst – werden weitere institutionelle Partner eingebunden. Traditionell sind diese beiden Lehrerbildungsphasen (universitäre Ausbildung, Vorbereitungsdienst/Referendariat) institutionell getrennt und aufeinanderfolgend (zuerst universitäre Bildung, gefolgt von Vorbereitungsdienst) angelegt (Bellenberg & Thierack, 2003). Im ausgewählten Reformstudiengang erfolgt erstmalig die systematische Verbindung der beiden Phasen. Die Lehrenden der Hochschule sowie die Seminarlehrkräfte an den Ausbildungsschulen[20] waren aufgerufen, in Curriculum, Lehre und Prüfungen theoretische und praktische Inhalte zu verbinden und aufeinander zu beziehen. Auch die Art, Intensität und die Kontinuität in der Abstimmung zwischen den Lehrenden sollte deutlich erhöht werden. Neben der Umsetzung von Vorgaben des universitätsweiten Qualitätsmanagements (Explizierung von Lehrzielen, Anfertigung von Modulbeschreibungen etc.) war es das Ziel, in der Lehre anspruchsvolle hochschuldidaktische Konzepte wie Evidenzbasierung und Kompetenzorientierung umzusetzen. Für die einzelnen Lehrenden bedingen diese Anforderungen durchaus umfassende Veränderungen zu ihrer bisherigen Lehrtätigkeit, wobei hier auch z. T. deutliche Unterschiede bei Vorprägungen, Praktiken, Überzeugungen und Erfahrungen vorlagen. Der Grad der Übereinstimmung zwischen der existierenden Praxis und den Anforderungen durch den neuen Studiengang waren daher als eher gering anzunehmen. Aus diesem Grund wurden die Lehrenden bei der Konzeption und Umsetzung des Studiengangs intensiv eingebunden, begleitet und unterstützt. Der Umsetzungsprozess wurde durch Evaluation begleitet.

6.2.1 Entwicklung von Qualifikationsprofil und Curriculum des Studiengangs

Bei der Entwicklung des Qualifikationsprofils für den Studiengang wurden verschiedene Orientierungspunkte herangezogen. Das Lehrprofil der Fakultät TUM School of Education (Reiss, Prenzel, & Seidel, 2012) sieht vor, Lehrerbildung kompetenzorien-

20 Im Folgenden werden die Angehörigen beider Gruppen (Lehrende der Universität und Seminarlehrkräfte) zusammengefasst als „Lehrende des Studiengangs“ bezeichnet.

tiert und evidenzbasiert umzusetzen. Das bedeutet, das Qualifikationsprofil sowie die Lehrinhalte an typischen Tätigkeitsfeldern und Anforderungssituationen des Lehrerberufs auszurichten und dabei wissenschaftliche Befunde zum effektiven Lehrerhandeln zu berücksichtigen (Seidel et al., 2016). Die Festlegung der entsprechenden Kompetenzfacetten orientierte sich zum einen an den KMK-Lehrerbildungsstandards, in denen zentrale Tätigkeitsfelder und Anforderungen an das Lehrerhandeln beschrieben sind (Kultusministerkonferenz, 2014). Zum anderen gingen wissenschaftliche Erkenntnisse zu effektivem Lehrerhandeln und zu Unterrichtsqualitätsmerkmalen in das Qualifikationsprofil und in die Definition der darin enthaltenen Kompetenzen ein (u. a. Baumert & Kunter, 2006). Ein weiterer Bezugspunkt waren Qualifikationsprofile bereits bestehender Lehramtsstudiengänge an der Fakultät TUM School of Education. Darüber hinaus erfolgte ein Input von Praktikern – in diesem Fall Seminarlehrkräfte –, die für die Durchführung der schulpraktischen Ausbildungsphase verantwortlich sind. Durch die Berücksichtigung der genannten Informationsquellen bei der Festlegung des Qualifikationsprofils kann von einer guten Passung der vermittelten Kompetenzen mit den Arbeitsplatzanforderungen ausgegangen werden. Eine Überprüfung kann jedoch erst erfolgen, wenn die ersten Absolvent(inn)en ihre Tätigkeit als Lehrkraft aufnehmen. Hierzu sind Absolvent(inn)enbefragungen, Befragungen von Schulleitungen, Schüler(inne)n oder die Analyse der erreichten Unterrichtsqualität bzw. des Lernerfolgs der Schüler/-innen denkbar.

Für die Gestaltung des Curriculums wurde – basierend auf Forschungsergebnissen aus der Lehrerbildungsforschung zur Kompetenzentwicklung von Lehramtsstudierenden (z. B. Baumert & Kunter, 2006; Hammerness et al., 2007) – ein Kompetenzentwicklungsmodell für den „Master Berufliche Bildung Integriert" entwickelt (siehe Abbildung 6.1). Nach diesem Modell bildet eine ausgeprägte professionsbezogene Wissensbasis die Grundlage für kompetentes Handeln im Unterricht, die typischerweise in die drei Bereiche „Fachwissen", „fachdidaktisches Wissen" und „pädagogisches Wissen" eingeteilt wird (Seidel et al., 2017; Seidel, Mok, Hetmanek, & Knogler, 2017). Diese Wissensbasis wird in einem weiteren Schritt genutzt, um Unterricht zu planen sowie existierenden Unterricht professional zu beobachten. In einer weiteren Stufe erproben die Studierenden ihre Unterrichtskompetenz in simulierten Situationen, bevor sie im letzten Schritt ihre Kompetenz zum Unterrichten in realen Situationen unter Beweis stellen.

Die in diesem Entwicklungsmodell ausgewiesenen Kompetenzfacetten werden im Curriculum des Studiengangs adressiert und über den Studienverlauf vermittelt. Entsprechend liegt der Schwerpunkt in den ersten beiden Semestern auf der Vermittlung einer entsprechenden Wissensbasis sowie auf der Kompetenz zur Unterrichtsplanung und -beobachtung. Die vermittelten Inhalte sollen dabei jedoch stets auf praktische Anwendungsfelder bezogen werden. In den weiteren Semestern verschiebt sich der Schwerpunkt auf die praktische Anwendung der theoretischen Inhalte in simulierten und realen Unterrichtssituationen. Die theoretischen Inhalte kommen dabei nun

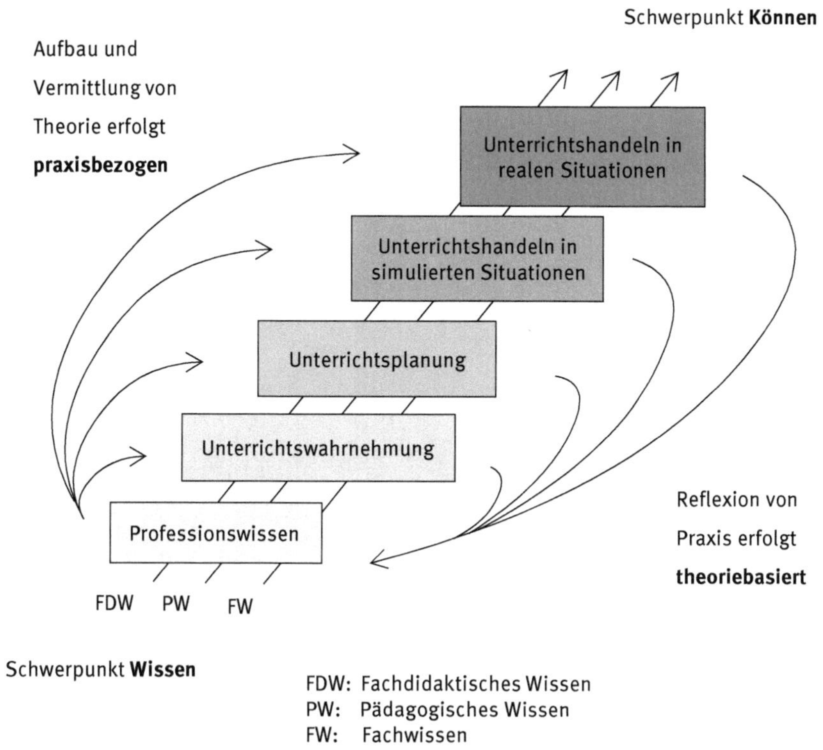

Abb. 6.1: Kompetenzentwicklungsmodell „Master Berufliche Bildung Integriert"; FDW = fachdidaktisches Wissen, FW = Fachwissen, PW = pädagogisches Wissen.

verstärkt bei der Reflexion der Praxiserfahrungen und zur Entwicklung von Handlungsalternativen zum Tragen. Strukturell ist das Curriculum in Abbildung 6.2 dargestellt.

Das Curriculum enthält Module, die allein in der Verantwortung der Hochschullehrenden liegen, Module, die gemeinsam von Lehrenden beider Phasen ausgebracht werden und Module, die in alleiniger Verantwortung des Studienseminars liegen. Für alle Module bestand der Anspruch, dass die Lehrenden Lehrziele und Inhalte horizontal und vertikal abstimmen und aufeinander beziehen. Insbesondere lag der Fokus darauf, in den universitären Modulen konsequent Praxisbezüge herzustellen, während in den Modulen der schulpraktischen Phase die Anwendung theoretischen Wissens zur Planung und Reflexion von Unterricht genutzt werden sollte. In den gemeinsamen Modulen sind außerdem Lernortkooperationen vorgesehen, die von den Lehrenden gemeinsam geplant und umgesetzt wurden. Die Überprüfung der Umsetzung der beschriebenen Zielsetzungen und des Curriculummodells durch die Lehrenden erfolgte durch eine begleitende Evaluation (siehe Abschnitt 6.2.4).

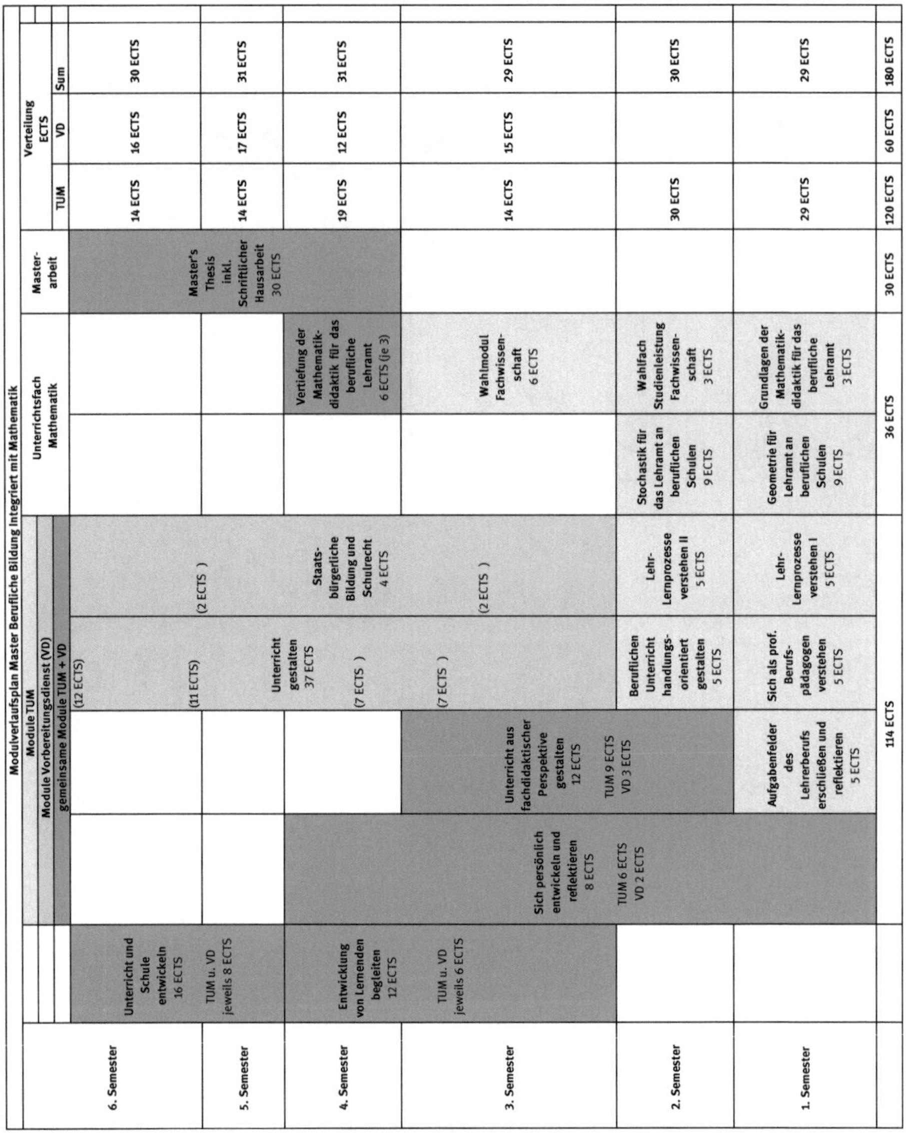

Abb. 6.2: Modulverlaufsplan „Master Berufliche Bildung Integriert".

6.2.2 Qualität der Lehre

Für den hier betrachteten Studiengang wird die Qualität der Lehre zunächst entlang der spezifischen Studiengangsziele einer Theorie-Praxis-Verzahnung in der Lehre und der kohärenten Darstellung und einheitlichen Verwendung zentraler Konzepte und Begrifflichkeiten über die verschiedenen Module und Lehrenden hinweg bewertet.

Konkret bedeutet dies, dass im Rahmen der Evaluation erfasst wird, inwieweit Lerngelegenheiten geschaffen werden, in denen die Studierenden Inhalte miteinander vernetzen, Theorie-Praxis-Bezüge herstellen und das vermittelte Wissen auf relevante, kontextualisierte Situationen anwenden können (Kunter, 2011; Stürmer & Seidel, 2017). Darüber hinaus wird ermittelt, inwieweit die Lehrenden gegenüber den Studierenden ein gemeinsames Begriffsverständnis benutzen. Bei den übergreifenden Qualitätsmerkmalen wird untersucht, inwieweit die Lehrenden motivationsunterstützende Maßnahmen in ihren Lehrveranstaltungen umsetzen. Hierbei wird auf bestehende Qualitätskriterien (z. B. Zielorientierung, Kompetenz- und Autonomieunterstützung, kognitive Aktivierung etc.) zurückgegriffen, die in der Forschung als relevant beschrieben werden (Prenzel, 2001; Seidel, 2014a, 2014b; Seidel & Reiss, 2014).

6.2.3 Konzeption und Durchführung eines Qualitätsentwicklungsprogramms

Die Planung des Studiengangs – einschließlich der Festlegung von Qualifikationszielen, des Kompetenzentwicklungsmodells und der Struktur des Curriculums – erfolgte zunächst durch ein Planungsteam. Die im Studiengang Lehrenden wurden im nächsten Schritt für die inhaltliche Ausgestaltung von Curricula, Lehrveranstaltungen und passende Lehr-Lernformate hinzugezogen. Die vom Planungsteam erarbeiteten Zielsetzungen und Rahmenbedingungen waren zu diesem Zeitpunkt gesetzt. Den wesentlichen Rahmen für die Lehrenden bildete das Curriculum mit seiner Modulstruktur (Abbildung 6.2). Zum Teil konnten die bestehenden Lehrveranstaltungen von den Lehrenden in das neue Studiengangkonzept überführt werden; der größere Teil der Lehrveranstaltungen wurde vollständig neu erarbeitet. Von den 23 beteiligten Lehrenden führten 18 bereits Veranstaltungen im Rahmen der Lehrerbildung durch. Vier Lehranfänger engagierten sich zum ersten Mal als Lehrende in der Lehrerbildung.

Der Umsetzungsprozess wurde durch ein mehrjährig angelegtes Qualitätsentwicklungs- und Professionalisierungsprogramm begleitet, das den in Abschnitt 6.1.4 beschriebenen Kriterien entspricht. Dadurch sollten die in Abschnitt 6.1.3 beschriebenen möglichen negativen Reaktionen von Lehrenden auf Reformanforderungen vermieden werden. An sogenannten Thementagen kamen alle Lehrenden des Studiengangs regelmäßig zu vier Terminen im Jahr zusammen, erhielten theoretischen Input zu den Studiengangsinhalten, die sie in darauffolgenden Arbeitsphasen des Thementags mit Kolleg(inn)en und mit Unterstützung des Moderationsteams auf ihre eigene Praxis anwendeten. Die Thementage wurden mit einer Reflexionsphase abgeschlossen, in der auch nächste Ziele für die weitere Ausarbeitung der behandelten Themen und Materialien festgelegt wurden. Zwischen den Thementagen fanden betreute Erarbeitungsphasen statt, in denen die Lehrenden die an den Thementagen begonnenen Arbeitspakte weiter ausarbeiteten. In Abbildung 6.3 ist das Grundkonzept des Qualitätsentwicklungsprogramms mit Thementagen und Erarbeitungsphasen dargestellt. Die vier Themenblöcke adressieren die zentralen Gestaltungsmerkmale

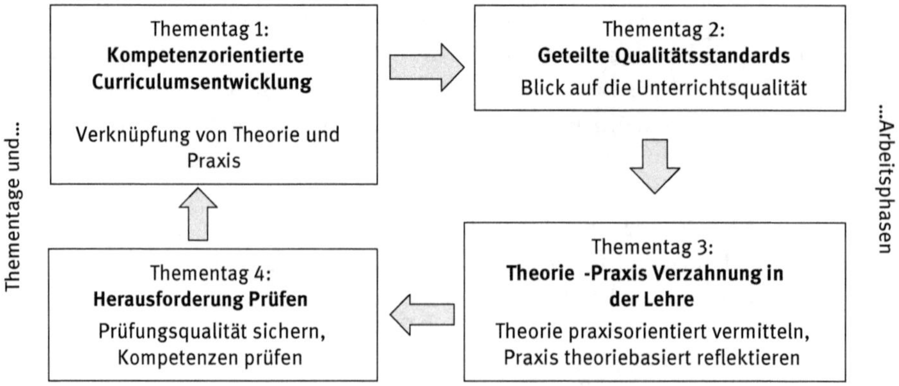

Abb. 6.3: Qualitätsentwicklungsprogramm des Masterstudiengangs „Berufliche Bildung Integriert".

des Studiengangs. Im Verlauf des Programms erfolgte eine bedarfsorientierte Anpassung der Themen. Gerade der Bereich der Curriculumsentwicklung musste aufgrund der hohen Abstimmungsbedarfe auf mehrere Thementage ausgedehnt werden.

Bei Bedarf fanden zwischen den Thementagen auch Arbeitstreffen in Kleingruppen statt, die ebenfalls vom Moderationsteam betreut wurden. Die während einer Erarbeitungsphase stattgefundenen Arbeitsprozesse und die dabei erstellten Produkte wurden zu Beginn des nächsten Thementags reflektiert und besprochen, um mögliche Verbesserungsbedarfe und Umsetzungsmöglichkeiten zu erarbeiten. Dazu wurden die Ergebnisse der Evaluation herangezogen, um den Lehrenden datengestützt Stärken und Schwächen im erreichten Arbeitsstand aufzuzeigen. Die Teilnahme am Qualitätsentwicklungsprogramm war für die Lehrenden zeitaufwendig. Neben den Präsenzterminen mussten Materialien erstellt und überarbeitet werden, Feedback an die anderen Lehrenden erteilt und auf die Fragen und Aufgaben des Moderationsteams reagiert werden. Die Teilnahme beruhte jedoch auf Freiwilligkeit, um eine intrinsische Teilnahmemotivation zu erreichen, die gerade bei weitreichenderen Veränderungen der bestehenden Praxis vorteilhaft für die Veränderungsbereitschaft der Lehrenden ist (siehe Abschnitt 6.1.3).

Das Moderationsteam hatte bei der Begleitung des Prozesses eine tragende Rolle und stand in konstantem Austausch mit den Lehrenden. Dadurch konnte sichergestellt werden, dass die Gestaltungsmerkmale des Studiengangs und die damit einhergehenden Anforderungen kohärent an die Lehrenden kommuniziert wurden. Weiterhin erfolgte eine direkte Unterstützung bei der Umsetzung, z. T. durch Inputs aus dem Moderationsteam oder die bedarfsorientierte Bereitstellung von Fortbildungsangeboten durch externe und interne Anbieter. Mögliche Unterschiede zwischen den neu bestehenden Anforderungen an Curriculum, Lehre und Prüfungen und der bestehenden Praxis der Lehrenden und deren Überzeugungen sowie mögliche Dissonanzen und Probleme wurden ebenfalls vom Moderationsteam aufgegriffen. In Abbildung 6.4 ist die Rolle des Moderationsteams für den Implementationsprozess dargestellt.

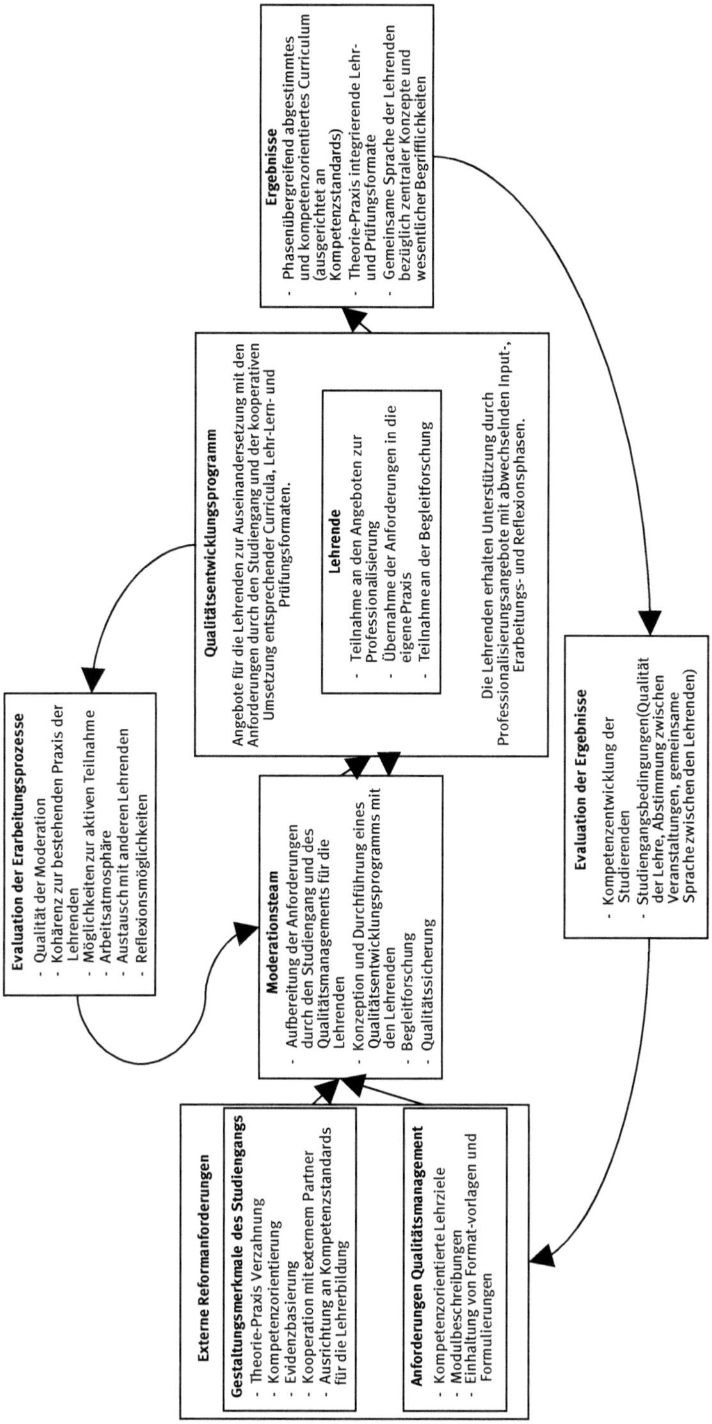

Abb. 6.4: Implementationsprozess der Studiengangsanforderungen.

6.2.4 Überprüfung der erzielten Ergebnisse durch Evaluation

Die Evaluation des Masterstudiengangs „Berufliche Bildung Integriert" gliedert sich in zwei Bereiche (siehe Abbildung 6.5). Im ersten Bereich wird das Studiengangdesign evaluiert, um zu prüfen, ob das primäre Studiengangsziel – die Verzahnung von Theorie und Praxis auf struktureller Ebene, curricularer Ebene sowie auf Ebene der Lernumgebungen – erreicht wurde. Außerdem erfolgte eine prozessbegleitende Evaluation des Qualitätsentwicklungs- und Professionalisierungsprogramms mit Thementagen, Erarbeitungsphasen und der angestrebten phasenübergreifenden Kooperation zwischen den Lehrenden. Im zweiten Bereich wurde die professionsbezogene Entwicklung der Studierenden in einer längsschnittlichen Untersuchung betrachtet. Der Fokus lag dabei auf der Entwicklung der im Qualifikationsprofil ausgewiesenen Kompetenzfacetten wie dem Professionswissen, der professionellen Unterrichtswahrnehmung, der Kompetenz zur Unterrichtsplanung und der Unterrichtskompetenz. Zudem wurden lernrelevante Studierendenmerkmale (Motivation, Belastung, Studienwahlmotive) und lernförderliche Studienbedingungen im Verlauf des Studiums untersucht. Unter dem letztgenannten Aspekt waren insbesondere die von den Studierenden wahrgenommene Theorie-Praxis-Verzahnung und die Abstimmung des Curriculums von besonderer Bedeutung, da sie Hinweise darauf lieferten, welche Auswirkungen die Arbeit der Lehrenden im Rahmen des Qualitätsentwicklungspro-

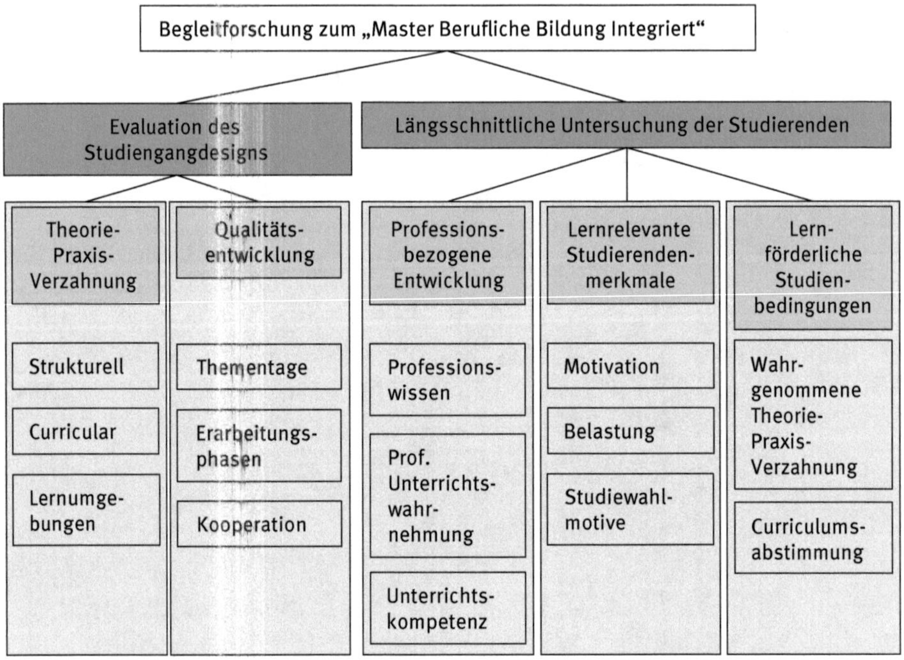

Abb. 6.5: Evaluationsbereiche beim Aufbau des Masterstudiengangs „Berufliche Bildung Integriert".

gramms auf die tatsächliche Studienwirklichkeit der Studierenden hatte. In Abbildung 6.5 sind die Evaluationsbereiche im Überblick dargestellt.

Die Evaluation lieferte mit den Ergebnissen aus beiden Bereichen wichtige Hinweise zum Umgang der Lehrenden mit den an sie gestellten Reformanforderungen im Masterstudiengang „Berufliche Bildung Integriert" sowie zum Beitrag der Unterstützungsmaßnahmen im Rahmen des Qualitätsentwicklungsprogramms. Die Ergebnisse beider Evaluationsbereiche wurden kontinuierlich für die Anpassung des Studiengangdesigns sowie die weitere Planung und Umsetzung des Qualitätsentwicklungsprogramms herangezogen.

6.2.4.1 Entwicklung und Auswahl von Messinstrumenten

Nach einer theoretisch abgesicherten Eingrenzung des Evaluationsgegenstands auf die zentralen Evaluationsbereiche erfolgte im nächsten Schritt eine theoretische Definition und Operationalisierung der aufgeführten Konstrukte, um dann wissenschaftlich erprobte Instrumente zur Erfassung der Konstrukte zu ermitteln. Für Bereiche, zu denen keine bereits erprobten Instrumente genutzt werden konnten, wurden eigene Instrumente entwickelt.

Für die längsschnittliche Untersuchung der Studierenden konnten überwiegend existierende und wissenschaftlich erprobte Instrumente genutzt oder in adaptierter Form eingesetzt werden. Für den Bereich der lernrelevanten Studierendenmerkmale wurde beispielsweise ein Fragebogen zur Studienzufriedenheit und -belastung genutzt. Die zu diesem Bereich eingesetzten Instrumente bestehen aus der Skala „Studienzufriedenheit" von Schiefele and Jacob-Ebbinghaus (2006), die unverändert übernommen wurde, sowie aus den Skalen „Gründe für den Studiengangwechsel" von PaLea (Kauper et al., 2012), „Berufszufriedenheit" und „Emotionale Erschöpfung" (Max-Planck-Institut für Bildungsforschung [MPIB], 2010), die in angepasster Form eingesetzt wurden. Bei den zwei letzten Skalen wurden die ursprünglich für bereits berufstätige Lehrkräfte entwickelten Items umformuliert, damit sie im Kontext des Lehramtsstudiums einsetzbar sind.

Die Untersuchung der Studienwahlmotive erfolgte mit dem Fragebogen FEMOLA (Pohlmann & Möller, 2010). Zur Erfassung der professionsbezogenen Kompetenzentwicklungen im Fach Mathematik wurden Leistungstests der Keila-Studie genutzt, die bereits im Rahmen des Projekts KiL des Leibniz-Instituts für die Pädagogik der Naturwissenschaften und Mathematik entwickelt wurden (Kleickmann et al., 2014). Für die professionelle Unterrichtswahrnehmung konnte im Rahmen einer Kooperation mit dem Friedl-Schöller-Stiftungslehrstuhl für Unterrichts- und Hochschulforschung der TUM auf das Online-Instrument „Observer" des Forschungsprojekts „Observe" zurückgegriffen werden (Seidel & Stürmer, 2014). Gerade bei Leistungstests bietet es sich an, nach Möglichkeit erprobte Instrumente zu verwenden, da der Entwicklungsaufwand sehr hoch sein kann. Die ausgewählten Instrumente wurden jeweils im Rahmen von Pretests mit Studierenden eines beruflichen Lehramtsstudiums der TU München erprobt, um spezifische Kontextbedingungen zu identifizieren und die Tests bzw. Fragebögen ggf. anzupassen. Der eigene Entwicklungsaufwand beschränkte sich auf geringfügige Anpassungen und Pilotierungen.

Für die relevanten Konstrukte zur *Evaluation des Studiengangdesigns* konnten keine geeigneten Instrumente recherchiert werden, sodass die Erhebungsinstrumente überwiegend selbst entwickelt werden mussten. Exemplarisch werden an dieser Stelle das Vorgehen zur Überprüfung der Integration der Kompetenzfacetten aus den KMK-Lehrerbildungsstandards sowie die vertikalen und horizontalen Vernetzungen von Modulen dargestellt, da es sich hierbei um wesentliche Erfolgskriterien für die Umsetzung des Studiengangs handelt. Für die entsprechenden Analysen mussten eigens darauf zugeschnittene Erhebungsinstrumente entwickelt werden.

Die Überprüfung der angestrebten Integration der KMK-Standards in das Curriculum erfolgt durch qualitative Inhaltsanalysen. Dafür wurden die von den Lehrenden ursprünglich eingereichten sowie die im Laufe des Qualitätsentwicklungsprozesses überarbeiteten Lehrveranstaltungsunterlagen vergleichend analysiert. Das für diese Analysen zugrunde gelegte Kategoriensystem wurde in Anlehnung an das Vorgehen von Terhart, Lohmann, and Seidel (2010) konzipiert, die ebenfalls Modulhandbücher und Studienordnungen auf ihre Passung zu den KMK-Standards analysierten. Die Ergebnisse dieser Analysen hatten – wie in Abschnitt 6.1.7 gezeigt wurde – eine besondere praktische Relevanz für das Qualitätsentwicklungsprogramm im Hinblick auf die Umsetzung des angestrebten integrierten Curriculums.

Die vertikale und horizontale Vernetzung von Modulen wurde unter anderem durch schriftliche Befragungen von Studierenden und Lehrenden erhoben, die anhand von eigens entwickelten Skalen die Abstimmung zwischen Lehrveranstaltungen bzw. Modulen bewerten sollten (siehe Tabelle 6.1). Studierende und Lehrende beantworteten jeweils zu zwei Modulen, die sich laut Curriculumsplanung wechselseitig ergänzen sollen, die in Tabelle 6.1 aufgeführten Fragen. Bei den Lehrenden wurde außerdem gefragt, ob sie sich bezüglich ihres Moduls mit Kolleg(inn)en des jeweils anderen Moduls abgesprochen hatten, während die Studierenden nach ihrem Eindruck von der Abstimmung der Lehrenden der beiden Module gefragt wurden. Auch die Ergebnisse dieser Befragung hatten einen unmittelbar praktischen Nutzen für das Qualitätsentwicklungsprogramm und die Diskussionen mit den Lehrenden über mögliche Optimierungsbedarfe.

Die dargestellten Beispiele zur Evaluation verdeutlichen, dass es sich sowohl aus Ressourcen- aber auch Qualitätsgründen anbietet, auf bereits erprobte Instrumente zurückzugreifen, sofern damit die spezifischen eigenen Zielsetzungen abgebildet werden können. Gerade die Sicherstellung der Qualitätskriterien für Evaluationsinstrumente (Validität, Reliabilität und Objektivität) stellt einen hohen Anspruch dar, der in der Regel nur mit einem hohen Entwicklungsaufwand gewährleistet werden kann. Für die Nutzung bestehender Instrumente spricht weiterhin, dass Referenzwerte aus anderen Erhebungskontexten zur Verfügung stehen, die unter gewissen Umständen zur Einordnung und Interpretation der eigenen Ergebnisse herangezogen werden können.

Tab. 6.1: Items zur Erfassung der horizontalen und vertikalen Abstimmung zwischen Lehrveranstaltungen.

Die Inhalte der Veranstaltungen...	Gar nicht	Teilweise	Überwiegend	Vollständig
... ergänzen sich.	☐	☐	☐	☐
... wiederholen sich.	☐	☐	☐	☐
... widersprechen sich.	☐	☐	☐	☐
... werden zueinander in Beziehung gesetzt	☐	☐	☐	☐
Fragebogen der Lehrenden:				
Ich habe mich mit meinen Kolleginnen und Kollegen aus dem anderen Modul abgestimmt.	☐	☐	☐	☐
Fragebogen der Studierenden:				
Ich habe den Eindruck, dass sich die Dozenten dieser beiden Module abgestimmt haben.	☐	☐	☐	☐

Andererseits ist die Reichweite bestehender Instrumente zu berücksichtigen. Können die standortspezifischen Zielsetzungen mit bestehenden Instrumenten nicht ausreichend erfasst werden, müssen für diese Bereiche Eigenentwicklungen durchgeführt werden.

6.2.4.2 Evaluationsergebnisse über die Umsetzung der KMK-Kompetenzstandards

Mithilfe des an den KMK-Kompetenzstandards orientierten Kategoriensystems konnte festgestellt werden, inwieweit die Lehrenden die entsprechenden Kompetenzfacetten im Curriculum bzw. in ihren Lehrveranstaltungen adressieren. Abbildung 6.6 zeigt die Häufigkeiten der aggregierten KMK-Kompetenzstandards über alle elf Module hinweg. Insgesamt zeigt sich, dass ein Großteil der Standards im Curriculum in weiten Teilen berücksichtigt wurde. In einigen Bereichen (z. B. Kompetenzen 3, 5, 6) liegen hingegen Defizite vor. Kompetenz 1 (Unterricht fach- und sachgerecht planen und durchführen) aus dem Kompetenzbereich „Unterrichten" wurde deutlich am häufigsten im Curriculum adressiert, während Kompetenz 3 und auch der gesamte Kompetenzbereich „Erziehen" kaum vorkamen. Die für die Analyse zugrunde liegenden Kompetenzen entsprechen den Kompetenzen der KMK-Lehrerbildungsstandards[21].

Durch diese Analyse des Curriculums hinsichtlich der Abdeckung der KMK-Kompetenzstandards konnten relevante Optimierungsbedarfe in der Verteilung der adres-

21 KMK- Lehrerbildungsstandards: www.kmk.org/fileadmin/veroeffentlichungen_beschluesse/2004/2004_12_16-Standards-Lehrerbildung.pdf (14.08.2019).

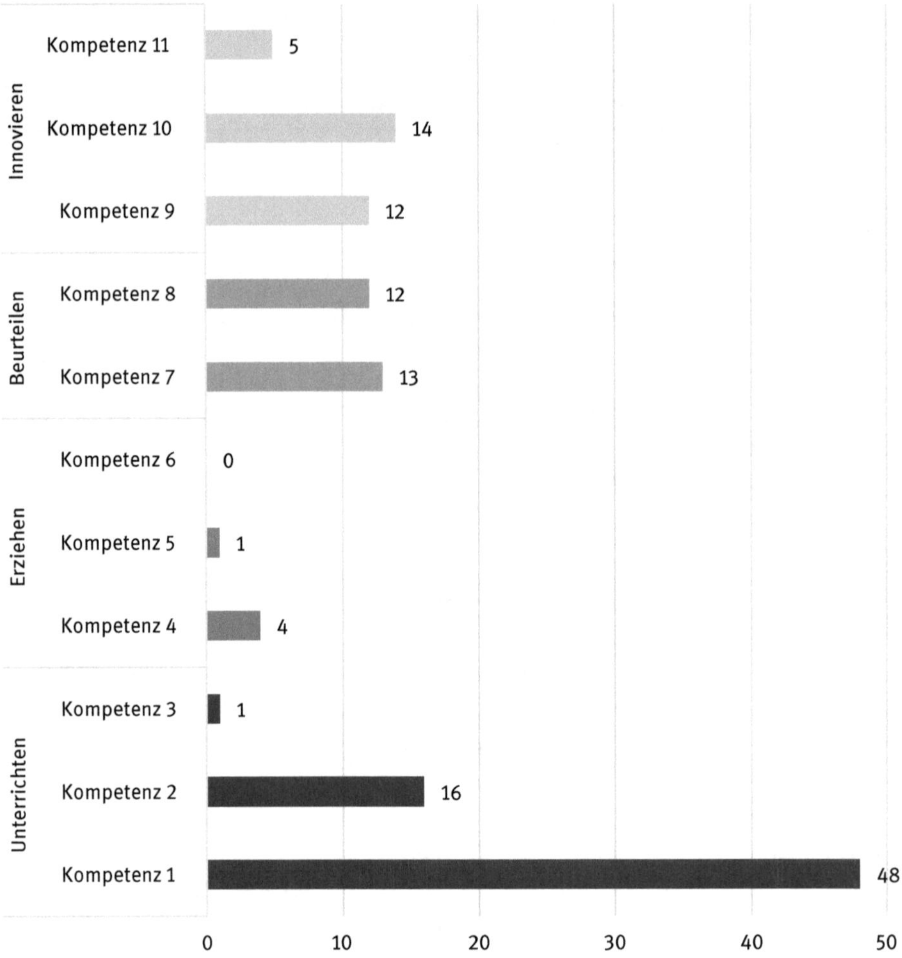

Abb. 6.6: Passung der KMK-Kompetenzstandards mit dem Curriculum des Masterstudiengangs „Berufliche Bildung Integriert".

sierten Kompetenzen identifiziert werden. Im Rahmen des ersten Thementags, der drei Monate vor dem Beginn des Studiengangs stattfand, wurden die Evaluationsergebnisse mit den Lehrenden besprochen. Anschließend hatten die Lehrenden Gelegenheit, sich aktiv mit den Kolleg(inn)en über die Verteilung und Abstimmung der Ausbildungsinhalte abzustimmen. In diesem Prozess konnten sie eigenständig feststellen, dass die Verteilung der Standards im Studiengang nicht ideal ist, wodurch sich für die Lehrenden die Ergebnisse der Evaluation bestätigten. Dies führte zu angeregten Diskussionen zwischen den Lehrenden und zu Ideen für eine Anpassung der Inhalte und Lehrziele der Module. Den Lehrenden wurde der direkte Bezug zu ihren eigenen Materialien und die mit ihrer Lehrtätigkeit verbundenen Verpflichtung zur Planung ihrer Lehrinhalte, die ohnehin in ihren Aufgabenbereich fällt, bewusst. Daher waren nur wenige Unterstützungsmaßnahmen notwendig, um eine Implementation in die Praxis der Lehrenden anzustoßen. Die Lehrenden hatten bis zum Semesterbeginn noch drei Monate Zeit, um sich intensiv – individuell sowie in Zusammenarbeit mit ihren Kolleg(inn)en – mit ihren Lehrkonzepten und -inhalten auseinanderzusetzen. Der nächste Thementag begann mit einer Reflexion der Ergebnisse des ersten Thementags und der ersten Erarbeitungsphase und führte die Verteilung der KMK-Kompetenzstandards über die verschiedenen Module hinweg übersichtlich zusammen. Dadurch erhielten alle Lehrenden, die bislang überwiegend ihr jeweils eigenes Modul bearbeitet hatten, einen Gesamtüberblick, wodurch – in Abstimmung mit den anderen Lehrenden – weitere Anpassungsbedarfe identifiziert werden konnten.

6.2.4.3 Evaluationsergebnisse zur vertikalen und horizontalen Vernetzung aus den schriftlichen Befragungen

Die Ergebnisse zur vertikalen und horizontalen Vernetzung zeigen für die erziehungswissenschaftlichen Module im ersten Semester Diskrepanzen in den Einschätzungen von Lehrenden und Studierenden, die lediglich bei zwei von sechs Modulpaarungen übereinstimmten. Tendenziell schätzten die Lehrenden die Abstimmungen besser ein als die Studierenden. So zeigte sich für das erste Semester, dass bei den vier relevanten Modulpaarungen die Einschätzungen der Lehrenden jeweils einen Skalenwert höher ausfielen als die der Studierenden: Während die Studierenden nur *teilweise* den Eindruck hatten, dass sich die Lehrenden der entsprechenden Module abgestimmt hatten, gaben die Lehrenden an, sich *überwiegend* mit den Kolleg(inn)en aus dem anderen Modul abgestimmt zu haben.

In einem nächsten Schritt wurden diese Ergebnisse für die Diskussion mit den Lehrenden anschaulich grafisch aufbereitet, sodass alle Rückmeldungen der Lehrenden und Studierenden für eine Modulpaarung in einer Darstellung abgebildet wurden. Die derart aufbereiteten Ergebnisse wurden an einem Thementag mit den Lehrenden diskutiert, um Optimierungsmöglichkeiten zu erarbeiten. Die Ergebnisse veranschaulichten für die Lehrenden, dass trotz deren subjektiver Einschätzung über einen hohen erreichten Vernetzungsgrad weitere und intensivere Abstimmungen zwischen den Modulen notwendig waren, um die von den Studierenden vereinzelt wahrgenommenen Wiederholungen zwischen den Modulen zu reduzieren und die Ergänzungen der Inhalte bzw. den Bezug der Inhalte auf Inhalte anderer Module zu verstärken. Auch in diesem Beispiel fungierten die Evaluationsergebnisse als konstruktives Mittel, damit die Lehrenden eigenständig Probleme in ihren Materialien wahrnehmen konnten und daraufhin aus eigenem Antrieb Veränderungsmöglichkeiten erarbeiteten.

Die Evaluationsergebnisse bildeten damit sowohl für das Moderationsteam als auch die Lehrenden eine Ressource, die für die Entwicklung des Studiengangs potenzialorientiert genutzt werden konnte. Die Evaluation wurde von den Lehrenden daher nicht als ein Top-down-Instrument zur Überprüfung ihrer Leistungsfähigkeit in einem defizitorientierten Sinn wahrgenommen, was die Aufgeschlossenheit gegenüber der Umsetzung der Studienganganforderungen hätte negativ beeinflussen können (Coburn, 2004). Vielmehr wurden Evaluationsergebnisse als unterstützende Maßnahme erlebt, um eine datengestützte Diskussion von Optimierungsbedarfen auf Augenhöhe zwischen Moderationsteam und Lehrenden in Gang zu setzen.

6.2.5 Fazit

In diesem Beitrag wurde dargelegt, wie in einem innovativen Modellstudiengang anspruchsvolle Reformkonzepte in der Hochschullehre implementiert werden konnten. Die zentralen Fragestellungen für die Gestaltung des Implementationsprozesses bezogen sich darauf, wie die Lehrenden zur Übernahme der Reformanforderungen in ihre Praxis motiviert werden können und welche Unterstützungsmaßnahmen dabei förderlich wirken. Das hier vorgestellte Beispiel verdeutlicht, dass Veränderungsprozesse in der Lehre kontextsensibel gestaltet und auf verschiedenen Ebenen modelliert werden müssen, um nachhaltige Veränderungen in der Praxis von Lehrpersonen zu erzielen. Unterstützungsmaßnahmen in Form von umfassenden und langfristig angelegten Professionalisierungsprogrammen sowie eine begleitende wissenschaftsbasierte Evaluation spielen dabei eine wesentliche Rolle. Der Einsatz von Anreizsystemen und die Nutzung von Ergebnissen aus Leistungsbeurteilung und Evaluation müssen ebenfalls den spezifischen Anforderungen der angestrebten Veränderungen angepasst werden. Die dargestellten Ergebnisse verdeutlichen, dass es mit dem vorgestellten Ansatz gelungen ist, einen nachhaltigen Qualitätsentwicklungs- und Kooperationsprozess zwischen den Lehrenden zu etablieren. Gerade bei weitreichenden Veränderungen von Lehrpraxis erscheint es daher empfehlenswert, die notwendigen Implementationsprozesse durch die Kombination verschiedener Instrumente und Maßnahmen, die kontextspezifischen Gegebenheiten angepasst sind, zu unterstützen. Konkret wurden in diesem Beispiel Ansätze und Instrumente des Performance-Managements mit Ansätzen aus der Professionalisierungsforschung kombiniert.

Um Implementationsstrategien zu verbessern, muss systematisches Wissen darüber generiert werden, welche konkreten Auswirkungen mit den gewählten Ansätzen und Instrumenten auf Ebene der Lehrpraxis erzeugt werden und welche Reaktionsmuster Lehrende auf Reformvorgaben zeigen. Weiterführende Fragestellungen stellen sich bezüglich aktuell genutzter Ansätze und Instrumente zur Umsetzung von Studiengangsreformen, um Faktoren zu identifizieren, die sich förderlich auf die Implementation und Umsetzung in der Lehrpraxis auswirken.

6.3 Literaturverzeichnis

Alles, M., Seidel, T. und Gröschner, A. (2018a). Establishing a positive learning atmosphere and conversation culture in the context of a video-based teacher learning community. *Professional Development in Education*, S. 1–14.

Alles, M., Seidel, T. und Gröschner, A. (2018b). Toward Better Goal Clarity in Instruction: How Focus on Content, Social Exchange and Active Learning Supports Teachers in Improving Dialogic Teaching Practices. *International Education Studies*, 11(1):11–24.

Baumert, J. und Kunter, M. (2006). Stichwort: Professionelle Kompetenz von Lehrkräften. *Zeitschrift für Erziehungswissenschaft*, 9(4):469–520.

Bellenberg, G. und Thierack, A. (2003). *Ausbildung von Lehrerinnen und Lehrern in Deutschland. Bestandsaufnahme und Reformbestrebungen*. Opladen: Leske + Budrich.

Biggs, J. (2014). Constructive alignment in university teaching. *HERDSA Review of Higher Education*, 1(5):5–22.

Borko, H. (2004). Professional development and teacher learning: Mapping the terrain. *Educational researcher*, 33(8):3–15.

Coburn, C. E. (2004). Beyond decoupling: Rethinking the relationship between the institutional environment and the classroom. *Sociology of education*, 77(3):211–244.

Desimone, L. M. (2009). Improving impact studies of teachers' professional development: Toward better conceptualizations and measures. *Educational researcher*, 38(3):181–199.

Desimone, L. M., Porter, A. C., Garet, M. S., Yoon, K. S. und Birman, B. F. (2002). Effects of professional development on teachers' instruction: Results from a three-year longitudinal study. *Educational evaluation and policy analysis*, 24(2):81–112.

Diehr, S. und Velling, J. (2003). Werden unsere Hochschulen dem Bedarf des Arbeitsmarkts gerecht? *Vierteljahrshefte zur Wirtschaftsforschung*, 72(2):289–304.

Ditzel, B. (2017). Die Steuerungslogik des Qualitätsmanagments von Studium und Lehre. In S. Harris-Huemmert, L. Mitterauer und P. Pohlenz (Hrsg.), *Third Space revisited: Jeder für sich oder alle für ein Ziel?*, S. 41–72. Bielefeld: Universitätsverlag Webler.

Gröschner, A., Seidel, T., Pehmer, A.-K. und Kiemer, K. (2014). Facilitating collaborative teacher learning: the role of "mindfulness" in video-based teacher professional development programs. *Gruppendynamik und Organisationsberatung*, 45(3):273–290.

Grossman, P., Cohen, J., Ronfeldt, M. und Brown, L. (2014). The test matters: The relationship between classroom observation scores and teacher value added on multiple types of assessment. *Educational researcher*, 43(6):293–303. doi:10.3102/0013189x14544542.

Guskey, T. R. (2002). Professional development and teacher change. *Teachers and teaching*, 8(3):381–391.

Hammerness, K., Darling-Hammond, L., Bransford, J., Berliner, D., Chochran-Smith, M., McDonald, M. und Zeichner, K. (2007). How teachers learn and develop. In L. Darling-Hammond und J. Bransford (Hrsg.), *Preparing teachers for a changing world: What teachers should learn and be able to do*. San Francisco: John Wiley & Sons.

Hill, H. und Grossman, P. (2013). Learning from teacher observations: Challenges and opportunities posed by new teacher evaluation systems. *Harvard educational review*, 83(2):371–384.

Kauper, T., Retelsdorf, J., Bauer, J., Rösler, L., Möller, J., Prenzel, M. und Drechsel, B. (2012). PaLea–Panel zum Lehramtsstudium: Skalendokumentation und Häufigkeitsauszählungen des BMBF-Projektes. Heruntergeladen von http://www.palea.uni-kiel.de/wp-content/uploads/2012/04/PaLea%20Skalendokumentation%204_%20Welle.pdf (am 14.08.2019).

Klauer, K. J. und Leutner, D. (2012). *Lehren und Lernen. Einführung in die Instruktionspsychologie*. Weinheim Basel: Beltz.

Kleickmann, T., Großschedl, J., Harms, U., Heinze, A., Herzog, S., Hohenstein, F., Zimmermann, F. et al. (2014). Professionswissen von Lehramtsstudierenden der mathematisch-naturwissenschaftlichen Fächer-Testentwicklung im Rahmen des Projekts KiL. *Unterrichtswissenschaft*, 42(3):280–288.

Krempkow, R. (1998). Ist gute Lehre messbar. *Das Hochschulwesen*, 4:195–199.

Kromrey, H. (2000). Qualität und Evaluation im System Hochschule. In R. Stockmann (Hrsg.), *Evaluationsforschung. Sozialwissenschaftliche Evaluationsforschung*. Wiesbaden: VS Verlag für Sozialwissenschaften.

Kultusministerkonferenz (2010). *Rahmenvorgaben für die Einführung von Leistungspunktsystemen und die Modularisierung von Studiengängen. Anlage der Ländergemeinsamen Strukturvorgaben für die Akkreditierung von Bachelor- und Masterstudiengängen*. Bonn: Kultusministerkonferenz.

Kultusministerkonferenz (2011). *Ländergemeinsame Strukturvorgaben für die Akkreditierung von Bachelor- und Masterstudiengängen vom 04.02.2010 – Auslegungshinweise vom 25. März 2011*. Bonn: Kultusministerkonferenz.

Kultusministerkonferenz (2014). *Standards für die Lehrerbildung: Bildungswissenschaften*. Berlin/Bonn: Kultusministerkonferenz.

Kunter, M. (2011). Theorie meets Praxis in der Lehrerbildung – Kommentar. *Erziehungswissenschaft*, 22(43):107–112.

Lipowsky, F. (2014). Theoretische Perspektiven und empirische Befunde zur Wirksamkeit von Lehrerfort-und-weiterbildung. In E. Terhart, H. Bennewitz und M. Rothland (Hrsg.), *Handbuch der Forschung zum Lehrerberuf*, S. 398–417. Münster: Waxmann.

Little, J. W. (2002). Locating learning in teachers' communities of practice: Opening up problems of analysis in records of everyday work. *Teaching and teacher education*, 18(8):917–946.

Mårtenssona, K., Roxå, T. und Stensaker, B. (2014). From quality assurance to quality practices: an investigation of strong microcultures in teaching and learning. *Studies in Higher Education*, 39(4):534–545.

Max-Planck-Institut für Bildungsforschung (2010). *COACTIV-R: Eine Studie zum Erwerb professioneller Kompetenz von Lehramtsanwärtern während des Vorbereitungsdienstes – Dokumentation der Erhebungsinstrumente für den ersten und zweiten Messzeitpunkt*. Max-Planck-Institut für Bildungsforschung Berlin.

Meyer-Guckel, V. und Jorzik, B. (2015). Studienerfolg – Schlaglichter auf einen blinden Fleck der Exzellenz Debatte. In C. Berthold, B. Jorzik und V. Meyer-Guckel (Hrsg.), *Handbuch Studienerfolg. Strategien und Maßnahmen: Wie Hochschulen Studierende erfolgreich zum Abschluss führen*, S. 6–11. Essen: Stiferverband für die Deutsche Wissenschaft.

Nickel, S. (2007). *Institutionelle QM-Systeme in Universitäten und Fachhochschulen. Konzepte – Instrumente – Umsetzung*. Gütersloh: CHE Centrum für Hochschulentwicklung gGmbH.

Opfer, V. D. und Pedder, D. (2011). Conceptualizing teacher professional learning. *Review of educational research*, 81(3):376–407.

Penuel, W. R., Fishman, B. J., Yamaguchi, R. und Gallagher, L. P. (2007). What makes professional development effective? Strategies that foster curriculum implementation. *American Educational Eesearch Journal*, 44(4):921–958.

Pohlmann, B. und Möller, J. (2010). Fragebogen zur Erfassung der Motivation für die Wahl des Lehramtsstudiums (FEMOLA). *Zeitschrift für Pädagogische Psychologie*. Dieser Beitrag wurde unter der Herausgeberschaft von D. Leutner und DH Rost bearbeitet.

Pollitt, C. (2013). The logics of performance management. *Evaluation*, 19(4):346–363.

Prenzel, M. (2001). Motiviertes Lernen im Studium. In U. Hameyer und S. Dombrowski (Hrsg.), *Hochschuldidaktische Impulse*, Band 2, S. 13–28. Kronshagen: Körner Verlag.

Reiss, K., Prenzel, M. und Seidel, T. (2012). *Ein Modell für die Lehramtsausbildung: Die TUM School of Education*. S. 192–209. Universitäre Bildung: Fachidiot oder Persönlichkeit.

Schiefele, U. und Jacob-Ebbinghaus, L. (2006). Lernermerkmale und Lehrqualität als Bedingungen der Studienzufriedenheit. *Zeitschrift für Pädagogische Psychologie*, 20(3):199–212.

Schindler, C. (2015). *Herausforderung Prüfen: Eine fallbasierte Untersuchung der Prüfungspraxis von Hochschullehrenden im Rahmen eines Qualitätsentwicklungsprogramms*. Doktor der Philosophie, Technische Universität München, München.

Schmidt, B. (2008). Qualität der Lehre an Hochschulen. Paper presented at the Qualitätssicherung im Bildungswesen.

Secolsky, C. und Denison, B. D. (2012). Improving Institutional Decision Making through Educational Measurement, Assessment and Evaluation. In C. Secolsky und B. D. Denison (Hrsg.), *Handbook on Measurement, Assessment, and Evaluation in Higher Education*, S. xvii–xx. New York, NY: Routledge.

Seidel, T. (2014a). Angebots-Nutzungs-Modelle in der Unterrichtspsychologie. *Zeitschrift für Pädagogik*, 60(6):850–866.

Seidel, T. (2014b). Lehrrerhandeln im Unterricht. In E. Terhart, H. Bennewitz und M. Rothland (Hrsg.), *Handbuch der Forschung zum Lehrerberuf*, S. 781–806. Waxmann Verlag.

Seidel, T., Knogler, M., Mok, S. Y., Hetmanek, A., Bauer, J., Vogel, F., Lankes, E.-M. et al. (2017). Forschung fördert (Lehrer)Bildung. Das Clearing House Unterricht. *Journal für Lehrerinnen- und Lehrerbildung*, 3:23–28.

Seidel, T., Mok, S. Y., Hetmanek, A. und Knogler, M. (2017). Meta-Analysen zur Unterrichtsforschung und ihr Beitrag für die Realisierung eines Clearing House Unterricht für die Lehrerbildung. *Zeitschrift für Bildungsforschung*, S. 1–15.

Seidel, T. und Reiss, K. (2014). Lerngelegenheiten im Unterricht. *Pädagogische Psychologie*, 6:253–276.

Seidel, T., Reiss, K., Bauer, J., Bannert, M., Blasini, B., Nerdel, A. R. und Schindler, C. (2016). Kompetenzorientierte und evidenzbasierte Lehrerinnen-und Lehrerbildung: Didaktische Weiterentwicklungen im Projekt.

Seidel, T. und Stürmer, K. (2014). Modeling and measuring the structure of professional vision in preservice teachers. *American educational research journal*, 51(4):739–771.

Seling, I. (2012). Die Perspektive der Arbeitgeber. In W. Schubarth, K. Speck, A. Seidel, C. Gottmann, C. Kamm und M. Krohn (Hrsg.), *Studium nach Bologna: Praxisbezüge stärken?!*, S. 233–237. Wiesbaden: Springer VS.

Shavelson, R. J. (2010). On the measurement of competency. *Empirical research in vocational education and training*, 2(1):41–63.

Stefanica, F. (2013). Modulbschreibungen – Deskriptionen realer Ansprüche oder realitätsferne Lyrik? Eine qualitative Analyse am Beispiel Höhere/Angewandte Mathematik I/II im Rahmen des Maschinenbaustudiums an ausgewählten Hochschulstandorten Baden Württembergs. *Zeitschrift für Berufs- und Wirtschaftspädagogik*, 109(2):286–303.

Stürmer, K. und Seidel, T. (2017). Connecting generic pedagogical knowledge with practice. Pedagogical Knowledge and the Changing Nature of the Teaching Profession.

Terhart, E., Lohmann, V. und Seidel, V. (2010). *Die bildungswissenschaftlichen Studien in der universitären Lehrerbildung. Eine Analyse aktueller Studienordnungen und Modelhandbücher an Universitäten in Nordrhein-Westfalen*. Abschlussbericht. Münster: Inst. f. Erz.-wiss. Westfälische Wilhelms-Universität Münster.

van Es, E. A. (2012). Examining the development of a teacher learning community: The case of a video club. *Teaching and teacher education*, 28(2):182–192.

Weick, K. E. (2001). *Making sense of the organization*. Oxford: Blackwell Publishers Inc.

Winter, M. und Reil, T. (2002). Auf dem Weg zu einem integralen Qualitätsmanagementsystem an Hochschulen. In T. Reil und M. Winter (Hrsg.), *Qualitätssicherung an Hochschulen: Theorie und Praxis*, S. 6–14. Bielefeld: W. Bertelsmann.

Wissenschaftsrat (2012). Empfehlungen zur Akkreditierung als Instrument der Qualitätssicherung. Köln.

Wissenschaftsrat (2015). Empfehlungen zum Verhältnis von Hochschulbildung und Arbeitsmarkt. Bielefeld.

Justus Henke und Peer Pasternack

7 Leistungserfassung und -bewertung der Third Mission – Ansätze und Kriterien

7.1 Problemstellung

Unter hochschulpolitischen Akteuren gilt es heute überwiegend als nützlich, Hochschulleistungen zu erfassen, zu messen und zu bewerten. Unter Lehrenden und Forschenden an Hochschulen gilt dies weitgehend als zeitraubend und entbehrlich. Die Reaktion auf die jeweils andere Seite besteht in imperativen Berichterstattungsanforderungen und der Förderung von Leistungsvergleichen (hochschulpolitische Akteure) bzw. darin, die hierfür nötigen Datenzulieferungen im Modus des Dienstes nach Vorschrift, Delegierung an Sekretariate oder Hilfskräfte zu erledigen oder sie zu vergessen (wissenschaftliches Personal).

Dieser gegensätzliche Umgang mit dem, was einerseits Leistungstransparenz herund andererseits steuerungsrelevante Informationen bereitstellen soll, verschärft sich bei den Hochschulaktivitäten, die unter dem Titel „Third Mission“ zusammengefasst werden. Dabei handelt es sich um Aktivitäten, die das unmittelbare Wirksamwerden der Wissenschaft in außerwissenschaftlichen Kontexten betreffen (mittelbar wird die Wissenschaft in diesen Kontexten auch über ihre erste und zweite Mission, also Forschung und Lehre, wirksam, indem sie Wissen und Qualifikationen emittiert). Zwar sind Third-Mission-Aktivitäten, ohne so genannt zu werden, zum Teil seit längerem schon Bestandteile des hochschulischen Leistungsportfolios – im Mittelalter und Früher Neuzeit etwa die Mitwirkung juristischer Professoren an der Spruchpraxis, seit der Hochschulexpansion z. B. in Weiterbildung, Technologietransfer oder Gründungsförderung. Dennoch gelten solche Aktivitäten nach wie vor als nicht traditionelle Hochschulaufgaben, insoweit sie zusätzlich zu den herkömmlichen Kernleistungen der Hochschulen, also Forschung und Lehre, betrieben werden. Entsprechend kann seitens der Wissenschaftler/-innen noch weniger Verständnis für zusätzliche Berichterstattungsanforderungen erwartet werden, als dies ohnehin mit Blick auf herkömmliche Lehr- und Forschungstätigkeiten beobachtbar ist. Dabei zeigen eigene Erhebungen (vgl. Henke, Pasternack & Schmid, 2017), dass Third-Mission-aktive Wissenschaftler/-innen durchaus eine bessere Honorierung ihres Engagements wünschen und generell eine Aufwertung der Third Mission im Hochschulprofil befürworten. Eine Leistungsmessung der Third Mission kann hierfür nützliche Funktionen erfüllen,

Justus Henke, Institut für Hochschulforschung Halle-Wittenberg (HoF)
Peer Pasternack, Institut für Hochschulforschung Halle-Wittenberg (HoF)

https://doi.org/10.1515/9783110689884-008

darunter: eine bessere Sichtbarmachung der Aktivitäten, eine Darstellung der spezifischen Kompetenzen, Transparenz über Ressourceneinsatz, Ergebnisse, Erfolge und Wirkungen. Es stellt sich allerdings die Frage, wie eine Leistungsbewertung der Third Mission als Voraussetzung für strategische Profilbildung einerseits sinnvoll möglich und andererseits ohne unzumutbaren zusätzlichen Dokumentationsaufwand für die Aktiven realisierbar ist.

Das, was mit Third Mission gemeint sein kann, ist explizit und implizit in verschiedener Weise konzeptualisiert worden. Unterscheiden lassen sich zwei Gruppen von Konzepten:

- zum einen solche, die primär die traditionellen Hochschulfunktionen Lehre und Forschung im Blick haben, diese aber in einen weitreichenden Horizont einordnen, d. h., ihnen einen erweiterten Handlungsradius zuweisen und dabei Third-Mission-Elemente integrieren (z. B. Entrepreneurial University, Triple Helix, Mode 2, transformative Wissenschaft);[22]
- zum anderen solche Konzepte, die neue Hochschulaufgaben formulieren, welche sowohl an die traditionellen Hochschulfunktionen anschließen als auch diese in Richtung gesellschaftsrelevanten Engagements überschreiten und somit im Kernbereich der Third Mission operieren (etwa Engaged University, regionale Innovationssysteme, Transdisziplinarität im Sinne der Verbindung von wissenschaftlichem und praktischem Wissen, nachhaltige Hochschule).[23]

Die Third Mission beschreibt also im Grundsatz solche Aktivitäten einer Hochschule, die deren traditionellen Aktionsradius überschreiten, dabei nicht oder nicht allein Lehre bzw. Forschung sind, allerdings einen Bezug zu ihren Kernleistungen aufweisen.[24] Die Aktivitäten sind dadurch charakterisiert, dass sie

- Interaktionen mit Akteuren außerhalb der akademischen Sphäre darstellen,
- gesellschaftliche Entwicklungsinteressen bedienen, die mit der herkömmlichen Leistungserbringung in Lehre und Forschung allein nicht zu bedienen sind und
- dabei auch Ressourcen aus Forschung und/oder Lehre nutzen.[25]

Überträgt man diese Kriterien auf das Leistungsportfolio von Hochschulen, so lassen sich Einzelaktivitäten grob in Weiterbildung, Forschungs- und Wissenstransfer sowie

22 Clark (1998); vgl. u. a. Etzkowitz (1983); Gibbons et al. (1994); Leydesdorff und Etzkowitz (1996); Schneidewind und Singer-Brodowski (2014).

23 Berthold, Meyer-Guckel und Rohe (2010); vgl. u. a. Heidenreich (2005); Schneidewind (2009).

24 Der Wissenschaftsrat (2016; 2013) verweist bereits seit einiger Zeit auf ein breiteres Verständnis von Transfer, das über Technologietransfer hinausgeht und sich zum Teil mit dem Konzept der Third Mission deckt, wenngleich letzteres zusätzlich wissenschaftliche Weiterbildung und gesellschaftliches Engagement einschließt

25 Für eine ausführliche Herleitung der Definition der Third Mission vgl. Henke, Pasternack und Schmid (2015).

Tab. 7.1: Systematische Darstellung der Third Mission (Quelle: Henke, Pasternack und Schmid (2017), eigene Bearbeitung).

Bereiche	**Weiterbildung**	**Forschungs- und Wissenstransfer**	**Gesellschaftliches Engagement**
Handlungs-felder	– berufsbezogene Fortbildung – akademische Weiterbildung	– Wissensentwicklung – Wissensvermittlung – Wissensvermarktung	– bürgerschaftliches Engagement – Community Service – Widening Participation
Ziele	– unternehmens-spezifische Fortbildungen – individuelle Fortbildung – Erhöhung der Reichweite von Weiterbildung – Ausbau akademischer Weiterbildung	– Förderung von Kooperationen – Förderung von Innovationen – Gründungsförderung – Vernetzung außerhalb der Wissenschaft – Vermittlung von Forschungswissen – Vermarktung eigener Wissensressourcen	– Förderung von freiwilligem Engagement – Förderung von Social Entrepreneurship – Förderung demokratischer Werte und Offenheit – Stärkung lokaler Akteure und Kultur – Bereitstellung öffentlicher Leistungen – Förderung unterrepräsentierter Gruppen – Bildungsangebote für Nichtstudierende
Aktivitäten (Beispiele)	– Zertifikatskurse – Kooperationen mit anderen Bildungsträgern – Aufbau-studiengänge	– curriculare Kooperationen – FuE-Kooperationen – Gründungszentrum – Public Under-standing of Science	– Service Learning – Unterstützung lokaler Akteure – Bibliotheken, Zoos, Museen – Angebote für Kinder und Schüler

gesellschaftliches Engagement[26] unterteilen (E3M, 2010; Henke et al., 2017; Secundo, Elena Perez, Martinaitis & Leitner, 2017; siehe Tabelle 7.1). Solche Systematisierungen bringen einen ansonsten schwer fassbaren Bereich in einen gemeinsamen Zusammenhang und können für die Entwicklung entsprechender Berichterstattungsformen und Erschließung neuer Bewertungsverfahren genutzt werden.

Von den Hochschulaufgaben in Forschung und Lehre unterscheiden sich Third-Mission-Aktivitäten aber durch einige Charakteristika, die es schwieriger erscheinen lassen, sie in Leistungsberichterstattungen und -bewertungen einzubeziehen:

– Sie sind nicht (gesellschaftliches Engagement) oder nur zum Teil (Weiterbildung, Forschungstransfer) Pflichtaufgaben der Hochschulen. Häufig werden sie als

---

26 Gesellschaftliches Engagement bezeichnet Leistungen, die vorwiegend gemeinwohlorientiert und an eine breitere Öffentlichkeit gerichtet sind. Es kann differenziert werden in die Handlungsfelder bürgerschaftliches Engagement, Community Service und Widening Participation.

freiwilliges Engagement Einzelner erbracht. Die Motivation zu ihrer Fortsetzung hängt wesentlich daran, dass sie keinen zusätzlichen bürokratischen Aufwand durch Erwartungen der Hochschule an eine Leistungsberichterstattung erzeugen.
- Third-Mission-Aktivitäten, insbesondere gesellschaftliches Engagement, aber auch Transfer und Weiterbildung, beruhen oft auf informellen Verbindungen und sind daher schwerer zu verfolgen. Häufig bleiben sie daher in der Hochschule unsichtbar, wenn die Akteure nicht direkt darauf angesprochen werden.
- In der Regel gibt es kaum externe Anreize, sich an Third-Mission-Aktivitäten zu beteiligen oder diese selbst zu organisieren. Auch intern findet am ehesten Forschungs- und Wissenstransfer Anerkennung, andere individuell organisierte Aktivitäten sind indes kaum im Blick der Hochschulleitungen. Das kann ihre Konstanz einschränken oder lässt sie in der Wahrnehmung ihrer Protagonisten als so etwas wie „Privataktivitäten“ erscheinen. Umgekehrt generieren viele Projekte jenseits des Forschungstransfers keine unmittelbar messbaren Erträge.
- Die Third Mission ist häufig regional fokussiert. Mit solchen Aktivitäten lässt sich für Wissenschaftler/-innen regionales Renommee erwerben, während alle wichtigen innerwissenschaftlichen Anreizsysteme auf überregionale Reputation ausgerichtet sind. Dies kann sowohl entsprechende Aktivitäten als auch eine allzu offensive Kommunikation dazu hemmen.
- Kooperationen mit außerakademischen Partnern können auch einen erhöhten Rechtfertigungsdruck erzeugen, wenn darin – etwa bei Technologietransferprojekten – Käuflichkeit statt Allgemeinwohlorientierung der Hochschule gesehen wird. Andererseits sind sie als Wahrnehmung von relevanter Wissenschaft legitimierbar (vgl. Wissenschaftsrat, 2018).

Insoweit kann durchaus die Frage gestellt werden, warum die als Third Mission benennbaren Leistungen der Hochschulen überhaupt erfasst und bewertet werden sollten. Immerhin ließe sich das auch als ein weiterer Schritt deuten, die „Universitäten im Zeitalter der Kalkulation“ (Muller, 1999, S. 195) zu verankern. Eine öffentlichkeitswirksame Kommunikation über die Third Mission der Hochschulen kann aber vor allem eines leisten: Sie macht unübersehbar, dass die Hochschulen gesellschaftliche Verantwortung wahrnehmen. Auch kann konstatiert werden, dass die Third Mission unter Wert zu bleiben droht, wenn die Forschung immer besser dokumentiert ist. Vor diesem Hintergrund sollen im Folgenden die Möglichkeiten der Leistungsberichterstattung, -messung und -bewertung der Third Mission einschließlich ihrer Vor- und Nachteile diskutiert werden. Dabei ist in Rechnung zu stellen, dass für viele Aktivitäten keine geeigneten Daten verfügbar sind oder Daten nur mit hohem Aufwand erhoben werden können. Überdies besteht Unklarheit über relevante Bewertungskriterien – etwa: Wann war eine Aktivität erfolgreich? –, die eine sinnvolle Beschränkung der Datenerfassung ermöglichen würden (E3M, 2010; Mora, Detmer & Vieira, 2010, S. 169).

Voraussetzung der Bewertung ist die Erfassung einschlägiger Leistungen der Third Mission[27], die wiederum messend oder beschreibend erfolgen kann. International gibt es einige Beispiele, wie die Erfassung und Bewertung der Third Mission operationalisiert wurden. Diese sollen zunächst überblicksweise in Augenschein genommen werden, um mit dem so geweiteten Blick die Möglichkeiten und Grenzen im deutschen Kontext zu betrachten.

7.2 Internationale Beispiele

7.2.1 Internationale Performance-Messung: E3M und U-Multirank

In dem Ansinnen, die Third-Mission-Leistungen von Hochschulen Ländergrenzen-überschreitend mess- und vergleichbar zu machen, sind zwei international koordinierte Projekte hervorzuheben: das auf den europäischen Raum bezogene E3M-Projekt[28] (2009 bis 2012) und das internationale U-Multirank-Projekt[29] (seit 2010). Beide haben Indikatoren für Themen- und Leistungsaspekte der Third Mission entwickelt, mit dem Unterschied, dass E3M sich auf konzeptionelle Arbeit beschränkt, während U-Multirank auch regelmäßig empirische Erhebungen unter den teilnehmenden Hochschulen durchführt. U-Multirank ist ähnlich wie das CHE-Hochschulranking[30] angelegt, zielt aber zusätzlich auf die Inklusion regionalen Engagements und Wissenstransfers in der Leistungsbewertung.

In E3M wird Third Mission als Sammelbegriff für drei Dimensionen verstanden: Technologietransfer und Innovation, Weiterbildung sowie soziales Engagement. Insgesamt wurden 54 Indikatoren mit guter Eignung in Bezug auf Relevanz, Gültigkeit, Vergleichbarkeit und Machbarkeit identifiziert und gegliedert in die drei Teilbereichen unterschieden (E3M, 2011b). Für jeden Indikator wurde ein Profil erstellt, das als Grundlage für die Einbettung in Datenerfassungssysteme und Rankings dienen soll (Tabelle 7.2).

Die Intention von U-Multirank ist nicht eine von anderen Leistungsbereichen getrennte empirische Abbildung der Third Mission, sondern die Ergänzung etablierter Indikatoren für Lehre und Forschung, um für das Hochschulranking auf ein breiteres empirisches Fundament zurückgreifen zu können. Bei U-Multirank werden die Indikatoren entsprechend nach den Kategorien Lehre und Lernen, Forschung, Wissens-

---

27 Diese können etwa anhand theoretisch-konzeptioneller Modelle wie beispielsweise in E3M (2010); Laredo (2007); Roessler, Duong und Hachmeister (2015) oder in Henke et al. (2015) systematisiert werden.

28 Das Akronym steht für „European indicators and ranking methodology for university third mission", weitere Informationen unter http://e3mproject.eu (10.10.2017).

29 http://umultirank.org/ (10.10.2017).

30 www.che-ranking.de (2.11.2018).

Tab. 7.2: Datenblatt für einen E3M-Indikator der Dimension Weiterbildung (Beispiel), (Quelle: E3M (2011a, S. 12), eigene Übersetzung aus dem Englischen).

CE-16	Gesamtzahl der ECTS-Credits der abgehaltenen Weiterbildungsprogramme
Zweck	zur Messung des Umfangs der im Bezugsjahr aktiven Weiterbildungsprogramme über die in diesen Programmen ausgestellten ECTS insgesamt
Definition	Gesamtzahl der ECTS-Credits der aktiven Weiterbildungsprogramme
Dolmetschen	Dieser Indikator bewertet die Aktivität, die sich auf die Gesamtauslastung der Studierenden (ECTS-Credits) in den Weiterbildungsprogrammen konzentriert.
Messung	nummerisch
Formel (falls zutreffend)	N_ECTS
Einheiten (falls zutreffend)	ECTS
Ebene der Datensammlung	Einrichtung
Typ der Datenquelle	institutionelle Daten
Zeitbezug	letztes Jahr
Relevanz	+
Gültigkeit	+
Zuverlässigkeit	+
Machbarkeit	+
Vergleichbarkeit	+

transfer, Internationalisierung und regionales Engagement gegliedert (van Vught & Ziegele, 2012). Das Projekt ist vor allem deshalb ein aufschlussreiches Beispiel für die Leistungsbewertung von Third Mission, weil es groß angelegt ist und bereits zum wiederholten Male Datenerhebungen durchgeführt wurden.[31] In Kauf zu nehmen ist, dass Kompromisse aufgrund sehr heterogener Datenverfügbarkeiten für die einzelnen Hochschulen eingegangen werden mussten und in Bezug auf Third Mission nur ein limitierter Themenbereich abgedeckt ist (Tabelle 7.3).

In U-Multirank wird Problemen der Messbarkeit von Leistungen, die mit dem objektiven Messaufwand zusammenhängen, dadurch begegnet, dass verschiedene empirische Zugänge erschlossen werden. So wurden neben den Hochschulen selbst auch Studierende befragt, Patent- und Bibliometriedatenbanken ausgewertet sowie Frage-

31 In der ersten Erhebung 2014 nahmen rund 850 Hochschulen aus über 70 Ländern teil, in der zweiten im Jahr 2015 kamen noch mal 350 Hochschulen hinzu. Die Erhebungen wurden 2016 und 2017 fortgesetzt.

Tab. 7.3: U-Multirank-Indikatoren mit Third-Mission-Bezug (Quelle: Eigene Darstellung).

Regionales Engagement	Wissenstransfer
1. prozentualer Anteil von Bachelorabsolventen, die in der Region (50 km Umkreis) arbeiten 2. prozentualer Anteil von Masterabsolventen, die in der Region arbeiten 3. prozentualer Anteil der studentischen Praktika, die in der Region absolviert wurden 4. prozentualer Anteil der Publikationen der Hochschule insgesamt, die gemeinsam mit einem Co-Autor aus der Region veröffentlicht wurden 5. prozentualer Anteil der Drittmitteleinnahmen, die von einem regionalen Geldgeber stammen (Industrie, private Einrichtungen, Stiftungen etc., ohne Regierungsgelder)	1. prozentualer Anteil der wissenschaftlichen Publikationen, die gemeinsam mit einem Co-Autor aus einem Wirtschaftsbetrieb veröffentlicht wurden 2. Drittmittel von privaten Geldgebern pro Wissenschaftler 3. absolute Anzahl erworbener Patente (10-Jahres-Zeitraum) 4. Größen-normalisierte Anzahl erworbener Patente (pro 1.000 Studierende, 10-Jahres-Zeitraum) 5. prozentualer Anteil gemeinsam mit einem außerhochschulischen Partner erworbener Patente (10-Jahres-Zeitraum) 6. Anzahl Spin-offs pro Wissenschaftler/-innen (Vollzeitäquivalent) 7. prozentualer Anteil der Publikationen der Hochschule, die in der Referenzliste mindestens eines internationalen Patents aufgeführt werden 8. prozentualer Anteil der Einnahmen aus Weiterbildungsaktivitäten der Hochschule an deren Gesamteinnahmen

bögen – soweit dies möglich war – mit öffentlich verfügbaren Daten vorausgefüllt.[32] Im Ergebnis können Hochschulen oder Fächergruppen hinsichtlich ihrer Performance verglichen werden.

Für die Leistungsbewertung der Third Mission ist hier zu bedenken, dass eine relativ geringe Anzahl sehr spezifischer quantitativer Indikatoren Aussagen über die Qualität von regionalen Engagement und Wissenstransfer treffen soll. U-Multirank ist ein pragmatisches Verfahren für Hochschulvergleiche, jedoch kein Universalinstrument für eine multiperspektivische Leistungsbewertung. Für solche Zwecke müsste der Kompromiss aus Messgenauigkeit und Abdeckung von gemessenen Leistungsbereichen deutlich zugunsten des letzteren verschoben werden und auch die Integration qualitativer Informationen wäre hierfür wünschenswert.

7.2.2 England: Bewertung von Impact als monetäre Größe

In England sind die Erwartungen an die Nützlichkeit von Forschung schon länger hochschulpolitisch formuliert. Entsprechend sind auch Förder- und Evaluationskri-

32 Zur Methodik im Einzelnen: www.umultirank.com/#!/about/methodology/data-sources (10.11.2017).

terien für die Third Mission weiterentwickelt. Inhaltlich ist Third Mission seit den 1990er-Jahren vom Verständnis eines *technology transfer* über *knowledge transfer* hin zu *knowledge exchange* evolviert. Seit 2001 gibt es den Higher Education Innovation Fund (HEIF), der verschiedene Förderprogramme mit Third-Mission-Bezug zusammenführt, mittlerweile etwa 175 Mio jährlich[33] ausschüttet und den Hochschulen zu einer stärker strategisch orientierten Entwicklung der Third Mission verhelfen soll (Rosli & Rossi, 2016, S. 432). Seit dem Jahr 2006 werden die geförderten Projekte einer Leistungsbewertung unterzogen (Kitagawa & Lightowler, 2013). Grundlegend für die Entwicklung von Indikatoren war die von einer Gruppe englischer Hochschulen beauftragte Studie von Molas-Gallart, Salter, Patel, Scott und Duran (2002), die 65 potenzielle Indikatoren in zwölf Third-Mission-Kategorien identifizierte.

Der *Higher Education Funding Council for England* (HEFCE) führt seit dem Jahr 2001 jährlich das *Higher Education Business and Community Interaction* (HE-BCI) Survey durch, das zentral für die Entwicklung einer formelbasierten Allokation der Fördermittel aus dem HEIF war und zugleich die wichtigste Datengrundlage für die in die Formel einfließenden Indikatoren darstellt (Kitagawa & Lightowler, 2013, S. 7; Rosli & Rossi, 2016, 433). Als wichtigste Leistungsdimension wird in der HEIF-Formel der Impact verstanden, der wiederum durch generierte Umsätze bzw. Einnahmen als Proxy gemessen wird. Hierbei kommen sieben Indikatoren zum Einsatz: (1) Einkommen aus Auftragsforschung, (2) Einkommen aus Beratung, (3) Einkommen aus der Nutzung hochschulischer Ausstattung und Einrichtungen, (4) Einkommen aus der Regionalförderung und -entwicklung, (5) Einkommen aus geistigem Eigentum, (6) Einkommen aus dem an Externe gerichteten Kursangebot, (7) Einkommen aus Wissenstransferpartnerschaften (Kitagawa & Lightowler, 2013, S. 8).[34] Die Indikatoren werden unterschiedlich in der Formel gewichtet und zu einem hochschulspezifischen Wert zusammengeführt. Dieser bestimmt im wettbewerblichen Vergleich mit den Werten der anderen Hochschulen den der Hochschule zustehenden Anteil aus dem HEIF.

Das Zusammenspiel der formelbasierten Verteilung von HEIF-Mitteln für Third Mission auf Basis von Daten, die überwiegend aus dem jährlich an den englischen Hochschulen stattfindenden HE-BCI-Survey stammen, hat sich etabliert (Molas-Gallart & Castro-Martínez, 2007, S. 328). Völlig unumstritten jedoch ist das Verfahren nicht. Kritiker bemängeln, dass das HE-BCI-Survey, von dem selbst ja nur ein Teil für den HEIF relevant ist, zu 70 Prozent quantitativ sei und qualitative Informationen vernachlässige (Rosli & Rossi, 2016, S. 434). Überdies wird die Fokussierung auf eine geringe Anzahl von Indikatoren, die zudem die Wirkungen der Third-Mission-Leistungen ausschließlich monetär bewerten, kritisch gesehen (Rosli & Rossi, 2016, S. 437).

33 www.hefce.ac.uk/pubs/year/2017/CL,252017/ (9.11.2017).

34 Näheres zur HEIF-Formel und Definitiionen des HEBCI unter www.hefce.ac.uk/pubs/year/2015/CL,052015/ und www.hesa.ac.uk/support/definitions/hebci (14.11.2017).

7.2.3 Italien: Verschiedene Leistungsdimensionen, ungleiche Umsetzung

In Italien gelten seit 2009 verpflichtende Regeln zur Einführung und Veröffentlichung von Leistungsbewertungssystemen in öffentlichen Einrichtungen, die auf eine verschärfte Rechenschaftspflicht zur Reduktion der Verschwendung von Steuergeldern abzielen (Bonollo & Zuccardi Merli, 2017, S. 310; Dal Molin, Turri & Agasisti, 2016). Dies gilt unter anderem für die öffentlichen Hochschulen, auch wenn sie im Vergleich zu den sonstigen Einrichtungen hohe Autonomie bei der methodischen Gestaltung besitzen. Allerdings beschränkten sich die Berichterstattungspflichten bis ins Jahr 2016 nur auf Leistungen des nicht wissenschaftlichen Personals, d. h. lediglich auf die wissenschaftsunterstützenden Funktionen für Lehre, Forschung oder Third Mission.[35]

Einzelne Leistungsbereiche der Bewertung werden nach intern bzw. extern orientierten Funktionen unterschieden, wobei Third-Mission-Themen in den extern orientierten Funktionen zu finden sind. Konkret sind zwei grobe Gruppen abgedeckt: Lehr- und Forschungsunterstützung (darin: Fundraising, Internationalisierung, botanische Gärten, Museen, Alumnis, Tutorenprogramme) sowie Patente und Spin-offs. In den Umsetzungsempfehlungen sind sechs Indikatoren(typen) festgelegt: Output, Effektivität (qualitativ und quantitativ), Outcomes, Effizienz, Ausgaben/Kosten und Umsätze (Bonollo & Zuccardi Merli, 2017, S. 316). In der konkreten Auswahl der Indikatoren für die Berichterstattung besitzen die Hochschulen weitgehende Freiheit. Bonollo und Zuccardi Merli (2017, S. 319) haben in ihren Auswertungen der Berichte besonders häufig Kennzahlen mit Studierendenbezug gefunden, etwa: Tutorentätigkeit, Vermittlung und Organisation von Praktika, Auslandsaufenthalten, Stipendien und andere Vergünstigungen. Überdies würden sich ebenfalls häufig Kennziffern über juristische Tätigkeiten, Unterstützung institutioneller Einrichtungen, Kommunikation und Websites in den Berichten finden.

Die italienischen Hochschulen setzen die verpflichtende Leistungsbewertung indes noch nicht konsequent um (Dal Molin et al., 2016). Empirische Untersuchungen verweisen auf eine Überbetonung lehrbezogener Indikatoren in der Berichterstattung, eine vergleichsweise geringe Repräsentanz von forschungs- und eine weitgehende Vernachlässigung Third-Mission-bezogener Indikatoren (Bonollo & Zuccardi Merli, 2017; Ricci & Civitillo, 2017). Allgemein sind die von den Hochschulen berichteten Indikatoren zum größten Teil Outputindikatoren (Bonollo & Zuccardi Merli, 2017, S. 326).

---

35 Mittlerweile sind durch ministerielle Richtlinien alle Leistungsbereiche der öffentlichen Hochschulen Gegenstand der Leistungsbewertung (Bonollo & Zuccardi Merli, 2017, S. 313).

7.3 Erfassung, Messung und Bewertung

7.3.1 Erfassung von Aktivitäten

Seitens der Hochschulen[36] in Deutschland ist die Kommunikation über Hochschulaktivitäten, die den traditionellen Bereich von Lehre und Forschung überschreiten, bis auf wenige Ausnahmen allem unsystematisch. Entsprechend wechselhaft ist die Kommunikationsfähigkeit zum Thema je nach Hochschule. Dabei könnte die öffentlichkeitswirksame Kommunikation über die Third Mission die Wahrnehmung gesellschaftlicher Verantwortung seitens der Hochschulen nachweisen. Durch die Kommunikation werden Aktivitäten, die Hochschulen für die Gesellschaft unternehmen, benannt und dokumentiert. So wird sichtbarer, welche Beiträge von Hochschulen zu sozialen, ökonomischen und kulturellen Entwicklungen geleistet werden.

Da wenig über die tatsächliche Performance der Third Mission an Hochschulen bekannt ist, kann ein Blick auf die Schwerpunkte der gegenwärtigen Kommunikation der Third Mission zu mehr Aufklärung führen. In einer Online-Befragung der Pressestellen von westdeutschen Hochschulen (Beantwortungen aus 33 Hochschulen, Rücklauf 20 Prozent) im Jahr 2014 wurde unter anderem nach inhaltlichen Komponenten der berichteten Third-Mission-Themen in den Kommunikationsformaten der Hochschulen gefragt (Henke, Pasternack & Schmid, 2015). Die Ergebnisse liefern Hinweise, wie gut die Datenlage ist.[37]

Es zeigte sich, dass vor allem über Art und Anzahl der Aktivitäten sowie über Ergebnisse und Erfolge berichtet wird. Insgesamt berichten rund drei Viertel der Hochschulen über Ergebnisse und Erfolge von Third-Mission-Aktivitäten. Häufig (65 Prozent der Hochschulen) wird aber auch über Kooperationspartner und Teilnehmer der Aktivitäten berichtet. Eher selten werden Informationen zur Finanzierung (Einnahmen oder Ausgaben) sowie dem Personaleinsatz veröffentlicht: Nur knapp ein Viertel (Finanzen) bzw. ein Drittel (Personaleinsatz) der Hochschulen berichtet über diese Aspekte. Zu den Berichtsthemen ließ sich folgendes ermitteln (Tabelle 7.4):

- Inhaltlich dominiert in der Berichterstattung über *Weiterbildung* an Hochschulen das Kursangebot. Angaben zu Einnahmen aus bzw. Ausgaben für Weiterbildung werden hingegen nur an wenigen Hochschulen veröffentlicht. Informationen zur Anzahl der Lehrenden, der Teilnehmenden sowie der Absolvent(inn)en sind bei etwa 40 Prozent der befragten Hochschulen Teil der Berichterstattung.

36 Die außeruniversitären Forschungseinrichtungen werden in dieser Betrachtung nicht behandelt.

37 Theoretische Grundlage war eine eigenständige Systematisierung der Third Mission, dessen Entwicklung wiederum nötig war, da die vorliegende Literatur zum Thema die Third Mission vornehmlich Aufzählungslisten erfasst, nicht jedoch eine trennscharfe Definition enthält, die eine Taxonomie entsprechender Aktivitäten anleiten kann. Die Systematisierung baut dabei auf die grundlegende Einteilung der Third Mission in Weiterbildung, Transfer und gesellschaftliches Engagement auf, wie sie bereits im E3M-Projekt (2010) vorgeschlagen wurde.

Tab. 7.4: Inhalte der Kommunikation von Third-Mission-Themen (in % der Hochschulen), (Quelle: eigene Erhebung an westdeutschen Hochschulen 2014).

		Ein-nahmen, Ausgaben	Kurs-angebot, Aktivitäten	Teil-nehmer, Partner	Lehrende, Personal	Absolventen, Ergebnisse, Erfolge
Weiterbildung	Zertifikatskurse	27 %	100 %	60 %	53 %	47 %
	Online- und Fernstudiengänge	29 %	100 %	57 %	43 %	71 %
	Aufbaustudiengänge	5 %	100 %	53 %	47 %	58 %
	Weiterbildung für Unternehmen	29 %	100 %	64 %	64 %	43 %
	Gruppenmittelwert	22 %	100 %	59 %	52 %	55 %
Forschungs- und Wissenstransfer	Aufträge und Beratung	20 %	50 %	80 %	40 %	80 %
	curriculare Kooperationen	13 %	63 %	63 %	38 %	88 %
	FuE-Kooperationen	56 %	69 %	81 %	50 %	88 %
	Gründungsförderung	31 %	85 %	38 %	38 %	100 %
	individuelle Transferaktivitäten	23 %	38 %	62 %	23 %	92 %
	Netzwerke	29 %	43 %	79 %	21 %	64 %
	Patente, Lizenzen	36 %	73 %	27 %	27 %	82 %
	Gruppenmittelwert	30 %	60 %	61 %	34 %	85 %
Gesellschaftliches Engagement	alternative Studienformen	0 %	78 %	67 %	22 %	78 %
	Angebote für Nicht-Studierende	8 %	92 %	54 %	15 %	62 %
	öffentliche Dienstleistungen	8 %	46 %	54 %	8 %	62 %
	gemeinnützige FuE-Projekte	25 %	63 %	100 %	25 %	75 %
	Service Learning	9 %	64 %	82 %	18 %	82 %
	soziale/kulturelle Aktivitäten	23 %	54 %	85 %	23 %	69 %
	Unterstützungs-angebote	15 %	85 %	69 %	15 %	77 %
	Gruppenmittelwert	13 %	69 %	73 %	18 %	72 %
Gesamtmittelwert		21 %	72 %	65 %	32 %	73 %

Anmerkung: Die Basis zur Berechnung der Prozentwerte wurde um fehlende Werte bereinigt. Das N umfasst 15 Hochschulen bei Zertifikatskursen, neun bei Online-/Fernstudiengängen, 21 bei Aufbaustudiengängen, 17 bei Weiterbildung für Unternehmen, 13 Hochschulen bei Gründungsförderung, acht bei Absolventenvermittlung an Unternehmen, 16 bei FuE-Kooperationen, elf bei Patenten/Lizenzen, zehn bei Aufträgen und Beratung von gesellschaftlichen Akteuren, 13 bei Transfer-Aktivitäten Hochschulangehöriger und der An-Institute, 14 bei Netzwerken mit Innovations- oder Regionsbezug, acht bei gemeinnützigen FuE-Projekten, elf bei Service Learning, 13 bei sozialen/kulturellen Aktivitäten, 13 bei öffentlichen Dienstleistungen, 13 bei Unterstützungsangeboten für unterrepräsentierte Studierendengruppen und 13 bei Angeboten für Nicht-Studierende.

Die Befunde weisen auf eine sehr heterogene Datenlage hin, denn die Hochschulen dokumentieren ihre Aktivitäten sehr unterschiedlich und in variierender Zugänglichkeit.

Für eine Darstellung der Leistungsfähigkeit des Weiterbildungsangebots wären die Beteiligung an Weiterbildungsangeboten (Anzahl der Teilnehmer) und idealerweise auch Angaben zu erfolgreichen Abschlüssen wünschenswert. Über eine solche Darstellung verfügt etwa die Hälfte der hier aktiven Hochschulen.

- In der Berichterstattung zu *Forschungs- und Wissenstransfer* dominieren Ergebnisse bzw. Erfolge. Dies trifft in besonderem Maße auf FuE-Kooperationen und individuelle Transferaktivitäten zu. Bei Gründungsförderungen und FuE-Kooperationen sind zudem die Beschreibungen der Aktivitäten häufig Gegenstand der Kommunikation. Über Kooperationspartner wird vor allem bei FuE-Kooperationen und Netzwerken berichtet. Finanzielle Aspekte und Personaleinsatz werden nur bei FuE-Kooperationen häufiger in der Kommunikation thematisiert. Insgesamt scheinen also FuE-Kooperation die inhaltlich umfangreichste Außenkommunikation zu erfahren.
- Der Schwerpunkt der Berichterstattung zum *gesellschaftlichen Engagement* lässt sich auf drei Aspekte eingrenzen: Partner, Aktivitäten und Ergebnisse/Erfolge. Dies trifft in geringer Variation auf alle einbezogenen Aktivitäten zu. Nahezu nicht abgedeckt werden in der Berichterstattung Finanzierungsaspekte und der Personaleinsatz.

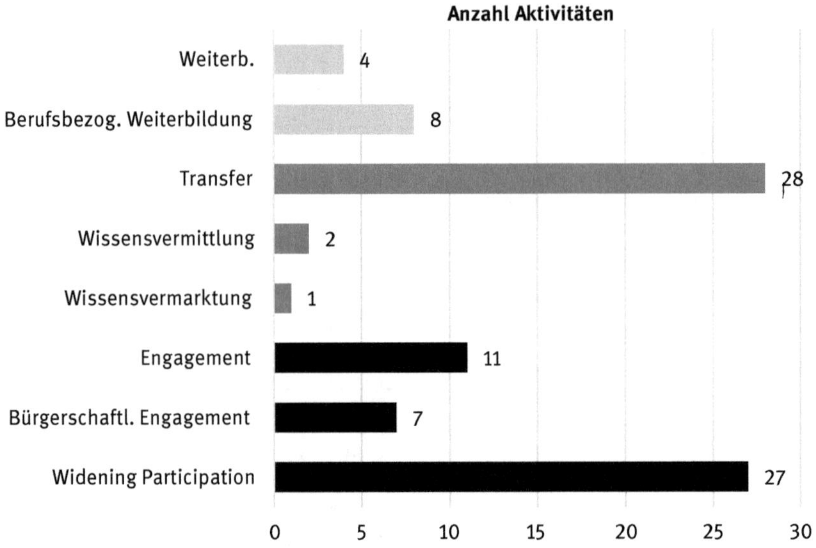

Abb. 7.1: Beispiel einer einfachen Auswertung nach Häufigkeit (Quelle: Eigene Darstellung). Anmerkung: Daten für eine geistes- und sozialwissenschaftlich dominierte deutsche Universität (2015).

Dennoch stellt sich die Datenlage insgesamt als hinreichend für eine themenabdeckende wie -vertiefende Darstellung der Third Mission einer Hochschule dar. Voraussetzung hierfür ist, die bereits vorhandenen Daten entsprechend zu nutzen und aufzubereiten. Nimmt man Lücken in Kauf, denn eine vollständige Abdeckung ist/scheint quasi unerreichbar, so ist eine Kartografierung der bestehenden Third-Mission-Aktivitäten keineswegs besonders aufwendig. Gleichwohl kann dies Ausgangspunkt der Entwicklung einer systematischen Erfassung und institutioneller Erforschung der Third Mission sein (siehe dazu weiter unten). Gleich ob nun die Aktivitäten in Verwaltungsbereichen, durch Professor(inn)en oder Studierendengruppen organisiert werden: Solange sich Informationen z. B. im Webauftritt der Hochschule, Jahresberichten oder Hochschuljournalen finden, können sie als dokumentiert eingestuft werden. Indem diese bereits vorhandenen Quellen ausgewertet werden, können Basisinformationen mit einer Bestandsaufnahme, die auf Informationen des ersten Zugriffs setzt, aufwandsarm verfügbar gemacht werden. Dieser Zugriff kann dann besonders effizient erfolgen, wenn er durch selbstständige Schlagwortsuchen elektronisch unterstützt wird.

7.3.2 Datenaufbereitung und Messung

Eine Datenaufbereitung systematisch erfasster Informationen zu den Aktivitäten kann auf zweierlei Weise geschehen: elementar durch thematische Clusterung und etwas avancierter durch Kennziffernerfassung.

Für die thematische Clusterung lassen sich die erfassten Aktivitäten inhaltlich sortieren und auszählen. Für die Sortierung liegt es nahe, die drei oben unterschiedenen Bereiche der Third Mission zu nutzen: Weiterbildung, Forschungs- und Wissenstransfer sowie gesellschaftliches Engagement. So können inhaltliche Schwerpunkte transparent gemacht und eine Darstellung des Third-Mission-Profils der jeweiligen Hochschule erzeugt werden.

Die getrennte Betrachtung der drei Bereiche erleichtert es aber auch, differenzierte Messchancen hinsichtlich der Ergebnisse bzw. Performance von Aktivitäten zu identifizieren:

- *Weiterbildungsaktivitäten* lassen sich ohne größere Schwierigkeiten messen, indem (a) die Zahl der Veranstaltungen, Teilnehmer, Prüfungen und Zertifikate, (b) die eingesetzten Personal-, Raum- und Geräteressourcen und (c) die dadurch ggf. generierten Einnahmen erfasst werden. Daneben ist es möglich, die Zahl der Anfragen zu bestimmten Weiterbildungen und der erfolgreich bedienten Anfragen zu dokumentieren. Mit etwas zeitlichem Nachlauf können im Rahmen von periodischen Evaluationen ehemalige Teilnehmer zu den Wirkungen der Bildungsmaßnahmen in Bezug auf ihre Beschäftigungsfähigkeit oder Unternehmen in Bezug auf Produktivitätssteigerungen befragt werden.

- Forschungs- und Wissenstransfer – der sich in Wissensentwicklung, Wissensvermittlung und Wissensvermarktung untergliedern lässt – kann quantitativ gemessen werden, indem unter anderem die Zahl der Kooperationen, der Kooperationspartner, der involvierten Wirtschaftsbranchen oder öffentlichen Einrichtungen, der Ergebnisse in Gestalt von Produkten, Patenten, Publikationen, abgehaltenen Veranstaltungen usw. und schließlich die Geldflüsse erfasst werden.[38] Ferner können Teilnehmerzahlen und Ergebnisse von Bewertungsbögen aus eigenen wissenstransferbezogenen Veranstaltungen herangezogen werden. Bei avisierter längerfristiger Nachverfolgung der Aktivitäten können Stakeholderbefragungen zu den sozio-ökonomischen Wirkungen der Kooperationen und Veranstaltungen erfolgen.
- Beim gesellschaftlichen Engagement besteht am ehesten das Problem, dass es nur z. T. über metrische Daten erfassbar ist (vgl. Molas-Gallart & Castro-Martinez, 2007). Entweder sind die Third-Mission-Aktivitäten noch keine festen Bestandteile des Hochschulportfolios, weshalb geeignete Daten nur mit relativ viel Aufwand beschafft werden können (z. B. dezentral organisiertes Service Learning), oder es lassen sich kaum aussagekräftige Daten für bestimmte Aktivitäten erheben (z. B. kulturelles Engagement von Studierendengruppen am Hochschulstandort). Erfahrungen in den untersuchten Hochschulen zeigen, dass die meist gute Informiertheit der Pressestellen bzw. Kommunikationsabteilungen über diese Aktivitäten noch gesteigert werden kann, wenn Hochschulangehörige in bestimmten Abständen etwa via E-Mail ermuntert werden, über ihre individuellen Third-Mission-Aktivitäten zu informieren.

7.3.3 Bewertungen

Eine Leistungsbewertung der Third Mission muss aufgrund der Vielfalt darin enthaltener Aktivitäten sehr bewusst zwischen zweierlei unterscheiden: Was ist zu messen, um daraus Schlüsse allgemeinerer Art für die strategische Hochschulentwicklung ziehen zu können? Was ist zu bewerten, um Wissen für konkrete Verbesserungsbedarfe der Third-Mission-Aktivitäten zu generieren? Secundo et al. (2017, 230 f.) folgern, dass die von verschiedenen Anspruchsgruppen geforderten Leistungsbewertungen durch Beobachtung sowohl auf der strategischen Ebene als auch auf der operativen Ebene erfolgen sollte. In diesem Spannungsfeld müssen für die Leistungsbewertung deren Ziele und die dafür eingesetzten Mittel kritisch reflektiert werden, um nicht Gefahr zu laufen, unverhältnismäßigen Aufwand zu betreiben.

Zwei Grundprobleme der Leistungsbewertung der Third Mission sind, dass es bislang noch keine Einigung über den methodologischen Ansatz zur Beschreibung

---

38 Hier ist zu erwähnen, dass es sich um Surrogatkennziffern und -indikatoren handelt, da die qualitativen Effekte der Aktivitäten nicht direkt messbar sind.

der Third-Mission-Aktivitäten gibt und dass den Hochschulen die Informationen und Messinstrumente fehlen, die deren Leistungsbewertung ermöglichen würden (Montesinos, Carot, Martinez & Mora, 2008; Secundo et al., 2017). Bezogen auf ersteres können mindestens drei Ansätze zur Systematisierung der Third Mission genannt werden:

- *Gruppierung nach Prozessphasen:* Hier werden der Input-Output-Outcome-Impact-Logik (iooi) folgend als Leistungen neben Aktivitäten auch Vorbedingungen (z. B. Vernetzungsaktivitäten), Resultate (etwa Patentanmeldungen) und Folgen (z. B. Einnahmen) in den Bewertungsansatz aufgenommen (Roessler, Duong & Hachmeister, 2015, 43 f.). Leistungsindikatoren werden somit nach iooi differenziert und auf Organisationsebene zusammengefasst.
- *Gruppierung nach Kapitalansatz:* Hier werden geclusterte Third-Mission-Leistungen (z. B. gesellschaftliches Engagement in der Region) anhand des geschaffenen intellektuellen Kapitals bewertet, wobei letzteres unterteilt wird in Humankapital, Organisationskapital und Sozialkapital (Secundo et al., 2017). Leistungsindikatoren werden nach Kapitalart und nicht nach iooi-Prinzip differenziert und sind auf Organisationsebene zusammengefasst.
- *Gruppierung nach Aktivitäten:* In diesem Ansatz werden einzelne Aktivitäten schwerpunktmäßig Kategorien zugeordnet, wobei Teilbereiche hierarchisch in Handlungsfelder, Zielsetzungen und Maßnahmen untergliedert sind (Henke, Pasternack & Schmid, 2016, S. 26 ff.). Leistungsindikatoren können hier nach iooi-Prinzip differenziert werden und werden auf Aktivitätsebene oder in höherrangigen Kategorieebenen zusammengefasst abgebildet.

Für die Third Mission anzuwendende Leistungsindikatoren sollten einerseits so weit wie möglich kompatibel mit bestehenden Indikatoren für Forschung und Lehre sein, andererseits anschlussfähig an Strategien, Strukturen und Prozessen in mehrschichtigen Gesellschaftskontexten. Es sind überdies grundlegende und fallspezifische Voraussetzungen zu beachten, damit die durch die Indikatoren abgebildeten Bewertungsergebnisse auch Akzeptanz finden. So sind viele Indikatoren nur bedingt fachbereichs- oder hochschulübergreifend vergleichbar, da große Unterschiede zwischen den Fächern und Einrichtungen bestehen. Beispielsweise können Kooperationsbeziehungen einer Hochschule zu Unternehmen in einer Region, in der sehr viele Unternehmen angesiedelt sind, nicht verglichen werden mit den Kooperationsbeziehungen einer Hochschule, in deren Sitzregion eine nur geringe Unternehmensdichte besteht. Die wirtschaftlichen Unterschiede einer Sitzregion lassen sich nicht umstandslos durch Gewichtung ausgleichen und limitieren mithin die Vergleichbarkeit darauf abhebender Indikatoren. Die Hochschulen agieren zudem in unterschiedlichen Kontexten mit unterschiedlichen Zielsetzungen. Third-Mission-Indikatoren sollten daher eher nicht vorrangig Hochschulen *miteinander* vergleichen, sondern dazu benutzt werden, den jeweiligen organisationsindividuellen Fortschritt zu bewerten. Dabei sollten Indikatoren und Bewertungskriterien zusammen mit den Aktiven entwickelt werden, d. h., von der Hochschulleitung vorgegeben werden. Dies kann in ein übergreifendes Konzept für die Hochschule münden, das für Messungen künftig angewendet wird.[39]

Auch wenn Leistungsbewertung in erster Linie auf die Ergebnisse und Wirkungen von Leistungsprozessen abhebt, käme der Ausschluss von Inputkennziffern und Prozessindikatoren einem Verzicht der Nutzung vergleichsweise einfach zu erhebender Daten gleich, die Leistungen zumindest indirekt, nämlich über ihr Wirkungspotenzial, abbilden. Somit braucht die Auswahl der Indikatoren sich nicht auf eine Prozessphase zu beschränken, sondern kann Ressourceneinsatz (Input), Prozess (Durchführung), Ergebnisse (Output) wie auch mittel- und langfristige Ergebnisse und Wirkungen (Outcome bzw. Impact) einbeziehen. Im Sinne der Transparenz sollte dabei die jeweilige Prozessphase kenntlich gemacht werden.

Setzt man die vorgenommenen Auszählungen der Aktivitäten ins Verhältnis zu anderen Kennziffern wie Anzahl der Studierenden, involvierte Vollzeitäquivalent-Stellen und damit verbundene Ausgaben oder Einnahmen, so lassen sich Indikatoren bilden, die Rückschlüsse auf die Intensität und sonstige Qualitätsmerkmale der Aktivitäten zulassen. Aufgrund der Datenlage vergleichsweise einfach zu bildende Indikatoren sind in Tabelle 7.5 aufgeführt.

Tab. 7.5: Third-Mission-Informationen und –Indikatoren (Quelle: Eigene Darstellung).

Leicht verfügbare Informationen und ...	... hieraus ableitbare Indikatoren
– Anzahl, Name und Typ der Aktivität – Ansprechpartner in der Hochschule – Anzahl und Namen der Kooperationspartner – Förderbeträge – beteiligte Mitarbeiter, idealerweise auch Vollzeitäquivalente – Turnus der Aktivität, d. h., wie oft und regelmäßig sie stattfindet – ob befristete (Projekt-)Aktivität oder verstetigte (Planstellen) – verfügbare Berichte, Evaluationen und sonstige Dokumentationen	– *mittlere Förderung:* Anzahl der Projekte mit Third-Mission-Bezug/Gesamtfördersumme – *Vielfalt der Partnerschaften:* durchschnittliche Anzahl an Kooperationspartnern (je Aufgabenbereich) – *Dauerhaftigkeit:* Verhältnis aus verstetigten und befristeten Aktivitäten – Themenabdeckung: Anzahl bearbeiteter Handlungsfelder/Anzahl aller Handlungsfelder – *FuE-Relevanz der Third Mission:* Verhältnis von Third-Mission-Projekten und allen FuE-Projekten – *Personalintensität*: Anzahl der Aktivitäten eines Aufgabenbereichs/Anzahl beteiligter Mitarbeiter – *Beteiligung der Verwaltung:* Anteil der Verwaltungsmitarbeiter mit Third-Mission-Tätigkeiten

39 Beispielhaft kann auf die Universität Wien verwiesen werden, die sich strategisch der Entwicklung der Third Mission verschrieben hat und auf Basis von Befragungen ihrer Hochschulangehörigen ein Konzept ihrer Third Mission entwickelt hat. Näheres hierzu auf der entsprechenden Webseite der Universität Wien: https://thirdmission.univie.ac.at/ (2.11.2018).

Indikatoren wie diese sind aussagekräftig und nachnutzungsfähig für die strategische Entwicklungsplanung sowie bei der Erarbeitung einer Third-Mission-Strategie, sie können stetig ausgebaut werden und in ein gemeinsames Modell für die Bewertung von Third-Mission-Aktivitäten münden. Hochschulleitungen können diese z. B. in Verhandlungen mit ihren Wissenschaftsministerien legitimatorisch nutzen. Eine regelmäßige Wiederholung einer entsprechenden Bestandsaufnahme deckt Dynamiken im Geschehen auf und macht Fortschritte nachweisbar.

7.3.4 Third-Mission-Bilanz

Die Aspekte der Erfassung, Vermessung und Bewertung der Third-Mission-Aktivitäten lassen sich zusammenführen in einer Third-Mission-Bilanz (Henke et al., 2016). Die Begriffe „Bilanz" und „Bilanzierung" sind hier nicht analog zur betriebswirtschaftlichen Zusammenfassung des wirtschaftlichen Erfolgs eines Unternehmens zu verstehen, sondern lehnen sich an das Konzept der Wissensbilanz an (vgl. Alwert, Bornemann & Will, 2013), das wiederum auch schon für Hochschulen adaptiert worden ist (Kirchhoff-Kestel, 2009, vgl. Koch & Pircher, 2005). Eine Third-Mission-Bilanz bereitet sowohl quantitative als auch qualitative Informationen zu Stand und Entwicklung der dritten Aufgabe einer Hochschule für verschiedene Adressaten auf. Sie ist ihrem Wesen nach ein flexibles Berichtsformat, das – im Unterschied zu anderen – nicht zusätzlich bürokratisierend wirkt:

- Es nutzt zum ersten die Informationen und Daten, die ohnehin bereits bestehen und aufbereitet werden.
- Zum zweiten lässt es sich modular aufbauen, d. h., es muss nicht sofort vollständig sein, sondern kann schrittweise aufgebaut werden.
- Und drittens lässt es sich mit Techniken verbinden, die eine teilautomatisierte Identifizierung der Daten und deren Aufbereitung ermöglichen.

Die Aufbereitung geeigneter Daten für die Third-Mission-Bilanz beginnt nicht am Punkt Null. Für viele Aktivitäten stehen bereits in größerem Umfang Informationen in diversen Berichtsformaten (Hochschuljournal, Internet, Jahrbücher, Projektberichte, Broschüren etc.) zur Verfügung und bedürfen damit keiner zusätzlichen Erhebung. Würde man bereits nachnutzbare Informationen an einer zentralen Koordinierungsstelle sammeln und ggf. aufbereiten, müssten Third-Mission-Akteure nur komplementäre Informationen liefern. Innerhalb eines integrierten Campus-Management-Systems verschiedenster Hochschulprozesse könnte sich der Aufwand der Beteiligten für die Berichterstattung insgesamt sogar reduzieren.

Die Modularisierung der Datengrundlagen einer Third-Mission-Bilanz erlaubt es den Hochschulen, eigene Schwerpunkte zu setzen und den Aufwand der Erstellung der Bilanz gering zu halten. Nur eines sollte die Modularisierung nicht bewirken: dass man sich ausschließlich auf einen Teilbereich der Third Mission beschränkt und der

Abb. 7.2: Die vier Module einer Aktivität in der Third-Mission-Bilanz (Quelle: Eigene Darstellung).

Versuchung nachgibt, nur besonders gelungene Aktivitäten zu dokumentieren. In diesem Sinne kann die Third-Mission-Bilanz die einschlägigen Aktivitäten in vier verschiedenen Modulen abbilden (Abbildung 7.2):

1) *Eckdaten* der Third-Mission-Aktivitäten: eingeordnet entsprechend der Systematisierung, darunter insbesondere Kurzbeschreibungen, Kontaktdaten und Schlagwörter
2) ergänzende Bereitstellung von Wissensressourcen durch Verweise auf verfügbare *Dokumente*, z. B. Internetlinks, Berichte, Materialien und Publikationen
3) Zusammenstellung aussagekräftiger *Kennzahlen, Indikatoren* sowie Evaluationsergebnisse, um quantitative Bewertungen zu ermöglichen
4) Beschreibung der *Erfolge*, z. B. Zielerreichungen, Selbsteinschätzungen sowie langfristiger Wirkungen und Erfolge, auch im Sinne einer qualitativen Bewertung. Dabei können auch anekdotische Erfolgsgeschichten sowie Bildmaterial zum Einsatz kommen

Liegen solche Daten erst einmal strukturiert vor, ergeben sich für eine Bilanzierung des Third-Mission-Geschehens an der Hochschule vielseitige Möglichkeiten, durch Zusammenfassung der Informationen zielgruppenadäquate Darstellungsformen anzubieten. Zunächst gäbe es die Einzeldarstellung einer Aktivität mit den verfügbaren Daten (aus den Modulen). Ferner dürften aber insbesondere Überblicksdarstellungen besonders großen Nutzen für die Außendarstellung aufweisen. So könnten beispielsweise Basisinformationen von Aktivitäten innerhalb des Handlungsfelds Wissensvermittlung (Gastvorträge, Veranstaltungen und Publikationen für *public understanding of science*, Beratungsdienstleistungen) zusammengestellt werden. Auf der nächsthöheren Aggregierungsebene könnten in Handlungsfeldern eines Themenbereichs, z. B. Forschungs- und Wissenstransfer, bestimmte Aktivitäten ausgewählt oder hervorgehoben werden.

Die Aufbereitung und Nachnutzung von Daten für die Berichterstattung ist in hohem Maße geprägt durch die technischen Möglichkeiten. Sie wird nur dann aufwandsarm gelingen, wenn hinreichend Daten in digitaler Form vorliegen. Soweit möglich, sollten Informations- und Kommunikationstechnologien bei der Erhebung und Prozessierung der Daten auch geschickt genutzt werden, um effiziente Strukturen zu schaffen. Insbesondere regelmäßige Aktualisierungen der Third-Mission-Bilanz profitieren von teilautomatisierten Prozessen. Wo bestehende Systeme dies nicht zulassen, dürfte sich eine Modernisierung nicht nur bezüglich der Third-Mission-Berichterstattung lohnen. Sie kann auch zu einer Minderung des Aufwands für sonstige Berichterstattungen oder allgemein für Verwaltungsprozesse führen.

Sofern leistungsfähige IT-Strukturen an der Hochschule vorhanden sind, lassen sich neue Berichterstattungsformate wie die Third-Mission-Bilanzierung einfach und aufwandsarm umsetzen. Integrierte Lösungen können dem eher gerecht werden als getrennt geführte Erfassungs- und Berichtssysteme, denen zudem notwendige Schnittstellen zur Verknüpfung von Daten fehlen. Die an Hochschulen nahezu permanent stattfindenden Modernisierungsprozesse sollten gerade auch auf technischer Ebene verstärkt auf wandelnde Berichterstattungsbedarfe hin optimiert werden.

7.4 Fazit: Implikationen für die Governance von Third Mission

Es lassen sich einige Gründe anführen, die dafür sprechen, die Third Mission in einer gemäßigten Variante in Berichts-, Mess- und Bewertungsverfahren zu berücksichtigen, nicht zuletzt zum eigenen Vorteil für die Hochschulen:

- *Hochschulsteuerung:* Wissenschaftspolitisch darf eine bessere Platzierung der Third Mission in der Leistungsberichterstattung deshalb als sinnvoll erachtet werden, da auch hierfür öffentliche Mittel fließen, die nur mit angemessener empirischer Fundierung als Teil der Hochschulentwicklung gefördert werden können. Zudem werden die Wirkungen der etablierten Steuerungsverfahren, allen voran Zielvereinbarungen und formelgebundene Mittelvergabe, von den Hochschulen mittlerweile geringer als kurz nach deren Einführung eingeschätzt (Bungarten & John-Ohnesorg, 2015, 72) – insofern besteht ohnehin Reformbedarf.
- *Hochschulinterne Governance:* Hochschulleitungen sollten nicht auf die intentionale Gestaltung von Third-Mission-Aktivitäten verzichten, wenn sie für ihre Hochschulen gesellschaftliche und politische Legitimität generieren möchten.

Für letzteres liegt es nahe, die Third Mission auch explizit für die strategische Profilbildung zu mobilisieren. Grundlage einer strategisch ausgerichteten Hochschul-Governance kann jedoch nur eine eigene Bewertung auf Basis eines hinreichenden Monitorings der Aktivitäten sein, auch in ihren gemeinsamen Anwendungs- und Themenkontexten. Andernfalls würde sich eine Strategie lediglich auf limitierte Messgegenstände, Mythen, unsystematische Beobachtungen und übernommene Deutungsmuster einflussreicher Akteure berufen können.
- *Hochschulkommunikation:* Organisationspolitisch erscheint es klug, Third-Mission-Aktivitäten, da sie ja nun einmal praktisch vorhanden sind, auch herauszustellen. Indem sie kommuniziert werden, wird ein erster Schritt unternommen, die gesellschaftsbezogenen Aktivitäten auch zur verbesserten Platzierung der Hochschule in der öffentlichen Wahrnehmung zu nutzen. Hierzu zählen neben Storytelling zu besonders prägnanten Aktivitäten auch Formen der Vermessung des Geschehens, die für Überblicksdarstellungen zu den Aktivitäten geeignet ist.

Zwei Aspekte scheinen im Lichte der vorangegangenen Ausführungen von gehobener Bedeutung: Eine Leistungsbewertung der Third Mission muss stets im Blick behalten, für welche Zwecke sie eingegesetzt wird, damit ein vernünftiges Verhältnis zwischen Aufwand und Ertrag der Bewertung sichergestellt werden kann. Außerdem ist es entscheidend, wer den Ausbau der Berichterstattung zur Third Mission maßgeblich lenkt. Mit Blick auf den Zweck sind die Unterschiede in den internationalen Beispielen illustrierend:
- U-Multirank ist vor allem ein Instrument, dass sich an Studieninteressierte und Hochschulleitungen richtet. Studieninteressierte erhalten hier, im Gegensatz zu anderen Rankings, ein breiteres Bild zu der Leistungsfähigkeit von Hochschulen. Hochschulleitungen können sich auf verschiedenen Ebenen mit anderen Hochschulen vergleichen und dies in ihre Kommunikation integrieren. Insofern ist hier eine relativ breite Indikatorenabdeckung unter Inkaufnahme von Datenlücken bei den freiwillig teilnehmenden Hochschulen vertretbar.
- In England wird die Performace der Third Mission zur Verteilung formelbasierter wettbewerblicher Mittel genutzt. Organisiert von der staatlichen Behörde HEFCE werden die Hochschulen über die HE-BCI-Erhebung zur Erfassung der Daten in die Pflicht genommen. Die geringe Anzahl an Indikatoren, die indes sehr zuverlässig gemessen werden, ist folglich zweckmäßig, da sie ganz andere Ziele als z. B. U-Multirank verfolgt.
- Das italienische Beispiel ist ambivalent einzustufen. Die Leistungsbewertung dient hier insbesondere legitimatorischen Zwecken im Sinne eines verantwortungsbewussten Umgangs mit Steuergeldern. In dieser Hinsicht ist die Konzipierung der Indikatoren entlang verschiedener Wirkungsdimensionen – Output, Outcome, Impact, Income – sehr ambitioniert und eröffnet Möglichkeiten, nicht nur Transparenz über Third-Mission-Leistungen herzustellen, sondern mittels der Daten ihre strategische Entwicklung zu unterstützen. Allerdings hinkt die

Umsetzung der Indikatoren insbesondere für den Bereich der Third Mission hinterher, was womöglich der wenig verbindlichen Festlegung von Indikatoren und Umsetzungsphasen geschuldet ist.

In Deutschland sind Entwicklungen wie in Italien oder England noch nicht absehbar. Die Verantwortung für die Hochschulen tragen die Bundesländer, und insofern beschränken sich Initiativen des Bundes vor allem auf Förderprogramme. Ein Verfahren wie in Italien dürfte es in jedem Falle schwer haben, da die (Landes-)Politik vermutlich andere Gründe als die Verhinderung von Steuermittelverschwendung anführen müsste, um ein solches Indikatorensystem einzuführen. Das englische Beispiel ließe sich leichter emulieren. Bundesländer wie Baden-Württemberg verfügen über großzügig ausgestattete landesweite Programmförderungen (Baumgarth, Henke & Pasternack, 2016, S. 64 ff.). Diese könnten mit einer dem HE-BCI ähnlichen Erhebung gekoppelt werden. Damit entstünden neue Datengrundlagen für die Vermessung der Third Mission, die bislang von den Hochschulen nicht systematisch erschlossen werden.

Neben der Hochschulpolitik sollte es auch das Interesse der Hochschulen selbst sein, ihre Leistungen und Befähigungen im Bereich der Third Mission besser sichtbar zu machen. Eine aktivere Kommunikation fördert eine wirksame, d. h. unterstützende Governance der Third Mission und ermöglicht strategische Entwicklung. Nach außen wird gute Hochschulpraxis präsentiert, mit der sich auch Ziel- und Anspruchsgruppen interessieren lassen (Albrecht, 2006). Durch die Wertschätzung der Aktivitäten, die in der Präsentation nach außen enthalten ist, können sich rückwirkend nach innen Anerkennung und Wertschätzung für das Engagement der Hochschulangehörigen entwickeln. Das wiederum wirkt zusätzlich motivierend. Auf diese Weise werden mögliche Fehlanreize, z. B. das Abschöpfen von Fördermitteln ohne ausgeprägtes Interesse am Thema – etwa als „Beutegemeinschaften", wie in Klein, Kraatz und Hornbostel (2012) untersucht –, vermieden, und die Themensetzung verbleibt bei den Aktiven. Schließlich stößt die Kommunikation zur Third Mission mit hoher Wahrscheinlichkeit Verbesserungen der internen Informationsflüsse an, da die Reflexion über das Thema auch ein Prozess organisationalen Lernens ist.

Eine Third-Mission-Bilanz stellt ein mögliches Format dar, mit dem sowohl die Kommunikations- als auch die Bewertungsaspekte so bearbeitet werden können, dass sie der internen Differenziertheit der Third Mission, den Bedingungen an den Hochschulen und den Bedarfen ihrer Anspruchsgruppen gerecht werden.

7.5 Literaturverzeichnis

Albrecht, P. (2006). *Nachhaltigkeitsberichterstattung an Hochschulen. Diskussion möglicher Ansatzpunkte und ihrer Konsequenzen für die Praxis.* Institut für Umweltkommunikation Universität Lüneburg. Verfügbar unter https://www.leuphana.de/fileadmin/user_upload/Forschungseinrichtungen/csm/files/Arbeitsberichte_etc/57-3downloadversion.pdf. Zugriff am 24.04.2014.

Alwert, K., Bornemann, M. und Will, M. (2013). Wissensbilanz – Made in Germany. Leitfaden 2.0 zur Erstellung einer Wissensbilanz. In Bundesministerium für Wirtschaft und Technologie (Hrsg.), *Arbeitskreis Wissensbilanz*. Verfügbar unter http://www.akwissensbilanz.org/Infoservice/Infomaterial/Wissensbilanz-Leitfaden_2.0_Stand_2013.pdf. Zugriff am 15.10.2015.

Baumgarth, B., Henke, J. und Pasternack, P. (2016). *Inventur der Finanzierung des Hochschulsystems. Mittelflüsse, Kontroversen und Entwicklungen im letzten Jahrzehnt*. Working Paper Nr. 1. Düsseldorf: Working Paper der Studienförderung in der Hans-Böckler-Stiftung. Verfügbar unter https://www.boeckler.de/pdf/p_studfoe_wp_1_2016.pdf. Zugriff am 14.11.2017.

Berthold, C., Meyer-Guckel, V. und Rohe, W. (2010). Mission Gesellschaft. Engagement und Selbstverständnis der Hochschulen. In Stifterverband für die Deutsche Wissenschaft (Hrsg.), *Ziele, Konzepte, internationale Praxis*, Positionen, Essen. Verfügbar unter http://www.stifterverband.info/publikationen_und_podcasts/positionen_dokumentationen/mission_gesellschaft/mission_gesellschaft.pdf. Zugriff am 18.04.2013.

Bonollo, E. und Zuccardi Merli, M. (2017). Performance Reporting in Italian Public Universities. Activities in Support of Research, Teaching and the "Third Mission". In E. Borgonovi, E. Anessi-Pessina und C. Bianchi (Hrsg.), *Outcome-Based Performance Management in the Public Sector*, S. 307–329. Cham: Springer International Publishing.

Bungarten, P. und John-Ohnesorg, M. (Hrsg.) (2015). *Hochschulgovernance in Deutschland*. Band 10 von *Schriftenreihe Hochschulpolitik*. Berlin: Friedrich-Ebert-Stiftung, 1. Aufl.

Clark, B. R. (1998). *Creating entrepreneurial universities. Organizational pathways of transformation*. Oxford: Published for the IAU Press by Pergamon Press, 1. Aufl.

Dal Molin, M., Turri, M. und Agasisti, T. (2016). New Public Management Reforms in the Italian Universities. Managerial Tools, Accountability Mechanisms or Simply Compliance? *International Journal of Public Administration*, 40(3):256–269.

E3M (2010). Needs and constraints analysis of the three dimensions of third mission activities. E3M Project – European Indicators and Ranking Methodology for University Third Mission. Verfügbar unter http://www.e3mproject.eu/docs/Three-dim-third-mission-act.pdf. Zugriff am 18.12.2013.

E3M (2011a). Conceptual Framework for Third Mission Indicator Definition. E3M Project – European Indicators and Ranking Methodology for University Third Mission. Verfügbar unter http://www.e3mproject.eu/docs/Concep-Framework-Third-Mission-Indicator.pdf. Zugriff am 18.12.2013.

E3M (2011b). Final Report of Delphi Study. E3M Project – European Indicators and Ranking Methodology for University Third Mission. Verfügbar unter http://www.e3mproject.eu/docs/Delphi-E3M-project.pdf. Zugriff am 18.12.2013.

Etzkowitz, H. (1983). Entrepreneurial Scientists and Entrepreneurial Universities in American Academic Science. *Minerva. A Review of Science, Learning and Policy*, 21(2–3):198–233.

Gibbons, M., Limoges, C., Nowotny, H., Schwartzman, S., Scott, P. und Trow, M. (1994). *The new production of knowledge. The dynamics of science and research in contemporary societies*. London: SAGE Publications.

Heidenreich, M. (2005). The renewal of regional capabilities. Experimental regionalism in Germany. *Research policy: a journal devoted to research policy, research management and planning*, 34(5):739–757.

Henke, J., Pasternack, P. und Schmid, S. (2015). Viele Stimmen, kein Kanon. In Institut für Hochschulforschung (Hrsg.), *Konzept und Kommunikation der Third Mission von Hochschulen*, HoF-Arbeitsbericht Nr. 2, Halle-Wittenberg. Verfügbar unter https://www.hof.uni-halle.de/web/dateien/pdf/01_AB_Third-Mission-Berichterstattung.pdf. Zugriff am 02.02.2016.

Henke, J., Pasternack, P. und Schmid, S. (2016). Third Mission bilanzieren. In Institut für Hochschulforschung (Hrsg.), *Die dritte Aufgabe der Hochschulen und ihre öffentliche Kommuni-*

kation, HoF-Handreichungen Nr. 8, Halle-Wittenberg. Verfügbar unter http://www.hof.uni-halle.de/web/dateien/pdf/HoF-Handreichungen8.pdf. Zugriff am 25.05.2016.
Henke, J., Pasternack, P. und Schmid, S. (2017). *Mission, die dritte. Die Vielfalt jenseits hochschulischer Forschung und Lehre: Konzept und Kommunikation der Third Mission*. Hochschul- und Wissenschaftsforschung Halle-Wittenberg. Berlin: Berliner Wissenschafts-Verlag.
Kirchhoff-Kestel, S. (2009). Integriertes Kosten- und Leistungsmanagement in Hochschulen: Konzeptionelle Überlegungen zu einer Balanced Scorecard mi Wissensbilanz-Elementen. *Hochschulmanagement*, 4(3):70–76. Verfügbar unter http://www.universitaetsverlagwebler.de/inhalte/hm-3-2009.pdf. Zugriff am 09.10.2015.
Kitagawa, F. und Lightowler, C. (2013). Knowledge exchange. A comparison of policies, strategies, and funding incentives in English and Scottish higher education. *Research Evaluation*, 22(1):1–14.
Klein, T., Kraatz, A. und Hornbostel, S. (2012). Das Beispiel der Sonderforschungsbereiche. In M. Winter und C. Würmann (Hrsg.), *Wettbewerb und Hochschulen. 6. Jahrestagung der Gesellschaft für Hochschulforschung in Wittenberg 2011*, die hochschule, 2/2012:164–182. Halle-Wittenberg: Institut für Hochschulforschung (HoF). Verfügbar unter http://www.hof.uni-halle.de/journal/dhs212.htm. Zugriff am 31.05.2016.
Koch, G. und Pircher, R. (2005). Die erst gesamtuniversitäre Wissensbilanz: Donau-Universität Krems. Verfügbar unter http://execupery.eu/dokumente/Wissensbillanz_Donau-Uni_Koch_Pircher_01102004.pdf. Zugriff am 09.10.2015.
Laredo, P. (2007). Revisiting the Third Mission of Universities: Toward a Renewed Categorization of University Activities? *Higher Education Policy*, 20(4):441–456.
Leydesdorff, L. und Etzkowitz, H. (1996). Emergence of a Triple Helix of University-Industry-Government Relations. *Science & Public Policy*, 23:279–286. Zugriff am 25.02.2015.
Molas-Gallart, J. und Castro-Martínez, E. (2007). Ambiguity and conflict in the development of 'Third Mission' indicators. *Research Evaluation*, 16(4):321–330.
Molas-Gallart, J., Salter, A., Patel, P., Scott, A. und Duran, X. (2002). *Measuring Third Stream Activities. Final Report to the Russell Group of Universities, SPRU Science and Technology Policy Research*. University of Sussex.
Montesinos, P., Carot, J. M., Martinez, J.-M. und Mora, F. (2008). Third Mission Ranking for World Class Universities: Beyond Teaching and Research. *Higher Education in Europe*, 33(2–3):259–271.
Mora, J.-G., Detmer, A. und Vieira, M.-J. (2010). *Good Practices in University-Enterprise Partnerships GOODUEP, Education and Culture DG*. European Commission. Verfügbar unter http://gooduep.eu/documents/gooduep-final%20report%20ueps.pdf. Zugriff am 10.11.2014.
Muller, S. (1999). Deutsche und amerikanische Universitäten im Zeitalter der Kalkulation. In M. G. Ash (Hrsg.), *Mythos Humboldt. Vergangenheit und Zukunft der deutschen Universitäten*, S. 195–199, Wien/Köln/Weimar.
Ricci, P. und Civitillo, R. (2017). Accountability and third mission in Italian universities. *International Journal of Managerial and Financial Accounting*, 9(3):201.
Roessler, I., Duong, S. und Hachmeister, C.-D. (2015). *Welche Missionen haben Hochschulen? Third Mission als Leistung der Fachhochschulen für die und mit der Gesellschaft*. Arbeitspapier Nr. 182. Gütersloh: Centrum für Hochschulentwicklung. Verfügbar unter http://www.che.de/downloads/CHE_AP_182_Third_Mission_an_Fachhochschulen.pdf. Zugriff am 01.03.2015.
Rosli, A. und Rossi, F. (2016). Third-mission policy goals and incentives from performance-based funding. Are they aligned? *Research Evaluation*, S. 427–441.
Schneidewind, U. (2009). *Nachhaltige Wissenschaft. Plädoyer für einen Klimawandel im deutschen Wissenschafts- und Hochschulsysten*. Marburg: Metropolis-Verlag.

Schneidewind, U. und Singer-Brodowski, M. (2014). *Transformative Wissenschaft. Klimawandel im deutschen Wissenschafts- und Hochschulsystem*. Marburg: Metropolis, 2. Aufl.

Secundo, G., Elena Perez, S., Martinaitis, Ž. und Leitner, K. (2017). An Intellectual Capital framework to measure universities' third mission activities. *Technological Forecasting and Social Change*, 123:229–239. doi:10.1016/j.techfore.2016.12.013.

Van Vught, F. und Ziegele, F. (Hrsg.) (2012). *Multidimensional Ranking. The Design and Development of U-Multirank*. Dordrecht/New York: Springer.

Wissenschaftsrat (2016). Wissens- und Technologietransfer als Gegenstand institutioneller Strategien. Positionspapier, Drs. 5665-16, Weimar. Verfügbar unter https://www.wissenschaftsrat.de/download/archiv/5665-16.pdf. Zugriff am 05.10.2018.

Wissenschaftsrat (2018). Empfehlungen zu regionalen Kooperationen wissenschaftlicher Einrichtungen. Drs. 6824-18, Berlin. Verfügbar unter https://www.wissenschaftsrat.de/download/archiv/6824-18.pdf. Zugriff am 19.10.2018.

Wissenschaftsrat (2013). Perspektiven des deutschen Wissenschaftssystems. Drs. 3228-13, Braunschweig. Verfügbar unter http://www.wissenschaftsrat.de/download/archiv/3228-13.pdf. Zugriff am 01.02.2016.

Simon Scheuerle

8 Kommunikations-Controlling

8.1 Einleitung

Eines der fundamentalen Prinzipien der Wissenschaft besteht darin, Vorgehensweisen, Aussagen und Wirkungen zu überprüfen. In der Wissenschaftskommunikation ist diese Vorgehensweise in Bezug auf die eigene Leistungsfähigkeit noch nicht sehr stark verbreitet. Oftmals werden keine Kennzahlen erhoben, die den Erfolg von Wissenschaftskommunikation belegen und folglich ist auch kein gezieltes faktenbasiertes Steuern der eigenen Arbeit möglich. Der Grund dafür ist einerseits, dass in der Wissenschaftskommunikation arbeitende Personen nicht immer einen wissenschaftlichen Hintergrund haben, und andererseits entfaltet Kommunikation ihre Wirkung normalerweise erst über längere Zeit. Daher ist auch die Einstellung „Kommunikation kann man nicht messen“ in der Praxis weit verbreitet. Ein dritter Aspekt, warum sich die Wissenschaftskommunikation nicht flächendeckend ihrer Wirkungen vergewissert, ist, dass sich Kommunikationsabteilungen teilweise zu Recht gegen die Erfolgsmessungen wehren: Ein oft beobachtetes Phänomen ist nämlich, dass die geforderten Leistungskennzahlen an der Kommunikationsrealität vorbeigehen, etwa wenn die Leistung einer Kommunikationsabteilung anhand der bloßen Anzahl der Presseinformationen oder am Werbeäquivalenzwert (vgl. Huhn und Sass, 2009) belegt werden soll.

Der vorliegende Artikel beschreibt, wie Praktiker/-innen der Wissenschaftskommunikation in der Leistungsbeurteilung der eigenen Arbeit die Lücke zum wissenschaftlichen Grundprinzip des nachvollziehbaren und faktenbasierten Arbeitens verringern können und welche Vorteile dieses Vorgehen hat. Der Beitrag beleuchtet zunächst Herausforderungen und Chancen der Bewertung von Hochschulkommunikation und betrachtet dann Instrumente des Kommunikations-Controllings, mit denen die eigene Leistung mit adäquaten Kriterien und relevanten Kennzahlen systematisch erfasst und beurteilt wird. Anschließend wird dargelegt, wie die Ergebnisse sowohl die Steuerung der eigenen Arbeit als auch ein Reporting der Erfolge gegenüber Dritten ermöglichen.

Auch wenn Kommunikations-Controlling prinzipiell geeignet ist, die gesamte Breite der Wissenschaftskommunikation abzudecken, konzentriert sich der vorliegende Artikel im Rahmen dieses Bandes nur auf einen speziellen Teilbereich: die Wissenschafts-Public Relations (PR) von Universitäten und Forschungseinrichtungen. Zur Abgrenzung der Begriffe soll deshalb zuerst die Wissenschaftskommuni-

Simon Scheuerle, Karlsruher Institut für Technologie

https://doi.org/10.1515/9783110689884-009

kation mit ihren Hauptakteur(inn)en und Teilbereichen näher betrachtet und die Wissenschafts-PR als Teilbereich umrissen werden.

8.2 Übersicht Wissenschaftskommunikation und Abgrenzung der Wissenschafts-PR

Eine einheitliche Definition des Begriffs der Wissenschaftskommunikation hat sich noch nicht herauskristallisiert. Einer der Gründe hierfür ist, dass sich das Feld der Wissenschaftskommunikation in den letzten Jahren in vielerlei Hinsicht stark gewandelt hat. Beispielsweise beschränkte sich die Wissenschaftskommunikation noch vor wenigen Jahrzehnten darauf, dass Wissenschaftler/-innen ihre Forschungsergebnisse der Scientific Community zugänglich machten; die Wissenschaftskommunikation zur Öffentlichkeit hin war praktisch mit Wissenschaftsjournalismus gleichzusetzen.

Mehrere Faktoren, wie etwa ein wachsendes Verständnis für die Wirkung von Kommunikation auf die Reputation der Hochschule, aber auch Forderungen von Förderorganisationen führten zu einer gestiegenen Notwendigkeit der öffentlichen Darstellung wissenschaftlicher Einrichtungen im Gesamten, aber auch spezieller Forschungsfelder oder einzelner Studiengänge. Um dieser Entwicklung Rechnung zu tragen, richteten Universitäten, Hochschulen und Wissenschaftseinrichtungen PR-Abteilungen ein. Deren Zielgruppe waren zunächst hauptsächlich die Wissenschaftsjournalist(inn)en, Wissenschafts-PR beschränkte sich größtenteils auf Pressearbeit. Die bürgerzentrierte Wissenschaftskommunikation der Einrichtungen erstreckte sich im Normalfall auf Events, etwa einen Tag der offenen Tür.

Durch Internet und Social Media eröffneten sich Kommunikationswege, die ganz neue Akteur/-innen, Zielgruppen und Ziele erwachsen ließen. Wissenschaftler/-innen dokumentieren ihre Forschung per Twitter, Facebook, Podcast oder YouTube und erschließen sich mit unterhaltsamen Fotos direkten Kontakt zu interessierten Laien. PR-Abteilungen von Wissenschaftseinrichtungen erreichen nicht mehr nur die Journalist(inn)en, sondern über ihre Webseiten und Social-Media-Nutzung direkt auch die interessierte Öffentlichkeit. Diese neuerliche Vergrößerung der Zielgruppen führte unter anderem zu einer starken Professionalisierung und Ausweitung der strategischen Kommunikation von Einrichtungen (vgl. Marcinkowski, Kohring, Fürst und Friedrichsmeier, 2014). Ermöglicht wurde dies durch eine deutlich gestiegene Zahl von PR-Schaffenden an Hochschulen (Leßmöllmann, Hauser und Schwetje, 2017). Dementsprechend wird Kommunikation in PR-Abteilungen immer stärker als strategisches Instrument eingesetzt (vgl. Leßmöllmann et al., 2017, Marcinkowski et al., 2014, Schäfer, Kristiansen und Bonfadelli, 2015).

Daneben zeigt Wandt (2018) auch innerhalb der Kommunikationsabteilungen an Hochschulen eine voranschreitende Diversifizierung im letzten Jahrzehnt. Neben der klassischen Pressearbeit gehören zu den Aufgaben inzwischen beispielsweise auch politische Kommunikation, Wissenstransfer, Veranstaltungsmanagement, Studierendenmarketing, Corporate Publishing, Alumni-Arbeit oder Fundraising.

In jüngster Zeit etablierte sich noch eine weitere Kategorie von Akteur(inn)en der Wissenschaftskommunikation: Da sich die Produktion von Inhalten auf Blogs, Videoplattformen, Kurznachrichtendiensten und Podcasts dadurch auszeichnet, dass sie ohne Einschränkung von jedem durchgeführt werden kann, nutzen neben den Wissenschaftler(inne)n, Journalist(inn)en und PR-Abteilungen auch interessierte Laien ohne wissenschaftlichen oder journalistischen Hintergrund diese Kanäle und bringen einem Laienpublikum wissenschaftliche Themen nahe. Häufig zeichnen sich deren Produktionen durch eine sehr kurzweilige Aufbereitung aus, die vor allem ein jüngeres Publikum adressiert und damit oftmals ein breites Publikum erreicht.

Um alle Akteur/-innen und Aspekte der Wissenschaftskommunikation abzudecken, wählen Schäfer et al. (2015, S. 13) eine sehr breite Definition. Sie zählen hierzu „alle Formen von auf wissenschaftliches Wissen oder wissenschaftliche Arbeit fokussierter Kommunikation, sowohl innerhalb als auch außerhalb der institutionalisierten Wissenschaft, inklusive ihrer Produktion, Inhalte, Nutzung und Wirkungen“.

8.2.1 Ziele der Wissenschaftskommunikation

Wissenschaftskommunikation ist kein Selbstzweck, und die unterschiedlichen Akteure verfolgen unterschiedliche Ziele: Das primäre (Kommunikations-)ziel von Wissenschaftler(inne)n ist die Vermittlung des generierten Wissens in Veröffentlichungen, Vorträgen etc. und die damit einhergehende Image-Steigerung innerhalb der Scientific Community. Neuerdings zielt deren Wissensvermittlung teilweise direkt auf die Öffentlichkeit und ein damit einhergehendes positives öffentliches Image. Auch signalisieren die Wissenschaftler/-innen auf diese Weise die Bereitschaft zum Dialog. Wissenschaftsjournalist(inn)en erhöhen die Reichweite des eigenen Mediums, indem sie Wissen aufbereiten, vermitteln und in einen größeren Kontext einordnen. Blogger/-innen, YouTuber/-innen und Podcaster/-innen möchten ebenfalls Wissen vermitteln, aber auch unterhalten und in manchen Fällen ein Einkommen erzielen. PR-Abteilungen schaffen als vorrangiges Ziel durch Kommunikation einen Mehrwert für die Einrichtung. Sowohl Wissenschaftler/-innen als auch die Wissenschaftseinrichtungen treten zusätzlich für die Wissenschaft als solche ein und werben damit auch für ein Verständnis für den gestiegenen Bedarf an Ressourcen und rechtfertigen die Verwendung von Steuergeldern.

Der Erfolg der Kommunikation hängt also essenziell von den einzelnen Akteur(inn)en, ihren Aufgaben und ihren Zielen ab, und somit kann es keine einheitliche Leistungsbeurteilung aller Aspekte der Wissenschaftskommunikation geben. Eine Beschränkung auf generische Kommunikationsziele, wie etwa die Erhöhung der Sichtbarkeit, bleibt jedoch unter den Möglichkeiten zurück.

PR-Abteilungen sind Teil einer Einrichtung, werden von dieser finanziert und müssen dementsprechend einen Wertschöpfungsbeitrag für die Hochschule leisten. Der langfristige Aufbau einer Expertisenzuschreibung und Reputation, die sich an den strategischen Schwerpunkten der Hochschule orientiert, kann nur gelingen, wenn die Kommunikationsstrategie an den Zielen der Hochschule ausgerichtet ist. Damit ist die Kommunikationsstrategie gleichzeitig Voraussetzung und Gegenstand der Leistungsbeurteilung. Der vorliegende Artikel fokussiert deshalb auf die Leistungsbeurteilung strategischer Hochschulkommunikation und damit der Wissenschafts-PR als ein Teilbereich der Wissenschaftskommunikation.

8.3 Herausforderungen und Chancen der Bewertung von Kommunikation an Hochschulen

Die Evaluation von Hochschul-PR sieht sich einerseits Herausforderungen gegenüber, andererseits bietet sie auch Chancen in vielerlei Hinsicht (vgl. Scheuerle et al., 2017). Zuerst sollen einige Herausforderungen betrachtet werden.

Für die Leistungsbeurteilung von Unternehmen werden betriebswirtschaftliche Kennzahlen herangezogen, die kurzfristige Erfolge messen. So gehören in Quartalsberichten und Jahresabschlüssen Kennzahlen wie Umsatz und Gewinn zu den wichtigsten Pflichtangaben. Diese Tendenz zeigt sich auch in der Leistungsbeurteilung von Hochschulen (z. B. Höhe der Drittmittel). Eine Herausforderung von Wissenschaftskommunikation und Kommunikation generell ist es, dass sich ihre Wirkung in den meisten Fällen langfristig entfaltet und nur in wenigen Ausnahmen betriebswirtschaftliche Kennzahlen kurzfristig beeinflusst, etwa wenn durch den Verkauf von Messeständen auf der hauseigenen Karrieremesse Einnahmen generiert werden. Selbst der Einfluss auf betriebswirtschaftliche Erfolgsfaktoren wie z. B. die Reputation einer Einrichtung kann oftmals nicht direkt gemessen werden, denn Kommunikation ist hierfür häufig nur ein Faktor unter mehreren. Für den Aufbau der Reputation etwa ist die Expertise im jeweiligen Fachgebiet die notwendige Voraussetzung, auf die die Kommunikation, also die Vermittlung des Wissens um die Expertise, aufbaut. Der direkte Anteil der Kommunikation ist somit nur schwer zu beziffern.

Die Aufgaben von Hochschul-PR sind nicht eindeutig abgegrenzt, der Bundesverband Hochschulkommunikation hat deshalb eine Studie in Auftrag gegeben (Leßmöllmann et al., 2017), um die diverse Landschaft zu erfassen und zu sortieren. Anscheinend ist bisher selbst innerhalb der Hochschul-PR keine einheitliche Leistungsbeurteilung möglich.

Teilweise haben Hochschulen keine definierte Strategie oder explizite Ziele, sodass die Evaluation der Kommunikation sich auf generische Ziele wie die allgemeine Steigerung der Sichtbarkeit oder die Anzahl herausgegebener Produkte reduziert. Eine solche Beschränkung auf generische Ziele findet in der Praxis recht häufig Anwendung, die Leistungsbeurteilung bleibt dann aber nur recht oberflächlich und auch wenig aussagekräftig.

Begrenzte Ressourcen sind eine weitere Herausforderung in der Kommunikation, sowohl was die personelle Ausstattung als auch die finanziellen Mittel angeht. Leßmöllmann et al. (2017, S. 20) zeigen, dass es viele „‚Ein-Personen'-Kommunikationsabteilungen [...] selbst in mittelgroßen Hochschulen mit 5000 und mehr Studierenden" gibt. Evaluationen, Messungen, Umfragen und Erhebungen erfordern teilweise einen erheblichen Einsatz von Ressourcen, sodass beispielsweise repräsentative Umfragen als Instrumente der Leistungsbewertung häufig von vornherein ausgeschlossen werden.

Ein im persönlichen Austausch des Autors mit Praktiker(inne)n immer wieder genanntes Hindernis für die Leistungsbewertung ist die bisherige Erfahrung, dass Evaluationen mit großem Aufwand verbunden sind und trotzdem nur geringen Nutzen für den Alltag erzielen. Ähnlich verbreitet ist die Befürchtung, dass man sich nur noch auf die evaluierten Bereiche konzentriert und andere Arbeitsfelder vernachlässigt (vgl. hierzu auch die Kritik von Osterloh (2010) an den Output-getriebenen Evaluationskriterien der Wissenschaft).

Und nicht zuletzt zählt es als wichtige Kommunikationsleistung, wenn über bestimmte Thematiken gerade nicht oder zumindest nicht skandalierend berichtet wird, beispielsweise wenn bestimmte Gesellschaftsgruppen oder Medien einen Sachverhalt zu einem Skandal aufzubauschen versuchen. Der Teilfachbereich der Krisenkommunikation kümmert sich um diesen Aspekt. Das macht die Evaluation wiederum schwieriger, denn die Effekte von Artikeln, Diskussionen, Posts etc., die nicht erscheinen, sind nicht messbar.

Mit Blick auf die Chancen der Evaluation von Hochschul-PR zeigen Marcinkowski et al. (2014) und Leßmöllmann et al. (2017), dass die PR-Abteilungen in den letzten Jahren personell ausgebaut und als strategisch relevant erkannt wurden. Nichtsdestotrotz ist dieser Bereich im Rektorat, bei Kanzler/-innen oder im Präsidium bzw. im Controlling häufig noch nicht als „kennzahlenliefernde" Abteilung bekannt und es haben sich noch keine Standards der Evaluation von Hochschulkommunikation durchgesetzt. Dementsprechend ergibt sich hier die große Chance, Kennzahlen selbst festlegen zu können. Vor der Auswahl der Kennzahl erfolgt die Definition aussagekräftiger Kriterien. Diesem Punkt sollte große Sorgfalt gewidmet werden (vgl. unten, Abschnitt „Ableiten von Beurteilungskriterien aus der Strategie"). Relevante und sinnvolle, selbst definierte Kennzahlen verhindern, dass von anderen Stellen Zahlen eingefordert werden, die an der Kommunikationsrealität vorbeigehen.

Die Ergebnisse der eigenen Arbeit mit Kennzahlen zu unterfüttern, erlaubt drei wichtige Punkte: Einerseits ermöglicht dies, die eigene Leistung tatsächlich darzustellen und nicht nur zu behaupten (Transparenz). Zweitens ermöglichen Kennzahlen eine fundierte Bewertung der eigenen Arbeit (Interpretation) und drittens erfolgt ein gezielteres Steuern der eigenen Arbeit mit Fakten statt mit Bauchgefühl (Controlling).

8.4 Basis der Leistungsbeurteilung: Die Kommunikationsstrategie

Eine Leistungsbeurteilung spielt ihre volle Effektivität dann aus, wenn sie eine Strategie und deren Ziele überprüft, ansonsten hängt sie im luftleeren Raum. Dementsprechend ist der erste Schritt der Leistungsbeurteilung die Ausarbeitung einer Kommunikationsstrategie und konkreter Ziele, die die Kennzahlen wiederum belegen müssen. Nach Scheuerle et al. (2017) bietet das strategische Arbeiten darüber hinaus weitere Vorteile:

Für die Arbeit innerhalb der eigenen Abteilung helfen Kennzahlen, die Aktivitäten und Kanäle sowohl auf die strategische Relevanz als auch auf Effektivität hin zu beurteilen, und die Ableitung von Steuerungshandlungen führt zu Effizienzsteigerungen. Eine Strategie ermöglicht ein strukturiertes zielgeleitetes Arbeiten mit definierten Arbeitsabläufen und unterstützt die Gesamtintegration der unterschiedlichen Teams innerhalb der Abteilung. Generell hilft eine Strategie, den Sinn und die Ziele der eigenen Arbeit im Bewusstsein zu halten und sie danach auszurichten.

Gegenüber dem Rektorat oder dem Präsidium demonstrieren strategiebasierte Kennzahlen eine zielgeleitete Arbeitsweise und können das eigene Standing verbessern. Zusätzlich dienen sie als Argumentationshilfe bei nicht strategierelevanten Ad-hoc-Arbeitsaufträgen. In der Debatte um die Ausstattung lässt sich der Ressourceneinsatz mit klaren Zielen verbinden. Und nicht zuletzt kann man sich mit Kennzahlen benchmarken und ggf. darstellen, wie man im Vergleich zu den relevanten Mitspielern dasteht.

8.4.1 Erarbeitung der Kommunikationsstrategie

Eine Kommunikationsabteilung agiert nicht unabhängig, sondern als zentrale Einrichtung der Hochschule, um für die eigene Institution einen Wertschöpfungsbeitrag zu leisten. Überall dort, wo die Hochschule mit internen und externen Zielgruppen in Kontakt tritt, ist Kommunikation gefragt – sei es zur „einseitigen" Information oder im dialogischen Austausch. Arbeitsgrundlage der Kommunikationsabteilung und damit der Ausgangspunkt für die Bewertung sind also die Ziele und Zielgruppen der Hochschule.

Einige Hochschulen haben ihre Ziele explizit formuliert, sei es in einer Strategie oder im Hochschul-Entwicklungsplan, bei anderen Hochschulen ist es schwieriger, die Ziele zu identifizieren. Aber auch nicht explizit formulierte Ziele lassen sich etwa aus dem Selbstverständnis der Hochschule ableiten. Sind die Ziele ausgemacht, müssen sie – auch im Hinblick auf die Strategie der Hochschule – daraufhin analysiert werden, ob und wie Kommunikation helfen kann, sie zu erreichen. Aus den Zielen der Hochschule werden also direkt die Kommunikationsziele abgeleitet.

Sogenannte „Value links" oder „Werttreiberbäume" (Huhn und Sass, 2011) helfen, alle relevanten Werttreiber zu identifizieren, die zur Zielerreichung notwendig sind. Angenommen eine Hochschule hat als Ziel definiert, die Drittmittel im Bereich der Energieforschung zu erhöhen, kann Kommunikation dieses Ziel unterstützen, indem sie ein Image von Expertise in der Energieforschung aufbaut, gepaart mit der Information, dass die Einrichtung Kooperationen mit Wirtschaftsunternehmen offen gegenübersteht. Anschließend müssen die relevanten Zielgruppen identifiziert und die Kanäle ausgemacht werden, über die sie erreicht werden können, und nicht zuletzt müssen die Kommunikationsmaßnahmen geplant (dauerhafte Pressearbeit, einzelne Werbekampagnen etc.) und in angemessener Qualität durchgeführt werden. Bei diesem Beispiel sind die Werttreiber also die Qualität und die Inhalte der Kommunikationsmaßnahme, das Bespielen geeigneter Kanäle, eine spezifizierte Reichweite in die relevanten Zielgruppen hinein und nicht zuletzt das vermittelte Wissen und die gewünschten Handlungen der adressierten Zielgruppe. Alle Werttreiber bauen aufeinander auf und bedingen einander. Werden sie mit Inhalt gefüllt, also etwa die Maßnahmen und Inhalte der Kommunikationsmaßnahmen konkret benannt, sind Werttreiberbäume auch ein sehr gutes Werkzeug, um die Kommunikationsstrategie zu visualisieren und alle relevanten Ziele und die zugehörigen Maßnahmen darzustellen.

Ein Instrument, um solche Werttreiberbäume strukturiert zu erstellen, ist das Wirkstufenmodell der Deutschen Public Relations Gesellschaft (DPRG) und des Internationalen Controller Vereins (ICV): siehe Abbildung 8.1. Ein großer Vorteil dieses Modells ist, dass es alle oben angesprochenen Anforderungen und Ziele der Leistungsbeurteilung berücksichtigt und dabei sehr praxisnah ist.

Das DPRG/ICV-Wirkstufenmodell teilt den Ablauf der Kommunikation in verschiedene Stufen auf, die jeweils aufeinander aufbauen. Die erste Stufe repräsentiert den Input, also die für die Kommunikationsmaßnahmen verfügbaren Ressourcen. Stufen zwei und drei stellen den Output dar, also die Kommunikationsmaßnahme selbst. Der interne Output betrachtet dabei die Prozesse innerhalb der eigenen Abteilung und bemisst etwa Effizienz und Qualität der Maßnahmen, während der externe Output den Erfolg der Maßnahmen auf der Ebene der Kommunikationskanäle bemisst, etwa die erzielte Reichweite oder die übernommenen Inhalte. Die Outcome-Stufen betrachten die Zielgruppe genauer, besonders die Interaktion mit den Kontaktangeboten und die resultierende Wirkung der Botschaft, also vom Nutzungsverhalten der Angebote über das vermittelte Wissen bis hin zum Verhalten. Die letzte Stufe, der Outflow, bemisst wiederum den tatsächlichen Wertschöpfungsbeitrag einer Kommunikationsmaßnahme für die Hochschule. Dabei ist zu bemerken, dass auch externe Faktoren die Ergebnisse beeinflussen je weiter nach rechts man sich im Modell bewegt. Beim Beispielziel von oben hängt die Höhe der eingeworbenen Drittmittel nur zu einem gewissen Grad von der Kommunikation ab.

Deshalb spricht man bei den ersten Stufen (Input und Interner Output) von Leistungsfaktoren, die direkt die eigene Leistung bemessen, und ab dem Externen Output von Wirkungsfaktoren, die die Wirkung beschreiben, die mit der eigenen Leistung erzielt wurden.

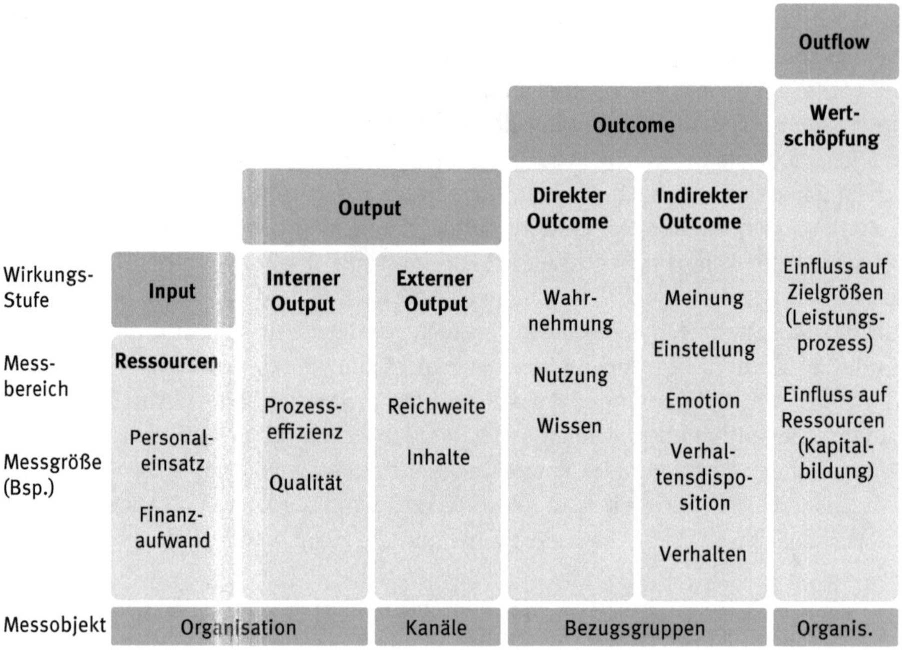

Abb. 8.1: DPRG/ICV-Bezugsrahmen: Wirkungsstufen der Kommunikation, (Quelle: DPRG/ICV 2009).

Für die Entwicklung der Kommunikationsstrategie hilft das Modell, indem es die relevanten Fragen an die Hand gibt. Nach Leßmöllmann et al. (2017) stellt die Pressearbeit diejenige Tätigkeit dar, die die meisten befragten Hochschulkommunikator(inn)en zu ihren Aufgaben zählen. Zur Verdeutlichung der praktischen Anwendung des Wirkstufenmodells in der Strategieentwicklung und der Kennzahlendefinition soll deshalb das obige Beispiel für die Pressearbeit durchgespielt werden. Das zu unterstützende Hochschul-Ziel ist die Steigerung der Drittmittel in der Energieforschung.

8.4.2 Beispiel: Anwendung des DPRG/ICV-Bezugsrahmens zur Strategieentwicklung

Für die Entwicklung der Kommunikationsstrategie hat es sich als sinnvoll erwiesen, das Wirkstufenmodell von rechts nach links abzuarbeiten. Damit baut sich der Fragenkatalog von der Outflow-Stufe bis zur Input-Stufe auf, also in umgekehrter Reihenfolge des Modells. Das Beispielziel von oben soll den (hier stark vereinfachten) Prozess nochmals verdeutlichen: Die Frage der Outflow-Stufe zielt auf den konkreten Wertschöpfungsbeitrag einer Kommunikationsmaßnahme ab und lautet: „Welches

Ziel der Hochschule muss Kommunikation unterstützen?“ In diesem Fall ist der Werttreiber auf der Outflow-Stufe also die Drittmittel-Steigerung im Bereich der Energieforschung. Somit wird ein Ziel der Hochschule als Kommunikationsziel aufgegriffen und adaptiert.

Die Outcome-Stufe fragt nach der Zielgruppe, also „Wer ist die Zielgruppe? Welche Einstellung braucht sie und welches Verhalten soll sie zeigen?“ (Indirekter Outcome) und „Welches Wissen braucht die Zielgruppe hierfür?“ (Direkter Outcome). Im Beispiel sollen Unternehmen, die im Energiebereich forschen, vorrangig Forschungskooperationen mit der eigenen Einrichtung eingehen oder Wissenschaftler/-innen mit Forschungsarbeiten beauftragen (Werttreiber: Forschungskooperationen). Voraussetzung dafür ist, dass die Zielgruppe ein positives Image der eigenen Einrichtung im Bereich der Energieforschung entwickelt oder ausbaut und ihr Expertise in der Energieforschung zuschreibt (Werttreiber: Image). Dafür muss sie also einerseits die gesamte Breite der Energieforschung kennenlernen und auf der anderen Seite muss die Einrichtung ihr Interesse an Wirtschaftskooperationen darstellen (Werttreiber: Kenntnis der Energieforschung und der Kooperationsbereitschaft).

Damit die Zielgruppe erreicht wird und sie zielrelevantes Wissen erhalten kann, müssen Kontaktmöglichkeiten geschaffen werden. Die Stufe des Externen Outputs stellt die Frage, welche Kanäle die bestmöglichen Kontaktpunkte schaffen. Eine Entscheidung könnte hier sein, mit einem eigenen Stand auf verschiedenen Energie-Messen vertreten zu sein oder vorrangig Wirtschaftsmagazine zu bespielen (Werttreiber: Kontaktmöglichkeiten). Ein konkretes Ziel kann also sein, die Anzahl der Energieartikel in relevanten Wirtschaftsmedien jährlich um fünf Prozent zu steigern. Dabei muss genau definiert werden, welche Medien zu den Zielmedien gehören.

Die ersten beiden Stufen betreffen nun die eigene alltägliche Arbeit: Der Interne Output beschäftigt sich damit, welche Maßnahmen zu den Kontaktmöglichkeiten führen und wie die Prozesse gestaltet sein müssen (Werttreiber: Maßnahmen und deren Qualität). Konkrete Ziele der Pressearbeit könnten also sein, dass 30 Prozent aller Pressemitteilungen zu Energieforschung oder Wirtschaftskooperationen erstellt werden und der Presseverteiler auf das Vorhandensein aller relevanter Wirtschaftsjournalist(inn)en überprüft und ggf. angepasst wird. Um die Überprüfbarkeit zu gewährleisten, müssen die Zieljournalist(inn)en hierfür konkret benannt werden.

Die Input-Stufe fragt nach den benötigten Ressourcen finanzieller und personeller Art (Werttreiber: verfügbare Ressourcen). Eine spezifische Personaleinsatzplanung hilft, die personellen Ressourcen den geplanten Maßnahmen zuzuordnen. Eine Möglichkeit wäre, die Personen des eigenen Teams speziellen Themen zuzuordnen, sie also zu Themen-Expert(inn)en zu machen und dabei eine Zielvorgabe zu vereinbaren, dass etwa 50 Prozent der Zeit der Energie-Expert(inn)en auch für die Erstellung von Maßnahmen zu Energiethemen genutzt werden sollte.

Die Kette der aufeinander aufbauenden Werttreiber stellt also konkret dar, mit welchen Ressourcen welche Maßnahmen durchgeführt werden, welche Wirkung sie

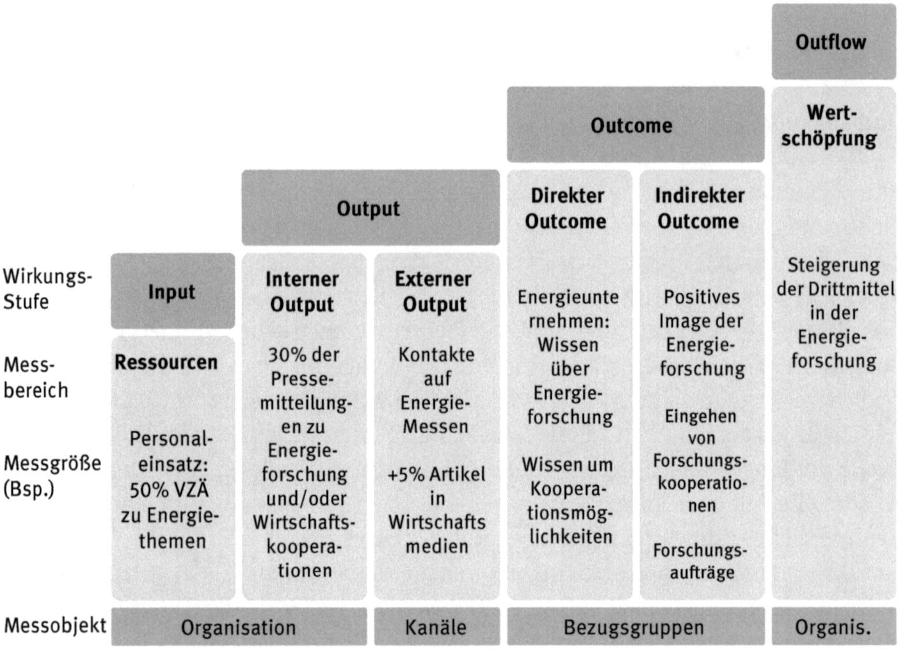

Abb. 8.2: Kommunikationsziele im DPRG/ICV-Bezugsrahmen am Beispiel der Drittmittelsteigerung in der Energieforschung (Quelle: Eigene Darstellung).

in der Zielgruppe bewirken sollen und was das Ziel der Maßnahme als Wertschöpfung für die Hochschule ist. Und nebenbei: Die Visualisierung eines solchen Werttreiberbaumes hilft, sowohl intern im Alltag das Wesentliche im Blick zu behalten als auch extern die strategische Ausrichtung zu belegen.

Dabei ist es irrelevant, ob der Werttreiberbaum nur eine einzelne Maßnahme mit einem einzelnen Ziel abdeckt oder mehrere Maßnahmen auf ein gemeinsames großes Ziel einzahlen.

8.5 Ableiten von Beurteilungskriterien aus der Strategie

Nachdem diese Vorarbeit geleistet ist, geht der nächste Schritt – die Kennzahlenentwicklung für die Leistungsbeurteilung – umso leichter von der Hand, weil sich die Bewertungskriterien direkt aus den Werttreiberbäumen und den einzelnen Werttreibern ergeben. Und: Alle Evaluationskennzahlen, die einen konkreten Werttreiber messen, sind durch den Werttreiberbaum automatisch einer Maßnahme und einem Ziel zugeordnet.

8.5.1 Beispiel: Anwendung des DPRG/ICV-Bezugsrahmen zur Kennzahlenentwicklung

Auch hier hilft das Wirkstufenmodell wieder, auf den einzelnen Stufen geeignete Fragen zu den einzelnen Werttreibern zu stellen und damit relevante Kennzahlen zu identifizieren und zu definieren:

Input-Stufe: Welche Ressourcen – finanziell oder personell – wurden tatsächlich für die zu beurteilenden Kanälen oder die zu beurteilenden Maßnahmen aufgewendet? Wurde das festgesetzte Budget eingehalten? Im vorliegenden Beispiel also: Haben die Energie-Expert(inn)en 50 Prozent ihrer Zeit für Energiethemen verwandt?

Interner Output: Inwieweit wurden die geplanten Maßnahmen tatsächlich erstellt? Wie effizient sind die Prozesse abgelaufen, mit welcher Qualität?

Die Fragen für das Beispiel könnten also lauten: Enthält der Verteiler alle relevanten Wirtschaftsjournalist(inn)en? Dafür muss das Set der relevanten Wirtschaftsjournalist(inn)en konkret definiert werden. Sind 30 Prozent der Pressemitteilungen zu Energieforschung und Wirtschaftskooperationen herausgegeben worden? Von welcher Qualität waren die Angebote?

Im obigen Abschnitt zur Entwicklung der Wissenschaftskommunikation wurde erläutert, dass Wissenschaftler/-innen und Kommunikationsabteilungen nun direkt mit der Öffentlichkeit kommunizieren. In Bezug auf das Thema Qualitätskontrolle ist hierbei folgendes zu bedenken: Während Wissenschaft und besonders die Öffentlichkeit bahnbrechende Ergebnisse mit Aufmerksamkeit und positivem Image belohnen, war früher für Wissenschaftler/-innen die Scientific Community das Korrektiv, und für PR-Abteilungen waren dies die Wissenschaftsjournalist(inn)en. Wenn nun beide Akteure ohne Korrektiv direkt die Öffentlichkeit adressieren, laufen sie Gefahr, mit übertriebenen oder gefälschten Ergebnissen mehr Aufmerksamkeit zu erzeugen. Und auch die Journalist(inn)en, die selbst unter hohem Veröffentlichungsdruck stehen, laufen Gefahr, mit nicht korrekten Ergebnissen Aufmerksamkeit zu erzielen (vgl. Schäfer, 2014). Dieser Aspekt muss in die Leistungsbeurteilung von Wissenschaftskommunikation insofern mit einfließen, als dass Qualität und Faktentreue der kommunizierten wissenschaftlichen Ergebnisse eine Rolle spielen müssen. Aus diesem Grund fordern die „Leitlinien zur guten Wissenschafts-PR" des Bundesverbands Hochschulkommunikation (2016) eine wertegetriebene PR, die sich etwa für Transparenz, Offenheit, Selbstkritik und Unabhängigkeit einsetzt. Neben dem Leitfaden und der darin enthaltenen Checkliste für Praktiker/-innen stellt der „Mediendoktor" (www.mediendoktor.de) der TU Dortmund ein weiteres Instrument dar, die eigene Arbeit, speziell Presseinformationen, auf Qualität und wissenschaftliche Richtigkeit zu überprüfen. Die Bewertungskriterien des Mediendoktors richten sich zwar vorrangig an Journalist(inn)en, sie können in großen Teilen aber auch zur Qualitätsprüfung von PR herangezogen werden.

Externer Output: Welche Kontaktmöglichkeiten wurden geschaffen und waren deren Inhalte auch die gewünschten?

Das oben festgelegte Beispielziel auf der Stufe des Externen Outputs war, die Anzahl der Energieartikel in relevanten Wirtschaftsblättern jährlich um fünf Prozent zu steigern. Nachdem das Set an relevanten Wirtschaftsblättern festgelegt wurde, kann das Ziel mithilfe eines geeigneten Medienbeobachters überprüft werden. Als Instrument eignet sich hierfür speziell in der Pressearbeit die Medienresonanzanalyse (vgl. hierzu Hoffmann, 2005).

Zur Erreichung des Ziels ist einerseits die Zielgruppe der Energiewirtschaft relevant. Diese wird, zumindest in der Pressearbeit, vorrangig über Journalist(inn)en erreicht. Journalist(inn)en sind aber mehr als Mittler, denn auf deren Arbeitsabläufe muss die Pressearbeit abgestimmt werden. Somit sind zwei wichtige Zielgruppen gleichzeitig zu bedienen.

Für die Praxis der Evaluation bedeutet das, dass derselbe Untersuchungsgegenstand – etwa die Medienresonanz – für die Zielgruppe der Energiewirtschaft ausschließlich eine Aussage über die Kontaktmöglichkeiten macht (Stufe Externer Output), während dies bei der Zielgruppe Journalist(inn)en bereits eine weitergehende Aussage ermöglicht, denn: Presseinformationen, die veröffentlicht werden, wurden von Journalist(inn)en wahrgenommen (Direkter Outcome), gelesen, als interessant befunden und veröffentlicht (Indirekter Outcome), womit sie zu dem Ziel der Sichtbarkeit in relevanten Wirtschaftsblättern beitragen. Dies gilt zumindest für die klassischen Printmedien, online können Inhalte automatisch weiterverbreitet werden. Dieser Verbreitungsweg ermöglicht damit nur dann eine sichere Aussage über die Nutzung durch die Zielgruppe Journalist(inn)en, wenn der betreffende Artikel eine redaktionelle Bearbeitung der Pressemitteilung darstellt und keine wörtliche Übernahme ist.

Bei der Zielgruppe der Energiewirtschaft sind die Outcome-Stufen (Wissen, Einstellung, Verhalten) sehr viel schwieriger zu messen. Umfragen sind teuer und oft wenig repräsentativ. Da in der Praxis eine Evaluation handhabbar sein muss, wird auf solche Evaluationsmethoden häufig verzichtet.

Und nicht zuletzt muss auf der Outflow-Stufe auch die tatsächliche Drittmittelsteigerung als das eigentliche Ziel der Hochschule ausgewertet werden. Dies ist auch ein anschauliches Beispiel dafür, dass nicht alle Zahlen in der eigenen Abteilung generiert werden müssen. Die Dokumentation der Drittmittel liegt an anderer Stelle bereits vor und kann dort angefordert werden.

Auch bei der Interpretation der Ergebnisse der höheren Stufen muss man sich bewusst sein, dass der alleinige Einfluss der Kommunikationsabteilung umso geringer ist je weiter nach rechts man sich im Modell bewegt. Während die Ressourcen-Einteilung und die ablaufenden Prozesse zur Leistungserstellung direkt steuerbar sind, sind etwa Einstellung und Verhalten der Zielgruppe und auch das eigentliche Ziel der

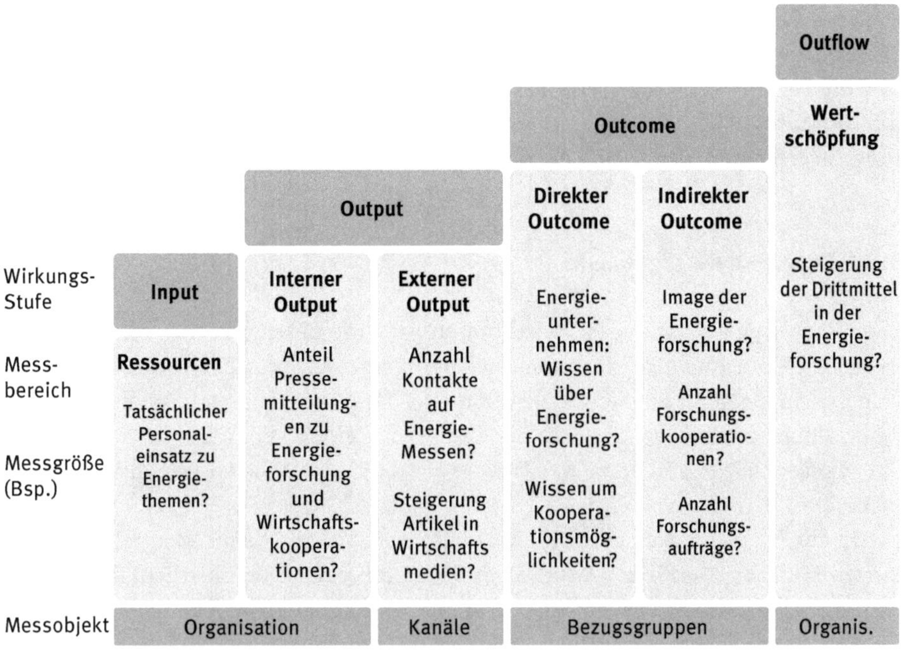

Abb. 8.3: Evaluation der Wirkstufen in Bezug auf Drittmittel in der Energieforschung (Quelle: Eigene Darstellung).

Einwerbung von Drittmitteln von vielen weiteren Faktoren abhängig, sodass die Kommunikationsleistungen nur eine von vielen Maßnahmen sind, die zum Erreichen des Ziels beitragen.

Das Stufenmodell hilft nicht nur, relevante Kennzahlen zu entwickeln, sondern ermöglicht auch, die Kennzahlen einzusortieren und damit in gewisser Weise vergleichbar zu machen, etwa wenn es um die Frage geht, welche Kontaktangebote für die unterschiedlichen Zielgruppen geschaffen wurden (Stufe Externer Output). Zusätzlich gibt es einen Orientierungsrahmen, in welcher Gruppierung und Sortierung die Ergebnisse in Berichten und Präsentationen dargestellt werden.

8.6 Reporting und Steuerung der Kommunikation

Wurden Kommunikationsziele definiert, deren Werttreiberstruktur identifiziert und Kennzahlen erhoben, die eine Aussage über den Grad der Zielerreichung zulassen, stellt sich die Frage, wie mit den Zahlen nun weiter verfahren werden soll, wofür sie genutzt werden können und wie sie präsentiert werden. Denn die Erhebung der Kennzahlen ist kein Selbstzweck, sondern ermöglicht eine faktenbasierte Interpretation der Wirksamkeit der Strategie und der Erreichung der verfolgten Ziele. Prinzipiell lassen sich die Zahlen für zwei Zwecke nutzen: einerseits die Darstellung der eigenen Leistung für Adressat(inn)en außerhalb der eigenen Abteilung und andererseits zur Steuerung der eigenen Arbeit. Beide Aspekte werden im Folgenden näher betrachtet.

8.6.1 Reporting der Ergebnisse

Beim Reporting für externe Adressat(inn)en ist – wie oben erwähnt – die Situation in vielen Hochschulen so, dass vom Präsidium, Rektorat oder auch vom Controlling kein Bericht gefordert wird. Unter der Prämisse, dass auch keine etablierten Standard-Kennzahlen bestehen, eröffnet sich hier die Chance, eine eigene Auswahl an Kennzahlen zu präsentieren und damit den Bericht auf die eigene Arbeitsweise hin abzustimmen.

In der Praxis hat sich gezeigt, dass viele Kennzahlen – da nicht etabliert – einer kurzen Erklärung bedürfen. Aus diesem Grund ist es auch unerlässlich, die präsentierten Zahlen in einen größeren Zusammenhang einzubetten und damit den Interpretationsrahmen mitzuliefern: Die Darstellung der Ergebnisse, sei es in Berichten oder in Präsentationen, hinterlässt vor allem dann den Eindruck der Sinnhaftigkeit, wenn sie in einen direkten Zusammenhang mit der Hochschul- und Kommunikationsstrategie gestellt wird. Entsprechend muss für jede Kennzahl ersichtlich sein, warum sie Relevanz für die Leistungsbeurteilung besitzt und für welches Ziel sie die Ergebnisse darstellt. Wenn nun auch noch die Maßnahmen, die zum Erreichen der Ziele durchgeführt wurden, abgebildet werden, ist für Adressat(inn)en des Berichts die komplette Wirkungskette der Kommunikationsarbeit nachvollziehbar. Beispielsweise ist die Anzahl der internationalen Artikel per se nicht wirklich aussagekräftig und hinterlässt die Adressat(inn)en ohne Interpretationshilfe. Wird aber der Sinn der präsentierten Kennzahl durch einen Verweis auf die Strategie (Internationalisierung) und ein dadurch verfolgtes Ziel (Erhöhung der internationalen Sichtbarkeit als ein weiteres mögliches Hochschul-Ziel) hergestellt, ist der Interpretationsrahmen ersichtlich. Die Einbettung der Zahlen in weitere Zusammenhänge verstärkt die Interpretierbarkeit der Daten: Der Vergleich mit dem Vorjahr ermöglicht etwa die Betrachtung der zeitlichen Entwicklung der internationalen Sichtbarkeit.

Die Kommunikationsmaßnahmen, die durchgeführt wurden, um diese Zahlen zu erreichen, stellen einen weiteren wichtigen Interpretationsraum zur Verfügung. Werden – um beim Beispiel der internationalen Sichtbarkeit zu bleiben – die Ergebnisse etwa gemeinsam mit der Anzahl international versandter Pressemitteilungen oder den genutzten internationalen Kommunikationskanälen dargestellt, so ist der Zusammenhang zwischen Leistungs- und Wirkungsfaktoren offensichtlich.

Nicht nur wird so der Präsentationszweck der Kennzahl sichtbar und der Interpretationsrahmen dargestellt, sondern es ist auch ein großer Vorteil dieses Vorgehens, dass es – ohne offensichtlich darauf hinzuweisen – belegt, dass die Kommunikationsabteilung die Strategie und die Ziele der Hochschule in der alltäglichen Arbeit im Blick hat und das Tagesgeschäft strategisch ausrichtet. In der Erfahrung mehrerer Hochschulen im Bundesverband Hochschulkommunikation ist das ein nicht zu unterschätzender Faktor für das Standing der Abteilung.

Um nochmals das Beispiel von weiter oben zu bemühen: Es macht einen großen Unterschied, ob beispielsweise die Anzahl der Printartikel zum Thema Energie ohne weitere Informationen dargestellt und der Interpretationsrahmen den Adressat(inn)en überlassen wird oder ob das oben erwähnte in der Hochschulstrategie verankerte Beispiel-Ziel der „Steigerung der Drittmittel im Bereich Energieforschung" den Rahmen bildet und damit offensichtlich ist, warum die Medienresonanz von Printartikeln zum Thema Energie präsentiert wird. Wird nun auch die Anzahl der Presseinformationen zum Thema Energie abgebildet, bilden Ziel, Maßnahme und Ergebnis eine Sinneinheit. In solch einem breiten Zusammenhang wird eben nicht nur die Kennzahl als relevant präsentiert, sondern sie belegt auch die strategische Ausrichtung der Kommunikationsabteilung.

Des Weiteren reduziert der Rückbezug auf die Strategie das Auswahl-Set der präsentierbaren Zahlen und hilft somit, sich im Reporting auf wichtige und relevante Aspekte zu konzentrieren. Denn gleich, ob bei einem schriftlichen Report oder einer Präsentation: Kommunikationsabteilungen haben die Chance, ihre Berichte selbst zu gestalten und der Spielraum wird dann voll ausgenutzt, wenn die Zahlen und deren Interpretation nachvollziehbar und relevant sind.

8.6.2 Steuerung der Kommunikationsarbeit

Neben der Nutzung der Kennzahlen für die externe Darstellung der eigenen Leistung können diese auf der anderen Seite auch dazu genutzt werden, die Arbeit der eigenen Abteilung zu analysieren, zu bewerten und kennzahlengestützt zu steuern. Mit der Abkehr vom Arbeiten nach Bauchgefühl steigt der Grad der Professionalisierung. Für die Darstellung der Leistung nach Innen eignen sich sogenannte „Communication Scorecards" (vgl. Hering, Schuppener und Sommerhalder, 2004, sowie Sass und Zerfaß, 2016). Auf einer Scorecard werden alle steuerungsrelevanten Kennzahlen so weit reduziert und aggregiert abgebildet, dass sie für eine schnelle Erfassbarkeit idealerweise auf eine DIN-A4-Seite passen. Eine Gruppierung der Kennzahlen nach strategischen Zielen erhöht die Lesbarkeit.

Generell gelten für die Darstellung der Kennzahlen dieselben Prinzipien wie für die externe Präsentation: Die eigentlichen Ergebnis-Zahlen sollten durch Interpretationszusammenhänge angereichert werden, um sie besser einordnen zu können. So muss für jede Zahl auch hier klar sein, auf welches strategische Ziel sie einzahlt. Die Abbildung der Ergebnisse vorheriger Zeiträume ermöglicht die Beobachtung der tendenziellen Entwicklung. In der Praxis hat sich als sinnvolle Zeiteinheit das Quartal herausgestellt. Werden die letzten vier Quartale abgebildet, hat man über den zeitlichen Verlauf hinaus auch einen direkten Vergleich zum Vorjahresquartal.

Für die interne Analyse und Interpretation der Kennzahlen erweist sich aber auch noch ein weiteres Vergleichsmoment als äußerst sinnvoll: der Soll-Wert. Den Zielerreichungsgrad bei schwammig formulierten Zielen zu bestimmen, ist oft unmöglich. Das Ziel „Sichtbarkeit erhöhen" können sehr viele Werte belegen, und die Aussagekraft der Zielerreichung leidet. Nur ein SMART (specific, measurable, achievable, reasonable, time bound) formuliertes Ziel, etwa „In Quartal xyz soll in englischsprachigen Online-Artikeln der Anteil der Energie-Themen 30 Prozent ausmachen.", lässt einen eindeutigen Vergleich des Ergebnisses mit einem Soll-Wert zu und der Zielerfüllungsgrad kann quantifiziert werden. Durch die Gruppierung der Kennzahlen zu den strategischen Zielen ist auch schnell erkennbar, in welchen Aspekten der Strategie die Ziele erreicht werden und in welchen Bereichen die Ergebnisse hinter den Soll-Werten zurückbleiben.

Der eigentliche Mehrwert einer Scorecard ergibt sich aber erst durch die Kopplung der Ergebnisse mit Kennzahlen zu den jeweiligen Kommunikationsmaßnahmen, die zur Erreichung der Ziele durchgeführt wurden. Erst dadurch zeigt sich, welche Ziele inwieweit mit welchem Ressourceneinsatz erreicht werden. Manche Ziele – sogenannte Selbstläufer – bedürfen nur weniger Ressourcen, während andere Ziele trotz großem Ressourceneinsatz nicht umfänglich erreicht werden (können). Eine Scorecard hilft zu erkennen, wo Prioritäten umsortiert werden sollten. Durch die direkte Kopplung der Maßnahmen mit den Zielen, stellen diese relevante Stellschrauben dar, wodurch sich Handlungsempfehlungen direkt aus der Scorecard ableiten lassen. Das macht sie zu einem einfach handhabbaren und sehr praxistauglichen Controlling-Instrument.

Aus diesem Fakt wird wiederum deutlich, dass nicht jede Kennzahl steuerungsrelevant ist. Unterliegen etwa die Ergebnisse hauptsächlich äußeren Einflüssen und nicht den eigenen Maßnahmen, kann aus der Scorecard keine Handlungsempfehlung abgeleitet werden und somit hilft die Kennzahl nicht zur Steuerung der eigenen Arbeit. Dementsprechend lohnt es sich, den Aufwand zu betreiben, steuerungsrelevante Kennzahlen zu definieren, die diesen Ansprüchen genügen. Denn nur mit sauberen Kennzahlen ist beim Blick auf eine Scorecard ohne großes Hintergrundwissen klar, welche Prozesse einer intensiveren Betrachtung bedürfen. Und je besser die Auswahl der Kennzahlen auf die Strategie abgestimmt ist, desto weniger Zeit erfordert die Aufbereitung und Erklärung der Zahlen.

8.7 Fazit

In dem Artikel wurde gezeigt, dass sich die Arbeit der Kommunikationsabteilung durchaus eignet, mit Zahlen gemessen zu werden, sofern man den besonderen Rahmenbedingungen Rechnung trägt. So gibt es etwa keine etablierten Standards und auch nur wenige offensichtliche Bewertungskriterien, sodass hier besondere Kreativität bei der Entwicklung der Kennzahlen gefragt ist. Der Artikel zeigte Kriterien für eine sinnvolle Leistungsbeurteilung in der Hochschulkommunikation auf sowie Instrumente und Vorgehensweisen zur Umsetzung: Ausgangspunkt für jede Beurteilung muss die Strategie sein, denn eine Beurteilung misst die Erreichung der Ziele und diese sind ohne Einbettung in eine Strategie nur flüchtig und damit weniger relevant. Zur Umsetzung hat sich der DPRG/ICV-Bezugsrahmen bewährt, der ausführlich erklärt wurde.

Der Artikel verdeutlicht, dass entgegen der in der Praxis häufig anzutreffenden Meinung eine stringente Leistungsbeurteilung durchaus möglich ist und er möchte Praktiker/-innen animieren, sich mehr mit dem Thema auseinanderzusetzen. Dabei würde es den Rahmen jedoch übersteigen, einen ausführlichen Leitfaden für verschiedene Aufgabenstellungen der Kommunikation abzubilden. Siehe hierfür Scheuerle et al. (2017).

Die Ergebnisse der Leistungsbeurteilung können für verschiedene Zwecke genutzt werden, im Artikel wurden vor allem das Reporting Dritten gegenüber zur Darstellung der eigenen Leistungsfähigkeit sowie die Nutzung der Daten zur Steuerung der eigenen Arbeit angesprochen. Weitere Möglichkeiten sind beispielsweise die Wettbewerbsanalyse oder die Nutzung der Ergebnisse als Argumentationshilfe bei Verhandlungen um Ressourcen, auf die der Artikel nicht eingehen konnte.

Auch wenn die Instrumente prinzipiell geeignet sind, alle Arten von Kommunikation abzudecken, beschränkte sich der Artikel im Rahmen des Bandes auf die Leistungsbeurteilung von Hochschul-PR, wobei etwa Raupp und Osterheider (2018, S. 182) argumentieren, „dass Evaluationsverfahren, die für die unternehmerische Kommunikation entwickelt wurden, dem spezifischen Organisationstyp Hochschule nur ungenügend gerecht werden", da PR-Evaluation sich hauptsächlich an der unternehmerischen Maxime der Gewinnerzielung orientiere, dieses Ziel für Hochschulen aber nicht uneingeschränkt gelte. Aus Sicht des Autors spielt die Art des Ziels jedoch nur eine untergeordnete Rolle, denn Kommunikations-Controlling zeigt ein Modell zur Überprüfung der Zielerreichung – unabhängig vom Inhalt der Ziele. Nichtsdestotrotz steht die Forschung über Evaluation von Hochschul-PR noch relativ am Anfang und somit erwächst hieraus etwa die Frage, ob es tatsächlich geeignetere Evaluationsverfahren für die spezifischen Ziele der Hochschul-PR gibt.

So lässt sich festhalten, dass die Evaluation von Hochschul-PR sowohl aus Sicht der Praktiker/-innen als auch aus Sicht der Wissenschaft ein Feld mit großem Potenzial darstellt.

8.8 Literaturverzeichnis

Bundesverband Hochschulkommunikation (2016). Leitlinien zur guten Wissenschafts-PR. http://www.bundesverband-hochschulkommunikation.de/fileadmin/user_upload/IQ/IQ_Leitlinien/Leitlinien-gute-Wissenschafts-PR_final.pdf. Abgerufen am 24.04.2017.

Hering, R., Schuppener, B. und Sommerhalder, M. (2004). *Die Communication Scorecard. Eine neue Methode des Kommunikationsmanagements*. Bern: Haupt Verlag.

Hoffmann, E. (2005). *Medienresonanzanalyse – wie lässt sich die Pressearbeit von Hochschulen bewerten? Dokumentation des Pilotprojektes und der dritten Tagung der Initiative Qualität von Hochschulkommunikation – IQ_HKom (Arbeitskreis "Evaluierung von Hochschul-PR") am 21. und 22. September 2004 in Wien*. Berlin: Pro Wissenschaft.

Huhn, J. und Sass, J. (2011). Positionspapier Kommunikations-Controlling. Bonn/Gauting: DPRG/ICV. http://www.kommunikationscontrolling.info/fileadmin/user_upload/Kommunikationscontrolling/Publikationen/Positionspapier_DPRG_ICV.pdf. Abgerufen am 8.7.2019.

Leßmöllmann, A., Hauser, C. und Schwetje, T. (2017). Hochschulkommunikation erforschen. Hochschulkommunikatoren als Akteure: Ergebnisse einer Online-Befragung – 1. Welle. http://www.geistsoz.kit.edu/germanistik/downloads/Zwischenbericht%20Hochschulkommunikation%20erforschen%201.%20Welle%20Le%C3%9Fm%C3%B6llmann%20Hauser%20Schwetje.pdf. Abgerufen am 09.10.2018.

Marcinkowski, F., Kohring, M., Fürst, S. und Friedrichsmeier, A. (2014). Organizational Influence on Scientists' Efforts to Go Public: An Empirical Investigation. *Science Communication*, 36(1):56–80. doi:10.1177/1075547013494022.

Osterloh, M. (2010). Governance by Numbers. Does it Really Work in Research? *Analyse und Kritik, Zeitschrift für Sozialtheorie*, 2010/2:267–283.

Raupp, J. und Osterheider, A. (2019). Evaluation von Hochschulkommunikation. In B. Fähnrich, J. Metag, S. Post und M. Schäfer (Hrsg.), *Forschungsfeld Hochschulkommunikation*. Wiesbaden: Springer VS.

Sass, J. und Zerfaß, A. (2016). Communication Scorecards zur Kommunikationssteuerung und Wertschöpfung. In F. R. Esch, T. Langner und M. Bruhn (Hrsg.), *Handbuch Controlling der Kommunikation*, S. 163–179. Wiesbaden: Springer Reference Wirtschaft. Springer Gabler. doi:10.1007/978-3-8349-3857-2_8.

Schäfer, M. S. (2014). Keynote ‚Wohin entwickelt sich die Wissenschaftskommunikation?'. https://de.slideshare.net/mikesschaefer/keynote-wohin-entwickelt-sich-die-wissenschaftskommunikation?qid=24302101-fcec-4dbd-bd4b-5487f8ffafeb. Abgerufen am 07.10.2018.

Schäfer, M. S., Kristiansen, S. und Bonfadelli, H. (Hrsg.) (2015). *Wissenschaftskommunikation im Wandel*. Köln: Herbert von Halem.

Scheuerle, S., Flacke, M., Jordan, K., Kiechle, D., Maas, S., Meyer, K., Müller-Detert, U., Pernat, N., Sommerfeld, U. und von Soosten, C. (2017). Leitfaden Kommunikations-Controlling. https://iqcc.jimdo.com/. Abgerufen am 21.01.2019.

Wandt, J. (2018). Hochschulkommunikation als professionelle Praxis – Die Perspektive der HochschulsprecherInnen. In B. Fähnrich et al. (Hrsg.), *Forschungsfeld Hochschulkommunikation*, S. 433–441. Wiesbaden: Springer.

Corinna Barz

9 Bewertung der Translation in der Gesundheitsforschung als Teil der Third Mission an Hochschulen

9.1 Einleitung

Gesellschaften streben nach einer stetigen Verbesserung ihrer Lebensbedingungen. Gesundheit zählt dabei zu den höchsten Gütern. Im Laufe der Geschichte der Menschheit hat sich die Lebenserwartung des Menschen kontinuierlich erhöht. Dazu leisten wirksame Versorgungssysteme wesentliche Beiträge (Mathers et al., 2015). Der resultierende demografische Wandel mit einer zunehmend älteren Bevölkerung stellt uns nun vor die große Herausforderung, auch in Zukunft ein an die veränderten Anforderungen angepasstes, leistungsstarkes und bezahlbares Gesundheitssystem aufrechtzuerhalten und weiterzuentwickeln. Hier ergeben sich für Politik, Wissenschaft, Industrie und die Gesellschaft wichtige Aufgabenfelder.

- Mit höherem Alter nimmt die Zahl der Menschen deutlich zu, die dauerhaft an chronischen Krankheiten wie Krebs, Herz-Kreislauf-, Stoffwechsel-, Lungen- und neurodegenerativen Erkrankungen wie beispielsweise der Alzheimer-Demenz leiden. Hinzu kommt, dass mit höherem Alter gehäuft **Mehrfacherkrankungen** auftreten. Diese Multimorbidität macht die Behandlung der betroffenen Patient(inn)en schwieriger und riskanter (Barnett et al., 2012). Für sie werden dringend verbesserte Behandlungskonzepte benötigt.
- Therapien sollen so genau wie möglich auf einzelne Patient(inn)en zugeschnitten werden. Dieser als **personalisierte Medizin** bezeichnete Ansatz zielt darauf ab, durch differenzierte Diagnostik eine verbesserte Vorhersagbarkeit des Therapieerfolges zu erreichen und die Patient(inn)en, die nicht von einer Therapie profitieren würden, vor unnötigen Nebenwirkungen zu schützen (Hamburg, Collins, 2010). Mithilfe der personalisierten Medizin sollen Krankheiten in Zukunft effektiver behandelt und unnötige Ausgaben im Gesundheitssystem vermieden werden.
- Besonders erstrebenswert ist der Erhalt von Gesundheit und damit die Entwicklung von effektiven **Präventionsmaßnahmen**, die auf das individuelle Risikoprofil des Einzelnen abgestimmt sind. Durch sie soll die Entstehung und das Voranschreiten von Krankheiten möglichst lange verhindert werden (Bauer et al., 2014).

Corinna Barz, Helmholtz Zentrum München

https://doi.org/10.1515/9783110689884-010

Multimorbidität, personalisierte Medizin und effektive Prävention sind Herausforderungen, die ein deutlich besseres Verständnis von Gesundheit, Krankheit und Therapieeffekten erfordern. Dieses Verständnis ist Voraussetzung, um Verfahren zu entwickeln, mit denen krankheitsauslösende Veränderungen frühzeitig erfasst und effektiv behandelt werden können. Wissenschaft und Industrie haben die Aufgabe, dieses Wissen zu erarbeiten und für die gesellschaftliche Anwendung nutzbar zu machen. Für den Erfolg sind ineinandergreifende Forschungs- und Entwicklungsanstrengungen von Hochschulen, nicht universitären Forschungseinrichtungen und Industrie von entscheidender Bedeutung (MEMO/07/127, 2007; Melese et al., 2009). Die Weiterentwicklung dieses Zusammenwirkens wird zunehmend gefordert, mit gutem Grund: Der Bedarf an Innovationen im Bereich der Gesundheitsversorgung in unserer alternden Gesellschaft ist groß.

Dieser Beitrag beschreibt die aktuellen Herausforderungen und Möglichkeiten von Translation in der Gesundheitsforschung in Deutschland, diskutiert Leistungsparameter und ihre Bedeutung für die Weiterentwicklung von Translation und leitet daraus Handlungsempfehlungen für die Hochschulen und die Hochschulpolitik ab.

9.2 Begriffsbestimmung: Translation in der Gesundheitsforschung

Dieser Beitrag folgt der Definition des National Center for Advancing Translational Sciences (NCATS) des National Institutes of Health (NIH) in den USA. Sie fasst unter dem Begriff Translation alle Prozesse zusammen, durch die aus Beobachtungen im Labor, in der Klinik und im Alltag neue Handlungsmöglichkeiten entstehen, die die Gesundheit des Einzelnen und der Gesellschaft im Ganzen verbessern. Dazu zählen neue Diagnostika, Therapeutika sowie medizinische Verfahren bis hin zu Verhaltensänderungen (NCATS, 2015).

Trotz der großen Bedeutung von Translation für die Gesellschaft und der daraus resultierenden politischen Förderung von Translation ist der Begriff immer noch schwierig zu erfassen, denn er ist eng oder weit auslegbar, anspruchsvoll in der Umsetzung, streitbar in Bezug auf eine angemessene Leistungsbeurteilung. Diese Unklarheiten polarisieren viele Diskussionen. Die Ermittlung von validen Leistungsparametern, ihre Nachverfolgung und differenzierte Interpretationen sind deshalb sehr wichtig, um Translation klar zu fassen, Inhalte zu objektivieren und den Bereich zielführend weiterzuentwickeln.

9.3 Beiträge der Hochschulen für ein leistungsfähiges Gesundheitssystem

Globalisierung und Digitalisierung sind Megatrends, die wie in nahezu allen anderen Lebensbereichen auch die Rahmenbedingungen für die Hochschulen geändert haben und weiter ändern werden. Es wird in Zukunft nicht allein darauf ankommen, dass Hochschulen ihre traditionellen Aufgaben besser und effizienter meistern, sondern auch darauf, dass sie sich im veränderten Kontext neu und gesellschaftlich noch wirksamer positionieren. Erfolgreiche Translation in der Gesundheitsforschung ist ein Sektor, in dem die Hochschulen weiter an Profil gewinnen können.

9.3.1 Erste und zweite Mission: Forschung und Lehre für Gesundheit und Medizin

Mit Forschungs- und Lehraktivitäten leisten die Universitäten essenzielle Beiträge für Fortschritte in der Medizin und Verbesserungen der Gesundheit der Gesellschaft.

Mit der **Mission Forschung** legen die Hochschulen zusammen mit der außeruniversitären Forschung die Grundlage für Innovationen. Sie untersuchen Prozesse des Lebens, analysieren Krankheiten und forschen an technologischen Neuerungen, die das Potenzial haben, in der Gesundheitsvorsorge und der Behandlung von Krankheiten eingesetzt zu werden. Medizinische Fakultäten und Universitätskliniken haben hier ganz besondere Möglichkeiten, denn sie verbinden Forschung, Lehre und Krankenversorgung. Für die Mission Forschung erhalten sie und außeruniversitäre Institutionen Forschungsmittel von Ländern, Bund und Drittmittelgebern. Diese Mittel wirksam für eine verbesserte Gesundheit der Bevölkerung einzusetzen ist eine wichtige und verantwortungsvolle Aufgabe.

Hochrangige und zahlreiche Publikationen sind entscheidende Leistungsparameter für eine erfolgreiche Forschung und essenziell für Drittmitteleinwerbungen und die akademische Karriere von Wissenschaftler(inne)n an der Hochschule (Kleimann und Hückstädt, 2018). Sie definieren die individuelle wissenschaftliche Reputation und sind in der Summe ein Parameter der Leistungsfähigkeit des Wissenschaftssystems eines Landes. Die hohe Bedeutung von Publikationen für akademische Karrieren wird aus Sicht des Technologietransfers auch kritisch gesehen. Dafür gibt es mehrere Gründe: Zum einen richten sich Publikationen mit ihren Inhalten in der Regel ausschließlich an die wissenschaftliche Gemeinschaft. Weder Industrie noch Gesellschaft werden direkt angesprochen. Zweitens steht das hohe Interesse der Wissenschaft an einer zügigen Publikation von Ergebnissen häufig im zeitlichen Konflikt mit einer Patentanmeldung. Diese muss vor der Publikation erfolgt sein, um die Verwertbarkeit der Beobachtungen zu schützen und damit eine industrielle Weiterentwicklung überhaupt zu ermöglichen (Piller, Hilgers, 2013). Drittens ist selbst bei Publikationen in hochrangigen Journalen die Relevanz der beschriebenen Ergebnisse für eine Anwendung oft noch nicht gezeigt. Aufgrund von Besonderheiten der verwendeten experimentellen Systeme stellen sich publizierte Beobachtungen bei weiterer Überprüfung immer wieder als nicht ausreichend robust und damit als für eine Verwertung ungeeignet heraus (Prinz et al, 2011; Begley, Ellis, 2012; McNutt, 2014). Aus gesamtgesellschaftlicher Sicht besteht hier ein signifikanter Reformbedarf. Für eine Weiterentwicklung und spätere potenzielle Nutzung von Forschungsergebnissen wäre es von großer Bedeutung, die Bewertung von Wissenschaft nicht ausschließlich oder primär auf publizierten Beobachtungen zu gründen, sondern auch den Nachweis ihrer Verwertbarkeit stärker zu fördern und zu honorieren.

Im Rahmen der **Mission Lehre** bilden die Hochschulen Ärzte, Wissenschaftler/-innen und Ingenieur/-innen aus, die in Zukunft Patient(inn)en versorgen und Forschung und Entwicklung von verschiedenen Stellen aus vorantreiben werden. Hochschulabsolvent(inn)en sind darüber hinaus in zahlreichen weiteren Bereichen aktiv, in denen zukünftig gesellschaftliche Rahmenbedingungen gesteckt und wirtschaftliche Potenziale realisiert werden, die Einfluss auf die Gesundheit der Menschen haben werden.

9.3.2 Dritte Mission: Translation von Wissen in der Gesundheitsforschung

Henke, Pasternack und Schmid fassen unter dem Begriff der dritten Mission die Aktivitäten von Hochschulen zusammen, die zwar im Kontext von Lehre und Forschung stattfinden, aber nicht allein Lehre bzw. Forschung sind. Solche Aktivitäten sind dadurch charakterisiert, dass sie Adressaten außerhalb der Hochschule einbeziehen, **gesellschaftliche Entwicklungsinteressen** unterstützen, die mit der herkömmlichen Leistungserbringung in Forschung und Lehre allein nicht zu erbringen sind und dafür Ressourcen aus Forschung und/oder Lehre nutzen (Henke et al., 2016).

Erfolgreiche Forschung schafft neue Erkenntnisse, auf Basis derer Innovationen entwickelt werden können. Wissenschaftliche Beobachtungen haben also Potenzial, sind aber in der Regel noch kein Produkt, das bereits anwendbar ist. Dieses Potenzial nicht nur anzulegen, sondern es konkreter zu fassen, es zu prüfen und für den gesellschaftlichen Nutzen weiterzuentwickeln, ist eine Aufgabe, die als dritte Mission zunehmend an Hochschulen und außeruniversitäre Forschungseinrichtungen herangetragen wird. Damit sind sie nicht allein. Ähnliche Ansprüche richten sich auch an die Industrie. Auch hier erwarten Kunden, Mitarbeiter, Investoren, Regierungen und die Bevölkerung, dass Unternehmen mehr gesellschaftliche Verantwortung übernehmen. Die konstruktive Annahme dieser Herausforderung ist ein wichtiger Beitrag zur Erreichung der von den Vereinten Nationen entworfenen nachhaltigen Entwicklungsziele und einer erfolgreichen Agenda 2030 für nachhaltige Entwicklung (Sustainable development goals: www.who.int/sdg/en/).

Dass das Angehen einer solchen Herausforderung nicht nur der Gesellschaft dient, sondern gleichzeitig positive Auswirkungen auf die Unternehmensentwicklung haben kann, zeigt eine Studie der Boston Consulting Group (BCG). Sie untersuchte weltweit mehr als 300 Unternehmen aus den Branchen Bankwesen, Konsumgüter, Öl und Gas und Pharma, um anhand des „Total Societal Impact" (TSI) die Beziehung zwischen ökologischem und sozialem Engagement und wirtschaftlichem Erfolg zu ermitteln. Der TSI beschreibt die Summe aller positiven und negativen ökonomischen, gesellschaftlichen und ökologischen Auswirkungen eines Unternehmens. Die Top-Performer der Unternehmen in spezifischen TSI-Dimensionen erreichten bei sonst gleichen Bedingungen deutlich höhere Unternehmensbewertungen (3–19 Prozent) als der Durchschnitt der Unternehmen. Auch die Margen dieser Unternehmen lagen bei sonst gleichen Bedingungen bis zu 12,4 Prozent über dem Durchschnitt (Boston Consulting Group, 2017). Engagement lohnt sich also. Es erhöht das Vertrauen, verbessert die Reputation und schafft so nach Interpretation der BCG strategische Vorteile für diese Unternehmen. Die BCG empfiehlt den Unternehmen deshalb, den TSI in der Geschäftsstrategie zu verankern (BCG, press release 2017).

Translation in den Bereichen Gesundheit und Medizin bietet zahlreiche Ansatzpunkte, über die Hochschulen im Rahmen der dritten Mission noch weiter und sichtbarer gesellschaftswirksam werden können. Ein ähnliches Potenzial, das die BCG-Studie für Unternehmen aufzeigt, ist auch für Hochschulen zu erwarten. Mit erfolgreicher Translation werden sich Hochschulen prominenter positionieren und wichtige Zukunftsperspektiven erschließen können.

Neue Ansätze und Produkte für die Gesundheitsversorgung

Der potenziell große Nutzen von gelungener Translation liegt auf der Hand. Gleichzeitig darf nicht unterschätzt werden, wie anspruchsvoll dieser Prozess tatsächlich ist. Insbesondere die Entwicklung neuer Therapien ist hochkomplex, stark reguliert und sehr zeit- und kostenaufwendig. Für eine Marktzulassung muss gezeigt werden, dass das neue Produkt oder Verfahren sicher und wirksam ist. Um eine Erstattung zu erreichen, muss es etablierten Ansätzen mindestens gleichwertig oder überlegen sein. Entwicklungen von neuen Medikamenten haben aktuell ein sehr hohes Risiko zu scheitern. Viele Ansätze müssen eingestellt werden, weil sich keine ausreichende Wirksamkeit der Therapie nachweisen lässt. Das geschieht häufig erst in weit fortgeschrittenen Entwicklungsphasen, bis zu deren Erreichung bereits hohe Entwicklungssummen investiert wurden. Dieses späte Scheitern ist aber nicht nur wirtschaftlich, sondern auch aus der Sicht der Patient(inn)en problematisch, denn wichtige medizinische Probleme bleiben auch nach langer Entwicklungszeit weiter ungelöst.

Herausforderung: hohe Entwicklungskosten und hohes Risiko

In der Zeit von 2002 bis 2011 hat der Pharma- und Biotechnologiesektor rund 1,1 Billionen Dollar in Forschung und Entwicklung investiert (EvaluatePharma, 2011 und 2012). In dieser Zeit wurden von der U. S. Food and Drug Administration (FDA) 308 neue Moleküle (new molecular entity/NME) und Biopharmazeutika zugelassen. Auf die Investitionskosten in dieser Zeit bezogen bedeutet dies, dass die mittleren Kosten pro zugelassenem neuen Molekül je nach Jahr zwischen 2,3 und 4,9 Milliarden Dollar lagen. Diese enormen Summen resultieren aus der Tatsache der oben erwähnten zahlreichen Fehlschläge, die in die Entwicklungskosten eingerechnet werden müssen. Die Tendenz der Kosten ist steigend. In der zweiten Hälfte der untersuchten Dekade (2007–2011) lagen die durchschnittlichen Kosten pro Molekül bei 4,2 Milliarden Dollar und damit 50 Prozent höher als in der ersten Hälfte der Dekade (2002–2006) (PWC, 2012). Diese steigenden Kosten können mit der Beobachtung, dass Arzneimittelkandidaten in den Entwicklungspipelines zunehmend häufiger scheiterten, erklärt werden. In den Jahren 2003–2007 waren im Mittel 12,4 NMEs erforderlich, um eine Zulassung zu erreichen. In den Jahren 2007–2011 lag diese Zahl bei 30,4 NMEs und hat sich damit mehr als verdoppelt (Malone, 2012).

Die höchsten Investitionen erfolgen bei den meisten Firmen in den klinischen Entwicklungsphasen, in denen neue Arzneimittel zunächst an gesunden Probanden (Phase I) und danach an kleineren (Phase II) und später größeren Patient(inn)engruppen (Phase III) untersucht werden. Der Anteil aus dem Entwicklungsbudget lag in der Phase I bei 9,2 Prozent, in der Phase II bei 17,4 Prozent und in der Phase III bei 39,8 Prozent. Für die Auswahl der molekularen Zielstruktur der Therapie und für ihre Überprüfung (Validierung) zu Beginn der Entwicklung wurden dagegen nur 7,1 Prozent des Entwicklungsbudgets aufgewendet (PhRMA Annual Member Survey, 2011 und PWC, 2012).

Eine Untersuchung der klinischen Entwicklungsphasen im Zeitraum 2006–2015 zeigte die geringste Erfolgsrate für die Phase II, aus der nur 30,7 Prozent der Kandidaten in die Phase III weiterentwickelt werden konnten (Biomedtracker, 2016). Zu diesem Zeitpunkt sind bereits mehr als 50 Prozent der Entwicklungsausgaben investiert, und der finanzielle Verlust ist entsprechend hoch. Das Tufts Center for the Study of Drug Development, ein akademisches Forschungsinstitut an der Tufts University School of Medicine in Boston, beziffert die durchschnittlichen Kosten für die Entwicklung eines neuen Medikaments mit rund 2,56 Milliarden Dollar als ähnlich hoch (DiMasi et al, 2016). Diese Zahlen zeigen die dringende Notwendigkeit, die zugrunde liegende Forschung und die präklinische Entwicklung signifikant zu verbessern und zu verändern, um das späte und kostspielige Scheitern zu reduzieren und erfolgreiche Entwicklungen verlässlicher vorzubereiten.

Herausforderung: lange Entwicklungszeiten

Der Weg von einer Entdeckung bis hin zur potenziellen Anwendung ist nicht nur wie oben beschrieben sehr teuer, sondern benötigt auch sehr viel Zeit. Die Entwicklungszeit von der Idee bis zum neuen Medikament wird vom Verband der forschenden Pharmaunternehmen mit mehr als 13 Jahren angegeben (VFA, 2018).

Herausforderung: Weiterentwicklung Innovationssystem

Diese Analysen zeigen, dass effizientere Wege von Forschung und Entwicklung zwingend erforderlich sind, um in Zukunft wirksamere Antworten auf die ungelösten großen medizinischen Fragen zu geben. Die akademische Forschung leistet wie dargestellt durch ihre Publikationen bereits wichtige Beiträge zur grundsätzlichen Möglichkeit der Entwicklung neuer Verfahren. Politische und gesellschaftliche Diskussionen thematisieren aber immer stärker weitere Beiträge der Hochschulen, die sie darüber hinaus in Kooperationen mit Vertretern der Wirtschaft leisten sollten. Diese Interaktion und Interdependenz von öffentlichem und privatem Sektor wird im Prozess der Arzneimittelentwicklung vom Tufts Center for the Study of Drug Development als ein wesentlicher Faktor eingestuft (Milne, Malins, 2012).

Aufgrund der dargelegten Komplexität und der hohen Anforderungen solcher Entwicklungen ist es wichtig, die Aufgaben der Hochschulen konkret zu fassen, die erzielten Ergebnisse kontinuierlich zu verfolgen und sie fair zu bewerten. Gleichzeitig müssen bestehende Strukturen kritisch überdacht, neue Optionen ausgelotet und zügig integriert werden, um das Innovationssystem in Deutschland weiterzuentwickeln. Hier kreativ, weitsichtig, agil und mutig zu gestalten, ist von allergrößter Bedeutung für den Zukunftsstandort Deutschland in Europa und in der Welt.

9.4 Bewertung von Translation in der Gesundheitsforschung

Leistungskriterien spielen eine entscheidende Rolle im Performance-Management. Treffend formuliert ermöglichen sie eine zielgerichtete Steuerung von Teams und Prozessen. Durch die Beobachtung von validen Leistungsparametern im Verlauf können Entwicklungen quantitativ und qualitativ gefasst und damit objektiviert werden. Das ist wichtig, um kontinuierlich und an richtiger Stelle zu verbessern und dadurch die angestrebten Ziele mit größtmöglicher Wahrscheinlichkeit zu erreichen (McKinsey & Company, 2017). Gerade für den weit auslegbaren Bereich der Translation ist es von besonderer Bedeutung, zu den Zielen passende und den Anforderungen angemessene Leistungsparameter zu definieren, sie fortlaufend zu dokumentieren und differenziert zu bewerten. Auf diesen Kennzahlverläufen baut sich wertvolles Translations-Wissen und Translations-Erfahrung für alle Beteiligten auf. Diese Zahlen und Verläufe sind die Datengrundlage, auf Basis derer Translation diskutiert und weiterentwickelt werden kann.

9.4.1 Leistungskriterien des Technologietransfers

Die einzelnen Schritte des anspruchsvollen, aber klar definierten Entwicklungsprozesses für neue Medikamente und Therapien lassen sich sehr gut messen. Sie begleiten seit Langem als etablierte Leistungskriterien die Entwicklungsprozesse der forschenden Arzneimittelindustrie. Diese Parameter können auch von den Hochschulen beziffert und damit grundsätzlich leicht transferiert werden. Zu diesen Leistungsparametern zählen die Kenngrößen Anzahl von Patenten, Lizenzen, Ausgründungen, die Summe von eingeworbenem Kapital für Entwicklungen, die Anzahl von Industriekollaborationen, Arzneimittelkandidaten im präklinischen Portfolio, klinischen Studien der Phasen I–III, die Anzahl an Produkten auf dem Markt sowie die Summe der Einnahmen, die aus den Entwicklungen generiert werden.

Anspruchsvoller als die reine Ermittlung dieser Kennzahlen ist ihre Interpretation. Auf der Suche nach den entscheidenden Erfolgsfaktoren für erfolgreiche Innovationen werden immer wieder etablierte und aufstrebende Innovations-Hubs mittels Analyse der genannten Kennzahlen und Experteninterviews untersucht. Als weltweit führend in Bezug auf erfolgreiche Innovationen gelten seit Langem das MIT in Kendall Square, die Stanford University im Silicon Valley und die University of Cambridge in UK (MIT Skoltech Initiative, 2014). Diese Standorte haben deshalb Modellcharakter. Es erscheint naheliegend, die diesen Innovations-Hubs zugrunde liegenden Erfolgsparameter zu identifizieren und dann auf andere Standorte zu übertragen, um dort besser kalkulierbare Erfolge zu erarbeiten. In diesem Zusammenhang interessant ist eine 2016 von der McMillan Gruppe durchgeführte Analyse des Technologietransfers in UK und seine Betrachtung im internationalen Vergleich (McMillan, 2016). Die Gruppe kommt, ähnlich wie andere Untersuchungen zuvor, zu dem Schluss, dass sich keine allgemeingültige Anleitung für einen gelungenen Technologietransfer geben lässt. Universitäten, Standorte und entwickelte Technologien sind zu unterschiedlich, um zu generalisieren. Allerdings korrelieren nach Einschätzung der Gruppe zwei Parameter klar mit einem erfolgreichen Technologietransfer der Hochschulen. Diese sind erstens die Forschungsintensität einer Hochschule und zweitens eine klare Unterstützung des Technologietransfers durch die Hochschulleitung. Andere Parameter werden von den Autoren als zu ungenau oder die Situation sogar potenziell verfälschend angesehen, um daraus allgemeine Richtlinien für eine hohe Leistungsfähigkeit im Technologietransfer ableiten zu können. Auch andere Studien, die sich mit der Entwicklung und Anwendung von Leistungsindikatoren für den Technologietransfer beschäftigen, weisen darauf hin, dass die ermittelten Zahlen die tatsächlich erbrachte Leistung der Institutionen nicht unbedingt klar abbilden können und dass valide Vergleiche zwischen Institutionen auf Basis dieser Zahlen nur eingeschränkt möglich sind (MIT Skoltech Initiative, 2014; CIMR, 2015; IP Pragmatics, 2016). Für den Bereich der Arzneimittelforschung ist noch besonders zu berücksichtigen, dass die wenigen, aber dann möglicherweise signifikanten Erfolge mit hohen Geldflüssen zu großen Schwankungen der Indikatoren führen können.

Sicher festzuhalten ist, dass eine hohe Forschungsintensität und Forschungsqualität der Hochschule die Wahrscheinlichkeit erhöht, Relevantes zu entdecken. Eine nachhaltige Unterstützung des Technologietransfers durch die Hochschulleitung schafft Bewusstsein und Wertschätzung für die Erarbeitung von Innovationen und eröffnet den Wissenschaftler(inne)n den essenziellen Zugang zu professionellen Technologietransferstrukturen.

9.4.2 Professionalisierung des Technologietransfers

Für den Prozess der Weiterentwicklung von Erkenntnissen zu nutzbaren Innovationen spielt der Technologietransfer eine wichtige vermittelnde Rolle zwischen Hochschulen und der Industrie. Er unterstützt mit Professionalität und Realismus zwei Aspekte, die auch in der Transferstrategie der Hochschulen berücksichtigt werden sollten. In Diskussionen wird immer wieder angeführt, dass Hochschulen über den Technologietransfer zusätzliche Mittel akquirieren können. Das ist grundsätzlich richtig. Aktuell sind große Einkünfte für Hochschulen aber selten und konzentrieren sich in der Regel auf nur wenige Universitäten. In Europa wurden 85 Prozent der Einkünfte aus Erfindungen von nur zehn Prozent der Universitäten erarbeitet. In den USA entfielen 50 Prozent der Lizensierungseinnahmen auf sechs Prozent der Universitäten (OECD, 2013). Nur 0,5 Prozent aller aktuell aktiven US-Hochschul-Lizenzen generieren mehr als eine Million Dollar pro Jahr (Herskowitz, Butterfield, 2016). Gerade in der Arzneimittelentwicklung können Erfolge wiederum finanziell so groß sein, dass sie selbst nationale Vergleiche im Technologietransfer der Hochschulen verzerren. In Australien war in den Jahren 2001 und 2002 eine Universität für 66 Prozent der IP-Einnahmen verantwortlich, in Europa entfielen 70 Prozent der Einnahmen auf zwei Universitäten (NESTA, 2012). Es ist deshalb nicht verwunderlich, dass im Jahr 2010 der Technologietransfer an Hochschulen von den „National Academies" für die meisten Hochschulen nicht als Einnahmequelle, sondern als Kostenfaktor beschrieben wurde (National Research Council, 2011). Diese Zahlen unterstreichen, dass die Organisation des Technologietransfers für jeden Standort gut überlegt und strategisch passend angelegt werden sollte.

Interessant in der oben genannten Studie der McMillan-Gruppe ist die internationale Betrachtung des Technologietransfers. Im Vergleich zu Europa hat der Technologietransfer von Universitäten in den USA eine längere Geschichte. Hier liefern besonders die staatlichen Universitäten in Kalifornien (University of California, UC) ein interessantes Entwicklungsbeispiel. Mit insgesamt zehn Universitäten ist das UC-System eines der größten Forschungs- und Technologietransferkonglomerate der Welt. Zunächst regelte ein zentrales Büro den Technologietransfer für alle Universitäten im Verbund. Mit zunehmenden Einkünften, die über alle Hochschulen im System gepoolt wurden, war es möglich, spezifische Gruppen für verschiedene Industriesektoren mit besonderer Expertise in diesen Bereichen zu etablieren. Im Laufe der Zeit wurden dann zusätzlich zum zentralen Büro dezentrale Transferstellen an den einzelnen Universitäten aufgebaut. Mit ihnen wird das Ziel verfolgt, den Transfer durch räumliche Nähe und persönliche Kontakte zwischen den Akteuren aus Wissenschaft und Technologietransfer zu erleichtern. Beides, räumliche Nähe und persönlicher Kontakt, wird im UC-System als sehr wichtig für die Entwicklung einer unternehmerischen Kultur auf dem jeweiligen UC-Campus gesehen. Die Campus-Technologietransferstellen agieren im bekannten regionalen Umfeld, während das zentrale Büro für übergeordnete Themen wie zentrale Datensammlung, Policy-Entwicklung, juristische Kontrolle und das Risikomanagement zuständig ist. Das Beispiel beschreibt den Trend in den USA und auch in Australien, der eine Dezentralisierung des Technologietransfers an die Institutionen mit Spezialisierung auf die Schwerpunkte und besonderen Expertisen am jeweiligen Standort favorisiert (McMillan, 2016).

Die direkte Einbindung von Universitäten in den Technologietransferprozess ist in Deutschland noch nicht sehr alt. Erst im Jahr 2002 entfiel mit der Novelle des Arbeitnehmererfindungsgesetzes, das sich am US-amerikanischen Bayh-Dole Act orientiert, das Hochschullehrerprivileg und machte eine professionelle Patentverwertung von öffentlich finanzierten Forschungsergebnissen durch die Hochschulen möglich. Die Untersuchung der McMillan Gruppe sieht Kontinentaleuropa im akademischen Technologietransfer noch in einer Experimentierphase. Sie beschreibt die Existenz einiger zentraler Technologietransfereinheiten, die von mehreren Institutionen gemeinsam genutzt werden. Aber auch hier beobachtet die Studie bereits die Tendenz, dass einzelne Institutionen zusätzlich eigene Transfereinheiten unterhalten, um den eigenen und lokalen Bedürfnissen besser gerecht werden zu können (McMillan, 2016).

9.4.3 Leistungskriterien für Translation in Hochschulrankings

Systeme zum Ranking von Hochschulen werden kontrovers diskutiert. Auch wenn Qualität, Deutbarkeit und Vergleichbarkeit der erfassten Parameter immer wieder in der Kritik stehen, sind sie inzwischen Realität in der Bewertung von Hochschulen geworden und gewinnen für die Entwicklung der Hochschulen weiter an Bedeutung (Rauhvargers, 2013; Lim, 2017).

Inwiefern greifen sie Leistungsparameter der Translation auf?

In dem bereits länger etablierten QS World University Ranking sowie dem Times Higher Education World University Ranking fließen Leistungskriterien aus dem Bereich des Technologietransfers oder der Translation entweder nicht oder nur geringfügig ein (QS World University Ranking; Times Higher Education World University Ranking). Das mithilfe einer EU-Anschubfinanzierung geförderte und 2014 erstmals publizierte internationale U-Multirank-Verfahren adressiert dagegen die dritte Mission von Hochschulen prominenter. Es bildet damit die Entwicklung, die dritte Mission in den Universitäten zukünftig fester zu verankern, auch in den Ranking-Systemen ab. Neben den Dimensionen Studium und Lehre, Forschung und internationale Orientierung beschreibt U-Multirank auch die Bereiche Wissenstransfer und regionales Engagement. Das Ranking enthält u. a. Angaben über gemeinsame Publikationen mit Industriepartnern, erteilte Patente in absoluten Zahlen sowie, auf die Größe der Institution normalisiert, gemeinsame Patente mit der Industrie, in Patenten zitierte Publikationen sowie die Zahl von Ausgründungen. Das regionale Engagement wird durch die in der Region tätigen Hochschulabgänger und durch Publikationen, die aus regionalen Kooperationen resultieren, erfasst. Zusätzlich werden strategische Forschungspartnerschaften in der Region beziffert. Um sich an diesem Ranking zu beteiligen, sind Hochschulen also seit Kurzem gefordert, die entsprechenden Zahlen zu ermitteln und mitzuteilen (U-Multirank: www.umultirank.org/best-university-forme/top-performing-universities/2018//).

Als Kernaussagen zur Leistungsbewertung von Translation lassen sich zusammenfassen:

- Leistungskriterien sind eine essenzielle Komponente im Performance-Management, um Entwicklungen rational und gezielt zu steuern.
- Die Forschungsintensität an Hochschulen und eine klare Unterstützung des Technologietransfers durch die Hochschulleitungen sind robuste Erfolgsfaktoren für einen leistungsfähigen Technologietransfer.
- Gängige Leistungsparameter für die Arzneimittelentwicklung sind verfügbar und können von Hochschulen ermittelt werden.
- Ein valider Vergleich des Technologietransfers verschiedener Standorte auf Basis dieser Leistungsparameter ist aufgrund der Unterschiedlichkeit der Standorte und Produkte nur sehr eingeschränkt möglich.
- Die direkt an den Institutionen lokalisierten Transferstellen unterstützen durch räumliche Nähe die Qualität der Zusammenarbeit von Wissenschaft und Technologietransfer. Sie entwickeln regionale Kooperationen und profitieren von Spezialkenntnissen über die Entwicklungsschwerpunkte des Standortes.
- Technologietransfer benötigt Professionalität und Realismus. Aktuell gelingt es nur wenigen Hochschulen, signifikante Einnahmen durch den Technologietransfer zu generieren.
- Leistungsparameter des Technologietransfers gewinnen auch als Bestandteile internationaler Hochschulrankings an Bedeutung.

9.5 Rahmenbedingungen für Translation in der Gesundheitsforschung in Deutschland

Auf welche Rahmenbedingungen trifft die Forderung nach mehr Translation in Deutschland? Deutschland gehört zurzeit weltweit zu den führenden Innovationsnationen. Die Ausgaben der Bundesregierung für Forschung und Entwicklung (FuE) wurden in zehn Jahren um 68 Prozent auf 15,6 Milliarden Euro im Jahr 2016 angehoben. Gesamtwirtschaftlich wurden im Jahr 2016 insgesamt 92,2 Milliarden Euro für FuE ausgegeben. Damit zählt Deutschland zu den zehn forschungsintensivsten Volkswirtschaften. Mit fast drei Prozent des BIP im Jahr 2016 liegt der Anteil der FuE-Ausgaben in Deutschland über dem Wert der USA. Innerhalb der EU erreichten nur Schweden und Österreich eine höhere FuE-Intensität als Deutschland (Bundesbericht

Forschung und Innovation, 2018). Die Bundesregierung hat mit dem Hochschulpakt und dem Pakt für Forschung und Innovation sowie der Änderung des Artikels 91b des Grundgesetzes in den vergangenen Jahren wichtige Grundlagen gelegt, um die Leistungsfähigkeit des deutschen Wissenschaftssystems zu unterstützen. 2017 verfügte das Bundesministerium für Bildung und Forschung (BMBF) über einen Etat von rund 17 Milliarden Euro.

9.5.1 Exzellenzinitiative und Exzellenzstrategie

Um universitäre Spitzenforschung zu fördern und damit die Basis für Innovationen aus Hochschulen in Deutschland zu legen, wurde im Jahr 2005 in einer Bund-Länder-Vereinbarung die Exzellenzinitiative für eine erste Förderperiode bis Ende des Jahres 2011 mit insgesamt 1,9 Milliarden Euro beschlossen. Die Fortsetzung der Initiative bis ins Jahr 2017 mit insgesamt 2,7 Milliarden Euro wurde 2009 beschlossen. Das Programm förderte von 2007 bis 2017 Graduiertenschulen, Exzellenzcluster und Zukunftsprojekte zum projektbezogenen Ausbau der universitären Forschung (Exzellenzinitiative). Die Exzellenzinitiative wird mit der Exzellenzstrategie fortgesetzt. Diese fördert seit dem Jahr 2019 ausgewählte Exzellenzcluster und Exzellenzuniversitäten. Für die Exzellenzstrategie sind jährlich rund 533 Millionen Euro vorgesehen: 385 Millionen Euro für die Exzellenzcluster und 148 Millionen Euro für die Exzellenzuniversitäten. Die Mittel stammen zu 75 Prozent vom Bund und zu 25 Prozent vom jeweiligen Sitzland des Exzellenzclusters bzw. der Exzellenzuniversität (Exzellenzstrategie).

9.5.2 Hightech-Strategie

Dass sich Forschungsförderung zunehmend an den Erfordernissen der Gesellschaft orientiert, bildet sich u. a. in der Hightech-Strategie der Bundesregierung ab. Seit 2010 fokussiert sie sich auf den gesellschaftlichen Bedarf an zukunftsfähigen Lösungen. Die neue Hightech-Strategie fördert als eine Priorität das Thema „Gesundes Leben" und unterstreicht die Bedeutung eines verbesserten Transfers durch regionale, nationale und internationale Vernetzung von Wissenschaft und Wirtschaft (Die neue Hightech Strategie, 2014).

9.5.3 Spitzenclusterförderung

In drei Wettbewerbsrunden wurden seit dem Jahr 2009 insgesamt 15 deutsche Regionen als Spitzencluster ausgezeichnet und mit jeweils bis zu 40 Millionen Euro Fördergeld über einen Zeitraum von jeweils fünf Jahren gefördert. Auswahlkriterium war eine leistungsstarke Clusterstrategie mit einer relevanten Einbindung der regionalen Wirtschaft. Insgesamt wurden die Cluster mit 600 Millionen Euro gefördert. Die Mittel dienten dem Anschub der Clusterentwicklung, die nach Ende der Förderphase aus den Clustern heraus weiter fortgesetzt werden soll (Spitzencluster).

9.5.4 Förderung der Validierung von wissenschaftlichen Beobachtungen

Mit einer gründlichen Überprüfung und Bestätigung von wissenschaftlichen Beobachtungen (Validierung) kann das Risiko eines späteren Scheiterns von Medikamentenentwicklungen und anderen medizinischen Verfahren reduziert werden. Das macht eine Übernahme von gut validierten Ansätzen aus den Hochschulen für die Industrie wesentlich risikoärmer. Eine überzeugende Validierung akademischer Forschung erhöht damit die Wahrscheinlichkeit für eine industrielle Aufnahme und Weiterentwicklung.

Um diese wichtigen Validierungsbeiträge leisten zu können, benötigt die akademische Wissenschaft einerseits ein klares Verständnis für die Bedeutung ihrer Beiträge an dieser Stelle und gleichzeitig eine ebenso klare und signifikante Unterstützung bei der Umsetzung. Dazu zählen dafür gewidmete Forschungsmittel, qualifizierte Infrastrukturen und Anerkennung des Engagements und Risikos im Rahmen akademischer Karrieren. Hier greift die Fördermaßnahme „VIP-Validierung des technologischen und gesellschaftlichen Innovationspotenzials wissenschaftlicher Forschung“ des BMBF an. In einer Pilotphase von 2010–2012 wurden im Programm „VIP-Validierung des Innovationspotenzials wissenschaftlicher Forschung“ insgesamt 140 Vorhaben gefördert. Jede Maßnahme wurde mit maximal 1,5 Millionen Euro über einen Zeitraum von bis zu drei Jahren unterstützt. Das gesamte Fördervolumen des Programms lag bei rund 150 Millionen Euro. Bei der Neuausschreibung 2015 wurde ein erweiterter Innovationsbegriff zugrunde gelegt, der technologische und gesellschaftliche Ansätze adressiert und damit auch die Geistes- und Sozialwissenschaften anspricht. Solche Förderprogramme sind unerlässlich für die dritte Mission, um das erfolgskritische Zusammenspiel von Wissenschafts- und Innovationssystem gezielt zu stärken und dadurch weiterzuentwickeln.

Durch den fortschreitenden Abbau der FuE-Tätigkeiten in Unternehmen der Pharmaindustrie und ihren Rückzug aus Deutschland stehen der Grundlagenforschung in Deutschland aktuell nur wenige Partner zur Verfügung. Erfolgreiche Entwicklungen werden deshalb ins Ausland transferiert, sodass potenzielle Gewinne nicht in Deutschland, sondern im Ausland erwirtschaftet werden. Diese Situation erfordert dringend mehr Unternehmensgründungen, um Innovationen am Standort Deutschland weiterentwickeln zu können (Ernst & Young, 2019). Deutschlands Gründerquote liegt jedoch innerhalb von 29 international vergleichbaren innovationsbasierten Volkswirtschaften nur auf Platz 27 (Sternberg et al., 2015), obwohl das Angebot staatlicher Förderprogramme in Deutschland als sehr positiv bewertet wird (Sternberg et al.,

2013). Als Ursache werden kulturelle Faktoren wie eine mangelnde Risikobereitschaft und eine in Deutschland fehlende „Kultur der zweiten Chance" gesehen. Solche kulturellen Hemmnisse müssen analysiert werden, um sie überwinden zu können. Dies wird aber – wenn überhaupt möglich – viel Zeit erfordern. Umso wichtiger ist es, zeitnah andere Wege zu eröffnen, auf denen in einer weniger risikoaffinen Gesellschaft der systemimmanent mit Risiken behaftete Weg zum Proof of Concept dennoch gegangen werden kann. Dafür wurde der Bundesregierung die Einrichtung einer Proof-of-Concept-Einheit vorgeschlagen. Dort sollen innovative Projekte aus der öffentlich geförderten Forschung in einem kompetitiven Auswahlprozess mithilfe einer nationalen Infrastruktur bis zum Proof of Concept weiterentwickelt werden. Seit 2017/2018 werden im Rahmen einer Pilot-Ausschreibung Nachfrage und Qualität von nationalen Projekten für eine Proof-of-Concept-Einheit evaluiert.

9.5.5 Innovative Hochschule

Mit der Förderinitiative „Innovative Hochschule" wird seit 2017 direkt die dritte Mission adressiert. Die Bund-Länder-Initiative sieht über einen Zeitraum von zehn Jahren 550 Millionen Euro jährlich für die Zusammenarbeit von Hochschulen und Unternehmen und weiteren regionalen Partnern vor. Wesentliche Parameter für eine Förderung sind ein systematischer Ansatz mit einer kohärenten Transferstrategie.

9.5.6 Förderinitiativen in der Gesundheitsforschung

Über die allgemeine Förderung von Wissenschaft und Innovation hinaus hat die Politik mit weiteren spezifischen Förderinitiativen auf die sich international abzeichnenden und schnell voranschreitenden massiven Umbrüche in der Gesundheitsforschung reagiert.

9.5.6.1 Deutsche Zentren der Gesundheitsforschung

Seit 2009 hat das BMBF gemeinsam mit den Ländern sechs Deutsche Zentren der Gesundheitsforschung aufgebaut, in denen bundesweit Forschungen zu den Themen Krebs, Diabetes, Herz-Kreislauf-, Infektions-, Lungen- und neurodegenerativen Erkrankungen gebündelt und synergistisch weiterentwickelt werden. In den Deutschen Zentren arbeiten Hochschulen und außeruniversitäre Forschungseinrichtungen zusammen, um Volkskrankheiten in Zukunft besser behandeln oder verhindern zu können. In den Jahren 2009–2014 förderten Bund und Länder den Aufbau der Zentren mit mehr als 600 Millionen Euro. Aktuell werden jährlich rund 250 Millionen Euro für die Deutschen Zentren der Gesundheitsforschung zur Verfügung gestellt. Der Bund trägt 90 Prozent der Finanzierung. Die Zentren arbeiten mit der Vorgabe, Forschungsergebnisse schneller in die medizinische Versorgung zu entwickeln. Ein Schwerpunkt liegt auf der Verwertbarkeit von Forschungsergebnissen. Die Zusammenarbeit mit privatwirtschaftlichen Unternehmen wird unterstützt.

9.5.6.2 Personalisierte Medizin und Digitalisierung

Im Zeitraum 2013–2016 stellte das BMBF im Rahmen des „Aktionsplans für individualisierte Medizin" rund 360 Millionen Euro für Forschungs- und Entwicklungsprojekte zur Verfügung, die individuelle Krankheitsprofile der einzelnen Patient(inn)en genauer untersuchen sollten. Ein Förderkonzept „Medizininformatik" schloss sich 2017 an und verfolgt das Ziel, mit einer Förderung von rund 150 Millionen Euro bis zum Jahr 2021 Chancen der Digitalisierung für die zukünftige Gesundheitsforschung und Gesundheitsversorgung in Deutschland zu erschließen.

Die vorgestellte Auswahl aus dem Maßnahmenkatalog zeigt, dass die Politik in Deutschland viel initiiert hat. Darüber hinaus bieten sich auch im europäischen Kontext weitere Ansatzpunkte für eine verbesserte Translation durch Förderung der Zusammenarbeit von Hochschulen und Industrie. Entscheidend für eine langfristig erfolgreiche Translation in der Gesundheitsforschung in Deutschland wird es sein, dass der dazu notwendige Systemwandel akzeptiert und gestaltet werden wird.

9.6 Empfehlungen für Hochschulen und Hochschulpolitik

Es ist von großem gesellschaftlichen Interesse, die Hochschulen stärker in den Innovationsprozess einzubinden. Diese Einbindung wird in Zukunft voraussichtlich verstärkt gefördert werden (Bundesbericht Forschung und Innovation, 2018). Die dritte Mission Translation ist so zu einer konkreten Herausforderung und gleichermaßen Chance für die Hochschulen geworden. Die Hochschulen sollten in diesem Prozess eine aktive Rolle einnehmen und ihn für sich gestalten. Eine gut durchdachte und konsequent verfolgte Translationsstrategie in der Gesundheitsforschung bietet herausragende Chancen für die Hochschulen, sich gesellschaftlich prominent zu positionieren und ihre Bedeutung im Innovationssystem in Deutschland in Zukunft weiter zu stärken.

9.6.1 Positionierung von Translation als Aufgabe der Hochschulleitung

Wie dargelegt benötigt Translation in der Gesundheitsforschung die klare und nachhaltige Unterstützung der Hochschulleitung mit einer festen Verankerung in der Mission der Hochschule, um sich erfolgreich entwickeln zu können. Dazu sollte die Hochschulleitung dem Bereich Translation Fakultäten-übergreifend Gewicht, Ressourcen und Sichtbarkeit verschaffen.

Nicht jedes Thema kann von jeder Hochschule und in jeder Region erfolgreich entwickelt werden. Eine tragfähige Zukunftsvision gründet auf den Stärken der jeweiligen Hochschule, adressiert gesellschaftlichen Bedarf und integriert die wirtschaftlichen, politischen und infrastrukturellen Gegebenheiten der Region. Die Festlegung von Schwerpunktbereichen kann einen schnelleren Aufbau von speziellen Expertisen in der Translation ermöglichen und damit die Profilbildung der Hochschule unterstützen.

Wichtig in diesem längerfristig anzulegenden Strategieprozess sind Offenheit und Flexibilität, um neue Optionen, die sich im Verlauf bieten werden, schnell und zielführend zu integrieren.

9.6.2 Sicherung hochwertiger und verwertbarer Wissenschaft als Basis von Innovationen

Mit hochwertiger Wissenschaft legen die Hochschulen zusammen mit der außeruniversitären Forschung die Grundlage für Innovationen. In Hinblick auf eine spätere Verwertung von neuen Erkenntnissen ist es nicht ausreichend, die Bewertung von akademischer Forschung ausschließlich auf Publikationen zu fokussieren. Für die Translation in der Gesundheitsforschung sind u. a. die Validierung von Beobachtungen und die Stärkung Patient(inn)en-orientierter Forschungsansätze von besonderer Bedeutung.

9.6.2.1 Validierung

Entwicklungen in der Gesundheitsforschung, die auf validierten Erkenntnissen von Pathomechanismen und therapeutischen Zielstrukturen aufbauen, reduzieren das Risiko eines späteren Scheiterns und fördern dadurch eine Übernahme und Weiterentwicklung durch die Industrie. Ein größeres Gewicht auf validierte Beobachtungen mit gutem Verwertungspotenzial in der Bewertung wissenschaftlicher Leistungen zu legen, wäre aus gesellschaftlicher und ökonomischer Sicht sinnvoll und würde Translation unterstützen. Validierungsprozesse sind in der Regel wissenschaftlich anspruchsvoll. Sie benötigen zusätzlich Zeit und Geld. Es genügt nicht, die Validierung nur zu fordern. Sie muss ausreichend finanziert und herausragend im Karrieresystem der Wissenschaft anerkannt werden. Nur so wird sie sich im Innovationssystem fest etablieren können.

9.6.2.2 Patienten-zentrierte Forschungsansätze

Hochschulen mit einer angeschlossenen Hochschulmedizin verfügen über ein herausragendes Potenzial, die etablierten Wertschöpfungsketten mit Patienten-zentrierten Forschungsansätzen zu erweitern.

Technologien wie die Hochdurchsatzsequenzierung und andere molekulare Verfahren wie Omics-Analytik und molekulare Imaging-Verfahren sind inzwischen so weit ausgereift, dass sie die klinische Anwendung erreicht haben. Diese Technologien ermöglichen ein zuvor nicht erreichtes, vertieftes molekulares Verständnis von Gesundheit und Krankheiten. Ihr Einsatz in Kombination mit der Digitalisierung von Forschung, Krankenversorgung und gesellschaftlichem Alltag wird es in Zukunft erlauben, die Patienten-zentrierte Forschung auf ein neues wissenschaftliches Niveau zu heben. Der Einsatz künstlicher Intelligenz bei der Auswertung der dadurch verfügbaren neuen und großen Datenmengen wird neue Dimensionen für Diagnostik, Therapie und Prävention eröffnen. Aufbauend auf diesen technologischen Möglichkeiten können durch strategische Zusammenschlüsse und Bündelung von Ressourcen in Konsortien große Ziele für eine verbesserte Gesundheitsforschung und Gesundheitsversorgung erreicht werden.

Dabei wird es besonders darauf ankommen, die multiplen aus der Klinik und dem Lebensalltag von Patient(inn)en erhobenen Datensätze mit einer hochwertigen experimentellen Forschung zu verbinden. Mit diesem integrierenden Forschungsansatz können neue Hypothesen generiert und validiert werden. Diese Ansätze sind der pharmazeutischen Industrie in dieser Form nicht zugänglich. Sie sind – wenn auf hohem wissenschaftlichem Niveau implementiert – ein besonderes Merkmal von Hochschulen mit einer Hochschulmedizin. Auf diesem neuartigen Wissen und besser validierten Erkenntnissen aufbauend könnten von der Industrie neue Diagnostik- und Therapieentwicklungen mit einem größeren Erfolgspotenzial aufgenommen werden.

Dieses große Potenzial kann nur voll ausgeschöpft werden, wenn sich die bestehenden Systeme der Krankenversorgung und der medizinischen Forschung in Deutschland annähern, transformieren und zusammen signifikant weiterentwickeln. Dieser Systemwandel muss im Interesse der Gesellschaft zügig gestaltet werden.

9.6.3 Innovationen fördern, Leistungsparameter messen

Die Erwartungen an die Translationsleistung sollten als Ziele formuliert werden. Diese müssen in Anbetracht der hohen Anforderungen realistisch gesteckt sein. Anhand dieser Ziele lassen sich passende Kenngrößen und Leistungsparameter ableiten, die mittel- und langfristig Aussagen über Erfolge und die Zielerreichung ermöglichen. Erfolge sind nicht sofort zu erwarten. Sie benötigen in der Regel signifikante Entwicklungszeit. Das muss bei der Bewertung berücksichtigt werden.

9.6.3.1 Berufung von Innovatoren

Eine an den Translationszielen ausgelegte Berufungsstrategie ist ein zentrales Gestaltungselement der Hochschule, um Translation nachhaltig an ihrer Institution zu verankern. Hier kann sehr viel bewegt und verändert werden. Mit einer sichtbaren

Anzahl an erfolgreichen Innovatoren werden neue Wege aufgezeigt, Expertisen aufgebaut und Fakultäten und Studierende begeistert und motiviert. Sie können mittelfristig einen Kulturwandel in der Institution herbeiführen. Die Innovations-Hubs wie das MIT, die Stanford University und die University of Cambridge sind entscheidend von der Motivation und den Talenten der dort tätigen Menschen geprägt. Viele von ihnen vertreten zusätzlich zu einer hohen wissenschaftlichen Exzellenz auch ein Interesse an der Schaffung wirtschaftlicher Werte. Eine größere Anerkennung und Unterstützung dieser Interessen würde das Potenzial der an Hochschulen erbrachten Wissenschaftsleistungen ergänzen und diversifizieren.

9.6.3.2 Verbindungen zwischen Hochschulen und Industrie stärken

Eine konstruktive Zusammenarbeit zwischen Hochschulen und Industrie ist eine wesentliche Voraussetzung. Sie sollte auf verschiedenen Ebenen ausgebaut werden.

Entwicklungspartnerschaften

In Bezug auf die anspruchsvolle Entwicklung innovativer Therapieansätze haben Partnerschaften zwischen akademischen Einrichtungen und der Industrie ein erhebliches Potenzial, Ressourcen effizienter zu nutzen und mehr und schneller Erfolge zum Wohle der Gesellschaft zu erarbeiten. Um dieses Potenzial auszuschöpfen, sollten akademische Forschung und Industrie projektbezogene und auch strategische Arbeitspartnerschaften anstreben, in denen Kosten, Risiken und potenzielle Erfolge fair getragen und geteilt werden. Die wissenschaftliche Exzellenz der Hochschulen ist für den Aufbau von Partnerschaften mit der Industrie von großer Bedeutung (Science/Business Innovation Board, 2012).

Translationsprogramme in der Graduierten- und Postgraduiertenausbildung

Für den Bereich Translation in der Gesundheitsforschung ist es besonders wichtig, Transferkenntnisse im Curriculum für Mediziner und Naturwissenschaftler/-innen fest zu verankern und kompetent zu vermitteln. Das Angebot herausfordernder Projekte in Kooperation mit der Wirtschaft, wie sie die translationale Forschung in vielen Bereichen bietet, kann zu einem besonderen Anreiz für hochmotivierte Studierende bei der Auswahl ihrer Universität werden. Mögliche spätere Gründungsaktivitäten der Studierenden bieten wiederum Potenzial für die weitere Standortentwicklung.

Flexible Karrieren für breitere Qualifikation und wechselseitiges Verständnis

Im Jahr 2013 waren in Deutschland rund 350.000 Wissenschaftler/-innen tätig. Von ihnen waren 28 Prozent an Hochschulen beschäftigt, 16 Prozent an anderen staatlichen Forschungseinrichtungen. 56 Prozent arbeiteten im FuE-Bereich von Unternehmen (BMBF, Datenportal). Die Laufbahnen bleiben aktuell meist sequenziell. Nach einer Industrietätigkeit kehren Wissenschaftler/-innen nur selten an die Hochschule zurück. Damit veraltet in den Unternehmen das Wissen, und die Hochschulen integrieren kaum Expertise und Erfahrungen aus industrieller Tätigkeit (Piller und Hilgers, 2013). Beides ist im Hinblick auf einen erfolgreichen Transfer nicht wünschenswert. Von einer größeren und in Karrierepfaden positiv bewerteten Beweglichkeit von erfahrenen Wissenschaftler(inne)n zwischen den Sektoren würde Translation deutlich profitieren. Die daraus resultierende breitere Expertise und das Prozessverständnis unterstützen nicht nur die unmittelbare Translation, sondern gleichermaßen die Qualität und Breite der Ausbildung der Studierenden, die ebenfalls sehr hoch zu werten ist. Der Austausch zwischen den Sektoren sollte deshalb stärker gefördert werden.

9.6.4 Management von Translation und Technologietransfer

Eine ambitionierte translationale Strategie erfordert eine eigene Management-Einheit, die die Translationsstrategie der Hochschule aktiv unterstützt und weiterentwickelt. Sie vermittelt die Teilnahme der Hochschule an präkompetitiven Konsortien, strategischen Partnerschaften mit außeruniversitären Forschungseinrichtungen und der Industrie und verschafft Zugang zu technologischen Plattformen und Infrastrukturen. Kurze Wege und der persönliche Kontakt sind wichtige Erfolgsfaktoren. Kleinere Standorte können durch Outsourcing an externe Technologietransferstellen bei Bedarf Expertisen einkaufen und so laufende Kosten für eigene Technologietransferstellen einsparen.

Das Technologie-Management ist verantwortlich für die Entwicklung von Ergebnisindikatoren in Anlehnung an die von der Hochschulleitung formulierten Ziele, die Nachverfolgung der Leistungsparameter und ihre Auswertung. Wie vorab beschrieben, werden Kennzahlen und Leistungsparameter besonders im Bereich der Arzneimittelentwicklung kritisch gesehen, weil Vergleiche von Standorten in Bezug auf die Leistung des Transfers nur sehr eingeschränkt möglich sind. Kenngrößen sollten entsprechend vorsichtig interpretiert werden. Dennoch ist es für jede Institution, die beabsichtigt, einen erfolgreichen Technologietransfer zu entwickeln, unerlässlich, die genannten Kenngrößen zu bestimmen. Diese Kennzahlen sind für die Institution unabhängig von nationalen und internationalen Vergleichen wichtige Parameter für ihre eigene Entwicklung. Die Kennzahlen liefern die Basis, auf der die Institution die Umsetzung ihrer Strategie verfolgt, anpasst oder auch grundsätzlich verändert. Ohne Leistungsparameter werden ambitionierte und beständige Translationsziele mit großer Wahrscheinlichkeit nicht erreicht werden.

9.6.5 Netzwerkbildung

Die regionale Vernetzung mit anderen Forschungsinstitutionen und der Wirtschaft sollte systematisch und konsequent verfolgt werden. Eine politisch unterstützte Co-Lokalisation von synergistisch agierenden Wirtschaftsunternehmen ist für eine wirksame Transferstrategie von großem Wert. So können Innovationsökosysteme entstehen, in denen die Hochschule das regionale Umfeld prägt und gleichzeitig von ihm profitiert. Vertrauen und gegenseitige Wertschätzung, die in engen und länger etablierten Kooperationen aufgebaut werden können, sind wichtige Erfolgsfaktoren (The Dowling Review, 2015). Im internationalen Konkurrenzkampf um die besten Köpfe sind hervorragend aufgestellte Regionen deshalb einzelnen exzellenten Institutionen überlegen.

Ein gesellschaftlich wichtiges Querschnittsthema aufzugreifen und Fakultäten übergreifend in der Region zu entwickeln, kann einen Standort zusätzlich profilieren. Im Bereich der Gesundheitsforschung ist u. a. die personalisierte Medizin ein solches gesellschaftlich, wissenschaftlich und ökonomisch relevantes Querschnittsthema. Hier müssen Fakten erarbeitet und diskutiert werden, um das Potenzial zusammen mit der Gesellschaft zu heben. Dadurch wird nicht nur Gesellschaftsrelevanz erreicht, sondern es können gleichzeitig wichtige Impulse aus der Gesellschaft in die Arbeit der Hochschule einfließen.

An den Translationszielen ausgerichtete überregionale und internationale Allianzen sind ein weiteres wichtiges Element der Translationsstrategie.

9.6.6 Kommunikation

Die Bedeutung einer professionellen Kommunikation der Translationsstrategie für die Hochschulen sollte nicht unterschätzt werden. Sie soll junge Talente, erfolgreiche Wissenschaftler/-innen, Innovatoren, Investoren, Industrien weltweit und die Gesellschaft erreichen. Die Hochschulen werden sich weiter an den internationalen Universitätsrankings beteiligen, die in Zukunft die dritte Mission vermutlich stärker berücksichtigen werden. Jede Hochschule sollte darüber hinaus allgemeinverständlich über ihre Translationsziele berichten, Erfolge darstellen, die Stärken des regionalen Umfeldes erklären und den Wert von nationalen und internationalen Vernetzungen mit Industrie und anderen Forschungsinstitutionen anhand von Erfolgsbeispielen erklären und begreifbar machen. Nicht nur, aber besonders in der Gesundheitsforschung ist zu erwarten, dass die Einbindung und aktive Partizipation der Gesellschaft in Zukunft eine wichtige Rolle spielen wird. Kommunikation ist hier besonders wichtig.

Mit einer lebendigen ambitionierten Translationskultur kann angebunden an eine Spitzenforschung für Studierende, Forschende, Lehrende, Entwickler, Investoren und die Bevölkerung auf internationaler Ebene ein hochattraktives Lern-, Arbeits- und Lebensumfeld gestaltet werden. Es lohnt sich, hier zu investieren.

Die Empfehlung an Hochschulen und die Hochschulpolitik sind nachfolgend zusammengefasst:

- Erfolgreiche Translation stellt hohe Anforderungen. Es ist deshalb Aufgabe der Hochschulleitung, Translation in der Mission der Hochschule zu positionieren.

- Die Translationsstrategie ist hochschulspezifisch und berücksichtigt die Hochschule und ihr Umfeld.
- Hochwertige Wissenschaft mit Verwertungspotenzial ist die Basis von Innovationen und muss gefördert und in Karrierepfaden honoriert werden.
- Technologische Entwicklungen ermöglichen in Zukunft eine Patienten-zentrierte Gesundheitsforschung in neuer Qualität.
- Die Translationsstrategie sollte von einem professionellen Technologietransfer-Management umgesetzt und weiterentwickelt werden.
- Die Erhebung von Leistungsparametern ist essenziell, um die Prozesse zu steuern und die Zielerreichung zu unterstützen.
- Die Zusammenarbeit von Hochschulen, Forschungsinstitutionen und Industrie ist für Translation erfolgskritisch.
- Starke Standortpartnerschaften haben einen hohen Wert und sollten strategisch entwickelt werden.
- Translation benötigt eine professionelle Kommunikation, die Wissenschaft, Industrie, Politik und Gesellschaft erreicht und involviert.

9.7 Perspektive

Die Bedeutung von Innovationen für die Zukunft Deutschlands ist sehr groß. Vor dem Hintergrund der rasanten Veränderungen im globalen Innovationsgeschehen benötigen wir Kreativität, Flexibilität und Mut, um eine führende Rolle im internationalen Wettbewerb zu behaupten.

Basis für Innovationen sind neue Erkenntnisse. Der Einsatz neuer Technologien ist häufig der entscheidende Schritt, um in unerschlossene Bereiche vorzudringen. Die enormen Fortschritte im Bereich von Sensorik, Analytik und IT eröffnen der Gesundheitsforschung ganz neue Möglichkeiten, um ein vertieftes molekulares Verständnis von Gesundheit und Krankheit zu erarbeiten. Das Tempo der technologischen Weiterentwicklungen ist sehr hoch. Eine erfolgreiche Gesundheitsforschung muss Chancen schnell erkennen, neue technologische Entwicklungen rasch aufgreifen und in ihre Ansätze integrieren. Das verlangt Interdisziplinarität, Flexibilität und Teamwork. Mit Blick auf die gesellschaftliche Nutzung von wissenschaftlichen Erkenntnissen müssen experimentelle Modellsysteme stetig weiter verbessert werden, um die Validität von Beobachtungen zu erhöhen. Die neuen Chancen einer differenzierten Patienten-orientierten Forschung sollten engagiert genutzt und mit einer hochwertigen Grundlagenforschung verbunden werden.

Vor dem Hintergrund der großen gesamtgesellschaftlichen Bedeutung einer leistungsfähigen Innovationskultur in Deutschland ist es wünschenswert, dass die Hochschulen hier noch weitergehend beitragen. Es ist wahrscheinlich, dass Innovationen in der Leistungsbewertung der Universitäten und der Hochschulmedizin in Zukunft eine größere Bedeutung erhalten werden. Geleitet von ehrgeizigen, aber realistischen

Zielen sollte die Innovationsleistung mit definierten Leistungsparametern erfasst und bewertet werden. Der Zugang zu einem professionellen Technologietransfer-Management, das die Projektentwicklung kompetent begleitet und die Kennzahlen erhebt, ist eine erfolgskritische infrastrukturelle Voraussetzung.

Eine lebendige Innovationskultur muss sich entwickeln. Der Prozess benötigt Zeit und stützt sich auf Erfahrungen. Es ist daher wichtig, Erfolge verständlich darzustellen, Misserfolge offen zu analysieren und beide als Lernbeispiele in den Institutionen zur Diskussion zu stellen.

Neue Technologien haben nicht nur neue Wissensräume erschlossen, sie haben Wissen auch breit zugänglich gemacht. Das verändert die Position der Hochschulen. Es ist zu erwarten, dass sich Hochschulen in Zukunft weiter öffnen und in eine aktivere Kommunikation mit der Gesellschaft treten werden. Sie werden sich noch sichtbarer in regionale Entwicklungen einbringen und ihr Engagement und ihre Leistungen für die Gesellschaft unterstreichen. Innovationen werden hier eine wichtige Rolle spielen.

Mit der Einrichtung einer Agentur für Sprunginnovationen plant die Bundesregierung in Zukunft, den Transfer exzellenter Forschungsergebnisse mit hohem Potenzial für grundlegend neue Produkte, Dienstleistungen und Geschäftsideen in die Anwendung zu unterstützen (Bundesbericht Forschung und Innovation, 2018). Damit setzt sie ein weiteres politisches Zeichen. Langfristig wird entscheidend sein, dass sich in Deutschland eine Innovationskultur entwickelt, die große Fragen angeht und interdisziplinär Lösungen entwickelt. Vor dem Hintergrund der demografischen Veränderungen ist der Bedarf an solchen Lösungen im Bereich Gesundheit sehr groß. Forschung, Lehre, Versorgung und Innovation liegen hier nahe beieinander. Zusammen mit den neu zur Verfügung stehenden Technologien ist das eine herausragende Chance, Zukunft zu gestalten.

9.8 Literaturverzeichnis

Barnett, K., Mercer, S. W., Norbury, M., Watt, G., Wyke, S. und Guthrie, B. (2012). Epidemiology of multimorbidity and implications for health care, research, and medical education: a cross-sectional study. *Lancet*, 380:37–43.

Bauer, U. E., Briss, P. A., Goodman, R. A. und Bowman, B. A. (2014). Prevention of chronic disease in the 21st century: elimination of the leading preventable causes of premature death and disability in the USA. *Lancet*, 384:45–52.

Boston Consulting Group (2017). Total Societal Impact: A New Lense for Strategy.

Boston Consulting Group, press release (2017). https://www.bcg.com/de-de/d/press/7Nov2017_PM_TotalSocietalImpact_GerAus-176085 (letzter Aufruf: 20.07.2019).

Begley, C. G. und Ellis, L. M. (2012). Raise standards for preclinical cancer research. *Nature*, 483:531–533.

Biomedtracker (2016). Clinical Development Success Rates 2006–2015.

BMBF Datenportal. Bildung und Forschung in Zahlen (2017). http://www.datenportal.bmbf.de/portal/de/index.html (letzter Aufruf: 20.07.2019).

Bundesbericht Forschung und Innovation (2018).

CIMR (2015). Monitoring the knowledge transfer performance of universities: an international comparison of models and indicators. CIMR Research Working Paper Series, 24.
Deutsche Zentren der Gesundheitsforschung. https://www.bmbf.de/de/deutsche-zentren-der-gesundheitsforschung-394.html (letzter Aufruf: 20.07.2019).
Die neue Hightech Strategie. Innovationen für Deutschland (2014). Die Bundesregierung.
DiMasi, J. A., Grabowski, H. G. und Hansen, R. W. (2016). Innovation in the pharmaceutical industry: New estimates of R&D costs. *Journal of Health Economics*, 47:20–33.
Ernst & Young (2019). Zahlensprünge, Biotechnologie-Report.
Exzellenzinitiative. https://www.bmbf.de/de/die-exzellenzinitiative-staerkt-die-universitaere-spitzenforschung-1638.html (letzter Aufruf: 20.07.2019).
Exzellenzstrategie. https://www.bmbf.de/de/die-exzellenzstrategie-3021.html (letzter Aufruf: 20.07.2019).
EvaluatePharma (2011). World Preview 2016.
EvaluatePharma (2012). World Preview 2018.
Hamburg, M. A. und Collins, F. S. (2010). The Path to Personalized Medicine. *N Engl J Med*, 363:301–304 and correction 363:1092.
Henke, J., Pasternack, P. und Schmid, S. (2016). Third Mission von Hochschulen – Eine Definition. Hochschulforschung. *Das Hochschulwesen*, 1+2(2016):16–22.
Herskowitz, O. und Butterfield, B. (2016). Know thyself: how well do you understand your own IP strategy? *IAM*, 78.
Individualisierte Medizin. https://www.bmbf.de/de/individualisierte-medizin-378.html (letzter Aufruf: 20.07.2019).
Innovative Hochschule. https://www.bmbf.de/de/innovative-hochschule-2866.html (letzter Aufruf: 20.07.2019).
IP Pragmatics (2016). Benchmarking for knowledge exchange.
Kleimann, B. und Hückstadt, M. (2018). Auswahlkriterien in Berufungsverfahren: Universitäten und Fachhochschulen im Vergleich. *Beiträge zur Hochschulforschung*, 40. Jahrgang:20–46.
Lim, M. A. (2017). How do university rankings maintain their influence? *Universityworldnews*, 473:08.
Malone, E. (2012). Kill, kill, kill! The worrying mortality of pharma pipeline. Scrip Intelligence. http://www.scripintelligence.com/home/Kill-kill-kill-The-worrying-mortality-of-pharma-pipelines-335166 (letzter Aufruf: 20.07.2019).
Mathers, C. D., Stevens, G. A., Boerma, T., White, R. A. und Tobias, M. I. (2015). Causes of international increases in older age life expectancy. *Lancet*, 385:540–548.
McKinsey & Company. https://www.mckinsey.com/business-functions/operations/our-insights/performance-management-why-keeping-score-is-so-important-and-so-hard (letzter Aufruf: 20.07.2019).
McMillan Group (2016). University Knowledge Exchange (KE) Framework: good practice in technology transfer, Report to the UK higher education sector and HEFCE.
McNutt, M. (2014). Journals unite for reproducibility. *Science*, 346:679.
Medizininformatik. https://www.bmbf.de/de/medizininformatik-3342.html (letzter Aufruf: 20.07.2019).
Melese, T., Lin, S. M., Chang, J. L. und Cohen, N. H. (2009). Open innovation networks between academia and industry: an imperative for breakthrough therapies. *Nature Medicine*, 15:502–507.
MEMO/07/127. http://europa.eu/rapid/press-release_MEMO-07-127_en.htm (letzter Aufruf: 20.07.2019).
Milne, C. P. und Malins, A. (2012). *Academic-Industry Partnerships for Biopharmaceutical Research & Development: Advancing Medical Science in the U. S.* Tufts Center for the Study of Drug Development.

MIT Skoltech Initiative (2014). Creating university-based entrepreneurial ecosystems, evidence from emerging world leaders.
NESTA (2012). Manchester Institute of Innovation Research (MIoIR).
National Research Council (2011). *Managing university intellectual property in the public interest.* Washington, DC: The National Academies Press.
NCATS (2015). https://ncats.nih.gov/translation/spectrum (letzter Aufruf: 20.07.2019).
OECD (2013). Commercialising Public Research: New trends and strategies.
PhRMA Annual Member Survey (2011).
Piller, F. und Hilgers, D. (2013). Praxishandbuch Technologietransfer.
Prinz, F., Schlange, T. und Asadullah, K. (2011). Believe it or not: how much can we rely on published data on potential drug targets? *Nat Rev Drug Discov*, 10:712–713.
Proof of concept. https://www.helmholtz.de/aktuell/aktuelle_ausschreibungen/artikel/artikeldetail/poc_initiative/ (letzter Aufruf: 20.07.2019).
PWC (2012). From vision to decision Pharma 2020.
QS World University Ranking. https://www.topuniversities.com/qs-world-university-rankings/methodology (letzter Aufruf: 20.07.2019).
Rauhvargers, A. (2013). Global University Rankings And Their Impact – Report II, EUA.
Science/Business Innovation Board (2012). Making industry-university partnerships work. Lessons from successful collaborations:. http://sciencebusiness.net/sites/default/files/archive/Assets/94fe6d15-5432-4cf9-a656-633248e63541.pdf (letzter Aufruf: 20.07.2019).
Spitzencluster. https://www.spitzencluster.de (letzter Aufruf: 20.07.2019).
Sternberg, R., Vorderwülbecke, A. und Brixy, U. (2013). Global Entrepreneurship Monitor – Unternehmensgründungen im weltweiten Vergleich – Länderbericht Deutschland 2012. Hannover/Nürnberg.
Sternberg, R., Vorderwülbecke, A. und Brixy, U. (2015). Global Entrepreneurship Monitor – Unternehmensgründungen im weltweiten Vergleich – Länderbericht Deutschland 2014. Hannover/Nürnberg.
Sustainable development goals. https://www.who.int/sdg/en/ (letzter Aufruf: 20.07.2019).
The Dowling Review of Business-University Research Collaborations (2015).
Times Higher Education World University Ranking. https://www.timeshighereducation.com/world-university-rankings/methodology-world-university-rankings-2019 (letzter Aufruf: 20.07.2019).
U-multirank. https://www.umultirank.org/best-university-for-me/top-performing-universities/2018// (letzter Aufruf: 20.07.2019).
vfa (2018). https://www.vfa.de/de/arzneimittel-forschung/so-funktioniert-pharmaforschung/so-entsteht-ein-medikament.html (letzter Aufruf: 20.07.2019).

Dieter Rehfeld

10 Grenzgänge: Anwendungsorientierte Forschung in den Sozialwissenschaften zwischen wissenschaftlichem Feld und gesellschaftlicher Relevanz

10.1 Einführung

Die Diskussion um das Verhältnis zwischen Grundlagenwissen und praktischem Wissen war bereits Ende des 17. Jahrhunderts Gegenstand von Kontroversen (Burke 2001: 133). Koch (2008: 123f) führt exemplarisch die Statuten der philosophischen Fakultät der Universität Göttingen von 1737 an, die die Freiheit der Lehre wie auch den Bezug „zum öffentlichen und privaten Nutzen des gesellschaftlichen Lebens" betonen. Dieses Beispiel zeigt, dass die heute im wissenschaftlichen Selbstverständnis – paradigmatisch auf den Punkt gebracht durch Mertons (1973/1942) Ethos der Wissenschaft – verankerte Trennung zwischen normativen und empirischen Aspekten keineswegs zwangsläufig war und ist. Engler und Renn (2018) verweisen auf „Wissenschaftler-Philosophen" wie Francis Bacon, John Locke, Rene Descartes oder Isaac Newton und sehen die Trennung zwischen diesen beiden Formen der Rationalität in der Neuzeit bei Kant begründet: „Denn bei ihm war die Unterscheidung des menschlichen Erkenntnisvermögens in normative und empirische Aspekte der archimedische Punkt, von dem ausgehend er meinte, den sicheren Gang der Wissenschaft gegenüber den Wechselfällen der Geschichte wie überhaupt gegen jedwede Bedrohung durch Kontingenz immunisieren zu können" (Engler und Renn 2018: 24f). Wenn heute wieder die Frage nach dem gesellschaftlichen Nutzen von Wissenschaft auf der Tagesordnung steht, dann geschieht dies in einem Kontext, in dem der ökonomische Druck auf die immer stärker expandierenden Universitäten in den vergangenen Jahren bereits deutlich erhöht wurde (vgl. etwa Stölting, Schimank 2001; Matthies, Simon 2007; Fretschner 2009; Münch 2011).

In diesem Beitrag wird Wissenschaft als gesellschaftliches Feld mit eigenen Routinen, Konventionen oder Kommunikationsstrukturen verstanden. Im Mittelpunkt stehen also Mitglieder von Organisationen, vor allem Universitäten und außeruniversitäre Forschungseinrichtungen, deren Leistung traditionell nach wissenschaftlichen Kriterien beurteilt werden. Aus dieser Perspektive enthält die Forderung nach gesellschaftlichem Nutzen die Aufforderung, über die Logik des wissenschaftlichen Feldes

Dieter Rehfeld, Institut Arbeit und Technik Gelsenkirchen

https://doi.org/10.1515/9783110689884-011

hinauszugehen und dessen Grenzen zu überschreiten. Eine solche Grenzüberschreitung ist auch in der jüngeren Geschichte der Wissenschaft keineswegs neu.

Die Forderung nach einer systematischen Auseinandersetzung mit dem Nutzen wissenschaftlicher Tätigkeit in Verbindung mit der Zunahme von Drittmittelforschung (Fretschner 2009) konkretisiert eine neben Forschung und Lehre eingeforderte dritte Funktion der Universitäten (Trippl, Sinozic, Smith 2015) und hat in jüngster Zeit durch die Debatte um Responsible Research and Innovation (RRI) eine neue Dynamik erhalten (Owen, Bessant, Heintz 2013). Die Frage ist, inwieweit sich damit auch das wissenschaftliche Feld verändert. Die Herausforderungen betreffen insbesondere die Sozialwissenschaften, auf die sich dieser Beitrag konzentriert. Sozialwissenschaften umfasst in diesem Verständnis nach Lehner (2011: 14) „die wissenschaftlichen Disziplinen, die sich mit der Ordnung und Organisation des menschlichen Zusammenlebens beschäftigen," also neben Politikwissenschaft und Soziologie etwa auch Wirtschaftswissenschaften, Humangeografie oder Sozialpsychologie.

Während in den Ingenieurwissenschaften oder in der Medizin eine lange Tradition anwendungsorientierter Forschung vorhanden ist, war Grenzüberschreitung in den Sozialwissenschaften bis in die 1970er-Jahre hinein weitgehend ein individueller Akt und somit eher die Ausnahme. Obwohl der Anwendungsbezug mittlerweile auch bei den Sozialwissenschaften eine größere Rolle spielt als früher, bleibt die Diskrepanz zwischen den unterschiedlichen wissenschaftlichen Bereichen erhalten. Laut Spiegel Online (16.10.2018) haben Professoren an deutschen Universitäten 2016 im Durchschnitt ca. 258.000 Euro Drittmittel eingeworben. In den Ingenieurwissenschaften und in der Medizin lag dieser Wert jeweils bei mehr als 560.000 Euro, in den Rechts-, Wirtschafts- und Sozialwissenschaften waren es durchschnittlich 121.000 Euro. Ähnliche Unterschiede zeigen sich, wenn wir die Verteilung der stark auf Anwendungsforschung ausgerichteten FuE-Projektförderung des Bundes betrachten (DFG 2018, Tabelle 2–6), während die Unterschiede bei der primär auf Grundlagenforschung ausgerichteten DFG-Förderung zumindest zwischen Geistes- und Sozialwissenschaften und Ingenieurwissenschaften nur noch gering sind (DFG 2018, Tabelle 4–2).

Die Forderung nach gesellschaftlichem Nutzen trifft also die Sozialwissenschaften härter als andere wissenschaftliche Disziplinen. Hierbei ist zu berücksichtigen, dass Sozialwissenschaften verglichen mit anderen wissenschaftlichen Disziplinen einige Besonderheiten aufweisen. Die einzelnen Disziplinen der Sozialwissenschaften weisen ungeachtet einiger übergreifender theoretischer Ansätze, etwa institutionalistische oder evolutionäre Ansätze, unterschiedliche methodische Standards auf, die Grenzen zwischen Forschungssubjekt und Forschungsobjekt sind fließend ebenso wie die Organisation gesellschaftlichen Zusammenlebens als Forschungsgegenstand selbst fließend ist (Bourdieu, 1998: 16 ff.; Froese, Mevissen 2016).

Im Mittelpunkt dieses Beitrags steht die Frage, wie eine Balance zwischen Grundlagenforschung und Anwendungsforschung bzw. zwischen wissenschaftlichen und gesellschaftlichen Referenzkriterien in den Sozialwissenschaften aussehen kann. Gelegentlich wird auch auf Beiträge aus anderen wissenschaftlichen Disziplinen zurückgegriffen, wenn sie sich auf zentrale sozialwissenschaftliche Themen beziehen, also auf Themen, die seit einiger Zeit als große gesellschaftliche Herausforderungen bezeichnet werden.

Anwendungsforschung, so wird argumentiert, produziert nicht aus wissenschaftlicher Sicht „minderwertiges Wissen", sondern eine andere Art von Wissen. Wissen nach Modus 1 und Wissen nach Modus 2 (Gibbons et al. 1994; Nowotny 1999; Nowotny, Scott, Gibbons 2001) sind unterschiedliche Arten von Wissen, die aber produktiv aufeinander einwirken können, wenn sie komplementär und nicht etwa als Zentrum und Peripherie des Wissenschaftssystems (siehe die Kritik bei Fretschner 2009: 268) verstanden werden.

Um diese Argumentation auszuführen wird in drei Schritten vorgegangen. Im ersten Schritt werden Pfade der Grenzüberschreitung seitens der Sozialwissenschaften bzw. zu gesellschaftspolitischen Themen typisiert. Es wird zu zeigen sein, dass die Motive und Formen der Grenzüberschreitung mittlerweile äußerst heterogen sind und die Frage nach der Art des produzierten Wissens wie auch die Frage nach dem möglichen gesellschaftlichen Nutzen daher einer differenzierten Antwort bedürfen.

Der zweite Teil fragt, wie die Produktion gesellschaftlich nützlichen Wissens durch Sozialwissenschaftler/-innen aussieht und gesichert werden kann. Hier steht die These im Mittelpunkt, dass die Form des Produktionsprozesses von Wissen von zentraler Bedeutung für die gesellschaftliche Relevanz ist, ein Aspekt, der auch zentral in der Debatte um Responsible Research and Innovation ist.

Der abschließende dritte Teil erörtert die Frage, inwieweit das durch anwendungsorientierte Forschung produzierte Wissen für die Grundlagenforschung nutzbar gemacht werden kann.

10.2 Pfade der Grenzüberschreitung

10.2.1 Übersicht

Wir verstehen die Wissenschaft in Anlehnung an Bourdieu (1989, 1998) als soziales Feld. Ein derartiges soziales Feld gehorcht mehr oder weniger spezifischen Routinen und Gesetzen, wird aber immer auch von sozialen Kräften und politischen Beziehungen überlagert. Umgekehrt hat das Agieren im wissenschaftlichen Feld auch immer einen Bezug zu anderen sozialen Feldern, sei es, um gesellschaftliche Anerkennung zu gewinnen, oder sei es, um die eigenen Ressourcen im Sinne von Forschungsmitteln zu sichern und zu erweitern. Dieser Aspekt des Durchdringens des wissenschaftlichen Feldes durch außerwissenschaftliche Motive ist keineswegs neu, sondern spätestens seit Kuhns Studie zu wissenschaftlichen Paradigmen (1967) fester Bestandteil der wissenschaftssoziologischen Diskussion.

Für den Zweck dieser Analyse ist das Konzept des sozialen Feldes deshalb interessant, weil externe Einflüsse alltäglich und nicht die Ausnahme sind. Anders als bei Kuhn oder Bourdieu stehen hier allerdings nicht die Konsequenzen für das wissenschaftliche Feld, sondern die Impulse nach außen – also die Intervention in das politische, soziale oder ökonomische Feld – im Mittelpunkt.

Von einer Grenzüberschreitung wird hier deshalb gesprochen, weil die damit verbundenen Aktivitäten aus der Sicht der Auftraggebenden oder der Wissenschaftler/-innen zwar auf wissenschaftlicher Expertise bzw. wissenschaftlichem Status basieren, aber nicht an ihrer wissenschaftlichen Relevanz, sondern anhand ihrer Wirksamkeit oder Nützlichkeit außerhalb der Wissenschaft, also an wissenschaftsexternen Kriterien gemessen wird. Die folgende Darstellung zielt zunächst darauf ab, diese Grenzüberschreitungen zu systematisieren, um die Spezifika der Implikationen für die Gesellschaft wie auch für das in Zusammenhang mit der Grenzüberschreitung genutzte und/oder produzierte Wissen differenziert erfassen zu können.

Wir unterscheiden zwischen der Art von Wissen, die genutzt bzw. generiert wird, hier zunächst zwischen Modus 1 und Modus 2 (Gibbons et al. 1994; Nowotny 1999; Nowotny, Scott, Gibbons 2001), was weitgehend der Unterscheidung zwischen Grundlagenforschung und Anwendungsforschung entspricht. Weiterhin wird unterschieden, ob die Grenzüberschreitung aus eigener Motivation, aus einem wie auch immer konkretisierten Verständnis wissenschaftlicher Verantwortung erfolgt (angebotsorientiert), oder ob sie das Resultat eines externen Auftrags darstellt (nachfrageorientiert). Aus diesen Unterscheidungen ergeben sich vier Typen der Grenzüberschreitung, die in Tabelle 10.1 mit ausgewählten Beispielen dargestellt werden.

Tab. 10.1: Vier Typen der Grenzüberschreitung: Sozialwissenschaften und gesellschaftlich zentrale Themen (Quelle: Eigene Darstellung).

	Angebotsorientiert	**Nachfrageorientiert**
Grundlagenforschung	Manifeste intellektuelle Statements	Kommissionen Expertise
Anwendungsorientierte Forschung	Aktionsforschung Design informelle Innovationsnetzwerke	Evaluierung, Monitoring Projekte im Rahmen des Forschungsrahmenprogramms persönliche Beratung („Spindoktor")

Tabelle 10.2 betrachtet die einzelnen Typen differenzierter. In der zweiten Spalte wird die mit der Grenzüberschreitung verbundene Zielsetzung dargestellt und in der dritten Spalte werden exemplarisch Beispiele genannt. In der vierten Spalte wird auf die Basis der Grenzüberschreitung eingegangen, wobei vor allem die Rolle akademischer Reputation interessiert, aber auch Aspekte wie Vertrauen, Kosten usw. eine Rolle spielen.

Tab. 10.2: Typen der Grenzüberschreitung: Funktionen, Impact und die Rolle von Wissen am Beispiel Sozialwissenschaften und Beiträge zu gesellschaftlich zentralen Themen (Quelle: Eigene Darstellung).

Typ	Funktion	Beispiele	Trigger	Impact	Wissens-typologie
Grundlagen-forschung Nachfrage orientiert	Vorausschau Stand der Forschung Legitimation	Kommission Expertise	fachliche akademische Reputation	Orientierung Referenzpunkt Legitimation	auf Modus 1 basierend
Grundlagen-forschung Angebots-orientiert	Kommentar Aufklärung Warnung	intellektuelle Statements Manifeste	akademische Reputation	öffentliche Meinung Politikwandel	auf Modus 1 basierend, normativ fokussiert
Anwendungs-orientierte Forschung Nachfrage-orientiert	Reflexion Problemlösung Innovation Coaching	Evaluierung, Monitoring Projekte im Forschungs-rahmen-programm Reallabore	fachliche akademische Reputation, Wettbewerb, Vertrauen praktische Erfahrung	Strategie-entwicklung Organisations-entwicklung Gesellschaft-licher Nutzen Effizienz	verschiedene Typen von Wissen nach Modus 2 werden generiert, eingebettet, oft informell
Anwendungs-orientierte Forschung Angebots-orientiert	Intervention Konspiration	Aktions-forschung soziales Design Reallabore Innovations-partisan/-in informelle Innovations-netzwerke	gesellschaft-liches Engagement, auf fachlicher Expertise basierend	Organisations-entwicklung alternative Politikmodelle	Modus 2, implizites Wissen in Verbindung mit Hand-lungswissen

Aus diesen ersten Spalten ergeben sich Konsequenzen, die im Weiteren dann genauer zu diskutieren sein werden. Diese Konsequenzen betreffen zum einen die angestrebte bzw. erwartete Wirkung, zum anderen die Art von Wissen, die dabei genutzt oder produziert wird.

Bei der Beschreibung von Wissen wird auf die Unterscheidung zwischen Wissen nach Modus 1 und Wissen nach Modus 2 zurückgegriffen. Wissen nach Modus 1 bezieht sich auf im wissenschaftlichen System produziertes, kodifiziertes Wissen; Wissen nach Modus 2 bezieht sich auf anwendungsorientiertes Wissen, das in einem spezifischen Kontext generiert wird, wobei dann die Prozesse der De- bzw. Rekontextualisierung (Nonaka, Takeuchi 1997) eine wesentliche Rolle spielen.

10.2.2 Grundlagenforschung, angebotsorientiert

Der erste Typ basiert auf Ergebnissen der Grundlagenforschung. Es wird kein neues Wissen produziert, sondern wissenschaftliche Ergebnisse und sich daraus ergebende Herausforderungen werden oft unter Verzicht auf den wissenschaftlichen Apparat verdichtet und kommuniziert. Die Themen und Ziele werden von den Wissenschaftler(inne)n selbst gesetzt. Es geht um Aufklärung, um Warnungen oder auch um Kommentare zu politischen Entscheidungen und/oder gesellschaftlichen Herausforderungen, also letztlich um die klassische aufklärerische Funktion von Wissenschaft. Grundlage bildet die akademische Reputation, die Wirkung kann verstärkt werden durch persönliches Charisma oder mediale Kommunikationsfähigkeit.

Wissenschaftler/-innen haben sich im 20. Jahrhundert immer wieder auch in einer emanzipatorischen und aufklärerischen Funktion gesehen, wobei es oft darum ging, sich gegen politische Vereinnahmung zur Wehr zu setzen und dem die „normative Perspektive einer engagierten Vernunft" (Engler, Renn 2018: 20) entgegenzusetzen. Die bekanntesten Beispiele finden sich außerhalb der Sozialwissenschaften, haben aber gesellschaftliche Themen zum Gegenstand. Einstein etwa gilt bis heute nicht nur als bahnbrechender Physiker, sondern auch als „Symbolfigur für Demokratie, Internationalismus und Pazifismus in der Weimarer Republik." (Engler, Renn 2018: 18).

Wenn auch angesichts der zunehmenden Spezialisierung von Wissenschaft die öffentliche Wahrnehmung einzelner Wissenschaftler/-innen begrenzter ist als in der ersten Hälfte des 20. Jahrhunderts, finden sich doch immer wieder Beispiele, in denen auch Sozialwissenschaftler/-innen auf Basis ihrer Ergebnisse und ihrer Reputation die breite Öffentlichkeit und gesellschaftspolitischen Einfluss suchen. Als Beispiele aus der neueren Zeit seien genannt Noam Chomskys (2017) jüngste Analyse der amerikanischen Politik, Ulrich Becks (2017) Auseinandersetzung mit der für ihn fatalen Rolle nationalstaatlichen Handelns angesichts globaler Herausforderungen oder Bruno Latours (2018) terrestrisches Manifest.

Gemeinsam ist diesen wissenschaftlichen Intellektuellen, dass sie nicht nur die Grenze zwischen Wissenschaft und Gesellschaft überschreiten, sondern auch mit Stellungnahmen über ihre spezifische Fachexpertise und Disziplin hinausgehen (Bourdieu 1989) und sich damit aktiv in den politischen Diskurs einbringen. Kodifiziertes Wissen wird oft – aber keineswegs immer – mit emanzipatorischem, normativem Engagement verbunden; gesellschaftliche Aufklärung ist das Ziel. Gegensätzliche wissenschaftliche Statements können durchaus zum Reputationsverlust von Wissenschaft beitragen und die Geschichte wissenschaftlicher Statements ist keineswegs frei von tendenziösen und skandalösen Interventionen (vgl. Hirschi 2018).

Die Resonanz der Argumente beruht nicht mehr allein auf der wissenschaftlichen Reputation, sondern auch auf persönlichen Merkmalen wie Charisma oder medialer Präsenz (Weingart 2001: 232ff). Weingart verweist allerdings auch darauf, dass mit dieser Medialisierung auch eine Popularisierung verbunden ist, und an die Stelle wissenschaftlicher Reputation andere Quellen der als „wahr" empfundenen Aussagen an Bedeutung gewinnen. Ähnlich argumentiert Mau (2017: 132), wenn er konstatiert, dass „außerwissenschaftliche Reputationslogiken, die durch Moden, Nachrichtenwert und Popularität geprägt sind, beginnen, die wissenschaftliche Reputation zu überlagern."

Selten sind es einzelne Wissenschaftler/-innen, sondern oft ist es eine Gruppe von Wissenschaftler(inne)n, die ein gemeinsames gesellschaftspolitisches Anliegen haben. Einstein stand in ständigem Austausch mit dem Wiener Kreis. Nach dem 2. Weltkrieg traten 18 Physiker an die Öffentlichkeit, die als Göttinger 18 vor den Gefahren eines atomaren Wettrüstens warnten und Impulse zur Gründung der Deutschen Vereinigung der Wissenschaftler/-innen lieferten. Diese fungiert heute noch also nationale Einheit der ebenfalls in Zusammenhang mit den Gefahren atomaren Wettrüstens ins Leben gerufenen internationalen Pugwash Konferenz (https://vdw-ev.de/ueber-uns/unser-leitbild/).

Als weitere Beispiele aus der mittlerweile großen Zahl derartiger Aktivitäten mit starker Verankerung in den Sozialwissenschaften seien genannt der Club of Rome mit seinem umweltpolitischen Anliegen, die internationale Gruppe von Lissabon (1995), die sich mit den sozialen Folgen weiterer Globalisierung auseinandergesetzt hat, oder das vor allem von französischen Wissenschaftler(inne)n organisierte konvivialistische Manifest (2014), das die Suche nach Lebensformen jenseits von Beschleunigung und Konsumnormen unterstützt, oder auch die seinerzeitige Warnung deutscher Wirtschaftswissenschaftler/-innen vor der Einführung des Euros.

10.2.3 Grundlagenforschung, nachfrageorientiert

Wissenschaftliche Beratung, sei es in Form eines Sachverständigengremiums oder in Form einer Expertise basiert auf der akademischen Reputation der wissenschaftlichen Expert(inn)en. Sie zielt idealtypisch nicht auf eine spezifische politische Einflussnahme ab, sondern auf eine wissenschaftlich basierte Fundierung des politischen Diskurses oder aus Sicht der Auftraggeber auch auf die Legitimation geplanter Maßnahmen. Allerdings ist insofern ein politischer Bezug vorhanden, weil gerade in Kommissionen der Politikberatung die Fraktionen dazu tendieren, „ihre" Wissenschaftler/-innen zu nominieren. Die Themen sind durch die Aufgabenstellung vorgegeben, es geht darum, das vorhandene, zertifizierte wissenschaftliche Wissen in den Prozess der Entscheidungsvorbereitung einzubringen, gelegentlich auch, die hierfür notwendigen empirischen Grundlagen zu erheben bzw. aufzubereiten, zunehmend geht es auch darum, etwa in Form von Szenarien alternative Pfade aufzuzeigen.

Das paradigmatische Beispiel hierfür ist der Sachverständigenrat zur Begutachtung der gesamtwirtschaftlichen Entwicklung (vgl. Strätling 2006 sowie die Beiträge in Wirtschaftsdienst 2016). Grundlegend ist ein dezisionistisches Politikmodell, also die konsequente Trennung von Wissenschaft und politischer Entscheidung (Lompe 1972: 43 ff.). Dies wird daran deutlich, dass keine Empfehlungen gegeben werden sollen, sondern Wege zur Erreichung vorgegebener Ziele (magisches Viereck, Stabilität des Preisniveaus, hoher Beschäftigungsstand, außenwirtschaftliches Gleichgewicht, stetiges und angemessenes Wachstum) aufzuzeigen sind. Das Ziel ist dabei nicht allein Politikberatung, sondern auch, zur Meinungsbildung in der Öffentlichkeit beizutragen.

Allerdings sind rein wissenschaftliche Kommissionen heute eher die Ausnahme. Dem Sachverständigenrat vergleichbar sind etwa die Monopolkommission oder der Sachverständigenrat für Umweltfragen. Wegweisend für eine Neuorientierung der wissenschaftlichen Beratung waren in den 1970er- und 1980er-Jahren die Enquete-Kommissionen des Bundestages (vgl. Rehfeld 1981; Kleinsteuber 2006). Hierbei ging es darum, aus dem wissenschaftlich unterstützten Diskurs zwischen Wissenschaftler(inne)n, Politiker(inne)n und Expert(inn)en aus gesellschaftlichen Gruppen einen gemeinsamen Handlungsrahmen bis hin zu Vorschlägen für die politische Umsetzung zu erarbeiten.

Im Rahmen der Enquete-Kommissionen wurden gerade bei hoch kontroversen Themen wie der künftigen Nutzung der Kernenergie Verfahren weiterentwickelt, die auf konsensuale Problemlösungsstrategien abzielten; von daher sind Sozialwissenschaftler/-innen hier auch immer prominent vertreten. Auch wenn die Ergebnisse dem öffentlichen Diskurs nicht immer standhalten und die gesellschaftlichen Konflikte nicht lösen konnten (vgl. Nowotny 1979), sind im Rahmen der Arbeit der Kommissionen Instrumente entstanden, die später auch auf andere Politikfelder übergriffen. Hierzu gehören vor allem runde Tische, Mediationsverfahren, Zukunftswerkstätten oder Open-Space-Konferenzen (einen Überblick bieten verschiedene Beiträge in Simonis, Martinsen, Saretzky 2001).

Enquete-Kommissionen unterscheiden sich von anderen Expertenkommissionen dadurch, dass sie vom Bundestag eingesetzt werden; sie zielen eher auf zentrale gesellschaftliche Diskurse ab und nehmen damit auch eine breite Öffentlichkeitsfunktion ein. Von der breiten Zusammensetzung her entsprechen die Expertenkommissionen der Bundesregierung bzw. einzelner Ministerien dem Modell der Enquete-Kommissionen. Siefken (2006: 224) sieht in der umfangreichen Zunahme derartiger Expertenkommissionen eine Konsequenz immer komplexerer Sachverhalte in Verbindung mit erhöhtem Entscheidungsbedarf und spricht von einer „formalisierten Arena für Aushandlungsprozesse zwischen den gesellschaftlichen Gruppen, Wissenschaft und Politik“.

Wissenschaftler/-innen sind in derartigen Kommissionen zwar weiterhin aufgrund ihrer fachlichen Reputation vertreten, allerdings ändert sich ihre Rolle. „Danach wird die vormals lineare Struktur zwischen akademisch verfasster Wissensproduktion und politischer oder wirtschaftlicher Anwendung des Wissens zugunsten einer solchen abgelöst, in der diese Beziehungen enger und rekursiv werden (Weingart et al. 2007: 297). Bezogen auf die hier diskutierten Modelle der Grenzüberschreitung werden damit die Übergänge zum dritten Typ, zur nachfrageorientierten Anwendungsforschung, fließend.

10.2.4 Anwendungsorientierte Forschung, nachfrageorientiert

Bei der durch Nachfrage initiierten Forschung werden die Themen durch den Auftrag vorgegeben. Die Vergabe des Auftrags basiert auf Ausschreibungen oder Wettbewerbsverfahren. Kriterien bilden die fachliche Reputation, die Stringenz der Vorgehensweise, zunehmend aber auch die Kosten und die Erfahrungen mit anwendungsorientierten Projekten. Die Auswahl erfolgt zunehmend über eine Jury, ein Review-Panel oder einen Beirat. Mit der Formalisierung der Verfahren treten soziale Kriterien wie Vertrauen oder kognitive Nähe, denen in der Innovationsforschung eine hohe Bedeutung zugemessen wird (Granovetter 1985, Boschma 2005), in den Hintergrund. Wissenschaftliche Methoden kommen zur Anwendung, im Mittelpunkt steht aber die Aufgabe, wissenschaftliche Ergebnisse für konkrete Fragestellungen durch Kontextualisierung nutzbar zu machen.

Von daher wird bei diesem Typ der Nutzen zu einem zentralen, wenn nicht sogar dem wesentlichen Ziel auch sozialwissenschaftlicher Tätigkeit. Während der Anwendungsbezug in den amerikanischen Sozialwissenschaften schon seit der ersten Hälfte des 20. Jahrhunderts eine wesentliche Rolle spielte, war dies für die deutschen Sozialwissenschaften vergleichsweise neu und dürfte etwa seit Mitte der 1980er-Jahre an Bedeutung gewonnen haben. Lassen wir einmal plausible, aber wenig konkrete Argumente wie die wachsende Komplexität von Problemkonstellationen und die steigende Bedeutung von Wissen außer Acht, so sind wesentliche Impulse in einer durch veränderte Politikmuster bedingten Nachfrage zu finden. Hierzu gehören die Abkehr von der Förderung einzelner Projekte etwa in der Regional- oder Innovationspolitik hin zur programmatischen Einbindung von Förderprojekten, das Bestreben, die knapper werdenden finanziellen Mittel möglichst optimal einzusetzen, und das unter dem Stichwort „dritte Funktion" der Universitäten (siehe oben) zu fassende Bemühen, den praktischen Nutzwert von Wissenschaft zu erhöhen. Drei Beispiele sollen das illustrieren.

Erstens kam mit der Entwicklung zu einem neuen Politikmodell, der Regionalisierung (Benz et al. 2000), ein steigender wissenschaftlicher Unterstützungsbedarf sowohl seitens der regionalen politischen Vertreter(inne)n wie auch der in diesen Prozess einbezogenen gesellschaftlichen Gruppen zusammen. Die Erarbeitung regionaler Entwicklungskonzepte, die Implementation von Programmen zur Humanisierung des Arbeitslebens oder zur sozialen Technikgestaltung, der Aufbau von Kooperationsstellen von Gewerkschaften und Hochschulen oder die Erarbeitung von Konzepten zu neuen, vernetzten regionalen Wirtschaftsstrategien stehen als Beispiele hierfür. In den ersten Jahren wurden diese Konzepte oder Strategien von benachbarten Hochschulen erarbeitet, bevor sie dann später von professionellen Beratungsunternehmen standardisiert wurden.

Zweitens wurde deutlich, dass es sich in vielerlei Hinsicht um experimentelle Strategien mit bisher wenig erprobten Umsetzungsmechanismen handelte, von daher waren neue Formen der Evaluierung gefragt. Aus Prozessperspektive waren besonders die begleitenden bzw. performativen Evaluierungen interessant, die seit den 1990er-Jahren vor allem im Rahmen der europäischen Strukturpolitik eine besondere Rolle spielten (Taylor, Bachtler, Polverari 2001) und später auch in andere Politikfelder diffundierten. Bei dieser Form der Evaluierung wird die Grenze zwischen Coaching und Evaluierung fließend und von daher spielt die Optimierung des Umsetzungsprozesses eine wesentlich größere Rolle als das konkrete Zwischenergebnis.

Drittens sind die europäischen Forschungsrahmenprogramme (Jansen 2012) mit ihrer immer konsequenteren Einforderung von „Impact" im Sinne von gesellschaftlichem Nutzen zu nennen. Diese Einforderung wurde sukzessive umgesetzt. Zunächst kam neben der schon immer vorhandenen Forderung nach Dissemination-Strategien in den geförderten Projekten spätesten mit dem sechsten Forschungsrahmenprogramm die Frage nach dem Impact auf, also nach dem gesellschaftlichen Nutzen. Die Ausführungen zum Impact sind mittlerweile eines der drei Kriterien für die Projektauswahl (neben der wissenschaftlichen Qualität und dem Arbeitsprogramm) und Anfang 2019 hat die EU einen European Horizon Impact Award ausgeschrieben (https://ec.europa.eu/info/research-and-innovation/funding/funding-opportunities/prizes/horizon-impact-award_en#). Prämiert werden Projekte, deren Ergebnisse aktiv von gesellschaftlichen Beteiligten aufgegriffen und umgesetzt wurden, und/oder Projekte, die einen langfristigen Beitrag zur Lösung gesellschaftlicher Herausforderungen etwa durch Impulse für entsprechende politische Programme nachweisen können. Der Bezug zu den „Großen gesellschaftlichen Herausforderungen" bzw. zu den Zielen von Europa 2020 spielt spätestens seit dem siebten Forschungsrahmenprogramm eine Rolle, was sich darin ausdrückt, dass die bisher für Sozialwissenschaften relevante, bis dahin teilweise auch theoretisch ausgerichtete Förderung in den Themenbereich „Gesellschaftliche Herausforderungen" integriert wurde. Schließlich ist die Mitte der 2010er-Jahre entwickelte Strategie „Responsible Research and Innovation" (vgl. Rehfeld 2018) zu nennen, die auf den Forschungsprozess abzielt und das weiter unten zu diskutierende diskursive Modell angewandter Forschung konsequent in die Forschungsförderung einbauen möchte. In diesem Zusammenhang kommen auch neue Forschungsinstrumente wie Reallabore, Design-Workshops oder experimentelle Methoden auf die Agenda, die den Übergang zum hier zu diskutierenden vierten Typ mit neuem Leben füllen.

10.2.5 Anwendungsorientierte Forschung, angebotsorientiert

Der vierte Typ spielte in breiten Teilen der Sozialwissenschaften lange Zeit eine vergleichsweise geringe Rolle, hat aber in jüngster Zeit wieder an Interesse gewonnen. In den Sozialwissenschaften war in den 1970er- und 1980er-Jahren die Aktionsforschung das dominierende Beispiel. Fragestellung und Zielsetzung werden bei der Aktionsforschung seitens der Wissenschaft gesetzt, wobei wissenschaftliche und normative Ziele nur noch schwer zu trennen sind. Die Balance zwischen wissenschaftlichen Zielen und gesellschaftspolitischen Zielen verschiebt sich zugunsten letzterer. In der Zusammenarbeit zwischen wissenschaftlichen und gesellschaftlichen Beteiligten steht eine gemeinsame gesellschaftspolitische Zielsetzung im Mittelpunkt, Vertrauen und kognitive bzw. in diesem Fall auch politische Nähe sind zentrale Kriterien.

Einen Boom erlebte die Aktionsforschung in Deutschland im Rahmen des Förderprogramms Humanisierung der Arbeit. Ein aktiver Gestaltungswille seitens der Wissenschaftler/-innen band die Adressaten in den Forschungsprozess ein, die für weite Teile der Sozialwissenschaften prägende Spannung zwischen Distanzierung und Engagement (Mevissen 2016) wurde zugunsten letzterer aufgelöst. „Die Sozialpartner waren also nicht nur Adressaten der Wissenschaft, sondern wurden als eigenständige Akteure im Forschungs-, Entwicklungs- und Umsetzungsprozess angesehen" (Jacobsen 2016: 315).

Zwar ist die Aktionsforschung als wissenschaftliches Instrument in den 1990er-Jahren weitgehend aus der Forschungspraxis verschwunden, zentrale Grundgedanken wie ein gesellschaftspolitisches Engagement der Wissenschaftler/-innen in Verbindung mit Beteiligung des Forschungsobjekts (insbesondere die Zivilgesellschaft) an der Wissensproduktion gewinnen aber in den Sozialwissenschaften an Dynamik. Einige Beispiele:

- Im Rahmen der Forschung über soziale Innovationen weist vor allem der Ansatz des Designs sozialer Innovationen eine normative und experimentelle Komponente auf (Manzini 2015).
- In eine ähnliche Richtung gehen teilweise auch vom Bundesforschungsministerium geförderte und an der Schnittstelle zwischen Innovations- und Raumforschung angesiedelte Projekte zu urbanen Laboratorien bzw. Living Labs (Liedtke et al. 2012), in denen die experimentelle Zusammenarbeit zwischen Wissenschaft und Zivilgesellschaft im Mittelpunkt einer gemeinsamen Wissensproduktion, oft im Kontext der Transformationsforschung, steht.
- Explizit wurde das Konzept der Aktionsforschung z. B. wieder von dem baskischen Institut Orkestra aufgegriffen, um die eigene aktive Rolle im Rahmen regionaler Strategieentwicklung zu fundieren und zu reflektieren (Larrea, Estensoro, Sisti 2018).
- Nicht zuletzt führt die in Zusammenhang mit der Diskussion um RRI aufgeworfene Frage nach einer konsequenten Einbeziehung von Beteiligten aus der Zivilgesellschaft in den Forschungsprozess dazu, das Verhältnis zwischen Forschungssubjekt und -objekt neu zu thematisieren.

Die mit diesen Beispielen aufgezeigten Veränderungen charakterisieren momentan noch ein heterogenes Bild, es lassen sich aber einige Trends erkennen. Zunächst fällt bereits an den Begriffen auf, dass Sozialwissenschaften sich an Ingenieurwissenschaften orientieren, die einen ausgeprägten Anwendungsbezug aufweisen, was sich etwa durch die Verwendung von Begriffen wie Labor, Experiment oder Design auch in den Sozialwissenschaften illustrieren lässt.

Weiterhin ist zu vermuten, wenn auch noch genauer zu untersuchen, dass interdisziplinäre Projekte nicht nur an Bedeutung gewinnen (etwa vor allem durch die europäischen Forschungsrahmenprogramme), sondern sich auch in Form von „Communties auf Pratice" über die Projektdauer hinaus stabilisieren und damit einen Austausch von Formaten verfestigen. Gibbons et al. (1994: 90 ff.) haben darauf verwiesen, dass derartige interdisziplinäre Kooperationsformen auch in den Sozialwissenschaften auf einzelne Beispiele wie etwa die Zusammenarbeit zwischen Stadtsoziologie, Raumplanung, Architektur und Stadtplanung zurückgreifen können.

Schließlich sind es die Veränderungen im Wissenschaftssystem selbst, die aus der zunehmenden Bedeutung von anwendungsorientierter Forschung resultieren. So hat eine globale Umfrage bei 12.000 universitären Forschenden hergeben, dass die meisten der Antwortenden (ca. zwei Drittel) sowohl angewandte Forschung wie auch Grundlagenforschung betreiben, wobei der Anteil der reinen Grundlagenforschenden bei den Sozialwissenschaften leicht über dem Durchschnitt liegt (Bentley, Gulbrandsen, Kyvik 2015). Auch wenn dies – so die Befragung – aus Sicht der meisten Forschenden kein Problem darstellt, so bleibt doch die Frage, inwieweit die anwendungsorientierte Forschung zu einem „normative turn" (siehe z. B. Uyarra, E., Ribeiro, B., Dale-Clough, L. 2019) führt und wie dies in Relation zum eingangs erwähnten Ethos der Wissenschaften steht.

10.3 Der interaktive Charakter anwendungsorientierter Forschung

Ähnlich wie bei der Innovationspolitik hält sich auch in der Wissenschaft ein durch den Begriff „Transfer" charakterisiertes lineares Verständnis der Interaktion zwischen den Produzenten wissenschaftlichen Wissens und den Adressaten oder Nutzenden. Auch wenn dieses Verständnis nicht zuletzt durch die Erfahrungen mit anwendungsorientierter Forschung in den letzten Jahren aufgeweicht ist, entspricht es noch dem ersten oben diskutierten Typ und ist mittlerweile gut untersucht (Mayntz et al. 2008). Medienkompetenz spielt eine zentrale Rolle. Hierzu gehören klassische Formen des Transfers wie Informationsdienste, Policy Briefe oder die Kommunikation über soziale Medien.

Zu berücksichtigen ist hierbei, dass durch die mediale Vermittlung Verzerrungen in der Wahrnehmung entstehen können. Selektive Wahrnehmung, die Einbettung in einen spezifischen, möglicherweise seitens der Wissenschaft nicht intendierten Kontext oder Framing im Sinne der Einbettung der Ergebnisse in spezifische Sinnstrukturen sind beispielhafte Mechanismen der verzerrten Vermittlung (Peters et al. 2008).

Bei allen anderen hier diskutierten Typen ist die Interaktion zwischen Wissenschaftler(inne)n und anderen Beteiligten intensiver. Bei den Expertenkommissionen erfolgt eine Interaktion mit relevanten gesellschaftlichen Vertreter(inne)n sowie – etwa bei den Enquete-Kommissionen – mit Abgeordneten des Parlaments. Wissenschaft kann in diesem Fall unter bestimmten Umständen eine moderierende Rolle einnehmen, gerade sofern sie kein unmittelbares Interesse an einer spezifischen Lösung aufweist.

Bei der angewandten Forschung erfolgt die Kommunikation entweder mit den Auftraggebenden oder mit Vertreter(inne)n aus dem politischen System oder der Zivilgesellschaft. Am ehesten dem oben genannten Modell entspricht das Vorgehen, sich zunächst mit den Auftraggebenden über einen gemeinsamen Werthorizont zu verständigen (siehe Weisser 1978, in Anschluss daran auch Lompe 1972) und auf dieser Basis dann konsequent wissenschaftlich vorzugehen. Dem liegt die Annahme zugrunde, dass innerhalb der Wissenschaft ein Kanon anerkannten Wissens vorhanden ist, der Empfehlungen für unterschiedliche Zielsetzungen erlaubt. Böhme, van der Daele und Krohn (1973) folgerten daraus – allerdings mit Bezug auf die Naturwissenschaften –, dass angesichts weniger weiter zu erwartenden wissenschaftlichen Fortschritte eine politische Steuerung der Wissenschaft fundiert werden sollte.

Allerdings kann für die Sozialwissenschaften keineswegs von einem derartig anerkannten Wissenskanon ausgegangen werden (Froese, Nevissen 2016), und so ist es konsequent, wenn etwa Nowotny (1999) den epistemischen Kern der klassischen Wissenschaft (Modus 1) infrage stellt und in der angewandten Forschung (Modus 2) die künftige gesellschaftliche Rolle von Wissenschaft sieht.

Anwendungsorientierte Forschung hebt die in den bisher genannten Fällen implizierte Grenze zwischen Forschungssubjekt und Forschungsobjekt auf; damit bekommt die Form der Interaktion zwischen allen Beteiligten eine wesentliche Bedeutung für die Qualität des produzierten Wissens. Die Interaktion kann direkt mit den Auftraggebenden oder vermittelt mit Beteiligten aus der Zivilgesellschaft erfolgen.

Ein Beispiel für die vermittelte Interaktion bilden die Projekte der europäischen Forschungsrahmenprogramme. Der Einbezug thematisch relevanter nicht wissenschaftlicher Vertreter/-innen kann auf unterschiedlichen Ebenen erfolgen: in Form von Beiräten oder Steuerungsgremien, in Form von Policy- oder Expertengesprächen, durch intermediäre Organisationen, die für die Diffusion bzw. Nutzung der Ergebnisse relevant sind, oder in Form von experimenteller Laboratorien oder auch als zivilgesellschaftliche Produzierende von Wissen, indem sie Daten erheben und/oder zur Verfügung stellen. Die Interaktion kann als Korrektiv oder Resonanzboden dienen, um die wissenschaftlichen Ergebnisse hinsichtlich ihrer praktischen Relevanz zu „erden"; sie kann im günstigsten Fall als stellvertretender gesellschaftlicher herrschaftsfreier Diskurs (Habermas 1968) erfolgen, ein Verfahren, das auch im Rahmen des Konzepts der Responsible Research and Innovation immer wieder als Beispiel genannt wird (Sutcliffe 2013).

Anders sieht die Interaktion bei der anwendungsorientierten Forschung aus, die hier als Strategieentwicklung bezeichnet wurde. Auftraggebende und Umsetzende sind hierbei in der Regel identisch, die Kommunikation erfolgt kontinuierlich während des Projekts. Es wird neues Wissen unter wissenschaftlicher Beteiligung generiert, wobei es sich aber nicht unbedingt unmittelbar um wissenschaftliches Wissen handelt. Grundlegende Aspekte der Interaktion sind auf Basis der eigenen Erfahrungen mit derartigen Projekten (vgl. die Beiträge in Rehfeld 2004) Verständigung über Zielsetzung und Fragestellung, Konkretisierung der einzelnen methodischen Schritte, Herstellung von Anschlussfähigkeit im Sinne eines Verständnisses davon, wie die Organisation funktioniert, Klärung von Verantwortlichkeiten, Organisation der Kommunikation mit für die Umsetzung relevanten Netzwerker(inne)n, Anpassung der Zielsetzung an die gegebenen Umfeldbedingungen (Beteiligte, Ressourcen usw.), Abwägung von Zielkonflikten und nicht zuletzt evidenzbasierte Fundierung der entwickelten Strategie als Ergebnis eines gemeinsamen Lernprozesses.

In einzelnen Fällen geht die Interaktion aber auch über diese Aspekte hinaus und wird zur Intervention. So können Expertengespräche nicht nur dazu dienen, Wissen zu produzieren, sondern können auch eine aktivierende Funktion übernehmen, indem sie anhand von Themen oder Beispielen weitere für die Umsetzung der Strategie wichtige Personen oder Organisationen aktivieren bzw. Verbindlichkeit herstellen. In gewissen Fällen kann eine derartige Aktivierung konspirative Formen annehmen, wenn sie in einem konflikthaften Umfeld selektiv mit den Akteuren kommuniziert und kooperiert, die für die Umsetzung der vorgesehenen Strategie eingebunden werden können (siehe Willke, Krück und Thorns (1995) Konzept der benovolent conspiracy oder Fretschner und Hilbert (2004) mit ihrem Konzept der Innovationspartisanen). Spätestens hier wird deutlich, dass anwendungsorientierte Forschung den Forschungsgegenstand selbst beeinflusst. Die Grenzen zur Aktionsforschung werden fließend, indem die Wissenschaftler/-innen zu strategischen Akteuren werden.

Weiterhin liegen die Referenzkriterien für anwendungsorientierte Forschung außerhalb der Wissenschaft, es soll ein nicht wissenschaftliches gesellschaftliches Ziel erreicht werden. Um dieses Ziel zu erreichen, ist bei den ersten beiden Typen Orientierungswissen zentral, was dem eingangs zitierten Selbstverständnis der Aufklärungsfunktion von Wissenschaft entspricht.

Bei der anwendungsorientierten Forschung geht es um die Kontextualisierung von Wissen. Kontextualisierung meint, generelle Forschungsergebnisse auf eine spezifische Fragestellung, also in einem spezifischen politischen oder gesellschaftlichen Kontext und/oder zu einem spezifischen Zeitpunkt nutzbar zu machen.

Sofern es um Strategieentwicklung geht, wird Wissen produziert, das unmittelbar für die Auftraggebenden interessant ist. Kategorien wie implizites Wissen oder Wissen nach Modus 2 erfassen den Nutzen nur sehr allgemein. Daher ist es sinnvoll, weiter zu differenzieren, wobei sich an die Kategorien von Moodysson und Jonsson (2007: 122) anknüpfen lässt. Diese unterscheiden zunächst „Embrained Knowledge“, was sich als formales theoretisches Wissen (z. B. Fachwissen) verstehen lässt, das durch einen hohen Grad an Kodifizierung gekennzeichnet ist und weitgehend dem Wissen nach Modus 1 entspricht. Weiterhin wird „Embodied Knowledge“ unterschieden, was als handlungsorientiertes, implizites Erfahrungswissen verstanden wird. „Encoded Knowledge“ wird als kollektives Organisationswissen verstanden, und „Embedded Knowledge“ bezieht sich auf interaktionsbasiertes, implizites kollektives Wissen der Beteiligten.

10.4 Rückkopplungen

Auf den ersten Blick scheint es so, dass ein Trade-off zwischen anwendungsorientierter Forschung und wissenschaftlicher Relevanz existiert. Wissen im Rahmen von anwendungsorientierter Forschung wird von Menschen aus sehr unterschiedlichen organisatorischen und disziplinären Kontexten im konkreten Zusammenhang produziert, es ist gesellschaftlichen Zielen verpflichtet und unterliegt damit einer von dem traditionellen wissenschaftlichen Feld abweichenden Qualitätskontrolle (vgl. Rehfeld 2004). Je intensiver die für die Zielsetzungen der Auftraggebenden (sei es gesellschaftlicher, sei es individueller Nutzen) relevante Interaktion erfolgt, desto weiter entfernt sich anwendungsorientierte Forschung von den Relevanzkriterien des wissenschaftlichen Feldes.

Dies lässt sich am Beispiel der im europäischen Kontext gängigen summativen und formativen Evaluierungen illustrieren. Treinen (2004: 48ff) kritisiert derartige Evaluierungen. Er vermisst präzise Leithypothesen und Variablen ebenso wie die Kontrolle der Rand- und Rahmenbedingungen. Er verweist auf das Fehlen von Kontrollgruppen, allerdings auch auf die Probleme der Trennung von Evaluierung und Gestaltung. Genau diese Zusammenarbeit zwischen Evaluatoren und gestaltenden Akteuren macht aber den Kern erfolgreicher formativer Evaluierung aus. Von daher kommen Taylor, Bachtler und Polverari (2001) vor dem Hintergrund ihrer Evaluierungspraxis zu dem Schluss, dass der Prozess der Evaluierung selbst, die damit verbundenen Diskussionen und Lernprozesse, wesentlich wichtiger für das Ergebnis sind als der Evaluierungsbericht selbst. Ein wesentlicher Teil des generierten Wissens bleibt bei den Beteiligten, wird in den Berichten nur sehr abstrahiert sichtbar.

Dennoch lässt sich daraus nicht der Schluss ziehen, dass anwendungsorientierte Forschung für die Grundlagenforschung irrelevant ist. Zunächst besteht die Stärke anwendungsorientierter Forschung darin, dass sie wesentlich zeitnäher ist als Grundlagenforschung. Bereits Luhmann (1977: 30) hat in seinen Beitrag zu Politikberatung darauf hingewiesen, dass sich „offenbar ... gerade in einer Demokratie politische Themen nicht so lange warmhalten lassen, bis entsprechendes Wissen gesammelt und getestet ist". Dies gilt, so Mayntz (1977), besonders in Zeiten gesellschaftlichen Umbruchs, in denen Forschung als iterativer Prozess der Konfrontation mit dem Forschungsgegenstand und der Erzeugung hypothetischer Erklärungen erfolgen sollte.

In den technischen Wissenschaften und den Naturwissenschaften ist mittlerweile anerkannt, dass anwendungsorientierte Forschung auch zu grundlagenrelevanten Ergebnissen führen kann. „Anwendungsorientierte Forschung bringt also unter Umständen selbst diejenigen grundlagenrelevanten Erkenntnisse hervor, die für fruchtbare und neuartige Anwendungen benötigt werden" (Weingart et al. 2007: 226).

Dieser Aspekt ist in den Sozialwissenschaften bisher wenig berücksichtigt, gerade auch, weil die positiven Funktionen anwendungsorientierter Forschung für die Grundlagenforschung wenig offensichtlich ins Auge fallen. Das Wissen wird mit Externen generiert, ein disziplinärer Bezug ist selten vorhanden, wesentliches Wissen bleibt implizit, an die Personen oder an die Organisation gebunden, die Publikationen vermitteln den Prozess und das Ergebnis nur in sehr abstrakter Form. Dabei sollte aber nicht übersehen werden, dass durch die Einbindung von Beteiligten außerhalb des wissenschaftlichen Feldes der Datenzugang (insbesondere bei quantitativen und qualitativen Befragungen) in der Regel erfolgreicher ist als bei rein wissenschaftlichen Projekten.

Anders sieht es aus, wenn wir – wie hier vorgeschlagen – das Resultat anwendungsorientierter Forschung als „Erz" betrachten, das sich deshalb zu fördern lohnt, weil es wertvolle Rohstoffe enthält. Der Förderung folgt dann eine Aufbereitung oder eine Transformation. Mit anderen Worten, nicht nur die Nutzung wissenschaftlichen Wissens im Rahmen von anwendungsorientierter Forschung ist als Transformationsprozess zu verstehen, sondern auch die Rückkopplung des dort generierten Wissens in die Grundlagenforschung.

Nonaka und Takeuchi (1997) haben diesen wechselseitigen Prozess als iteratives Zusammenspiel zwischen Internalisierung und Externalisierung von Wissen analysiert. Auf unseren Zusammenhang übertragen heißt das, dass aus Sicht der Nutzenden wissenschaftliches Wissen internalisiert (bzw. kontextualisiert) wird, um dann wieder für die Grundlagenforschung nutzbar gemacht zu werden (externalisiert bzw. dekontextualisiert).

Allerdings haben die bisherigen Darstellungen gezeigt, dass die Formen des Zusammenspiels zwischen Grundlagenforschung und anwendungsorientierter Forschung eine differenziertere Betrachtungsweise benötigen.

Auf unsere vier Typen bezogen ließe sich dieses Zusammenspiel wie folgt beschreiben. Bei Typ 1 (Grundlagenforschung, angebotsorientiert) wird wissenschaftliches Wissen über außerwissenschaftliche Medien kommuniziert, eine direkte Rückkopplung ist nicht vorgesehen. Bei Typ 2 (Grundlagenforschung, nachfrageorientiert) wird wissenschaftliches Wissen kontextualisiert. Eine direkte Rückkopplung in das Wissenschaftssystem ist nicht vorgesehen, allerdings finden sich indirekte Effekte etwa in der Form, dass durch eine Berufung in ein hochrangiges Gremium wie dem Sachverständigenrat zur Begutachtung der gesamtwirtschaftlichen Entwicklung die Reputation auch innerhalb der wissenschaftlichen Community steigt oder dass durch diese Tätigkeit Ressourcen etwa für die Erhebung und Auswertung von Daten verfügbar werden.

Bei Typ 3 (Anwendungsforschung, nachfrageorientiert) wird wissenschaftliches Wissen kontextualisiert und mit Erfahrungswissen aus anderen gesellschaftlichen Feldern verknüpft. Eine Rückkopplung in das Wissenschaftssystem ist möglich und wie oben argumentiert wünschenswert, aber mit Aufwand in Form eines Transformationsprozesses verbunden und daher nicht die Regel. Bei Typ 4 (Anwendungsforschung, angebotsorientiert) wird wissenschaftliches Wissen in einen politischen Prozess eingebracht. Die Frage der Rückkopplung ist aus Sicht der Wissenschaftler/-innen nachgeordnet, wobei gerade die jüngeren Entwicklungen noch nicht systematisch ausgewertet worden sind.

Für die Frage nach der Rückkopplung in das Wissenschaftssystem ist damit vor allem Typ 3 interessant. Rückkopplung in das wissenschaftliche Feld heißt dabei in vielerlei Hinsicht Rückkopplung in die einzelnen Disziplinen, da ungeachtet aller Diskussion in Interdisziplinarität Theoriebildung in erster Linie im disziplinären Paradigma stattfindet. Diese Rückkopplung wird in der bisherigen Diskussion kaum thematisiert, wesentliche Elemente lassen sich aber benennen (vgl. Beiträge in Rehfeld 2004, Jens und Romahn 2005).

Erstens ist die Möglichkeit der Rückkopplung bereits bei der Konzeption anwendungsorientierter Forschung zu berücksichtigen. Zum Beispiel bietet es sich an, Theorien zu nutzen, die in verschiedenen wissenschaftlichen Disziplinen genutzt werden, etwa institutionentheoretische oder evolutionäre Ansätze, wobei aus der Fragestellung der Anwendungsorientierung eher prozessorientierte Ansätze angemessen erscheinen.

Zweitens geht es darum, den Prozess der anwendungsorientierten Forschung selbst zu professionalisieren. Auch wenn wie gezeigt anwendungsorientierte Forschung mittlerweile gängige Praxis bei der Mehrzahl der im wissenschaftlichen Feld verankerten Menschen ist, standardisierte bzw. allgemein anerkannte Routinen haben sich dabei bisher kaum herausgebildet. Auch anwendungsorientierte Forschung sollte Standards wie Nachvollziehbarkeit oder Überprüfbarkeit verpflichtet sein; hinzu kommen nicht unbedingt in der wissenschaftlichen Sozialisation erlernte Kompetenzen wie Kommunikations- und Moderationsfähigkeit, Zeitmanagement oder interdisziplinäres Projektmanagement.

Drittens wird damit die Ressourcenfrage angesprochen. Aufträge für anwendungsorientierte Forschung nach Typ 3 beinhalten in der Regel Ressourcen für den Prozess selbst. Eine Ausnahme bilden vor allem Projekte im europäischen Forschungsrahmenprogramm, die explizit Ressourcen für Dissemination vorsehen, aber auch diese enden mit Projektschluss. Ressourcen betreffen zum einen qualifiziertes und möglichst auch erfahrenes Personal, was aufgrund der Regeln des Wissenschaftszeitvertragsgesetzes nur begrenzt möglich ist. Zum anderen geht es auch um finanzielle Ressourcen, die ergänzende, aus wissenschaftlicher aber nicht aus praktischer Sicht wünschenswerte, Datenerhebung ermöglichen oder die Rückbindung der Projektberichte in den disziplinären theoretischen Kontext ermöglichen.

Viertens geht es um den Prozess der Dekontextualisierung. Die Dekontextualisierung ist nicht unbedingt eine individuelle Aufgabe, sondern es bietet sich an, eine kontinuierliche Zusammenarbeit zwischen Grundlagenforschung und anwendungsorientierter Forschung zu institutionalisieren. Dies setzt allerdings voraus, dass anwendungsorientierte Forschung in den Referenz- und Reputationskriterien des wissenschaftlichen Feldes, etwa bei Berufungen, bei Evaluierungen oder auch bei einer leistungsbezogenen Mittelzuweisung, ernst genommen und entsprechend honoriert wird.

Fünftens ist damit die Frage nach der künftigen Logik und Ausgestaltung des wissenschaftlichen Feldes angesprochen. Vor dem Hintergrund zunehmend anwendungsorientierter Forschung werden etwa die eingangs erwähnten grundlegenden Anker von Mertons (1942/1973) wissenschaftlichem Ethos (Universalismus, Kommunismus, Desinteresse und organisierter Skeptizismus) brüchig. Eine explorative Befragung von Mcfarlane und Cheng (2008) von 670 Forschenden aus Großbritannien hat ergeben, dass mehr als die Hälfte angibt, dass ihre Forschung durch die eigenen Werte und Überzeugungen beeinflusst wird, der Anspruch auf Desinteresse damit zurückgewiesen wird.

Es gilt daher, die Diskussion um anwendungsorientierte Forschung, sei es als Frage nach der Rolle von Modus 2, sei es als Frage nach dem gesellschaftlichen Nutzen, um die Frage nach den Konsequenzen für das wissenschaftliche Feld zu erweitern. Dies betrifft nicht nur die interne Logik dieses Feldes, sondern vor dem Hintergrund eines immer beliebigeren Umgangs mit Evidenz oder Wahrheit (alternative Fakten oder Fake News) auch die künftige Rolle wissenschaftlichen Wissens im gesellschaftlichen Diskurs.

10.5 Literaturverzeichnis

Beck, U. (2017). *Die Metamorphose der Welt.* Frankfurt/Main: Suhrkamp.

Bentley, P. J., Gulbrandsen, M. und Kyvik, S. (2015). The relationship between basic and applied research in universities. *Higher Education*, 70:689–709.

Benz, A. et al. (2000). *Regionalisation. Theory, Practice and Prospects in Germany.* Stockholm: SIR.

Böhme, G., van der Daele, W. und Krohn, W. (1973). Die Finalisierung der Wissenschaft. *Zeitschrift für Soziologie*, 2:128–144.

Boschma, R. (2005). Proximity and Innovation: A Critical Assessment. *Regional Studies*, 39:61–74.

Bourdieu, P. (1989). *Über die Verantwortung des Intellektuellen.* Berlin: Wagenbach.

Bourdieu, P. (1998). Vom Gebrauch der Wissenschaft. für eine klinische Soziologie des wissenschaftlichen Feldes. Konstanz.

Burke, P. (2001). Papier und Marktgeschrei. Die Geburt der Wissensgesellschaft. Berlin.

Chomsky, N. (2017). *Wer beherrscht die Welt? Die globalen Verwerfungen der amerikanischen Politik.* Berlin: Ullstein.

DFG (2018). Förderatlas 2018. https://www.dfg.de/sites/foerderatlas2018/download/dfg_foerderatlas_2018.pdf (letzter Aufruf: 24.9.2019).

Engler, F. O. und Renn, J. (2018). *Gespaltene Vernunft. Vom Ende des Dialogs zwischen Wissenschaft und Philosophie.* Berlin: Matthes & Seitz.

Fretschner, R. (2009). *Wissenschaft als Dienstleistung?* Berlin: Weißensee.

Froese, A. und Mevissen, N. (2016). Fragmentierter Wissenstransfer in den Sozialwissenschaften: Zur Relevanz disziplinenspezifischer Kontextfaktoren. In A. Froese, D. Simon und J. Böttcher (Hrsg.), *Sozialwissenschaft und Gesellschaft. Neue Verortungen von Wissenstransfer*, S. 31–63. Bielefeld: Transcript.

Gibbons, M. et al. (1994). *The New Production of Knowledge: The Dynamics of Science and Research in Contemporary Societies.* London: Sage.

Granovetter, M. (1985). Economic Action and Social Structure: The Problem of Embeddedness. *American Journal of Sociology*, 91:481–510.

Gruppe von Lissabon (1997). *Grenzen des Wettbewerbs. Die Globalisierung der Wirtschaft und die Zukunft der Menschheit.* München: Luchterhand.

Habermas, J. (1968). *Technik und Wissenschaft als Ideologie*. Frankfurt/Main: Suhrkamp.
Hirchi, C. (2018). *Skandalexperten – Expertenskandale. Zur Geschichte eines Gegenwartsproblems*. Berlin: Matthes und Seitz.
Jacobsen, H. (2016). Arbeitsforschung im Wandel des deutschen Produktionsmodells: Responsivität transdisziplinärer Forschung als Erfolgsfaktor und Risiko. In A. Froese, D. Simon und J. Böttcher (Hrsg.), *Sozialwissenschaften und Gesellschaft. Neue Verortungen von Wissenstransfer*. Bielefeld: Transcript.
Jansen, D. (2012). *Towards a European Research Agenda*. Baden-Baden: Nomos.
Kleinsteuber, H. J. (2006). Die Enquetekommission des Bundestages zu „Zukunft der Medien" 1996–1998. Ein Bericht aus der Sachverständigen-Perspektive. In S. Falk et al. (Hrsg.), *Handbuch Politikberatung*, S. 400–413. Wiesbaden: VS Verlag.
Koch, H.-A. (2008). *Die Universität. Geschichte einer europäischen Institution*. Darmstadt: Wissenschaftliche Buchgesellschaft.
Konvivialisten (Hrsg.) (2014). *Das konvivialistische Manifest. Für eine neue Kunst des Zusammenlebens*. Bielefeld: Transcript.
Kuhn, T. (1967). *Die Struktur wissenschaftlicher Revolutionen*. Frankfurt/Main: Suhrkamp.
Larrea, M., Estensoro, M. und Sisti, E. (2018). The Contribution of Action Research to Industry 4.0 Policies: Bringing Empowerment and Democracy to the Economic Efficiency Arena. *IJAR – International Journal of Action Research*, S. 164–180.
Latour, B. (2018). *Das terrestrische Manifest*. Frankfurt/Main: Suhrkamp.
Lehner, F. (2011). *Sozialwissenschaft*. Wiesbaden: VS Verlag.
Liedtke, C. et al. (2012). Living Lab: user driven innovation for sustainability. *International Journal of Sustainability in Higher Education*, 13:106–118.
Lompe, K. (1972). Wissenschaftliche Beratung der Politik. Göttingen.
Luhmann, N. (1977). Theoretische und praktische Probleme der anwendungsbezogenen Sozialwissenschaften. In Wissenschaftszentrum Berlin (Hrsg.), *Interaktion von Wissenschaft und Politik*, S. 16–39. Frankfurt/New York: Campus.
Manzini, E. (2015). *Design, When Everybody Designs. An Introduction to Design of Social Innovation*. Cambridge & London: MIT Press.
Mayntz, R. (1997). *Soziale Dynamik und politische Steuerung*. Frankfurt/Main: Campus.
Mayntz, R. et al. (2008). *Wissensproduktion und Wissenstransfer. Wissen im Spannungsfeld von Wissenschaft, Politik und Öffentlichkeit*. Bielefeld: Transcript.
Mcfarlane, B. und Cheng, M. (2008). Communism, Universalism and Disinterestedness: Re-examining Contemporary Support among Academics for Merton's Scientific Norms. *Journal of Academic Ethics*, S. 67–78.
Matthies, H. und Simon, D. (2007). *Wissenschaft unter Beobachtung. Effekte und Defekte von Evaluationen*. Leviathan Sonderheft 24/2007. Wiesbaden: VS Verlag.
Mau, S. (2017). *Das metrische Wir. Über die Quantifizierung des Sozialen*. Frankfurt/Main: Suhrkamp.
Merton, R. K. (1973/1942). *The Sociology of Science. Theoretical and Empirical Investigations*. Chicago/London: The University of Chicago Press.
Mevissen, N. (2016). Ewig umstritten: Soziologie zwischen Engagement und Distanzierung. In A. Froese, D. Simon und J. Böttcher (Hrsg.), *Neue Verortungen von Wissenstransfer*, S. 193–231. Bielefeld: Transcript.
Moodysson, J. und Jonsson, O. (2007). Knowledge Collaboration and Proximity. The Spatial Organization of Biotech Innovation Projects. *European Urban and Regional Studies*, 14:115–131.
Münch, R. (2011). *Akademischer Kapitalismus. Über die politische Ökonomie der Hochschulreform*. Frankfurt/Main: Suhrkamp.
Nonaka, I. und Takeuchi, H. (1997). *Die Organisation des Wissens*. Frankfurt/New York: Campus.

Nowotny, H. (1979). *Kernenergie: Gefahr oder Notwendigkeit.* Frankfurt/Main: Suhrkamp.
Nowotny, H. (1999). *Es ist so. Es könnte aber auch anders sein.* Frankfurt/Main: Suhrkamp.
Nowotny, H., Scott, P. und Gibbons, M. (2001). *Re-Thinking Science: Knowledge and the Public in an Age of Uncertainty.* Cambridge: Polity Press.
Owen, R., Bessant, J. und Heintz, M. (2013). *Responsible Innovation.* London: John Wiley.
Peters, H. P. et al. (2008). Medialisierung der Wissenschaft als Voraussetzung ihrer Legitimierung und politischen Relevanz. In R. Mayntz et al. (Hrsg.), *Wissensproduktion und Wissenstransfer. Wissen im Spannungsfeld von Wissenschaft, Politik und Öffentlichkeit*, S. 269–292. Bielefeld: Transcript.
Rehfeld, D. (1981). Enquete-Kommissionen in der Bundesrepublik Deutschland. In K. Lompe, H. H. Rass und D. Rehfeld (Hrsg.), *Enquete-Kommissionen und Royal Commissions*, S. 181–290. Göttingen: Vandenhoeck & Ruprecht.
Rehfeld, D. (Hrsg.) (2004). *Arbeiten an der Quadratur des Kreises. Erfahrungen an der Schnittstelle zwischen Wissenschaft und Praxis.* Band 26 von *Arbeit und Technik.* München/Mering: Hampp.
Rehfeld, D. (2005). Grenzen wissenschaftlicher Politikberatung – Überlegungen zur zeitlichen Dimension am Beispiel der Strukturpolitik. In U. Jens und H. Romahn (Hrsg.), *Glanz und Elend der Politikberatung*, S. 129–147. Marburg: Metropolis.
Rehfeld, D. (2018). Verantwortungsvolle Forschung und Innovation (RRI): neue Impulse in der Diskussion um anwendungsorientierte Forschung. Internet-Dokument. Gelsenkirchen: Institut Arbeit und Technik. Forschung Aktuell, Nr. 05/2018. https://www.iat.eu/das-institut/mitarbeitende/dieter-rehfeld/-publikationen.html?kategorie=3 (letzter Aufruf: 24.9.2019).
Simonis, G., Martinsen, R. und Saretzki, T. (Hrsg.) (2001). *Politik und Technik.* Politische Vierteljahresschrift Sonderband 31. Wiesbaden.
Siefken, S. T. (2006). Expertenkommissionen der Bundesregierung. In S. Falk et al. (Hrsg.), *Handbuch Politikberatung*, S. 215–227. Wiesbaden: VS Verlag.
Spiegel Online (2018). www.spiegel.de/plus/drittmittel-in-der-forschung-mehr-geld-fuer-wissenschaftlerinnen-kommentar-a- (letzter Aufruf: 24.9.2019).
Stölting, E. und Schimank, U. (Hrsg.) (2001). *Die Krise der Universitäten.* Leviathan Sonderheft 20. Wiesbaden.
Strätling, A. (2006). Der Sachverständigenrat zur Begutachtung der gesamtwirtschaftlichen Entwicklung. In S. Falk et al. (Hrsg.), *Handbuch Politikberatung*, S. 353–362. Wiesbaden: VS Verlag.
Sutcliffe, H. (2013). A report on Responsible Research & Innovation. Prepared for DG Research and Innovation, EC. https://ec.europa.eu/research/.../rri-report-hilary-sutcliffe_en.pdf (letzter Aufruf: 24.9.2019).
Taylor, S., Bachtler, J. und Polverari, L. (2001). Structural Fund evaluation as a programme management tool: comparative assesment and reflections on Germany. In *Informationen zur Raumentwicklung*, S. 341–358.
Treinen, H. (2004). Methodologische Probleme der praxisorientierten und anwendungsnahen Sozialforschung. In D. Rehfeld (Hrsg.), *Arbeiten an der Quadratur des Kreises. Erfahrungen an der Schnittstelle zwischen Wissenschaft und Praxis*, Band 26 von *Arbeit und Technik*, S. 35–47. München/Mering: Hampp.
Trippl, M., Sinozic, T. und Smith, H. L. (2015). The Role of Universities in Regional Development: Conceptual Models and Policy Institutions in the UK, Sweden and Austria. *European Planning Studies*, 23:1722–1740.
Uyarra, E., Ribeiro, B. und Dale-Clough, L. (2019). Exploring the normative turn in regional innovation policy: responsibility and the quest for public value. *European Planning Studies.* doi:10.1080/09654313.2019.1609425.
Weingart, P. (2001). *Die Stunde der Wahrheit. Zum Verhältnis der Wissenschaft zu Politik, Wirtschaft und Medien in der Wissensgesellschaft.* Weilerswist: Velbrück.

Weingart, P. et al. (2007). *Nachrichten aus der Wissensgesellschaft. Analysen zur Veränderung der Wissenschaft*. Weilerswist: Velbrück.

Willke, H., Krück, C. P. und Thorn, C. (1995). Benevelont conspiracies. The role of Enabling Technologies in the Welfare of Nations. Berlin/New York.

Weisser, G. (1978). *Beiträge zur Gesellschaftspolitik*. Göttingen: Otto Schwartz & Co.

Wirtschaftsdienst (2015). *Zeitschrift für Wirtschaftspolitik*, Jg. 95(3):159–177. https://archiv.wirtschaftsdienst.eu/jahr/2015/3/sachverstaendigenrat-wie-politiknah-sollte-die-beratung-sein/ (letzter Aufruf: 24.9.2019).

Christiane Spiel, Daniel Graf, Lisa Stempfer, Julia Holzer, Marie-Therese Schultes, Laura Brandt, Veronika Somoza und Barbara Schober

11 Die Dritte Mission von Universitäten – Impact Assessment als Herausforderung

11.1 Einleitung

Die sozialen, wirtschaftlichen und gesellschaftlichen Herausforderungen auf regionaler, nationaler sowie auf EU- und internationaler Ebene haben in den letzten Jahren deutlich zugenommen und werden sich gemäß vieler Prognosen in den nächsten Jahrzehnten noch deutlich verschärfen (Curaj, Matei, Pricopie, Salmi und Scott, 2015; Mejlgard und Ryan, 2017). Als ein zentraler Parameter dafür, wie erfolgreich mit den bevorstehenden Anforderungen umgegangen werden kann, wird von Forscher(inne)n aus unterschiedlichen Disziplinen immer wieder Bildung genannt (Oreopoulos, Page und Stevens, 2006; Oreopoulos und Salvanes, 2011). Der zweite Parameter, dessen Bedeutsamkeit ebenfalls zunehmend diskutiert wird, ist die Wahrnehmung von Solidarität und Verantwortung in der Gesellschaft. Universitäten kommt bei der Frage, wie beides gefördert werden kann, eine zentrale Rolle zu: Sie produzieren Wissen und vermitteln Bildung auf hohem Niveau und haben dabei eine besondere Verantwortung für die Gesellschaft, in deren Auftrag sie forschen und lehren.

In der von Humboldt geprägten Kultur des gegenwärtigen Hochschulwesens sind Forschung und Lehre die tragenden Säulen von Universitäten. Um als öffentliche Einrichtung Verantwortung in einer pluralistischen Welt zu übernehmen, ist es jedoch nicht ausreichend, Erkenntnisse ausschließlich in akademischen Kreisen auszutauschen. Angesichts zahlreicher und komplexer gesellschaftlicher Herausforderungen ist es wesentlicher denn je, dass sich Universitäten mit Wirtschaft, Politik und Gesellschaft vernetzen, um Entwicklungen aktiv evidenzbasiert mitzugestalten (Pinheiro, Langa und Pausits, 2015; Schober, Brandt, Kollmayer und Spiel, 2016). Dies wird als die dritte Mission („Third Mission") von Universitäten bezeichnet (siehe auch Brandt, Holzer, Schober, Somoza und Spiel, 2018).

Christiane Spiel, Universität Wien
Daniel Graf, Universität Wien
Lisa Stempfer, Universität Wien
Julia Holzer, Universität Wien
Marie-Therese Schultes, Universität Wien
Laura Brandt, Columbia University Irving Medical Center
Veronika Somoza, Universität Wien
Barbara Schober, Universität Wien

https://doi.org/10.1515/9783110689884-012

Ohne Zweifel gibt es international eine enorme Bandbreite an Third-Mission-Aktivitäten einzelner Forscher/-innen respektive von Forschungsgruppen auf unterschiedlichen Ebenen. Die Forderung an Universitäten, als Institutionen eine Third Mission systematisch zu etablieren, ist jedoch eine relativ neue Entwicklung, und es mangelt an strategischen Ansätzen für die Verankerung der Third Mission auf gesamtinstitutioneller Ebene (Berthold, Meyer-Guckel und Rohe, 2010; Pausits, 2015). Stellt schon die Verankerung von Transfer als dritte Mission an Universitäten eine Herausforderung dar, so gilt dies noch weit mehr für die Messung des Impacts (der Wirkung) von Transferaktivitäten. Hier wird bereits diskutiert, ob die gesellschaftliche Relevanz von Forschung überhaupt bewertet werden soll (Hamann, Kaldewey und Schubert, 2018) und entsprechend ist das Spannungsfeld zwischen quantitativen Indikatoren und qualitativer Bewertung noch weit größer als für die beiden ersten „Missionen" Lehre und Forschung (Henke, Pasternack und Schmid, 2016).

Der folgende Beitrag widmet sich der Third Mission und der Herausforderung ihrer Bewertung respektive Messung. Im ersten Schritt wird in Anlehnung an Brandt, Holzer et al. (2018) allgemein auf die Third Mission von Universitäten eingegangen und danach derzeit diskutierte Ansätze zum Impact Assessment von Transferaktivitäten vorgestellt. Im Anschluss wird anhand des Beispiels der Universität Wien gezeigt, wie die Third Mission systematisch implementiert und wie mit der Herausforderung des Impact Assessments umgegangen werden kann. Dabei wird auch auf den notwendigen Einbezug aller drei Ebenen – Makro (Rektorat), Meso (Fakultäten/Zentren) und Mikro (individuelle Akteur/-innen)– eingegangen.

11.2 Die dritte Mission von Universitäten

Traditionell haben Universitäten im Sinne eines impliziten Vertrags zwischen Wissenschaft und Gesellschaft öffentliche Gelder erhalten, um mit einem hohen Grad an institutioneller Autonomie zu forschen und zu lehren. Die gesellschaftlichen Entwicklungen und Herausforderungen haben jedoch gemäß Guston und Keniston (1994) eine Neudefinition dieses Vertrags erforderlich gemacht: „The scientific community needs to reach out to justify its claim on public resources by demonstrating where and how it is relevant in solving public problems" (Guston und Keniston, 1994, S. 32). Das bedeutet, dass von Universitäten zunehmend erwartet wird, nicht nur Wissen zu produzieren, sondern dabei gesellschaftliche und wirtschaftliche Perspektiven zu berücksichtigen. Konkret sind sie gemäß dieser Neudefinition des Vertrags gefordert, die Erkenntnisse aus Lehre (erste Mission) und Forschung (zweite Mission) einzusetzen, um wachsenden sozialen, wirtschaftlichen und gesellschaftlichen Herausforderungen adäquat zu begegnen. Dies impliziert die aktive und bewusste Übernahme von Verantwortung für die Gesellschaft, in deren Auftrag sie arbeiten.

Laut der Arbeitsgruppe des Third-Mission-Projekts an der Universität Wien beschreibt Third Mission damit „jene Aktivitäten einer Universität, die darauf abzielen, basierend auf wissenschaftlichen Erkenntnissen gesellschaftliche Entwicklungen mitzugestalten“ (Brandt, Holzer et al., 2018, S. 188; siehe auch Pinheiro et al., 2015; Schober et al., 2016). Die Third Mission sollte dementsprechend systematisch mit den beiden primären Missionen von Universitäten vernetzt sein, d. h., eingebettet werden in Forschung und Lehre (Brandt, Holzer et al., 2018). Konsequent gelebt bezieht sie sich damit sowohl auf explizite Forschungen und Lehraktivitäten als auch auf implizite Gestaltungsprinzipien beider Bereiche. Hier geht es u. a. um folgende Fragen (siehe Spiel, 2016): Welche Erkenntnisse zur Lösung sozialer Herausforderungen produzieren Universitäten? Wie werden sie nutzbar für die Gesellschaft? Wie können Universitäten die diesbezüglichen Erwartungen und Bedürfnisse von Gesellschaft und Wirtschaft gezielt aufgreifen? Wie können Universitäten Curricula so gestalten und realisieren, dass Absolvent(inn)en gesellschaftliche Verantwortung übernehmen können und wollen? Wie können Universitäten die Übernahme von Social Responsibility in der Wirtschaft fördern? Wie können Universitäten zu einem breiteren Innovationsverständnis (von ökonomischer bis zu sozialer Innovation) und einer sozial verantwortlichen Innovationsentwicklung beitragen?

Welche Aktivitäten jedoch konkret zur Third Mission gezählt werden und welche nicht, respektive welche von Universitäten unterstützt werden, darin gibt es deutliche Unterschiede. Die Ein- und Abgrenzung von Third-Mission-Aktivitäten ist an den Universitäten unterschiedlich breit angelegt (Lassnigg, Trippl, Sinozic und Auer, 2012). Sie sind auch häufig nicht systematisch implementiert und dokumentiert (Lassnigg et al., 2012), was ihre Wahrnehmung erschwert, und zwar sowohl in der Wissenschaftsgemeinschaft als auch in der Gesellschaft.

So sind laut Eurobarometer nach eigenen Angaben 40 Prozent der Befragten im EU-27-Durchschnitt weder an Entwicklungen in Wissenschaft und Forschung interessiert noch über diese informiert (Europäische Kommission, 2013). Während dieser Anteil in Deutschland mit 39 Prozent dem Durchschnitt entspricht, ist er in Österreich mit 52 Prozent deutlich höher. Eine aktive Third Mission schafft die Möglichkeit, einen fundamentalen Beitrag zur öffentlichen Wahrnehmung von Universität und Wissenschaft zu leisten (Schneidewind, 2016) und der Metapher des Elfenbeinturms, wonach Universitäten unberührt von gesellschaftlichen Bedürfnissen als Orte der intellektuellen Abgeschiedenheit gelten (Webster’s unabridged dictionary, 1993), entgegenzuwirken. Universitäre Leistungen und deren Wirkungen können sichtbar und damit ihr Wert für die Gesellschaft erkennbar gemacht werden.

Damit jedoch die Third Mission auf Ebene einer gesamten Universität realisiert werden kann, muss es entsprechende Rahmenbedingungen geben. Dazu gehört vonseiten der Wissenschaftler/-innen das Wissen über gesellschaftliche Probleme sowie die Bereitschaft, Third-Mission-Aktivitäten durchzuführen (Spiel, Schober und Strohmeier, 2016; Spiel und Schober, 2017). Gleichzeitig braucht es die Anerkennung und Wertschätzung dieser Aktivitäten in den Universitäten und vonseiten der Politik. In der Gesellschaft gilt es, die Wertschätzung von wissenschaftlicher Forschung an Universitäten zu stärken und ihre Bedeutung für die Gesellschaft vermehrt zu vermitteln (Spiel, 2018).

Die European University Association hat sich bereits im Jahr 2006 explizit zur Third Mission bekannt. Demnach wird von europäischen Universitäten erwartet, sich aktiv um die Etablierung von Wissenstransfer in die Gesellschaft und Industrie zu bemühen, die regionale Entwicklung zu stärken, sich in den politischen Diskurs einzubringen und den Herausforderungen der europäischen Union zu stellen (European University Association, 2006). Im Vereinigten Königreich und im angloamerikanischen Raum ist die Etablierung der Third Mission an Universitäten schon deutlich weiter fortgeschritten (Berthold et al., 2010). Allerdings ist zu berücksichtigen, dass Hochschulen in Europa aus systemischen und Governance-Gründen wie etwa der überwiegend öffentlichen Hochschulfinanzierung einen anderen Stellenwert in der Gesellschaft einnehmen als es beispielsweise in den USA der Fall ist. Eliteuniversitäten wie Harvard oder Yale, auf die häufig als Vorbilder für europäische Universitäten in Bezug auf gesellschaftliches Engagement verwiesen wird (Berthold et al., 2010), sind bezüglich ihrer Organisation, Ausrichtung und vor allem ihrer Ressourcen kaum mit europäischen staatlichen Universitäten vergleichbar.

Mit Blick auf deutschsprachige Universitäten zeigt sich, dass ihre Schwerpunktsetzungen im Bereich Third Mission zumeist in engem Zusammenhang mit den Strukturen stehen, in die sie eingebettet sind, wobei holistische Ansätze und strukturelle Verankerungen noch eher selten sind. Die Aktivitäten reichen von gemeinwohlorientierten Vorhaben, beispielsweise umgesetzt durch Campus-Community-Partnerschaften an der Universität Duisburg-Essen (Universität Duisburg-Essen, 2017), bis hin zu Maßnahmen, welche die Aufwertung strukturschwacher Regionen betreffen. So ist es beispielsweise Zielsetzung der Hochschule Neubrandenburg, die in Forschung und Lehre kommunale Probleme aufgreift, regionalen Aufschwung durch ihre Third Mission zu bewirken (Prußky, 2016). Eine ähnliche Strategie verfolgt die Bergische Universität Wuppertal. Der Austausch erfolgt hier durch den neu geschaffenen Bergischen Innovations- und Bildungskongress. Dieser dient als Forum zur Vernetzung von regionaler Unternehmerschaft mit Wissenschaftler(inne)n der Bergischen Universität (Kahl und Jonk, 2015). Ein weiteres partizipatives Projekt zum Technologie- und Innovationstransfer ist die „2000-Watt-Gesellschaft" der ETH Zürich in Kooperation mit lokalen Akteur(inn)en. Ergebnis ist ein energiepolitisches Modell, um zukunftsorientierte Entwicklungen der Gesellschaft bei deutlich reduziertem Energieeinsatz zu ermöglichen (Jochem et al., 2002). Woran es jedoch noch mangelt, sind strukturell verankerte Incentives für Third-Mission-Aktivitäten. Erste Ansätze dazu zeigen sich in der Schaffung von Förderpreisen (z. B. Kahl und Jonk, 2015; Jaeger, In der Smitten und Grützmacher, 2009).

Der Trend hin zur Vernetzung von Wissenschaft, Wirtschaft und Gesellschaft manifestiert sich zudem im sogenannten Social Entrepreneurship. Ziel ist es, gesellschaftlichen Herausforderungen mit innovativen, sozial orientierten Geschäftsmodellen zu begegnen. So besteht an der Wirtschaftsuniversität Wien seit dem Jahr 2013 ein Kompetenzzentrum mit dem Schwerpunkt Social Entrepreneurship. Die Angebote sind an sozialunternehmerische Organisationen sowie Umfeldorganisationen gerichtet und umfassen Leistungen im Bereich Forschung, Wissensvermittlung, Learning-Design und wissenschaftliche Beratung (Schober, Narloch-Medek und Zaki, 2016). Als der wohl bekannteste Social Entrepreneur kann Muhammad Yunus genannt werden, Pionier der Mikrokreditfinanzierung, der für sein Geschäftsmodell zur Linderung von Armut den Friedensnobelpreis erhielt. Ein regionales Beispiel für Social Entrepreneurship liefert die inklusive Jobplattform „myability.jobs" (myAbility Social Enterprise GmbH, 2019). Dabei werden einerseits Menschen mit Behinderung bei der Jobsuche und andererseits Unternehmen beim Einstellungsverfahren unterstützt.

Diese hohe Heterogenität an Zielsetzungen und Aktivitäten im Bereich Third Mission macht deutlich, dass die Bewertung respektive Messung des entsprechenden Impacts – sofern überhaupt möglich – eine herausfordernde Aufgabe darstellt.

11.3 Ansätze zum Impact Assessment von Third-Mission-Aktivitäten

Die folgenden Ausführungen basieren auf einer Literaturrecherche in den Datenbanken Web of Science, Scopus, PsycInfo und ERIC. Es wurde eine auf den Veröffentlichungszeitraum der Jahre 2000 bis 2019 eingegrenzte Schlagwortsuche nach den Suchbegriffen „Impact Assessment", „Knowledge Translation", „Knowledge Transfer", „Technology Transfer", „Technology Transfer Office (TTO)", „University Industry Technology Transfer (UITT)", „Economic Impact" und „Higher Education/University" durchgeführt.

Die Recherchen zeigen, dass es bereits eine grundsätzliche Diskussion darüber gibt, ob die gesellschaftliche Relevanz von Forschung in der Wissenschaft überhaupt bewertet werden soll (Hamann et al., 2018). Gründe für eine Bewertung sind laut Hamann et al. (2018), dass öffentlich finanzierte Forschung eine Pflicht zur Rechenschaftslegung impliziert und dass der transparente Nachweis der gesellschaftlichen Relevanz von Forschung das Vertrauen der Öffentlichkeit in die Wissenschaft stärkt. Als Gründe gegen eine Bewertung führen sie an, dass Wissenschaft als ein Kulturgut einen Selbstzweck erfüllt, dass es Grenzen der Bewertbarkeit gibt (Von wem und wie soll gesellschaftliche Relevanz definiert werden?) und dass die langfristige wissenschaftliche Erkenntnisproduktion nicht kompatibel ist mit den kurzfristigen Ansprüchen auf verwertbare Erkenntnisse. Ihre Conclusio ist daher, dass es weiterhin geschützte Räume für allein an Wahrheitsfragen orientiertes Forschen geben muss, was jedoch die Notwendigkeit der gesellschaftlichen Bewertung von Teilen der Forschungsleistung nicht ausschließt (Hamann et al., 2018).

Ausgehend von dieser grundsätzlichen Diskussion ist es nicht verwunderlich, dass der Impact von Transferaktivitäten kontextabhängig sehr unterschiedlich definiert wird. Besonders präsent auf den Webseiten namhafter Institutionen sind vor allem (monetär) quantifizierbare Errungenschaften, die den Impact von Technologie- respektive Innovationstransfer aufzeigen sollen. Dazu gehören lukrierte Gelder, angemeldete Patente sowie geschaffene Arbeitsplätze. Auch die Aufzählung von außeruniversitären Kooperationspartner(inne)n, hervorgegangenen Start-ups (z. B. CAP Digital, 2018) und Beratungstätigkeiten (Sellenthin, 2009) ist üblich. Auch wenn Kennziffern ohne Zweifel eine Reihe von Vorteilen haben, wie u. a. die Möglichkeit der Rechenschaftslegung, der Kommunizierbarkeit und der Vergleichbarkeit (Henke et al., 2016), gibt es auch viele Argumente dagegen. Hierzu zählen z. B. die Einseitigkeit und das Ungleichgewicht der Darstellung, da nur das gemessen wird, was gemessen werden „kann". Außerdem können durch kleinste Änderungen (z. B. von Definitionen) die Ergebnisse von Hochschulrankings stark verändert werden (Henke et al., 2016).

Es ist offensichtlich, dass quantitative Indikatoren von Impact, die vor allem im Bereich Technologietransfer Anwendung finden, nicht ohne weiteres auf den Transfer in andere Bereiche übertragen werden können. Gemäß Henke et al. (2016) sind folgende drei Rahmenbedingungen prägend für Third-Mission-Aktivitäten und beeinträchtigen ihre Vermessung:

1) Viele Aktivitäten der Third Mission sind nahezu unsichtbar für nicht direkt involvierte Parteien.
   - Angemessene Informationssysteme fehlen, um Third-Mission-Aktivitäten systematisch zu erfassen.
   - Mit vielen einschlägigen Aktivitäten geht kein unmittelbarer monetärer Gewinn einher, weshalb das Interesse an diesen eingeschränkt ist.
   - Third-Mission-Aktivitäten beruhen oft auf informellen Verbindungen und sind daher schwer zu verfolgen (ein Beispiel dafür wären nicht dokumentierte Beratungstätigkeiten).
   - Häufig bleiben sie in der Hochschule unsichtbar, wenn nicht die Akteur/-innen direkt darauf angesprochen werden.
   - Die Unsichtbarkeit einschlägiger Aktivitäten wird bewusst gepflegt, da die Befürchtung besteht, dass andernfalls die Autonomie bei ihrer weiteren Gestaltung eingeschränkt werden könnte.
   - Zudem kann eine Art kultureller Skeptizismus innerhalb der akademischen Gemeinschaft, beispielsweise die Ablehnung von Kooperationen mit Unternehmen oder die Geringschätzung regionsbezogener Aktivitäten, dazu führen, dass die aktive Kommunikation von Third-Mission-Aktivitäten vermieden wird.

2) Viele Aktivitäten lassen sich nur schwer in Zahlen messen und bewerten.
   - Datenbestände fehlen.
   - Das Sammeln von Daten ist nicht möglich oder lässt keine Rückschlüsse auf Aktivitäten zu.
   - Durch Mehrdimensionalität der Aktivitäten entstünde ein unrealisierbar hoher Aufwand für die Datensammlung.
   - Durch den Umstand, dass für viele Aktivitäten keine quantitativen Kennziffern verfügbar sind, entsteht ein Ungleichgewicht in der Wahrnehmung und Dokumentation von Aktivitäten: Es werden vorrangig quantifizierbare Aktivitäten betrachtet, für die Informationen verfügbar sind.
   - Eine so entstehende Priorisierung entspricht jedoch nicht zwingend der Bedeutung dieser Aktivitäten für die Hochschulen.
3) Viele Aktivitäten entstehen aus ganz spezifischen Kontextsituationen der einzelnen Hochschulen.
   - Nicht jede Hochschule verfolgt dieselben Ziele und Prioritäten und hat dieselben Möglichkeiten, Third-Mission-Aktivitäten zu verwirklichen.
   - Aufgrund der Diversität der Kontexte gibt es keinen universellen Ansatz, wie die Third Mission am besten verwirklicht werden kann.
   - Zudem bestimmen gesamtstaatliche, regionale und institutionelle Gegebenheiten die Kultur und das Bedürfnis nach der Entwicklung von Third-Mission-Aktivitäten.
   - Darüber hinaus variieren die einschlägigen Möglichkeiten und Schwerpunkte auch je nach Hochschulart und Fachbereich.

Trotz dieser Skepsis gegenüber dem Bewerten und Messen von Third-Mission-Aktivitäten gibt es jedoch auch eine Reihe von Ansätzen, gesellschaftlichen Transfer zu bewerten. Bornmann (2013) beschreibt drei Hauptstränge von Definitionen für gesellschaftliche Auswirkungen, die seit den 1990er-Jahren in Forschungsbewertungen entwickelt wurden. Gesellschaftlicher Impact wird einerseits als Produkt verstanden. Es kann sich um Berichte, Instrumente oder Tools handeln. Eine weitere Form von gesellschaftlichem Impact ist die Anwendung von Wissen, welche durch ein Produkt erleichtert und durch Interaktionsprozesse zwischen Forschung und Praxis herbeigeführt werden kann. Schlussendlich wird gesellschaftlicher Impact als gesellschaftlicher Mehrwert aufgefasst. Von diesem wird gesprochen, wenn sich wissenschaftliche Erkenntnisse in politischen Strategien wiederfinden oder zu Standards in der Berufspraxis werden. Distale Manifestationen betreffen Auswirkungen in den Bereichen Kultur, Medien und Zusammenleben in der Gesellschaft. Eine weitere Auffassung von Impact bezieht sich auf Auswirkungen von Third-Mission-Aktivitäten auf die Hochschule bzw. die Forschung und das Hochschulsystem selbst (siehe Di Berardino und Corsi, 2018).

Aus der Heterogenität der Third-Mission-Aktivitäten sowie ihren nicht einfachen Rahmenbedingungen ergibt sich, dass eine sinnvolle Bewertung der gesellschaftlichen Relevanz von Forschung nur möglich sein kann, wenn eine Vielfalt von Bewertungen nebeneinander zugelassen wird, da nicht jedes Verfahren für jede Art von Forschung geeignet ist. Von Hamann et al. (2018) werden folgende drei Modi der Bewertung gesellschaftlicher Relevanz von Forschung diskutiert:

- Historisch-narrativer Bewertungsmodus: Dieser Modus impliziert, dass eine Bewertung von Impact nur in Rückschau möglich ist (ex post), da historische Realität immer erst im Nachhinein zugänglich wird. Beispielsweise ergab die Studie TRACES (Thompson, 1969), dass 70 Prozent der für eine erfolgreiche Innovation notwendigen wissenschaftlichen Durchbrüche auf anwendungsferne Grundlagenforschung zurückzuführen seien. Allerdings kann die Bewertung im historisch-narrativen Modus nur anekdotisch erfolgen. Sie hängt stark von der Betrachtungsweise und dem vergangenen Zeitraum ab. Beispielsweise mag der spätere Nutzen des ersten Heißluftballonflugs im Jahr 1783 nicht direkt ersichtlich gewesen sein; aus heutiger Perspektive wurde jedoch damals die Geschichte der Luftfahrt begründet (Hamann et al., 2018).
- Standardisiert-administrativer Bewertungsmodus: Dieser Modus (ebenfalls ex post) umfasst standardisierte Bewertungsverfahren mit einheitlichen Kriterien in der Rückschau von circa drei bis fünf Jahren. Daraus entsteht (laut Hamann et al., 2018) allerdings der (verzerrte) Eindruck, anwendungsorientierte Disziplinen wie Medizin würden im Vergleich zu Grundlagendisziplinen wie Mathematik oder Philosophie relevantere Beiträge für die Gesellschaft leisten.
- Demokratisch-partizipativer Bewertungsmodus: Dieser Modus (ex ante) zeichnet sich durch ein offeneres Verständnis von Wissenschaft aus. Demokratisch-partizipativ bezieht sich auf die Einbindung der Gesellschaft in den Wissenschaftsprozess. Hier soll die Bewertung der Relevanz nicht im Nachhinein über sachliche Indikatoren erfolgen. Stattdessen soll über kollaborative und partizipatorische Forschung ein direkter Gesellschaftsbezug hergestellt werden, der eine nachträgliche Bewertung überflüssig macht, da gesellschaftliche Perspektiven bereits berücksichtigt wurden. Dieser Zugang wird unter dem Label „Citizen-Science“ derzeit stark propagiert (Bonney et al., 2009; Riesch, 2015; für ein Beispiel siehe Lüftenegger, Bardach, Bergsmann, Schober und Spiel, 2019).

Ein weiterer Ansatz zum Impact Assessment bezieht sich auf die Messung von Voraussetzungen des Erzielens von Impact (Secundo, Passiante, Matos und Cabrita, 2015). Viele Universitäten unterstützen ihre Third-Mission-Aktivitäten strukturell mittels eines eigenen „Transfer-Office“. Da Technologietransfer kurzfristig die höchsten finanziellen Renditen verspricht, handelt es sich dabei häufig um spezifische „Technology-Transfer-Offices“ (TTOs) (Rolfo und Finardi, 2014). Über die Bewertung der Produktivität von TTOs entsteht damit eine weitere Möglichkeit zum Impact Assessment von Technologietransfer. Als weitere positive Voraussetzungen werden die Kommunikation der wissenschaftlichen Erkenntnisse und passende Kommunikationskanäle sowie -plattformen (Liu et al., 2018; Zardo, Barnett, Suzor und Cahill,

2018), gut funktionierende Kooperationen zwischen Wissenschaft und Praxis wie „give and take“-Beziehungen und produktive Research-Practice-Partnerships (Liu et al., 2018; Secundo et al., 2015; Tantchou Dipankui, 2016) sowie Knowledge-Brokers – Personen, die mit wichtigen Interessengruppen agieren und diese vernetzen, um den Transfer und Austausch von Informationen in einem bestimmten Kontext zu erleichtern (Bornbaum, Kornas, Peirson und Rosella, 2015) – gesehen.

In Anbetracht dieser Komplexität an Definitionen, Rahmenbedingungen und möglichen Bewertungsmodi argumentieren Greenhalgh, Raftery, Hanney und Glover (2016) dafür, für jede Third-Mission-Aktivität geeignete Messansätze auszuwählen und lineare Wirkmodelle durch qualitative Studien zu ergänzen. In den letzten Jahren wurden dazu eine Reihe von Frameworks entwickelt, wie z. B. das Payback Framework (Buxton und Hanney, 1996; Donovan und Hanney, 2011) oder das Research Impact Framework (Kuruvilla, Mays, Pleasant und Walt, 2006). Diese Ansätze für Impact Assessment sind meist sehr arbeitsintensiv und für die Anwendung auf einzelne Forschungsprojekte angelegt. Die Vergleichbarkeit zwischen Projekten ist jedoch schwierig. Einen Überblick über unterschiedliche Frameworks geben Greenhalgh et al. (2016).

Zur Illustration werden das Research Impact Framework (Kuruvilla et al., 2006) und das ISRIA Statement (International School of Research Impact Assessment; Adam et al., 2018) kurz erläutert. Das Research Impact Framework liefert ein Self-Monitoring-Tool, das ursprünglich von Forscher(inne)n entwickelt wurde, um den Impact ihrer eigenen Forschung zu erheben. Es stellt eine einfache Checkliste zur Verfügung, die, ohne Vorkenntnisse im Bereich Research Impact Assessment vorauszusetzen, Reflexion und Diskussion über den Impact der eigenen Forschung anregen soll. Die Checkliste beinhaltet forschungsbezogenen Impact, Policy und Practice Impact, Service Impact und gesellschaftlichen Impact. Zu diesen Bereichen werden im Folgenden beispielhaft einige Indikatoren genannt (siehe Kuruvilla et al., 2006, S. 4):

- Research-related Impacts: z. B. Forschungsmethoden, Publikationen, Patente, Forschungsnetzwerke, Preise
- Policy Impacts: z. B. Erstellung von Guidelines, Beeinflussung des politischen Diskurses und der Gesetzgebung, Herstellung von Partnerschaften bzw. Kommunikationskanälen zwischen Politik und Praxis
- Service Impacts: z. B. Anwendung evidenzbasierter Interventionen, Qualität von Leistungen (Gesundheitsversorgung, Bildung etc.), Kosteneffizienz in bestimmten Sektoren
- Societal Impacts: z. B. Wissens-, Einstellungs- und Verhaltensänderungen von Personengruppen, Erhöhung von Kompetenzen, Gesundheitszustand bzw. Bildungsniveau, Beiträge zur Gleichstellung und Einhaltung von Menschenrechten

Das ISRIA Statement (International School of Research Impact Assessment; Adam et al., 2018) wurde von 450 Expert(inn)en aus 34 Ländern erstellt, mit dem Ziel, den Wissensstand zum Research Impact Assessment (RIA) systematisch aufzubereiten und ein Tool zur Verfügung zu stellen, das von Forschenden jeglicher Disziplinen genutzt werden kann, um ihren eigenen Impact zu erfassen. Es hat damit einen umfassenderen und systematischeren Anspruch als das Research Impact Framework, das mit dem Ziel entwickelt wurde, den Impact der eigenen Forschung zu bewerten. Das ISRIA umfasst zehn Punkte, die für ein qualitativ hochwertiges Impact Assessment berücksichtigt werden sollten (inklusive entsprechender detaillierter Dokumentationen und Beschreibungen): (1) Context, (2) Purpose, (3) Stakeholders' Needs, (4) Stakeholder Engagement, (5) Conceptual Frameworks, (6) Methods and Data Sources, (7) Indicators and Metrics, (8) Ethics and Conflicts of Interest, (9) Communication, (10) Community of Practice.

Heyeres, Tsey, Yang, Yan und Jiang (2019) reviewten 25 Impact-Assessment-Fallstudien und bewerteten diese anhand der ISRIA Kriterien. Aus diesem Review geht hervor, dass die ISRIA Kriterien 3 (stakeholders' needs), 4 (early stakeholder engagement), 8 (ethics and conflict of interest) und 9 (communicating results through multiple channels) nur mangelhaft berücksichtigt wurden. Die meist untersuchte Art von Impact bezog sich auf mittelfristigen Impact (24 von 25 Fallstudien). Dieser wurde z. B. über increased organisational awareness, increased knowledge und improved quality of care gemessen. In vier der 25 Fallstudien wurde auch der langfristige Impact bewertet. Als Indikatoren für langfristigen Impact wurden u. a. health outcomes und economic return of investment genannt. Die Autorengruppe zieht aus ihren Befunden den Schluss, dass künftig mehr Wert auf konsistente, systematische Berichterstattung sowie Transparenz bezüglich der Art des Transfers und des beabsichtigten Impact Assessments gelegt werden sollte (Heyeres et al., 2019).

Ein weiteres Rahmenmodell, das die Berücksichtigung der Kontextabhängigkeit von Impact Assessment ermöglicht und damit vielfältig anwendbar ist (und gleichzeitig einfacher als ISRIA), liefert die Impact-Kette (Henke et al., 2016; vgl. Abbildung 11.1). Dabei werden fünf Bereiche unterschieden: Input, Prozesse/Aktivitäten, Output, Outcome und Impact. Zwischen Messmöglichkeiten und Aussagekraft besteht ein gegenläufiger Trend. Während Messmöglichkeiten im fortschreitenden Verlauf der Impact-Kette abnehmen, nimmt die Aussagekraft zu. Das heißt Outcome und Impact haben eine höhere Aussagekraft, sind aber schwieriger zu messen. Input, Aktivitäten und Outputs haben langfristig eine geringere Aussagekraft, können aber viel einfacher gemessen werden. Laut Henke et al. (2016) sind Messungen an jeder Stelle der Impact-Kette nützlich, sollten aber in ihrem jeweiligen Rahmen mit den jeweiligen Grenzen interpretiert werden. Dieser gegenläufige Trend zwischen Messmöglichkeit und Aussagekraft hat eine gewisse Analogie zu den Ebenen der Evaluation von Kirkpatrick (1998). Generell weist das Thema Impact Assessment von Transferaktivitäten einige Parallelen zur Evaluations- und Implementierungsforschung auf.

Zusätzlich zu den oben dargestellten Ansätzen und Frameworks zum Impact Assessment einzelner Third-Mission-Aktivitäten gibt es auch universitäre Zugänge zur Bewertung des Transfers. Als Beispiel für so einen universitären Zugang wird

Impact-Kette	Beispiel	Bewertungs-möglichkeiten	Aussagekraft
Input	Investierte Ressourcen für ein neues Lehrer/-innencoaching: z.B.: Entwicklung, Forschung, Zeit, Geld	× × × Messbare Größen	×
Prozesse/ Aktivitäten	Daten zur eigentlichen Aktivität: z.B.: Durchführung des Coachings, teilnehmende Personen, Reichweite	× × × Messbare Größen/ Bewertungen	×
Output	Direkter Output der Aktivität: z.B. Anzahl der Absolvent(inn)en des Coachings, die den Kurs mit einem Zertifikat beenden	× × Messbare Größen/ Bewertungen	× ×
Outcome	Weitere Effekte der Aktivität: z.B. nachhaltige Implementierung der Strategien im Klassenzimmer	× Komplexere Betrachtungen/ Analysen; Vergleiche	× × ×
Impact	Weitere Folgen dieser zusätzlichen Qualifizierung: z.B.: Steigerung des Wohlbefindens der Schüler/-innen, Leistungszuwachs	× Komplexere Bewertungsverfahren/ Analysen der Effekte	× × ×

Abb. 11.1: Die Impact Kette nach Henke et al. (2016, S. 52).

die Transferstrategie der Bergischen Universität Wuppertal (BUW) kurz vorgestellt (Bergische Universität Wuppertal, 2017). Die Third-Mission-Aktivitäten der BUW wurden in drei Bereiche gegliedert: Kommunikation, Beraten und Anwenden. Je nach Third-Mission-Aktivitätsbereich werden unterschiedliche Dokumentations- und Bewertungsinstrumente herangezogen. Im Bereich der Wissenschaftskommunikation sind dies z. B. die Erfassung der Resonanz von Aktivitäten in den öffentlichen Medien, Nachfrageanalysen und Umfragen. Im Bereich der wissenschaftlichen Beratung geht es der Bergischen Universität um eine nachvollziehbare Dokumentation der Beratungsleistung, der Rollen und Verantwortlichkeiten der jeweiligen Partner/-innen, der verwendeten Daten und Methoden sowie der Ergebnisse und gegebenenfalls ihrer Publikation. Hier dienen u. a. die Anzahl der übernommenen Aufträge, das Renommee der Auftraggeber/-innen, mehr noch aber die Resonanz erzielter Ergebnisse in der Öffentlichkeit als Qualitätsindikatoren. Für den Bereich der kooperativen Anwendung wissenschaftlicher Ergebnisse werden z. B. die Zahl der Kooperationsverträge mit Praxispartner(inne)n sowie die Höhe der im Zuge der Auftragsforschung eingeworbenen Drittmittel dokumentiert. Als weitere Indikatoren werden die Anzahl der Erfindungen durch Angehörige der Universität, die Zahl der Patente, die Höhe der eingenommenen Lizenzgebühren und auch die Zahl der Gründungen aus der Hochschule herangezogen. Außerdem werden – insbesondere bei unorthodoxen bzw. quantitativ nicht erfassbaren Settings – Fallstudien erstellt, um auf diese Weise qualitative Anhaltspunkte für die Transferwirkung zu erlangen (Bergische Universität Wuppertal, 2017).

Insgesamt zeigt sich, dass die derzeit vorliegenden Ansätze zum Impact Assessment sich im Wesentlichen auf der Ebene der Dokumentation befinden. Was derzeit noch fehlt und mit Sicherheit eine enorme Herausforderung darstellt, sind Benchmarks. Systematische Dokumentationen von Fallstudien stellen jedoch ohne Zweifel eine wichtige Voraussetzung dafür dar.

Im Folgenden wird als Fallstudie das Strategieprojekt Third Mission der Universität Wien beschrieben und daran auch die Vernetzung aufgezeigt zwischen der Entwicklung eines inhaltlichen Profils für die Third Mission an einer Universität, der Implementierung einer Third-Mission-Strategie und dem Ansatz zum Impact Assessment von Third-Mission-Aktivitäten. Ebenfalls aufgezeigt wird dabei die Einbeziehung der verschiedenen Ebenen (Makro, Meso, Mikro). Die Darstellung baut auf früheren Arbeiten auf (Brandt, Holzer et al., 2018; Brandt, Schober, Somoza und Spiel, 2018; Brandt, Schober, Schultes, Somoza und Spiel, 2018).

11.4 Die Third Mission der Universität Wien

Im Strukturmodell der Bildungspsychologie (Spiel, Reimann, Wagner und Schober, 2010, S. 14) wird unter der Makroebene die Ebene der bildungspolitisch relevanten Gesamtsysteme verstanden, unter der Mesoebene die Ebene der Institutionen und unter der Mikroebene die Ebene der individuellen Bedingungen. Hinsichtlich der Third Mission hat die Bildungspolitik in Österreich (Makroebene) eine klare Forderung gesetzt. Die Universitäten (Institutionen der Mesoebene) mussten sich bereits im Rahmen der mit dem Bund geschlossenen Leistungsvereinbarungen für die Periode von den Jahren 2013 bis 2015 zur Third Mission positionieren (Bundesministerium für Wissenschaft und Forschung, 2013). Eine Analyse der entsprechenden Leistungsvereinbarungen bewertet das Vorgehen des Ministeriums als erfolgreich und beispielgebend (Roessler und Pausits, 2018).

Die Universität Wien ist die größte und älteste Universität im deutschen Sprachraum. Sie wurde im Jahr 1365 gegründet, hat knapp 90.000 Studierende und rund 6.800 wissenschaftliche Mitarbeiter/-innen (Stand 2019). Sie gliedert sich in 15 Fakultäten und fünf Zentren. Im Bereich der Administration gibt es fünf Stabsstellen, elf Dienstleistungseinrichtungen und eine besondere Einrichtung für Qualitätssicherung (Universität Wien, 2016). Im Anschluss an die Verabschiedung des Entwicklungsplans 2020 (Universität Wien, 2015), in dem die Universität Wien ein klares Bekenntnis zur Third Mission abgegeben hatte, wurde in einem Diskurs zwischen dem Rektor und den späteren Projektleiterinnen das Strategieprojekt „Third Mission der Universität Wien" konzipiert und schließlich vom Rektor in Auftrag gegeben. Das Projekt startete im März 2016; seine zweite Phase läuft bis Ende September des Jahres 2020.

Entsprechend der oben angeführten Bezeichnung der drei Ebenen (Spiel et al., 2010) ist die Universität Wien eine Institution der Mesoebene. Jedoch mit Blick darauf, dass Universitäten auch innerhalb in Ebenen gegliedert sind und die politische Ebene nicht im Fokus des Beitrags steht, wurde die Entscheidung getroffen, die Universität als Gesamteinheit zu sehen und die drei Ebenen innerhalb zu definieren, d. h., die Universitätsleitung (Rektorat) als Makroebene anzusehen, die Fakultäten, respektive Zentren, als Mesoebene, und als Mikroebene die individuellen Mitarbeiter/-innen der Universität Wien, die Third-Mission-Aktivitäten setzen, respektive setzen könnten, sowie deren Rahmenbedingungen für solche Aktivitäten. Dies entspricht auch den gesetzlichen Bedingungen in Österreich. Das Universitätsgesetz (2002) sieht formell zwei Entscheidungsebenen vor. Wo diese in den einzelnen Universitäten liegen, wird in den jeweiligen Satzungen festgelegt. Zumeist gibt es die Ebene des Rektorats und die Ebene der Fakultäten.

Die erste Phase des Third-Mission-Projekts verfolgte folgende Ziele (siehe Brandt, Holzer et al., 2018):

1) gemeinsam die Rahmenbedingungen für erfolgreiche Third-Mission-Aktivitäten an der Universität Wien zu erarbeiten
2) Kriterien und Dimensionen für Third-Mission-Aktivitäten an der Universität Wien zu entwickeln
3) Third-Mission-Aktivitäten an der Universität Wien sichtbar zu machen
4) Eckpunkte eines Rahmenkonzepts für die nachhaltige Verankerung der Third Mission an der Universität Wien zu definieren

Als das Third-Mission-Projekt startete, waren an der Universität Wien bereits eine Reihe von Strukturen etabliert, die Third-Mission-Aktivitäten im weitesten Sinn fördern, unterstützen und auch durchführen. Diese reichen von Weiterbildungsmaßnahmen, einem Alumninetzwerk, dem Gründerservice INiTS, dem Transfer-Office und Wissenschaftskommunikationsformaten wie der Kinderuni bis hin zu konkreten Aktivitäten in Kooperation mit externen Stakeholdern (Universität Wien, 2016). Das Projekt „Third Mission" wird in Ergänzung zu den bereits etablierten Strukturen durchgeführt. Im Unterschied zu Third-Mission-Ansätzen an anderen Universitäten ist es explizit als wissenschaftliches Projekt konzipiert, das auf Erkenntnissen der Bildungspsychologie sowie der Implementierungsforschung basiert.

In diesen Forschungsfeldern besteht breiter Konsens darüber, dass Akzeptanz seitens der Stakeholder der zentrale Indikator für die erfolgreiche Implementierung von Innovationen ist (Bowen et al., 2009; Fixsen, Blase, Metz und Van Dyke, 2015; Proctor et al., 2011). Die Etablierung und Verankerung einer dritten Mission in einer Institution stellt, sofern sie erfolgreich ist, ohne Zweifel eine Innovation und Veränderung dar, die alle Bereiche erfasst und involviert. Die Berücksichtigung der Bedürfnisse der Beteiligten und ihre Einbindung – und damit die explizite Berücksichtigung aller drei Ebenen – sind daher unbedingt notwendige Voraussetzungen einer erfolgreichen Projektdurchführung von Beginn des Projekts an. Die Third Mission der Universität Wien verfolgt demzufolge einen partizipativen Ansatz unter Einbezug der Universitätsleitung (= Rektorat, Makroebene), der Fakultäten und Zentren (Mesoebene) sowie der universitätsinternen Akteur/-innen (Mikroebene) und längerfristig auch der externen Kooperationspartner/-innen. Die damit verbundene Methodentriangulation beinhaltet eine systematische Fusion von Bottom-up- und Top-down-Prozessen.

Um eine systematische Implementierung der Third Mission zu erzielen und langfristig entsprechende Aktivitäten zu fördern, verfolgt das Projekt ein Gesamtkonzept. Der wissenschaftliche Zugang ist psychologisch-handlungstheoretisch ausgerichtet und basiert auf dem Aktiotop-Modell (Ziegler, Heller, Schober und Dresel, 2006). Das Aktiotop-Modell erklärt Handlungen und Handlungsmöglichkeiten von Personen in spezifischen Bereichen, wie z. B. der Third Mission, eingebettet in ihre jeweiligen Handlungsumwelten. Das Modell erlaubt es, die Rahmenbedingungen zu spezifizieren, unter denen eine Person Aktivitäten setzt – im konkreten Fall Third-Mission-Aktivitäten. Zentrale Modellparameter, die Einfluss auf die Ziele haben, die sich eine Person setzt, sind laut Ziegler et al. (2006) das aktuelle Handlungsrepertoire und der subjektive Handlungsspielraum der Person. Dabei werden zunächst die aktuell verfügbaren Handlungsmöglichkeiten identifiziert. Eine weitere zentrale Rolle für das Handeln von Personen kommt der Umwelt zu, in der eine Handlung stattfindet. Im konkreten Fall geht es z. B. darum, ob Third-Mission-Aktivitäten innerhalb der Universität – auf Makroebene (Rektorat) und Mesoebene (Fakultät respektive Zentrum) – und außerhalb (Gesellschaft) wertgeschätzt werden. Die Aktiotop-Komponenten wurden mit unterschiedlicher Gewichtung bei allen Schritten im Projekt mitgedacht (siehe auch Brandt, Holzer et al., 2018).

Zur Erreichung des ersten Ziels des Projekts, „gemeinsam die Rahmenbedingungen für erfolgreiche Third-Mission-Aktivitäten an der Universität Wien zu erarbeiten", wurden nach einer breiten Vorstellung des Projekts (Broschüre, Website etc.) auf Basis der beiden zugrunde liegenden Forschungsstränge – Implementierungsforschung und Aktiotop-Modell – und nach Abstimmung mit dem Rektorat (Makroebene) im Sommersemester des Jahres 2016 Interviews mit allen Leiter(inne)n wissenschaftlicher Organisationseinheiten (Fakultäten und Zentren) der Universität Wien geführt. Damit sollten Informationen über die Einstellung zur Third Mission sowie ein erster

Einblick in Umfang und Art der bestehenden und zukünftig geplanten Third-Mission-Aktivitäten in den verschiedenen Disziplinen gewonnen werden. Zusätzlich sollten förderliche und hinderliche Bedingungen für entsprechende Aktivitäten erfragt werden.

Die Ergebnisse der Interviews zeigten eine überwiegend positive Einstellung zur Third Mission auf der Mesoebene. Die Notwendigkeit eines vermehrten Transfers wissenschaftlicher Erkenntnisse in die Gesellschaft wurde gesehen. Zur systematischen Umsetzung und nachhaltigen Implementierung der Third Mission bräuchte es aus Sicht der Interviewten aber vor allem explizite und gelebte Wertschätzung für derartige Aktivitäten, eine erweiterte Vernetzung mit gesellschaftlichen Akteur(inn)en sowie eine verbesserte Kommunikation von bestehenden Aktivitäten und Kompetenzen. Die wissenschaftsbezogenen Umweltbedingungen für Third-Mission-Aktivitäten wurden als inkonsistent bis widersprüchlich wahrgenommen. Mit Blick auf ein Umfeld, das die Umsetzung von Third-Mission-Aktivitäten fördert, zeigten die Interviews eine Diskrepanz zwischen Soll- und Ist-Zustand auf. Insbesondere wurde Handlungsbedarf hinsichtlich der Wertschätzung derartiger Aktivitäten und unterstützender Strukturen gesehen. Eine detaillierte Darstellung der Interviewergebnisse findet sich bei Brandt, Schober, Schultes et al. (2018) sowie im ersten Zwischenbericht des Projekts (siehe http://thirdmission.univie.ac.at/).

Zur Erreichung des zweiten Ziels, „Kriterien und Dimensionen für Third-Mission-Aktivitäten an der Universität Wien zu entwickeln“, wurden basierend auf der einschlägigen Literatur zur Third Mission sowie auf den Ergebnissen der Interviews in Analogie zur First und Second Mission (Lehre und Forschung) in Abstimmung mit dem Rektorat Kriterien für Third-Mission-Aktivitäten entwickelt. Für das Rektorat war es insbesondere von Relevanz, dass nicht jeder Medienbericht oder jeder externe Vortrag als eigene Third-Mission-Aktivität gezählt wird, was bei der Größe der Universität Wien zu tausenden Third-Mission-Aktivitäten geführt hätte und zu großen Schwierigkeiten, ein spezifisches inhaltliches Profil sichtbar zu machen. Daher wurden die Kriterien eher anspruchsvoll definiert und auch festgelegt, dass für das Label „Third-Mission-Aktivität“ alle Kriterien erfüllt sein müssen.

Third-Mission-Aktivitäten der Universität Wien
- basieren auf eigener Forschung,
- haben gesellschaftliche und/oder wirtschaftliche Relevanz,
- fördern Vernetzung (primär mit gesellschaftlichen und/oder wirtschaftlichen Akteur(inn)en, aber auch zwischen den Aktivitäten und international),
- sollten zukunftsorientiert sowie auf Nachhaltigkeit ausgerichtet sein.

Diese Kriterien wurden mit den Leiter(inne)n der wissenschaftlichen Organisationseinheiten bezüglich ihrer Anwendbarkeit auf Aktivitäten an den jeweiligen Fakultäten und Zentren diskutiert und von diesen als sinnvoll und nützlich zur Einordnung von Third-Mission-Aktivitäten eingestuft.

Zudem wurden, basierend auf einer internationalen Literaturrecherche (European Commission – LLLP Programme, 2008; Mejlgaard und Ryan, 2017) und den Interviews, drei Dimensionen zur Strukturierung von Third-Mission-Aktivitäten abgeleitet.

- Soziales und gesellschaftliches Engagement: bezeichnet die gezielte Nutzung universitären Wissens zur Bewältigung der vielfältigen sozialen und gesellschaftlichen Anforderungen
- Wissenstransfer: umfasst die gezielte Aufbereitung und die adäquate Vermittlung universitären Wissens an universitätsexterne Zielgruppen sowie das systematische Einbringen universitären Wissens in einen öffentlichen Diskurs
- Technologie- und Innovationstransfer: beinhaltet den Transfer einer Idee, einer Technologie, von Know-how, Patenten und Innovationen von der Universität in wirtschaftliche Kontexte

In Bezug auf das dritte Ziel, „Third-Mission-Aktivitäten an der Universität Wien sichtbar zu machen", wurden in einem ersten Schritt qualitative Interviews mit Third-Mission-Akteur(inn)en geführt (Mikroebene). Die Leiter/-innen der Organisationseinheiten waren im Zuge der Interviews gebeten worden, Personen, die im Bereich Third Mission bereits sehr aktiv sind, zu benennen. Ziel war es, damit Good-Practice-Beispiele zu erhalten. Die in den 23 Interviews erfassten Aktivitäten erfüllten alle vier der oben genannten Kriterien und wurden auf der Projektwebseite, zugeordnet zu den drei Dimensionen (neun Nennungen für soziales Engagement, zehn Nennungen für Wissenstransfer und vier Nennungen für Technologie- und Innovationstransfer), veröffentlicht (zugänglich über http://thirdmission.univie.ac.at/).

Da das Sichtbarmachen von Third-Mission-Aktivitäten als Grundvoraussetzung für die Wertschätzung und Vernetzung von Aktivitäten angesehen wird (siehe auch einschlägige Literatur und die Ergebnisse der Interviews), wurde Anfang des Jahres 2017 eine universitätsweite Online-Erhebung durchgeführt, um Third-Mission-Aktivitäten an der Universität Wien möglichst systematisch und vollständig zu erfassen. Die Einladung zur Befragung erging an alle wissenschaftlichen Mitarbeiter/-innen der Universität Wien sowie an die Leiter/-innen der zentralen administrativen Einrichtungen. Insgesamt nahmen 152 Personen an der Erhebung teil; davon hatten 86 Personen bereits Third-Mission-Aktivitäten durchgeführt. Von diesen Personen wurden 127 Third-Mission-Aktivitäten berichtet. Inhaltliche Schwerpunkte der Aktivitäten waren Gesundheitsförderung in der Gesellschaft, Gerechtigkeit, Menschenrechte und internationale Entwicklungshilfe, Bildungszugang und Förderung der Kompetenzen von Lehrpersonen und Schüler(inne)n sowie Wissenschaftsvermittlung und Wissenschaftsbegeisterungsprojekte. Die Zuordnung der Aktivitäten zu den drei Dimensionen ermöglichte es zu überprüfen, ob diese geeignet waren, Third-Mission-Aktivitäten an der Universität zu strukturieren. Alle aus der Befragung resultierten Aktivitäten ließen sich schwerpunktmäßig einer der drei Dimensionen zuordnen. Konkret fielen 22 Aktivitäten in die Dimension soziales Engagement, 56 in die Dimension Wissenstransfer und sechs in die Dimension Technologie- und Innovationstransfer. In letzterer Dimension wurden in beiden Erhebungen – qualitative Interviews und Online-Erhebung – mit Abstand am wenigsten Aktivitäten berichtet. Dies hat ohne Zweifel mit dem breiten Fächerangebot der Universität Wien im Bereich der Geistes-, Sozial- und Kulturwissenschaften zu tun und dem vielfältigen Umfeld an Hochschulen im Raum Wien. So gibt es u. a. eine eigene Technische Universität, eine Wirtschaftsuniversität, eine Universität für Bodenkultur, eine Medizinische Universität und eine Universität für Veterinärmedizin.

In der Online-Erhebung wurden auch förderliche Bedingungen sowie Barrieren in Bezug auf die Durchführung von Third-Mission-Aktivitäten erfragt (= Erfassung der individuellen Bedingungen der Mikroebene). Neben dem Vorhandensein einer Basisfinanzierung zur Bereitstellung von Ressourcen wurde Wertschätzung als zentrales Kriterium genannt, welches die Durchführung von Third-Mission-Aktivitäten fördert bzw. im Fall des Nichtvorhandenseins behindert. Die Existenz von Netzwerken und Kooperationen mit externen Stakeholdern sowie die professionelle Öffentlichkeitsarbeit der Universität Wien wurden ebenfalls als wichtige Faktoren genannt. Als hinderlich wurde die vorherrschende Evaluationskultur im Wissenschaftsbetrieb betrachtet, wonach Wissenschaftler/-innen in erster Linie anhand quantitativer Leistungsindikatoren, z. B. der Anzahl ihrer Publikationen in wissenschaftlichen Journals und der Einwerbung kompetitiver Drittmittel, beurteilt werden. Damit verbunden ist die mangelnde Arbeitsplatzsicherheit. Ein Teil der Befragten gab an, sich in ihrer Arbeit auf jene Aufgabenbereiche zu fokussieren, die in der Scientific Community anerkannt werden, um nach Ende des befristeten Dienstverhältnisses entsprechende Leistungen vorweisen zu können. Dazu zählen Third-Mission-Aktivitäten (noch) nicht. Mehrere Akteur/-innen von Third-Mission-Aktivitäten berichteten zudem über bürokratische Hürden, die im Zusammenhang mit der Etablierung externer Kooperationen auftraten und als frustrierend erlebt wurden. Die Befragten äußerten sich selbstkritisch hinsichtlich mangelnden Know-hows in Bezug auf Wissenstransfer, insbesondere Medienarbeit sowie zielgruppenadäquate Kommunikation von Wissen.

Wichtige Schritte mit Blick auf das vierte Ziel, „Eckpunkte eines Rahmenkonzepts für die nachhaltige Verankerung der Third Mission an der Universität Wien zu definieren“, wurden im Rahmen der Third-Mission-Konferenz der Universität Wien im November des Jahres 2017 gesetzt sowie bei dem darauffolgenden Workshop mit führenden Expert(inn)en im Bereich Third Mission (Forschung und Universitätspraxis) aus dem deutschen Sprachraum, die auch im Rahmen der Konferenz aktive Rollen innehatten. Themen der Konferenz waren Austausch, Kooperation und Vernetzung. Neben Third-Mission-Akteur(inn)en der Universität Wien und den bereits angeführten Expert(inn)en nahmen auch externe Kooperationspartner/-innen, Journalist(inn)en, Vertreter/-innen aus Politik und Wirtschaft sowie universitätsinterne und -externe Interessierte teil. Die Diskussionen im Rahmen der Konferenz wurden im Workshop noch vertieft. Insbesondere wurde dabei herausgearbeitet, dass Third-Mission-Aktivitäten an einer Universität nicht nur von den kontextuellen Rahmenbedingungen beeinflusst werden, sondern diese bei der Erarbeitung einer Third-Mission-Strategie explizit berücksichtigt werden sollten. Die Universität Wien ist mit ihrem breiten Fächerangebot und dem vielfältigen Umfeld an Hochschulen anders aufgestellt als beispielsweise die (bereits oben erwähnte) Bergische Universität Wuppertal, die in einem Gebiet mittelständischer Unternehmen ohne weitere wissenschaftliche Einrichtungen eingebettet ist. Zudem zeichnen sich die weiteren in Wien ansässigen Hochschulen durch hohe fachliche Spezialisierungen und Praxisorientierung aus. Dies hat zur Konsequenz, dass die Universität Wien in der inhaltlichen Ausrichtung des Projekts „Third Mission" bestimmte Schwerpunkte setzen muss, die sich von den Strategien anderer Hochschulen unterscheiden. Das Faktum, dass die Universität Wien einen zentralen Fokus auf eine starke Forschungsbasierung der Third-Mission-Aktivitäten setzt, wurde in der Diskussion im Workshop explizit begrüßt.

Die erfolgreiche Erreichung der Projektziele der ersten Phase und insbesondere die positive Haltung zentraler Akteur/-innen der Universität Wien zur Third Mission wurden als gute Basis für die gemeinsame Weiterentwicklung und nachhaltige Implementierung der Third Mission an der Universität Wien gesehen.

Für die zweite Phase des Third-Mission-Projekts (März 2018 bis September 2020) wurden darauf aufbauend folgende Ziele festgelegt:

- Vernetzung: Etablierung und systematische Erweiterung des Third-Mission-Netzwerks
- Förderung und Anerkennung: Erarbeitung eines Vorschlags für Fördermöglichkeiten und Anerkennungsstrukturen für Third-Mission-Aktivitäten
- Weiterentwicklung und Konkretisierung der Third-Mission-Strategie: Erarbeitung von Vorschlägen an das Rektorat
- Impact Assessment: (Weiter-)Entwicklung von Kriterien für das Messen des Impacts von Third-Mission-Aktivitäten
- Verankerung: Vorbereitung der nachhaltigen Verankerung der Third Mission in bestehende Strukturen der Universität Wien (auch in der Lehre)

Da der Fokus dieses Beitrags auf Impact Assessment liegt, werden im Folgenden Überlegungen zu diesem Ziel ausgeführt. Diese beruhen neben den Rechercheergebnissen auf unseren Erfahrungen im Third-Mission-Projekt der Universität Wien. Sie sind jedoch aus unserer Sicht durchaus auf andere Universitäten generalisierbar.

11.5 Überlegungen zum Impact Assessment von Third-Mission-Aktivitäten

Wie bereits deutlich wurde, gibt es bisher keine Einigkeit darüber, ob überhaupt und wie die gesellschaftliche Relevanz von Forschung und entsprechenden Transferaktivitäten zu bewerten ist. Relative Einigkeit scheint jedoch dahingehend zu bestehen, dass eine sinnvolle Bewertung der gesellschaftlichen Relevanz von Forschung nur möglich sein kann, wenn eine Vielfalt von Bewertungen nebeneinander zugelassen wird, da nicht jedes Verfahren für jede Art von Forschung geeignet ist. Aus unserer Sicht bietet die oben angeführte Impact-Kette, die Input, Prozesse/Aktivitäten, Output, Outcome und Impact umfasst, ein Rahmenmodell, das die Berücksichtigung der Kontextabhängigkeit von Impact Assessments ermöglicht und nicht nur vielfältig anwendbar, sondern auch relativ einfach und klar nachvollziehbar ist.

Bei der Durchsicht der einschlägigen Literatur zum Impact Assessment ist uns zudem aufgefallen, dass die Überlegungen dazu nicht direkt mit der Entwicklung, respektive Implementierung, der Third Mission an Universitäten in Zusammenhang gebracht, sondern quasi unabhängig davon formuliert wurden. Dies ist aus unserer Sicht mit Blick auf Transparenz und Akzeptanz der schwierigen Bewertung solcher Aktivitäten ein großer Nachteil. Der partizipative wissenschaftliche Zugang, den wir im Third-Mission-Projekt an der Universität Wien verfolgt haben, sowie die explizite Berücksichtigung der drei Ebenen innerhalb der Universität schaffen unserer Ansicht nach notwendige Voraussetzungen für ein künftiges Impact Assessment. Ebenfalls als sehr hilfreich hatte sich erwiesen, dass die im vorhinein festgelegten Kriterien für Third-Mission-Aktivitäten, die ja letztlich die Basis für die Bewertung und Messung des Impacts darstellen, auf allen drei Ebenen bekannt und akzeptiert waren. Dies gilt analog für die Dimensionen der Third Mission. Damit können diese beiden Strukturierungsmerkmale auch den Rahmen für die Bewertung und Messung des Impacts einzelner Aktivitäten bilden. Basierend auf unseren Erfahrungen empfehlen wir daher ein ähnliches Vorgehen, d. h. einen partizipativen Zugang in einer Balance zwischen den Ebenen der Universität sowie darauf basierend die Festlegung von Kriterien und Dimensionen von Third-Mission-Aktivitäten.

Was jedoch (sowohl durch individuelle Gespräche als auch insbesondere durch die Online-Erhebung) offensichtlich wurde, ist, dass viele Wissenschaftler/-innen, wenn sie sich in Transferaktivitäten engagieren – speziell, wenn es um gesellschaftlichen Transfer geht – den möglichen Impact nicht im Blick haben, insbesondere nicht die gesamte Impact-Kette. Als Konsequenz setzen sie auch keine Maßnahmen, um Daten in den jeweiligen Phasen zu erheben, die Aufschluss über Output, Outcome und Impact ermöglichen. Oft sind auch Informationen über Input sowie Prozesse und Aktivitäten nicht ausreichend dokumentiert. Es ist auch zu bezweifeln, dass bei allen Third-Mission-Aktivitäten die entsprechenden Wirkmodelle durchdacht wurden. Allerdings kann auch nicht erwartet werden, dass alle Forscher/-innen die notwendigen sozialwissenschaftlichen Basiskenntnisse dafür aufweisen.

Wir empfehlen daher, Beratungs- und Unterstützungsangebote bereitzustellen, in denen die Impact-Kette grundsätzlich sowie mit Fokus auf die individuelle Third-Mission-Aktivität besprochen wird. Längerfristig sollten auch vielfältige Beispiele dokumentiert und Third-Mission-Akteur(inn)en zur Verfügung gestellt werden. Wie bereits angeführt, könnten definierte und akzeptierte Kriterien und Dimensionen eine gute Basis dafür bilden. Allerdings ist (wie bereits ausgeführt) festzuhalten, dass dies nur als erster Schritt gesehen werden kann; denn auch die Impact-Kette liefert, ebenso wie die anderen angeführten Ansätze, nur eine systematische Dokumentation der Third-Mission-Aktivitäten. Die Ableitung von Benchmarks stellt eine langfristige und herausfordernde Aufgabe dar, die länder- und universitätsübergreifend angegangen werden muss.

Ein weiterer Aspekt, der zu beachten sein wird, sind die in der Online-Erhebung an der Universität Wien geäußerten Befürchtungen, dass die quantitativen Kriterien der Forschungsbewertung auch für Third-Mission-Aktivitäten herangezogen werden. Dem gilt es wieder in einem partizipativen Zugang zu begegnen, indem die Third-Mission-Akteur/-innen eingeladen werden, in einem geleiteten Diskurs selbst Indikatoren zu konzipieren und zu erproben.

Diese Überlegungen zeigen, dass sich für die Etablierung der Third Mission an Universitäten und die Bewertung des Impacts entsprechender Aktivitäten noch eine Reihe von Herausforderungen stellen. Diese erfordern Anstrengungen, die weit über einen Standort hinausgehen. Wir empfehlen daher, die Etablierung der Third Mission an einer Universität nicht als ein reines Strategie- und Administrationsprojekt zu sehen, sondern auch als Forschungsprojekt, wie wir es auch an der Universität Wien tun. Denn auf der einen Seite verleiht der Forschungsfokus dem Vorhaben der nachhaltigen Profilierung und Verankerung der Third Mission an der Universität auch die notwendige Glaubwürdigkeit, und auf der anderen Seite ermöglicht er die Publikation der gewonnenen Erkenntnisse in der internationalen Wissenschaftsgemeinschaft sowie die Verbreitung im Rahmen der universitären Lehre. Die Publikationen wiederum liefern die Basis für Austausch, Diskurs und gemeinsame Weiterentwicklung der Third Mission und für die Bewertung ihres Impacts in der Gesellschaft.

11.6 Literaturverzeichnis

Adam, P., Ovseiko, P. V., Grant, J., Graham, K. E., Boukhris, O. F., Dowd, A. M., Chorzempa, H. et al. (2018). ISRIA statement: ten-point guidelines for an effective process of research impact assessment. *Health research policy and systems*, 16(8):1–16. doi:10.1186/s12961-018-0281-5.

Bergische Universität Wuppertal (2017). Transferstrategie der Bergischen Universität Wuppertal. https://www.transfer.uni-wuppertal.de/fileadmin/forschung/PDFs/Transferstrategie_2017_aktualisiert.pdf (letzter Aufruf: 15.07.2019).

Berthold, C., Meyer-Guckel, V. und Rohe, W. (2010). *Mission Gesellschaft. Engagement und Selbstverständnis der Hochschulen – Ziele, Konzepte, internationale Praxis.* Edition Stifterverband, 160. https://www.che-consult.de/fileadmin/pdf/publikationen/Studie_Mission_Gesellschaft_FINAL.pdf (letzter Aufruf: 12.06.2019).

Bonney, R., Ballard, H., Jordan, R., McCallie, E., Phillips, T., Shirk, J. und Wilderman, C. (2009). *Public participation in scientific research: Defining the field and assessing its potential for informal science education.* Washington, D. C.: Center for Advancement of Informal Science Education (CAISE).

Bornbaum, C. C., Kornas, K., Peirson, L. und Rosella, L. C. (2015). Exploring the function and effectiveness of knowledge brokers as facilitators of knowledge translation in health-related settings: A systematic review and thematic analysis. *Implementation Science*, 10(1):1–12. doi:10.1186/s13012-015-0351-9.

Bornmann, L. (2013). What is societal impact of research and how can it be assessed? A literature survey. *Journal of the American Society for Information Science and Technology*, 64(2):217–233. doi:10.1002/asi.22803.

Bowen, D. J., Kreuter, M., Spring, B., Cofta-Woerpel, L., Linnan, L., Weiner, D., Bakken, S., Kaplan, C. P., Squiers, L., Fabrizio, C. und Fernandez, M. (2009). How we design feasibility studies. *American Journal of Preventive Medicine*, 36(5):452–457. doi:10.1016/j.amepre.2009.02.002.

Brandt, L., Holzer, J., Schober, B., Somoza, V. und Spiel, C. (2018). Die systematische Verankerung der Third Mission an Hochschulen – Der motivationspsychologische Ansatz der Universität Wien. In N. Tomaschek und K. Resch (Hrsg.), *Die Lifelong Learning Universität der Zukunft. Institutionelle Standpunkte aus der wissenschaftlichen Weiterbildung*, S. 187–203. Münster: Waxmann.

Brandt, L., Schober, B., Schultes, M. T., Somoza, V. und Spiel, C. (2018). Supporting third mission activities at Universities: Dean's opinions and recommendations. *Scientific Contribution*, 13(2):21–40. doi:10.3217/zfhe-13-02/02.

Brandt, L., Schober, B., Somoza, V. und Spiel, C. (2018). Capacity building for sustainable development: Coherent concepts of universities' Third Mission as a parameter. In V. Suman und A. C. Petersen (Hrsg.), *Developmental Science and Sustainable Development Goals for Children and Youth*, S. 391–406. Cham: Springer.

Bundesgesetz über die Organisation der Universitäten und ihre Studien (Universitätsgesetz 2002 – UG). StF: BGBl. I Nr. 120/2002 (NR: GP XXI RV 1134 AB 1224 S. 111. BR: 6697 AB 6717 S. 690.).

Bundesministerium für Wissenschaft und Forschung (2013). Leistungsvereinbarung 2013–2015. https://wissenschaft.bmwfw.gv.at/fileadmin/user_upload/Universitaet_Wien_LV_2013-2015.pdf (letzter Aufruf: 09.11.2017).

Buxton, M. und Hanney, S. (1996). How can payback from health services research be assessed? *Journal of health services research & policy*, 1(1):35–43. doi:10.1177/135581969600100107.

CAP Digital (2018). Our ecosystem. https://www.capdigital.com/en/who-we-are/our-ecosystem/ (letzter Aufruf: 18.09.2018).

Curaj, A., Matei, L., Pricopie, R., Salmi, J. und Scott, P. (Hrsg.) (2015). *The European Higher Education Area – Between critical reflections and future policies*. Cham: Springer. https://link.springer.com/content/pdf/10.1007%2F978-3-319-20877-0.pdf.

Di Berardino, D. und Corsi, C. (2018). A quality evaluation approach to disclosing third mission activities and intellectual capital in Italian universities. *Journal of Intellectual Capital*, 19(1):178–201. doi:10.1108/JIC-02-2017-0042.

Donovan, C. und Hanney, S. (2011). The „Payback Framework" explained. *Research Evaluation*, 20(3):181–183. doi:10.3152/095820211X13118583635756.

Europäische Kommission (2013). Verantwortliche Forschung und Innovation, Wissenschaft und Technologie – Spezial Eurobarometer 401. https://ec.europa.eu/commfrontoffice/publicopinion/archives/ebs/ebs_401_de.pdf (letzter Aufruf: 05.07.2019).

European Commission – LLLP Programme (2008). Needs and constraints analysis of the three dimensions of third mission activities. http://e3mproject.eu/Three-dim-third-mission-act.pdf (letzter Aufruf: 12.10.2017).

European University Association (2006). A vision and strategy for Europe's universities and the European University Association. http://www.eua.be/eua/jsp/en/upload/EUA_Statement_Vision_120306.1144394825296.pdf (letzter Aufruf: 26.09.2017).

Fixsen, D., Blase, K., Metz, A. und Van Dyke, M. (2015). Implementation Science. In J. Wright (Hrsg.), *International encyclopedia of the social & behavioral sciences*, S. 695–7022. Oxford: Elsevier.

Guston, D. H. und Keniston, K. (Hrsg.) (1994). *The Fragile Contract: University Science and the Federal Government.* MA: The MIT Press.
Greenhalgh, T., Raftery, J., Hanney, S. und Glover, M. (2016). Research impact: a narrative review. *BMC Medicine*, 14(1):78. doi:10.1186/s12916-016-0620-8.
Hamann, J., Kaldewey, D. und Schubert, J. (2018). Ist gesellschaftliche Relevanz von Forschung bewertbar? Und wenn ja, wie? https://www.oeaw.ac.at/fileadmin/NEWS/2019/IMG/preisfrage/01_PF_2018-085_Kaldewey_Hamann_Schubert.pdf (letzter Aufruf: 05.07.2019).
Henke, J., Pasternack, P. und Schmid, S. (2016). *Third Mission bilanzieren. Die dritte Aufgabe der Hochschulen und ihre öffentliche Kommunikation.* Institut für Hochschulforschung an der Martin-Luther-Universität Halle-Wittenberg. https://www.hof.uni-halle.de/web/dateien/pdf/HoF-Handreichungen8.pdf (letzter Aufruf: 08.05.2019).
Heyeres, M., Tsey, K., Yang, Y., Yan, L. und Jiang, H. (2019). The characteristics and reporting quality of research impact case studies: A systematic review. *Evaluation and program planning*, 73:10–23. doi:10.1016/j.evalprogplan.2018.11.002.
Jaeger, M., In der Smitten, S. und Grützmacher, J. (2009). Gutes tun und gutes Lernen: Bürgerschaftliches Engagement und Service-Learning an Hochschulen. Evaluation des Projekts UNIAKTIV an der Universität Duisburg-Essen. http://www.dzhw.eu/pdf/pub_fh/fh-200907.pdf (letzter Aufruf: 12.10.2017).
Jochem, E., Favrat, D., Hungerbühler, K., von Rohr, R., Spreng, D. T., Wokaun, A. und Zimmermann, M. (2002). Steps towards a 2000 watt society: Developing a white paper on research & development of energy-efficient technologies. https://www.ethz.ch/content/dam/ethz/special-interest/mtec/cepe/cepe-dam/documents/research/projects/project_7742.pdf (letzter Aufruf: 27.09.2017).
Kahl, A. und Jonk, P. (2015). Vom klassischen Transfergedanken zur Third Mission – die Transferstrategie der Bergischen Universität. *Output*, 14:46–50.
Kirkpatrick, D. L. (1998). The four levels of evaluation. In S. M. Brown und C. J. Seidner (Hrsg.), *Evaluating Corporate Training: Models and Issues.* Boston, MA: Kluwer Academic Publishers.
Kuruvilla, S., Mays, N., Pleasant, A. und Walt, G. (2006). Describing the impact of health research: A Research Impact Framework. *BMC health services research*, 6(134):1–18. doi:10.1186/1472-6963-6-134.
Lassnigg, L., Trippl, M., Sinozic, T. und Auer, A. (2012). Wien und die „Third Mission " der Hochschulen. https://www.wien.gv.at/wirtschaft/standort/pdf/third-mission.pdf (letzter Aufruf: 26.09.2018).
Liu, W., Shi, L., Pong, R. W., Dong, H., Mao, Y., Tang, M. und Chen, Y. (2018). Determinants of knowledge translation from health technology assessment to policy-making in China: From the perspective of researchers. *PLOS ONE*, 13(1):1–13. doi:10.1371/journal.pone.0190732.
Lüftenegger, M., Bardach, L., Bergsmann, E., Schober, B. und Spiel, C. (2019). A citizen science approach to measuring students' achievement goals. *International Journal of Educational Research*, 95:36–51. doi:10.1016/j.ijer.2019.03.003.
Mejlgaard, N. und Ryan, T. K. (2017). Patterns of third mission engagement among scientists and engineers. *Research Evaluation*, 26(4):326–336. doi:10.1093/reseval/rvx032.
MyAbility Social Enterprise GmbH (2019). Über uns. https://www.myability.jobs/ueber-uns (letzter Aufruf: 18.09.2018).
Oreopoulos, P., Page, M. E. und Stevens, A. H. (2006). The intergenerational effects of compulsory schooling. *Journal of Labor Economics*, 24:729–760. doi:10.1086/506484.
Oreopoulos, P. und Salvanes, K. G. (2011). Priceless: The nonpecuniary benefits of schooling. *Journal of Economic Perspectives*, 25:159–184. doi:10.1257/jep.25.1.159.
Pausits, A. (2015). The knowledge society and diversification of higher education: From the social contract to the mission of universities. In A. Curaj, L. Matei, R. Pricopie, J. Salmi

und P. Scott (Hrsg.), *The European Higher Education Area*, S. 267–284. Cham: Springer. doi:10.1007/978-3-319-20877-0.

Pinheiro, R., Langa, P. V. und Pausits, A. (2015). The institutionalization of universities' third mission: introduction to the special issue. *European Journal of Higher Education*, 5(3):227–232. doi:10.1080/21568235.2015.1044551.

Proctor, E., Silmere, H., Raghavan, R., Hovmand, P., Aarons, G., Bunger, A., Griffey, R. und Hensley, M. (2011). Outcomes for implementation research: Conceptual distinctions, measurement challenges, and research agenda. *Administration and Policy in Mental Health and Mental Health Services Research*, 38(2):65–76. doi:10.1007/s10488-010-0319-7.

Prußky, C. (26. November 2016). Außeneinsatz. Süddeutsche Zeitung. https://www.sueddeutsche.de/bildung/third-mission-ausseneinsatz-1.3253245 (letzter Aufruf: 28.06.2019).

Riesch, H. (2015). Citizen Science. In J. D. Wright (Hrsg.), *International Encyclopedia of the Social and Behavioral Sciences*, S. 631–636. Oxford: Elsevier.

Roessler, I. und Pausits, A. (2018). Dritte Mission: Was kann Deutschland von Österreich lernen? *duz Wissenschaft & Management*, 10:36–41. www.wissenschaft-und-management.de (letzter Aufruf: 28.06.2019).

Rolfo, S. und Finardi, U. (2014). University third mission in Italy: Organization, faculty attitude and academic specialization. *The Journal of Technology Transfer*, 39(3):472–486. doi:10.1007/s10961-012-9284-5.

Schneidewind, U. (2016). Die "Third Mission" zur "First Mission" machen? *Die Hochschule*, 1:14–22. https://nbn-resolving.org/urn:nbn:de:bsz:wup4-opus-64434 (letzter Aufruf: 22.09.2019).

Schober, B., Brandt, L., Kollmayer, M. und Spiel, C. (2016). Overcoming the ivory tower: Transfer and societal responsibility as crucial aspects of the Bildung-Psychology approach. *European Journal of Developmental Psychology*, 13(6):636–651. doi:10.1080/17405629.2016.1231061.

Schober, D., Narloch-Medek, A. und Zaki, B. (2016). Tätigkeitsbericht 2016. Kompetenzzentrum für Nonprofit Organisationen und Social Entrepreneurship. https://www.wu.ac.at/fileadmin/wu/d/cc/npocompetence/70_Tätigkeitsberichte_NPO_SE/NPO-SE_Tätigkeitsbericht_2016.pdf (letzter Aufruf: 23.09.2017).

Secundo, G., Passiante, G., Matos, F. und Cabrita, M. d. R. (2015). Intellectual capital in academic entrepreneurship: Moving beyond measurement. In *Proceedings of the 16th European conference on knowledge management (ECKM 2015)*, S. 684–691.

Sellenthin, M. O. (2009). Technology transfer offices and university patenting in Sweden and Germany. *The Journal of Technology Transfer*, 34(6):603–620. doi:10.1007/s10961-009-9108-4.

Spiel, C. (September 2016). Third Mission of University – Ein Beitrag zur Vernetzung von Wissenschaft, Gesellschaft und Wirtschaft. *Forbes*, S. 16–17. https://thirdmission.univie.ac.at/fileadmin/user_upload/i_thirdmission/Third_Mission_of_University.pdf (letzter Aufruf: 24.07.2019).

Spiel, C. (2018). Societal impact of research: The Third Mission at the University of Vienna. In *Vienna Knowledge Transfer Conference, Vienna, 27.–28.09.2018.*

Spiel, C., Reimann, R., Wagner, P. und Schober, B. (2010). Bildungspsychologie – eine Einführung. In C. Spiel, B. Schober, P. Wagner und R. Reimann (Hrsg.), *Bildungspsychologie*, S. 11–20. Göttingen: Hogrefe.

Spiel, C. und Schober, B. (2017). Lessons learned for policy impact from research and interventions. In A. C. Petersen, S. H. Koller, F. Motti-Stefanidi und S. Verma (Hrsg.), *Positive youth development in global contexts of social and economic change*, S. 267–278. London: Routledge Taylor & Francis Group.

Spiel, C., Schober, B. und Strohmeier, D. (2016). Implementing intervention research into public policy – the "I 3-Approach". *Prevention Science*, 19(3):337–346. doi:10.1007/s11121-016-0638-3.

Tantchou Dipankui, M. (2016). Collaboration between researchers and knowledge users in health technology assessment: A qualitative exploratory study. *International Journal of Health Policy and Management*, 6(8):437–446. doi:10.15171/ijhpm.2016.153.
Thompson, P. (1969). TRACES: Basic Research Links to Technology Appraised. *Science*, 163:374–375. doi:10.1126/science.163.3865.374.
Universität Duisburg-Essen (2017). UNIAKTIV. https://www.uniaktiv.org/ (letzter Aufruf: 21.11.2017).
Universität Wien (2016). Organisation und Aufbau der Universität Wien. https://www.univie.ac.at/ueber-uns/leitung-organisation/gesamtueberblick/ (letzter Aufruf: 19.06.2019).
Universität Wien (2015). Entwicklungsplan 2020. https://universitaetsrat.univie.ac.at/fileadmin/user_upload/d_universitaetsrat/Dokumente/Entwicklungsplaene/MB_Entwicklungsplan2020_2014_2015_75.pdf (letzter Aufruf: 19.07.2019).
University (n. d.). *Merriam-Webster's unabridged dictionary* (1993). Springfield, MA: Merriam-Webster, 10. Aufl.
Zardo, P., Barnett, A. G., Suzor, N. und Cahill, T. (2018). Does engagement predict research use? An analysis of The Conversation Annual Survey 2016. *PLOS ONE*, 13(2):1–21. doi:10.1371/journal.pone.0192290.
Ziegler, A., Heller, K. A., Schober, B. und Dresel, M. (2006). The Actiotope. In D. Frey, H. Mandl und L. von Rosenstiel (Hrsg.), *Knowledge and Action*, S. 143–175. München: Hogrefe.

Eva Cendon, Annika Maschwitz, Sigrun Nickel, Ada Pellert
und Uwe Wilkesmann

12 Steuerung der hochschulischen Kernaufgabe Weiterbildung

12.1 Einleitung

Ausgehend von der Einladung, einen Beitrag zur Messung und Bewertung der Weiterbildung und des lebenslangen Lernens als Teil der Third Mission an Hochschulen zu verfassen und dies im Kontext internationaler Entwicklungen zu verorten, haben sich die Autor(inn)en dieses Beitrags zum Ziel gesetzt, insbesondere Weiterbildung als dritte Kernaufgabe deutscher Hochschulen – neben Forschung, Lehre und Studium – in den Blick zu nehmen. Wie hat sich Weiterbildung an Hochschulen in Deutschland entwickelt, welche Verständnisse gibt es, wie kann Weiterbildung als Teil des lebenslangen Lernens in das Kerngeschäft der Hochschulen inkludiert werden und welche Herausforderungen ergeben sich daraus für ihre Steuerung? Diese Fragen werden im vorliegenden Beitrag aus verschiedenen Perspektiven beleuchtet. Eine erste Annäherung erfolgt über die unterschiedlichen Begriffe und Verständnisse von Weiterbildung an Hochschulen sowie die Versuche ihrer Einordnung im Kontext von Third Mission und lebenslangem Lernen an Hochschulen und schließt mit einem Verständnis von hochschulischer Weiterbildung im engeren Sinne ab. Aufgrund der begrifflichen Unschärfe des Feldes erscheinen diese Klärungen als wichtige Voraussetzungen, um sich überhaupt sinnvoll der Steuerungsdimension nähern zu können. Im zweiten Abschnitt werden einerseits die rechtlichen Rahmenbedingungen von Weiterbildung an Hochschulen und ihrer Umsetzung in den Landeshochschulgesetzen betrachtet und andererseits die Spannungsfelder aufgezeigt, die sich aus ihrer Einordnung als wirtschaftliche Tätigkeit und damit als *Zusatzgeschäft* ergeben. Der dritte Abschnitt widmet sich den Möglichkeiten und Grenzen der Steuerung von Weiterbildung und beleuchtet dabei sowohl die staatliche als auch die institutionelle Ebene. Im Ausblick schließlich werden Herausforderungen aufgezeigt, die für eine adäquate Steuerung von Weiterbildung an Hochschulen bewältigt werden müssen.

Eva Cendon, FernUniversität in Hagen
Annika Maschwitz, Hochschule Bremen
Sigrun Nickel, Centrum für Hochschulentwicklung Gütersloh
Ada Pellert, FernUniversität in Hagen
Marie-Therese Schultes, Uwe Wilkesmann, Technische Universität Dortmund

https://doi.org/10.1515/9783110689884-013

12.2 Entwicklung und Verständnis von Weiterbildung an Hochschulen

Weiterbildung an Hochschulen in Deutschland zeigt sich in einer wechselvollen und dynamischen Entwicklung ihrer Öffnung und Erweiterung. Sie wurde allerdings erst sehr spät als Kernaufgabe an Hochschulen aufgenommen. Zu Ende des 19. Jahrhunderts engagierten sich Universitäten vorrangig im Kontext der sogenannten Universitätsausdehnungsbewegung, u. a. in öffentlichen Vorträgen für Bürger/-innen. Ab den 1950er-Jahren erfolgte eine erste Ausweitung auf die Erwachsenenbildung. Weiterbildung an Hochschulen wurde überwiegend in Form von universitären Erwachsenenbildungskursen und -seminaren konzipiert. In den 1970er- und 1980er-Jahren legten die Hochschulen den Fokus stärker auf die eigenen Absolvent(inn)en – nicht zuletzt durch die Diversifizierung des Hochschulbereichs infolge der Gründung von Fachhochschulen. In diese Zeit fällt auch die erstmalige Aufnahme der Weiterbildung in das Hochschulrahmengesetz (HRG) von 1976. In den ausgehenden 1990er-Jahren erfolgte eine weitere Expansion und Diversifizierung der Weiterbildungsaktivitäten der Hochschulen mit einem stärkeren Fokus auf die berufs- und arbeitsmarktbezogene Weiterbildung. Im Jahr 1998 wurde Weiterbildung im HRG neben Forschung, Lehre und Studium als dritte Kernaufgabe von Hochschulen verankert. Gleichwohl blieb Weiterbildung weiterhin eine eher randständige Aktivität von Hochschulen und gewann erst im Zuge der bildungspolitischen Entwicklungen im Rahmen des Bologna-Prozesses und des Konzepts vom lebenslangen Lernen wieder verstärkt an Aufmerksamkeit. So haben der Bologna-Prozess mit der gestuften Studienstruktur und dem Einbezug von Aspekten des lebenslangen Lernens, aber auch die Entwicklung und Etablierung des Europäischen Qualifikationsrahmens und in der Folge der jeweils nationalen Qualifikationsrahmen zu lebenslangem Lernen eine neue Perspektive für die Weiterbildung eröffnet, die sie stärker an Lehre und Studium annähert (Baumhauer, 2017; Wolter, 2011, 2017). Infolge der Studienstrukturreform dürfen in der Weiterbildung nun auch weiterbildende Masterabschlüsse vergeben werden. Die politisch intendierte Durchlässigkeit zur beruflichen Bildung durch entsprechende Beschlüsse der Kultusministerkonferenz (KMK) (2002, 2008, 2009) sowie durch die Entwicklung des Deutschen Qualifikationsrahmens (Arbeitskreis Deutscher Qualifikationsrahmen [AK DQR], 2011) eröffnet zusätzliche Perspektiven und Expansionsmöglichkeiten. Und nicht zuletzt leisten die gerade vom Wissenschaftsrat vorgelegten Empfehlungen (Wissenschaftsrat, 2019) einen wichtigen Ausgangspunkt für die Positionierung und Weiterentwicklung von Weiterbildung als Teil des lebenslangen Lernens an Hochschulen.

12.2.1 Begriffe für Weiterbildung

Die Entwicklung und Erweiterung des Verständnisses von Weiterbildung an Hochschulen lässt sich auch anhand der unterschiedlichen für die Weiterbildungsaktivitäten verwendeten Begriffe nachzeichnen. Während es in der Frühphase die *öffentliche*

Wissenschaft war und damit der Anspruch, Wissenschaft einer breiten Bevölkerung zugänglich zu machen, wurde Weiterbildung als *universitäre Erwachsenenbildung* als „externe Dienstleistung der Universität für die Erwachsenenbildung“ (Wolter, 2011, S. 13) verstanden. Der Begriff *wissenschaftliche Weiterbildung* betont den wissenschaftlichen Charakter des Unterfangens Weiterbildung, (die nicht unbedingt an Hochschulen stattfinden muss). Der ebenfalls verwendete Begriff der *akademischen Weiterbildung* schließlich hebt das akademische Niveau und den akademischen Abschluss im Rahmen von Weiterbildung hervor. Der Begriff *Hochschulweiterbildung* oder *hochschulische Weiterbildung* (Wissenschaftsrat, 2019) hingegen fokussiert die Institution, an der die Weiterbildung stattfindet. Alle drei Begriffe werden dabei oft synonym verwendet (Cendon, Grassl und Pellert, 2013). Nicht zuletzt verweist der seit Mitte der 2000er-Jahre verstärkt verwendete Begriff des *lebenslangen Lernens an Hochschulen* (Hanft und Knust, 2007; Hanft und Zilling, 2011; Wolter, 2011) auf eine Erweiterung des Verständnisses von Weiterbildung als bislang nur für Absolvent(inn)en fokussiertes Angebot hin zu einem Angebot auch für neue Zielgruppen unter Einbezug der Aspekte des informellen und non-formalen Lernens. In den letzten Jahren hat sich daher auch das Begriffspaar *Weiterbildung und lebenslanges Lernen an Hochschulen* in einschlägigen Studien und Publikationen zum Thema Weiterbildung an Hochschulen und damit ein erweitertes Verständnis von Weiterbildung etabliert (u. a. Cendon, Mörth und Pellert, 2016; Hanft, Brinkmann, Kretschmer, Maschwitz und Stöter, 2016; Wolter, Banscherus und Kamm, 2016). Parallel dazu wird auch in einigen Studien der Begriff der *quartären Bildung* verwendet – in Abgrenzung zum tertiären Bereich der Hochschulbildung und der Berufsausbildung als „Fortsetzung oder Wiederaufnahme organisierten Lernens nach Abschluss einer akademischen oder beruflichen Ausbildung, in der Regel nach Aufnahme einer Erwerbs- oder Familientätigkeit“ (Meyer-Guckel, Schönfeld, Schröder und Ziegele, 2008, S. 20 f.). Insgesamt fällt auf, dass Weiterbildung an Hochschulen sich in einer begrifflichen Unschärfe bewegt, die ganz unterschiedliche Möglichkeiten der Auslegung bietet (u. a. Hörr, 2017). Die folgende Tabelle 12.1 gibt einen Überblick über die unterschiedlichen Begriffe:

Tab. 12.1: Begriffe für Weiterbildung an Hochschulen im Überblick (Quelle: Eigene Darstellung).

Begriff	Fokus
öffentliche Wissenschaft	Wissenschaft einer breiten Bevölkerung zugänglich zu machen
universitäre Erwachsenenbildung	Dienstleistung der Universität für Erwachsenenbildung
wissenschaftliche Weiterbildung	Wissenschaftlichkeit von Weiterbildung
akademische Weiterbildung	akademisches Niveau, akademischer Abschluss
Hochschulweiterbildung, hochschulische Weiterbildung	Anbieterin Hochschule
lebenslanges Lernen an Hochschulen	neue Zielgruppen und Einbezug von non-formalem und informellem Lernen
quartäre Bildung	in Abgrenzung zum tertiären Bereich der Hochschulbildung

12.2.2 Weiterbildung und lebenslanges Lernen

Lebenslanges Lernen als bildungspolitisches Konzept mit unterschiedlichen Ausformungen (Wolter und Banscherus, 2016) beinhaltet drei Aspekte, die für Hochschulen relevant sind und diese in ihren traditionellen Ausrichtungen als klassische Bildungseinrichtungen, die angebotsorientiert agieren, herausfordern: Da ist zum ersten die *zeitliche Entgrenzung von Lernen:* Lernen findet statt über die gesamte Lebensspanne („von der Wiege bis zur Bahre"). Zum zweiten ist es die *örtliche Entgrenzung von Lernen:* Lernen findet nicht nur in dafür vorgesehenen traditionalen Bildungseinrichtungen statt, sondern an unterschiedlichen Orten, so am Arbeitsplatz, in der Freizeit oder im Rahmen von gesellschaftlichen Aktivitäten – als non-formales oder informelles Lernen. Diese beiden Aspekte lenken den Blick auf die *Lernenden* – die Studierenden – als Zielgruppe lebenslangen Lernens (Cendon, 2009; Schuetze, 2005; Slowey und Schuetze, 2012; Wolter und Banscherus, 2016) und damit auf den dritten für Hochschulen relevanten Aspekt: Mit der Fokussierung auf lebenslanges Lernen und die Lernenden werden auch die Grenzen zwischen Erstausbildung und Weiterbildung zunehmend fließend (u. a. Pohlmann, Vierzigmann und Doyé, 2017; Wolter, 2017). Dies ergibt sich einerseits aus der Perspektive der Studierenden, die in unterschiedlichen Phasen ihres (Berufs-)Lebens entweder erstmals an Hochschulen kommen oder an sie zurückkehren (Geffers und Wolter, 2013; Slowey und Schuetze, 2012), andererseits durch die gestufte Studienstruktur, welche eine Rückkehr ins Masterstudium nach erster Berufstätigkeit ermöglichen soll. Ein Blick in die Praxis deutscher Hochschulen macht jedoch deutlich, dass diese Entwicklungen von den Hochschulen bislang nur punktuell aufgegriffen und genutzt werden, was u. a. auf die anhaltend hohen Studierendenzahlen und die relativ hohen Übergangsquoten zwischen Bachelor- und Masterstudiengängen zurückzuführen ist (Autorengruppe Bildungsberichterstattung, 2016). Gleichzeitig zeigt sich, unterstützt durch Förderprogramme wie „ANKOM – Anrechnung außerhochschulischer Kompetenzen" oder den Bund-Länder-Wettbewerb „Aufstieg durch Bildung: offene Hochschulen", dass Hochschulen in den letzten 15 Jahren zunehmend neue Zielgruppen adressieren und mit weiterbildenden und berufsbegleitenden Angebotsformaten wissenschaftliche Weiterbildung und lebenslanges Lernen an Hochschulen stärker etablieren.

Mit Blick auf den europäischen Kontext lassen sich *vier Komponenten für die Implementierung von lebenslangem Lernen* an Hochschulen identifizieren: 1) Förderung und Ausbau von Zugangswegen für nicht traditionelle Studierende, 2) Etablierung flexibler Lernwege und Studienformen, 3) Anrechnung außerhochschulisch erworbener Kompetenzen in Bezug auf Zugang und Studium sowie 4) Anpassung von Organisation, Management und Finanzierung der Hochschulen bezogen auf die Erfordernisse des lebenslangen Lernens (Hanft, Pellert, Cendon und Wolter, 2015). Weiterbildung wird somit erweitert um die Perspektive des lebenslangen Lernens und so stehen im Bund-Länder-Wettbewerb „Aufstieg durch Bildung: offene Hochschulen" neben postgradualen Weiterbildungsangeboten, wie weiterbildenden Masterstudiengängen, auch Angebote der akademischen Erstausbildung, wie berufsbegleitende Bachelorstudiengänge, die sich an beruflich Qualifizierte wenden und somit unterschiedliche Zielgruppen lebenslangen Lernens ausgehend von ihren Bildungs- und Berufsbiografien in den Blick nehmen (Wolter und Banscherus, 2016; Wolter, 2017).

12.2.3 Weiterbildung und Third Mission

Schon seit den 1980er-Jahren wurde Weiterbildung an Hochschulen immer wieder im Kontext von Aktivitäten des Wissens- und Technologietransfers eingeordnet (Wolter, 2011). In den letzten Jahren wird sie verstärkt als Teil der Third-Mission-Aktivitäten von Hochschulen subsumiert (Henke, Pasternack und Schmid, 2015; Roessler, Duong und Hachmeister, 2015). Aktivitäten der Third Mission umfassen Aufgaben von Hochschulen, die über die Kernaufgaben der Forschung und Lehre hinausgehen, aber an eine der beiden Aufgaben zumindest lose gekoppelt sind und „in Interaktion mit hochschulexternen Akteuren auf gesellschaftliche Bedürfnisse Bezug [nehmen]" (Henke et al., 2015, S. 37). Die Autor(inn)en führen weiter aus:

> Die Third Mission beschreibt Aktivitäten einer Hochschule, die im Kontext von Lehre und Forschung stattfinden, ohne selbst oder ohne allein Lehre bzw. Forschung zu sein. Die Aktivitäten sind dadurch charakterisiert, dass sie
> - Adressaten außerhalb der akademischen Sphäre einbeziehen,
> - gesellschaftliche Entwicklungsinteressen bedienen, die mit der herkömmlichen Leistungserbringung in Lehre und Forschung allein nicht zu bedienen sind, und
> - dabei Ressourcen aus Forschung und/oder Lehre nutzen. (Henke et al., 2015, S. 40)

Vor diesem Hintergrund unterscheiden sie *drei Aufgabenbereiche* der Third Mission: 1) Weiterbildung, 2) Technologie- und Wissenstransfer sowie 3) gesellschaftliches Engagement. Einen Überblick über die Handlungsfelder und Ziele gibt Tabelle 12.2.

12.2.4 Zur Einordnung von Weiterbildung

Was bedeutet das nun für das Verständnis des Begriffs Weiterbildung und damit für ihre Einordnung an den Hochschulen?

Die Einordnung von Weiterbildung als Teil der Third Mission ist aus einer bildungs- und hochschulpolitischen Perspektive in Deutschland, im Gegensatz zu anderen internationalen Beispielen, in denen Third Mission selbst eine Kernaufgabe von Hochschulen ist, kritisch zu sehen, da sie damit nicht den rechtlich verbrieften Kernaufgaben der Hochschulen – Forschung, Lehre und Weiterbildung – zugeordnet, sondern als zusätzliches Geschäftsfeld integriert wird. Gleichzeitig zeigt sie in der von Henke et al. (2015) vorgenommenen Einteilung jedoch eine große Nähe zu unter-

Tab. 12.2: Aufgabenbereiche, Handlungsfelder und Ziele der Third Mission (Quelle: Eigene Darstellung in Anlehnung an Henke et al., 2015, S. 47 f.).

Aufgabenbereiche	Handlungsfelder	Ziele
Weiterbildung	berufliche Fort- und Weiterbildung	unternehmensspezifische Weiterbildung Weiterbildung von Individuen
	akademische Weiterbildung	Erhöhung der Reichweite von Weiterbildung Ausbau akademischer Weiterbildung
Technologie- und Wissenstransfer	Wissensentwicklung	Förderung von Kooperationen und Netzwerkbildung Förderung von Innovationen Gründungsförderung
	Wissensvermittlung	Vernetzung von Hochschulmitarbeitenden Vermittlung von Forschungswissen an nicht wissenschaftliche Zielgruppen
	Wissensvermarktung	Vermarktung hochschulischer Wissensressourcen
gesellschaftliches Engagement	bürgerschaftliches Engagement	Förderung von freiwilligem Engagement Förderung von Social Entrepreneurship Förderung des interkulturellen Dialogs Förderung demokratischer Werte
	Community Service	Stärkung lokaler Gruppen, kreativer Milieus und kultureller Vielfalt Bereitstellung öffentlicher Serviceleistungen und Infrastruktur
	Widening Participation	Förderung bislang unterrepräsentierter Gruppen Lehrangebote für Nichtstudierende

schiedlichen *Facetten des lebenslangen Lernens* an Hochschulen in Deutschland, die sich auch wechselseitig überschneiden (können). Diese umfassen:

1) die Öffnung der Hochschulen für neue Zielgruppen, auch im Sinne der *Widening Participation* insbesondere für unterrepräsentierte Bevölkerungsgruppen. Erreicht werden soll dies u. a. durch spezielle Formen der (aufsuchenden) Beratung, wie beispielsweise in ländlichen Regionen, oder durch Brückenkurse zur Studienvorbereitung. Zudem dienen spezifische Beratungs- und Begleitungsaktivitäten während des Studiums, zum Teil flankiert durch die Anrechnung informell und non-formal erworbener Kompetenzen, der Öffnung des Zugangs und der Erhöhung von Durchlässigkeit;

2) die Öffnung der Hochschulen für das gesellschaftliche Umfeld, auch unter dem Begriff gesellschaftliches Engagement oder *Community-Outreach* gefasst. Gestaltet wird diese Form der Öffnung oftmals durch sogenannte PUR-(Public Understanding of Research) oder PUSH- (Public Understanding of Science and Humanities)Aktivitäten,

die von der „Langen Nacht der Wissenschaft“ über Kinder- oder Seniorenuniversitäten bis hin zu öffentlichen Universitätsvorträgen reichen, und die auch oft unter Wissenstransfer subsumiert werden;

3) die Öffnung der Hochschulen – als *Weiterbildung im engeren Sinne* – für Berufstätige oder Personen mit Berufserfahrung. Sie ist gekennzeichnet durch Studienangebote unterschiedlichen Zuschnitts – von einzelnen Modulen bis hin zu berufsbegleitenden, weiterbildenden Bachelor- oder Masterstudiengängen, die an der Schnittstelle von akademischer und beruflicher Welt angesiedelt sind. Diese Angebote werden zum Teil in Kooperation mit unterschiedlichen Akteuren außerhalb der Hochschule, beispielsweise Unternehmen, entwickelt und durchgeführt (z. B. Bologna@Telekom).

Die unterschiedlichen Facetten und Einsortierungen von Weiterbildung weisen darauf hin, dass Weiterbildung an Hochschulen in Deutschland als dritte Säule neben Forschung sowie Studium und Lehre einen sehr breiten Rahmen bildet, der sich durch eine Hybridstellung im Kontext der Kernaufgaben der Hochschule auszeichnet (u. a. Seitter, 2017). Insgesamt zeigt sich allerdings, dass die genannten Facetten des lebenslangen Lernens und Anknüpfungen an Modelle der Third Mission – auch wenn sie die Weiterbildung erweitern und bereichern – zu Unschärfen führen, die der Weiterbildung als hochschulischer Kernaufgabe nicht immer zuträglich sind. Vor diesem Hintergrund fokussieren wir in diesem Beitrag auf Weiterbildung an Hochschulen in folgendem Verständnis:

Wissenschaftliche Weiterbildung stellt als dritte Kernaufgabe neben Forschung sowie Studium und Lehre ein zentrales Element lebenslangen Lernens an Hochschulen dar. Wissenschaftliche Weiterbildung richtet sich – in Abgrenzung zu Studium und Lehre – an Berufstätige und Personen mit Berufserfahrung und bietet Studienangebote auf wissenschaftlichem Niveau an, die entweder als Studiengänge oder als kleinere Formate unterschiedlichen Zuschnitts unterhalb eines Studiengangs durchgeführt werden.

12.3 Weiterbildung und ihre rechtlichen Rahmenbedingungen

Die Aufnahme der Weiterbildung in das Hochschulrahmengesetz von 1976 und die dortige Verankerung von Weiterbildung als Kernaufgabe der Hochschulen im Jahr 1998 waren wichtige Schritte, die den Grundstein für eine strukturelle und kulturelle Verankerung von Weiterbildung an Hochschulen gelegt haben. Seitdem hat sich viel getan, dennoch bleibt die wissenschaftliche Weiterbildung den Aufgabenbereichen Forschung und Lehre deutlich nachgestellt und ist als zentrales Handlungsfeld bislang nur an einzelnen Hochschulen verankert (Hanft et al., 2016). So nimmt die Weiterbildung weiterhin eine Sonderstellung und vielfach auch eine Nischenrolle an Hochschulen ein, was insbesondere auf die bestehenden (rechtlichen) Rahmenbedingungen und -vorgaben zurückzuführen ist. Dies gilt im Übrigen auch für Third-Mission-Aktivitäten, die in anderen Ländern – wie beispielsweise Großbritannien – durch entsprechende Rahmenbedingungen anders ausgestaltet werden können (Berthold, Meyer-Guckel und Rohe, 2010).

Welche Möglichkeiten der Ausgestaltung und Umsetzung von Weiterbildung für die Hochschulen bestehen, wird insbesondere in den *Landeshochschulgesetzen* (LHG) geregelt. Verschiedene Analysen zur Entwicklung und der Bedeutung von Weiterbildung in den Landeshochschulgesetzen (Hanft et al., 2016; Maschwitz, Schmitt, Hebisch und Bauhofer, 2017) zeigen deutlich die unterschiedlichen Verständnisse von Weiterbildung in den Bundesländern sowie die zum Teil konträren Entwicklungen der letzten Jahre. Während in einigen Bundesländern die Möglichkeiten mit Blick auf weiterbildende Angebote ausgeweitet wurden (z. B. in Baden-Württemberg), wurden in anderen Bundesländern die Möglichkeiten konkretisiert und damit z. T. auch wieder eingeschränkt (z. B. in Brandenburg). Dies betrifft insbesondere das Angebot und den Ausbau von berufsbegleitenden Bachelorangeboten, aber auch die Möglichkeit, Lehrende in der Weiterbildung in Nebentätigkeit oder auch über das Deputat zu beschäftigen. Während berufsbegleitende Bachelorstudiengänge in einigen Bundesländern untersagt sind, bleiben sie in anderen den Individualentscheidungen der Hochschulen überlassen bzw. sind sogar ausdrücklich gewollt (z. B. in Bayern). Dadurch wird maßgeblich das Verständnis von Weiterbildung beeinflusst, und es stellt sich die Frage, ob weiterbildende Angebote auf Masterebene beschränkt bleiben, wie dies in den ländergemeinsamen Strukturvorgaben der KMK (2010) vorgesehen ist, oder aber, ob ein breiteres Verständnis von Weiterbildung, wie es sich u. a. auch im Zuge des Bund-Länder-Wettbewerbs „Aufstieg durch Bildung: offene Hochschulen“ zeigt, zugrunde gelegt werden soll, das von Pohlmann et al. (2017, S. 64) wie folgt beschrieben wird:

> Die *wissenschaftliche Weiterbildung* stellt ein konstituierendes Segment des lebenslangen Lernens, besser: der lebensbegleitenden Hochschulbildung, dar, das institutionell und qua gesellschaftlichen Auftrags an der Hochschule verankert ist, von ihr zu verantworten ist und durch unterschiedliche Formate umgesetzt werden kann. Dazu zählen nicht allein postgraduale Studienangebote im Sinne von Masterangeboten, sondern ebenso ausbildungsflankierende Studienoptionen wie etwa duale oder Teilzeit-Studiengänge sowie berufsbegleitende oder ausbildungsaufbauende Studienangebote.

Neben den Angebotsformaten und Abschlüssen ist das Verständnis von Weiterbildung maßgeblich durch die Form und Möglichkeiten der *Finanzierung* beeinflusst. Bislang wird sie zwar einerseits als Kernaufgabe von Hochschulen neben Forschung und Lehre angesehen, aber andererseits als zusätzliche Aufgabe verstanden, die nicht aus dem Haushalt heraus finanziert werden darf und sich am Markt orientieren muss. Weiterbildende Angebote sind nach diesem Verständnis kostendeckend anzubieten, nach Einordnung der KMK (2017) sogar voll kostendeckend, was alle Angebote der wissenschaftlichen Weiterbildung nach dem EU-Beihilferecht zu einer wirtschaftlichen Tätigkeit machen würde (Maschwitz et al., 2017). Weiterbildung befindet sich somit sowohl auf Ebene der Länder als auch insbesondere auf Ebene der Hochschulen immer im Spannungsfeld zwischen Kernaufgabe einerseits und Zusatzaufgabe mit eigenem

Geschäftsmodell andererseits.[40] Wie dieses Spannungsfeld ausgefüllt wird, bleibt momentan weitestgehend den Bundesländern bzw. den Individualentscheidungen der Hochschulen überlassen.

Erfolgt eine Verengung der Weiterbildung auf weiterbildende Masterabschlüsse und die Einordnung als wirtschaftliche Tätigkeit wird eine Separierung weiterbildender Angebote vorangetrieben, anstatt sie als Teil des lebenslangen Lernens in die Hochschulen zu inkludieren. Diese Situation verkompliziert die nachhaltige Implementierung und Weiterentwicklung von Weiterbildung als Teil der hochschulischen Kernaufgaben und führt zu einer deutlichen Wettbewerbsverzerrung zwischen den Bundesländern sowie zu unterschiedlichen Verständnissen von Weiterbildung und weiterbildenden Angeboten. Inwiefern mit entsprechenden Steuerungs- und Anreizinstrumenten eine Implementierung der Weiterbildung als Kernaufgabe und damit als Teil des hochschulischen Angebots auf staatlicher und institutioneller Ebene gefördert werden könnte, wird im folgenden Abschnitt diskutiert.

12.4 Möglichkeiten und Grenzen leistungsorientierter Steuerung von Weiterbildung

Weiterbildung zählt, wie ausgeführt, zwar neben Forschung und Lehre zu den gesetzlich verankerten Kernaufgaben von Hochschulen, doch nimmt sie aufgrund ihrer Ausrichtung auf das lebenslange Lernen sowie spezifischer rechtlicher und wirtschaftlicher Rahmenbedingungen eine Sonderrolle ein. Wissenschaftliche Weiterbildung folgt einer eigenen Logik, welche entscheidend dazu beiträgt, dass sie im Hochschulbereich eher als Randerscheinung gesehen wird. Das gilt für Universitäten stärker als für Fachhochschulen, die aufgrund ihrer Anwendungsorientierung der wissenschaftlichen Weiterbildung deutlich offener gegenüberstehen. Insgesamt ist der Anteil wissenschaftlicher Weiterbildung im Lehrangebot deutscher Hochschulen und damit auch die Zahl der Teilnehmenden insgesamt nach wie vor gering (Nickel und Thiele, 2017; Wolter, 2011). Entsprechend wenig Aufmerksamkeit erfährt sie bislang sowohl im Rahmen der staatlichen als auch der institutionellen Hochschulsteuerung. Der Fokus liegt auf beiden Ebenen nach wie vor auf der traditionellen Forschung und Lehre.

Dabei befindet sich Deutschland durch die volle Integration der wissenschaftlichen Weiterbildung in das Bologna-System im Vergleich etwa zu anderen deutschsprachigen Ländern in einer Vorreiterrolle. Denn in der Schweiz und Österreich werden akademische Weiterbildungsangebote nicht vollständig in die Bologna-Systematik integriert: In Österreich sind Angebote wissenschaftlicher Weiterbildung außerordentliche Studien, Weiterbildungsstudierende werden als außerordentliche Studierende geführt (Universitätsgesetz [UG], 2002; Bundesministerium für Bildung,

40 Vgl. zum Thema Finanzierung von Weiterbildung auch ausführlich Maschwitz et al. (2017).

Wissenschaft und Forschung [BMBWF], 2018); in der Schweiz haben weiterbildende Studienangebote eigene Abschlussformate (wie Master of Advanced Studies) (Frey, 2013). Interessant sind auch die Erfahrungen in skandinavischen Ländern, so etwa in Finnland: Hier finden sich an vielen Universitäten Open-University-Konstruktionen, die einerseits die Aufgabe haben, neue Zielgruppen auf das Universitätsstudium vorzubereiten, andererseits aber auch explizite Kooperationen mit externen Partnern entwickeln, sodass der grundständige und der weiterbildende Bereich stärker miteinander verzahnt erscheinen. Studierende der Open Universitys werden in den finanziellen Steuerungsindikatoren der Hochschulen ebenso beachtet wie Studierende im grundständigen Studium (University of Helsinki, o. J.; Study Info, o. J.).

Die in Deutschland durchaus kritisch geführte Diskussion um Weiterbildung an Hochschulen kreist im Wesentlichen um *vier Kernthemen* und -fragen (Wilkesmann, 2010):

1) die Frage nach *organisationaler Verankerung:* Wird wissenschaftliche Weiterbildung von einer hochschulinternen Stelle, die aber meistens eher am „Rande" der Organisation liegt, oder von einer lose verbundenen Außenstelle wie z. B. einem An-Institut oder einem privaten Träger betrieben?
2) die Frage nach der *Motivation:* Wird wissenschaftliche Weiterbildung nur aus monetären, extrinsischen Gründen oder aus inhaltlichen, intrinsischen Gründen betrieben?
3) die Frage nach der *Wissenschaftlichkeit:* Sind die Inhalte der Weiterbildungsangebote primär am berufspraktischen Nutzen oder an der Wissenschaftlichkeit orientiert?
4) die Frage nach der *Governance:* Wie ist mit der Tatsache umzugehen, dass wissenschaftliche Weiterbildung der marktorientierten Nachfragesteuerung, hingegen das traditionelle Hochschulstudium der öffentlichen Angebotsorientierung folgt?

Das zentrale Steuerungsproblem hat seine Ursache vor allem in dem letzten Punkt. Generell gilt, dass Weiterbildung im Vergleich mit dem wissenschaftlichen Kerngeschäft von Forschung und Lehre einer konträren Logik folgt (Schmid und Wilkesmann, 2018; Wilkesmann, 2010). Während die Forschung der wissenschaftlichen Reputationslogik gehorcht und die Lehre eher angebotsorientiert gemäß dem staatlichen Auftrag erfüllt wird (Nickel, 2009), unterliegt Weiterbildung der nachfrageorientierten Marktlogik. Sie ist damit eine Art Profit-Bereich in einer Non-Profit-Organisation. Das gilt zumindest für staatliche Hochschulen, auf die sich auch die nachfolgenden Ausführungen konzentrieren. An privaten Hochschulen, die sich überwiegend aus Gebühreneinnahmen finanzieren und damit als Organisationen insgesamt nachfrageorientierter agieren, ist die Unterscheidung zwischen grundständigen und weiterbildenden Studienangeboten organisational nicht so spürbar. Im Folgenden sollen die Möglichkeiten und Grenzen der Steuerung auf staatlicher und institutioneller Ebene näher beleuchtet werden.

12.4.1 Staatliche Ebene

Die staatliche Hochschulsteuerung obliegt in Deutschland den Ministerien der 16 Bundesländer. Dementsprechend breit gefächert sind die individuellen Vorgehensweisen. Dennoch hat sich seit Mitte der 1990er-Jahre ein Grundgerüst staatlicher Steuerungsinstrumente herausgebildet, das bundesweit zum Einsatz kommt. Ausgehend von der Philosophie des *New Public Management* (NPM) steuern staatliche Instanzen nunmehr weniger detailliert, sondern eher strategisch. Dies geschieht im Wesentlichen mithilfe von Zielvereinbarungen und einer *leistungsorientierten Mittelverteilung* (LOM). Mittels der LOM wird versucht, die zur Verfügung stehenden Finanzmittel nicht mehr vorwiegend diskretionär und inputorientiert, sondern nach stärker rational begründbaren Kriterien, basierend auf Formeln und bezogen auf gezeigte Leistungen, einzusetzen. Bei aller vorherrschenden Kritik an der auf Leistungsmessung beruhenden staatlichen Mittelverteilung lassen einige Forschungsergebnisse dennoch den Schluss zu, dass diese Form der Steuerung durchaus positive Wirkungen auf die Performance von Hochschulen haben kann. Das betrifft vor allem die Forschung, allerdings kaum die Lehre (Bogumil et al., 2013; Wilkesmann und Schmid, 2012). Die festgestellten positiven Wirkungen entstehen insbesondere durch das Setzen monetärer Leistungsanreize.

Zur Messung der in Forschung und Lehre erbrachten Leistungen wird ein Set etablierter Indikatoren und Evaluationsverfahren herangezogen, deren Ergebnisse teilweise auch über Rankings, Ratings, empirische Studien oder die Vergabe von Gütesiegeln, wie im Fall der Studiengangakkreditierung, öffentlich zugänglich gemacht werden. Die wissenschaftliche Weiterbildung in Deutschland ist diesbezüglich bislang jedoch ein weitgehend unbeackertes Feld. Zwar müssen auch Weiterbildungsstudiengänge akkreditiert werden, doch indikatorengestützte Vergleiche oder Bewertungen spielen in diesem Sektor kaum eine Rolle (Nickel, Duong und Ulrich, 2013). Ähnlich sieht es auch bei den staatlichen Mittelverteilungsverfahren aus. Die Feststellung, „[...] dass Leistungen in der Weiterbildung im Rahmen der neuen indikator- und leistungsbasierten Allokationsverfahren, die an den Hochschulen im Rahmen des sogenannten neuen Steuerungsmodells eingeführt wurden, praktisch keine Rolle spielen" (Wolter 2007, S. 16), besitzt nach wie vor Gültigkeit.

Da wissenschaftliche Weiterbildungsangebote nicht oder nur indirekt von staatlichen Fördergeldern profitieren dürfen, sondern ihre Existenz alleine durch Gebühreneinnahmen sichern sollen, folgen sie – wie bereits angedeutet – einer *nachfrageorientierten Marktlogik*. Damit unterscheiden sie sich vehement von der herkömmlichen Forschung und Lehre. Ihre Leistungsfähigkeit wird deshalb hauptsächlich nach ihrem ökonomischen Erfolg, d. h. dem erfolgreichen Verkauf des Produkts „wissenschaftliche Weiterbildung", beurteilt. Damit existiert hier ein ähnliches Maß wie bei der Erfassung der Forschung als monetäre Einnahmen von Drittmitteln, welches sich in der Governance-Struktur sowohl auf Organisationsebene als auch auf Länderebene (zwischen Ministerien und Hochschulen) abbilden lässt. Eine monetäre Maßeinheit existiert bereits in der Governance der Forschung: Forschungsdrittmittel werden im Rahmen der LOM sichtbar gemacht und belohnt.

Würde die wissenschaftliche Weiterbildung in der gleichen Maßeinheit erfasst, könnte die Höhe der erzielten Einnahmen oder Gewinne als eigenständiger Indikator für die LOM auf Länderebene eingeführt werden. Dann ließen sich prinzipiell Hochschulen nicht nur mit Geld für die Anzahl der Studierenden im grundständigen Bereich sowie für die Höhe der eingeworbenen Drittmittel belohnen, sondern auch für den Erfolg im Bereich des lebenslangen Lernens. Auf der Governance-Ebene zwischen Land und Hochschule könnte so ein *LOM-Indikator* eingeführt werden, der die wissenschaftliche Weiterbildung auf organisationaler Ebene finanziell honoriert. Möglich wäre auch, die Zahl der Absolvent(inn)en der wissenschaftlichen Weiterbildungsangebote in den LOM-Indikator „Absolventenzahl" einfließen zu lassen. Gängig ist jedoch die umgekehrte Praxis, d. h., diese werden explizit ausgeklammert und nur die Absolvent(inn)enzahlen des herkömmlichen Bachelor- und Masterstudiums zählen.

Insgesamt würde die Einbeziehung der wissenschaftlichen Weiterbildung in staatliche Mittelverteilungsverfahren allerdings voraussetzen, dass sie – ähnlich wie die herkömmliche Forschung und Lehre – an öffentlichen Geldern in einem nennenswerten Umfang partizipieren dürfte. Dies ist jedoch nicht der Fall. Damit ist die wissenschaftliche Weiterbildung zwar eine gesetzliche Aufgabe, nicht aber Teil des staatlichen Budgetierungs- und Anreizsystems. Staatliche Steuerung kann in diesem Bereich derzeit nur über den „guten Willen" erfolgen oder im Rahmen zeitlich begrenzter Förderprogramme, wie dem bereits genannten Bund-Länder-Wettbewerb „Aufstieg durch Bildung: offene Hochschulen", die Hochschulen dazu motivieren, sich verstärkt in der wissenschaftlichen Weiterbildung zu engagieren.

12.4.2 Institutionelle Ebene

Die staatliche Steuerung kann nur dann Wirkungen entfalten, wenn sie in den Hochschulen auf geeignete Mechanismen trifft, welche die gewünschten Leistungen in Handlungen umsetzen. Die aufgezeigten Logiken regulieren sowohl das Handeln auf der individuellen Ebene der Wissenschaftler/-innen als auch auf der Organisationsebene. Mittlerweile sind durch das NPM auch Messgrößen für den wissenschaftlichen Erfolg eingeführt worden.

Mess- und Bewertungskriterien für wissenschaftliche Leistungen sind sowohl auf individueller als auch auf organisationaler Ebene in erster Linie die Anzahl von hochreputierlichen Veröffentlichungen in wissenschaftlichen Zeitschriften sowie die Höhe der eingeworbenen Drittmittel. Anhand der erreichten Werte werden den Forschenden neue Karrierepositionen und Einfluss innerhalb der Scientific Community zugeteilt sowie auf der organisationalen Ebene Einfluss und Ansehen in der jeweiligen Hochschule. Ein Engagement in der Weiterbildung hat jedoch in der aktuell vorherrschenden wissenschaftlichen Logik auf beiden Ebenen keinen

Einfluss. Wer sich in diesem Bereich engagiert, kann die eigene wissenschaftliche Karriere bisher dadurch nicht unterstützen.

Da wissenschaftliche Weiterbildung einer nachfrageorientierten Marktlogik folgt, ist sie üblicherweise an der Organisationsgrenze oder ganz außerhalb der Organisation angesiedelt und gehört somit nicht zum Kerngeschäft der Hochschule (Wilkesmann, 2007). Ihr Erfolg misst sich anhand der ökonomisch erfolgreich durchgeführten Studiengänge und Zertifikatsangebote. Analog zur wissenschaftlichen Logik hat sich jedoch auch in der wissenschaftlichen Weiterbildung eine Steuerungsform etabliert, die ebenfalls Messkriterien zur Verfügung stellt. Zu fragen ist, ob es prinzipiell denkbar und möglich ist, beide Steuerungsmodi auf der institutionellen Ebene koexistieren zu lassen. Lassen sich Indikatoren identifizieren, die wissenschaftliche Weiterbildung potenziell messen, erfassen und steuern können? Daraus ergibt sich die nächste Frage, ob diese Indikatoren nicht im diametralen Widerspruch zur Steuerungslogik der Wissenschaft stehen und somit Abwehrreaktionen befördern würden.

Selbst wenn die Höhe der erzielten Einnahmen durch Weiterbildungsangebote einer Hochschule auch als LOM-Indikator erfasst würde, so ist auf der inner-organisationalen Governance-Ebene die Situation komplexer. Warum sollen Nachwuchswissenschaftler/-innen auf wissenschaftliche Weiterbildung fokussieren, wenn dort, wie beschrieben, keine eigenen Karrierewege existieren (Schmid und Wilkesmann, 2018)? Zudem orientieren sich Wissenschaftler/-innen nicht nur an der organisationalen Vorgabe, sondern vielmehr an den Kriterien der jeweiligen Fachdisziplin, d. h. dem wissenschaftlichen Feld, dem sie mehr verpflichtet sind als der eigenen Organisation (Schmid und Wilkesmann, 2018).

Die Hochschulen verfügen hier nur über eingeschränkte Personal- und Organisationsmacht (Hüther und Krücken, 2012), dennoch können Rektorate mittlerweile neue Ressourcenallokationen innerhalb der Organisation top-down anordnen und somit zumindest organisationsinterne Arbeitsmärkte schaffen. Dies ist in den letzten Jahren im Bereich des Hochschul- und Wissenschaftsmanagements (Nickel, 2017a, 2017b) sowie durch sogenannte „Neue Hochschulprofessionen“ (Schneijderberg, Merkator, Teichler und Kehm, 2013) als Reaktion auf veränderte hochschulexterne und -interne Anforderungen erfolgt. Damit ist die Schaffung von Arbeitsplätzen mit neuartigen inhaltlichen Profilen gemeint, welche sowohl wissenschaftliche als auch administrative Kompetenzen erfordern und sich damit im Grenzbereich zwischen Wissenschaft und Verwaltung bewegen. Über deren Zuschnitt, Besetzung und weitere Karriereoptionen entscheidet nicht eine Fachprofession, sondern die Organisation.

Welche Funktion hat die wissenschaftliche Weiterbildung auf der institutionellen Ebene, wenn sie doch nur gemäß der ersten Kernfrage am Rande der Organisation oder im Sinne Luhmanns als Grenzstelle der Organisation Hochschule aufgefasst werden kann? Nach Luhmann interpretieren die Grenzstellen „[...] die Umwelt für das System. Sie müssen Umweltinformation sichten und sieben und sie in eine Sprache bringen, die im System verstanden und akzeptiert wird“ (Luhmann, 1999, S. 224). Ihre organisationale Funktion besteht somit darin, ein Kontaktpunkt zur Marktlogik zu sein

(Wilkesmann, 2007). Die Umweltbeobachtung der Grenzstelle könnte die Organisation gezielt einsetzen, um neue Trends und neue Informationen in der Umwelt wahrzunehmen und in die interne Logik der Hochschulorganisation zu übersetzen. Die wissenschaftliche Weiterbildung kann dann der Organisation Hochschule dabei helfen, die Marktlogik in die Wissenschaftslogik zu übersetzen. Dies gelingt aber nur dann, wenn die Organisation diese Übersetzungsleistung ermöglicht. Ein Indikator dafür, ob diese Übersetzungsleistung gelingt, ist die Zuweisung des formalen Status der Organisationseinheit, die sich mit der wissenschaftlichen Weiterbildung beschäftigt: Die Grenzstelle kann nur dann Relevanz innerhalb der Organisation erlangen, wenn sie einen hohen formalen Status innerhalb der Organisation zugeschrieben bekommt (Wilkesmann, 2007), weil ihr damit die systeminterne Kommunikation und die Übernahme von Verantwortung erleichtert wird (Luhmann, 1999). Einen hohen formalen Status haben z. B. eine eigene „Professional School für Weiterbildung" oder zumindest ein zentrales wissenschaftliches Zentrum, die eigenständig und unter wissenschaftlicher Leitung agieren können. Einen niedrigen formalen Status hat eine Weiterbildungseinrichtung dann, wenn sie nur als Verwaltungsunterabteilung des Personaldezernats organisiert ist. In Großbritannien beispielsweise werden die Aktivitäten zur Öffnung der Hochschulen für neue Zielgruppen stark über die Budgetierungsindikatoren (Widening Participation) verankert (Berthold et al., 2010), und im US-amerikanischen Raum versucht man, die Bewältigung der heterogenen Hochschulaufgaben oft über organisatorische Binnendifferenzierung zu lösen – etwa über School-Konzepte (Undergraduate, Graduate Schools für den akademisch grundständigen Bereich und Professional Schools für den Kontakt zu den stärker an den Berufsfeldern orientierten akademischen Aktivitäten).

Auf der Organisationsebene ist weiterhin zu fragen, ob die unterschiedlichen Logiken nicht durch verschiedene Organisationstypen bearbeitet werden können. Die segmentäre Differenzierung des deutschen Hochschulsystems kennt solche unterschiedlichen Organisationstypen mit den Universitäten und Fachhochschulen. Erstere folgen sehr eng der wissenschaftlichen Logik, während letztere zumindest eine gewisse Affinität zur Logik der wissenschaftlichen Weiterbildung besitzen. Dies ist darin begründet, dass der Karriereweg für eine Professur an einer Fachhochschule immer über außerhochschulische Berufserfahrung und Berufstätigkeit führt. Alle Mitglieder der Organisation Fachhochschule besitzen somit Erfahrung in der und meistens auch eine enge Bindung an die Wirtschaft. Sie sind also mit der Marktlogik vertraut. Ebenso werden die Studierenden meist für die lokale Wirtschaft ausgebildet. Das Organisationsziel der Fachhochschulen besteht gerade in der engen Verknüpfung von Lehre und angewandter Forschung zwischen dem Bereich der Hochschule und demjenigen der Wirtschaft. Roessler (2016) hat in einer Befragung unter allen Fachhochschulleitungen nach dem Ausmaß der Aktivität der jeweiligen Fachhochschule im Bereich der Third Mission – unter der sie auch Weiterbildung subsumiert – gefragt. Dabei zeigte sich, dass mehr als 70 Prozent aller Fachhochschulen in der Weiterbildung aktiv oder sehr aktiv sind.

12.5 Ausblick

Der Bund-Länder-Wettbewerb „Aufstieg durch Bildung: offene Hochschulen" hat in den letzten neun Jahren Bewegung ins Feld der wissenschaftlichen Weiterbildung gebracht. Zum einen erproben sich damit viele Hochschulen in Projekten und Projektverbünden in diesem für sie vergleichsweise neuen Feld, zum anderen werden unzulängliche Rahmenbedingungen und finanzielle und rechtliche Fragen für dieses seit Jahrzehnten in der Hochschulgesetzgebung als dritte Kernaufgabe der Hochschulen verankerte Feld an die hochschulpolitische Oberfläche befördert. (vgl. dazu im Folgenden Pellert, 2017)

Selbst bei einer engeren Definition der wissenschaftlichen Weiterbildung ist zumeist nicht geklärt, ob sich die Wissenschaftlichkeit auf die Anbietenden oder auf den postgradualen Status der Teilnehmenden bezieht. Auch Teilzeitstudium, flexibles Studium oder berufsbegleitende Angebote werden oftmals nicht trennscharf verwendet. Die Arbeit an der *Schärfung der Begriffe* wird mit dem Wachstum des Feldes umso dringlicher und hat auch Auswirkungen auf die Wahrnehmung von Weiterbildung als Kernaufgabe neben Forschung und Lehre anstatt ihrer Einordnung als Zusatzgeschäft und als wirtschaftliche Tätigkeit oder als Teil der Third Mission.

Neben dieser Klärung der Begriffe und der Wahrnehmung als Kernaufgabe ist es an Hochschulen oftmals die in Zusammenhang mit wissenschaftlicher Weiterbildung mangelnde *akademische Reputation*, die hinderlich für deren Weiterentwicklung als Kernaufgabe ist. So sind es hierzulande oft eher kleine bis mittlere Hochschulen und insbesondere Fachhochschulen, die die Chancen der wissenschaftlichen Weiterbildung für sich entdeckt haben und ein entsprechendes institutionelles Engagement entwickeln. Zunehmend beginnen zwar die großen Forschungsuniversitäten nachzuziehen, um nicht den internationalen Anschluss zu verlieren, doch ist immer noch die Auffassung weit verbreitet, dass wissenschaftliche Weiterbildung eher ein Feld für die Fachhochschulen ist (wie in diesem Beitrag beschrieben). Allerdings wird dieser Zugang angesichts der gesellschaftlichen Entwicklungen verbunden mit der Notwendigkeit des lebenslangen Lernens in großem Maßstab sowie angesichts der quantitativen Bedeutung der Universitäten nicht nur in der Forschung, sondern auch in der Aus- und Weiterbildung von Absolvent(inn)en nicht ausreichen. Im Unterschied dazu investieren beispielsweise im englischsprachigen Ausland oft gerade forschungsstarke Universitäten in die Professional Studies – nicht zuletzt, um über den Kontakt zu vielen Berufsfeldern interessante Forschungsfragen zu generieren. Eine der in Deutschland notwendig weiterzuentwickelnden Steuerungsdimensionen ist daher die wissenschaftliche Reputation, die sich in diesem Handlungsfeld erwerben lässt, davon ausgehend, dass das Wissenschaftssystem primär vom Faktor Reputation und weniger von monetären Indikatoren gesteuert wird.

Dass akademische Weiterbildungsangebote – wie weiterbildende Masterstudiengänge – den gleichen Steuerungsdimensionen im Akkreditierungswesen unterliegen wie die grundständigen, ist ein erster Schritt in Deutschland, die *nicht mehr aufrecht-*

zuerhaltende unterschiedliche Bewertung in Bezug auf akademische Anforderungen und Qualitätsstandards hinter sich zu lassen. Wenn auch die Qualitätsstandards in Hinblick auf die konkreten Qualitätskriterien, die der Akkreditierung zugrunde liegen, anzupassen sind, um auch die für die Weiterbildung formulierten Kompetenzziele tatsächlich erreichen zu können, kann an der grundsätzlichen Wertigkeit als akademisches Angebot schon allein wegen der Akkreditierung auf Basis derselben Standards und Agenturen kaum gezweifelt werden.

Eine weitere Besonderheit des Handlungsfeldes ist die *Finanzierung*. Explizit weiterbildende Studienangebote der Hochschulen sind aus wettbewerbsrechtlichen Gründen als wirtschaftliche Aktivitäten der Hochschulen zu betrachten und müssen daher kostendeckend durchgeführt werden. So entsteht eine angesichts des volkswirtschaftlich notwendigen lebenslangen Lernens bildungspolitisch nicht ganz überzeugende „Lagerteilung“ zwischen gebührenfreien grundständigen Bachelor- sowie konsekutiven Masterprogrammen und den kostenpflichtigen Masterstudiengängen. Auch aus diesem Grund weicht ein Teil der Nachfrage in die grundständigen Studien aus bzw. findet sich bei den ökonomisch erfolgreichen weiterbildenden Masterprogrammen nur ein bestimmtes Themenspektrum (z. B. Management oder Technik).

Das Thema Finanzierung der Weiterbildung ist auch deshalb sensibel, weil es an den Grundfesten der Hochschulfinanzierung in Deutschland rührt und damit die Frage aufwirft, wie angesichts der gesellschaftlichen Notwendigkeit des lebenslangen Lernens adäquate Mischungen von öffentlicher und privater Finanzierung in diesem Bereich aussehen können. Hier sind in den letzten Jahren immer wieder Vorschläge in Richtung einer die institutionenbasierte, angebotsorientierte Finanzierung ergänzenden Form der individuen- bzw. nachfrageorientierten Finanzierung gemacht worden (z. B. Voucher-Systeme), die aber bildungspolitisch nicht weiterverfolgt wurden, weil das Thema Bildungsfinanzierung im deutschsprachigen Raum politisch höchst sensibel ist und der institutionenbasierte Zugang der dominante Zugang ist.

Auch andere *Rahmenbedingungen* – wie die Bafög-Finanzierung oder internationale Austauschprogramme – gehen immer noch von der klassischen studentischen Bildungsbiografie und nicht von sich über einen längeren Zeitraum abwechselnden Bildungs- und Berufsphasen aus. Zudem sind die Regelungen der einzelnen Bundesländer sehr unterschiedlich –, so gibt es nur in einzelnen Ländern weiterbildende Bachelorstudiengänge. In den staatlichen Ziel- und Leistungsvereinbarungen wird auf dieses zu den Kernaufgaben der Hochschulen zählende Feld unterschiedlich viel Wert gelegt. Auch die Frage, ob ein Engagement in der Weiterbildung auf das Lehrdeputat von Hochschullehrenden angerechnet werden kann oder ob es eine zusätzlich zu honorierende Nebentätigkeit ist, wird unterschiedlich gehandhabt.

Die Vereinheitlichung dieser in den einzelnen Bundesländern höchst uneinheitlich geregelten Rahmenbedingungen wäre dringend erforderlich, zum einen, um eine kohärente Vorgehensweise für die weitere Entwicklung dieses für die Hochschulen des 21. Jahrhunderts wichtigen Handlungsfeldes zu ermöglichen, und zum anderen, um auch die Wettbewerbsfähigkeit der Hochschulen hier durch geeignete Rahmenbedingungen dabei zu unterstützen, die wissenschaftliche Weiterbildung nicht nur privaten Akteuren zu überlassen. Ansonsten besteht die Gefahr, dass es zu einer Stagnation in jenen Bereichen kommt, die – da gesellschaftlich notwendig und erwünscht – einer öffentlichen Unterstützung bedürfen und die sich nicht schon in marktförmig darstellbarer und bezahlbarer Nachfrage äußern.

Einen wichtigen Schritt in die richtige Richtung stellen in diesem Zusammenhang die bereits eingangs genannten Empfehlungen des Wissenschaftsrates (2019) zu hochschulischer Weiterbildung dar. Dieses von allen Bundesländern unterzeichnete Papier stellt eine Art „Ermöglichungsrahmen" dar, den es im Weiteren von den Hochschulen zu nutzen gilt. Der Wissenschaftsrat empfiehlt, Hochschulen als Orte des lebenslangen Lernens zu stärken, u. a. durch das Anpassen rechtlicher und finanzieller Rahmenbedingungen, die bedarfsgerechtere Gestaltung von Studienangeboten und durch das Schaffen strategischer Ansätze und Anreize um „ihr Selbstbild als Anbieter für Vollzeitstudierende in der Erstausbildung zu erweitern und sich der Normalität von berufsbegleitendem Studieren, Weiterbildung und lebenslangem Lernen stärker zu öffnen." (Wissenschaftsrat, 2019, S. 14).

12.6 Literaturverzeichnis

Arbeitskreis Deutscher Qualifikationsrahmen [AK DQR] (2011). Deutscher Qualifikationsrahmen für lebenslanges Lernen. Verabschiedet vom Arbeitskreis Deutscher Qualifikationsrahmen (AK DQR) am 22. März 2011.

Autorengruppe Bildungsberichterstattung (2016). *Bildung in Deutschland 2016: ein indikatorengestützter Bericht mit einer Analyse zu Bildung und Migration.* Bielefeld: W. Bertelsmann. Abgerufen von http://www.bildungsbericht.de/de/bildungsberichte-seit-2006/bildungsbericht-2016/pdf-bildungsbericht-2016/bildungsbericht-2016 (letzter Aufruf: 08.01.2020).

Baumhauer, M. (2017). *Berufsbezug und Wissenschaftsorientierung: Grundzüge einer Didaktik wissenschaftlich reflektierter (Berufs-)Praxis im Kontext der Hochschulweiterbildung.* Detmold: Eusl.

Berthold, C., Meyer-Guckel, V. und Rohe, W. (2010). *Mission Gesellschaft. Engagement und Selbstverständnis der Hochschulen: Ziele, Konzepte, internationale Praxis.* Essen: Edition Stifterverband. Abgerufen von https://www.stifterverband.org/mission-gesellschaft (letzter Aufruf: 08.01.2020).

Bogumil, J., Burgi, M., Heinze, R. G., Gerber, S., Gräf, I. D., Jochheim, L., Scheintanz, M. und Wannöffel, M. (2013). *Modernisierung der Universitäten. Umsetzungsstand und Wirkungen neuer Steuerungsinstrumente.* Berlin: edition sigma.

Bundesministerium für Bildung, Wissenschaft und Forschung [BMBWF] (Hrsg.) (2018). Universitätsbericht 2017. Wien.

Cendon, E. (2009). Auf Identitätssuche – Lebenslanges Lernen und Hochschulen. In B. Schröttner und C. Hofer (Hrsg.), *Education – identity – globalization =: Bildung – Identität – Globalisierung*, S. 42–54. Graz: Grazer Universitätsverlag.

Cendon, E., Grassl, R. und Pellert, A. (Hrsg.) (2013). *Vom Lehren zum lebenslangen Lernen: Formate akademischer Weiterbildung.* Münster: Waxmann.

Cendon, E., Mörth, A. und Pellert, A. (Hrsg.) (2016). *Theorie und Praxis verzahnen. Lebenslanges Lernen an Hochschulen.* Münster: Waxmann.

Frey, H.-R. (2013). ULLL in der Schweiz: Passt zusammen, was zusammen wachsen soll? In H. Vogt (Hrsg.), *Wächst zusammen, was zusammen gehört? Wissenschaftliche Weiterbildung – berufsbegleitendes Studium – lebenslanges Lernen. DGWF Jahrestagung 2012. DGWF Beiträge 53*, S. 91–93, Hamburg.

Geffers, J. und Wolter, A. (2013). Zielgruppen lebenslangen Lernens an Hochschulen – Ausgewählte empirische Befunde. Thematischer Bericht der wissenschaftlichen Begleitung des Bund-Länder-Wettbewerbs „Aufstieg durch Bildung: offene Hochschulen". Berlin. URN: urn:nbn:de:0111-pedocs-129787.

Hanft, A., Brinkmann, K., Kretschmer, S., Maschwitz, A. und Stöter, J. (2016). *Organisation und Management von Weiterbildung und Lebenslangem Lernen an Hochschulen*. Münster: Waxmann.

Hanft, A. und Knust, M. (Hrsg.) (2007). *Weiterbildung und lebenslanges Lernen in Hochschulen. Eine internationale Vergleichsstudie zu Strukturen, Organisation und Angebotsformen*. Münster: Waxmann.

Hanft, A., Pellert, A., Cendon, E. und Wolter, A. H. (2015). Weiterbildung und Lebenslanges Lernen an Hochschulen. Ergebnisse der wissenschaftlichen Begleitung zur ersten Förderphase der ersten Wettbewerbsrunde des Bund-Länder-Wettbewerbs: „Aufstieg durch Bildung: offene Hochschulen". Oldenburg. Abgerufen von https://de.offene-hochschulen.de/publikationen/ergebnisse (letzter Aufruf: 10.01.2020).

Hanft, A. und Zilling, M. (2011). Lebenslanges Lernen und Weiterbildung an Hochschulen – Deutsche Hochschulen im internationalen Vergleich. *Beiträge zur Hochschulforschung*, 33(4):84–103.

Henke, J., Pasternack, P. und Schmid, S. (2015). *Viele Stimmen, kein Kanon. Konzept und Kommunikation der Third Mission von Hochschulen*. Wittenberg: Institut für Hochschulforschung (HoF). Abgerufen von http://www.hof.uni-halle.de/web/dateien/pdf/01_AB_Third-Mission-Berichterstattung.pdf (letzter Aufruf: 08.01.2020).

Hörr, B. (2017). *Entwicklung einer Fachgesellschaft: Die Deutsche Gesellschaft für wissenschaftliche Weiterbildung und Fernstudium e. V. im Wandel. In Beate Hörr und Wolfgang Jütte (Hrsg.), Weiterbildung an Hochschulen. Der Beitrag der DGWF zur Förderung wissenschaftlicher Weiterbildung*. S. 15–29. Bielefeld: W. Bertelsmann. Abgerufen von https://www.wbv.de/artikel/6004479 (letzter Aufruf: 08.01.2020).

Hüther, O. und Krücken, G. (2012). Hierarchie ohne Macht? Karriere- und Beschäftigungsbedingungen als ‚vergessene' Grenzen der organisatorischen Umgestaltung der deutschen Universitäten. In U. Wilkesmann und C. J. Schmid (Hrsg.), *Hochschule als Organisation*, S. 27–39. Wiesbaden: VS Verlag.

Kultusministerkonferenz [KMK] (2002). Anrechnung von außerhalb des Hochschulwesens erworbenen Kenntnissen und Fähigkeiten auf ein Hochschulstudium (I). Beschluss der Kultusministerkonferenz vom 28.06.2002. Abgerufen von http://www.kmk.org/fileadmin/Dateien/veroeffentlichungen_beschluesse/2002/2002_06_28-Anrechnung-Faehigkeiten-Studium-1.pdf (letzter Aufruf: 08.01.2020).

Kultusministerkonferenz [KMK] (2008). Anrechnung von außerhalb des Hochschulwesens erworbenen Kenntnissen und Fähigkeiten auf ein Hochschulstudium (II). Beschluss der Kultusministerkonferenz vom 18.09.2008. Abgerufen von http://www.kmk.org/fileadmin/Dateien/pdf/ZAB/Hochschulzugang_Beschluesse_der_KMK/AnrechaussHochschule2.pdf (letzter Aufruf: 08.01.2020).

Kultusministerkonferenz [KMK] (2009). Hochschulzugang für beruflich qualifizierte Bewerber ohne schulische Hochschulzugangsberechtigung. Beschluss der Kultusministerkonferenz vom 06.03.2009. Abgerufen von http://www.kmk.org/fileadmin/Dateien/veroeffentlichungen_beschluesse/2009/2009_03_06-Hochschulzugang-erful-qualifizierte-Bewerber.pdf (letzter Aufruf: 08.01.2020).

Kultusministerkonferenz [KMK] (2010). Ländergemeinsame Strukturvorgaben für die Akkreditierung von Bachelor- und Masterstudiengängen. Beschluss der Kultusministerkonferenz vom 10.10.2003 i. d. F. vom 04.02.2010. Abgerufen von http://www.kmk.org/fileadmin/veroeffentlichungen_beschluesse/2003/2003_10_10-Laendergemeinsame-Strukturvorgaben.pdf (letzter Aufruf: 08.01.2020).

Kultusministerkonferenz [KMK] (2017). Leitfaden zur Unterscheidung wirtschaftlicher und nichtwirtschaftlicher Tätigkeit von Hochschulen. Stand 22.09.2017, IIIC-4120/6.1.2 Abgerufen von https://www.stifterverband.org/download/file/fid/5315 (letzter Aufruf: 08.01.2020).

Luhmann, N. (1999). *Funktionen und Folgen formaler Organisation*. Berlin: Duncker und Humblot, 5. Aufl.

Maschwitz, A., Schmitt, M., Hebisch, R. und Bauhofer, C. (2017). Finanzierung wissenschaftlicher Weiterbildung. Herausforderungen und Möglichkeiten bei der Implementierung und Umsetzung von weiterbildenden Angeboten an Hochschulen. Thematischer Bericht der wissenschaftlichen Begleitung des Bund-Länder-Wettbewerbs „Aufstieg durch Bildung: offene Hochschulen". URN: urn:nbn:de:0111-pedocs-148917.

Meyer-Guckel, V., Schönfeld, D., Schröder, A. K. und Ziegele, F. (2008). *Quartäre Bildung. Chancen der Hochschulen für die Weiterbildungsnachfrage von Unternehmen*. Essen: Edition Stifterverband. Abgerufen von https://www.arbeitgeber.de/www/arbeitgeber.nsf/res/SV_Quartaere_Bildung.pdf/\protect\T1\textdollarfile/SV_Quartaere_Bildung.pdf (letzter Aufruf: 08.01.2020).

Nickel, S. (2009). *Partizipatives Management von Universitäten. Zielvereinbarungen – Leitungsstrukturen – Staatliche Steuerung. Universität und Gesellschaft –Schriftenreihe zur Universitätsentwicklung*. München: Rainer Hampp, 2. Aufl.

Nickel, S. (2017a). Professionalisierung im Wissenschaftsmanagement. Internationale Entwicklungstrends und Praxisbeispiele. In M. Lemmens, P. Horvath und M. Seiter (Hrsg.), *Wissenschaftsmanagement. Handbuch und Kommentar*, S. 156–170. Bonn: Lemmens Verlag.

Nickel, S. (2017b). Professionalisierungsprozesse im Hochschulmanagement. In L. Truniger (Hrsg.), *Führen in Hochschulen. Anregungen und Reflexionen aus Wissenschaft und Praxis*, S. 89–103. Wiesbaden: Springer Verlag.

Nickel, S., Duong, S. und Ulrich, S. (2013). *Informationsstrukturen zur Beurteilung von Leistungen in Forschung, Lehre und Studium. Akteure und Datenangebote in Deutschland*. Arbeitspapier 172. Gütersloh: CHE Centrum für Hochschulentwicklung.

Nickel, S. und Thiele, A.-L. (2017). Öffnung der Hochschulen für alle? Befunde zur Heterogenität der Studierenden. In M. Kriegel, J. Lojewski, M. Schäfer und T. Hagemann (Hrsg.), *Akademische und berufliche Bildung zusammen denken. Von der Theorie zur Praxis einer Offenen Hochschule*, S. 43–59. Münster: Waxmann.

Pellert, A. (2017). Halbzeitbilanz Quartäre Bildung. In Stifterverband der deutschen Wissenschaft e. V. (Hrsg.), *Höhere Chancen durch höhere Bildung? Hochschul-Bildungs-Report 2020. Jahresbericht 2017/2018 – Halbzeitbilanz 2010–2015*, S. 45. Essen: Edition Stifterverband.

Pohlmann, S., Vierzigmann, G. und Doyé, T. H. (2017). *Weiter denken durch wissenschaftliche Weiterbildung*. Wiesbaden: Springer VS.

Roessler, I. (2016). *Haben Hochschulen für angewandte Wissenschaft das Potenzial, Mode 3-Universitäten zu werden?* Dissertation, Technische Universität Dortmund. Abgerufen von https://eldorado.tu-dortmund.de/bitstream/2003/35205/1/Dissertation.pdf (letzter Aufruf: 08.01.2020).

Roessler, I., Duong, S. und Hachmeister, C.-D. (2015). *Welche Missionen haben Hochschulen? Third Mission als Leistung der Fachhochschulen für die und mit der Gesellschaft*. Gütersloh: CHE Centrum für Hochschulentwicklung. Abgerufen von http://www.che.de/downloads/CHE_AP_182_Third_Mission_an_Fachhochschulen.pdf (letzter Aufruf: 08.01.2020).

Schmid, C. J. und Wilkesmann, U. (2018). Eine praxistheoretische Fundierung wissenschaftlicher Weiterbildung. In W. Jütte und M. Rohs (Hrsg.), *Handbuch Wissenschaftliche Weiterbildung*, S. 1–19. Wiesbaden: Springer VS.

Schneijderberg, C., Merkator, N., Teichler, U. und Kehm, B. M. (Hrsg.) (2013). *Verwaltung war gestern? Neue Hochschulprofessionen und die Gestaltung von Studium und Lehre*. Frankfurt am Main: Campus.

Schuetze, H. G. (2005). Modelle und Begründungen lebenslangen Lernens und die Rolle der Hochschule – Internationale Perspektiven. In G. Wiesner und A. Wolter (Hrsg.), *Die lernende Gesellschaft: Lernkulturen und Kompetenzentwicklung in der Wissensgesellschaft*, S. 225–243. Weinheim: Juventa.

Seitter, W. (2017). Wissenschaftliche Weiterbildung. Multiple Verständnisse – hybride Positionierung. *Hessische Blätter für Volksbildung*, 67(2):144–151. doi:10.3278/HBV1702W.

Slowey, M. und Schuetze, H. (2012). All change – no change? Lifelong learners and higher education revisited. In M. Slowey und H. Schuetze (Hrsg.), *Global perspectives on higher education and lifelong learners*, S. 3–22. New York: Routledge.Studyinfo.fi (o. J.). Open Studies. Abgerufen von https://studyinfo.fi/wp2/en/higher-education/open-studies/ (letzter Aufruf: 08.01.2020).

Universitätsgesetz [UG] (2002). Bundesgesetz über die Organisation der Universitäten und ihre Studien. Abgerufen von https://www.ris.bka.gv.at/GeltendeFassung.wxe?Abfrage=Bundesnormen&Gesetzesnummer=20002128 (letzter Aufruf: 08.01.2020).

University of Helsinki (o. J.). The Open University System in Finland. Abgerufen von https://www.helsinki.fi/en/open-university/open-university/the-open-university-system-in-finland (letzter Aufruf: 08.01.2020).

Wilkesmann, U. (2007). Wissenschaftliche Weiterbildung als gemeinsame Wissensarbeit an der Grenzstelle von Universität und Unternehmen. *Arbeit – Zeitschrift für Arbeitsforschung, Arbeitsgestaltung und Arbeitspolitik*, 16(4):269–281.

Wilkesmann, U. (2010). Die vier Dilemmata der wissenschaftlichen Weiterbildung. *ZSE Zeitschrift für Soziologie der Erziehung und Sozialisation*, 30(1):28–42.

Wilkesmann, U. und Schmid, C. J. (2012). The impacts of new governance on teaching at German universities. Findings from a national survey in Germany. *Higher Education*, 63:33–52.

Wissenschaftsrat (2019). Empfehlungen zu hochschulischer Weiterbildung als Teil des lebenslangen Lernens. Vierter Teil der Empfehlungen zur Qualifizierung von Fachkräften vor dem Hintergrund des demografischen Wandels. Drs. 7515-19, Berlin. Januar. Abgerufen von https://www.wissenschaftsrat.de/download/2019/7515-19.pdf (letzter Aufruf: 08.01.2020).

Wolter, A. (2007). Diversifizierung des Weiterbildungsmarktes und Nachfrage nach akademischer Weiterbildung in Deutschland. *Zeitschrift für Hochschulentwicklung*, 2(1):14–29.

Wolter, A. (2011). Die Entwicklung wissenschaftlicher Weiterbildung in Deutschland: Von der postgradualen Weiterbildung zum lebenslangen Lernen. *Beiträge zur Hochschulforschung*, 33(4):8–35.

Wolter, A. (2017). Offene Hochschule: Motor wissenschaftlicher Weiterbildung? In B. Hörr und W. Jütte (Hrsg.), *Weiterbildung an Hochschulen. Der Beitrag der DGWF zur Förderung wissenschaftlicher Weiterbildung*, S. 181–194. Bielefeld: W. Bertelsmann.

Wolter, A. und Banscherus, U. (2016). Lebenslanges Lernen und akademische Bildung als internationales Reformprojekt. In A. Wolter, U. Banscherus und C. Kamm (Hrsg.), *Zielgruppen lebenslangen Lernens an Hochschulen*, S. 53–80. Münster: Waxmann.

Wolter, A., Banscherus, U. und Kamm, C. (Hrsg.) (2016). *Zielgruppen lebenslangen Lernens an Hochschulen*. Münster: Waxmann.

Ivar Bleiklie und Svein Michelsen

13 Making policies for better performance – Explaining higher education reform policies in Europe

13.1 Introduction

The increasingly explicit focus on performance of higher education (HE) institutions in recent years, has been attributed to two developments during the latter part of the last century and the first decades of the present. The first is the expansion of HE systems, and the second is the rise of managerialism (Clark 1998; Keller 1983; Levine 2001; Slaughter and Leslie 1997) or what is known as New Public Management in the predominantly public European HE systems (Seeber et al 2015). Behind the changes is not only the goal of improving the efficiency of academic institutions, but also of improving the quality of their products in terms of educated candidates and research outcomes. A number of studies have also demonstrated that NPM policies come in different shapes, and that there is considerable cross-national variation both in terms of the policy instruments that are devised and how they have been implemented (Bleiklie et al. 2017; Kogan et al. 2006; Paradeise et al. 2009).

In this chapter, we intend to explore the questions of policy content, policy making and policy implementation by raising the following two research questions:

1. In what way has the increasing focus on performance manifested itself in higher education policies in the last decades?
2. What are the factors that drive policy making in the field of HE?

These questions raise complex issues. First of all, the concept of performance policy, our dependent variable, is contested. Consequently, clear delimitation and conceptual clarification are required. Although they share the goal of improving performance, HE reform policies may vary along a number of dimensions. Here we shall look at three aspects of performance policies: a) reform activity (number of reforms launched by central government), b) emphasis of reform proposals in terms of policy instruments, c) policy pressure experienced at the institutional level (Seeber et al. 2015). Behind the second research question lies an ambition to explain (performance) policies. However, given the nature of our data, the research is explorative rather than explanatory. We are looking to identify factors that may potentially affect the formation and content of

Ivar Bleiklie, University of Bergen
Svein Michelsen, University of Bergen

https://doi.org/10.1515/9783110689884-014

policies in terms of activity, emphasis and pressure. Here we shall focus on two sets of factors: characteristics of politico-administrative systems and characteristics of the policy regimes.

The empirical basis for the analysis is a series of comparative studies of HE reform efforts and changes in university organization and management practices in a number of West-European countries (Bleiklie et al. 2017; Kogan et al. 2006; Paradeise et al. 2009). We seek to identify associations between the three performance policy indicators, characteristics of politico-administrative systems and HE policy regimes in order to suggest assumptions about factors that may explain cross national variation in performance policies.

13.2 Politico-administrative regimes and HE reform policy performance

The Lijphart model of *majoritarian and consensual political systems* (Lijphart 1999), where the different structural elements of political systems, parties and political processes are at the center of attention, has had a huge impact on the comparative study of policy and policy patterns. Essentially, these two different types of polities are associated with two different policy styles, bargaining and incrementalism on the one hand, and sweeping changes on the other. The Lijphartian approach is strongly focused on the relation between the legislature and the executive (Lijphart 1999). Pollitt and Bouckaert (2004) have suggested the integration of elements from the Lijphart political system approach with dimensions from public administration in different types of *politico-administrative regimes.* The basic assumption here that is relevant for our case, is that the values and perceptions embedded within different state structures will be among the principal influences shaping policies (policy outputs) and performance of academic institutions (policy outcomes) (Christensen and Lægreid 2003; Hansen 2011; Kickert 2011; Knill 1998; Painter and Peters 2010a; Verhoest et al 2010).

This approach made it possible to develop assumptions about how the nature of the state and its relations to society provided conditions for support of policy proposals and the capacity to implement them. Administrative reform projects with similar aims may therefore have different meanings and different implications for performance when applied in countries with distinct politico-administrative regimes and traditions.

Broad classifications of this type are inevitably simplifications. However, we will argue that they are useful as analytic categories for studying policy change as well as performance. Here we will apply a typology of administrative models or traditions suggested by Painter and Peters (2010), distinguishing between four different models which we used in a comparative analysis of 7 European countries (Bleiklie and Michelsen 2017).

Tab. 13.1: Administrative regimes and traditions (Source: Painter and Peters, 2010b, p.20).

	Public interest	Napoleonic	Rechtsstaat	Social democratic
Legal basis for the state	No	Yes	Yes	Yes
State and society relations	Pluralist	Interventionist	organic	organic"/welfare oriented "open government"
Organization of government	limited, unitary government	hierarchical and centralized	cooperative federalism and interlocking coordination	administrative or political decentralization
Civil Service	high status, unified, neutral, generalist permanent	very high status permanent, specialized elite training, segmented corps	very high status, permanent, legal training, upper ranks permanent, but openly partisan	high status, professional, non-politicized

The most fundamental difference is between the Anglo-Saxon Public interest model and the Continental models. The Public interest model primarily represented by the UK in our context, emphasizes political rather than legal accountability mechanisms, as well as market mechanisms, and favors a general reduction of public sector distinctiveness. The Rechtsstaat model, represented by Germany, the Netherlands and Switzerland, considers the state as an integrating force, focused on the preparation and enforcement of law, with a bureaucracy that emphasizes rule-following and legal control. The Social democratic model combines the Rechtsstaat orientation towards the law with a strong universal welfare orientation (Painter and Peters 2010b). The Scandinavian countries, in our case Norway, representing this model are unitary states, centralized, yet also decentralized (Premfors et al. 2003; Baldersheim and Rose 2010). In addition, state-society relations are characterized by corporatism, extensive participatory networks and a strong welfare orientation with extensive commitments to equity and equality (Painter and Peters 2010b; Peters 2001). Consensus politics is permeated by bargaining with many opportunities for a variety of actors to influence policies as well as many veto points.

The Napoleonic model shares the Rechtsstaat focus on law as an instrument of the state for intervening in society rather than serving as a means for conflict resolution between actors. A separate system of public law regulates relations between state and citizen. Still, Rechtsstaat traditions differ from Napoleonic traditions in several ways. While the former is embedded in a decentralized and federalist order, the latter, represented here by France and Italy, focuses on the unitary organization of the state. A unified administrative arrangement produces uniformity as well as an exclusive administrative class. The southern variants of the tradition (e.g. Italy) are characterized by a high degree of legal formalism, management by decrees coupled with clientelism, and outcomes arranged through informal relations. As a noteworthy contrast, the Rechtsstaat tradition is characterized by the prevalence of cooperation between state and non-state corporations, which often are given a special legal status, a feature strongly related to the organic view of society.

On this basis a number of propositions may be formulated regarding relations between administrative traditions and performance policy trajectories in HE. In the literature, a distinction has been drawn between Anglo-Saxon "trailblazers" and continental "laggards". However, newer studies suggest a more nuanced picture. (Bleiklie and Michelsen 2013). The results from our comparison of HE reform policies in seven West-European countries (France, Italy, Germany, Netherlands, Norway, Switzerland and the UK) demonstrated that there is no straightforward unequivocal relationship between politico-administrative regime characteristics and the level of reform activity. Furthermore, each regime type seems to represent a habitat offering possible paths to high as well as to low reform activity. Politico-administrative regimes offer different sets of options for reform processes that may limit or be exploited by actors who may want to promote, slow down or prevent reforms from being introduced.

As useful as it may seem to explore the potential effects of national politico-administrative regimes, such characteristics do not translate directly into policies and specific reforms. Policies, institutional setups and structures vary within a particular country, albeit to different extent. We might also distinguish between different sector traditions (Yesilkagit 2010). In order to understand more fully how reform policies aimed at improving university performance come about, we will argue that we need to look at the structures and processes in the HE policy sector, where we can see the direct links between institutions and actors, the character of reform policies and the way in which they are produced. We argue that combining the politico-administrative approach and the sectoral approach through the study of HE regimes have a potential added value to the analysis of policies and performance in HE.

13.3 Higher Education Policy Regimes

In this part of the chapter we will focus on the relations between the HE sector and the shaping of HE policies and performance. First, we raise the question of the extent to which and how characteristics of HE policies are shaped by the policy sector as an organizational structure, a set of stable organizational arrangements through which authority, responsibilities and resources are distributed according to rules shaping the conditions of action under which policies are made. We first focus on characteristics of the political administrative apparatus and undertake a comparative analysis of three countries – England, Italy and Norway. The UK is usually regarded as the prime example of a majoritarian public interest regime, while Norway is an example of a consensual country with a Social-democratic administrative tradition. Italy is considered as a member of the family of Napoleonic administrative traditions (Ongaro 2008, 2010). The combination of the three cases should provide a good basis for studying the significance of HE policy regimes of various types, and their impact on policy formation and policy performance.

We develop a set of dimensions on which the comparison is based (Table 13.2), and we attempt to identify patterns that may demonstrate whether we can reasonably assume that there is a relationship between the organizational structure of HE policy sectors and policy content. Thereafter we focus on HE sectors as arenas on which organized actors pursue certain goals and values, define identities, collaborate on common projects, struggle for power and compete for resources. The empirical analysis is mainly limited to the three cases mentioned above. In the last part of the chapter we suggest a possible method of conceptualizing the relationship between the organizational setup of the HE sector, its policy processes, and HE policy performance. Our aim is to identify HE policy regimes as a set of conditions that shape policies in terms of their structural arrangements, their actors in pursuit of particular policy goals and the interplay between these two sets of factors – thus policy processes are seen as shaped by as well as shaping structural conditions (Bleiklie 2006).

The concept of 'policy regime', as it is used here, is developed from two different comparative contexts (Bleiklie 2006; Bleiklie and Michelsen 2017). It departs from a general institutional approach that aims at identifying and bringing together core dimensions of formal organizational arrangements as systems of rules and norms with an actor's perspective on bounded rational action shaped by the normative and resource environment (Bleiklie et al. 2017: 270). We seek to identify these regime characteristics in order to find explanations of variation in HE policies. We define the concept of policy regime as follows: the constellation of actors and patterns of influence that are particular to a policy area or an entire polity. Because of the purpose of the analysis and the way in which it is informed by the availability of comparative data, we will use a somewhat different set of criteria in order to compare the national policy sectors. Whereas the latter represent an attempt to understand rather stable patterns in democratic politics, the characteristics of policy regimes are used to explain policy driven change within the sector of HE. We will look at two sets of variables in order to explain policy outcomes as they emerge nationally.

The dependent variable – performance policy – is here defined as policies aiming at improving the performance of HE institutions, in particular, organizational changes that move university governance from the traditional model towards a managerial, performance oriented model. We further identify specific performance policies in terms of the policy instruments that are deployed, following approximately the typology developed by Schneider and Ingram (1990), but narrow down the selection of instrument categories to: a) authority and rules, b) financial incentives (resources), and c) consensus-building.

Tab. 13.2: Dimensions of higher education policy regimes (Source: own illustration).

Structural arrangements
Specialization
a) multipurpose vs. single purpose agencies and institutions b) number of central agencies c) the position of the different institutions
Research specialization
a) research carried out in HE institutions b) research carried out in specialized R&D institutions
Coordination and control
a) size and status of the responsible ministry or ministerial unit b) coordination in terms of the relationship between the ministry and subordinate central government units
Formal institutional autonomy
The formal authority of the institutions to make decisions a) managerial autonomy b) policy autonomy c) structural autonomy d) financial autonomy e) interventional autonomy
Political processes
a) actual actors or constellations of actors b) the definition of the situation

13.3.1 Structural Arrangements

13.3.1.1 Specialization

The central dimension of specialization is the choice between broad multi-purpose organizations, such as large ministries, and more specialized or even single-purpose organizational designs with several specific agencies. A general trend characterizing European HE policy sectors is that they have become increasingly specialized during the last decades as responsibility for universities has gradually been split up from one (sometimes two) ministries, to separate agencies under the ministries covering a number of separate functions such as accreditation, quality assurance, funding, admission and internationalization.

It is not just the degree of specialization that is of interest. Equally, if not more important, is how functions are divided and which functions are allocated to dedicated agencies. Whereas responsibility for HE is located under ministries of HE and research in Italy and Norway, the responsible ministry in England fell under the Department for

Business, Innovation and Skills (until July 2016),[41] indicating a stronger focus on employment and relevance to the economy and heavier emphasis on the performativity of research and education, rather than as part of the collective national educational effort.

Below ministry level all three countries, like most West European countries, have established agencies for quality assurance and/or accreditation, although differently organized. A second major difference in terms of specialization is related to whether teaching and research evaluation is organized under the same agency (Italy) or under different agencies, leaving research evaluation in the hands of agencies for research funding (England and Norway).

The public research function and research funding are also organized differently, and we may distinguish between two main principles that may help us understand European variation. Firstly, the research function may be carried out within HE institutions or in specialized research centers. Although we often find different mixes of these two ways of organizing research, Napoleonic countries like Italy, have strong traditions of organizing national systems of research centers, while others like the Scandinavian countries and the UK have a stronger tradition of concentrating research within (or in close association with) universities. In later years the tendency has been to forge stronger ties through cooperation or merger processes between research universities and research centers. Secondly, research funding may be centralized to one public agency (Norway, Italy) or split up among several agencies (UK). A final observation is that the organization of research funding varies along several dimensions which make straight forward comparisons somewhat difficult.

Looking beyond quality assurance and research funding, we find clear and interesting differences among European countries that (partly at least) reflect national administrative traditions. England has for instance three different offices for student affairs (fair access, independent adjudication and student funding) that are closely associated with two decisive moves towards a more market-driven HE system.[42] In Norway there are various agencies that reflect a welfare orientation (national admission office, student loans, international cooperation, and lifelong learning). Italy has one agency merging competences on quality assurance, research evaluation and for

41 From July 2016 the responsibilities of the Minister for Universities, Science, Research and Innovation falls under two ministries: The Department for Education and The Department for Business, Energy & Industrial Strategy.

42 Two of the agencies, the Office for Fair Access (OFFA) and the Office of the Independent Adjudicator (OIA), were created under the 2004 law, which licensed higher education institutions to charge variable undergraduate tuition fees; the third, the Student Loans Company (SLC), was given a greatly enhanced role in 2011, when substantially raised tuition fees became the major source of teaching funding for higher education institutions and were channeled to them through the SLC, with profound implications for the organization structure of English higher education and for the role of the Higher Education Funding Council of England (HEFCE) within it.

habilitation, a pre-condition to be hired in a permanent position at a HE institution, which is typical of several continental European countries. This displays a less differentiated structure that arguably reflects a sector characterized by more traditional attitudes and practices.

13.3.1.2 Coordination and control

We use two indicators of coordination and control: a) size and status of the responsible ministry or ministerial unit (Heidenheimer 1995), which gives an indicator of ministry policy making capacity, and b) coordination in terms of the relationship between the ministry and subordinate central government units that may operate relatively independently or under tight ministerial control (de Boer and Enders 2017). As HE institutions in public systems also are executive agencies of the sector, they are both actors within the system and implementers of given policies with varying degrees of freedom and power to shape policies as part of the implementation process.

In all three countries HE as an area of public responsibility, falls under a subdivision within ministries with wider responsibilities. In terms of staff numbers, the 72 staff members responsible for HE in the Norwegian ministry are far fewer than the corresponding numbers for England (2.500) and Italy (238). In practice, however, given the different population and corresponding HE system sizes of the countries in question, and not least the different ways in which the systems are organized, it is difficult to draw valid conclusions about the relative policy making capacities of the three countries. The nature of the relationship between the ministries and subordinate government agencies, and the relationship between central government institutions and HE institutions, are also relevant in this context. Here we distinguish between formal coordination and actual practices. Traditionally, the relationship between ministries and subordinate agencies is ambiguous, characterized by cross national variation and changes over time. Thus, agencies may have a relatively independent position and make their own strategic choices without asking the ministry for permission or operate under tight ministry oversight. Furthermore, they may be located in different organizational settings as independent ministries or as part of ministries with wider responsibilities. In most Western European countries coordination at central government level has become increasingly important as organizational differentiation and increasing specialization has spread out central government functions and responsibilities across a wider array of agencies. While this seems to have altered the way in which coordination is exercised in some countries, in other countries it is carried out according to established tradition without much change. England stands out with its tradition of using intermediary agencies for coordinating functions, in particular compared to Italy and in recent years to somewhat lesser extent to Norway. Italy has kept a traditional bureaucratic form of coordination where the ministry is in charge of coordination. However, the effectiveness of coordination in Italy is rather weak because other ministries exercise control over research in certain important areas such as health, agriculture and environment. The form of coordination in the English and Norwegian cases seems to have moved from a hierarchical type towards less centralized forms in recent years, and in some cases subordinate agencies such as the Norwegian student admission agency, have taken on coordinating functions, sometimes in surprising ways (Michelsen et al. 2016). At the same time, it should be noted that coordination used to focus on the legal framework and to a lesser extent on the content and quality of teaching and research than is the case today.

13.3.1.3 Institutional autonomy

The relationship between central government authorities and HE institutions can be described in terms of the five dimensions of formal institutional autonomy used by de Boer and Enders (2017) (cf. table 2) focusing on the formal authority of the institutions to make decisions at their own discretion. English HE stands out as the high autonomy system, a characteristic that in relative terms is not only the outcome of recent reforms, but also a long-standing tradition (Kogan et al. 2006). Even so, the English concept of institutional autonomy has arguably changed towards more emphasis on institutions as strategic actors in a substantially broadened and more complex arena, and less emphasis on academic autonomy. Thus, English institutions are formally free to make decisions on hiring of personnel, the students they wish to admit, their internal governance system, handling of budgets and investments and are subject to relatively light reporting requirements. Both Italian and Norwegian HE are medium autonomy systems in a West European context. However, while Italian institutions enjoy high autonomy to determine their internal governance arrangements and are free to make budgetary and investment decisions on their own, Norwegian institutions enjoy high autonomy when it comes to hiring decisions and choosing the students they wish to admit. The autonomy of Italian institutions is most restricted when it comes to the command they enjoy over human resources, while the autonomy of Norwegian institutions is most limited regarding financial dependence on the public purse and relatively heavy accountability requirements.

13.3.1.4 Political Processes

Political processes and their outcome may depend on a number of factors. Here we emphasize two of these:

a) actors or actor constellations that are particularly influential in political processes and
b) the definition of the situation that motivates a policy proposal where we distinguish between proposals designed to deal with a perceived crisis or proposals designed to deal with routine issues.

It is quite a common claim that HE policy making is changing fast. Where HE used to be an insulated sector dominated by government bureaucrats and academics representing their universities as the dominant voices in the policy making process. Now however it is under much stronger influence from external stakeholders who together with government bureaucrats have reduced academic influence over HE policy, notably if not radically. Our findings do not immediately support this claim without qualification. The fact that several reforms have been adopted, some quite unpopular among rank and file or at least among certain groups of academics, does not mean that policies to improve institutional performance solely have been promoted by external stakeholders and inflicted upon resisting or reluctant academic institutions. They may also be driven by certain alliances of academic and external stakeholders such as politicians or senior civil servants, which, in England in particular, also include institutional leaders or their representatives. Furthermore, we may also find enduring national peculiarities holding their ground in HE systems and institutional governance (Kogan et al. 2006; Paradeise et al. 2009).

13.3.1.5 Actor Constellations

This indicator clarifies whether there are particular constellations of actors (e.g. a ministry or funding institution, unions, associations of universities, accreditation or evaluation agencies or others) that tend to be particularly influential on HE policy making. Furthermore, these actor groups may be more or less structurally fragmented or integrated. One of the core ideas of HE reforms in the last decades has been expressed in the ambition to strengthen political control over HE systems and managerial structures within academic institutions. A common claim is that this has also strengthened hierarchical political control over the policy making process. Our findings contribute to the questioning of this claim.

Our clearest example is the English case where co-opted academic elites play crucial roles in policy making, affecting policy proposals, decisions, implementation and management of the most important mechanisms for quality assurance and resource allocation. Co-opted elite members are recruited from civil service agencies within the sector and academic institutions, formally breaking the notion of an unbroken chain of hierarchical control. Nevertheless, important changes have taken place. In England there appears to have been a transition from traditional governing to network governance caused by a depletion of the ministry and the reliance upon intermediary bodies with limited resources and formal powers, but with strong networks in the academic world and extensive knowledge of how it works (see also Beuselinck 2010). Policy making in Italy presents a very different and more conflict-ridden picture where reform proposals promoted by the policy layer have been strongly resisted by representatives of major academic interests such as the National University Committee (CRUI) and rectors' conference (CUN). Tension, conflict and lack of trust are particularly salient in the relationship between the Agency for Evaluation and Research (ANVUR) and the academic world represented by CRUI and CUN. The Norwegian policy making process has transitioned from a hierarchical to a more networked style. This entails change in two important ways. The establishment of new agencies under the ministry has led to a delegation of tasks to actors that are not under direct political control such as the Agency for Quality Assurance in Education (NOKUT) and the Research Council (RCN). Secondly, academic institutions (or subgroups of institutions) seek to influence policies through collective arrangements such as the Association of Universities and State University Colleges (UHR). The actors involved perceive the decision-making process as less hierarchic than before, it is characterized as a dialogue between bureaucrats and political leadership. Politicians and civil servants, furthermore recognize their dependence on academics in the design of policies in order to improve HE performance. The policy process is considered consensual, informal, characterized by a high level of trust, and the movement from hierarchy towards networks is paralleled by a blurring of institutional lines.

13.3.1.6 Definition of Situation

Policy driven change may occur in many different ways – from forceful external shocks to the political system that causes abrupt changes (Baumgartner and Jones 1993), to gradual imperceptible changes building up over time to becoming long term fundamentally transformative processes (Streeck and Thelen 2005; Nyhagen 2015). We emphasize the importance of the definition of the actual situation on which particular policies are brought to bear. A crucial element in how processes of reform policy play out is whether they are considered attempts to solve crises or routine events in a relatively stable environment (Jacobsen 1964). If an actor or a dominant coalition of actors manage to gain acceptance for a crisis definition, it will also potentially give them more clout not just to device policies in response to the crisis, but also quite possibly to act more quickly and drastically, with fewer restrictions and with greater force.

A rather typical example of a reform defined by crisis was the introduction of student fees as a major funding stream for English HE and student choice as the major force shaping the future HE system in 2011. This was done against the backdrop of the 2009 financial crisis, and the decision by the incoming coalition government to make deficit reduction its first priority in 2010. The force and swiftness of this reform effort is reminiscent of the English HE reforms of the 1980s that are particularly important in the context of performance management. These reforms were also undertaken against the backdrop of severe financial problems followed by a forceful and relatively rapid top down introduction of a managerial model of public sector administration as part of the solution to the crisis. Italian and Norwegian reform efforts seem to have been shaped by perceptions of vaguer threats although not necessarily less severe to the quality and efficiency of their HE systems. Compared to England, the reform processes have tended to unfold more gradually both in Italy and Norway. Nevertheless, the gradual character of the reform processes and the slower pace with which they have unfolded do not mean that they are similar in terms of content and outcome.

13.4 Conclusion

We started out this chapter asking how characteristics of politico-administrative regimes and policy sectors affect the pace, form and content of performance management reforms in HE in Western Europe. In the comparison of seven West European countries, we found that politico-administrative regime types do provide habitats that may offer varying opportunities for actors to speed up, slow down or prevent reform processes. However, national politico-administrative systems offer specific conditions that may leave strong marks on HE reforms. Particular characteristics seem to facilitate and nourish certain styles of policy making such as the opportunities created by a majoritarian system for sweeping reforms within a short time span and the propensity to base performance management systems on market driven mechanisms observed in the case of the UK. However, over time, steady reform activity associated with consensual regimes may also entail high activity over a broad range of issues and by using a wide array of policy instruments as we have seen among others in the cases of France and Norway. In the latter case mobilizing broad coalitions behind reforms favoring modernization strategies and a moderate use of management by objectives and results, through extensive mechanisms of participation and consultation, have played a crucial role. Yet, a third pattern was observed in the case of Italy displaying the two characteristics that define a southern Napoleonic regime with generally low reform activity and a narrow focus on legislation and procedural reforms. A fourth regime related pattern characterized the German and Swiss cases, where the federal state structure limited the amount of national HE reforms. One reason is that political responsibility for HE policy was located at the level of respectively *Länder* and *Cantons*, leaving less authority to the national government in HE matters. Secondly, federal government structures entail many veto points and opportunities to prevent or limit central government reform policies (Tsebelis 2002).

Shifting our focus to the HE sector enabled us to gain a closer look at sector specific arrangements, actor constellations and practices that shape specific reform processes than we could observe from a politico-administrative regime perspective. Firstly, we observed similar patterns of organizational differentiation at the central government level in all three cases with the emergence of formal quality assurance and accreditation systems administered by dedicated agencies, as well as the existence of agencies for competitive research funding at universities in all three countries, including Italy where research used to be organized outside the university sector. Secondly, there are some interesting differences between the three cases. These arguably fit familiar typologies of politico-administrative regimes such as the English Public Interest regime, the Italian Napoleonic regime and the Norwegian Social Democratic regime. The first regime type is oriented towards the market with the central government structure reflecting the focus on issues related to a system where student fees now have become an important funding stream, and student concerns consequently figure more prominently in policy processes. The implication is that customer satisfaction expressed in terms of student choice, becomes an important aim for performance management systems. The second type reflects a regime where fewer functions beyond the traditional ones have been specialized, and in which formal performance management systems have less impact. The third type demonstrates a welfare state orientation of a small country focusing on centralized arrangements for student access and funding, internationalization and promotion of lifelong learning. Performance management systems are developed to achieve two different set of objectives: raising quality standards and improving performance across the board in terms of educational and research performance, as well as competitive funding mechanisms aiming at promoting excellence in certain areas.

This co-existence of emerging common structural arrangements combined with remaining nation specific features cannot be properly understood without looking at how actors mobilize and are mobilized around the formulation and adoption of HE reforms. While organizational differentiation along formally similar lines, has taken place across Europe, the differentiation process operates in various nation specific settings where actors pursue different policy objectives guided by perceptions of performance and how to improve it. Patterns of mobilization and participation in policy processes as well as the mutual trust among the actors involved also playing a role. Again, we observed three distinct patterns, in terms of sector specific mobilization of actor constellations that also reflected elements of national regime features. Thus, in both the UK and Norway emerging network structures have modified the traditional actor constellations that somehow seem to reflect new patterns of participation. These traits have developed in tandem with more comprehensive and intrusive policy reforms that characterize modern national level performance management policies. Where HE reforms in UK are characterized by high policy pressure and high institutional managerial strength, both are moderate in the Norwegian case. Italian HE has seen less effective policies both because of the legalistic and procedural policy focus as well as the conflict ridden relationship pitting the political and administrative world against the academic world. Here the traditional nature of policy processes is matched by strong conflicts, low trust and relatively little change when it comes to new management forms of HE institutions resulting in low policy pressure and low degree of managerial strength.

13.5 References

Baldersheim, H. and Rose, L. E. (2010). *The Politics of Boundaries and Borders*. Palgrave MacMillan: Basingstoke.

Baumgartner, F. R. and Jones, B. D. (1993). *Agendas and Instability in American Politics*. Chicago: University of Chicago Press.

Beuselinck, E. (2010). Coordination in the United Kingdom (1980–2005). In G. Bouckaert, B. G. Peters, and K. Verhoest (eds), *The Coordination of Public Sector Organisations. Shifting Patterns of Public Management*. Houndmills: Palgrave MacMillan.

Bleiklie, I. (2006). Policy Regimes and Policy Making. In M. Kogan, M. Bauer, I. Bleiklie, and M. Henkel (eds), *Transforming Higher Education: A Comparative Study*. Dordrecht: Springer.
Bleiklie, I. and Michelsen, S. (2013). Comparing Higher Education Policies in Europe – Structures and Reform Outputs in Eight countries. *Higher Education*, 65(1):113–133.
Bleiklie, I. and Michelsen, S. (2017). Political-Administrative Structures and University Policies. In I. Bleiklie, J. Enders, and B. Lepori (eds), *Managing Universities: Policy and Organizational Change in a Western European Comparative Perspective*. Basingstoke: Palgrave.
Bleiklie, I., Michelsen, S., Henkel, M., and Reale, E. (2017). Actor Constellations and Policy Making. In I. Bleiklie, J. Enders, and B. Lepori (eds), *Managing Universities: Policy and Organizational Change in a Western European Comparative Perspective*. Basingstoke: Palgrave.
Christensen, T. and Lægreid, P. (2003). Coping with Complex Leadership Roles: The Problematic Redefinition of Government-owned Enterprises. *Public Administration*, 81(4):803–831.
Clark, B. R. (1998). *Creating Entrepreneurial Universities*. Oxford, New York, Tokyo: IAU Press/Pergamon.
de Boer, H. and Enders, J. (2017). Working in the Shadow of Hierarchy: Organizational Autonomy and Venues of External Influence in European Universities. In I. Bleiklie, J. Enders, and B. Lepori (eds), *Managing Universities: Policy and Organizational Change in a Western European Comparative Perspective*. Basingstoke: Palgrave.
Hansen, H. F. (2011). NPM in Scandinavia. In T. Christensen and P. Lægreid (eds), *Ashgate Research Companion to New Public Management*. Aldershot: Ashgate.
Jacobsen, K. D. (1964). *Teknisk hjelp og politisk struktur*. Oslo: Universitetsforlaget.
Keller, G. (1983). *Academic Strategy*. Baltimore and London: The Johns Hopkins University Press.
Kickert, H. (2011). Public management reform in Continental Europe: National Distinctiveness. In T. Christensen and P. Lægreid (eds), *Ashgate Research Companion to New Public Management*. Aldershot: Ashgate.
Knill, C. (1998). European policies: The Impact of National Administrative traditions. *Journal of Public Policy*, 18(1):1–28.
Kogan, M., Bauer, M., Bleiklie, I., and Henkel, M. (eds) (2006). *Transforming Higher Education: A Comparative Study*. Dordrecht: Jessica Kingsley.
Levine, A. (2001). Higher Education as a Mature Industry. In P. G. Altbach, P. J. Gumport, and D. B. Johnstone (eds), *Defense of American Higher Education*. Baltimore and London: Johns Hopkins University Press.
Lijphart, A. (1999). *Patterns of Democracy. Government Forms and Performance in Thirty-Six Countries*. Yale University Press: New Haven.
Nyhagen, G. M. (2015). *Changes in funding of higher education and research: stronger governmental steering and organisational control of higher education institutions and academic behaviour?* PhD dissertation, University of Bergen.
Painter, M. and Peters, B. G. (2010a). The Analysis of Administrative Traditions. In M. Painter and B. G. Peters (eds), *Tradition and Public Administration*. Basingstoke: Palgrave, MacMillan.
Painter, M. and Peters, B. G. (2010b). Administrative Traditions in comparative perspective: Families, Groups and Hybrids. In M. Painter and B. G. Peters (eds), *Tradition and Public Administration*. Basingstoke: Palgrave MacMillan.
Paradeise, C., Reale, E., Bleiklie, I., and Ferlie, E. (eds) (2009). *University Governance*. Dordrecht: Springer.
Peters, B. G. (2010). Public Administration in the United States: Anglo-American, Just American or Which American? In M. Painter and B. G. Peters (eds), *Tradition and Public Administration*. Basingstoke: Palgrave, MacMillan.
Peters, B. G. (2001). *The Politics of Bureaucracy*. London: Routledge, 5. edn.

Pollitt, C. and Bouckaert, G. (2004). *Public Management Reform. A Comparative Analysis*. Oxford: Oxford University Press, 2. edn.
Premfors, R., Ehn, P., Haldén, E., and Sundström, G. (2003). *Demokrati och byråkrati*. Lund: Studentlitteratur.
Schneider, A. and Ingram, H. (1990). Behavioral assumptions of policy tools. *The Journal of Politics*, 52(02):510–529.
Seeber, M., Lepori, B. M., M., et al. (2015). European Universities as Complete Organizations? *Public Management Review*, 17(10):1444–1474.
Slaughter, S. and Leslie, L. L. (1997). *Academic Capitalism*. Baltimore: Johns Hopkins, University Press.
Streeck, W. and Thelen, K. (2005). Introduction: Institutional Change in Advanced Political Economies. In W. Streeck and K. Thelen (eds), *Beyond continuity. Institutional change in advanced political economies*. Oxford: Oxford University Press.
Verhoest, K., Roness, P. G., Verschure, B., Rubecksen, K., and NacCarhaigh, M. (eds) (2010). *Autonomy and Control in State Agencies*. Basingstoke: Palgrave MacMillan.
Tsebelis, G. (2002). *Veto Players*. Princeton NJ: Princeton University Press.
Yesilkagit, K. (2010). The Future of Administrative Tradition. In M. Painter and B. G. Peters (eds), *Administrative Traditions, Inheritances and Transplants in Comparative Perspective*. Basingstoke: Palgrave.

Sigrun Nickel und Lothar Zechlin

14 Leistungsbeurteilung im Hochschulmanagement

14.1 Einleitung

Im Zuge der New-Public-Managementreformen des öffentlichen Sektors ist die staatliche Hochschulsteuerung stärker auf die Leistungen ausgerichtet worden, die Hochschulen an ihre Umwelt abgeben, z. B. Absolvent(inn)en, Publikationen, Patente oder Ausgründungen. Damit diese wie geplant als zentrale Anknüpfungspunkte für die Steuerungsentscheidungen des Staates dienen können, sind Kriterien und Verfahrensweisen ihrer Beurteilung erforderlich. Im Verhältnis zwischen Staat und Hochschulen geht es dabei um die Leistungen der Hochschule als Ganzes. Beurteilungssysteme müssen aber auch für die Produktion der Leistungen innerhalb der Hochschulen selbst entwickelt werden. Deren Mitglieder erbringen durch ihre Tätigkeiten in Wissenschaft und Management arbeitsteilig organisierte (Teil-)Leistungen zum Organisationserfolg, die ebenfalls erfasst und beurteilt werden müssen, um in wirksame Anreiz- und Belohnungssysteme übersetzt werden zu können. Beurteilungssysteme sehen sich in Hinblick auf ihre Aussagekraft einer anhaltenden Kritik ausgesetzt. Die Gründe hierfür liegen vor allem in dem „besonderen" Charakter der Hochschule (Musselin 2007; Kieserling 2019 spricht von dem „Sonderstatus der Universitäten unter den Organisationen der modernen Welt") als einer Organisation, deren Ziele unklar und deren „Erfolg" schwer beurteilbar ist, und in ihrer überwiegend quantitativen Vorgehensweise, die Anpassungseffekte produziert und die notwendige Subjektivität von Beurteilungen außer Acht lässt (Kieser 2010; Welpe et al. 2015). Während jedoch Beurteilungen in der Wissenschaft selbst, beispielsweise in Form von Leistungszulagen in der Besoldung von Professor(inn)en, in Forschungs- und Lehrevaluationen oder in indikatorengestützten Messverfahren immerhin eingerichtet und zunehmend auch etabliert sind (vgl. Hornbostel 2016, Nickel et al. 2013), ist die Beurteilung von Leistungen des Hochschulmanagements noch weitgehend ein blinder Fleck.

Vor diesem Hintergrund nimmt der vorliegende Artikel eine erste Annäherung an das Thema vor. Dabei verwenden wir eine Definition, die alle Hierarchiestufen und Organisationsbereiche einbezieht. Demnach beinhaltet Hochschulmanagement „ein Tätigkeitsspektrum, das vom Leiten und Führen ganzer Organisationen bzw. Organisationseinheiten über die Organisation von Forschergruppen und Studiengängen bis zum IT-Service reicht" (Nickel und Ziegele 2010, S. 11). Es geht also im allgemeinen Sinne um das Leiten, Steuern, Entwickeln und Organisieren wissenschaftlicher Einrichtungen. Im Folgenden konzentrieren wir uns auf den Hochschulbereich, weil au-

Sigrun Nickel, Centrum für Hochschulentwicklung Gütersloh
Lothar Zechlin, Universität Duisburg-Essen

https://doi.org/10.1515/9783110689884-015

ßeruniversitäre Forschungseinrichtungen einige Spezifika aufweisen, die mitunter ein besonderes Management erfordern (vgl. Hohn 2016, Mayntz 1985). Auch die Ministerialverwaltungen, Regierungen und Parlamente sind nicht Gegenstand dieser Arbeit. Sie sind in der Gedankenwelt des „Neuen Steuerungsmodells" zwar ebenfalls Teil einer Managementlogik, aber in so starkem Maße durch das Funktionssystem der Politik durchdrungen, dass sie einer eigenen Untersuchung bedürfen.

14.2 Grundlagen

Bevor wir die konkreten Beurteilungssysteme von Managementleistungen behandeln, erörtern wir im Folgenden einige hierfür grundlegende Fragen und Informationen. Es geht zum einen um ein Verständnis für die generellen Schwierigkeiten bei der Etablierung der neuen Managementlogik in Hochschulen. Dass dieser Prozess nicht reibungslos erfolgt, erklären wir mit dem Spannungsverhältnis, in dem Hochschulen zwischen ihrer historischen Wertrationalität als Institutionen und ihrer an Bedeutung gewinnenden Zweckrationalität als Organisationen stehen. Zu einer Überwindung dieser Spannung könnte eine stärkere Professionalisierung des Hochschulmanagements beitragen, die aber erst im Entstehen ist. Zum anderen verschaffen wir uns einen empirischen Überblick über das bestehende Stellengefüge und über Anreize im Hochschulmanagement. Schließlich erläutern wir unser Verständnis von dem Begriff der Leistung, der nur in Bezug auf Ziele definiert werden kann, was wiederum Auswirkungen auf die Maßstäbe bei der Beurteilung der Leistung hat. Daraus erklärt sich der Dreischritt Ziele/Leistungen/Beurteilungen, nach dem die Abschnitte 14.3 und 14.4 gegliedert sind.

14.2.1 Professionalisierung des Hochschulmanagements zwischen Wert- und Zweckrationalität

Hochschulmanagement hat keine Tradition. Was es schon seit Langem gibt, ist die regelorientierte Verwaltung – ursprünglich eine von einem „Kurator"/einer „Kuratorin" geleitete Außenstelle des Ministeriums in der Universität –, die später zu der durch einen Kanzler/einer Kanzlerin geleiteten Einheitsverwaltung der akademischen und staatlichen Angelegenheiten transformiert worden ist (Blümel 2016; Breitbach 2005). Eine von Jurist(inn)en dominierte konditional programmierte Verwaltung ist aber etwas anderes als ein zweckorientiertes Management (grundlegend zu dieser Unterscheidung Luhmann 1973). Interessanterweise steht eine der ersten Situationen, in denen der Begriff „Management" in einen Zusammenhang mit Hochschulen gestellt wird, in einem solchen juristischen Kontext und ist eher skeptisch konnotiert. Das Bundesverfassungsgericht hatte 1973 in seinem grundlegenden Urteil zur Hochschulorganisation festgelegt, dass die Professor(inn)en bei „Forschung oder Lehre unmittelbar betreffenden Entscheidungen“ in den Kollegialorganen über die Hälfte oder mehr als die Hälfte der Sitze verfügen müssen (BVerfGE 35, 79, Leitsatz 8). Zwei der acht Richter/-innen kritisierten diese Vorgabe nicht nur in verfassungsrechtlicher Hinsicht, sondern sie bezweifelten auch in praktischer Hinsicht, dass eine akademische Selbstverwaltung, die so weitgehend auf den Schultern von Professor(inn)en ruht, die zunehmenden Aufgaben einer Hochschule bewältigen kann. In ihrem Minderheitenvotum verliehen sie deshalb ihrer Befürchtung Ausdruck, dass „eine derart weitgehende Einengung seiner Gestaltungsfreiheit den Gesetzgeber zu Auswegen in Richtung auf ein Wissenschaftsmanagement veranlassen“ könnte (BVerfGE 35, 79, 170).

Wissenschaftsmanagement als Kontrapunkt zu einer durch Professor(inn)en gesteuerten Selbstorganisation – das ist genau die Spannungslage, die Management in Hochschulen schwierig macht. Die beiden Pole entsprechen zwei unterschiedlichen Modi der Handlungskoordination, nämlich der Institution und der Organisation. Jahrhundertelang war die Universität hauptsächlich geprägt durch ihren Charakter als „Institution“, d. h. „eine Sinneinheit von habitualisierten Formen des Handelns und der sozialen Interaktion, deren Sinn und Rechtfertigung der jeweiligen Kultur entstammen“ (Gukenbiehl 2016, S. 174). Ihre kulturelle Basis besteht in den innerhalb und außerhalb der Universität geteilten Werten und Überzeugungen, die selbstverständlich sind und nicht weiter hinterfragt werden. Sie folgt einer normativen Leitidee, einer „idée directrice“ (Hauriou 1965, zitiert nach Gukenbiehl S. 176), die in universitätstypischen symbolischen Formen und weniger in formalen Regeln zum Ausdruck kommt. Diese Kultur beruht ursprünglich auf einem genossenschaftsähnlichen Selbstverständnis (Lundgren 1992, S. 54), in dem die Professor(inn)en zwar nicht rechtlich die Eigentümer/-innen der Hochschule, aber doch die maßgeblichen Akteure in der Hochschule sind. Als sich im Zuge der Aufklärung der Leitwert der Universität von der Nützlichkeit für den Landesherrn auf Wissenschaft umstellt (Humboldt: „Bildung durch Wissenschaft“), verstärkt sich dieses System professioneller Selbstorganisation noch. Es geriet erst durch den Aufstieg der Natur- und Technikwissenschaften Ende des 19. und durch die Mitte des 20. Jahrhunderts einsetzende „Massenuniversität“ in die Krise, weil es den neuen Anforderungen an die „Produktivkraft Wissenschaft“ und eine „wissenschaftliche Berufsausbildung“ nicht mehr gerecht wurde. Zur Bewältigung dieser Aufgaben entwickelten sich Universitäten stärker in Richtung formaler Organisationen, d. h. „soziale[r] Gebilde, die auf einen bestimmten Zweck orientiert und planmäßig gestaltet sind“ (Mayntz 1963, S. 147). Ein erster Schritt erfolgte in den 1970er-Jahren mit der Einführung der Gruppenuniversität, in der es nicht mehr auf den informalen Konsens innerhalb des Professoriums, sondern auf Mehrheitsentscheidungen ankam. Diese wurden in Gremien getroffen, die nicht mehr eine Vollversammlung der Ordinarien („großer Senat“), sondern gewählte Repräsentationsorgane waren, in denen auch andere Mitgliedergruppen über Sitz und Stimme verfügten. Ein zweiter Schritt folgte unter dem Leitbild der „autonomen“ oder „unternehmerischen“ Universität mit der Stärkung der Entscheidungs- und Managementfähigkeit der Leitungsorgane zulasten der Selbstverwaltungsgremien. Mit dem schönen Titel „Von der Kollegialität zur Hierarchie?“ bringt Hüther (2010) diesen kulturellen Systembruch auf den Punkt. Erst im Zuge dieser „Organisationswerdung“ (Kehm 2012; Nickel 2012) entstand die Notwendigkeit für die zweckorientierte planmäßige Gestaltung in einer Dringlichkeit, die ein eigenständiges Management in der Hochschule erforderlich machte.

Entgegen des ersten Anscheins erweist sich diese Entwicklung allerdings für das Management nicht unbedingt als Erfolgsgeschichte: Sie verschiebt zwar die Gewichtung zugunsten zweckrationaler planmäßiger Gestaltung der Organisation, die tradierten Kulturen, Gewohnheiten und Überzeugungen der Institution verschwinden aber nicht. Hochschulen bleiben an einer informalen Handlungskoordination orientiert, in der nicht die formalen Hierarchien der Hochschulleitungen, sondern – verfassungsrechtlich auf den Wert der Wissenschaftsfreiheit gestützt – die Professor(inn)en als die „Inhaber der Schlüsselfunktion des wissenschaftlichen Lebens“ (BVerfGE 35, 79, 127) auch im Management der Hochschule das Sagen haben. Gerade in jüngster Zeit ist diese professorale Mehrheit durch die (baden-württembergische) Rechtsprechung und Gesetzgebung auch auf die Wahl und Abwahl der Hochschulleitung bis hin zu deren „Urabwahl“ ausgedehnt und gestärkt worden (VerfGH BW WissR 2016, S. 302–332; Zechlin 2017; Sandberger 2018). Die Organisation tritt also nicht an die Stelle der Institution, sie nimmt ihr gegenüber aber zunehmend mehr Gewicht ein. Diese Verschiebung erfolgt in kleinen Schritten über die Gruppenuniversität als „organisierte Institution“ (Luhmann 1992) zu der autonomen Universität als „institutionalisierte Organisation“ (Kosmützky 2010; vgl. zu der Unterscheidung zwischen Institution und Organisation auch Wissenschaftsrat 2018, S. 26 ff.). Das Management „verdankt“ seine Entstehung zwar der Organisationswerdung und soll die Defizite der überkommenen Institution überwinden, muss aber gleichzeitig bei seinen Entscheidungen auf eben diese institutionelle Prägung der Hochschule bezogen bleiben. Unter Begriffen wie „professionelle Organisation“ (Mintzberg), „lose Kopplung“ (Weick), „organisierte Anarchie“ (Cohen und March) u. a. (vgl. zusammenfassend zu den einzelnen Ansätzen Hanft 2008, S. 66–82) wird in der Literatur deshalb die „Reformierbarkeit der Hochschulen nach Managementprinzipien“ (Hanft 2000) problematisiert. Die Folgen für das Management bestehen in einer hohen Uneindeutigkeit bei der Festlegung von Zielen und Erfolgskriterien. In eine prekäre Lage gerät insbesondere das mittlere Management, das sich bei der Erbringung seiner Leistungen an der hierarchisch übergeordneten Hochschulleitung ausrichtet (und auf deren Führungskompetenz vertraut), zugleich aber auch selbst die eine Hochschule horizontal durchziehenden Machtzentren der Hochschullehrenden einbeziehen muss (vgl. Zechlin 2019).

Nun vertragen sich Maßstäbe für Leistungsbeurteilungen nur schlecht mit Uneindeutigkeiten. In der Wissenschaft gewinnen sie Verbindlichkeit durch ihre Entstehung in den „scientific“ oder „epistemic communities“ (Stichweh 2005). Man weiß eben, welches Verhalten als Jurist/-in, Mediziner/-in oder Lehrer/-in vertretbar ist, und im Zweifel gibt es Standesregeln. Solche professionellen Standards bilden sich aber für das Hochschul- und Wissenschaftsmanagement erst allmählich heraus (kurze Bemerkungen dazu in Wissenschaftsrat 2018, S. 13). Deren Professionsgemeinschaften sind erst im Entstehen. Im Jahr 2011 hat sich mit Unterstützung des Stifterverbands für die Deutsche Wissenschaft der Verein „Netzwerk Wissenschaftsmanagement" gegründet, der mit seinen mittlerweile rund 400 Mitgliedern Tagungen durchführt und Positionspapiere erarbeitet (Netzwerk Wissenschaftsmanagement 2018). Seit 2014 existiert das „Netzwerk für Personalentwicklung an Universitäten" (Netzwerk für Personalentwicklung an Universitäten 2018), das ebenfalls mit Unterstützung des Stifterverbands entstanden ist. Auf die längste Tradition blickt der Arbeitskreis Hochschulen in der DeGEval (Gesellschaft für Evaluation 2018) zurück, der Tagungen und Sessions hauptsächlich zum Qualitätsmanagement veranstaltet. Er besteht seit dem Ende der 1990er-Jahre und umfasst nach Auskunft seiner Sprechergruppe 117 Mitglieder (Stand April 2018). Zugleich sind berufsbegleitende Aus- und Weiterbildungsangebote im Hochschul- und Wissenschaftsmanagement in einem starken Wachstum begriffen. Neben den MBA-Studiengängen der Hochschule Osnabrück, der Universität Oldenburg und der Deutschen Universität für Verwaltungswissenschaften in Speyer bieten das Centrum für Hochschulentwicklung in Gütersloh (CHE), das Zentrum für Wissenschaftsmanagement in Speyer (ZWM) und der Hochschulverband (DHV) eine breite Palette an Seminaren, Workshops, Jahresgruppen u. a. an, in denen sich erst allmählich professionelle Selbstverständnisse und Standards für Leistungsbeurteilungen herausbilden.

Es tut sich also etwas in dem Feld, unüberwindbar scheint das erwähnte Spannungsverhältnis (Banscherus 2018, S. 87 spricht gar von einem „Kulturkampf") nicht zu sein.

14.2.2 Bestehende Karrierewege und Anreize

14.2.2.1 Karrierewege in akademischen und administrativen Organisationsbereichen

Wie eingangs geschildert legen wir ein weiter gefasstes Verständnis von Hochschulmanagement zugrunde. Leiten, Steuern, Entwickeln und Organisieren werden als Querschnittsaufgaben gesehen, welche sowohl bei Stellen des akademischen als auch des administrativen Personals angesiedelt sein können (vgl. Nickel 2017). Abbildung 14.1 verdeutlicht beispielhaft, welche Positionen mit Aufgaben des Hochschulmanagements befasst sind:

Die in Abbildung 14.1 vorgenommene Zuordnung der genannten Positionen zu den drei Hierarchiestufen (Einstieg, mittleres Level und Spitzenämter) ist analytisch zu betrachten. Sie soll deutlich machen, dass Managementaufgaben inzwischen auf sehr vielen Ebenen im Hochschulbereich zum Aufgabenprofil gehören, wobei Ausprägung und Umfang stark variieren können: Während Managementtätigkeiten im administrativen Organisationsbereich häufig einen großen Raum einnehmen, spielen diese im akademischen Organisationsbereich oft nur eine Nebenrolle als Zusatzaufgabe

Akademisches Hochschulmanagement
Beispiele Positionen

- ***Einstiegspositionen*:**
  Juniorprofessor/-in, Wissenschaftliche Assistent/-in, Fakultätsassistent/-in, Doktorand(inn)en mit Managementaufgaben
- ***Mittleres Management*:**
  Dekan/-in, Direktor/-in bzw. Vorstand eines Instituts, Leiter/-innen von Forschungsprojekten und Forschungsgruppen, Manger/-innen von Forschungsclustern und Graduiertenschulen
- ***Top-Management*:**
  Rektor/-in, Präsident/-in, weitere Präsidiums- und Rektoratsmitglieder, Vorstandsmitglieder

Administratives Hochschulmanagement
Beispiele Positionen

- ***Einstiegspositionen*:**
  Nachwuchskräfte mit Fachhochschul- oder Universitätsabschluss
- ***Mittleres Management*:**
  Dezernent(inn)en bzw. Leiter/-innen von Verwaltungsabteilungen, Stabsstellen, Leiter/-innen von Fakultätsverwaltungen, Fakultätsmanager/-innen, Qualitätsmanager/-innen
- ***Top-Management*:**
  Kanzler/-innen bzw. Verwaltungsleiter/-innen, Vizekanzler/-innen, Bibliotheksleiter/-innen, Leiter/-innen von Serviceeinrichtungen und Rechenzentren

Quelle: Nickel 2018

Abb. 14.1: Positionen im akademischen und administrativen Hochschulmanagement (Quelle: Nickel, 2018).

neben der eigentlichen wissenschaftlichen Tätigkeit. So sollen sich beispielsweise Juniorprofessor(inn)en primär für die Berufung auf eine anschließende Professur wissenschaftlich qualifizieren. Untersuchungen zeigen aber, dass sie auch sehr stark mit Managementaufgaben innerhalb ihrer Fakultät befasst sind (vgl. Burkhardt und Nickel 2015, S. 355–365.)

Zudem gibt es nach wie vor kaum klar konturierte, systematische Karrierepfade für Hochschulmanager/-innen. Das trifft insbesondere auf Positionen zu, die im wissenschaftlichen Bereich angesiedelt sind. So ist es in der Regel nicht erforderlich, dass beispielsweise eine Hochschulrektorin zunächst als Doktorandin erste Erfahrungen im Management von Forschung und Lehre sammelt, dann zur Dekanin aufsteigt, um sich danach systematisch auf den nächsten Karriereschritt in der Hochschulleitung vorzubereiten (hierzu Bieletzki 2018, S. 77–98). Ähnliches gilt auch für alle anderen in der Kategorie genannten Positionen. Managementkarrieren verlaufen eher zufällig und oft über einen Quereinstieg (vgl. Nickel und Ziegele 2010).

Differenzierter sieht es demgegenüber im administrativen Bereich aus. Um hier eine Leitungsposition beispielsweise als Kanzler/-in übernehmen zu können, sind vorhergehende Qualifikationen und Erfahrungen auf mittleren Positionen in der Regel notwendig. Diese müssen nicht sämtlich im Hochschulbereich erworben worden sein. So gaben 43 Prozent der befragten deutschen Hochschulkanzler/-innen im Rahmen einer empirischen Untersuchung an, bereits vorher im privaten Sektor tätig gewesen zu sein (Hüther und Blümel 2015, S. 10). Gleichwohl ist der „Stallgeruch" gerade im Hochschulbereich immer noch sehr wichtig. 84 Prozent der in der Erhebung von Hüther und Blümel befragten Verwaltungsleitungen verfügten über Berufserfahrung im öffentlichen Sektor (Hüther und Blümel 2015, S. 10).

Dennoch bauen die einzelnen Stationen der Karriereverläufe auch im administrativen Bereich von Hochschulen häufig nicht stringent aufeinander auf. Wer sich hier beruflich weiterentwickeln und/oder aufsteigen möchte, muss überwiegend bereit sein, zwischen inhaltlich sehr unterschiedlich zugeschnittenen Aufgabenfeldern zu springen. So zeigt beispielsweise eine Absolventenanalyse des weiterbildenden Masterstudiengangs „Hochschul- und Wissenschaftsmanagement" der Hochschule Osnabrück, dass eine Karriere über den allmählichen Aufbau einer Fachexpertise in einem bestimmten Gebiet wie Qualitäts-, Forschungs- oder Studiengangsmanagement selten möglich ist (Nickel und Ziegele 2010, S. 105–108). Zudem gibt es auch im administrativen Bereich vermehrt Quereinsteiger, und zwar insbesondere in den neu entstandenen wissenschaftsunterstützenden Bereichen, die eine enge Anbindung an Forschung und Lehre besitzen und eng mit den dort Tätigen kooperieren: „In diesen Zusammenhängen werden die bisher als ‚nicht wissenschaftlich' geltenden Aufgabenbereiche nunmehr als ‚Supportprozesse' betrachtet, welche für die Hochschulen eine wesentliche Voraussetzung für die erfolgreiche Durchführung ihrer ‚Kernprozesse' Forschung sowie Studium und Lehre darstellen" (Banscherus et al. 2017, S. 17). Dieser Personenkreis kommt in den seltensten Fällen über eine klassische Verwaltungsausbildung in seine jeweilige berufliche Position, sondern über ein Studium, über eine Promotions- oder über eine Postdoc-Stelle. Eine akademische Ausbildung ist für diese Berufsbilder eine grundlegende Voraussetzung, um adäquat an der Schnittstelle zwischen Wissenschaft und Administration arbeiten zu können. Managementwissen wird dann üblicherweise „on-the-job" erworben, weshalb die im vorhergehenden Kapitel erwähnten Studiengänge und -kurse im Hochschul- und Wissenschaftsmanagement ausschließlich berufsbegleitend angeboten werden.

14.2.2.2 Materielle und immaterielle Anreize

Welche Anreize gibt es, den Karriereweg als Hochschulmanager/-in einzuschlagen? Materiell gesehen konzentrieren sich die finanziellen Anreize im akademischen Hochschulmanagement überwiegend auf die Top-Positionen, und hier vor allem auf die Rektoren- bzw. Präsidentenstellen. Hierfür können im deutschsprachigen Raum zum Teil beträchtliche Gehälter ausgehandelt werden. Über die genauen Summen ist wenig bekannt, da sie normalerweise nicht öffentlich gemacht werden. In Deutschland haben die Bundesländer in ihren Leistungsbezügeverordnungen festgelegt, wie hoch der Anteil der gewährten Funktionszulagen in der Regel maximal sein darf. Rektor(inn)en an staatlichen Hochschulen in Nordrhein-Westfalen können z. B. bis zu 50 Prozent und hauptamtliche Vizerektor(inn)en bis zu 30 Prozent des Grundgehalts der Besoldungsgruppe W3 als Funktionszulagen erhalten (Nordrhein-Westfalen 2004, § 6 Abs. 2). Kriterien für die Bemessung der Zulagen sind dabei die Größe und Art der Hochschule. Finanziell interessant wird die Amtsübernahme aber erst dadurch, dass hauptberuflichen Mitgliedern der Hochschulleitung weitere Funktionsleistungsbezüge gewährt werden können, die diesen Begrenzungen nicht unterliegen (Nordrhein-Westfalen 2004, § 6 Abs. 4). Zeitungsberichten zufolge lag im Jahr 2012 die Gehaltshöhe der Universitätsrektor(inn)en in NRW zwischen 116.758 und 152.528 Euro (Kühne 2014). Nebenberuflichen Vizes, Dekan(inn)en sowie Funktionsträger(inne)n mit vergleichbarer Belastung und Verantwortung kann ein Funktionsleistungsbezug in Höhe von bis zu 20 Prozent des jeweiligen Grundgehalts gewährt werden (Nordrhein-Westfalen 2004, § 6 Abs. 5). In der Realität fallen die Zuverdienstmöglichkeiten bei diesen nachgeordneten „Manager-Academics" (Deem und Brehony 2005) allerdings eher bescheiden aus, wie eine entsprechende Richtlinie der Ruhr-Universität Bochum exemplarisch verdeutlicht. Dort ist u. a. festgelegt, dass Dekan/-innen je nach Größe ihrer Fakultät/ihres Fachbereichs ein Zubrot zwischen 150 und 250 Euro und Studiendekan/-innen von 100 Euro monatlich erhalten (Ruhr-Universität Bochum 2012, Absatz IV).

Ein ähnliches Zulagensystem und Aushandlungsspielräume gibt es im administrativen Organisationsbereich selten. Der staatliche Sektor ist durch die Gesetze zur Beamtenbesoldung bzw. durch den Tarifvertrag für den Öffentlichen Dienst (TV-ÖD) geregelt. Die Möglichkeit einer leistungsorientierten Vergütung im Öffentlichen Dienst wurde in Deutschland zwar 2007 grundsätzlich geschaffen, jedoch für den Tarifvertrag der Länder (TV-L), der auch für die staatlichen Hochschulen als Ländereinrichtungen gilt, aufgrund anhaltender Kritik nach kurzer Zeit wieder verworfen (vgl. Meerkamp und Dannenberg 2014). Es greift demnach weiterhin das Prinzip, wonach primär die Verweildauer belohnt wird und nicht die Leistung. Für private Hochschulen gelten andere Bedingungen, da diese nicht an die Besoldungs- oder Tarifregelungen des Öffentlichen Dienstes gebunden sind und bei der Aushandlung von Arbeitsverträgen eher wie Unternehmen und damit freier agieren können.

Im administrativen Hochschulmanagement hat sich in puncto finanzieller Anreize am meisten auf der Ebene der Verwaltungsleitungen getan. Hier wurden die Dauerstellen an den staatlichen Hochschulen, meist mit Beamtenstatus, inzwischen weitgehend in zeitlich befristete Wahlämter umgewandelt (Blümel 2016, S. 180–182), wobei allerdings die Stelleninhaber/-innen einen mittlerweile verfassungsgerichtlich gesicherten Anspruch auf unbefristete Weiterbeschäftigung in einem gleichwertigen Amt nach Ende der Amtszeit besitzen (BVerfG vom 24.4.2018, Az.: 2 BvL 10/16). Die Flexibilisierung der Vertragsverhältnisse für Kanzler/-innen an den staatlichen Hochschulen wirkt sich auch auf die Gehaltsstrukturen aus. Bestanden diese früher eher homogen aus einer A- oder B-Besoldung (Spitzenbeamt/-innen), finden sich auf dieser Hierarchiestufe mittlerweile ebenso Angestelltengehälter nach TV-ÖD bis hin zu Einkommen nach der W-Besoldung mit Funktionszulagen, die bis vor einigen Jahren ausschließlich für Professuren galt. Der Grund dafür lässt sich vor allem in den organisationalen Veränderungen der Hochschulen sehen: „Im Hinblick auf institutionellen Wandel der Hochschulorganisation und die Verwaltungsleitung impliziert die Einführung der Befristung sowie die Anwendung neuer Besoldungsordnungen für die Hochschulverwaltungsleitung das Bemühen, die Leitungspositionen der Hochschule aus dem spezifisch staatlichen Kontext des Berufsbeamtentums herauszulösen. Hochschulen als wettbewerbsfähige Organisationen sowie die damit verbundene Zuschreibung sollen so auch über eine am Managementerfolg messbar konfigurierte Verwaltungsleitung verfügen" (Blümel 2016, S. 183).

Immaterielle Anreize für Personen in den wissenschaftsunterstützenden Managementpositionen, die überwiegend im administrativen Bereich tätig sind, bestehen vor allem in der Aussicht auf eine sichere, d. h. unbefristete, berufliche Position im Öffentlichen Dienst, welche sich zudem in einem dynamischen und vielfältigen Arbeitsumfeld befindet (Banscherus et al. 2017, S. 139–141). Für Kanzler/-innen bestehen sie vor allem darin, als Verwaltungsleitungen und Mitglieder in Rektoraten bzw. Präsidien an der langfristigen Entwicklung einer Hochschule mitwirken zu können (Blümel 2016, S. 204). Ein ähnlich ausgeprägtes Gestaltungsmotiv ist auch bei Rektor(inn)en bzw. Präsident(inn)en zu finden (Kleimann 2016, S. 429–432). Hinzu kommt hier aber auch noch die Möglichkeit, über die interne Leitungsfunktion eine Reputation aufzubauen, die nach außen und damit über die eigene Institution hinaus wirken kann. Eine gute Reputation erhöht für Rektor(inn)en bzw. Präsident(inn)en zudem die Möglichkeit, weitere (Ehren-)Ämter wie beispielsweise bei der größten Interessenvertretung der deutschen Hochschulen, der Hochschulrektorenkonferenz (HRK) oder ähnlichen nationalen und internationalen Einrichtungen zu übernehmen und damit den Gestaltungsspielraum noch zu erweitern.

14.2.3 Zum Leistungsbegriff im Hochschulmanagement

Bevor Leistungen im Hochschulmanagement beurteilt werden können, muss geklärt werden, was mit diesem Begriff gemeint ist. Wie eingangs erwähnt liegt der Fokus im Rahmen politischer Förderprogramme oder im Zuge der Verteilung der Haushaltsmittel durch den Staat verstärkt auf der Leistungsfähigkeit einer Hochschule als Ganzes und weniger auf den Leistungen einzelner Wissenschaftler/-innen. Das verschiebt die Deutungsmacht. Es geht nicht mehr primär um die akademische Selbstorganisation, in der „exklusiv Wissenschaftler festlegen anhand welcher Kriterien Leistungen beurteilt werden" (Bogumil et al. 2013, S. 30), sondern auch um Management, das ebenfalls zum Erfolg von Hochschulen beiträgt. Der Leistungsbegriff wird deshalb rein funktionalistisch als „Beitrag einer Person zur Erreichung der Ziele der Organisation" (Lohaus 2009, S. 4) verstanden. Auch wenn nicht Personen, sondern Teams, Abteilungen, Zentren oder Fakultäten als Leistungserbringer angesehen werden, geht es um dieses funktionalistische Verständnis. Ohne Klarheit über die Ziele und die damit verbundenen Aufgaben lässt sich deshalb auch keine Klarheit darüber herstellen, ob etwas als Beitrag zur Zielerreichung bzw. Aufgabenwahrnehmung verstanden werden kann und wie es zu bewerten ist. Notwendig ist Transparenz über die relevanten Ziele sowie die entsprechenden Beurteilungsmaßstäbe, und zwar sowohl für die beurteilenden als auch für die beurteilten Personen.

In den beiden folgenden Kapiteln über Leistungsbeurteilungen argumentieren wir deshalb in diesem Dreischritt von Zielen/Aufgaben, Leistungen und Beurteilungsverfahren. Wir gehen der Frage nach, ob und in welchem Ausmaß Leistungsbeurteilungen im obigen Sinne auf das Hochschulmanagement angewendet werden können und zeigen auf, welche Verfahren in diesem Kontext bereits praktiziert werden. Eine Betrachtung des gesamten Hochschulmanagements ist in diesem Rahmen nicht leistbar. Dazu ist – wie aus Abschnitt 14.2.2.1 hervorgeht – die Heterogenität der enthaltenen Berufsgruppen zu groß. Um dennoch eine gewisse Bandbreite abzudecken, haben wir zwei Beispiele gewählt, die unterschiedliche Ebenen des Hochschulmanagements repräsentieren: zum einen die Hochschulleitung und zum anderen den wissenschaftsunterstützenden Bereich in Form von Qualitätsmanager(inne)n.

14.3 Leistungsbeurteilung auf der Führungsebene am Beispiel von Hochschulleitungen

14.3.1 Ziele und Kernaufgaben der Hochschulleitung

Hochschulleitungen unterscheiden sich neben ihrer hierarchischen Position auch durch ihre funktionale Rolle in einem zentralen Punkt von dem übrigen Management. Ihnen sind keine konkreten Organisationsziele, sondern es ist ihnen lediglich der allgemeine Zweck einer Hochschule vorgegeben, durch Forschung, Lehre und Transfer Wissen zu schaffen, zu erhalten und zu verbreiten. Ziele müssen sie daraus erst für die Organisation, die einzelnen Organisationsbereiche und sich selbst ableiten. Auch wenn sie dabei nicht beliebig handeln, sondern an den allgemeinen Zweck der Hochschule gebunden bleiben, verfügen sie über größere Freiheitsgrade in ihrer Aufgabenwahrnehmung. Der Unterschied kommt gut in einem dem Managementforscher Peter Drucker zugeschriebenen Bonmot zum Ausdruck „*Management* is doing things right; *leadership* is doing the right things". Diese Freiheit in der Zielbestimmung ex ante führt zu einer gewissen Vagheit in der Leistungsbeurteilung ex post. Erfolgreich ist die Hochschulleitung nicht schon, wenn sie die von ihr selbst entwickelten und zu verantwortenden Zielsetzungen erfüllt, sondern erst, wenn dadurch der allgemeine Zweck erfüllt wird und die Hochschule eine stabile Position in ihrem Umfeld einnimmt.

Die in diesem Sinne „richtigen Dinge" tut die Leitung zum einen, indem sie durch ein strategisches Management zu der Erarbeitung einer „Policy", d. h. einem inhaltlichen Profil beiträgt, das für das Handeln der Mitarbeiter in Forschung, Lehre und Verwaltung als Richtschnur dient und kontinuierlich auf seine Angemessenheit hin überprüft und angepasst wird. Zum anderen geht es um die Verankerung und Konkretisierung dieser inhaltlichen Zielsetzung für die einzelnen Personen, Teams, Abteilungen, Fakultäten usw. in der Hochschule durch ein operatives Management. Die strategische Zielbildung und die operative Umsetzung müssen zusammenkommen, wenn eine Hochschule erfolgreich sein soll. Das erfordert die Koordination der drei Bereiche

Forschung, Lehre und Organisation. Alle drei sind aufeinander angewiesen und deshalb wichtig, folgen aber unterschiedlichen Eigengesetzlichkeiten. In der Forschung geht es um das an der Sache ausgerichtete und prinzipiell nie abgeschlossene Streben nach Wahrheit, in der Lehre um eine soziale Dimension, nämlich die didaktisch geplante Erzeugung von Qualifikationen, und auch die Organisation folgt einer Eigenlogik: Sie muss in einem zeitlich begrenzten Rahmen Entscheidungen treffen, mit denen das Handeln ihrer Mitglieder koordiniert wird, wobei es, anders als bei der Forschung, nicht auf die Wahrheit, sondern die Mehrheit ankommt (Baecker 2010 macht diese auf Luhmann zurückgehende Unterscheidung der drei „Sinndimensionen" der Organisation für Universitäten fruchtbar, ähnlich Nickel 2012, in diesem Sinne auch Pellert 2000, S. 45: „Die unterschiedliche zeitliche Logik von Entscheidungen auf der administrativen und der akademischen Seite der Universität ist ein wesentlicher Grund für Spannungen zwischen diesen Kulturen").

Damit allerdings ein solches, auf die Innenseite der Hochschule gerichtetes Management zu dem Erfolg einer Hochschule als Ganzes beitragen kann, muss es auf den außerhalb der Hochschule liegenden allgemeinen Zweck bezogen sein. Führungskräfte arbeiten an der Schnittstelle zwischen innen und außen und sorgen für einen produktiven Austausch zwischen diesen beiden Seiten. Die Hochschule muss produktive Antworten auf die Erwartungen geben, die aus ihren Umwelten in Wirtschaft, Politik, Wissenschaftssystem, Erziehungssystem u. a. an sie gerichtet werden. Damit das gelingt, müssen diese Erwartungen nach innen „übersetzt" und dort wissenschaftlich bearbeitet werden. Die Betonung liegt auf „wissenschaftlich", denn in ihrem wissenschaftlichen Charakter besteht die Eigenart einer Hochschule. Es kommt darauf an, dass der „für die Universität wesentliche Widerspruch zwischen ihren akademischen und praktischen Aufgaben nicht aufgehoben, sondern tragbar und fruchtbar gemacht werden kann" (so schon lange vor den Zeiten der Managementuniversität: Joachim Ritter 1956, S. 44; vgl. zu dem Gedanken des „Widerspruchsmanagement" auch Pellert 2000, S. 50). Entscheidend für den langfristigen Erfolg ist eine so verstandene Responsivität, nach der die Beantwortung von Erwartungen etwas anderes ist als deren umstandslose Erfüllung.

Die Kernaufgabe einer Hochschulleitung liegt nach der hier vertretenen Auffassung darin, diese Responsivität sicherzustellen und dabei auch noch die eingangs erwähnte (Abschnitt 14.2.2.1) Spannung zwischen Institution und Organisation aufrechtzuerhalten.

14.3.2 Leistungen

Mit welchen „Beiträgen" kommt eine Hochschulleitung dieser zentralen Aufgabe nach? Sie muss mit ihrem Führungsverhalten das Verhalten der Hochschulmitglieder so beeinflussen, dass die Organisationsziele erreicht werden. Dazu stehen ihr in einer groben Einteilung zwei Möglichkeiten zur Verfügung, die sich gegenseitig ergänzen und deshalb beide ergriffen werden müssen. Sie kann das Verhalten zum einen indirekt über die Schaffung von Strukturen beeinflussen. Dabei kann es sich um formale oder „harte“ Faktoren handeln, wie z. B. den Aufbau fakultätsübergreifender Forschungsschwerpunkte oder Graduiertenschulen oder eines Qualitätsmanagementsystems. Es kann sich aber auch um informale „weiche“ Faktoren handeln, nämlich um die Kultur der Hochschule, die z. B. in einer lebendigen hochschulinternen Öffentlichkeit sichtbar wird, in der Kontroversen thematisiert und ausgetragen werden, aber auch in symbolischen Formen wie Absolventenfeiern, Festveranstaltungen u. Ä., in denen die akademischen Werte wirksam werden. Der andere Weg besteht in der direkten Verhaltensbeeinflussung über Kommunikation, sei es gegenüber einzelnen Wissenschaftler(inne)n, sei es gegenüber der Hochschulöffentlichkeit mit der eigenen Positionierung der Leitung in Debatten und Kontroversen oder sei es auch nur mit der Art und Weise der Sitzungsleitung.

Beide Zugänge hängen zusammen. Die Erarbeitung von Strukturen muss durch Kommunikation begleitet werden und durch sie veränderbar sein; die Kommunikation muss aber auch zu verfestigten Ergebnissen führen und mehr als allgemeines Gerede sein. Vor allem muss das alles zum Gesamterfolg der Organisation beitragen. Ob der eingetreten ist, erweist sich aber oft erst Jahre später. Selbst wenn die maßgeblichen Akteure dann noch im Amt sind, bleibt angesichts der sich rasch ändernden internen und externen Bedingungen die Kausalität ihres Führungshandelns fraglich. Um diese nachzuweisen, müsste man nämlich einen Vergleich zu der Situation ziehen, die ohne das konkrete Handeln der Hochschulleitung eingetreten wäre, und das ist nicht möglich. Diese konstruktiven Schwierigkeiten ziehen auch Folgen für die Beurteilung der Leistungen nach sich. Hinzu kommt der generelle Einwand, den Kieserling (2019) in einem Bericht über eine der wenigen empirischen Untersuchung auf diesem Feld erhebt: „Universitäten sind keine schlecht geführten Unternehmen, sondern soziale Gebilde eines anderen Typs: Ihnen fallen Erfolge wie Misserfolge eher zu, als dass sie in durchsichtigem Zusammenhang zu eigenen Entscheidungen stünden“ (in diesem Sinne auch Baecker 2017).

14.3.3 Derzeit beobachtbare zentrale Beurteilungsverfahren

Wie lassen sich nun diese Beiträge beurteilen? Man könnte zunächst ganz unabhängig von der Kausalität schlichtweg auf den Erfolg der Organisation in ihrer Umwelt blicken. Steht die Hochschule gut da, z. B. in Rankings, wird das dem Wirken der Leitung zugeschrieben. Dasselbe gilt auch für den Fall, dass sie schlecht aussieht, weil sie z. B. bei der Antragstellung zur Exzellenzinitiative ihren bisherigen Exzellenzstatus nicht verteidigen konnte. Auch wenn man sich fragen kann, was ein derartiges Ergebnis eigentlich aussagt, und auch wenn die Kausalität fraglich ist, irrelevant sind derartige Urteile nicht. Sie spielen z. B. für die Wahl oder Wiederwahl einer Hochschulleitung eine Rolle, und in Wahlen liegt immer auch eine Beurteilung vergangener oder für die Zukunft erhoffter Leistungen. In dieser Sichtweise kommt aber auch die Subjektivität der Beurteilenden und in gewisser Weise auch der politische Charakter der Organisation Hochschule zum Ausdruck.

Gehen wir eine Stufe tiefer und betrachten nicht die Wirkungen in der Umwelt der Hochschule, sondern die Beiträge innerhalb der Hochschule, mit denen die Wirkungen erreicht werden sollen, kommen die Strukturen und Prozesse in den Blick. Sind die angestrebten Strukturen, z. B. das Qualitätsmanagementsystem, das Strategiekonzept, das überfakultäre Graduiertenzentrum u. Ä. tatsächlich eingerichtet und haben sie das Verhalten der Hochschulangehörigen in der erhofften Weise beeinflusst oder ist nur eine neue Bürokratie entstanden? Laufen die Prozesse in den neuen Strukturen so, dass Ergebnisse erzielt werden, oder ist alles auf halbem Wege stecken geblieben? Geht es überhaupt um Verhaltensbeeinflussung und Entwicklung oder ist die Legitimation nach außen wichtiger, die durch die neuen Strukturen geschaffen wird? Eine solche Entkoppelung der nach außen gerichteten Schauseite von der internen Arbeitsebene der Organisation lässt sich z. B. häufig bei Evaluationssystemen beobachten. „Much ado about nothing?“, so hat die Hochschulrektorenkonferenz schon vor 20 Jahren in einer Bestandsaufnahme zu diesem Thema gefragt (HRK 1999). Auch diese Schauseite wird in einer mediengesteuerten Umwelt zunehmend wichtiger.

Offenbar betrachten wir entweder Erfolge der Organisation, die wir nicht klar auf Leistungen der Hochschulleitung zurückführen können, oder Beiträge der Hochschulleitung in der Organisation, über deren Wirkungen keine eindeutigen Aussagen getroffen werden können. Wie schon in dem Begriff zum Ausdruck kommt, verlangen Leistungsbeurteilungen neben objektiven Kriterien auch subjektive Interpretationen: das „Urteilen“. Dafür gibt es aber keine allgemeingültige Regeln, wie schon Kant (1977, S. 127) hervorgehoben hat: „Denn zu dem Verstandesbegriffe, welcher die Regel enthält, muss ein Actus der Urteilskraft hinzukommen, wodurch der Praktiker unterscheidet, ob etwas der Fall der Regel sei oder nicht; und da für die Urteilskraft nicht wiederum Regeln gegeben werden können, wonach sie sich in der Subsumtion zu richten habe (weil das ins Unendliche gehen würde)“, kommt eine wissenschaftliche Leistungsbeurteilung hier an ihre Grenzen. Sie lässt sich nur „verwissenschaftlichen“, indem objektive Zahlen und Daten zwar unabdingbar sind, aber eher als Anlass und Grundlage für Diskussionen dienen, in deren Verlauf sie erst aussagekräftig werden. Hier machen sich die Folgen der eingangs erwähnten „Uneindeutigkeit“ für die Beurteilungen bemerkbar. Im Folgenden werfen wir deshalb einen Blick auf drei in der Praxis gängige Beurteilungsverfahren.

14.3.3.1 Das DHV-Ranking

Seit 2009 veröffentlicht der Deutsche Hochschulverband jedes Jahr die „Ergebnisse des DHV-Rankings“ und kürt den „Rektor des Jahres“ (Krüger und Rudinger 2018). Die Beurteilung beruht auf einer Online-Umfrage innerhalb des Verbands, an der rund 10 Prozent der leicht über 30.000 Mitglieder teilnehmen. Diese stellen zunächst jeweils für ihre eigene Hochschule „wichtige Eigenschaften“ eines Rektors auf, wobei jedes Jahr erneut „Führungskompetenz“ am höchsten gewichtet wird. Anhand der fünf

Eigenschaften, denen sie das höchste Gewicht beimessen, benoten sie dann jeweils ihren Rektor. Die Person mit den besten Noten wird zum Rektor des Jahres ernannt und auf der Jahresversammlung des DHV geehrt.

In einer Analyse dieses Verfahrens arbeitet Scherm (2017) heraus, dass die gewählte Methodik wegen der Hochschulspezifik als Grundlage für ein „Ranking" ungeeignet sei. Der Sache nach handele es sich um eine Leistungsbeurteilung durch Mitarbeiter in der Form einer „Vorgesetztenbeurteilung", ohne dass jedoch die hierfür erforderlichen Voraussetzungen erfüllt seien. Weder seien nämlich die Beurteilungsmerkmale aussagekräftig noch seien die Beurteilenden kompetent. Das Verfahren habe deshalb „nichts mit einer validen Leistungsbeurteilung zu tun" (Scherm 2017, S. 84). Möglicherweise als Reaktion auf diese Kritik hat der DHV in dem neuesten „DHV-Ranking" (Krüger und Rudinger 2019) auf die Ermittlung der „wichtigen Eigenschaften" verzichtet und die Vorgehensweise auf die bloße Benotung reduziert. Damit wird sie aber noch mehr in Richtung eines reinen Beliebtheitstests gerückt.

14.3.3.2 Hochschulmanager/-in des Jahres

Seit 2008 vergibt das Centrum für Hochschulentwicklung (CHE) die Auszeichnung „Hochschulmanager/-in des Jahres". Nach der gut dokumentierten Verfahrensweise (CHE 2019) liegt der Auszeichnung ein mehrstufiges Auswahlverfahren zugrunde, welches in einem ersten Schritt auf einer indikatorengestützten Vorauswahl von Hochschulen mit einer im Vergleich zu den anderen Hochschulen besonders positiven Entwicklungsdynamik beruht. Diese Entwicklung wird in mehreren Hauptkategorien (im Jahr 2019 waren das „Forschung und Lehre", „Internationalisierung", „Third Mission" sowie „Hochschulprofil und Qualität") mit jeweils vier bis sieben Einzelindikatoren pro Kategorie (z. B. Erfolge in Rankings oder Wettbewerben, Drittmittelentwicklung, Anzahl internationaler oder nicht traditioneller Studierender) durch Mitarbeiter des CHE aufgrund einer Auswertung von Dokumenten beurteilt. In einem zweiten Schritt werden Informationen gesammelt, die einer Jury die Beurteilung der Frage ermöglichen soll, inwiefern die Erfolge der Hochschule auf das Wirken ihrer Hochschulleitung zurückgehen. Das Erhebungsinstrument ist ein strukturierter Fragebogen. Befragt werden die Rektor(inn)en und Präsident(inn)en selbst sowie ihre Peers in der Hochschule (im Jahr 2019 Hochschulratsvorsitzende, Vizerektor(inn)en bzw. Vizepräsident(inn)en sowie Kanzler/-innen). Unter Berücksichtigung aller Ergebnisse bestimmt in dem dritten und letzten Schritt eine Jury aus acht anerkannten Expert(inn)en eine Gruppe von fünf bis sechs Finalist(inn)en und wählt unter ihnen den Hochschulmanager/die Hochschulmanagerin des Jahres aus.

Die Unterschiede gegenüber dem DHV-Ranking liegen auf der Hand. Der Bezug zu dem Gesamterfolg der Hochschule ist vorhanden, die Beurteilungskriterien sind aussagekräftiger (insbesondere wird das Problem der Kausalität aufgenommen) und die Beurteilenden sind aufgrund ihrer vermuteten persönlichen Kompetenz und der Hinzuziehung von Dokumenten sachkundiger.

14.3.3.3 Institutionelle Evaluation

Im Jahr 2006 fand eine Evaluation des Gründungsrektorats der fusionierten Universität Duisburg-Essen statt. Hintergrund war, dass in der Gründungsphase ein System institutioneller Evaluation der universitätsinternen Organisationseinheiten (Fachbereiche und Dienstleistungseinrichtungen) eingerichtet worden war, das nun ins Laufen gebracht werden sollte. Um vorhandener Skepsis in der Universität zu begegnen, aber auch, weil man einen „Prototypen" brauchte, mit dem das Verfahren einmal ausprobiert und verbessert werden konnte, übernahm das Gründungsrektorat diese Vorreiterrolle und ließ sich selbst als Organisationseinheit evaluieren (vgl. Gruber et al. 2007).

Muster institutioneller Evaluationen in Universitäten ist das im Jahr 1994 eingerichtete Institutional Evaluation Programme (IEP) der European University Association (EUA). Dabei handelt es sich um eine formative Evaluation, also ein Verfahren, das anders als summative Evaluationen nicht auf eine abschließende Entscheidung, sondern auf Lernen und kontinuierliche Verbesserungen abzielt und dabei Elemente der Selbst- und Fremdevaluation kombiniert. Es beginnt mit einem Selbstbericht, in dem die untersuchte Einheit vier aus dem Plan-Do-Check-Act-Kreislauf des Qualitätsmanagements stammende Fragen bearbeitet: „What is the institution trying to do? (mission and objectives)", „How is the institution trying to do it? (policies and processes)", „How does the institution know it works? (monitoring and quality assurance)" und „How does the institution change in order to improve? (capacity for change)" (EUA 2018). Daran schließt sich eine Evaluation mit Vor-Ort-Besuchen der externen Peers an, die einen Fremdbericht mit ihren Eindrücken und Empfehlungen verfassen. Das Verfahren endet mit einer Stellungnahme der evaluierten Einheit zu dem Peer-Report, in der Schlussfolgerungen für Verbesserungen festgehalten und begründet werden („Follow-up").

Die Rektoratsevaluation ist der Sache nach eine Leistungsbeurteilung. Sie bezog sich auf „die Managementleistung des Gründungsrektorats" (Gruber et al. 2007, S. 75), basierte sowohl auf quantitativen Daten wie auch auf mittels Umfragen gewonnenen subjektiven Meinungen und war als Nebeneffekt auch ein Beitrag „zur Ausbildung einer Qualitätskultur" (Gruber et al. 2007, S. 74). Sie führt nicht zu einer Reihung des Rektorats im Vergleich zu anderen Rektoraten, gibt aber den Akteuren und – sofern die Ergebnisse öffentlich gemacht werden – auch der breiteren Hochschulöffentlichkeit Hinweise auf Stärken und Schwächen und somit auf Verbesserungspotenziale. Die Methode ist deshalb zwar sinnvoll, scheint allerdings bezogen auf Hochschulleitungen nicht sehr verbreitet zu sein. Ihre vermehrte Anwendung könnte sich für die Leistungsfähigkeit der Leitungsorgane als produktiv erweisen, vorausgesetzt, sie wird nicht als bürokratische Routineübung aufgefasst. Viel hängt von den subjektiven Dispositionen in den Rektoraten bzw. Präsidien selbst ab.

14.4 Leistungsbeurteilung auf mittlerer Ebene am Beispiel von Qualitätsmanager(inne)n

14.4.1 Ziele und Kernaufgaben des Qualitätsmanagements

Die geschilderte Entwicklung der Hochschulen zu mehr arbeitsteilig vorgehenden Organisationen gepaart mit einer zunehmenden Wettbewerbsorientierung erfordern die Übernahme korporativer Verantwortung nicht nur für die Quantität, sondern auch für die Qualität der erbrachten Leistungen. Die systematische Entwicklung der Qualität von Forschungs- und Lehrleistungen ist zu einem zentralen institutionellen Erfolgsfaktor geworden (vgl. Nickel 2014). Zusätzliches Gewicht hat dieser Aufgabenbereich mit Einsetzen des Bologna-Prozesses Ende der 1990er-Jahre erhalten. Tätigkeiten wie die Durchführung von Lehrveranstaltungsevaluationen, der Aufbau von Qualitätsmanagementsystemen (QM-Systemen) und Akkreditierungsverfahren sowie andere qualitätssichernde Maßnahmen bezogen auf Lehre und Studium nehmen seitdem einen breiten Raum ein.

Das Berufsbild des Qualitätsmanagers/der Qualitätsmanagerin ist in die Gruppe der sich seit geraumer Zeit neu etablierenden Hochschulprofessionen einzustufen (vgl. Kloke 2014). Sie erbringen in zweierlei Hinsicht Unterstützungsleistungen: Zum einen sollen sie die in Forschung und Lehre tätigen Personen dabei unterstützen, ihre Arbeit möglichst gut zu machen und gute Ergebnisse zu erzielen (z. B. die Einwerbung von Drittmitteln für die Forschung oder für den Arbeitsmarkt erfolgreiche Absolvent(inn)en der Studiengänge). Zum anderen sollen sie aber auch Leitungskräften in Präsidien bzw. Rektoraten, Dekanaten oder auf Institutsebene zuarbeiten und diesen fundierte Daten für anstehende Entscheidungen liefern.

Die eigene Position innerhalb der Organisation zu finden, ist für Qualitätsmanager/-innen nicht leicht, weil sich ihr Jobprofil – ähnlich wie bei vielen der derzeit neu entstehenden Jobs im Wissenschaftsmanagement – traditionellen professionellen Zuordnungsmustern entzieht: „Qualitätsmanagerinnen und -manager sind im hier verstandenen Sinne keine Wissenschaftlerinnen und Wissenschaftler, denn die Umsetzung von Konzepten und Verfahren ist das Kerngeschäft dieser Beschäftigtengruppe. Beschäftigte im Qualitätsmanagement verfügen aber über eine akademische Spezialisierung und Herangehensweise. [...] Im Zuge der Professionalisierung von Qualitätsmanagerinnen und -managern wird auf dieser Voraussetzung der wissenschaftlich fundierten Ausbildung aufgebaut und die Kompetenzen insbesondere für die sensible Vermittlung zwischen Wissenschaft und Verwaltung weiterentwickelt" (Klug 2010, S. 89).

Untersuchungen zeigen, dass die Stellen der Qualitätsmanager/-innen überwiegend im administrativen Organisationsbereich von Hochschulen angesiedelt sind (Kloke 2014, S. 191–192). Am häufigsten finden sich solche Position in Stäben, die Leitungspersonen in Rektoraten bzw. Präsidien, in der Regel Vizerektor(inn)en bzw. Vizepräsident(inn)en oder Kanzler(inne)n, direkt zugeordnet sind. Danach folgen

Stellen innerhalb der Verwaltung, insbesondere in einem eigens für diesen Aufgabenbereich zugeschnittenen Dezernat oder in einer Abteilung. Am wenigstens verbreitet sind Stellen in einem Institut oder in einem Zentrum mit eher wissenschaftlichem Charakter. Diese kommen vor allem an größeren Universitäten vor und haben in der Regel den Auftrag, wissenschaftliche Dienstleistungen zu erbringen. Insgesamt unterstreicht die gezeigte organisationale Verortung den Supportcharakter von Qualitätsmanagement-Stellen, wobei zugleich eine ausgeprägte Nähe zu Leitungspersonen zum Ausdruck kommt.

Zu den Hauptaufgabenbereichen zählen – ausgelöst durch den Bologna-Prozess und die damit einhergehende Umstellung der Studienstrukturen – vor allem die Qualitätssicherung von Studium und Lehre sowie die Durchführung von Akkreditierungsverfahren einzelner Studiengänge (Programmakkreditierung) oder ganzer Qualitätsmanagementsysteme (Systemakkreditierung). Deutlich dahinter liegen Aktivitäten bezogen auf die Qualitätsentwicklung der Verwaltung und der Forschung (Kloke 2014, S. 193). Doch trotz dieser unterschiedlichen Schwerpunktsetzungen zeigt sich, dass Qualitätsmanagement inzwischen eine institutionell verankerte Querschnittsaufgabe ist, die alle Tätigkeitsbereiche von Hochschulen betrifft, wenn auch in unterschiedlichem Ausmaß.

14.4.2 Leistungen

Ähnlich wie bei den Hochschulleitungen aufgezeigt, erbringen Qualitätsmanager/-innen nicht nur Leistungen, die „harte“, sondern auch „weiche“ Faktoren betreffen. Zur ersten Kategorie zählen Leistungen, die dazu beitragen, ein Feedback zur Qualität der Ergebnisse zu geben, welche in den Kernbereichen Forschung, Lehre und Studium erarbeitet wurden, um damit einen Beitrag zu systematischer Reflexion und möglicher Verbesserung zu geben. Um ein wirkungsvolles Feedback geben zu können, muss die Anwendung unterschiedlicher Qualitätssicherungsverfahren in regelmäßigen Abständen vorbereitet und durchgeführt werden. Rein hochschulintern betrachtet fallen hierunter vor allem Evaluationsverfahren, welche die Studierendenzufriedenheit, das Studienabbruchverhalten, den Verbleib der Hochschulabsolvent(inn)en, die Entwicklung des wissenschaftlichen Nachwuchses, die Lehr- und Forschungsqualität der Wissenschaftler/-innen in den Fakultäten/Fachbereichen oder Instituten sowie die Qualität von Leitungs- und Verwaltungsabläufen fokussieren. Darüber hinaus gibt es aber auch eine Reihe hochschulexterner Qualitätssicherungsverfahren, welche von den Qualitätsmanager(inne)n in die Wege geleitet und begleitet werden müssen. Diese werden von externen Einrichtungen durchgeführt, die sich von der Qualität hochschulinterner Leistungen überzeugen wollen und deren Begutachtung für die Hochschule von hoher Bedeutung ist. In diesem Zusammenhang sind insbesondere Verfahren zur Evaluation von Drittmittelprojekten durch Fördereinrichtungen oder bei Vor-Ort-Begehungen im Rahmen von Antragstellungen in Förderprogrammen sowie bei der Akkreditierung von Studiengängen oder QM-Systemen für Lehre und Studium zu nennen.

Das zuletzt genannte Thema hat seit Beginn der 2000er-Jahre auch hochschulintern immens an Stellenwert gewonnen. Die Idee dahinter ist, dass hohe Qualität in Forschung und Lehre nur in einer Gemeinschaftsleistung von Wissenschaft und Verwaltung zu erreichen ist. Dazu müssen alle relevanten Bereiche und Beteiligten innerhalb einer Hochschule zu schlüssigen Wirkungsketten verknüpft werden. Die Planung, der Aufbau, die Inbetriebnahme und die kontinuierliche Arbeit mit einem derart gestalteten QM-System gehören zweifellos auch zu den „harten" Faktoren. Hier müssen gemeinsam mit den zentralen und dezentralen Leitungskräften geeignete Organisations- und Entscheidungsstrukturen aufgebaut, strategische Ziele entwickelt, Inputs gesteuert, Ergebnisse beobachtet und Informationen zu deren Qualität gewonnen sowie an handlungs- und entscheidungsrelevante Personen übermittelt werden. Auch das Prozessmanagement spielt in diesem Kontext häufig eine große Rolle (vgl. Nickel 2014).

Es liegt auf der Hand, dass die Arbeit an dieser „Hardware" alleine nicht ausreicht, um die Qualität in Lehre, Studium und Forschung zu sichern und weiterzuentwickeln. Ohne Kommunikation und die Etablierung einer Qualitätskultur funktioniert das Ganze an stark personengetriebenen Organisationen – welche Hochschulen nach wie vor sind – nicht (vgl. Donzallaz 2014). Zwar besitzen die damit zusammenhängenden Leistungen nicht denselben Stellenwert im Berufsalltag wie die zuvor dargestellten, dennoch nimmt die Zusammenarbeit und Kontaktpflege mit anderen hochschulinternen Akteuren einen deutlichen Raum ein. Weniger ausgeprägt ist dagegen die Schnittstellenfunktion nach außen wie z. B. bei der Kontaktpflege und dem Aufbau mit anderen wissenschaftlichen Einrichtungen oder mit Personen und Organisationen in der Politik und der Verwaltung (vgl. Kloke 2014, S. 223–236). Nehmen Qualitätsmanager/-innen darüber hinaus noch eine Leitungsfunktion in einer Verwaltungsabteilung oder einem wissenschaftlichen Zentrum ein, kommen weitere Leistungen wie die Mitarbeiterführung, Finanzmanagement sowie Personal- und Organisationsentwicklung hinzu.

14.4.3 Derzeit beobachtbare zentrale Beurteilungsverfahren

Das vorhergehende Kapitel hat gezeigt, dass die Palette möglicher Leistungen von Qualitätsmanager(inne)n sehr breit gefächert ist und je nach Zuschnitt und organisationaler Einbettung der Stelle unterschiedlich ausfallen kann. Ob sich die konkrete Ausgestaltung der genannten Leistungen auf zuvor transparent vereinbarte Ziele bezieht, lässt sich aus der zur Verfügung stehenden Literatur nicht ableiten. Die Praxiserfahrung legt aber den Schluss nahe, dass dies eher selten geschieht. Entsprechend ist davon auszugehen, dass auch die Beurteilungsverfahren in der Regel nur eingeschränkt zielbezogen erfolgen. Überhaupt gibt es bislang wenig gesichertes Wissen darüber, ob und wie die Leistungsbeurteilung von im Qualitätsmanagement der Hochschulen tätigen Personen erfolgt. Im Folgenden werden drei Verfahren vorgestellt, zu denen derzeit nachvollziehbare Informationen vorliegen.

14.4.3.1 Mitarbeiter-Vorgesetzten-Gespräche

Im administrativen Organisationsbereich von Hochschulen, in dem das Gros der Qualitätsmanagementstellen angesiedelt ist, gehören regelmäßige Gespräche zwischen Mitarbeiter(inne)n und ihren Vorgesetzten mittlerweile zu den häufig eingesetzten Führungsinstrumenten. Das bedeutet allerdings nicht automatisch, dass dieses Verfahren von den deutschen Universitäten und Fachhochschulen flächendeckend eingesetzt wird. Genaue Studien zum Verbreitungsgrad fehlen, sodass sich zur bundesweiten Anwendungshäufigkeit keine validen Aussagen treffen lassen. Dennoch ist davon auszugehen, dass etliche Qualitätsmanager/-innen bereits Erfahrungen mit dieser Art des Leistungsfeedbacks besitzen.

Ziel von Mitarbeiter-Vorgesetzten-Gesprächen (MVG) in Hochschulen sollte sein, „[...] in eine Auseinandersetzung mit der eigenen Leistung zu kommen, Feedback zu erhalten und zu geben und eine gemeinsame Sichtweise über die Weiterentwicklung des eigenen Bereichs (auch in Bezug zur Organisation) zu besprechen" (Pellert und Widmann 2008, S. 75). Im Mittelpunkt steht nicht die Leistungsbeurteilung, sondern eher ein gemeinsamer Austausch über das zurückliegende Geschehen am Arbeitsplatz sowie über zukünftige Pläne. Dieser Charakter spiegelt sich auch in den entsprechenden Dienstvereinbarungen und Leitfäden wider, mit denen Hochschulen ihre MVG üblicherweise regeln (vgl. z. B. Hochschule Bochum 2008). Manche Hochschulen gehen vor diesem Hintergrund noch einen Schritt weiter und versehen die MVG mit einem Namen, der eine unterstützende Konnotation nahelegt. So geht u. a. die Universität Duisburg-Essen vor, die in ihrem Leitfaden von einem „Kooperations- und Förder-Gespräch" (Universität Duisburg-Essen 2007, S. 1) spricht.

Ein Evaluationsbericht der Johannes-Gutenberg-Universität in Mainz zeigt, dass aus Sicht der Mitarbeiter/-innen vor allem die Tatsache geschätzt wird, dass sie in den jährlich stattfindenden MVG ein Feedback zu ihrer Arbeit erhalten. Dabei wird von den Befragten als produktiv hervorgehoben, dass nicht nur Wertschätzendes, sondern auch Kritik und Probleme zur Sprache kommen und ggf. dafür auch Lösungen gefunden werden können (Leipold 2011, S. 12). Bemerkenswert ist, dass Vorgesetzte die Wirkungen von MVG durchweg etwas positiver einschätzen als ihre Mitarbeiter/-innen (Leipold 2011, S. 19). Bisweilen empfinden die Befragten die MVG als unnötig und manche befürchten auch, Repressalien ausgesetzt zu sein oder gegen andere Kolleg(inn)en ausgespielt zu werden (Leipold 2011, S. 12). Insgesamt befinden sich die Skeptiker in dieser Untersuchung aber in der Minderheit.

Wie repräsentativ die dargestellten Ergebnisse sind, lässt sich nicht einschätzen. Ebenso wie zur Verbreitung fehlen auch bundesweite Studien zu den Wirkungen von MVG.

14.4.3.2 Institutionelle Evaluation

In das in Abschnitt 14.3.3.3 dargestellte institutionelle Evaluationsverfahren sind auch das Qualitätsmanagement und die dort tätigen Personen einbezogen, sofern es auf der Ebene der jeweils evaluierten Organisationseinheit (Fächer, Fakultäten/Fachbereiche, Institute, fakultätsübergreifende Serviceeinrichtungen, Zentralverwaltung, Hochschulleitung) ein solches gibt. Der Ansatz der institutionellen Evaluation sieht vor, dass eine von der Hochschulleitung oder dem Hochschulrat beauftragte hochschulinterne Stelle die Qualität aller Subeinheiten der Hochschulorganisation anhand eines festgelegten Verfahrens prüft. Betroffen sind beispielsweise in einer akademischen Einheit „Forschung, Lehre, Nachwuchsförderung, Dienstleistungen, Führung und Verwaltung sowie Organisationsstrukturen" (Universität Zürich 2018, Abschnitt 2). Das Verfahren besteht aus einem internen Selbstbericht und einer Begutachtung durch externe Expert(inn)en. Der Maßstab zur Beurteilung von Dienstleistungen, zu denen auch das Qualitätsmanagement gehört, ist „der Nutzen für die akademische Tätigkeit" (Universität Zürich 2018, Abschnitt 2). Mancherorts wird im Zuge dessen auch die für Qualitätsmanagement zuständige Einheit separat evaluiert, wie dies beispielsweise bei der in Abschnitt 14.3.3.3 erwähnten Universität Duisburg-Essen der Fall ist. Das ehemalige Zentrum für Hochschul- und Qualitätsentwicklung (ZfH) wurde auf Basis der Resultate einer tiefgehenden externen Begutachtung in den Jahren 2016 bis 2017 inhaltlich und strukturell verändert. Nach der Profilschärfung heißt es nun „Zentrum für Hochschulqualitätsentwicklung" (ZHQE) und konzentriert sich stärker als zuvor auf seine Rolle als interner Dienstleister, der die Universität dabei unterstützt, eine möglichst hohe Lehr- und Lernqualität zu gewährleisten.

14.4.3.3 Publikationen und Vorträge

Rankings oder andere durch externe Organisationen vorgenommene personenbezogene Leistungsbeurteilungen, wie sie in den Abschnitten 14.3.3.1 und 14.3.3.2 für Hochschulleitungen näher beschrieben wurden, existieren bezogen auf Qualitätsmanager/-innen nicht. Anders als Hochschulleitungen, die aufgrund ihrer ausgeprägten Schnittstellentätigkeit auch stark nach außen agieren, wirkt diese Personengruppe primär hochschulintern. Wenn Hochschulen mit guten Ergebnissen in Forschung, Lehre und Studium punkten, interessiert das die Öffentlichkeit, wie sie dahin gelangt sind, interessiert jedoch nicht. Vor diesem Hintergrund ist die Leistungsbeurteilung des Qualitätsmanagements für eine breitere Öffentlichkeit nicht von Interesse. Trotzdem sind auch bei Qualitätsmanager(inne)n im Hochschulbereich ausgeprägte Tendenzen zu beobachten, eigene Konzepte sowie Arbeitsmethoden und -ergebnisse einem größeren Publikum zu präsentieren und sich auf diesem Wege auch dem Urteil der hochschulexternen Community zu stellen. Dies beschränkt sich jedoch auf eine rein fachliche Ebene und geschieht in Form von Fachvorträgen und Fachpublikationen.

Die Zahl von Tagungen und anderen Austauschformaten bezogen auf das Qualitätsmanagement von Hochschulen ist seit den 1990er-Jahren immer weiter gestiegen. Auslöser in Deutschland war das „Projekt Q" der Hochschulrektorenkonferenz

(HRK), das dem Thema mit einer Vielzahl von Veranstaltungen über Jahre hinweg stetig mehr Gewicht verlieh. Dieser Trend setzte sich auch nach Beendigung des Projektes fort, so u. a. im Zuge des vom Bund mit rund zwei Milliarden Euro finanzierten „Qualitätspakts Lehre“. In diesem Rahmen finden bundesweit Fach- und Programmkonferenzen sowie Workshops der beteiligten 71 Universitäten, 61 Fachhochschulen sowie 24 Kunst- und Musikhochschulen statt. Auch über die Qualitätsentwicklung von Lehre und Studium hinaus werden Veranstaltungen angeboten, wie etwa zur Qualitätsentwicklung von Forschung, Verwaltung, Wissenstransfer oder wissenschaftlicher Weiterbildung. Deren Veranstalter sind heterogen und reichen von Interessensverbünden wie z. B. den Netzwerken der Forschungs- und Technologiereferent(inn)en oder der Hochschulkanzler/-innen bis hin zu nicht staatlichen Einrichtungen wie dem CHE.

Gleichzeitig ist auch die Zahl der Publikationen zum Qualitätsmanagement in Hochschulen seit den 1990er-Jahren gewachsen. Neben einer Reihe von Fachbüchern zum Thema, die häufig aus Forschungsprojekten und Dissertationen resultieren oder Tagungsbeiträge zusammenfassen, gibt es nunmehr auch eigene Fachzeitschriften wie beispielsweise die „Qualität der Wissenschaft. Zeitschrift für Qualitätsentwicklung in Forschung, Studium und Administration“. Darüber hinaus finden sich Beiträge zum Qualitätsmanagement in Hochschulen auch in breiter angelegten Fachzeitschriften wie dem anwendungsorientierten „Wissenschaftsmanagement“ oder in den wissenschaftlich orientierten „Beiträge[n] zur Hochschulforschung“.

Alles in allem lässt sich festhalten, dass Qualitätsmanager/-innen durchaus Wert darauf legen, über ihre Arbeitsstätte hinaus sichtbar zu werden und sich der Diskussion mit ihrer fachlichen Community zu stellen. Damit kommt hier ein Mechanismus der Leistungsbeurteilung zum Tragen, wie man ihn in erster Linie aus dem Wissenschaftskontext kennt, aber bislang kaum aus dem Verwaltungskontext.

14.4.3.4 Akkreditierung

Bei der Akkreditierung handelt es sich im Hochschulkontext zwar in erster Linie um ein Verfahren, das auf die Zertifizierung von Studiengängen und QM-Systemen für Lehre und Studium durch eine externe Einrichtung, den deutschen Akkreditierungsrat, ausgerichtet ist (vgl. Nickel et al. 2013); dennoch kann der Erfolg oder Misserfolg bei einem Akkreditierungsverfahren dem hochschulinternen Qualitätsmanagement zugerechnet werden, sofern die Durchführung von Akkreditierungsverfahren zum Aufgabenportfolio der jeweiligen Person oder auch der zuständigen Organisationseinheit gehört. Das Abschneiden in Akkreditierungsverfahren sagt allerdings nur implizit etwas über die Leistungen der hochschuleigenen Qualitätsmanager/-innen aus, sodass es mit Vorsicht zu handhaben ist. Die Akkreditierung erfolgt gegenstandsbezogen und nicht bezogen auf die Leistungen einer oder mehrerer Personen. Es ist damit kein Instrument der individuellen Leistungsbeurteilung, sondern beurteilt, wie gut eine Institution bzw. ihre Subeinheiten in der Lage sind, die Qualität in Lehre und Studium zu sichern. Ob aufgrund von Erfolgen oder Misserfolgen in Akkreditierungsverfahren tatsächlich Rückschlüsse auf die Leistungsfähigkeit der hochschulintern tätigen Qualitätsmanager/-innen gezogen werden können, sollte sensibel geprüft werden. Notwendig dafür wäre das Herstellen eindeutiger kausaler Handlungszusammenhänge.

14.5 Resümee

Während das Thema Leistungsbeurteilung in Bezug auf die Wissenschaft oder die Hochschule als Ganzes eine systematische Rolle spielt, existiert es in dem noch relativ jungen Bereich des Hochschulmanagements bislang lediglich in ersten Ansätzen. Diese sind insgesamt noch nicht sehr ausgereift und auch nicht schlüssig mit materiellen und immateriellen Anreizen verknüpft. Dabei zeigen sich Unterschiede zwischen den Hierarchiestufen: Während Leistungen von Hochschulleitungen insbesondere durch extern initiierte Evaluations- und Ratingverfahren öffentlich bewertet werden und Gehälter bis zu gewissen Grenzen verhandelbar sind, herrschen bei den mittleren Managementpositionen vor allem organisationsinterne Feedback-Mechanismen wie beispielsweise Mitarbeiter-Vorgesetzten-Gespräche vor. Diese sind weitgehend von finanziellen Anreizen entkoppelt, da die Gehaltszahlungen in der Regel dem relativ starren Tarifsystem des Öffentlichen Dienstes folgen und wenig Spielraum für die Gewährung von Zulagen lassen. Angesichts der Tatsache, dass etliche mittlere Positionen im Hochschulmanagement lediglich mit Zeitverträgen ausgestattet sind, stellt allerdings bereits die Aussicht auf die Entfristung einer Stelle für viele Stelleninhaber/-innen einen nicht zu unterschätzenden Anreiz dar. Darüber hinaus fehlt es im mittleren Hochschulmanagement an geregelten Aufstiegsperspektiven. Eine Karriere in diesem Bereich setzt üblicherweise die Bereitschaft voraus, das Arbeitsfeld zu wechseln und sich inhaltlich neu einzuarbeiten.

Methodisch bewegen sich Leistungsbeurteilungen zwischen objektiven und subjektiven Vorgehensweisen. Wie in der Wissenschaft selbst geht es um quantitative Daten (Drittmittel, Rankings, Patente u. a.), deren Bedeutung subjektiv erst hergestellt werden muss, und um subjektive Einschätzungen durch Peers, Stakeholder, Mitarbeiter/-innen u. a., deren Überzeugungskraft im Lichte objektiver Daten erhärtet werden muss und deren Validität sich erst mittelfristig ergibt. Der anfangs dieses Beitrags festgestellte Befund der „Uneindeutigkeit" bewahrheitet sich hier. Am sinnvollsten erscheint ein Mix aus subjektiven Fremd- und Selbstbeurteilungen und einem auf objektiven Daten beruhenden Controlling, ähnlich wie das bei formativen Evaluationsverfahren der Fall ist.

Insgesamt ist die Frage nach der Beurteilung von Managementleistungen zentral für die weitere Entwicklung von Hochschulen zu arbeitsteilig vorgehenden Organisationen. Mehr und mehr setzt sich die Erkenntnis durch, dass die Leistungsfähigkeit in den Kernarbeitsbereichen Forschung und Lehre nicht nur von gutem wissenschaftlichen Personal, sondern auch von gutem Managementpersonal abhängt. Insofern wäre es ausgesprochen lohnenswert, auf diesem Gebiet mehr konzeptionelle Arbeit zu leisten als bisher.

14.6 Literaturverzeichnis

Baecker, D. (2017). Agilität in der Hochschule. *die hochschule. journal für wissenschaft und bildung*, 1/2017:19–28.

Baecker, D. (2010). Forschung, Lehre und Verwaltung. In *Unbedingte Universitäten: Was passiert? Stellungnahmen zur Lage der Universität*, S. 311–332. Zürich: diaphanes.

Banscherus, U. (2018). Wissenschaft und Verwaltung an Hochschulen. Ein spannungsreicher Antagonismus im Wandel. *die hochschule. journal für wissenschaft und bildung*, 1-2/2018:87–100.

Banscherus, U., Baumgärtner, A., Böhm, U., Golubchykova, O., Schmitt, S. und Wolter, A. (2017). *Wandel der Arbeit in wissenschaftsunterstützenden Bereichen an Hochschulen*. Düsseldorf: Study der Hans-Böckler-Stiftung Nr. 362. https://www.boeckler.de/pdf/p_study_hbs_362.pdf (abgerufen am 15.01.2020).

Bieletzki, N. (2018). *The Power of Collegiality. A Qualitative Analysis of University Presidents' Leadership in Germany*. Wiesbaden: Springer VS.

Blümel, A. (2016). *Von der Hochschulverwaltung zum Hochschulmanagement*. Wiesbaden: Springer VS.

Blümel, A. und Hüther, O. (2015). *Verwaltungsleitung an deutschen Hochschulen. Deskriptive Zusammenfassung der in 2015 stattgefundenen Befragung der Kanzlerinnen und Kanzler an deutschen Hochschulen*. Kassel: INCHER Working Paper 3. https://www.uni-kassel.de/einrichtungen/fileadmin/datas/einrichtungen/incher/PDFs/INCHERWP3_Bericht_Kanzlerbefragung2015.pdf (abgerufen am 15.01.2020).

Bogumil, J., Burgi, M., Heinze, R. G., Gerber, S., Gräf, I. D., Jochheim, L., Schickentanz, M. und Wannöffel, M. (2013). *Modernisierung von Universitäten. Umsetzungsstand und Wirkungen neuer Steuerungsinstrumente*. Berlin: edition sigma.

Breitbach, M. (2005). Kurator, Kanzler, Vizepräsident – ein deutscher Irrweg? *Wissenschaftsrecht*, Beiheft 15:119 ff.

Burkhardt, A. und Nickel, S. (Hrsg.) (2015). *Die Juniorprofessur. Neue und alte Qualifizierungswege im Vergleich*. Baden-Baden: Nomos.

CHE Centrum für Hochschulentwicklung (2019). Dokumentation des Projekts Hochschulmanager(in) des Jahres. https://www.che.de/download/projektdokumentation-hochschulmanagerin-des-jahres-2019/ (abgerufen am 15.01.2020.).

Deem, R. und Brehony, K. J. (2005). Management as Ideology: The Case of 'New Managerialism' in Higher Education. *Oxford Review of Education*, Vol. 31(No. 2):217–235.

Donzallaz, D. (2014). Vom „Schwachsinn" zur Qualitätskultur – Tipps für den Umgang mit Problemen beim Aufbau von QM-Systemen in Universitäten. In S. Nickel (Hrsg.), *Implementierung von Qualitätsmanagementsystemen: Erfahrungen aus der Hochschulpraxis*, Arbeitspapier Nr. 163, S. 27–38. Gütersloh: CHE. http://www.che.de/downloads/CHE_AP_163_Qualitaetsmanagementsysteme_2014.pdf (abgerufen am 15.01.2020).

EUA European University Association (2018). Institutional Evaluation Programme. http://www.iep-qaa.org/ (abgerufen am 15.01.2020).

DeGEval Gesellschaft für Evaluation (2018). Arbeitskreis Hochschulen. https://www.degeval.org/arbeitskreise/hochschulen/ (abgerufen am 15.01.2020).

Gruber, S. et al. (2007). Evaluation der Hochschulleitung – Vorbild oder Ausnahme? Ein Erfahrungsbericht der Rektoratsevaluation an der Universität Duisburg-Essen. *Hochschulmanagement*, Heft 3/2007:73–78.

Gukenbiel, H. L. (2016). Institution und Organisation. In H. Korte und B. Schäfers (Hrsg.), *Einführung in die Hauptbegriffe der Soziologie*, S. 173–193. Wiesbaden: Springer VS, 9., überarbeite und aktualisierte Aufl.

Hanft, A. (2008). *Bildungs- und Wissenschaftsmanagement*. München: Vahlen.
Hanft, A. (Hrsg.) (2000). *Hochschulen reformieren? Zur Reformierbarkeit der Hochschulen nach Managementprinzipien*. Neuwied, Kriftel, Berlin: Luchterhand.
Hauriou, M. (1965). Die Theorie der Institution und andere Aufsätze. Herausgegeben von Roman Schnur. Berlin. Orig. frz. 1925.
Hochschule Bochum (2008). *Dienstvereinbarung Mitarbeiterinnen- und Mitarbeitergespräche*. Bochum: Online-Dokument der Hochschule Bochum. Internes Dokument.
HRK Hochschulrektorenkonferenz (1999). *Much Ado About Nothing? Evaluation of Teaching and Learning and its Consequences. Beiträge zur Hochschulpolitik 5/1999*. Bonn: Hochschulrektorenkonferenz.
Hohn, H.-W. (2016). Governance-Strukturen und institutioneller Wandel des außeruniversitären Forschungssystems Deutschlands. In D. Simon, A. Knie, S. Hornbostel und K. Zimmermann (Hrsg.), *Handbuch Wissenschaftspolitik*, S. 549–672. Wiesbaden: Springer VS.
Hornbostel, S. (2016). (Forschungs-)Evaluation. In D. Simon, A. Knie, S. Hornbostel und K. Zimmermann (Hrsg.), *Handbuch Wissenschaftspolitik*, S. 243–260. Wiesbaden: Springer VS.
Hüther, O. (2010). *Von der Kollegialität zur Hierarchie? Eine Analyse des New Managerialism in den Landeshochschulgesetzen*. Wiesbaden: VS Verlag für Sozialwissenschaften.
Kant, I. (1977). Über den Gemeinspruch: Das mag in der Theorie richtig sein, taugt aber nicht für die Praxis. In Ders. (Hrsg.), *Anthropologie, Geschichtsphilosophie, Politik und Pädagogik 1*, Werkausgabe Band XI, hrsg. von Wilhelm Weischedel, S. 127 ff., Frankfurt am Main.
Kehm, B. (2012). Hochschulen als besondere und unvollständige Organisationen? Neue Theorie zur „Organisation Hochschule". In U. Wilkesmann und C. J. Schmid (Hrsg.), *Hochschule als Organisation*, S. 17–25. Wiesbaden: Springer VS.
Kieser, A. (2010). Unternehmen Wissenschaft? *Leviathan*, 38(3):347–367.
Kieserling, A. (2019). Universitäten unter Leistungsdruck. *Frankfurter Allgemeine Sonntagszeitung*, S. 58.
Kleimann, B. (2016). *Universitätsorganisation und präsidiale Leitung. Führungspraktiken in einer multiplen Hybridorganisation*. Wiesbaden: Springer VS.
Kloke, K. (2014). *Qualitätsentwicklung an deutschen Hochschulen. Professionstheoretische Untersuchung neuer Tätigkeitsfelder*. Wiesbaden: Springer VS.
Klug, T. (2010). Professionelle Kompetenz für das Qualitätsmanagement in der Wissenschaft. In F. Zellweger-Moser und G. Bachmann (Hrsg.), *Zwischen Administration und Akademie – Neue Rollen in der Hochschullehre*. Zeitschrift für Hochschulentwicklung, Themenheft Nr. 4, S. 82–93. https://www.zfhe.at/index.php/zfhe/issue/view/26 (abgerufen am 15.01.2020).
Kosmützky, A. (2010). *Von der organisierten Institution zur institutionalisierten Organisation? Eine Untersuchung der (Hochschul-)Leitbilder von Universitäten*. Diss. phil., Universität Bielefeld. https://pub.uni-bielefeld.de/publication/2303944 (abgerufen am 15.01.2020).
Krüger, T. und Rudinger, G. (2018). Rektor und Wissenschaftsminister des Jahres 2018. Ergebnisse des DHV Rankings. *Forschung und Lehre*, Heft 3:214–217.
Krüger, T. und Rudinger, G. (2019). Rektor und Wissenschaftsminister des Jahres 2019. Ergebnisse des DHV Rankings. *Forschung und Lehre*, Heft 3:242–245.
Kühne, A. (2014). Ärger um schnell steigende Gehälter der Uni-Rektoren. In NRW wurden Listen über die Gehälter der Rektoren an die Öffentlichkeit durchgestochen. Aachens Rektor bekommt am meisten. *Tagesspiegel*, 24.2.2014. https://www.tagesspiegel.de/wissen/was-uni-chefs-verdienen-aerger-um-schnell-steigende-gehaelter-der-uni-rektoren/9531172.html (abgerufen am 15.01.2020).

Leipold, J. (2011). *Evaluationsbericht. Das Mitarbeitergespräch an der JGU. Ergebnisse der Mitarbeiterbefragung*. Mainz: Online-Publikation der Johannes-Gutenberg-Universität. https://www.blogs.uni-mainz.de/personalentwicklung/files/2018/04/Bericht_MAGevaluation.pdf (abgerufen am 15.01.2020).

Lohaus, D. (2009). *Leistungsbeurteilung*. Göttingen u. a.: Hogrefe.

Luhmann, N. (1992). Die Universität als organisierte Institution. In A. Kieserling (Hrsg.), *Universität als Milieu*, S. 90–99. Bielefeld: Haux.

Luhmann, N. (1973). *Zweckbegriff und Systemrationalität*. Frankfurt am Main: Suhrkamp.

Lundgren, P. (1992). Universität und Hochschule. Ein geschichtlicher Überblick. In *Deutschland. Porträt einer Nation*, Band 5, Bildung, Wissenschaft, Technik, S. 54 ff. Gütersloh: Bertelsmann.

Mayntz, R. (1985). *Forschungsmanagement – Steuerungsversuche zwischen Skylla und Charybdis*. Opladen: Westdeutscher Verlag GmbH.

Mayntz, R. (1963). *Soziologie der Organisation*. Hamburg: Rowohlt.

Meerkamp, A. und Dannenberg, O. (2014). Zur Situation des Leistungsentgelts im öffentlichen Dienst. *Der Personalrat*, 6/2104. https://bund-laender-nrw.verdi.de/tarif/++co++86985166-f6d9-11e3-bb85-525400248a66 (abgerufen am 15.01.2020).

Musselin, C. (2007). Are Universities Specific Organisations? In Krücken, Kosmützky und Torka (Hrsg.), *Towards a Multiversity?*, S. 63–84. Bielefeld: Transcript.

Netzwerk für Personalentwicklung an Universitäten" (2018). http://uninetzpe.de/ (abgerufen am 15.01.2020).

Netzwerk Wissenschaftsmanagement (2018). https://www.netzwerk-wissenschaftsmanagement.de/index.php (abgerufen am 15.01.2020).

Nickel, S. (2018). Karrieremöglichkeiten im Hochschul- und Wissenschaftsmanagement: Ein Überblick. Vortrag am 5. Juli 2018 im Rahmen von GRADE Goethe Research Academy For Early Career Researchers an der Goethe Universität Frankfurt.

Nickel, S. (2017). Professionalisierungsprozesse im Hochschulmanagement. In L. Truniger (Hrsg.), *Führen in Hochschulen. Anregungen und Reflexionen aus Wissenschaft und Praxis*, S. 89–103. Wiesbaden: Springer VS.

Nickel, S. (2014). Typologie und Erfolgsfaktoren von QM-Systemen in Hochschulen – Ein Überblick. In S. Nickel (Hrsg.), *Implementierung von Qualitätsmanagementsystemen: Erfahrungen aus der Hochschulpraxis*, Arbeitspapier Nr. 163, S. 3–25. Gütersloh: CHE. http://www.che.de/downloads/CHE_AP_163_Qualitaetsmanagementsysteme_2014.pdf (abgerufen am 15.01.2020).

Nickel, S., Duong, S. und Ulrich, S. (2013). *Informationsstrukturen zur Beurteilung von Leistungen in Forschung, Lehre und Studium. Akteure und Datenangebote in Deutschland*. Arbeitspapier Nr. 172. Gütersloh: CHE. http://www.che.de/downloads/CHE_AP_172_Leistungsbewertung_in_der_Wissenschaft.pdf (abgerufen am 15.01.2020).

Nickel, S. (2012). Engere Koppelung von Wissenschaft und Verwaltung und ihre Folgen für die Ausübung professioneller Rollen in Hochschulen. Hochschulen als besondere und unvollständige Organisationen? Neue Theorie zur „Organisation Hochschule". In U. Wilkesmann und C. J. Schmid (Hrsg.), *Hochschule als Organisation*, S. 279–292. Wiesbaden: Springer VS.

Nickel, S. und Ziegele, F. (2010). *Karriereförderung im Wissenschaftsmanagement – nationale und internationale Modelle. Eine empirische Vergleichsstudie im Auftrag des Bundesministeriums für Bildung und Forschung BMBF.* Band 1. Gütersloh: CHE. http://www.che.de/downloads/Studie_Karrierefoerderung_im_Wissenschaftsmanagement_Band_1.pdf (abgerufen am 15.01.2020).

Nordrhein-Westfalen (2004). Verordnung über die Gewährung und Bemessung von Leistungsbezügen sowie über die Gewährung von Forschungs- und Lehrzulagen von Hochschulbediensteten (Hochschul- und Leistungsbezügeverordnung – HLeistBVO) vom 17. Dezember 2004. Ministerium des Innern des Landes Nordrhein-Westfalen. https://recht.nrw.de/lmi/owa/br_bes_text?anw_nr=2&gld_nr=2&ugl_nr=20320&bes_id=6588&menu=1&sg=0&aufgehoben=N&keyword=leistungsbez%FCgeverordnung#det0 (abgerufen am 15.01.2020).

Pellert, A. (2000). Expertenorganisationen reformieren. In A. Hanft (Hrsg.), *Hochschulen managen? Zur Reformierbarkeit der Hochschulen nach Managementprinzipien*, S. 39–55. Neuwied: Luchterhand.

Pellert, A. und Widmann, A. (2008). *Personalmanagement in Hochschule und Wissenschaft*. Münster, New York, München, Berlin: Waxmann.

Ritter, J. (1956). Diskussionsbeitrag. In H. J. Wolf (Hrsg.), *Die Rechtsgestalt der Universität*, S. 43 f. Köln und Opladen: Westdeutscher Verlag.

Ruhr-Universität Bochum (2012). Richtlinie des Rektorats zur Gewährung von Leistungsbezügen an der Ruhr-Universität Bochum. Stand Januar 2012. https://www.hochschulverband.de/fileadmin/redaktion/download/pdf/hsg/LBG/Bochum_Leistungsbezuege.pdf (abgerufen am 15.01.2020).

Sandberger, G. (2018). Zurück zur Professorenmehrheit – Anmerkungen zum Gesetz zur Weiterentwicklung des Hochschulrechts vom 13. März 2018. *Ordnung der Wissenschaft*, 3(2018):191–200.

Scherm, E. (2018). Was verbirgt sich hinter dem DHV-Ranking „Rektor des Jahres"? *Qualität in der Wissenschaft*, Heft 3 + 4:82–85.

Schneijderberg, C., Merkator, N., Teichler, U. und Kehm, B. M. (Hrsg.) (2013). *Verwaltung war gestern? Neue Hochschulprofessionen und die Gestaltung von Studium und Lehre*. Frankfurt, New York: Campus Verlag.

Stratmann, F. (2011). *Herr Luhmann, gibt es eigentlich die Hochschulverwaltung noch?* Hannover: HIS. https://his-he.de/fileadmin/user_upload/Publikationen/Projektberichte_alte_Website/Standpunkt_Hochschulverwaltung.pdf (abgerufen am 15.01.2020).

Stichweh, R. (2005). Neue Steuerungsformen der Universität und die akademische Selbstverwaltung. Die Universität als Organisation. In U. Sieg und D. Korsch (Hrsg.), *Die Idee der Universität heute*, S. 123–134. Marburg/Lahn: Saur.

Truniger, L. (Hrsg.) (2017). *Führen in Hochschulen. Anregungen und Reflexionen aus Wissenschaft und Praxis*. Wiesbaden: Springer VS.

Universität Duisburg-Essen (2007). Leitfaden für das Kooperations- und Fördergespräch als Mitarbeiter-Vorgesetzten-Gespräch an der Universität Duisburg-Essen. Online Dokument der Universität Duisburg-Essen. https://www.uni-due.de/imperia/md/content/prwiss/leitfaden_kfg.pdf (abgerufen am 15.01.2020).

Universität Zürich (2018). Online-Dokument auf der Homepage der Evaluationsstelle der Universität Zürich. http://www.evaluation.uzh.ch/de.html (abgerufen am 15.01.2020).

Welpe, I. M., Wollersheim, J., Ringelhan, S. und Osterloh, M. (Hrsg.) (2015). *Incentives and Performance. Governance of Research Organizations*. Heidelberg: Springer.

Wissenschaftsrat (2018). Empfehlungen zur Hochschulgovernance. Drs. 7328–18, Köln.

Zechlin, L. (2019). Die Erfassung der Universität als „institutionalisierte Organisation" und ihre Bedeutung für das Hochschulmanagement. In L. Mitterauer, P. Pohlenz und S. Harris-Huemmert (Hrsg.), *Systeme im Wandel – Hochschulen auf neuen Wegen?*, S. 13–30. Münster: Waxmann.

Zechlin, L. (2017). Wissenschaftsfreiheit und Organisation. Die „Hochschullehrermehrheit" im Grundrechtsverständnis der autonomen Universität. *Ordnung der Wissenschaft*, 2017(3):95–108.

René Krempkow und Jule Specht

15 Leistungsbewertung der Nachwuchsförderung an Hochschulen: Ein Überblick

15.1 Einleitung

Im deutschen Hochschulsystem gehört die Nachwuchsförderung zu einer der zentralen Herausforderungen: Einerseits boomt die Wissenschaft gemessen an den Ausgaben, und auch die Anzahl der Nachwuchswissenschaftler/-innen wächst beständig, nämlich um über 75 Prozent seit dem Jahr 2000 (Bundesministerium für Bildung und Forschung 2017). Andererseits fehlt es an langfristigen Perspektiven, insbesondere an Stellen mit unbefristeter Laufzeit. Diese Schieflage hat sich in den letzten Jahren und Jahrzehnten zugespitzt (unter anderem durch die Exzellenzinitiative; Brembs und Welpe, 2019). Sie verlangt zeitnah umfangreiche Veränderungen bei der Nachwuchsförderung im deutschen Wissenschaftssystem, will man nicht weiter an Attraktivität einbüßen. Doch was ist eigentlich Leistung in der Nachwuchsförderung? Und wie lässt sich diese feststellen? Diesen Fragen geht das vorliegende Kapitel nach.

Im Folgenden geben wir einen kurzen Überblick über die aktuelle Situation des wissenschaftlichen Nachwuchses in Deutschland. Anschließend fassen wir Formen der Nachwuchsförderung und deren Messung und Bewertung auf zwei Ebenen zusammen: erstens auf der Makro-Ebene, auf der wir die Nachwuchsförderung mit den Perspektiven in Tätigkeitsbereichen außerhalb der Wissenschaft und deren Veränderungen in den letzten Jahren vergleichen, um so die Attraktivität für eine wissenschaftliche Karriere im Vergleich zu anderen Karrierewegen einordnen zu können, und zweitens auf Meso-, also auf Hochschul-Ebene, auf der wir Leistungskriterien für Hochschulen und Konsequenzen für das Performance-Management gegenüberstellen. Aufbauend auf diesen Betrachtungen formulieren wir Empfehlungen, wie Nachwuchsförderung an deutschen Hochschulen gemessen[43] und bewertet werden kann. Dies soll als Grundlage dafür dienen, die Nachwuchsförderung an Hochschulen in Deutschland zu verbessern, um damit zu einem leistungsstarken und sozial verantwortlichen Wissenschaftssystem beizutragen.

43 Exakt „messbar" im Sinne einer naturwissenschaftlichen Vermessung ist die Nachwuchsförderung in Deutschland derzeit nicht, da es bislang kein elaboriertes Messinstrumentarium gibt. Die derzeit vorhandenen Instrumente erlauben aber durchaus Aussagen über ausgewählte Aspekte und auch über die blinden Flecken der bisherigen Versuche – was nachfolgend noch angesprochen werden soll.

René Krempkow, Humboldt-Universität zu Berlin
Jule Specht, Humboldt-Universität zu Berlin

https://doi.org/10.1515/9783110689884-016

15.2 Die aktuelle Situation des wissenschaftlichen Nachwuchses

Über die Begrifflichkeit wissenschaftlicher Nachwuchs ist eine Debatte entbrannt (vgl. BuWiN 2017, S. 65): Wer zählt dazu? Wer noch nicht? Und wer nicht mehr? Im vorliegenden Kapitel zählen zum wissenschaftlichen Nachwuchs all diejenigen, die in der Wissenschaft tätig sind, sich qualifizieren und keine unbefristete Stelle in der Wissenschaft innehaben. Diese sehr inklusiv gedachte Definition des wissenschaftlichen Nachwuchses umfasst daher unter anderem Promovierende, wissenschaftliche Mitarbeiter/-innen ohne Promotion (bis unter 35 Jahren) und mit Promotion (bis unter 45 Jahren), befristet beschäftigte Akademische Rät/-innen, Habilitierende und Juniorprofessor(inn)en sowie Nachwuchsgruppenleitungen (vgl. BuWiN 2017, S. 66).

Der Situation studentischer Hilfskräfte wird im hochschulpolitischen Diskurs beim Thema wissenschaftlicher Nachwuchs vergleichsweise wenig Aufmerksamkeit geschenkt. Dass ihnen in diesem Zusammenhang eine Nebenrolle zugewiesen wird, ist insofern erstaunlich, als dass studentische Hilfskräfte zum einen die nächste Generation an Wissenschaftler(inne)n darstellen und oft während des Studiums für eine wissenschaftliche Karriere angeworben werden (vgl. Bargel und Röhl 2006) und zum anderen tatkräftig dabei unterstützen, den Lehr- und Forschungsbetrieb an Hochschulen aufrechtzuerhalten. Aus diesem Selbstverständnis heraus kämpfen – insbesondere in Berlin – studentische Beschäftigte für Verbesserungen im Tarifvertrag und lehnen eine Aufgabenübertragung in der universitären Verwaltung ab (anstelle in Forschung und Lehre, für die sie eigentlich eingesetzt werden sollen).

Weit mehr Aufmerksamkeit kommt der Situation von Wissenschaftler(inne)n zu, die bereits ihr Studium abgeschlossen haben, aber keine dauerhafte Stelle in der Wissenschaft innehaben. Mittlerweile sind 75 Prozent der wissenschaftlichen Mitarbeiter/-innen an Hochschulen befristet beschäftigt (Vgl. Tab. B10, BuWiN 2017). Unter den jüngeren – den unter 45-Jährigen – sind es sogar 93 Prozent (Vgl. Abb. B36, BuWiN 2017).[44] Noch gravierender ist die Situation unter den drittmittelfinanzierten Wissenschaftler(inne)n, von denen sogar 98 Prozent befristet beschäftigt sind (Vgl. Tab B10, BuWiN 2017). Angesichts der Situation in der Wirtschaft, wo nur 19 Prozent befristet beschäftigt sind, und ebenfalls deutlich geringeren Anteilen in außeruniversitären Einrichtungen (84 Prozent, mit Promotion 73 Prozent, vgl. BuWiN 2017, S. 127) muss dies auch bei schwankenden (Drittmittel-)Einnahmen aber keineswegs als zwingend gelten.[45] Obwohl im deutschen Hochschulsystem eine Viel-

44 Vor einer Dekade lag der Anteil deutlich niedriger, so 2005 bei 86 Prozent (BuWiN 2017, S. 127; ähnlich 2013, S. 184).

45 Dies zeigen auch andere europäische Länder mit deutlich geringeren Anteilen an befristet beschäftigten Nachwuchsforschenden, wie die Niederlande mit 40 Prozent oder Norwegen mit 50 Prozent (vgl. Höhle 2015). Ates/Brechelmacher (2013) nennen darüber hinaus (neben den Niederlanden) auch Großbritannien, Irland und Polen als Länder, in denen maximal die Hälfte der Nachwuchsforschenden befristete (Kurzzeit-)Verträge hat.

zahl an Daueraufgaben bearbeitet werden muss, werden diese selten von Personal übernommen, das dauerhaft angestellt ist. Die durchschnittliche Befristungsdauer lag nach der letzten bundesweiten Erhebung für die Hälfte der Arbeitsverträge bei unter einem Jahr (Jongmanns 2011, BuWiN 2017, S. 30). Zwar gibt es einzelne Hochschulen (z. B. in Berlin), deren durchschnittliche Befristungsdauer inzwischen höher ist. Ein Ende hat die Kettenbefristung jedoch meist erst bei der Berufung auf eine unbefristete Professur – oder nach Weggang aus der Wissenschaft. Berufungen erfolgen in Deutschland im Durchschnitt erst in einem Alter von 40 Jahren, also lange Zeit nach Studienabschluss, der derzeit durchschnittlich mit 24 Jahren erreicht wird (StBA 2018).

Gleichzeitig sind die befristeten Stellen oftmals gering bezahlt. Obwohl viele Doktorand(inn)en quasi Vollzeit und damit regelmäßig mehr Stunden pro Woche als vertraglich vereinbart arbeiten (BuWiN 2017, S. 140 f.),[46] erhalten diese teilweise ein unterhalb der Armutsgrenze liegendes Gehalt.[47] Es wird eine Vielzahl von Qualifikationsstellen lediglich mit 50 oder 65 Prozent der regelmäßigen Arbeitszeit vergütet. Besonders deutlich wird das zum Beispiel auch an den Vergütungsmöglichkeiten bei der Deutschen Forschungsgemeinschaft (DFG), die laut DFG-Vordruck 55.02–10/11 unterschiedliche Vergütungsmöglichkeiten je Fach vorsehen. So können in der Geschichtswissenschaft lediglich Stellen mit bis zu 65 Prozent der regulären Arbeitszeit für Promovierende eingeworben werden, beim Maschinenbau aber Stellen mit bis zu 100 Prozent. Unterschiede in der Bezahlung – und damit in der Wertschätzung – von Nachwuchswissenschaftler(inne)n machen also deutlich, dass es systematische fachspezifische Unterschiede in der Nachwuchsförderung gibt.

Aus der Situation des wissenschaftlichen Nachwuchses entstehen mindestens zwei zentrale Probleme: Zum einen verliert die wissenschaftliche Karriere durch diese Beschäftigungsbedingungen an Attraktivität, worauf wir nachfolgend noch zurückkommen. Denn durch mangelnde Nachwuchsförderung riskiert man, die besten Köpfe – die man eigentlich für die Wissenschaft gewinnen und halten möchte – an andere Arbeitgeber zu verlieren (vgl. Krempkow 2017a). Wenn aber die Leistungsfähigsten nicht mehr in gewünschtem Ausmaß gewonnen werden können, sinkt das Leistungspotenzial am Wissenschaftsstandort Deutschland. Zum anderen wirkt sich

---

46 Aufgrund der föderal verfassten Bildungslandschaft in Deutschland hängt es vom jeweiligen Landeshochschulgesetz ab, ob die Promotion oder die wissenschaftliche Weiterqualifikation in einem festgelegten Zeitanteil von z. B. einem Drittel in der Arbeitszeit stattfinden kann (so lt. BuWiN 2013, S. 67, in BE, HB, HH, HE, SL, SN und TH), oder nicht.

47 So verfügen in den Sozialwissenschaften und der Geschichtswissenschaft etwas mehr als 15 bzw. 20 Prozent der Promovierenden über weniger als 826 Euro im Monat und leben somit unterhalb der Armutsgrenze (vgl. Fräßdorf/Kaulisch/Hornbostel 2012, S. 623). Ähnliches berichtet auch der aktuelle BuWiN (2017, S. 60) insbesondere in Bezug auf Lehrbeauftragte sowie Privatdozent(inn)en, deren Stundenlohn – unter Einberechnung der nicht vergüteten Vor- und Nachbereitung übernommener Lehrveranstaltungen – in der Regel unterhalb des Mindestlohns liegt.

eine mangelnde Nachwuchsförderung auf bestimmte Personengruppen besonders hemmend aus. Und so kommt es, dass unter denjenigen, die die Wissenschaft im Laufe ihrer Karriere verlassen, überproportional viele Frauen sind, viele Menschen mit Eltern ohne Hochschulabschluss sowie Personen mit Migrationshintergrund (vgl. StBA 2017, Krempkow 2017a, 2019).

Zum Thema Leistungsbewertung in der Nachwuchsförderung soll nachfolgend zunächst die Lage in Deutschland insgesamt (Makro-Ebene) bezüglich seiner Entwicklung in den letzten zehn bis 15 Jahren reflektiert werden, bevor danach die Ebene Land-Hochschulen (Meso-Ebene) betrachtet wird.

15.3 Nachwuchsförderung aus der Makro-Perspektive: Vergleich mit Tätigkeitsbereichen außerhalb der Hochschulen

Die Leistungsfähigkeit des deutschen Wissenschaftssystems hängt neben den Fördermöglichkeiten in hohem Maße auch von den Möglichkeiten der Rekrutierung junger Wissenschaftler/-innen ab. Denn nicht etwa aus allen, sondern nur aus dem Pool der eine (weitere) Tätigkeit in der Wissenschaft anstrebenden Personen können die Wissenschaftseinrichtungen letztlich ihren Nachwuchs rekrutieren. Hierbei stellt sich anders als in früheren Jahren inzwischen die Frage, inwieweit der wissenschaftliche Nachwuchs noch in die Wissenschaft will. Es geht also „im Kern darum, qualifizierte Wissenschaftler auf allen Stufen der wissenschaftlichen Laufbahn zu attrahieren" (Peus et al. 2015, S. 4). Deshalb soll anhand von Ergebnissen empirischer Analysen zuerst der Frage nachgegangen werden, inwieweit es derzeit noch gelingen kann, „die Besten für die Wissenschaft zu gewinnen", wie es u. a. vom Wissenschaftsrat (z. B. 2014) mehrfach gefordert wurde.

Die in den letzten Jahren veröffentlichten Studien zeigen, dass ein großer Teil der Nachwuchsforschenden keineswegs auf das Berufsziel Hochschule beziehungsweise akademische Wissenschaft festgelegt ist (vgl. BuWiN 2017, 2013) und dass sich die Tendenz zum Weggang aus der Wissenschaft verstärkt. So ergab eine vom BMBF geförderte Stifterverbands-Studie, dass erstmals eine Mehrheit aller Nachwuchsforschenden in Deutschland ihre berufliche Zukunft außerhalb der Wissenschaft sieht (vgl. Krempkow et al. 2016, S. 32), während dies zuvor nur für einzelne Gruppen von Nachwuchsforschenden galt.

Wissenschaftseinrichtungen befinden sich damit nicht nur untereinander in einem verstärkten Wettbewerb um die besten Nachwuchsforschenden, sondern unter anderem auch mit Unternehmen der Privatwirtschaft. Dies gilt in besonderem Maße im Hinblick auf Unternehmen mit Forschungs- und Entwicklungsabteilungen, weil diese für forschungsaffine Nachwuchswissenschaftler/-innen attraktiv sind, die wiederum auch das Rekrutierungspotenzial des Hochschullehrer(innen)nachwuchses bilden. Ein Spannungsverhältnis zwischen Hochschulen und Unternehmen entsteht allerdings nur, wenn deren Attraktivität als Arbeitgeber *nicht* zumindest annähernd als gleichwertig wahrgenommen wird.[48]

Insgesamt gaben nach einer jüngsten Erhebung (Krempkow et al. 2016) 39 Prozent der Promovierenden und damit deutlich weniger als 2012 (47 Prozent) an, dass sie beim Einstieg in die akademische Wissenschaft das berufliche Ziel des dauerhaften Verbleibs hatten. Eine andere Frage ist freilich, wie dies auf die Zukunft bezogen aussieht, denn durch die intensivere Befassung mit Forschung, Lehre und wissenschaftlichem Arbeiten ist eine Veränderung sowohl in die eine als auch in die andere Richtung denkbar. Nur weniger als die Hälfte (45 Prozent) gaben an, sie möchten in der akademischen Wissenschaft verbleiben (2012: mit 54 Prozent noch die Mehrheit der Befragten). Hierbei betrifft der Rückgang besonders eine Tätigkeit als Professor/-in (22 Prozent, minus sieben Prozentpunkte), aber in geringerem Ausmaß auch eine Tätigkeit als Wissenschaftler/-in an einer Hochschule oder Forschungseinrichtung jenseits der Professur (23 Prozent, minus zwei Prozentpunkte). Mit 34 Prozent strebten 2015 die meisten Nachwuchswissenschaftler/-innen eine Tätigkeit in der Wirtschaft mit Forschungs- und Entwicklungsbezug an (2012: 29 Prozent). Auch eine Tätigkeit in der Wirtschaft ohne Forschungs- und Entwicklungsbezug wird im Vergleich zu 2012 mit 22 Prozent vermehrt als Ziel genannt (2012: 16 Prozent).[49]

Da zumindest bis vor relativ kurzer Zeit an den Universitäten eine Professur unabhängig von deren Realisierungschance weitgehend als alleiniges Karriereziel für den wissenschaftlichen Nachwuchs galt (bzw. vielerorts noch gilt, vgl. Müller 2017),[50] sich die Bereitschaft junger Wissenschaftler/-innen hierfür aber in den letzten Jahren deutlich verringerte, ist mit einem eingeschränkten Rekrutierungspotenzial für die Wissenschaftseinrichtungen zu rechnen. Problematisch ist dies vor allem, wenn die Gründe des Weggangs aus Wissenschaftseinrichtungen darauf hindeuten, dass deren Attraktivität als Arbeitgeber eben nicht zumindest annähernd als gleichwer-

48 An anderer Stelle wird auch der Frage nachgegangen, welche Strategien und Maßnahmen aus Sicht der jeweiligen Einrichtungen relevant sind und Erfolg haben, und es wird thematisiert, wie die Nachwuchsforschenden dies wahrnehmen (Krempkow et al. 2016, S. 48 f.).

49 Natürlich unterscheidet sich dies nach Fächergruppen: So streben 2015 die Befragten der Ingenieurwissenschaften (63 Prozent) und der Mathematik/Informatik/Naturwissenschaften (41 Prozent) am häufigsten eine Tätigkeit in der Wirtschaft mit F&E-Bezug an. Bei den Geisteswissenschaften ist das Ziel Professur mit 39 Prozent das relativ gesehen noch am häufigsten genannte Ziel; aber selbst hier ist es damit nicht mehr die Mehrheit der Nachwuchsforschenden.

50 Zwar gibt es bereits länger berufliche Orientierungsangebote für den wissenschaftlichen Nachwuchs zu Tätigkeiten außerhalb von Wissenschaftseinrichtungen. Halbwegs flächendeckend angeboten wurde dies jedoch erst seit etwa einem halben Jahrzehnt; 2006 gab es dies noch nicht einmal an einem Drittel der Hochschulen. Zudem ist der Anteil der Hochschulen, die Angebote zur beruflichen Orientierung für Tätigkeiten außerhalb von Wissenschaftseinrichtungen organisieren, zuletzt um sechs Prozentpunkte auf 80 Prozent der Hochschulen gesunken (Krempkow et al. 2016).

tig mit alternativen Arbeitgebern wahrgenommen wird.[51] Die Ergebnisse zeigen, dass die schlechteren Beschäftigungsperspektiven in der Wissenschaft und die höhere Beschäftigungssicherheit außerhalb der Wissenschaft bei den Nachwuchsforschenden die stärkste Rolle als Grund für einen angestrebten Wechsel spielen.[52]

Für die Attraktivität von Hochschulen für den wissenschaftlichen Nachwuchs (wie für das wissenschaftliche Personal insgesamt) ist es daher auch bedeutsam, inwieweit die Möglichkeit einer unbefristeten Beschäftigung bei entsprechender Leistung vorhanden ist.[53] Die Stifterverbandsstudie (Krempkow et al. 2016) hat hierzu festgestellt, dass zuletzt an deutlich mehr Hochschulen auch unbefristete Stellen beziehungsweise Tenure-Track-Stellen für Nachwuchswissenschaftler/-innen grundsätzlich möglich sind.[54] Dies gilt vor allem bei Juniorprofessuren, für die nach der letzten Erhebung an allen Hochschulen auch solche mit Tenure-Track vorhanden sind (2012 waren es nur 64 Prozent der Hochschulen, vgl. Krempkow et al. 2016). Allerdings wurde hierbei nur von 69 Prozent der Hochschulen zumindest grundsätzlich auch „echter Tenure Track" (mit verbindlicher Entfristung bei Bewährung) angeboten.[55] Diese Relation wird sich durch das Bund-Länder-Programm für 1.000 Tenure-Track-Professuren in den nächsten Jahren zugunsten echter Tenure-Track-Professuren noch verbessern, da deren Schaffung Fördervoraussetzung ist. Für alle anderen Personalkategorien neben der Professur gilt dies weniger (vgl. Krempkow et al. 2016, S. 54): Wenn überhaupt eine Entfristung bei Bewährung vorgesehen ist, dann ist dies bis-

51 In einer DZHW-Studie wurden logistische Regressionen durchgeführt bzgl. des Ziels, eine Tätigkeit außerhalb von F&L anzustreben. Dabei zeigte sich der stärkste Zusammenhang für die Selbstwirksamkeitserwartung, am zweit- und drittstärksten Karriereorientierung und Arbeitsplatzsicherheit; Elternschaft sowie Akademikerherkunft senken Verbleibswahrscheinlichkeit (Briedis et al. 2014). Das heißt, selbstbewusste, karriereorientierte, langfristig Interessierte, Frauen, Eltern und Akademikerkinder streben eine Beschäftigung signifikant stärker außerhalb der Wissenschaft an (für eine Diskussion dieser Analyse und Einordnung in weitere Ergebnisse vgl. Krempkow et al. 2014).

52 Dagegen spielt „eine höhere Arbeitsbelastung in der Wissenschaft" als Grund generell nur eine geringe Rolle (für weitere Angaben zu Wechselgründen vgl. Krempkow et al. 2016, S. 35 f.).

53 So hatte auch der Wissenschaftsrat (2014, S. 6) bereits formuliert: „Deutschland braucht ein faires, qualitätsorientiertes und wettbewerbsfähiges Wissenschaftssystem. Dazu gehören adäquate Karriereziele und -wege an Universitäten". Bereits in früheren Veröffentlichungen hatte er zudem gefordert, dass die Entscheidung über den längerfristigen Verbleib in der Wissenschaft zu einem früheren Zeitpunkt fallen sollte. 2016 hatte auch der sogenannte Imboden-Bericht zur Evaluation der Exzellenzinitiative in Deutschland (vgl. IEKE 2016, S. 28) kritisiert, dass die endgültige Entscheidung über eine akademische Karriere eher in eine spätere Lebensphase verschoben wird, also in die falsche Richtung.

54 Die oftmals geäußerte Befürchtung einer sogenannten „lost generation" an Nachwuchs-Wissenschaftler(inne)n durch die Einführung von Tenure-Track-Professuren und die damit möglicherweise einhergehende verringerte Zahl an unbefristeten Professuren hat sich bislang nicht bestätigt (Specht/Kretschmer, 2018).

55 Wichtig ist hierbei natürlich auch, wie viele Personen davon profitieren. Hierzu fanden Schularick et al. (2015) auf Personenebene nur bei 13 Prozent der Juniorprofessuren Tenure-Track-Verträge. Burkhardt et al. (2016, S. 103) berichteten dies von 15 Prozent der Juniorprofessuren.

lang überwiegend eine unverbindliche (Kann-)Regelung und entspricht damit nicht der Forderung nach Transparenz und Berechenbarkeit.[56]

Letztere zu erfüllen ist aber besonders wichtig, um unerwünschte nicht leistungsbezogene (Selbst-)Selektionseffekte zu vermeiden. Um dies zu veranschaulichen, werden nachfolgend einige Zahlen genannt. Der Gender-Gap in der Wissenschaft wurde bereits häufiger beschrieben (z. B. StBA 2017), deshalb soll dies hier für (Selbst-) Selektionen nach sozialer Herkunft erfolgen: So gibt es deutliche Effekte der sozialen Herkunft zwar bereits beim Zugang zur Hochschule. Aber auch innerhalb des Hochschulsystems hört dies keineswegs auf. So ist der Zugang zur Professur laut den vorliegenden über mehrere Jahrzehnte vergleichbaren Ergebnissen von Möller (2018, S. 266 f.) sogar so sozial selektiv wie noch nie in den letzten 50 Jahren. Hierbei ist die Juniorprofessur (die separat untersucht wurde) zudem besonders sozial selektiv, wie Möller weiter zeigte. Ihre Ergebnisse werden auch durch eine jüngste Studie speziell zu Juniorprofessuren gestützt (vgl. Zimmer 2018).[57] All dies gilt trotz der an vorgelagerten Schwellen des Bildungssystems von der Grundschule bis zur Promotion existierenden sozialen (Selbst-)Selektionen, die sich allein bereits auf ei-

56 Für eine hohe Attraktivität der Hochschulen als Arbeitsort für hochqualifizierte Nachwuchswissenschaftler/-innen wird allerdings immer wieder die Wichtigkeit hervorgehoben, dass die Personalgewinnung in einem transparenten und (auch) für externe Interessenten offenen Verfahren erfolgt. Erwartungsgemäß sind die Quoten bei Neuberufungen auf eine Professur dem jahrelang maßgeblichen Hausberufungsverbot entsprechend am höchsten. Es ist dennoch bemerkenswert, dass die Quote aktuell nach Angabe der Hochschulen durchschnittlich bereits unter 90 Prozent liegt. An den AuF liegt sie unter 80 Prozent. Damit kommen dort interne Aufstiege mit 22 Prozent etwa doppelt so häufig vor wie an Hochschulen (13 Prozent). Für Postdoc-/Habilitation-/Juniorprofessur/-Nachwuchsgruppenleitungs-Stellen sind es dann durchschnittlich bereits nur noch knapp über die Hälfte (53 Prozent) und an den AuF nur wenig mehr (57 Prozent). Beim Zugang zur Promotion gibt es dagegen einen deutlichen Unterschied zwischen den Einrichtungsarten. An den Hochschulen findet sich der mit Abstand niedrigste Wert externer Personalgewinnung (38 Prozent). Der geringere Anteil an den Hochschulen dürfte v. a. an häufigerer informeller Rekrutierung von Promovierenden liegen (vgl. BuWiN 2008). Zusätzlich kann hier zur Einordnung noch eine Studie der AG Wissenschaftspolitik der Jungen Akademie (vgl. Schularick et al. 2015) zur Berufungspraxis bei Juniorprofessuren herangezogen werden. Sie zeigt, dass bei den meisten deutschen Hochschulen die Quote externer Berufungen zwischen 75 und 90 Prozent liegt. Allerdings gebe es auch große Institutionen wie die FU Berlin mit 67 Prozent oder die LMU München mit nur 56 Prozent externen Berufungen, sodass die Konsequenzen einen relativ hohen Anteil der Juniorprofessuren beträfen, heißt es dort weiter (vgl. Schularick et al. 2015, S. 7).

57 Dabei ist in Anlehnung an Bourdieu (1992) für den Berufungserfolg v. a. soziales Kapital ein starker Einflussfaktor und nicht etwa wissenschaftliches Kapital: Wichtige Einflussfaktoren auf den Berufungserfolg sind demnach im Einzelnen v. a. Kontakte in die Professorenschaft und Aufenthalt(e) an Universitäten der Ivy League (USA) oder des Golden Triangle (UK). Als eigenes wissenschaftliches Kapital bzw. als Leistungskriterien wahrgenommene Einflussfaktoren wie Zeitschriftenartikel mit Peer Review, Drittmittelprojekte oder Konferenzbeiträge hatten dagegen keine statistisch nachweisbaren Effekte auf den Berufungserfolg (ausführlich vgl. Zimmer 2018, S. 262, zur Einordnung in frühere Studien vgl. Krempkow 2019).

ne Chancenrelation von 10:1 zugunsten von Akademikerkindern aufsummieren (vgl. Stifterverband und McKinsey 2017). Daraus kann abgeleitet werden: Ein leistungsfähiges nationales System der Nachwuchsförderung hat nicht nur „den Auftrag, die besten Talente unabhängig vom Geschlecht für die Wissenschaft zu gewinnen" (vgl. Peus et al. 2015, S. VII), sondern auch unabhängig von anderen Aspekten wie der (sozialen) Herkunft.

Selbst auf der Ebene der Hochschulleitungen spricht die Homogenität der Präsident(inn)en und Rektor(inn)en noch für starke Einflüsse von (Selbst-)Selektionen: So wurden einer Studie von Roessler (2019) zufolge 95 Prozent dieses Spitzenpersonals in Deutschland geboren, aber keine einzige Person davon in den neuen Bundesländern, obwohl diese etwa 20 Prozent der Bürger/-innen ausmachen.

Dabei sind die Leistungen des deutschen Hochschulsystems in der Nachwuchsförderung gemessen an zentralen Zahlen aus dem BuWiN (2017) durchaus beachtlich: So werden dort unter „Bestandsdaten zum wissenschaftlichen Nachwuchs" deutliche Steigerungen der Zahl der Promovierenden und Promovierten sowie der Zahl der Nachwuchsgruppenleitungen berichtet, die Habilitationen sind in den letzten Jahren zurückgegangen.[58]

Darüber hinaus wird im BuWiN-Abschnitt „Leistungen des wissenschaftlichen Nachwuchses und Wirkungen der wissenschaftlichen Qualifizierung" zunächst die internationale Mobilität des wissenschaftlichen Nachwuchses betrachtet. Zwar wird auch der Beitrag des wissenschaftlichen Nachwuchses zu Forschung, Lehre und Transfer annähernd quantifiziert beziehungsweise Möglichkeiten für entsprechende Analysen benannt. Allerdings zeigen sich – anders als zum vergleichsweise gut darstellbaren Beitrag für die Lehre[59] – in den Bereichen Forschung und Transfer erhebliche Daten- und Forschungslücken (vgl. BuWiN 2017, S. 23 f.).

Für die Weiterentwicklungen des Berichtswesens zu den Leistungen hat eine Expertengruppe unter Leitung des Statistischen Bundesamtes ein Indikatormodell für die Berichterstattung zum wissenschaftlichen Nachwuchs (StBA 2014) entwickelt, das zugleich Anregungen für die Weiterentwicklung von Datenerhebungen mittels Befragungen von Forschungseinrichtungen sowie der amtlichen Statistik gibt. Das Indikatormodell benennt Indikatoren für Promovierende (z. B. Anzahl, Promotionsabbrüche) und für Promovierte (z. B. Anzahl, Erwerbssituation, Beschäftigungsbedingun-

58 Darüber hinaus wird dies u. a. auch nach soziodemografischen Kategorien wie Fächergruppenzugehörigkeit, Frauenanteil und Durchschnittsalter ausgewiesen sowie anhand von Promotionsquoten als Anteil der Promotionen an den Hochschulabschlüssen. Einige relative Indikatoren wie die Relation Promotionen je Professur werden im BuWiN (2017) anders als im BuWiN (2008) allerdings nicht mehr ausgewiesen.

59 So sind beispielsweise 67 Prozent der Promovierenden an Universitäten in die Lehre eingebunden. An Fachhochschulen sind es 65 Prozent und bei außeruniversitären Forschungseinrichtungen 17 Prozent. Sie lehren im Schnitt 4,2 Semesterwochenstunden (vgl. BuWiN 2017, S. 35).

gen) sowie karrierephasenübergreifende Indikatoren (z. B. Anzahl Forscher/-innen, Hochschulpersonal), mit denen sich der Anspruch verbindet, anschlussfähig an die nationale und internationale Bildungs- und Forschungsberichterstattung zu sein und sich möglichst auf regelmäßig erhobene amtliche und nicht amtliche Datenquellen zu stützen. Neben der Darstellung wichtiger existierender Daten wurden im Bericht zudem Indikatoren für Bereiche entwickelt, für die bisher noch keine Kennziffern zur Verfügung stehen. Vorhandene Datenlücken wichtiger Kennziffern wurden beschrieben, Strategien zur Datengewinnung skizziert.

Darüber hinaus wurden mit den Empfehlungen des Wissenschaftsrats (2016) zu einem Kerndatensatz Forschungsbereiche vorgeschlagen, für die Hochschulen und Forschungseinrichtungen Daten vorhalten sollten. Für diese Bereiche wurden Kerndaten identifiziert, die als essenziell erachtet werden und für die Vorschläge zur Standardisierung konsentiert werden konnten. Ab dem Jahr 2020 soll es zudem möglich sein, mittels Promovierendenerfassung im Regelbetrieb Erfolgs- bzw. Abbruchquoten für Promotionen zu berichten.

Eine relevante Orientierungsgröße für ein Monitoring der Entwicklungen im Hochschulsystem ebenso wie für Nachwuchsforschende mit Interesse an einer Wissenschaftskarriere wäre auch die Wahrscheinlichkeit einer Berufung auf unbefristete Professuren. Allerdings schwanken allein die im Jahr 2017 in öffentlichen Diskussionen genannten Zahlen zu Berufungschancen von 1:300, wie sie der Präsident der Hochschulrektorenkonferenz Peter-André Alt nannte, bis zu etwa 1:1 vom ehemaligen Präsidenten der Leibniz-Gemeinschaft und BuWiN-Beiratsvorsitzenden, Karl Ulrich Mayer (vgl. Mayer 2017). Im BuWIN selbst (2017, S. 194) finden sich einige fächerunspezifische Zahlen zu Berufungschancen aus einer GWK-Analyse. Diese zeigen für 2014 das Verhältnis von insgesamt 45.378 Bewerbungen zu insgesamt 2.007 erfolgreichen Berufungen, also eine Relation von 1:24 (oder 4 Prozent).[60] Ein Problem bei diesen Zahlen zu den Berufungschancen ist aber, dass sie aus der Vergangenheit direkt auf die Zukunft schließen, ohne die voraussichtlich frei werdenden Professuren zu berücksichtigen. Außerdem wäre für eine Orientierungsfunktion eine Analyse zumindest nach Fächergruppen notwendig, welche mit den verfügbaren Daten grundsätzlich möglich wäre und insbesondere für die Ingenieurwissenschaften um ein Mehrfaches günstigere Chancen aufzeigt als für andere Fächergruppen (vgl. Berechnungsbeispiele in Krempkow 2017b).

60 Allerdings wurden dort Neuberufungen und Weg-Berufungen (von Professurinhabern) sowie Juniorprofessuren (bis dahin fast immer ohne echten Tenure Track) zusammengefasst. Neuberufungen auf Dauerstellen waren laut BuWiN (2017, S. 191) im Jahr 2014 aber nur 872, d. h.: Durchschnittlich nur jede 52. Bewerbung (oder rund zwei Prozent aller Bewerbungen) war zuletzt erfolgreich im Sinne eines dauerhaften Verbleibs in der Wissenschaft.

15.4 Nachwuchsförderung aus der Meso-Perspektive: Leistungskriterien innerhalb der Hochschulen

15.4.1 Die Nachwuchsförderung in der Landes-Hochschul-Berichterstattung

Bereits vor über zehn Jahren wurden in Landeshochschulberichten relativ umfassende Indikatorsysteme für die Nachwuchsförderung an einzelnen Hochschulen entwickelt, in denen sowohl absolute als auch relative Indikatorwerte nach Fächergruppen gegenüberstellt wurden, so z. B. im bereits seit 2006 regelmäßig erstellten Hochschulbericht Sachsen (Lenz et al. 2006). Hierbei werden (neben Forschungsindikatoren wie Drittmitteln) als Indikatoren für die Nachwuchsförderung einerseits die Anzahl der abgeschlossenen Promotionen und Habilitationen sowie Neuberufungen[61] nach Fachrichtungen und Fächergruppen an den einzelnen Hochschulen berichtet, andererseits aber auch die Relation Promotionen und Habilitationen je Professur, um eine Vergleichsmöglichkeit auch mit bundesweiten Daten zu schaffen.[62] Seit etlichen Jahren gibt es in anderen Bundesländern wie z. B. Berlin ähnliche Indikatoren, die aber aufgrund ihrer Kopplung mit der Hochschulfinanzierung nicht als Berichtssystem, sondern als Anreizsystem fungieren.

Bezüglich dieser Indikatorwerte gibt es jedoch Verbindungen zur Performance-Measurement-Diskussion: So weist Klumpp (in Welpe et al. 2015, S. 432 f.) darauf hin, dass viele Hochschulen nur wenige Indikatoren wie z. B. Anzahl der Publikationen, Patente, Drittmittel und (Promotions-)Abschlüsse für ein eindimensionales Performance-Measurement verwenden, wo für eine adäquate Erfassung ihrer Leistungen „multiple input and multiple output measurements" notwendig wären (Welpe et al. 2015, S. 433). Insbesondere fehlt es nach Ringelhan (in Welpe et al. 2015, S. 87 f.) bislang in Performance-Management-Modellen noch an einer besseren Erfassung von Qualitätsunterschieden. Aus konzeptioneller Sicht wären zudem noch Indikatoren für die Attraktivität von Hochschulen aus Sicht von Nachwuchswissenschaftler(inne)n wünschenswert (vgl. z. B. Promovierenden-Initiative 2002).

---

61 Juniorprofessuren und Nachwuchsgruppenleitungen spielten zum damaligen Zeitpunkt quantitativ keine Rolle.

62 In geschlechterdifferenzierenden Auswertungen zeigte sich, dass die Ergebnisse insbesondere in den höheren Qualifikations- bzw. Hierarchiestufen auch mit einer überdurchschnittlich starken Selektivität nach Geschlecht zusammenhängen (vgl. Lenz et al. 2006, S. 479 f.), welche wiederum mit für Frauen überdurchschnittlich häufigen prekären Beschäftigungsverhältnissen einhergehen. Darüber hinaus wurden u. a. die rechtlichen Rahmenbedingungen der Nachwuchsförderung (vgl. auch BuWiN 2008, S. 100) sowie die berufliche Autonomie und Zukunftsperspektiven zur Einordnung der Ergebnisse herangezogen.

15.4.2 Die Nachwuchsförderung in der leistungsorientierten Mittelverteilung

Wissenschaftlicher Nachwuchs ist in vielen Modellen der leistungsorientierten Mittelverteilung auf der Ebene Land-Hochschule ein wesentliches Kriterium, von dem die Zuweisung der Mittel an die einzelnen Hochschulen abhängt. Bereits 2008 hatten nur die Modelle in Hamburg und Bremen keinen „Nachwuchsindikator". Erfasst wird die Nachwuchsförderung der einzelnen Hochschulen in der Regel anhand der abgeschlossenen Promotionen oder anhand einer Promotionsquote wie z. B. Promotionen pro Professur (vgl. König 2011, Krempkow 2012).[63] Die Gewichtung dieser Indikatoren zur Nachwuchsförderung war gemessen an deren Anteil im Gesamtbudget insgesamt nicht sehr hoch (0,16 bis 7,5 Prozent, vgl. BuWiN 2008, S. 120). Neben diesen allein auf die Nachwuchsförderung bezogenen Indikatoren können aber auch Indikatoren zur Chancengerechtigkeit und zur Herkunft der Wissenschaftler/-innen aufgrund ihres Querbezugs zur Nachwuchsförderung von Bedeutung sein. Beispielsweise flossen im Land Berlin bereits vor Jahren neben den Frauenanteilen der Graduierten auch die der Promovierten und Neuberufenen in die Gleichstellungsquote ein. Ähnlich gibt es dies auch für ausländische Wissenschaftler/-innen als Indikator für das Ausmaß der Internationalisierung (vgl. Breitbach 2009, Krempkow et al. 2013). In den Folgejahren spielte dies eine ähnliche Rolle (vgl. auch Butler 2010). So heißt es im zweiten BuWiN (2013), dass sich in 14 von 15 Modellen zur leistungsorientierten Mittelverteilung zwischen Ländern und Universitäten die Zahl der abgeschlossenen Promotionen positiv auf das Budget der Universitäten auswirkt.

Auch wenn im jüngsten BuWiN (2017) zur Nachwuchsförderung als Gegenstand von Zielvereinbarungen und leistungsorientierter Mittelverteilung (LoM) keine Informationen mehr geliefert wurden, können wir davon ausgehen, dass dies in der Hochschulsteuerung auch weiter eine Rolle spielt. Allerdings war zu einzelnen Bundesländern wie z. B. Baden-Württemberg überregionalen Presseberichten zu entnehmen, dass sie die Anzahl der Promotionen nicht mehr in der LoM berücksichtigen, um Fehlanreize zur Erhöhung der „Stückzahl" zu vermeiden (vgl. zu solchen Fehlanreizen ausführlicher auch Krempkow et al. 2007, 2013).

Für die LoM innerhalb von Hochschulen und innerhalb von Fakultäten sind leider in Deutschland bislang nur wenige systematische Erhebungen verfügbar. Die vorliegenden Informationen zeigen, dass Indikatoren zur wissenschaftlichen Nachwuchsförderung auf dieser Ebene auch relativ häufig genutzt werden und mit ähnlicher Gewichtung in Berechnungsformeln einfließen wie in Landesmodellen (z. B. Bogumil et al. 2011, Jochheim und Bogumil 2015). So war nach einer Erhebung bei 55 Leitungen von Forschungsgruppen an Universitäten schon in den Jahren ab 2006 die LoM bereits bei vier Fünfteln der Befragten eingeführt worden (Jansen 2007). Bei einem großen

63 Ein Überblick zu zwölf Bundesländern findet sich im ersten BuWiN (2008: 120), detaillierte Beschreibungen von fünf Landesmodellen in Breitbach (2009). Neuere Publikationen des Kanzlerarbeitskreises Hochschulfinanzierung gingen bislang nicht ausführlicher auf die LoM ein.

Teil davon war auch die Anzahl der abgeschlossenen Promotionen ein Indikator.[64] In der Hochschulmedizin wurde die LoM bereits ab 2005 in allen Medizinischen Fakultäten in Deutschland eingeführt. An einem Viertel davon wurden neben Drittmitteln und Publikationen weitere Kriterien genutzt, hier v. a. Habilitation als Indikator der Nachwuchsförderung. Deren Gewichtung innerhalb der Forschungs-LoM variierte allerdings erheblich: Sie lag zwischen sieben und 60 Prozent, was gemessen an den im BuWiN (2008) berichteten Gewichtungen als relativ hoch gelten kann. Hier gibt es aus Sicht der Forschenden durch die LoM zwar Transparenz- und Effizienzsteigerungen, aber zugleich auch vermehrt Mainstream-Forschung und „Einzelkämpfertum" (vgl. Krempkow et al. 2013).

Für die existierenden Performance-Management-Modelle werden insgesamt in der Literatur verschiedene nicht intendierte Effekte konstatiert (vgl. Überblick von Ringelhan et al. in Welpe et al. 2015, S. 96 f.). So weisen Ringelhan et al. beispielsweise auf Verdrängungseffekte der intrinsischen Motivation durch Leistungsanreize hin sowie Bezug nehmend auf den Wissenschaftsrat (2011) auf die Gefahr der Vernachlässigung der Lehre. Eine Herausforderung für die Zukunft liegt daher in einer besseren Vermeidung von nicht intendierten Effekten. Ansatzpunkte hierfür wären ideelle Leistungsanreize, die Reputation fördern, wie z. B. geeignete Preise und Auszeichnungen (vgl. Krempkow in Welpe et al. 2015, S. 207 f.), oder andere nicht monetäre Anreize, die intrinsische Motivation durch größere Freiräume sowie durch die Autonomie von (Nachwuchs-)Forschenden fördern. So könnte über die Verbesserung der Rahmenbedingungen und der beruflichen Zufriedenheit letztlich deren Leistungen verbessert werden (vgl. zu solchen Ansätzen auch Krempkow 2007).

15.5 Ausblick und Empfehlungen

Die vorgestellten Ergebnisse haben gezeigt, dass für Nachwuchsforschende die schlechteren Beschäftigungsperspektiven in der Wissenschaft und die höhere Beschäftigungssicherheit außerhalb der Wissenschaft die stärkste Rolle für die Entscheidung zum Weggang aus der akademischen Wissenschaft spielen. Hierauf kann und sollte mit verstärkten Angeboten zur Schaffung von Transparenz und Berechenbarkeit sowie einer früheren Entscheidung über den längerfristigen Verbleib in der Wissenschaft reagiert werden, was mit Tenure-Track-Angeboten zunehmend auch adressiert wird. Darüber hinaus sollte aber auch auf eine Minderung sozialer (Selbst-) Selektion fokussiert werden, um aus dem vollen Leistungspotenzial für den Wissenschaftsstandort schöpfen zu können.

64 Zwar wird nach Jochheim/Bogumil (2015) mehrheitlich die psychologische Wirkung, die von einer transparenten Formel ausgeht, hervorgehoben und als stärker eingeschätzt als deren materieller Anreiz. Insgesamt wird jedoch zu bedenken gegeben, dass man durch eine Formel nur quantitative Faktoren berücksichtigen könnte, was zwangsläufig dazu führen würde, dass die Qualität der Leistungen darunter leide bzw. falsche Anreize gesetzt würden.

Wie an anderer Stelle bereits dargestellt, sehen die Wissenschaftseinrichtungen – wie auch die Wissenschaftspolitik – bereits die Notwendigkeit, dem wissenschaftlichen Nachwuchs mit abgeschlossener Promotion in verschiedenen Personalkategorien mehr Möglichkeiten einer unbefristeten Beschäftigung anzubieten, und sie planen eine moderate, aber spürbare Erhöhung der Entfristungen (vgl. Krempkow et al., 2016). Wichtig ist hierbei jedoch die Berechenbarkeit der Chancen auf eine höhere Beschäftigungssicherheit, damit dies bei nachgewiesener Leistung nicht länger z. T. vom zufälligen Freiwerden von Stellen abhängt. Die Berechenbarkeit kann durch strikte Transparenz und Verbindlichkeit sowie durch vorab festgelegte Kriterien für die Stellenbesetzung (vgl. Peus et al. 2015, S. 8 f.) gefördert werden, so wie es auch für das Bund-Länder-Programm für die Tenure-Track-Professuren gefordert wird. Diese Grundsätze sollten für Entfristungen anderer Personalkategorien neben der Professur ebenfalls gelten, damit auch sie nicht von zufällig frei werdenden Haushaltsstellen abhängen. Konkret könnte das z. B. für Senior-Scientist-Positionen ähnlich ablaufen wie bei Zwischenevaluationen für das Emmy-Noether-Programm der DFG, was in einzelnen Wissenschaftseinrichtungen bereits erfolgte. Für Wissenschaftsmanagement-Stellen könnte dies z. B. über Zielvereinbarungen zur Entfristung erfolgen, wie an einzelnen Hochschulen bereits gehandhabt. Aber auch die Chancen auf eine Berufung könnten sowohl für Wissenschaftseinrichtungen als auch für Nachwuchsforschende noch berechenbarer gestaltet werden, z. B. indem standardmäßig vorab ein Anforderungsprofil inklusive konkreter Aufgaben einer Stelle erstellt wird.

Darüber hinaus könnte die Berechenbarkeit der Verbleibchancen auch über einzelne Wissenschaftseinrichtungen hinaus noch verbessert werden, indem zum Beispiel eine Aufbereitung von Daten für ein Monitoring der Berufungschancen erfolgt. Derzeit werden Berufungschancen für Promovierte sehr unterschiedlich angegeben und eine fächerspezifische Berechnung auf Basis der voraussichtlich freiwerdenden Professuren liegt nicht vor. Auf längere Sicht könnten daher nicht nur Transparenz und Verbindlichkeit sowie vorab festgelegte Kriterien, sondern auch eine bessere Datenbasis und -aufbereitung die Berechenbarkeit der Berufsperspektiven in der Wissenschaft verbessern.

Insgesamt könnte dies helfen, Wissenschaftseinrichtungen und Nachwuchsforschenden validere Entscheidungsgrundlagen für oder gegen den Verbleib im Wissenschaftssystem zu ermöglichen und letztlich aus einem größeren und passenderen Rekrutierungspotenzial die (bzw. mehr von den) Besten zu gewinnen.

15.6 Literaturverzeichnis

Ates, G. und Brechelmacher, A. (2013). Academic Career Paths. In U. Teichler und E. A. Höhle (Hrsg.), *The Work Situation of the Academic Profession in Europe: Findings of a Survey in Twelve Countries. The Changing Academy – The Changing Academic Profession in International Comparative Perspective 8*, S. 13–35, Dordrecht u. a.

Bargel, T. und Röhl, T. (2006). *Wissenschaftlicher Nachwuchs unter den Studierenden. Empirische Expertise auf der Grundlage des Studierendensurveys*. Bonn, Berlin: Bundesministerium für Bildung und Forschung.

Bogumil, J., Heinze, R. G. und Gerber, S. (2011). Neue Steuerung von Universitäten – Erste Ergebnisse der deutschlandweiten Befragung. Workshop „Neue Steuerung von Universitäten", Ruhr-Universität Bochum.

Breitbach, M. (2009). *Empfehlungen zur Gestaltung von Steuerungssystemen*. Kanzlerarbeitskreis „Leistungsorientierte Mittelvergabe und Zielvereinbarungen".

Bundesministerium für Bildung und Forschung (2017). Gute Perspektiven für den wissenschaftlichen Nachwuchs: Wie die Bundesregierung Karrierewege junger Wissenschaftlerinnen und Wissenschaftler unterstützt. Berlin.

Butler, L. (2010). Impacts of Performance-Based Research Funding Systems: A review of the concerns and the evidence. In *Performance-Based Funding for public research in tertiary education institutions, workshop proceedings*, S. 127–166. Brussels: OECD publishing.

BuWiN (2008). *Bundesbericht zur Förderung des Wissenschaftlichen Nachwuchses (BuWiN)*. Bonn, Berlin: BMBF.

BuWiN (2013). Konsortium Bundesbericht Wissenschaftlicher Nachwuchs 2013. Statistische Daten und Forschungsbefunde zu Promovierenden und Promovierten in Deutschland. Bielefeld.

BuWiN (2017). Konsortium Bundesbericht Wissenschaftlicher Nachwuchs. Statistische Daten und Forschungsbefunde zu Promovierenden und Promovierten in Deutschland. Bielefeld.

Fräßdorf, A., Kaulisch, M. und Hornbostel, S. (2012). Armut und Ausbeutung? Die Finanzierungs- und Beschäftigungssituation von Promovierenden. *Forschung & Lehre*, 8/2012:622–624.

Höhle, E. (2015). From Apprentice to Agenda-Setter: Comparative Analysis of the Influence of Contract Conditions on Roles in the Scientific Community. *Studies in Higher Education*, 40(8):1–15.

IEKE (2016). Internationale Expertenkommission zur Evaluation der Exzellenzinitiative. Endbericht. Januar 2016.

Jansen, D. H. (2007). New Forms of Governance in Reserach Organizations. Disciplinary Approaches, Interfaces and Integration. Dordrecht.

Jochheim, L. und Bogumil, J. (2015). Wirkungen neuer Steuerungsinstrumente auf die Aktivitätsstruktur von Universitäten – Leistungsorientierte Mittelvergabe, Zielvereinbarungen und W-Besoldung im Fallstudienvergleich. *Hochschulmanagement (HM)*, 3+4/2015:106–112.

Jongmanns, G. (2011). Evaluation des Wissenschaftszeitvertragsgesetzes (WissZeitVG). Gesetzesevaluation im Auftrag des Bundesministeriums für Bildung und Forschung. *HIS: Forum Hochschule*, 4/2011.

König, K. (2011). Hochschulsteuerung. In P. Pasternack (Hrsg.), *Hochschulen nach der Föderalismusreform*, S. 106–154. Leipzig: Akademische Verlagsanstalt.

Krempkow, R. (2019). Wieviel zählt Leistung bei Berufungen, und wieviel Herkunft? *Qualität in der Wissenschaft (QiW)*, 1/2019:28–31.

Krempkow, R. (2017a). Können wir die Besten für die Wissenschaft gewinnen? Zur Rekrutierung von Nachwuchsforschenden in Wissenschaft und Wirtschaft. *Personal- und Organisationsentwicklung (P-OE)*, 2+3/2017:59–64.

Krempkow, R. (2017b). Was kann die aktuelle Forschung über Berufungschancen sagen? Anmerkungen zur Schätzung von Karl-Ulrich Mayer. *Forschung*, 2/2017:66–70.

Krempkow, R., Sembritzki, T., Schürmann, R. und Winde, M. (2016). *Personalentwicklung für den wissenschaftlichen Nachwuchs 2016. Bedarf, Angebote und Perspektiven – eine empirische Bestandsaufnahme im Zeitvergleich*. Berlin: Stifterverband.

Krempkow, R. und Landrock, U. (2013). Wie effektiv ist die Leistungsorientierte Mittelvergabe? Zwischenbilanz ein Jahrzehnt nach ihrer Einführung in der Hochschulmedizin. In E. Grande, D. Jansen, O. Jarren, A. Rip, U. Schimank und P. Weingart (Hrsg.), *Neue Governance der Wissenschaft: Reorganisation, Externe Anforderungen, Medialisierung*, S. 95–111, Bielefeld.

Krempkow, R., Landrock, U., Neufeld, J. und Schulz, P. (2013). Intendierte und nicht-intendierte Effekte dezentraler Anreizsysteme am Beispiel der fakultätsinternen leistungsorientierten Mittelvergabe in der Medizin. Abschlussbericht des Projektes GOMED – Governance Hochschulmedizin. Berlin.

Krempkow, R. (2012). Kann mit leistungsorientierter Mittelvergabe die Chancengerechtigkeit für Nachwuchswissenschaftler/innen mit Migrationshintergrund gefördert werden? *Die Hochschule*, 1/2012:143–153.

Krempkow, R. (2007). Leistungsbewertung, Leistungsanreize und die Qualität der Hochschullehre. Konzepte, Kriterien und ihre Akzeptanz. Bielefeld.

Lenz, K., Krempkow, R. und Popp, J. (2006). *Sächsischer Hochschulbericht 2006. Dauerbeobachtung der Studienbedingungen und Studienqualität im Freistaat Sachsen*. Sächs. Kompetenzzentrum für Bildungs- und Hochschulplanung der TU Dresden.

Mayer, K. U. (2017). Zur Lage junger Wissenschaftlerinnen und Wissenschaftler im deutschen Wissenschaftssystem. *Forschung*, 1/2017:31–35.

Müller, M. (2017). Karriere nach der Wissenschaft. Alternative Berufswege für Promovierte. Frankfurt a. M.

Peus, C., Braun, S., Hentschel, T. und Frey, D. H. (2015). Personalauswahl in der Wissenschaft. Evidenzbasierte Methoden und Impulse für die Praxis. Berlin/Heidelberg.

Promovierenden-Initiative (2002). Statistische Kennzahlen für den Prozess des Promovierens. Arbeitspapier der Promovierenden-Initiative (PI).

Rogge, J.-C. (2017). Karrierewege und Orientierungen in Wirtschaft und Wissenschaft im Vergleich – Ausdifferenzierung vs. Zuspitzung? *WSI-Mitteilungen*, 05/2017:364–371.

Roessler, I. (2019). *Universitätsleitung in Deutschland*. Gütersloh: CHE gemeinnütziges Centrum für Hochschulentwicklung.

Schularick, M., Specht, J. und Baumbach, S. (2015). Berufungspraxis bei Juniorprofessuren in Deutschland, Studie der AG Wissenschaftspolitik der Jungen Akademie. Berlin.

Specht, J. und Kretschmer, R. (2018). Eine verlorene Generation scheint es nicht zu geben. *FAZ*. https://www.faz.net/aktuell/karriere-hochschule/akademischer-mittelbau-eine-verlorene-generation-scheint-es-nicht-zu-geben-15911044.html (Zugriff am 06.01.2020).

StBA (2014). Statistisches Bundesamt: Indikatorenmodell für die Berichterstattung zum wissenschaftlichen Nachwuchs. Endbericht. Wiesbaden.

StBA (2018). Statistisches Bundesamt: Durchschnittsalter von Hochschulabsolventen in Deutschland von 2003 bis 2016 (in Jahren). *Statista*. https://de.statista.com/statistik/daten/studie/189237/umfrage/durchschnittsalter-von-hochschulabsolventen-in-deutschland/ (Zugriff am 2.3.2018).

StBA (2017). Statistisches Bundesamt: Frauenanteile Akademische Laufbahn. Verfügbar unter: www.destatis.de/DE/ZahlenFakten/GesellschaftStaat/BildungForschungKultur/Hochschulen/Tabellen/FrauenanteileAkademischeLaufbahn.html (Zugriff am 21.02.2018).

Stifterverband und McKinsey (2017). *Hochschul-Bildungs-Report 2020: Höhere Chancen durch höhere Bildung? Jahresbericht 2017/18 – Halbzeitbilanz 2010 bis 2015*. Berlin: Stifterverband für die Deutsche Wissenschaft e. V.

Welpe, I., Wollersheim, J., Ringelhan, S. und (Hrsg.), O. M. (2015). Incentives and Performance: Governance of Knowledge-Intensive Organizations. München.

Wissenschaftsrat (2014). Empfehlungen zu Karrierezielen und -wegen an Universitäten.

Wissenschaftsrat (2011). *Empfehlungen zur Bewertung und Steuerung von Forschungsleistungen*. Drs. 1656-11. Halle: Wissenschaftsrat.

Michael Ochsner

16 Messung von Forschungsleistungen? Was gemessen wird und was gemessen werden will

16.1 Einleitung

Öffentliche Institutionen sind seit den letzten Jahrzehnten erhöhtem Effizienzdruck und der Forderung nach direkter Rechenschaftsablegung ausgesetzt. Diese Entwicklung machte auch nicht vor den Toren der Universität halt (Hamann, 2016; Hammarfelt und De Rijcke, 2014; Kekäle, 2002; Mali, Pustovrh, Platinovsek, Kronegger und Ferligoj, 2017; Schmidt, 2010), was ihren Niederschlag in unzähligen Reformen nicht zuletzt bezüglich der Forschungsevaluation fand. So entwickelten Universitäten komplexe Evaluationssysteme für Forschungsleistungen (siehe z. B. Geuna und Martin, 2003; Ochsner, Kulczycki und Gedutis, 2018).[65] Solche Systeme basierten aufgrund der leichten Verfügbarkeit von quantitativen Indikatoren – angeboten von Diensten wie Web of Science (ehemals ISI, dann Thomson Reuters, heute Clarivate Analytics) oder Scopus (Elsevier) – und der Vorliebe von Managern für Vergleiche einfacher Zahlen, die als objektiver und vergleichbarer als Experteneinschätzungen oder komplexe Indikatorensysteme gesehen werden, primär auf sogenannten Forschungsindikatoren, wie zum Beispiel der Anzahl an Publikationen oder der Anzahl an Zitationen. Zunächst waren die Natur- und Lebenswissenschaften wegen der hohen Kosten der Infrastruktur, die häufig für natur- und lebenswissenschaftliche Projekte vonnöten ist, von solchen Evaluationssystemen betroffen. In den letzten Jahren rückten auch die Sozial- und Geisteswissenschaften (SGW) in den Fokus solcher Evaluationssysteme (Burrows, 2012; Guillory, 2005). Bald jedoch zeigte sich, dass gerade bezüglich der SGW große Probleme der Interpretierbarkeit der gängigen quantitativen Forschungsindika-

65 Evaluationen an Hochschulen finden häufig für Forschung und Lehre getrennt statt, respektive wird unter „institutioneller Evaluation“ häufig die Evaluation von Lehre ausgespart oder stiefmütterlich behandelt. Dieser Beitrag bespricht Kriterien für Evaluation an Hochschulen, was Lehre nicht ausschließt, jedoch primär Forschungsleistungen berücksichtigt. Dies heißt allerdings nicht zwingend, dass in der Evaluation von Forschungsleistungen die Lehre nicht einbezogen wird, insbesondere in den Sozial- und Geisteswissenschaften wird die Lehre bisweilen als ein relevanter Punkt angeführt (siehe etwa Bozkurt Umur, Diaz-Bone und Surdez, 2017; Hug, Ochsner und Daniel, 2013; Ochsner, Hug und Daniel, 2012a).

Michael Ochsner, FORS – Swiss Centre of Expertise in the Social Sciences, Lausanne
ETH Zürich

https://doi.org/10.1515/9783110689884-017

toren bestehen: So sind die Datenbanken, auf deren Grundlage die Forschungsindikatoren erhoben werden, nicht auf die SGW abgestimmt. Die relevante Literatur wird nicht erfasst, und Publikations- und Zitationsdaten sind somit weder komplett noch valide (vgl. z. B. van Leeuwen, 2013). Dies hat verschiedene Gründe: Zu den wichtigsten gehören die Sprache, die Publikationsformen und epistemologische Unterschiede zu den Natur- und Lebenswissenschaften (vgl. z. B. Hicks, 2004; Nederhof, 2006; Lack, 2008; van Leeuwen, 2013). Während die gängigen Datenbanken sich auf englischsprachige Literatur beschränken, ist in vielen geistes- und sozialwissenschaftlichen Fächern die lingua franca nicht Englisch und bisweilen ist die englischsprachige Literatur sogar marginal in ihrer Bedeutung. Die Datenbanken basieren primär auf Zeitschriftenartikel, während die Publikationsformen in den SGW deutlich vielfältiger sind. Die wichtigsten Forschungsbefunde werden in vielen Fächern in Büchern publiziert; Museumskataloge, Rapporte und andere Publikationsformen, die die Gesellschaft anvisieren, sind weitere relevante Publikationsformen, die nicht in den Datenbanken aufgenommen werden. Schließlich – und fundamentaler – funktioniert aber die Wissensgenerierung anders als in den Natur- und Lebenswissenschaften. Zitationen werden anders eingesetzt, und die Wissensgenerierung folgt keinem linearen Fortschrittsgedanken. Vielmehr geht es um die Erweiterung der Interpretationen und des Erkenntnisraums, weshalb gleichzeitig verschiedene Paradigmen koexistieren. Somit ist auch der Zeithorizont, innerhalb welchem Forschung relevant ist, ein anderer. Alle diese Gründe führen dazu, dass die gängigen Forschungsindikatoren in den SGW Forschungsleistungen nicht adäquat abbilden können.

Aber auch in den Natur- und Lebenswissenschaften wird in letzter Zeit die Kritik an Evaluation mittels rein quantitativer Verfahren, insbesondere der Zitationsanalysen, immer lauter (Lawrence, 2002; MacRoberts und MacRoberts, 2017; Molinié und Bodenhausen, 2010). Offensichtlich besteht ein Mangel an adäquaten Instrumenten zur Beurteilung von Forschungsleistungen. Während sich die Natur- und Lebenswissenschaften ihrer Natur gemäß auf die *Messung* von Forschungsleistungen konzentriert haben, wählten die SGW ihrer Natur entsprechend in den letzten Jahren den Weg der *Kritik und Reflexion* der Forschungsevaluation und ihrer Methoden. So entstanden viele Projekte, die nach alternativen Methoden suchten (für einen Überblick, siehe Ochsner, Hug und Galleron, 2017). Im Zentrum solcher Projekte stand oft auch die Frage danach, was denn überhaupt gemessen werden soll. Dieser Beitrag befasst sich mit ebendiesem Thema: Was soll in den Forschungsevaluationen denn gemessen werden? Welche Kriterien für Forschungsqualität lassen sich finden? Welche dieser Kriterien sind quantitativ messbar, welche nicht?

Dieser Beitrag ist folgendermaßen gegliedert: Zuerst wird ein kurzer Überblick verschiedener nationaler Evaluationssysteme in Europa gegeben. Anschließend wird auf die Problematik des Messgegenstands eingegangen und erläutert, wie idealerweise gemessen werden sollte. Dann wird anhand von Kriterien in nationalen Evaluationsprozeduren und empirisch hergeleiteten Kriterienkatalogen aufgezeigt, wie komplex und multidimensional Forschungsqualität ist. Schließlich wird anhand der Geisteswissenschaften gezeigt, wie Forschungsqualität operationalisiert werden kann.

16.2 Nationale Evaluationssysteme

Die Evaluationspraktiken unterscheiden sich stark zwischen Ländern und gar Universitäten. In den letzten Jahren sind deshalb verschiedene Typologien vorgeschlagen worden (Coryn et al., 2007; Hicks, 2010, 2012; Geuna und Martin, 2001, 2003; Jonkers und Zacharewicz, 2016; Lepori, Reale und Spinello, 2018; von Tunzelmann und Kraemer Mbula, 2003; Zacharewicz, Lepori, Reale und Jonkers, 2018). Oft werden dabei zwei grundsätzliche Typen von Forschungsevaluation unterschieden: leistungsabhängige Systeme (manchmal auch summative Systeme genannt), also solche, die finanzielle Konsequenzen nach sich ziehen, und formative Systeme, die eine reflexive Weiterentwicklung zum Ziel haben, d. h. Systeme, in denen es primär um eine Standortbestimmung und um die Erörterung von Möglichkeiten zur Verbesserung und Entwicklung der evaluierten Einheit geht. So einfach lassen sich nun aber Länder nicht in diese zwei Kategorien einteilen, insbesondere weil sich die Prozesse innerhalb der Gruppen so stark unterscheiden, dass sich auch Experten in Forschungsevaluation nicht darüber einig sind, wie das System im eigenen Land eingestuft werden soll (Galleron, Ochsner, Spaapen und Williams, 2017; Ochsner, Kulczycki und Gedutis, 2018). Bisweilen sind in einem Land sowohl leistungsabhängige wie auch formative Komponenten implementiert (z. B. Norwegen). Die meisten Typologien bleiben zudem deskriptiv und nehmen nur eine Evaluationsprozedur pro Land in den Blick, während sich in allen Ländern komplexe Evaluationssysteme etabliert haben, die aus verschiedenen Prozeduren bestehen. Eine aktuelle Typologie, die die Evaluationssysteme anhand einer breiten Auswahl von Merkmalen für viele Länder beschreibt (Galleron et al., 2017; Ochsner et al., 2018), zeigt, dass fast jedes Land sein individuelles Evaluationssystem hat (siehe auch für die Rechtswissenschaften van Gestel und Lienhard, 2019). Nichtsdestotrotz lassen sich grob zwei Dimensionen feststellen, anhand derer fünf Idealtypen von Evaluationssystemen ausgemacht werden können (siehe Abbildung 16.1).

Die erste Dimension teilt die europäischen Länder danach auf, ob sie eine nationale bibliografische Datenbank haben, ob die Evaluationen primär national organisiert sind und ob Metriken eine größere Rolle spielen. Die zweite Dimension umfasst die Anpassung des Evaluationssystems an fachspezifische Eigenheiten, insbesondere, ob für die Geisteswissenschaften angemessene Evaluationsmethoden verwendet werden. Die fünf Idealtypen lassen sich folgendermaßen umschreiben: 1) „keine nationale Datenbank, keine metrische Evaluation, keine Anpassung für SGW (oder nicht fachspezifisch)“ mit Zypern (CY), Frankreich (FR), Island (IS), Mazedonien (MK), Malta (MT), Montenegro (ME), Portugal (PT) und Spanien (ES); 2) „qualitative Beurteilung, Anpassung für SGW (oder fach-spezifisch)“ mit Österreich (AT), Deutschland (DE),

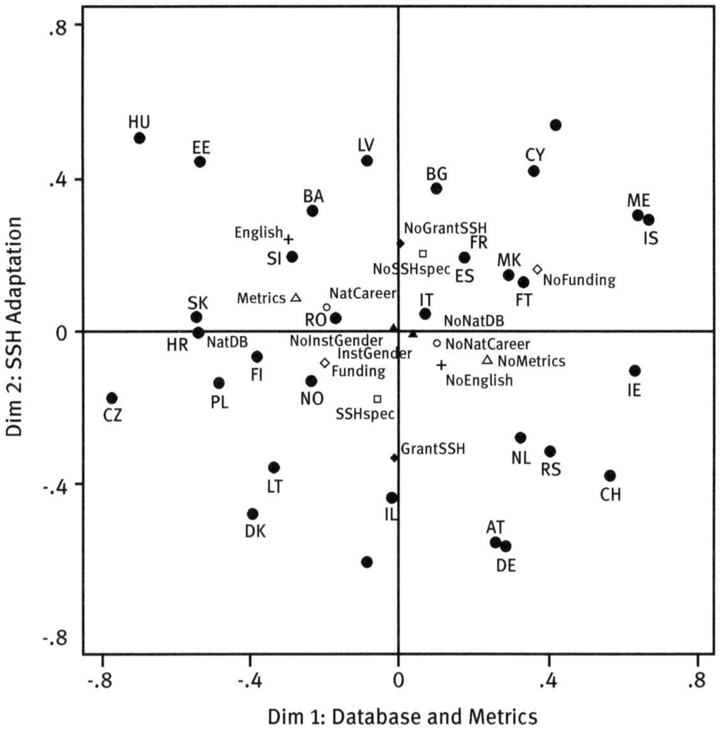

Abb. 16.1: Nationale Evaluationssysteme für Forschung (Quelle: Ochsner et al., 2018). Bemerkungen: Kreise repräsentieren Länder, alle anderen Symbole stehen für die Dummy-Variablen der Charakteristika von den Evaluationssystemen. English/NoEnglish: das System setzt Anreize auf Englisch zu publizieren; (No)Funding: die Resultate der Evaluation haben finanzielle Konsequenzen; (No)GrantSSH: GSW-spezifische Projektförderung vorhanden; (No)InstGender: Evaluationsprozeduren berücksichtigen geschlechtsspezifische Aspekte; (No)Metrics: Hauptmethode sind Metriken; (No)NatCareer: Nationale Institution für Promotionen und Habilitationen; (No)NatDB: nationale Publikationsdatenbank; (No)SSHspec: GSW-spezifische Evaluationsprozedur.

Irland (IE), den Niederlanden (NL), Serbien (RS) und der Schweiz (CH); 3) „qualitative Beurteilung, mit leistungsabhängiger Komponente" mit Litauen (LT), Norwegen (NO), Südafrika (ZA); 4) „quantitative Beurteilung, leistungsabhängig" mit der Tschechischen Republik (CZ), Finnland (FI), Kroatien (HR), Polen (PL); und 5) „quantitative Beurteilung, Druck auf Englisch zu publizieren" mit Bosnien und Herzegowina (BA), Estland (EE), Ungarn (HU), Slowenien (SI), Slowakei (SK) (Ochsner et al., 2018). Die Evaluationssysteme vieler Länder zeichnen sich dabei aber dadurch aus, Mischtypen der verschiedenen Idealtypen zu sein.

16.3 Was ist Forschungsqualität, oder was ist der Gegenstand von Forschungsevaluation?

Evaluationen von Forschungsleistungen dienen dazu, etwas darüber auszusagen, wie „gut" Forschung ist. Was unter Forschungsqualität zu verstehen ist, bleibt meist lediglich implizit und lässt sich nur von der Auswahl an Indikatoren ableiten, die im Evaluationsverfahren verwendet werden. In Verfahren, die auf Peer Review basieren, wird die Auslegung von Forschungsqualität oft sogar den einzelnen Begutachtenden überlassen. Wenden wir uns zunächst den indikatorenbasierten Verfahren zu. Die Auswahl der Indikatoren richtet sich hierbei normalerweise an der Verfügbarkeit der Daten aus: Mit der Verfügbarkeit von Zitationsdaten wurden in den letzten Jahrzehnten viele bibliometrische Indikatoren entwickelt, die für die Beurteilung von Forschungsleistungen verwendet werden. Mit dem Aufkommen sozialer Medien in der Wissenschaft wurde noch eine weitere Datenquelle erschlossen, in der Hoffnung, die Schwächen der zitationsbasierten Indikatoren auszumerzen. Bald wurde aber festgestellt, dass auch diese sogenannten Altmetriken ähnliche Nachteile mit sich bringen: Es ist nicht klar, was denn überhaupt gemessen wird, denn sowohl den Zitationen wie auch den Tweets, Reads, Downloads etc., aus denen die Altmetriken berechnet werden, liegen sehr verschiedene Motivationen oder Ursachen zugrunde, wie zum Beispiel im Falle von Zitationen Kritik, Kontrastierung, Anschluss an die Literatur oder Tradition (Bornmann und Daniel, 2008b; Moed, 2005; Tahamtan und Bornmann, 2018), und bezüglich Altmetriken gesellschaftlicher Nutzen, Verwendung von Forschungsresultaten in der Praxis oder der Gesellschaft, Satire (Verunglimpfung), Wissenschaftsbetrug oder Verfügbarkeit des Artikels (Bornmann und Haunschild, 2018; Gumpenberger, Glänzel und Gorraiz, 2016; Lanamäki, Usman und Ochsner, 2019). Die Indikatoren sind also meist nur lose mit dem zu messenden Gegenstand, nämlich Forschungsqualität, verbunden, wie auch in den letzten Jahren in der bibliometrischen Community vermehrt festgestellt wurde (siehe z. B. Brooks, 2005; CWTS, 2012; Donovan, 2007). Allerdings würde die Methodenlehre verlangen, dass zuerst überlegt werden sollte, was gemessen werden will, bevor man Indikatoren bestimmt, nicht umgekehrt (Borsboom, Mellenberg und van Heerden, 2004; für die Forschungsevaluation, siehe Schmidt, 2005, S. 3).

Bezüglich Peer Review sieht es nicht viel besser aus. Während die formalen Probleme von Peer Review, wie Reliabilität, prädiktive Validität, verschiedene systematische Fehler wie Voreingenommenheit, Subjektivität usw. in der entsprechenden Literatur abgehandelt werden (siehe z. B. Bornmann und Daniel, 2008a; Daniel, Mittag und Bornmann, 2007; Langfeldt, 2010), interessiert hier das tieferliegende Verhältnis zwischen Forschungsqualität und Peer Review. Begutachtende wenden jeweils ihr eigenes Qualitätsverständnis an, das in der Regel implizit bleibt. Es bleibt nicht nur für andere implizit, was die Nachvollziehbarkeit und Vergleichbarkeit von verschiedenen Gutachten erschwert oder verunmöglicht, sondern auch für die begutachtende

Person selbst, denn die Urteile werden im Normalfall „holistisch“ gefällt, wie dem bekannten Beispiel aus Michèle Lamonts umfassender Studie zu Peer Review zu entnehmen ist: „Academic excellence? I know it when I see it“ (Lamont, 2009, S. 107; siehe auch Gozlan, 2016). Umfassende psychologische Studien zum Prozess der Entscheidungsfällung zeigen aber, dass sich solche holistischen Entscheidungen – in der Umgangssprache auch Bauchentscheide genannt – nicht eignen, um Leistungen oder Verdienste zu beurteilen (Thorngate, Dawes und Foddy, 2009, S. 21). In solchen holistischen Entscheidungen ändert die beurteilende Person die Qualitätsdefinition oder zumindest die Gewichtung verschiedener Aspekte potenziell für jedes Evaluationsobjekt, was Tür und Tor für eine ganze Palette systematischer Fehler, wie beispielsweise Bevorzugung von einigen Themen oder Methoden, Konservatismus, Bevorzugung von Autoren renommierter Institutionen, Geschlechterdiskriminierung usw., öffnet.

Die quantitativen wie auch die qualitativen Evaluationsverfahren leiden also offensichtlich unter demselben Problem: Es ist nicht klar, was denn genau gemessen oder beurteilt wird. Solange der Frage ausgewichen wird, was denn Forschungsqualität ist, weil es ohnehin unmöglich ist, eine allgemeingültige Definition dafür zu finden (Abramo und D’Angelo, 2016; Glänzel, Thijs und Debackere, 2016), kann sie auch nicht sinnvoll gemessen oder beurteilt werden. In anderen Worten: Es besteht ein Validitätsproblem. Unter Validität sei hier ganz einfach das Ausmaß verstanden, in welchem ein Maß (z. B. ein Indikator oder eine Beurteilung) das misst, was es zu messen verspricht (Kelley, 1927, S. 14). Das heißt, dass das zu messende Konstrukt bekannt sein muss und definiert werden muss, bevor es gemessen werden kann. Dies ist eine konzeptionelle Aufgabe, die weder mittels statistischer Methoden noch anhand von Daten erledigt werden kann (Borsboom et al., 2004, S. 1062). Forschungsqualität kann dabei als latentes Konstrukt aufgefasst werden: Latente Konstrukte sind Phänomene, die nicht direkt gemessen werden können, sondern etwas beschreiben, das messbaren Objekten zugrunde liegt. Solche latenten Konstrukte sind ubiquitär in der sozialwissenschaftlichen Forschung: Intelligenz, sozioökonomischer Status, Depression, soziale Vernetzung sind nur einige Beispiele. Entsprechend bietet die sozialwissenschaftliche Literatur auch Methoden für die Messung – oder in diesem Zusammenhang treffender: Operationalisierung – solcher latenten Konstrukte (Bollen, 2002). In unserem Fall ist das latente Konstrukt ein *a priori* Konstrukt, also etwas, wovon wir wissen, dass wir es messen wollen (im Gegensatz zu *a posteriori* Konstrukten, die sich aus den Daten ergeben und deren Ziel es primär ist, Variablen zusammenzufassen, um die Komplexität zu reduzieren, siehe Bollen, 2002). Will ein solches latentes Konstrukt gemessen werden, besteht der erste Schritt darin, die verschiedenen Dimensionen ausfindig zu machen, die das Konstrukt ausmachen (Borsboom et al., 2004). Für diese Dimensionen können dann Indikatoren gefunden werden oder – falls das Konstrukt sehr komplex ist – weitere Aspekte definiert werden, die mit Indikatoren messbar sind (vgl. bezüglich Forschungsqualität Hug, Ochsner und Daniel, 2014, S. 60).

Um ein solches latentes Konstrukt konzeptionell zu definieren, wird ein Katalog an Kriterien benötigt, der alle relevanten Aspekte von Forschungsqualität (oder Forschungsleistung) abdeckt. Eine solche Konzeptualisierung des zu messenden Gegenstands hat den Vorteil, dass klar wird, was der zu messende Gegenstand genau ist. Es können den einzelnen Dimensionen und Aspekten Indikatoren zugewiesen werden, und so wird auch explizit, welche Dimensionen von Forschungsqualität mit Indikatoren erfasst werden können und welche nicht. Für die Beurteilung von Forschungsleistungen durch Peer Review ergibt sich mit einem solchen Kriterienkatalog ein Leitfaden für die Beurteilung, die somit angemessener wird, da die einzelnen Dimensionen bewertet werden und eine Gewichtung der verschiedenen Dimensionen explizit vorgenommen werden muss (Thorngate et al., 2009). Abbildung 16.2 zeigt eine schematische Darstellung einer solchen Konzeptualisierung.

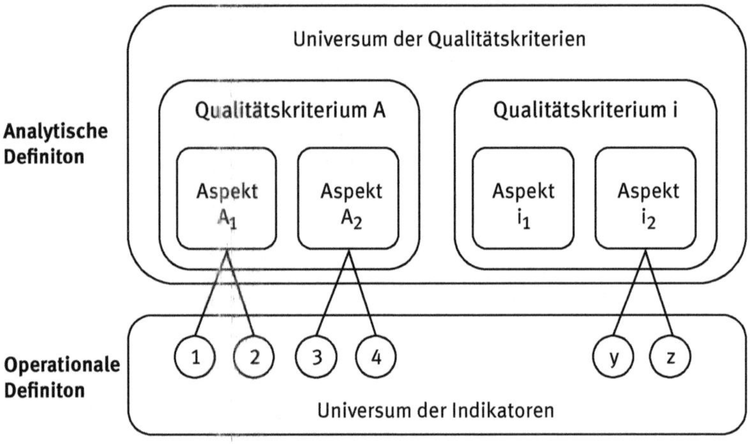

Abb. 16.2: Schematisches Messmodell für Forschungsqualität (Quelle: Hug, Ochsner und Daniel, 2014, S. 60).

16.4 Kriterien für Forschungsqualität in nationalen Evaluationskontexten

Kriterienkataloge für Forschungsqualität können in verschiedenen Kontexten gefunden werden, z. B. in Richtlinien für Gutachten für Zeitschriftenbeiträge oder in nationalen Evaluationsverfahren von Forschungsleistungen. Allerdings sind diese Kriterienkataloge meist sehr vage gehalten. In den letzten Jahren wurden jedoch vonseiten der Hochschulforschung, des Qualitätsmanagements an Hochschulen, aber auch vonseiten der Forschenden selbst einige Anstrengungen unternommen, einen breiteren Katalog an Kriterien zu erarbeiten. Einen vollständigen Überblick über alle Kriterienkataloge zu bieten ist nicht Aufgabe dieses Beitrags. Vielmehr geht es darum, verschiedene Ansätze aufzuzeigen und auf die Wichtigkeit hinzuweisen, Forschungsqualität umfassend zu konzeptualisieren. Im Folgenden wird deshalb eine enge Auswahl der bekanntesten und relevantesten Kataloge vorgestellt.

In England wird seit 1986 das sogenannte Research Assessment Exercise (RAE), das später in Research Excellence Framework (REF) umbenannt wurde, durchgeführt. Es handelt sich dabei um eine umfassende Evaluation von Forschung an englischen Hochschulen. Die Resultate der Evaluation haben einen Einfluss auf die Finanzierung der Hochschulen. Die Evaluationsprozedur wandelt sich dabei fortlaufend (siehe z. B. Bence und Oppenheim, 2005; Moed, 2008). Im Unterschied zu den meisten sogenannten Performance-Based Research Funding Systems (PRFS) basieren die Evaluationen zu großen Anteilen auf Gutachten von Forschenden mit mehr oder weniger Einfluss von Forschungsindikatoren. Von besonderer Bedeutung für das Vorhaben dieses Beitrags ist das RAE 2008, das stärker auf eine Expertenevaluation der Qualität der Forschung setzte, ohne auf den Publikationskanal zu achten (Bence und Oppenheim, 2005). Dazu wurden drei Kriterien festgelegt, die stark an Polanyis (1962) theoretisch hergeleiteten Kriterien *Plausibility*, *Scientific Value* und *Originality* angelehnt sind: *Originality*, *Rigour* und *Significance*, also Originalität, Wissenschaftlichkeit und Bedeutsamkeit. Offensichtlich sind diese Kriterien sehr allgemein gehalten. So lag es in den Händen der Mitglieder der verschiedenen Panels zu bestimmen, was diese Kriterien in ihrem Fachbereich genau bedeuten. 15 Panels aufgeteilt in 67 Sub-Panels gegliedert nach Disziplinen waren im RAE 2008 damit beauftragt, die Qualität von Forschungsprodukten zu bestimmen. Hunderte von Forschenden nahmen so Einfluss darauf, wie Forschungsqualität definiert wird. Allerdings zeigt eine Analyse der verschiedenen Definitionen, dass auch die fachspezifischen Definitionen sehr vage waren und zumeist sehr ähnlich blieben, was den Autor einer systematischen Analyse dieser Definitionen zu folgender Schlussfolgerung bewog: „The words may be different but the imprecision is just the same so that, like pornography, academic excellence can be recognised but not defined" (Johnston, 2008, S. 131).

In Deutschland entwickelte der Wissenschaftsrat 2004 als Reaktion auf die immer stärker an Bedeutung gewinnenden aber methodisch unzureichenden Wissenschaftsrankings das sogenannte „Forschungsrating" (Wissenschaftsrat, 2004). Es sollte dazu dienen, „Universitäten und außeruniversitären Forschungseinrichtungen im Rahmen ihrer jeweiligen Mission und in Verbindung mit anderen Verfahren der Qualitätssicherung und strategischen Planung in ihren strategischen Entscheidungen und bei der Qualitätssicherung in der Forschung zu unterstützen und den Qualitätswettbewerb zu fördern" (Wissenschaftsrat, 2004, S. 43). Dies soll mittels fachspezifischer Forschungsprofile geschehen, die durch die zu bewertenden Einheiten einzureichen sind. Eine Beurteilung findet dabei durch Bewertungsgruppen für jedes Fachgebiet einzeln statt und erfolgt multidimensional nach neun Rahmenkriterien in drei Dimensionen. Eine Gewichtung der Kriterien oder eine Verrechnung zu einer Gesamtnote sind explizit nicht vorgesehen (Wissenschaftsrat, 2004, S. iii–iv). Folgende Kriterien fließen in die Bewertung ein: Dimension *Forschung*: (1) Qualität, (2) Effektivität, (3) Effizienz; Dimension *Nachwuchsförderung*: (1) Prozesse der Nachwuchsförderung, (2) Erfolge der Nachwuchsförderung; Dimension *Wissenstransfer*: (1) Relevanz, (2) wirtschaftliche Umsetzung, (3) Fort- und Weiterbildung, (4) forschungsbasierte Beratung, Wissenschaftskommunikation (Wissenschaftsrat, 2004, S. 45–47). Aus diesem Kriterienkatalog wird sofort ersichtlich, dass die Beurteilung weit über die Beurteilung der Forschungsqualität hinausgeht. Forschungsqualität ist eines von neun Kriterien und es ist folgendermaßen spezifiziert: „Dieses Kriterium umfasst die Aktualität und Relevanz der Fragestellungen für das Forschungsgebiet, Neuheit und Originalität der Forschungsergebnisse sowie die Eignung und Verlässlichkeit der Methoden. Daten über die fachliche Resonanz der Forschungsergebnisse (z. B. normierte relative Zitationsindikatoren) können als Indikatoren genutzt werden“ (Wissenschaftsrat, 2004, S. 45). Es zeigt sich, dass sich die Definition kaum von jener des RAE unterscheidet: Aktualität und Relevanz (Significance), Neuheit und Originalität (Originality), Eignung und Verlässlichkeit der Methoden (Rigour). Hinzu kommt noch die fachliche Resonanz, die aber als Indikator für alle drei Kriterien aufgefasst wird. Das Forschungsrating wurde in verschiedenen Fächern erprobt (Wissenschaftsrat, 2008a, 2008b, 2008c). Während es in Chemie und Elektro- und Informationstechnik grundsätzlich auf Akzeptanz stieß, war die Kritik in der Soziologie etwas deutlicher (siehe z. B. Riordan, Ganser und Wolbring, 2011). In den Geisteswissenschaften allerdings führte das Rating zu großen Kontroversen und der Verband der Historiker und Historikerinnen Deutschlands (VHD) boykottierte die Teilnahme (für eine Zusammenfassung der Kritik, siehe Ochsner, Hug und Daniel, 2012b; im Originalton ist die Kritik u. a. nachzulesen bei Plumpe, 2009, 2010; Hose, 2009). Darauf wurde eine Unterarbeitsgruppe von Geisteswissenschaftler(inne)n einberufen, um das Rating an die Geisteswissenschaften anzupassen. Die Unterarbeitsgruppe nahm Anpassungen an den Kriterien vor und empfahl, die Bewertung primär durch Peer Review durchzuführen und quantitative Indikatoren nur zur Ergänzung beizuziehen. Anschließend wurde das Forschungsrating für die Geisteswissenschaften an der Anglistik/Amerikanistik erprobt, deren Bewertungsgruppe das Verfahren nochmals angepasst hat, was zu folgendem Katalog mit nun vier Dimensionen führte (Wissenschaftsrat, 2011): Dimension *Forschungsqualität*: (1) Qualität des Outputs, (2) Quantität des Outputs; Dimension *Reputation*: (1) Anerkennung, (2) Professional Activities; Dimension *Forschungsermöglichung*: (1) Drittmittelaktivitäten, (2) Nachwuchsförderung (3) Infrastrukturen und Netzwerke; Dimension *Transfer an außeruniversitäre Adressaten*: (1) Personaltransfer, (2) Wissensvermittlung. Auffallend ist dabei insbesondere die neue Dimension „Reputation“ sowie das neue Kriterium „Infrastrukturen und Netzwerke“. Forschungsqualität ist dabei nicht genauer spezifiziert, es wird lediglich zwischen Qualität (exemplarische Publikationen und Publikationsliste) und Quantität des Outputs (Anzahl Publikationen) unterschieden (Wissenschaftsrat, 2011; für eine reflexive Analyse des Forschungsratings der Anglistik/Amerikanistik siehe z. B. Hornung, Khlavna und Korte, 2016; Plag, 2016).

Ein weiteres Beispiel für die Entwicklung von Qualitätskriterien im Rahmen einer nationalen Evaluation bietet das Standard Evaluation Protocol (SEP) der Niederlande. Sämtliche Forschungseinheiten werden alle sechs Jahre mittels des SEP evaluiert. Das SEP 2003–2009 sah folgende Kriterien vor: Qualität, Produktivität, Relevanz und Machbarkeit. Die Kriterien wurden dabei bewusst flexibel gehalten, damit die Begutachtenden eine fachspezifische Spezifikation vornehmen können. Die Gutachten sollten dabei sowohl quantitativ sein wie auch eine reflexive Komponente beinhalten (VSNU, VSO und KNAW, 2003, S. 16). In der Checkliste für die Begutachtenden werden die Kriterien allerdings deutlicher spezifiziert (VSNU et al., 2003, S. 40). Qualität wird dabei anhand der folgenden Aspekte beurteilt: (1) Originalität, (2) Bedeutsamkeit, (3) Kohärenz des Forschungsprogramms, (4) Publikationsstrategie, (5) Prominenz des Direktors oder der Direktorin, (6) Prominenz anderer Forschenden der Einheit, (7) Qualität der wissenschaftlichen Publikationen (wissenschaftlicher Impact), (8) Qualität anderer Resultate. Diese Spezifikation weist darauf hin, dass zwar eine qualitative Begutachtung im Sinne einer Reflexion der Interpretation quantitativer Daten Teil der Evaluation ist; die Ausführungen zu den Informationen, die der Begutachtung zugrunde liegen, zeigen aber, dass quantitative Indikatoren eine große Rolle spielen: So stehen wissenschaftliche Publikationen, Patente und die Höhe der eingeworbenen Drittmittel im Zentrum, während Publikationen und Aktivitäten, die nicht auf das einschlägige wissenschaftliche Publikum zielen, explizit exkludiert werden. Dies führte zu einiger Kritik insbesondere aus den Sozial- und Geisteswissenschaften und zu einer Reihe von Arbeitsgruppen und Reports, die den Zweck geisteswissenschaftlicher Forschung reflektieren und in Bezug zur Evaluation stellen (Committee for the National Plan for the Future of the Humanities, 2009; KNAW, 2005; 2009). Das schließlich eingesetzte „Committee on Quality Indicators in the Humanities“ konstatierte, dass einerseits die Wissenschaftspolitik zu viel von Indikatoren erwarte, andererseits gerade in den Geisteswissenschaften eine zu große Aversion gegen „Messung“ von Forschungsleistungen bestehe und schlug deshalb einen Mittelweg vor. Dieser sieht eine Evaluation mittels Informed Peer Review entlang zweier Dimensionen vor: wissenschaftlicher Output und gesellschaftliche Qualität. Jede der Dimensionen wird anhand dreier Kriterien beurteilt: (1) wissenschaftliche/gesellschaftliche Publikationen, (2) wissenschaftliche/gesellschaftliche Nutzung von Forschungsoutput und (3) Evidenz wissenschaftlicher/gesellschaftlicher Anerkennung. Alle drei – resp. sechs – Kriterien werden mit Unterstützung quantitativer Indikatoren qualitativ von Begutachtenden beurteilt (KNAW, 2011, S. 47). Diese Anpassung der Kriterien scheint auch die anderen Disziplinen überzeugt zu haben, so verläuft die Evaluation des SEP 2015–2021 nun ebenfalls entlang der zwei Dimensionen Forschungsqualität und gesellschaftliche Relevanz spezifiziert durch die drei oben genannten Kriterien (VSNU et al., 2016, S. 7, 25).

Diese drei Beispiele nationaler Evaluationsprozeduren zeigen, dass die Definition von Forschungsqualität Schwierigkeiten bereitet und insbesondere in den Geisteswissenschaften kritisiert wird. Allerdings zeigt gerade die Entwicklung des SEP, dass dies nicht nur damit zu tun hat, dass die eingesetzten Kriterien nicht auf die Geisteswissenschaften passen, sondern auch damit, dass sich die Geisteswissenschaften stärker im Vorfeld damit befassen, was wozu gemessen werden soll und welche Effekte dies haben könnte, während die eher experimentell ausgerichteten Natur-, Lebens- und Technikwissenschaften dazu bereit sind, zuerst zu messen und anschließend Anpassungen vorzunehmen. Ersichtlich wird an diesen Beispielen auch, dass die Definitionen von Forschungsqualität in solchen Prozeduren sehr allgemein gehalten sind, da eine solche Top-down-Bestimmung der Kriterien für alle Fächer gültig sein muss und die Kriterien ohne vorhergehende Abklärung über Fächerunterschiede bezüglich Qualitätsdefinitionen eben auch vage bleiben müssen.

Anstatt Kriterien top-down vorzugeben, könnten Kriterien jedoch auch bottom-up aus den Fächern selbst heraus entwickelt werden und von der Frage ausgehen, wie denn Forschende selbst über Forschungsqualität denken. Können Qualitätskriterien identifiziert werden, die für viele Fächer gelten, aber dennoch dem Begriff etwas Leben einhauchen können? Forschungsqualität ist kaum abschließend zu definieren. Somit sind es Perzeptionen von Qualität, die es zu messen gilt. Von besonderem Interesse sind die Qualitätsvorstellungen der Forschenden selbst, denn diese können die Qualität von Forschung in ihrem Feld am besten beurteilen (Hemlin, 1993; LERU, 2012). Im Folgenden werden deshalb Studien vorgestellt, die Qualitätskriterien für die Forschung empirisch herleiten.

16.5 Empirisch hergeleitete Qualitätskriterien für Forschung

16.5.1 Die Anfänge oder die 1960er bis 1980er: was macht einen guten Text aus?

In den ersten empirischen Studien über Qualitätskriterien der Forschenden selbst interessierten sich die Autoren dafür, wie Normen für wissenschaftliche Forschung (z. B. Merton, 1957) in der Praxis verbreitet sind (z. B. Chase, 1970; Lindsey und Lindsey, 1978), für Untersuchungen, wie Herausgebergremien sowie Begutachtende Artikel beurteilen (sogenanntes Manuscript Reviewing, z. B. Kerr, Tolliver und Petree, 1978; Rowney und Zenisek, 1980; Wolff, 1970), oder wie man Studierenden oder Nachwuchsforschenden erklären kann, wie man einen guten Artikel schreibt (Frantz, 1968). Diese Studien haben gemeinsam, dass sie der Professorenschaft, Mitgliedern von Herausgebergremien und Begutachtenden Kriterien zur Bewertung vorlegten. Die Kriterien wurden von den Autor(inn)en der jeweiligen Studie zusammengestellt, meist anhand von Kriterien, die von Zeitschriften vorgeschlagen oder aus den Theorien wissenschaftlicher Normen abgeleitet wurden, und den Forschenden zur Bewertung vorgelegt, ohne dass diese selbst neue Kriterien nennen konnten. Während diese Studien also nicht direkt Einblick in die Qualitätsverständnisse der Forschenden geben, gewähren sie dennoch einen Blick darauf, wie die Forschenden einzelne vorgegebene Kriterien gewichten. Zusammenfassend lässt sich festhalten, dass in den Studien

Kriterien wie Wissenschaftlichkeit (Replizierbarkeit, Design, Klarheit des Textes) und Originalität (Beitrag zum Wissensstand, neue Theorie, neue Methode, Kreativität) ganz oben auf der Liste stehen, während sich die Eigenschaften der Person[66] (Status, Affiliation, Reputation) oder des Textes (Länge, Punktation, Unterhaltungswert) unten in der Prioritätenliste wiederfinden. Ebenfalls tiefe Bewertungen erhält fast durchgängig die Anwendbarkeit. Allerdings besteht bezüglich dieses Kriteriums Uneinigkeit, die sich durch eine deutlich größere Standardabweichung bemerkbar macht (Chase, 1970; Frantz, 1968; Lindsey und Lindsey, 1978; Wolff, 1970). Während sich die meisten dieser Studien einem Fach widmeten (Erziehungswissenschaften: Frantz, 1968; Psychologie: Rowney und Zenisek, 1980; Wolff, 1970), fanden Chase (1970) Unterschiede zwischen Natur- und Sozialwissenschaften und Lindsey und Lindsey (1978) zwischen Psychologie, Soziologie und Sozialarbeit. Die Unterschiede sind – wenig überraschend – insbesondere bezüglich der Gewichtung von Theorie und Empirie auszumachen. So berichtet Chase (1970), dass in den Sozialwissenschaften der Wissenschaftlichkeit, der theoretischen Bedeutung und der Anwendbarkeit statistisch signifikant mehr Bedeutung zugewiesen wird als in den Naturwissenschaften. Auf der anderen Seite ist in den Naturwissenschaften die Replizierbarkeit, mathematische Präzision, die Abdeckung der bestehenden Literatur und zu einem bescheidenen Grad auch die Originalität wichtiger als in den Sozialwissenschaften. Allerdings ist anzumerken, dass sich an der Rangfolge der Kriterien zwischen den Fächern nur wenig ändert. Lindsey und Lindsey (1978) gehen davon aus, dass es nicht nur zwischen Natur- und Sozialwissenschaften Unterschiede gibt, sondern dass sich solche Unterschiede auch zwischen Fächern der Sozialwissenschaften zeigen. Sie finden dann auch, dass in der Psychologie und der Soziologie den qualitativen Methoden weniger Relevanz zugewiesen wird als dies in der Sozialarbeit der Fall ist. Zur Überraschung der Autoren wird aber in der Psychologie den qualitativen Methoden noch ein wenig mehr Bedeutung zugemessen als in der Soziologie. Ihrer Interpretation nach könnte dies daran liegen, dass die Psychologie oft in Kritik stand, zu stark einem einzigen Paradigma zu folgen (Lindsey und Lindsey, 1978, S. 56).

16.5.2 Die 1990er und 2000er: Forschungsqualität im Rahmen von Evaluation

Den erwähnten Studien der frühen Periode ist ebenfalls gemeinsam, dass sie den Zeitschriftenartikel im Blick haben, also eine einzelne, klar abgrenzbare und im Umfang beschränkte Forschungsarbeit. Forschung geht aber insbesondere in den Sozial- und

66 Als einzige Ausnahme unter den Studien finden Rowney und Zenisek (1980), dass die Reputation der Autor(inn)en durchaus einen Einfluss auf die Akzeptanz eines Zeitschriftenartikels haben kann. Dies hat wohl mit dem unterschiedlichen Kontext zu tun (Beurteilung, welche Aussagen die Annahme eines Artikels beeinflussen; Formulierung „ich kenne den Autor und finde, dass er eine gerechtfertigte Reputation im thematischen Bereich genießt“).

Geisteswissenschaften über das Schreiben von Zeitschriftenartikeln hinaus. Ebenso geht Forschungsqualität darüber hinaus, was und wie etwas in einer Zeitschrift publiziert werden kann und soll. Hartmann und Neidhardt (1990) untersuchten beispielsweise, wie Forschende Kriterien in der Beurteilung von Forschungsanträgen der Psychologie, Politikwissenschaften, ökonomischer Theorie und Elektroingenieurswesen benutzen. Sie untersuchten, wie häufig die aus der Literatur hergeleiteten Kriterien in Beurteilungen vorkommen und welche Kriterien die Schlussbewertung am meisten beeinflussen. Theorie, Methode, Budget und wissenschaftliche Relevanz sowie etwas weniger stark die praktische Relevanz sind demnach wichtige Kriterien für die Beurteilung von Forschungsanträgen (einen ähnlichen Ansatz verfolgt auch Gulbrandsen, 2000).

Eine frühe systematischere Auseinandersetzung mit Qualitätsvorstellungen von Forschenden stellt die Studie von Sven Hemlin und Henry Montgomery aus dem Jahre 1990 dar (Hemlin und Montgomery, 1990). Mittels Interviews mit 22 schwedischen Forschenden mit Evaluationserfahrung prüfen sie, ob ihr Konzept von Forschungsqualität mit den Ideen der Forschenden und den Kriterien einiger der oben genannten Untersuchungen übereinstimmt. Ihr Konzept von Forschungsleistung umfasst dabei sieben Faktoren: Forschungspolitik (Research Policy), forschende Person, Forschungsleistung (Research Effort), Forschungsumfeld, Qualitätsindikatoren, innerwissenschaftliche Effekte und außerwissenschaftliche Effekte. Dabei unterscheiden sie zusätzlich zwischen Attributen (etwa „neu“, „präzise“) und Aspekten (etwa „Methode“, „Theorie“), allerdings ist nicht so klar, bei welchen Faktoren sie diese Unterscheidung anwenden. Sie finden, dass ihre Resultate mit denjenigen von Chase (1970), Frantz (1968), Rowney und Zenisek (1980) und Wolff (1970) übereinstimmen. Ihr Konzept von Forschungsqualität ist aber weitgreifender, denn die meisten Kriterien der früheren Studien fallen in die Faktoren Forschungsleistung (Research Effort) und forschende Person. Bemerkenswert an dieser Konzeption von Forschungsqualität ist, dass Qualitätsindikatoren einen eigenen Faktor bilden. Sie sind also nicht an Forschungsleistung, Person oder Umfeld geknüpft, sondern getrennt aufgeführt. Dies stellt die Frage, was denn die Funktion solcher Qualitätsindikatoren sein soll, wenn es sich dabei um einen getrennten Faktor handelt. Die Autoren schließen außerdem aus den Interviews, dass Forschende der Naturwissenschaften weniger gut als Forschende anderer Disziplinen beschreiben können, was denn für sie gute Forschung ist. Aufgrund der sehr kleinen Anzahl befragter Forschenden ist dieses Resultat aber mit Vorsicht zu genießen.

Mit der steigenden Relevanz von allgemeinen Forschungsevaluationen wird die Frage wichtig, welche Qualitätskriterien für Forschung in einem längerfristigen Kontext relevant werden und welche Kriterien und Konzeptionen von den bewertenden Forschenden angewendet werden. Hemlin (1993) untersucht mittels einer umfangreichen Befragung von 400 schwedischen Forschenden (224 Antworten; 56 Prozent Antwortrate), wie Forschende wissenschaftliche Arbeiten evaluieren. Als Basis verwendet er die oben vorgestellte Konzeption von Forschungsqualität (Hemlin und Montgomery, 1990) mit einer kleinen Anpassung: Die Kriterien *inner-* und *außerwissenschaftliche Effekte* wurden zu einem Kriterium zusammengefasst und *Forschungsfinanzierung* als neues Kriterium hinzugefügt. Als Hauptresultat präsentiert Hemlin (1993) Fächerunterschiede in der Relevanz verschiedener Kriterien: Die Natur- und Technikwissenschaften auf der einen Seite und die Sozial- und insbesondere Geisteswissenschaften auf der anderen Seite betonen unterschiedliche Kriterien. Die Geisteswissenschaften zeichnen sich dadurch aus, dass sie den Schreibstil, die Argumentation, politische und kulturelle Effekte, Stringenz, Theorie, kreative Forschung sowie die Kreativität und Intelligenz der Person als deutlich wichtiger bewerten als die anderen Fächer, während sie das physische Forschungsumfeld, internationale Kontakte, außerwissenschaftliche Effekte, zielgerichtete Forschung (Directed Research), industrielle und sektorielle Finanzierung und Forschungsevaluation als weniger wichtig ansehen. Die Natur- und Technikwissenschaften bewerten genau umgekehrt. Die Sozialwissenschaften liegen näher bei den Geisteswissenschaften, liegen aber bezüglich Produktivität und internationaler Kontakte den Naturwissenschaften nahe und empfinden die Kreativität und Intelligenz der Person als weniger wichtig als Forschende der Geisteswissenschaften. Dafür zeichnen sie sich durch die höchste Bewertung der politischen und kulturellen Effekte aus. Die applizierten „harten" Wissenschaften wie Medizin und in gewissem Maße Technikwissenschaften zeichnen sich ihrerseits dadurch aus, dass sie – erwartungsgemäß – die außerwissenschaftlichen Effekte und Relevanz und nicht staatliche Finanzierung höher bewerten.

Dass sich die Qualitätsvorstellungen nicht nur zwischen den „harten" und den „weichen" Wissenschaften unterscheiden, zeigen Guetzkow, Lamont und Mallard (2004) in ihrer Analyse von sozial- und geisteswissenschaftlichen Gutachten für Forschungsanträge in den USA. Sie fokussieren dabei auf das in ihrem Material am häufigsten vorkommende Kriterium: Originalität. Während Forschende der Geisteswissenschaften eher Originalität in der Vorgehensweise und den Daten hervorheben, empfinden Forschende der Sozialwissenschaften eher die Originalität der Methoden als zentral. Zusätzlich extrahierten Guetzkow, Lamont und Mallard aus den Gutachten die Kriterien Klarheit, gesellschaftliche Relevanz, Interdisziplinarität, Machbarkeit, Wichtigkeit, Breite, Sorgfältigkeit, Nützlichkeit und „spannend". Leider wurden diese Kriterien in der Studie nicht weiter auf Fachunterschiede untersucht.

Einen anderen Ansatz verfolgt die Studie von Montada, Krampen und Burkhard (1999), die ebenfalls zum Ziel hat, Kriterien zu identifizieren, die im Rahmen einer Evaluation eingesetzt werden können. Das Argument ist, dass eine schlichte Postulierung der Gültigkeit von Evaluationskriterien durch Ministerien oder Evaluationsagenturen nicht gerade zur Akzeptanz beitragen würde. Vielmehr müssten die Kriterien konsensual mit der Fachgemeinschaft entwickelt werden. Die Autoren legten der gesamten Professorenschaft der Psychologie in Deutschland 117 Indikatoren zur Beurteilung bezüglich ihrer Eignung für eine Forschungsevaluation vor. 36 Prozent der Indikatoren wurden dabei als höchst positiv und 50 Prozent als positiv eingeschätzt. Lediglich 14 Prozent wurden als wenig positiv beurteilt. Allerdings stellten die Autoren bei vielen Indikatoren eine große Varianz fest, was sie als problematisch für die Konsensfähigkeit der Indikatoren ansehen. Die Autoren schließen aus den Bewertungen der Indikatoren, dass gegenüber Evaluationsverfahren, die auf nur wenigen Indikatoren beruhen, Bedenken geäußert werden sollten, da die Anzahl an positiv bewerteten Indikatoren sehr groß ist.

16.5.3 Die 2010er: Qualitätsvorstellungen und empirische Messmodelle

Von der Kritik ausgehend, dass Forschungsleistung bislang lediglich dadurch definiert wird, welche Indikatoren in den verschiedenen Evaluationsprozeduren zum Einsatz kommen, während der Definition, was denn Forschungsleistung bedeutet, ausgewichen wird, entwickeln Bazeley (2010), Andersen (2013) und das Team um Hans-Dieter Daniel (Hug, Ochsner und Daniel, 2013, 2014; Ochsner, Hug und Daniel, 2012a, 2013, 2014) mittels Mixed-Methods-Ansätzen jeweils ein empiriegeleitetes theoriebasiertes Konzept für Forschungsleistung. Bazeley (2010) befragte dazu die Forschenden aller Disziplinen an drei australischen Universitäten. Acht „Attribute" wurden den Forschenden vorgelegt, die diese in Bezug auf ihrer Meinung nach leistungsstarke Forscher/-innen interpretieren und erweitern mussten: Qualität, Fähigkeit, Produktivität, Anerkennung, Nutzen, Aktivität, Befriedigung und Umgänglichkeit. Anhand der Beschreibungen dieser Attribute wurde iterativ ein Modell für Forschungsleistung erarbeitet. Das Modell besteht aus sechs Dimensionen, vier davon beschreiben Forschungsaktivität (Engagement, Aufgabenorientierung, Forschungspraxis und intellektueller Prozess) und zwei Dimensionen beschreiben die Sichtbarmachung von Forschung (Dissemination und kollegiales Engagement). Dabei müssen von den ersten vier alle Dimensionen erfüllt sein, während von den zweiten zwei nur eine Dimension erfüllt sein muss, um als leistungsstark beurteilt werden zu können. Andersen (2013) geht dem Qualitätskonzept von medizinischer Forschung nach. Mittels qualitativer Interviews und einem quantitativen Fragebogen erarbeitet er ein auf den Qualitätsvorstellungen von dänischen Medizinern basierendes Konzept von Forschungsqualität mit dem Ziel, ein besseres Verständnis vom Zusammenhang zwischen Forschungsqualität und evaluativer Bibliometrie zu erhalten. Aus den 32 Aspekten von Forschungsqualität, die er aus den Interviews extrahiert hatte, ermittelte er zwölf Kriterien mittels einer Faktorenanalyse (Prestige der Zeitschrift, klinische Guidelines, Zitationsverhalten, Methodenkapitel, subjektive Qualität, grundlagen- und anwendungsorientierte Forschung, Autor, Bedeutung von Zitation, Verhältnis von Qualität und Zitation, Innovation, Skeptizismus, Sorgfältigkeit). Die zwölf Kriterien machen dabei drei Dimensionen von Forschungsqualität aus: Dissemination, Effekte auf die Politik, Effekte auf die Gesundheit. Es fällt bei den Kriterien auf, dass – wie in der Medizin allgemein üblich – die Bibliometrie und die Anwendungsorientierung eine große Rolle spielen. Andersen schlägt schließlich ein Messmodell ähnlich einem nomologischen Netzwerk vor, das auf den drei Dimensionen beruht. Die zwölf Kriterien sind dabei teilweise als zu messende Aspekte wiederzuerkennen. Die Quantifizierung des Modells lag aber nicht im Rahmen der Arbeit.

Im Projekt „Entwicklung und Erprobung von Qualitätskriterien für die Forschung in den Geisteswissenschaften am Beispiel der Literaturwissenschaften und der Kunstgeschichte“ gingen wir einen Schritt weiter und setzten den im Projekt entwickelten und im Abschnitt „Was ist Forschungsqualität“ erwähnten Messansatz um (Ochsner et al., 2014). Da das Wissen über Forschungsqualität primär implizit vorliegt – wie die bekannten Zitate zeigen, dass man gute Forschung schon erkenne, wenn man sie sehe (wie etwa in Gozlan, 2016, S. 271; Johnston, 2008, S. 131 oder Lamont, 2009, S. 107 dokumentiert) –, wurde in diesem Projekt „auf der grünen Wiese“ begonnen und nicht wie in den meisten der bisher erwähnten Projekten auf einem bereits aus der Literatur abgeleiteten Kriterienkatalog aufgebaut. Mittels einer speziellen Methode zur Explikation impliziten Wissens (Repertory Grid Interviews) wurde zuerst das Qualitätsverständnis von Geisteswissenschaftler(inne)n untersucht (Ochsner et al., 2013). Dabei zeigte sich, dass die Forschenden aller drei untersuchten Fächer, Deutsche Literaturwissenschaft, Englische Literaturwissenschaft und Kunstgeschichte, zwischen zwei Konzeptionen von Forschung unterscheiden: dem modernen und dem traditionellen Konzept von Forschung. Diese Konzepte sind unabhängig von der Qualität der Forschung. Somit ergeben sich vier Typen von Forschung: Die positiv konnotierte moderne Forschung umfasst dabei internationale, interdisziplinäre und kollaborative Forschung mit direkter gesellschaftlicher Relevanz, die negativ konnotierte moderne Forschung hingegen zeichnet sich durch Karriereorientierung aus, und Interdisziplinarität findet z. B. nur auf dem Papier statt, um Mittel akquirieren zu können. Die positiv konnotierte traditionelle Forschung repräsentiert das Genie. Sie beinhaltet exzellente Einzelforschung, die Potenzial zum Paradigmenwechsel hat, während die negativ konnotierte traditionelle Forschung dadurch gekennzeichnet ist, dass die Forschung isoliert und im Elfenbeinturm stattfindet. Dies zeigt, dass viele häufig eingesetzte Forschungsindikatoren nicht Forschungsqualität messen, sondern Indikatoren für das moderne Konzept von Forschung sind, das sowohl gute wie schlechtere Forschung beinhalten kann: Interdisziplinarität, Kollaboration, gesellschaftliche Relevanz und Internationalität sind demnach keine (oder zumindest nicht in jedem Fall) Qualitätsindikatoren. Auf diesen Erkenntnissen aufbauend wurde in einer mehrstufigen Delphi-Befragung von Forschenden der gleichen drei Fächer an den Schweizer Universitäten und an den Universitäten, die Mitglied der League of European Research Universities (LERU) sind, ein international abgestützter Qualitätskatalog entwickelt, der aus 19 Kriterien besteht, die durch 70 Aspekte spezifiziert sind (Hug et al., 2013; siehe zusammenfassend in Tabelle 16.1). Der Katalog wurde in anderen Projekten auch für andere Fächer (Rechtswissenschaften: Lienhard, Tanquerel, Flückiger, Amschwand, Byland und Herrmann, 2016; Schmied, Byland und Lienhard, 2018; Sozialwissenschaften: Ochsner und Dokmanović, 2017; Theologie: Mertens und Schatz, 2016) angepasst. Es zeigte sich, dass Fächerunterschiede sich meist lediglich in unterschiedlichen Gewichtungen der Kriterien zeigten, nur wenige Kriterien mussten jeweils an die Fächer angepasst werden. Zum Beispiel wird die gesellschaftliche Relevanz (zu unterscheiden von Einfluss auf die Gesellschaft) in den Sozialwissenschaften höher gewichtet als in den Geisteswissenschaften. Der Einfluss auf die Praxis hingegen ist in den Rechtswissenschaften ein wichtiger Punkt. Im Gegensatz dazu ist die Pflege des kulturellen Gedächtnisses in den Geisteswissenschaften wichtiger als in den anderen Fächern. Der Katalog lässt sich außerdem an verschiedene Evaluationssituationen anpassen. Ochsner, Hug und Daniel (2017) adaptierten den Katalog für die Beurteilung von Forschungsanträgen von Nachwuchswissenschaftler(inne)n in den Geisteswissenschaften. Dabei wurden einige Kriterien, die nicht auf die Situation zutreffen, weggelassen (z. B. Offenheit für andere Personen) und Kriterien hinzugefügt (Machbarkeit, Person). Bei der Bewertung zeigten sich auch Unterschiede zur Bewertung der Kriterien für eine allgemeine Evaluation von Forschungsleistungen: So ist der Aspekt „ein neues Paradigma erschließen“ des Kriteriums „Originalität“ in der allgemeinen Evaluation von Forschungsleistungen eines der wichtigsten Items, während es in der Beurteilung von Anträgen von Nachwuchsforschenden zwar eine positive, aber vergleichsweise tiefe Bewertung erhält –, was dem Kontext Rechnung trägt, denn von einem Nachwuchsforschenden kann nicht erwartet werden, dass er mit einem relativ schwach dotierten Forschungsprojekt ein neues Paradigma generiert.

Aus diesen Studien lässt sich schließen, dass Forschungsqualität ein komplexes Konstrukt ist und viele Kriterien berücksichtigt werden sollten, will Forschungsqualität angemessen beurteilt werden.

Bisher lag der Fokus darauf, was denn Qualität ausmacht und welche Kriterien für die Beurteilung zu berücksichtigen sind. Anschließend stellt sich die Frage, ob diese Kriterien der Messung offenstehen: Welche Kriterien werden durch die häufig eingesetzten Indikatoren gemessen und welche nicht? Für welche Kriterien lassen sich Indikatoren finden und welche können nur durch Beurteilung durch Begutachtende bewertet werden? Im nächsten Abschnitt wird dementsprechend die Messbarkeit von Forschungsqualität erörtert.

16.6 Messbarkeit von Forschungsqualität am Beispiel der Geisteswissenschaften

Wie im Abschnitt „Was ist Forschungsqualität“ erläutert, setzt eine Messung eine Spezifizierung des zu messenden Konzepts voraus. Besteht ein ausführlicher Kriterienkatalog – wie beispielsweise im vorhergehenden Kapitel vorgeschlagen –, kann mit diesem Wissen eruiert werden, welche Kriterien und Aspekte von Forschungsqualität mit den gängigen Indikatoren gemessen werden und welche Kriterien und Aspekte überhaupt der Messung offenstehen. In einer umfassenden Sammlung von Forschungsindikatoren auf Basis einer Vielzahl wissenschaftlicher Publikationen, Evaluationsverfahren sowie grauer Literatur wurde eine so große Anzahl an Indikatoren identifiziert, sodass sie in 62 Indikatorengruppen zusammengefasst wurden. Diese Indikatorengruppen wurden sodann Kriterien und Aspekten zugeteilt, die sie potenziell messen können (Ochsner et al., 2012a). Dies zeigte, dass nur rund 50 Prozent der Aspekte, die sich unter den Forschenden der Geisteswissenschaften als konsensual erwiesen haben, potenziell durch Indikatoren gemessen werden können. 50 Prozent der Aspekte sind hingegen nur in der Beurteilung durch Begutachtende bewertbar. Drastischer sieht es bezüglich der Indikatoren aus, die häufig in Evaluationsverfahren eingesetzt werden, wie zum Beispiel Zitationen, Preise, Drittmittel, Kollaborationen, Transfer in die Wirtschaft und Gesellschaft, Publikationen oder Expertenmandate. Diese messen mit Ausnahme zweier Kriterien (wissenschaftlicher Austausch und Einfluss auf die Wissenschaft) primär Aspekte gerade jener Kriterien, die unter den Forschenden schlecht bewertet wurden oder zumindest nicht konsensfähig waren, nämlich Produktivität, Reputation, Kontinuität, Wirkung auf die Gesellschaft und Relevanz (siehe Tabelle 16.1, Kriterien gekennzeichnet durch ††). Dies weist auf eine Diskrepanz zwischen den Qualitätsvorstellungen der Forschenden und der Evaluierenden hin.

Im Anschluss wurden die Forschenden gefragt, ob die Indikatoren ihrer Meinung nach die Aspekte, denen sie zugeordnet werden können, sinnvoll messen könnten. Hier fällt das Resultat nochmals deutlich negativer aus: Es besteht nur für sehr wenige Indikatoren Konsens bezüglich der Eignung für einen adäquaten Einsatz in der For-

Tab. 16.1: Qualitätskriterien und Messbarkeit durch Indikatoren (Quelle: Ochsner, Hug und Daniel, 2012a, siehe S. 4).

Wissenschaftlicher Austausch[**, ††]	Kontinuität, Fortführung[††]	Gelehrsamkeit, Belesenheit[**, †]
Innovation, Originalität[**]	Wirkung auf die akademische Gemeinschaft[**, ††]	Leidenschaft, Enthusiasmus[*, †]
Produktivität[††]	Gesellschaftsbezug, Wirkung auf die Gesellschaft[††]	Konnex zwischen Forschung und Lehre, Scholarship of Teaching[**, †]
Wissenschaftlichkeit[**]	Forschungsvielfalt[*, †]	Forschungsvision[**, †]
Pflege des kulturellen Gedächtnisses[**, †]	Anschlussfähigkeit, Aktualität[**, †]	Relevanz, Wichtigkeit[††]
Reputation[††]	Offenheit gegenüber Ideen und Personen[**, †]	
Reflexion, Kritik[*, †]	Selbststeuerung, Unabhängigkeit[*, †]	

Bemerkungen: [**] Kriterien, die in allen drei untersuchten Fächern Konsens erreicht haben,
[*] Kriterien, die in zwei der untersuchten Fächern Konsens erreicht haben;
[††] Kriterium ist mit häufig eingesetzten potenziellen Indikatoren messbar,
[†] Kriterium ist potenziell mit Indikatoren messbar. Kriterien sind durch 70 Aspekte definiert, Messbarkeit bezieht sich auf mindestens einen Aspekt eines Kriteriums ist potenziell messbar.

schungsevaluation. Primär gilt dies für Indikatoren, die Forschungsaktivitäten aufzeigen, wie Anzahl Publikationen, Präsentationen oder andere Produkte, und die entsprechende Kriterien messen, wie wissenschaftlicher Austausch oder Pflege des kulturellen Gedächtnisses (Ochsner et al., 2014). Es zeigt sich, dass die Forschenden in den Geisteswissenschaften der Diskussion über Forschungsqualität gegenüber sehr offen sind, jedoch bezüglich der Messung eher skeptisch sind. Vielmehr ist denkbar, die Indikatoren als zusätzliche Information für eine qualitativ orientierte Beurteilung von Forschungsleistungen beizuziehen, denn die Studien zeigten, dass die Forschenden eine metrisch orientierte Evaluation als kritisch wahrnehmen, weil eine Reduktion auf messbare Aspekte der Komplexität von Forschungsleistung nicht gerecht werden kann und somit mit Risiken von Fehlanreizen verbunden ist.

Zwar sind, wie bereits erwähnt, die Geisteswissenschaften grundsätzlich der Messung weniger aufgeschlossen als die Naturwissenschaften. Nichtsdestotrotz zeigt sich an diesem Beispiel, wieso einer (rein) quantitativ orientierten Beurteilung von Forschungsleistung mit Vorsicht begegnet werden sollte. Forschungsqualität ist ein komplexes mehrdimensionales Konstrukt. Wenn in Evaluationen gewisse Aspekte systematisch nicht berücksichtigt werden, da sie nicht mit Indikatoren gemessen werden können, sind negative Effekte auf die Forschungspraxis nicht nur nicht auszuschließen, sondern sogar sehr wahrscheinlich. Solche negativen Effekte sind mittlerweile auch für Disziplinen des ganzen akademischen Spektrums gut belegt (siehe etwa Chavalarias, 2016; de Rijcke, Wouters, Rushforth, Franssen und Hammarfelt, 2016; Edwards und Roy, 2017; Kwok, 2013; Sousa und Brennan, 2014).

Was helfen nun diese Erkenntnisse im Hinblick auf eine adäquate Forschungsevaluation? Was tun, wenn sowohl Peer-Review-Verfahren problematisch als auch quantitative, vermeintlich objektive Methoden wenig erfolgversprechend sind? Im Folgenden wird ein Ansatz skizziert, der auf der Mehrdimensionalität des Konstrukts Forschungsqualität aufbaut und sowohl qualitative wie auch quantitative Formen der Beurteilung zulässt. Gleichzeitig vermag er als Bottom-Up-Ansatz die Qualitätsverständnisse verschiedener Anspruchsgruppen einzubinden, ohne sie zu vermengen und somit zu verdecken.

16.7 Bottom-up-Ansatz zur Beurteilung von Forschungsqualität

In vielen Situationen der Evaluation von Forschungsleistungen sind verschiedene Anspruchsgruppen involviert. Dies zeigt sich darin, dass häufig eingesetzte Forschungsindikatoren, wie beispielsweise Interdisziplinarität, Verbundforschung, Internationalität (häufig definiert als englischsprachig) oder Einfluss auf die Gesellschaft, aus Sicht der Forschenden nicht zwischen besserer und weniger guten Forschung zu unterscheiden vermögen, sondern lediglich als Indikatoren für eine neue Art von Forschung, nämlich der politisch gesteuerten, der Wissensgesellschaft verpflichteten Forschung, dienen können (siehe exemplarisch Rolfe, 2013, S. 3–20; und empirisch

Ochsner et al., 2013, S. 86). Daraus lässt sich für eine adäquate und transparente Evaluation schließen, dass Kriterien von verschiedenen Anspruchsgruppen separat ausgewiesen werden sollten, denn eine Vermischung von Kriterien von verschiedenen Anspruchsgruppen führt zu Kommunikationsproblemen und zu tieferer Akzeptanz bei den verschiedenen Anspruchsgruppen. Eine solche Vermischung kann auch zu systematischen Verzerrungen in einem Peer-Review-Verfahren führen, z. B. wenn Evaluierende interdisziplinäre Forschung evaluieren müssen, dies aber mittels ihrer jeweils eigenen disziplinären Standards tun (siehe Langfeldt, 2006).

Einfluss auf die Gesellschaft („Societal Impact") ist dabei eine eigene Dimension, denn dieser zielt nicht auf Forschungsqualität ab, sondern auf ein anderes Ziel der Forschung, nämlich deren Nutzen und Anwendbarkeit. Entsprechend sollte diese Dimension separat anhand ihrer eigenen Kriterien evaluiert werden (siehe auch KNAW, 2011; VSNU et al., 2016). Sogar die Begutachtenden für eine Beurteilung dieser Dimension können sich unterscheiden und neben Forschenden auch Personen aus der Zivilgesellschaft, der Wirtschaft oder der Politik umfassen. Dabei ist zu berücksichtigen, dass noch weniger Wissen darüber besteht, wie man denn den Einfluss auf die Gesellschaft beurteilen kann oder wie diese Dimension überhaupt zu definieren ist. Forschende bevorzugen die Beurteilung von Forschungsqualität vor der Beurteilung des Einflusses oder Nutzens der Forschung (Albert, Laberge und McGuire, 2012), und wenn sie letzteres doch tun müssen, sind sie unsicher dabei, was sie nun genau beurteilen sollen (Derrick und Samuel, 2017).

Eine rein quantitative Beurteilung von Forschungsleistung kann kaum zielführend sein, denn das Risiko von nicht intendierten negativen Effekten ist zu groß. Wenn weniger als 50 Prozent der relevanten Kriterien überhaupt mit Indikatoren messbar sind (siehe für die Geisteswissenschaften Ochsner et al., 2012a), wird klar, dass zu viele Aspekte von Forschungsqualität unter den Tisch fallen, damit eine solche Evaluation noch als adäquat angesehen werden kann. Während es sein kann, dass in den Natur- und Lebenswissenschaften mehr Kriterien als relevant angesehen werden, die effektiv messbar sind, ist es doch unwahrscheinlich, dass eine rein quantitative Evaluation alle wichtigen Aspekte von Forschungsqualität abdeckt. Insbesondere die generischen Kriterien Originalität und Wissenschaftlichkeit gehören gerade zu jenen Kriterien, die nicht durch Indikatoren abgebildet werden können.

Auch das Peer-Review-Verfahren ist harscher Kritik ausgesetzt. Es sei subjektiv, die Übereinstimmung der verschiedenen Begutachtenden sei tief, es führe zu konservativen Entscheiden, habe eine tiefe prädiktive Validität und sei von verschiedenen Verzerrungen betroffen, wie z. B. geschlechtsspezifischer Diskriminierung, Bevorzugung von großen Institutionen, Mainstreaming usw. (vgl. Bornmann und Daniel, 2008a; Bornmann, Mutz und Daniel, 2008; 2010; Mutz, Bornmann und Daniel, 2014; Tamblyn, Girard, Qian und Hanley, 2018). Allerdings liegt der Fokus der Kritik häufig auf dem Resultat des Peer-Review Prozesses, was mit verschiedenen methodologischen Problemen verbunden ist (Langfeldt, Bloch und Sivertsen, 2015): Es werden Resultate verglichen, ohne ein klares Konzept davon zu haben, was das Resultat denn sein soll. So ist es zum Beispiel unklar, ob denn eine hohe Übereinstimmung der beurteilenden Personen überhaupt erwünscht ist. Eine Übereinstimmung könnte auch einfach nur eine Folge von einer unvorteilhaften Auswahl der Begutachtenden sein, die alle demselben Paradigma verpflichtet sind und deshalb jede Arbeit ablehnen, die nicht diesem Paradigma folgt. Ähnlich verhält es sich mit der prädiktiven Validität, die meist mit der Anzahl an Zitationen operationalisiert wird: Eine hohe prädiktive Validität kann auch nur von einer selbsterfüllenden Prophezeiung herrühren. Personen, die eine prestigeträchtige Finanzierung erhalten haben, erhalten mehr Aufmerksamkeit und dann mehr Zitationen, gerade weil sie die Finanzierung erhalten haben, nicht weil die Arbeit besser ist. Außerdem sind Zitationen von vielen Faktoren abhängig, nicht nur von der Qualität der Arbeit, und sie eignen sich deshalb nicht, Forschungsqualität zu messen (Bornmann und Daniel, 2008b; Moed, 2005; Ochsner et al., 2012a; Tahamtan und Bornmann, 2018). Schließlich können die Verzerrungen, die in Peer-Review-Verfahren ausfindig gemacht werden, auf andere Gründe als Unzulänglichkeiten im Peer-Review-Verfahren zurückzuführen sein: So könnten beispielsweise Forschende an prestigeträchtigen Institutionen oder Männer schlicht und einfach mehr Zeit und Ressourcen für Forschung haben als Forschende an kleinen, lehrorientierten Institutionen oder Frauen; oder letztere reichen weniger selbstbewusste Anträge ein als erstere. Beide Situationen würden dazu führen, dass Forschende an prestigeträchtigen Institutionen oder Männer bei eigentlich gleicher Eignung häufiger positiv beurteilt werden als Forschende an kleineren Institutionen oder Frauen, obwohl die Beurteilenden weder Männer noch prestigeträchtige Institutionen bevorzugen würden (siehe z. B. Ceci und Williams, 2011; Enserink, 2015).

Wichtiger für ein gelingendes Peer-Review-Verfahren ist die intra-rater Reliability (Ochsner et al., 2017), nämlich die Wahrscheinlichkeit, dass dieselbe bewertende Person für dasselbe Objekt zu verschiedenen Zeitpunkten dieselbe Bewertung abgibt, beispielsweise unabhängig von der Reihenfolge der zu bewertenden Objekte. In anderen Worten bedeutet dies, dass alle Objekte anhand derselben Standards beurteilt werden sollten. Um dies zu erreichen, sollte nach Thorngates' et al. (2009) Erkenntnissen zur Entscheidungsfindung und Beurteilung von Leistung jede Bewertung anhand einer Liste von allen relevanten Kriterien erfolgen. Dabei sollten die Kriterien separat bewertet werden, da „holistische" Urteile („ich erkenne Qualität, wenn ich sie sehe") sich dadurch auszeichnen, dass für jede Bewertung andere Gewichtungen der einzelnen Kriterien vorgenommen werden, was Tür und Tor für verschiedene Verzerrungen öffnet (Thorngate et al., 2009, S. 26). Außerdem verhindert die separate Bewertung einer Vielzahl an Kriterien, dass eine Bewertung durch Kriterien, die ähnlich bewertet werden, dominiert, denn Menschen tendieren dazu, Konsistenz in der Beurteilung zu bevorzugen anstatt Information zu maximieren, was zu schlechteren Entscheiden führt, wie Tversky und Kahnemann (1974, S. 1126) in ihrem grundlegenden Artikel zeigen. Auf Forschungsevaluation bezogen ist es bei holistischen Beurteilungen wahrscheinlich, dass ein Beitrag als „gut" bewertet wird, der bei Einzelbewertung der Kriterien vielleicht als problematisch angesehen worden wäre, beispielsweise, wenn die Kriterien „Stil" und „Relevanz" als gut bewertet werden, aber „Nachvollziehbarkeit" als ungenügend. Somit würden die gut bewerteten Aspekte „Stil" und „Relevanz" die holistische Beurteilung dominieren, während die Probleme in der Logik wenig beachtet würden, vielleicht gerade weil der „Stil" die Argumentationsschwäche verdecken könnte. Schließlich führt eine Beurteilung anhand eines breiten Kriterienkatalogs auch zur Transparenz der Beurteilung: Anhand welcher Kriterien wurde beurteilt und wie wurden sie gewichtet? Dies dient außerdem den Autoren oder den Antragstellenden als Feedback und kann ihnen helfen, das nächste Mal einen besseren Text oder Antrag abzuliefern. Alle diese Punkte sind bedeutend für eine faire und konsistente Beurteilung von Forschungsleistung (Thorngate et al., 2009) und zeigen die Wichtigkeit einer klaren Konzeptualisierung von Forschungsleistung. Denn einem aus den Qualitätsvorstellungen der Fachgemeinschaft und den Anspruchsgruppen entwickelten umfassenden und expliziten Kriterienkatalog können also verschiedene Probleme von Peer-Review-Verfahren verhindert werden: Verzerrungen bezüglich des Geschlechts, Institutionen oder konservative Beurteilungen werden eher aufgedeckt werden; auch eher technische Probleme können reduziert werden, indem die separate Bewertung der Kriterien dabei hilft, zwischen Unterschieden der effektiven Beurteilung und zwischen unterschiedlichen Gewichtungen der einzelnen Kriterien zu unterscheiden, oder indem anhand der kriterienbasierten Beurteilung klar wird, wieso ein Antrag gefördert wurde, auch wenn die daraus stammenden Artikel vielleicht weniger oft zitiert werden, als die der nicht geförderten Antragssteller, weil Zitate vielleicht kein guter Gradmesser für den Erfolg des Projekts darstellen (z. B. weil ein noch nicht stark beforschtes Thema, oder eine auf Anwendbarkeit fokussierte Arbeit weniger Zitate generiert als ein Beitrag zu einem Mainstream-Thema).

Zusammenfassend kann für eine adäquate Beurteilung von Forschungsleistung auf die im Abschnitt „Was ist Forschungsqualität und wie kann sie gemessen werden?" vorgestellte Konzeptualisierung von Forschungsqualität zurückgegriffen werden (Abbildung 16.2). Dabei sollten die Kriterien Forschungsqualität dem Fach und dem Kontext entsprechend definiert werden und Kriterien der verschiedenen Anspruchsgruppen einzeln ausgewiesen werden (siehe für eine solche Anpassung Ochsner et al., 2017). Experten beurteilen dann die Objekte der Evaluation separat für jedes Kriterium. Dabei können Kriterien auch Indikatoren zugewiesen werden, welche die Beurteilenden als Hilfe zur Bewertung beiziehen können (Informed Peer Review). Anschließend wird eine Gewichtung der Kriterien bestimmt, die für alle Objekte der Evaluation gleich ist.

16.8 Schlussfolgerungen

Die Beurteilung von Forschungsleistung ist eine komplexe Aufgabe. Bislang wurden die gängigen Verfahren als unzulänglich kritisiert. Quantitative indikatorenbasierte Verfahren werden kritisiert, Forschungsqualität nicht adäquat abzubilden und deshalb unerwünschte Effekte zu provozieren, während qualitative Peer-Review-Verfahren kritisiert werden, subjektiv und mit vielzähligen Verzerrungen verbunden zu sein. In diesem Kapitel wird argumentiert, dass die Unzulänglichkeiten der gängigen Verfahren ihren Grund darin finden, dass das Konzept, das mit den Verfahren gemessen werden soll, nämlich Forschungsqualität, gar nicht erst explizit definiert wird und die Verfahren es deshalb auch nicht abbilden können.

Es wurden verschiedene Kriterienkataloge vorgestellt, die versuchen, Forschungsqualität fassbar zu machen. Es zeigte sich, dass Forschungsqualität ein komplexes, mehrdimensionales Konzept ist, das kontextabhängig definiert werden sollte. Schließlich wurde ein Ansatz skizziert, Forschungsleistung zu evaluieren, der auf der Mehrdimensionalität des Konstrukts Forschungsqualität aufbaut und sowohl qualitative wie auch quantitative Formen der Beurteilung zulässt. Gleichzeitig vermag er die Qualitätsverständnisse verschiedener Anspruchsgruppen einzubinden, ohne sie zu vermengen und somit zu verdecken.

Ausgangspunkt jeglicher Evaluation von Forschungsleistung sollte das Qualitätsverständnis der Forschenden im entsprechenden Fach sein, denn nur diese können die Qualität der Forschung wirklich beurteilen. Dies führt zu einer höheren Akzeptanz in der Forschungsgemeinschaft und hilft auch, unerwünschte Effekte zu verhindern. Die Kriterien sollten demnach bottom-up in der jeweiligen Disziplin erarbeitet werden. Diese Kriterien können dann durch Kriterien, die für andere Anspruchsgruppen relevant sind, ergänzt werden. Begutachtende sollen dann jedes Kriterium einzeln bewerten. Für alle zu bewertenden Objekte wird dieselbe Gewichtung der Kriterien verwendet. Falls möglich, können Indikatoren einzelnen Kriterien, die diese zu messen vermögen, zugewiesen werden, um die Begutachtenden bei der Beurteilung des Kriteriums zu unterstützen.

Dieser Ansatz wurde anhand der Geistes- und Sozialwissenschaften entwickelt (Hug et al., 2013; Ochsner und Dokmanović, 2017) und ist für verschiedene Evaluationssituationen adaptierbar (Ochsner et al., 2017). Während umfassende Kriterienkataloge für die Sozial- und Geisteswissenschaften bestehen, ist für die meisten natur- und lebenswissenschaftlichen Disziplinen noch ein entsprechender Kriterienkatalog zu erarbeiten (siehe auch Hug und Aeschbach, 2020). Einige Projekte haben sich diesem Ziel auch schon angenommen, so zum Beispiel das internationale vom norwegischen Research Council geförderte Kollaborationsprojekt R-Quest (www.r-quest.no).

16.9 Literaturverzeichnis

Abramo, G. und D'Angelo, C. A. (2016). A farewell to the MNCS and like size-independent indicators. *Journal of Informetrics*, 10(2):646–651. doi:10.1016/j.joi.2016.04.006.

Albert, M., Laberge, S. und McGuire, W. (2012). Criteria for assessing quality in academic research: the views of biomedical scientists, clinical scientists and social scientists. *Higher Education*, 64(5):661–676. doi:10.1007/s10734-012-9519-2.

Andersen, J. P. (2013). Conceptualising research quality in medicine for evaluative bibliometrics. Det Humanistiske Fakultet, Kobenhavns Universitet.

Bazeley, P. (2010). Conceptualising research performance. *Studies in Higher Education*, 35(8):889–903. doi:10.1080/03075070903348404.

Bence, V. und Oppenheim, C. (2005). The Evolution of the UK's Research Assessment Exercise: Publications, Performance and Perceptions. *Journal of Educational Administration and History*, 37(2):137–155. doi:10.1080/00220620500211189.

Bollen, K. A. (2002). Latent Variables in Psychology and the Social Sciences. *Annual Review of Psychology*, 53(1):605–634. doi:10.1146/annurev.psych.53.100901.135239.

Bornmann, L., Mutz, R. und Daniel, H.-D. (2010). A Reliability-Generalization Study of Journal Peer Reviews: A Multilevel Meta-Analysis of Inter-Rater Reliability and Its Determinants. *PLoS One*, 5(12), e14331. doi:10.1371/journal.pone.0014331.

Bornmann, L. und Daniel, H.-D. (2008). Die Effektivität des Peer-Review-Verfahrens: Übereinstimmungsreliabilität und Vorhersagevalidität der Manuskriptbegutachtung bei der Angewandten Chemie. *Angewandte Chemie*, 120(38):7285–7290.

Bornmann, L., Mutz, R. und Daniel, H.-D. (2008). How to detect indications of potential sources of bias in peer review: A generalized latent variable modeling approach exemplified by a gender study. *Journal of Informetrics*, 2(4):280–287.

Bornmann, L. und Daniel, H.-D. (2008). What do citation counts measure? A review of studies on citing behavior. *Journal of Documentation*, 64(1):45–80.

Borsboom, D., Mellenbergh, G. J. und van Heerden, J. (2004). The Concept of Validity. *Psychological Review*, 111(4):1061–1071. doi:10.1037/0033-295X.111.4.1061.

Bozkurt Umur, I., Diaz-Bone, R. und Surdez, M. (2017). How to evaluate research and teaching in sociology? Results of the survey conducted with members of Swiss Sociological Association (SSA). Report prepared for the Swiss Sociological Association. Swiss Sociological Association.

Brooks, R. (2005). Measuring University Quality. *The Review of Higher Education*, 29(1):1–21. doi:10.1353/rhe.2005.0061.

Burrows, R. (2012). Living with the h-index? Metric assemblages in the contemporary academy. *The Sociological Review*, 60(2):355–372. doi:10.1111/j.1467-954X.2012.02077.x.

Ceci, S. J. und Williams, W. M. (2011). Understanding current causes of women's underrepresentation in science. *Proceedings of the National Academy of Sciences*, 108(8):3157–3162. doi:10.1073/pnas.1014871108.

Chase, J. M. (1970). Normative Criteria for Scientific Publication. *The American Sociologist*, 5(1):262–265.

Chavalarias, D. (2016). What's wrong with Science? *Scientometrics*, 110(1):1–23. doi:10.1007/s11192-016-2109-9.

Committee for the National Plan for the Future of the Humanities (2009). *Sustainable Humanities: Report from the National Committee on the Future of the Humanities in the Netherlands*. Amsterdam: Amsterdam University Press. doi:10.5117/9789089641427.

Coryn, C. L. S., Hattie, J. A., Scriven, M. und Hartmann, D. J. (2007). Models and Mechanisms for Evaluating Government-Funded Research: An International Comparison. *American Journal of Evaluation*, 28(4):437–457. doi:10.1177/1098214007308290.

CWTS (2012). *Merit, expertise and measurement*. Leiden: CWTS. Retrieved February 28, 2013, from http://www.cwts.nl/pdf/cwts_research_programme_2012-2015.pdf.

Daniel, H.-D., Mittag, S. und Bornmann, L. (2007). The potential and problems of peer evaluation in higher education and research. In A. Cavalli (Hrsg.), *Quality assessment for higher education in Europe*, S. 71–82. London: Portland Press.

Derrick, G. und Samuel, G. (2017). The future of societal impact assessment using peer review: pre-evaluation training, consensus building and inter-reviewer reliability. *Palgrave Communications*, 3:17040. doi:10.1057/palcomms.2017.40.
Donovan, C. (2007). The qualitative future of research evaluation. *Science and Public Policy*, 34(8):585–597. doi:10.3152/030234207X256538.
Edwards, M. A. und Roy, S. (2017). Academic Research in the 21st Century: Maintaining Scientific Integrity in a Climate of Perverse Incentives and Hypercompetition. *Environmental Engineering Science*, 34(1):51–61. doi:10.1089/ees.2016.0223.
Enserink, M. (2015). Dutch sexism study comes under fire. *Science*, 364(6446). doi:10.1126/science.aad4618.
Frantz, T. T. (1968). Criteria for publishable manuscripts. *Personnel and Guidance Journal*, 47:384–386.
Galleron, I., Ochsner, M., Spaapen, J. und Williams, G. (2017). Valorizing SSH research: Towards a new approach to evaluate SSH research' value for society. *Fteval Journal for Research and Technology Policy Evaluation*, 44:35–41. doi:10.22163/fteval.2017.274.
Geuna, A. und Martin, B. R. (2003). University Research Evaluation and Funding: An International Comparison. *Minerva*, 41(4):277–304. doi:10.1023/B:MINE.0000005155.70870.bd.
Geuna, A. und Martin, B. R. (2001). University Research Evaluation and Funding: An International Comparison. SPRU Electronic Working Paper Series (Vol. 71).
van Gestel, R. und Lienhard, A. (Hrsg.) (2019). *Evaluating academic legal research in Europe. The advantage of lagging behind*. Cheltenham: Edward Elgar.
Glänzel, W., Thijs, B. und Debackere, K. (2016). Productivity, performance, efficiency, impact—What do we measure anyway? *Journal of Informetrics*, 10(2):658–660. doi:10.1016/j.joi.2016.04.008.
Gozlan, C. (2016). Les sciences humaines et sociales face aux standards d'évaluation de la qualité académique. *Sociologie*, 7(3):261–21. doi:10.3917/socio.073.0261.
Guetzkow, J., Lamont, M. und Mallard, G. (2004). What is Originality in the Humanities and the Social Sciences? *American Sociological Review*, 69(2):190–212. doi:10.1177/000312240406900203.
Guillory, J. (2005). Valuing the humanities, evaluating scholarship. *Profession (MLA)*, 11:28–38.
Gulbrandsen, M. (2000). Research Quality and Organisational Factors: An Investigation of the Relationship. Norwegian University of Science and Technology (NTNU).
Gumpenberger, C., Glänzel, W. und Gorraiz, J. (2016). The ecstasy and the agony of the altmetric score. *Scientometrics*, 108(2):977–982. doi:10.1007/s11192-016-1991-5.
Hamann, J. (2016). The visible hand of research performance assessment. *Higher Education*, 72(6):1–19. doi:10.1007/s10734-015-9974-7.
Hammarfelt, B. und de Rijcke, S. (2014). Accountability in context: effects of research evaluation systems on publication practices, disciplinary norms, and individual working routines in the faculty of Arts at Uppsala University. *Research Evaluation*, 24(1):63–77. doi:10.1093/reseval/rvu029.
Hartmann, I. und Neidhardt, F. (1990). Peer review at the Deutsche Forschungsgemeinschaft. *Scientometrics*, 19(5–6):419–425.
Hemlin, S. (1993). Scientific quality in the eyes of the scientist. A questionnaire study. *Scientometrics*, 27(1):3–18.
Hemlin, S. und Montgomery, H. (1990). Scientists conceptions of scientific quality: An interview study. *Science Studies*, 1:73–81.
Hicks, D. (2012). Performance-based university research funding systems. *Research Policy*, 41(2):251–261. doi:10.1016/j.respol.2011.09.007.
Hicks, D. (2010). Overview of models of performance-based research funding systems. In *Performance-based Funding for Public Research in Tertiary Education Institutions*, S. 23–52. OECD Publishing. doi:10.1787/9789264094611-4-en.

Hicks, D. (2004). The four literatures of social science. In H. F. Moed, W. Glanzel und U. Schmoch (Hrsg.), *Handbook of quantitative science and technology research*, S. 473–496. Dordrecht: Kluwer Academic.
Hornung, A., Khlavna, V. und Korte, B. (2016). Research Rating Anglistik/Amerikanistik of the German Council of Science and Humanities. In M. Ochsner, S. E. Hug und H.-D. Daniel (Hrsg.), *Research Assessment in the Humanities. Towards Criteria and Procedures*, S. 219–233. Cham: Springer International Publishing. doi:10.1007/978-3-319-29016-4_17.
Hose, M. (2009). Qualitätsmessung: Glanz und Elend der Zahl. Retrieved January 13, 2012, from http://hsozkult.geschichte.hu-berlin.de/forum/id=1115&type=diskussionen.
Hug, S. E. und Aeschbach, M. (2020). Criteria for assessing grant applications: a systematic review. *Palgrave Communications*, 6(37). doi:10.1057/s41599-020-0412-9.
Hug, S. E., Ochsner, M. und Daniel, H.-D. (2014). A framework to explore and develop criteria for assessing research quality in the humanities. *International Journal of Education Law and Policy*, 10(1):55–68.
Hug, S. E., Ochsner, M. und Daniel, H.-D. (2013). Criteria for assessing research quality in the humanities: a Delphi study among scholars of English literature, German literature and art history. *Research Evaluation*, 22(5):369–383. doi:10.1093/reseval/rvt008.
Johnston, R. (2008). On structuring subjective judgements: originality, significance and rigour in RAE2008. *Higher Education Quarterly*, 62(1-2):120–147. doi:10.1111/j.1468-2273.2008.00378.x.
Jonkers, K. und Zacharewicz, T. (2016). *Research Performance Based Funding Systems: a Comparative Assessment (No. EUR 27837 EN)*. Brussels: European Commission.
Kekäle, J. (2002). Conceptions of quality in four different disciplines. *Tertiary Education and Management*, 8(1):65–80. doi:10.1023/A:1017947005085.
Kelley, T. L. (1927). *Interpretation of educational measurements*. Oxford: World Book Co.
Kerr, S., Tolliver, J. und Petree, D. (1977). Manuscript characteristics which influence acceptance for management and social science journals. *Academy of Management Journal*, 20(1):132–141.
KNAW (2005). *Judging research on its merits. An advisory report by the Council for the Humanities and the Social Sciences Council.* Amsterdam: Royal Netherlands Academy of Arts and Sciences.
KNAW (2009). *Standard Evaluation Protocol 2009–2015: Protocol for Research Assessment in the Netherlands.* Amsterdam: Royal Netherlands Academy of Arts and Sciences.
KNAW (2011). *Quality Indicators for Research in the Humanities*. Amsterdam: Royal Netherlands Academy of Arts and Sciences.
Lack, E. (2008). Einleitung. Das Zauberwort „Standards“. In E. Lack und C. Markschies (Hrsg.), *What the hell is quality? Qualitätsstandards in den Geisteswissenschaften*, S. 9–34. Frankfurt a. M.: Campus.
Lamont, M. (2009). *How professors think: Inside the curious world of academic judgment.* Cambridge: Harvard University Press.
Lanamäki, A., Ahmad, M. U. und Ochsner, M. (2019). Any publicity good publicity? The effect of satirical bias on Twitter and the Altmetrics Attention Score. In *Proceedings of the 3rd Conference on Research Evaluation in the Social Sciences and Humanities (RESSH), València*. València: Universitat Politècnica de València.
Langfeldt, L., Bloch, C. W. und Sivertsen, G. (2015). Options and limitations in measuring the impact of research grants—evidence from Denmark and Norway. *Research Evaluation*, 24(3):256–270. doi:10.1093/reseval/rvv012.
Langfeldt, L. (2010). Expert panels evaluating research: decision-making and sources of bias. *Research Evaluation*, 13(1):51–62.

Langfeldt, L. (2006). The policy challenges of peer review: managing bias, conflict of interests and interdisciplinary assessments. *Research Evaluation*, 15(1):31–41. doi:10.3152/147154406781776039.

Lawrence, P. A. (2002). Rank injustice. *Nature*, 415(6874):835–836. doi:10.1038/415835a.

van Leeuwen, T. N. (2013). Bibliometric research evaluations, Web of Science and the Social Sciences and Humanities: a problematic relationship? *Bibliometrie – Praxis und Forschung*, 2(8).

LERU (2012). Research Universities and Research Assessment. League of European Research Universities.

Leung, K. und Zhang, J. (1995). Systemic Considerations: Factors Facilitating and Impeding the Development of Psychology in Developing Countries. *International Journal of Psychology*, 30(6):693–706. doi:10.1080/00207599508246595.

Lienhard, A., Tanquerel, T., Flueckiger, A., Amschwand, F., Byland, K. S. und Herrmann, E. (2016). *Forschungsevaluation in der Rechtswissenschaft: Grundlagen und empirische Analyse in der Schweiz*. Bern: Stämpfli.

Lindsey, D. und Lindsey, T. (1978). The outlook of journal editors and referees on the normative criteria of scientific craftsmanship. *Quality and Quantity*, 12:45–62.

MacRoberts, M. H. und MacRoberts, B. R. (2017). The mismeasure of science: Citation analysis. *Journal of the Association for Information Science and Technology*, 10:646–649. doi:10.1002/asi.23970.

Mali, F., Pustovrh, T., Platinovšek, R., Kronegger, L. und Ferligoj, A. (2017). The effects of funding and co-authorship on research performance in a small scientific community. *Science and Public Policy*, 44(4):486–496. doi:10.1093/scipol/scw076.

Martens, S. und Schatz, W. (2016). Quality criteria and indicators for research in Theology: What to do with quantitative measures? In *21st International Conference on Science and Technology Indicators – STI 2016. Book of Proceedings*. València: Universitat Politècnica de València.

Merton, R. K. (1957). *Social Theory and Social Structure*. Glencoe, IL: Free Press.

Moed, H. F. (2005). *Citation Analysis in Research Evaluation*. Dordrecht: Springer. doi:10.1007/1-4020-3714-7.

Moed, H. F. (2008). UK Research Assessment Exercises: Informed judgments on research quality or quantity? *Scientometrics*, 74(1):153–161. doi:10.1007/s11192-008-0108-1.

Molinié, A. und Bodenhausen, G. (2010). Bibliometrics as Weapons of Mass Citation. *CHIMIA International Journal for Chemistry*, 64(1):78–89. doi:10.2533/chimia.2010.78.

Montada, L., Krampen, G. und Burkard, P. (1999). Personal and social orientations of psychology college teachers on evaluative criteria for own job performances: Results of an expert survey in German psychology college teachers. *Psychologische Rundschau*, 50(2):69–89.

Mutz, R., Bornmann, L. und Daniel, H.-D. (2014). Testing for the fairness and predictive validity of research funding decisions: A multilevel multiple imputation for missing data approach using ex-ante and ex-post peer evaluation data from the Austrian science fund. *Journal of the Association for Information Science and Technology*, 66(11):2321–2339. doi:10.1002/asi.23315.

Nederhof, A. J. (2006). Bibliometric monitoring of research performance in the social sciences and the humanities: A review. *Scientometrics*, 66(1):81–100. doi:10.1007/s11192-006-0007-2.

Ochsner, M. und Dokmanović, M. (2017). Quality criteria and research obstacles in the SSH in Macedonia. In *Second international conference on research evaluation in the social sciences and humanities*, S. 69–71. Antwerp: RESSH.

Ochsner, M., Hug, S. E. und Daniel, H.-D. (2012a). Indicators for Research Quality in the Humanities: Opportunities and Limitations. *Bibliometrie – Praxis und Forschung*, 1(4).

Ochsner, M., Hug, S. E. und Daniel, H.-D. (2012b). Wie wollen und sollen die Geisteswissenschaften Qualität und Leistung messen und steuern? In SAGW (Hrsg.), *Für eine neue Kultur der Geisteswissenschaften?*, S. 157–171. Bern: SAGW.

Ochsner, M., Hug, S. E. und Daniel, H.-D. (2013). Four types of research in the humanities: Setting the stage for research quality criteria in the humanities. *Research Evaluation*, 22(2):79–92. doi:10.1093/reseval/rvs039.

Ochsner, M., Hug, S. E. und Daniel, H.-D. (2014). Setting the stage for the assessment of research quality in the humanities. *Consolidating the results of four empirical studies. Zeitschrift für Erziehungswissenschaft*, 17(6):111–132. doi:10.1007/s11618-014-0576-4.

Ochsner, M., Hug, S. E. und Daniel, H.-D. (2017). Assessment Criteria for Early Career Researcher's Proposals in the Humanities. In *21st International Conference on Science and Technology Indicators – STI 2016. Book of Proceedings*, S. 105–111. València: Universitat Politècnica de València.

Ochsner, M., Hug, S. E. und Galleron, I. (2017). The future of research assessment in the humanities: bottom-up assessment procedures. *Palgrave Communications*, 3:17020. doi:10.1057/palcomms.2017.20.

Ochsner, M., Kulczycki, E. und Gedutis, A. (2018). The Diversity of European Research Evaluation Systems. In P. Wouters, R. Costas, T. Franssen und A. Yegros-Yegros (Hrsg.), *Proceedings of the 23rd International Conference on Science and Technology Indicators, Leiden*, S. 1234–1241. Leiden: Leiden University.

Plag, I. (2016). Research Assessment in a Philological Discipline: Criteria and Rater Reliability. In M. Ochsner, S. E. Hug und H.-D. Daniel (Hrsg.), *Research Assessment in the Humanities. Towards Criteria and Procedures*, S. 235–247. Cham: Springer International Publishing. doi:10.1007/978-3-319-29016-4_18.

Plumpe, W. (2009). Qualitätsmessung: Stellungnahme zum Rating des Wissenschaftsrates aus Sicht des Historikerverbandes. Retrieved January 13, 2012, from http://hsozkult.geschichte.hu-berlin.de/forum/id=1101&type=diskussionen.

Plumpe, W. (2010). Der Teufel der Unvergleichbarkeit. Über das quantitative Messen und Bewerten von Forschung. *Forschung und Lehre*, 17(8):572–574.

Polanyi, M. (1962). The Republic of Science: Its Political and Economic Theory. *Minerva*, 1(1):54–73.

de Rijcke, S., Wouters, P. F., Rushforth, A. D., Franssen, T. P. und Hammarfelt, B. (2016). Evaluation practices and effects of indicator use—a literature review. *Research Evaluation*, 25(2):161–169. doi:10.1093/reseval/rvv038.

Riordan, P., Ganser, C. und Wolbring, T. (2011). Measuring the quality of research. *KZfSS Kölner Zeitschrift für Soziologie und Sozialpsychologie*, 63(1):147–172. doi:10.1007/s11577-010-0126-x.

Rolfe, G. (2013). *The university in dissent. Scholarship in the corporate university*. Abingdon: Routledge.

Rowney, J. A. und Zenisek, T. J. (1980). Manuscript characteristics influencing reviewers' decisions. *Canadian Psychology*, 21(1):17–21.

Schiene, C. und Schimank, U. (2006). Forschungsevaluation als Organisationsentwicklung: die Wissenschaftliche Kommission Niedersachsen. *Die Hochschule*, 15(1):46–62.

Schmidt, U. (2005). Zwischen Messen und Verstehen. Anmerkungen zum Theoriedefizit in der deutschen Hochschulevaluation. *evaNet-Positionen*, 6/2005.

Schmidt, U. (2010). Wie wird Qualität definiert? In M. Winde (Hrsg.), *Von der Qualitätsmessung zum Qualitätsmanagement: Praxisbeispiele an Hochschulen*, S. 10–17. Essen: Edition Stifterverband, Verwaltungsgesellschaft für Wissenschaftspflege. Retrieved from http://stifterverband.info/veranstaltungen/archiv/2010/2010_11_26_qualitaetsmanagement_an_hochschulen/index.html.

Schmied, M., Byland, K. und Lienhard, A. (2018). Procedures and criteria for evaluating academic legal publications: Results of a survey in Switzerland. *Research Evaluation*, 27(4):335–346. doi:10.1093/reseval/rvy020.

Sousa, S. B. und Brennan, J. L. (2014). The UK Research Excellence Framework and the Transformation of Research Production. In C. Musselin und P. N. Teixeira (Hrsg.), *Reforming Higher Education: Public Policy Design and Implementation*, S. 65–80. Dordrecht: Springer. Dordrecht. doi:10.1007/978-94-007-7028-7_4.

Sternberg, R. J. (2003). *The Psychologist's Companion. A guide to scientific writing for students and researchers*. Cambridge, UK: Cambridge University Press, 4. Aufl.

Sternberg, R. J. und Gordeeva, T. (1996). The Anatomy of Impact: What Makes an Article Influential? *Psychological Science*, 7(2):69–75. doi:10.1111/j.1467-9280.1996.tb00332.x.

Tahamtan, I. und Bornmann, L. (2018). Core elements in the process of citing publications: Conceptual overview of the literature. *Journal of Informetrics*, 12(1):203–216. doi:10.1016/j.joi.2018.01.002.

Tamblyn, R., Girard, N., Qian, C. J. und Hanley, J. (2018). Assessment of potential bias in research grant peer review in Canada. *Canadian Medical Association Journal*, 190(16):E489–E499. doi:10.1503/cmaj.170901.

Thorngate, W., Dawes, R. M. und Foddy, M. (2009). *Judging merit*. New York, NY: Psychology Press.

von Tunzelmann, N. und Kraemer Mbula, E. (2003). Changes in research assessment practices in other countries since 1999: final report.

Tversky, A. und Kahneman, D. (1974). Judgment under Uncertainty: Heuristics and Biases. *Science*, 185(4157):1124–1131. doi:10.1126/science.185.4157.1124.

VSNU, NWO, KNAW (2003). *Standard Evaluation Protocol 2003–2009 for Public Research Organisations*. Utrecht: VSNU, NWO, KNAW.

VSNU, NWO, KNAW (2016). *Standard Evaluation Protocol 2015–2021. Protocol for Research Assessments in the Netherlands*. Voorburg: VSNU, NWO and KNAW.

Wissenschaftsrat (2004). Empfehlungen zu Rankings im Wissenschaftssystem. Teil 1: Forschung. Hamburg.

Wissenschaftsrat (2008a). Pilotstudie Forschungsrating Chemie. Köln.

Wissenschaftsrat (2008b). Pilotstudie Forschungsrating Soziologie. Köln.

Wissenschaftsrat (2010). *Empfehlungen zur vergleichenden Forschungsbewertung in den Geisteswissenschaften*. Köln: Wissenschaftsrat.

Wissenschaftsrat (2011). Bewertungsmatrix. Forschungsrating Anglistik/Amerikanistik (Stand: September 2011). Retrieved January 19, 2012, from http://www.wissenschaftsrat.de/arbeitsbereiche-arbeitsprogramm/forschungsrating/dokumente/.

Wolff, W. M. (1970). A study of criteria for journal manuscripts. *American Psychologist*, 25(7):636–639. doi:10.1037/h0029770.

Zacharewicz, T., Lepori, B., Reale, E. und Jonkers, K. (2018). Performance-based research funding in EU Member States—a comparative assessment. *Science and Public Policy*, 46(1):105–115. doi:10.1093/scipol/scy041.